부동산등기소송

부동산등기소송의 길라잡이

최돈호 저

법률출판사

머리말

　　민사소송은 사인(私人)간의 생활관계에 관한 이해의 충돌이나 분쟁을 국가의 재판권에 의하여 강제적(强制的), 법률적(法律的)으로 해결 . 조정하기 위한 일련의 절차를 말한다. 민사소송의 목적은 사권의 보호인 동시에 사법질서의 유지 . 확보라고 볼 수 있다.

　　민사소송은 사권(私權)의 존부(存否)를 다루는 소송으로 사인(私人) 간(間)의 생활관계라 할지라도 민사소송의 대상이 되는 것은 법률상의 쟁송(爭訟)에 한(限)한다. 법률상의 쟁송이라 할지라도 그것이 구체적인 권리나 법률관계의 존부(存否)에 관한 것이 아니면 민사상의 쟁송으로서 법원의 심판을 받을 수 없다.

　　민사소송제도는 사인(私人)의 권리보호와 사법질서의 유지를 목적으로 하여 국가가 마련한 제도이다. 민사소송제도의 본지(本旨)가 살고 이상적으로 운영되려면 ① 적정(適正 : 권리 있는 자는 반드시 승소하고 권리 없이 부당하게 제소하는 자는 패소한다는 결과를 보장하기 위한 이상) ② 공평(公平 : 재판을 한 쪽 당사자에게 치우침이 없이 보장하자는 이상) ③ 신속(迅速 : 권리의 실현이 늦어지면 권리를 부정하는 것이나 다름없다(Justice delayed is justice denied.) ④ 경제(經濟 : 소송을 수행함에 있어서 법원이나 당사자 기타 소송관계인등이 들이는 비용과 노력을 최소한으로 그치게 함을 목적으로 하는 이상) ⑤ 신의칙(信義則 : 당사자와 소송관계인은 신의에 따라 성실하게 소송을 수행하여야 한다는 이상)의 이념(理念)이 지배하여야 한다.

민사소송의 이상(理想)과 현실의 괴리(乖離)는 민사소송제도라고 예외는 아니다. 민사소송제도의 현실은 이상(理想)대로 만족하게 운영되고 있지 못하다. 적정 . 공평의 이상과 신속 . 경제의 이상이 서로 이율배반(二律背反)의 관계에 있는 등 현실에서의 문제점이 있다.

등기는 등기권리자와 등기의무자 쌍방의 공동신청에 의하여 행해지는 것이 원칙이므로 일방 당사자가 등기신청에 협력을 거절하면 등기를 할 수 없게 된다. 따라서 등기제도의 원활한 운영을 위해, 등기를 원하는 일방 당사자는 타방 당사자에 대하여 등기신청에 협력할 것을 요구하는 권리, 즉 등기청구권(登記請求權)을 갖는 것이 인정된다. 등기청구권은 사인(私人)에게 등기신청에 필요한 협력을 구하는 사법상(私法上)의 권리를 말한다.

등기의무자(예 : 부동산의 매도인)도 법률상의 소유자로서 자기명의로 있어서는 안 될 등기가 자기명의로 있음으로 인하여 부동산에 대한 공조공과(公租公課)등을 부담해야 하는 불이익을 면(免)하기 위해 소(訴)의 방법으로 등기권리자(예 : 매수인)를 상대로 등기를 인수(引受)받아 갈 것을 구하는 등기청구권을 행사할 수 있는데, 이를 특히 등기인수청구권(登記引受請求權) 또는 등기수취청구권(登記受取請求權)이라고 한다.

여기서 등기를 원하는 일방 당사자가 타방 당사자에 대하여 등기신청에 협력할 것을 요구할 수 있는 실체법상의 권리인 등기청구권(登記請求權) 또는 등기인수청구권(登記引受請求權)이 인정된다(부동산등기법 제23조 제4항). 등기청구권 또는 등기인수청구권은 공동신청에 의하는 "권리에 관한 등기"를 신청함에 있어서 등기의무자 또는 등기권리자의 등기신청의사의 진술을 갈음하는 판결을 소구(訴求)할 수 있는 권리이다.

이와 같이 등기를 원하는 당사자의 일방이 등기신청에 협력을 거부하는 상대방을 피고로 하여 등기신청의 의사표시를 갈음하는 의사(意思)의 진술을 명하는 판결을 받아 그 확정판결을 "등기원인을 증명하는 정보"로 하여 단독으로 등기신청을 하는 것을 "판결에 의한 등기"라고 한다. 부동산등기에 관하여 의사의 진술을 명한 확정판결을 등기원인을 증명하는 정보로 하여 등기신청을 한 경우 등기관이 부동산등기법 제29조 각 호의 어느 하나에 해당함을 이유로 각하(却下)하는 이른바 "집행불능판결(執行不能判決)"이 실무상 자주 발생하게 된다.

이 경우 집행불능판결을 받은 원고는 그 판결을 받기까지의 과정에서 많은 시간과 비용과 노력을 소모하게 되며 그 판결에 의한 등기의 집행이 가능한 것으로 신뢰하고 취득세, 등록면허세 등 등기신청과 관련하여 다른 법률에 따라 부과된 의무를 이행하고 등기신청을 하게 되나 등기관으로 부터 그 등기신청이 각하되는 사례가 발생한다.

집행불능판결 자체는 승소판결이므로 원고는 상소(上訴)나 재심절차(再審節次)에 의하여 구제받을 수 없으므로 법원에 소장을 다시 제출하여 등기의 집행이 가능한 판결을 밟아야만 한다. 민사소송제도의 본지(本旨)가 살고 이상적으로 운영되려면 적정(適正), 공평(公平), 신속(迅速), 경제, 신의칙(信義則)의 이념(理念)이 지배하여야 한다.

본서에서는 등기실무상 많은 문제를 야기하는 집행불능판결(執行不能判決)의 유형(類型)을 예시(例示)하고, 이에 관련되는 부동산등기에 관한 소송에 있어서 당사자의 정확한 지정(當事者適格) 및 등기절차이행청구의 유형에 따른 청구(請求)의 취지(趣旨) 및 원고 청구인용(請求認容)의 판결주문(判決主文)의 기재례(記載例)를 예시하여 집행불능판결을 예방할 수 있는 방안을 모색(摸索)해 보았다.

대법원은 "청구취지가 특정되지 못한 경우에 그 보정(補正) 또는 각하(却下)의 조치를 취(取)하지 아니한 채 행(行)한 판결은 위법이다(대판 1959.10.8. 4291민상844)." "민사소송에 있어서 청구의 취지는 그 내용 및 범위가 명확히 일아 볼 수 있도록 구체적으로 특정되어야 하고, 이의 특정 여부는 직권조사사항(職權調査事項)이라고 할 것이므로 청구취지가 특정되지 않은 경우에는 법원은 피고의 이의(異議)여부에 불구하고 직권으로 그 보정(補正)을 명하고, 이에 응(應)하지 않을 때에는 소(訴)를 각하(却下)하여야 한다(대판 1981.

9. 8. 80다2904)."고 판시하였다.

법률격언에 "소송이 다시 소송을 일으키는 일이 없도록 소송을 방지하는 것은 훌륭한 재판관의 의무이다. 소송을 종결시키는 것은 국가의 안녕(安寧)을 위해서이다(It is the duty of a good judge to prevent litigations, that suit may not grow out of suit, and it concerns the welfare of a state that an end be put to litigation.)."라고 했다.

집행불능판결이 나오게 되는 1차적인 책임은 부동산등기에 관하여 의사의 진술을 구하는 청구의 소장을 작성하는 변호사, 법무사 등에 있다고 본다. 소장의 청구취지가 불명하거나 당사자 지정을 잘못한 경우 재판장의 소장심사권(민사소송법 제254조)이나 석명권(釋明權), 구문권(求問權)을 촉구(민사소송법 제136조)하여 등기의 집행이 가능한 적정(適正)한 판결을 하는 것이 집행불능판결의 예방과 동시에 부동산등기소송이 무용(無用)한 제도로 전락(轉落)하게 되는 것을 구제하는 길이며, 민사소송의 이상(理想)을 실현하는 길이라고 본다.

실질적 의미에서 민사소송법제도 전체를 규율하는 법의 총체(總體)를 뜻하는 민사소송법과 같은 "부동산등기소송법"이 없는 상태에서 "부동산등기소송"이라는 단행본(單行本)을 저술하다보니 서술체계를 제대로 갖추지 못하고 서술 내용이 중복되는 등 모든 면에서 부족한 부분이 많음에도 불구하고 용기를 내어 이 책을 출간(出刊)했다.

인생은 허망(虛妄)한 꿈도 아니요, 엄숙한 사실이다. 인간은 이 세상에 왔다 가는 이상 무엇인가 보람 있는 일을 해야 하고 가치(價値) 있는 유산(遺産)을 남겨야 한다. 인간은 그러한 사명의식(使命意識)을 가지고 무엇인가 심고 무엇인가 남겨야 한다. 영원히 남는 것은 책이며, 인간이 남길 수 있는 최대의 유산(遺産), 최고의 생명(生命), 최고의 기념비(紀念碑)는 책이라고 했다.

〈파랑새〉를 쓴 벨기에의 시인이요, 극작가인 메테를링크는 "인생은 한권의 책이다. 우리는 태어나서 죽을 때까지 매일 그 한 페이지 한 페이지를 창작(創作)하고 있다"고 말했다. 그는 인생을 한 권의 책에 비유했다. 프랑스의 작가 앙드레 지이드는 "인간이 자기의 정신에서 만들어 낸 것 중에서 최대의 것은 책이다"라고 말했다. 영원히 남는 것은 위대한 진리(眞理)와 사상(思想)과 작품(作品)이다.

인물(人物)은 가도 정신(精神)과 사상(思想)은 남는다고 했다. 우리는 인생의 명저(名著)를 쓰기에 힘써야 한다. 인간의 생애(生涯)는 짧으며 학문(學問)의 세계는 무한(無限)하다. "학문(學問)에 지름길은 없다(There is no royal road to learning.)"고 했다. 그러므로 인간은 일생동안 학생(學生)의 정신으로 학문적(學問的) 자세(姿勢)로 살아야 한다고 생각하며 온갖 정성을 다해 이 책의 원고를 정리했다.

아무쪼록 부족한 내용의 이 졸저(拙著)가 부동산등기소송의 길잡이가 되고 더 나아가 집행불능판결의 예방에 다소나마 보탬이 된다면 지행(至幸)으로 생각하겠다. 아울러 어려운 경제상황에서도 이 책의 출간(出刊)을 맡아주신 법률출판사 김용성 사장님께 감사드리며 원고 정리와 교정에 정성을 다해 준 한석희 실장님의 노고에 고마움을 전합니다.

저자가 언제나 편안한 마음으로 저술활동(著述活動)에 전념(專念)할 수 있도록 정성(精誠)을 다해 도와주는 사랑하는 아내와 아들 준규, 형규, 딸 원영이의 성원(聲援)에 고마움을 전하며, 저자의 희망이요 꿈나무인 귀여운 손주들, 주연 . 윤서 . 채현 . 윤호 . 예준이가 건강하고 슬기롭고 성실(誠實)하게 성장(成長)하길 기원(祈願)합니다.

2025년 결실의 계절을 맞이하여

저자 씀

총 목 차

제1장 부동산등기제도 ···2

    1. 물권 ··3
    2. 물권변동에 관한 입법주의(의사주의와 형식주의) ·····················6
    3. 부동산물권의 공시제도 ···7
    4. 우리나라의 부동산등기제도 ··9

제2장 민사소송제도 ···32

    1. 민사소송제도의 목적 ···32
    2. 민사소송의 이상(理想) ··33
    3. 부동산에 관련된 소송 ···41
    4. 소장의 기재사항 ···53
    5. 부동산등기 관련소송의 인지액의 산정 ································83

제3장 부동산물권변동의 효력 ·································90

1. 부동산의 의의 ·· 91
2. 부동산물권 ··· 93
3. 물권법정주의 ·· 96
4. 부동산에 관한 법률행위로 인한 물권변동 ··· 98
5. 등기를 요하지 아니하는 부동산물권 취득 ··· 117

제4장 판결에 의한 등기 ···126

제1절 판결에 의한 소유권보존등기 ·····································128

1. 소유권보존등기의 신청인 ·· 130
2. 부동산등기법 제65조 제2호의 판결 ·· 133
3. 부동산등기법 제65조 제2호의 판결에 해당 여부 ······························ 137
4. 등기에 관하여 의사의 진술을 명한 이행판결에 의한 등기 ················ 140
5. 판결에 의한 소유권보존등기 신정절차 ·· 173

제2절 부동산등기법 제23조 제4항의 판결에 의한 등기 ············180

1. 판결에 의한 등기의 개념 ··· 180
2. 부동산등기법 제23조 제4항의 판결의 요건(확정된 이행판결) ············ 181
3. 부동산등기법 제23조 제4항의 판결에 준하는 집행권원 ····················· 182
4. 의사표시의무판결에 가집행선고의 가부(소극) ·································· 183
5. 의사표시의무판결의 집행과 강제집행정지의 여부(소극) ···················· 184

6. 판결서 등의 검인에 대한 특례 ·································185
7. 부동산등기법 제23조 제4항의 판결에 의한 등기 ·································186
8. 판결에 의한 등기신청서의 기재사항 ·································218
9. 판결에 의한 등기신청서의 첨부서면 ·································223
10. 판결에 의한 등기와 등기관의 심사권 ·································237
11. 판결에 의한 등기의 집행 ·································241

제3절 민사집행법 제263조의 의사의 진술을 명한 판결 ·································266

1. 의사표시를 할 것을 목적으로 하는 채권의 집행 ·································266
2. 민사집행법 재263조의 집행권원(확정된 이행판결) ·································267
3. 의사표시 의무판결에 가집행선고의 가부(소극) ·································268
4. 판결에 의한 등기의 집행과 강제집행정지의 허부(소극) ·································269
5. 확정판결에 따른 강제집행이 권리남용에 해당하기 위한 요건 ·································270

제5장 집행불능판결 ·································274

1. 집행불능판결의 의의 ·································274
2. 판결의 집행력 ·································276
3. 광의의 집행 ·································276

제1절 집행불능판결의 유형 ·································278

1. 등기신청의사(登記申請意思)의 진술을 명한 판결 ·································278

2. 판결에 의한 소유권보존등기 ··288

3. 화해조서에 의한 등기 ··290

4. 공유물분할판결에 의한 등기 ···293

5. 합유부동산에 관한 소송 ···306

6. 판결에 의한 등기의 말소 ··316

7. 판결에 의하여 말소된 등기의 회복 ······································343

8. 집행불능판결에 대한 책임여부 ··364

9. 멸실회복등기 ···368

10. 폐쇄등기부상의 등기에 대한 등기의 말소 또는 회복청구의 가부(소극) ··········· 377

11. 등기명의인 2인을 그 중 1인만으로 경정하는 판결에 의한 등기신청의 가부(소극) ··379

12. 부기등기만의 말소를 명한 판결에 의한 등기 ························385

13. 예고등기만의 말소를 명한 판결에 의한 등기가부(소극) ··········390

14. 외국판결에 의한 등기 ···392

15. 중재판정에 의한 등기 ···404

16. 판결에 의한 상속등기 ···416

17. 가집행선고부 판결에 의한 등기신청의 가부(소극) ················422

18. 실명등기의 유예기간 경과 후 명의신탁해지를 원인으로 소유권이전등기를 명한 판결에 의한 등기신청의 각하 ···············424

19. 부동산의 특정일부 또는 공유지분에 대한 용익물권 또는 담보물권설정의 가부 ··463

20. 주위토지통행권 확인판결에 의한 토지통행권 등기의 가부(소극) ······465

제2절 집행불능판결에 의한 등기신청의 각하 ······469

1. 등기신청의 각하 사유 ······470
2. 집행불능판결에 의한 등기신청의 각하사유 ······473

제3절 집행불능판결의 예방 ······482

제1관 소장의 정확한 기재 ······482

1. 당사자(피고)표시의 정확성(당사자적격) ······482
2. 청구취지의 정확성 ······505

제2관 법원의 석명권의 적정한 행사 ······516

1. 석명권행사의 내용과 한계 ······516
2. 소송자료 보충을 위한 법원의 석명의무 ······517
3. 법원의 석명 또는 지적의무 해태의 위법성 ······517
4. 석명권의 적정한 행사 ······517
5. 법원의 석명의무(민사소송법 제136조 제4항) ······524
6. 등기의 말소 또는 말소된 등기의 회복에 대한 등기상 이해관계 있는 제3자의 승낙과 변론주의 ······526

제3관 판결주문의 명확성 ······531

1. 판결주문 ······531
2. 등기에 관하여 의사의 진술을 명하는 판결주문에 명시될 사항 ······532
3. 제3자의 승낙의 의사표시 ······533
4. 이행판결의 주문 ······534
5. 등기의 말소 또는 회복을 명한 판결주문에 명시될 사항 ······536

제4관 법관의 전문성 ··539

제5관 판결경정제도의 적극적 활용 ·······································541
1. 판결경정의 의의 ···541
2. 판결경정제도의 취지 ···541
3. 판결 경정이 허용되는 범위 ···542
4. 판결경정의 허부 ···543

제6관 민사소송법 제208조 제1항 및 제249조의 개정건의 ···········547
1. 민사소장 및 판결서에 당사자의 주민등록번호기재의 필요성 ·········547
2. 민사소송법의 개정건의 ··548

제4절 법관의 오판과 국가배상책임 ··549
1. 민사소송의 적정의 이상 ···549
2. 공무원의 불법행위와 배상책임 ···549
3. 법관의 재판상의 불법행위를 이유로 한 국가배상문제 ···········550
4. 외국의 경우 ···550
5. 우리나라 대법원 판례 ··551
6. 불복절차 내지 시정절차가 없는 경우 국가배상책임을 인정한 사례 ······554
7. 등기절차이행을 명한 확정판결이 집행불능판결에 해당되는 경우 ·······555
8. 집행불능판결을 받은 원고의 구제문제 ······························555
9. 소장을 작성하는 변호사 등의 책임 ···································557
10. 법관의 오판과 국가 배상책임 ···559

제6장 부동산소유권의 취득시효 ·········566

제1절 시효제도 ·········566
1. 시효제도의 존재이유 ·········567
2. 시효의 원용 ·········567
3. 시효이익의 포기 ·········568
4. 시효의 중단 ·········568
5. 시효의 정지 ·········569
6. 제척기간과 소멸시효 ·········569

제2절 취득시효제도 ·········571
1. 취득시효와 소멸시효 ·········571
2. 부동산소유권의 취득시효 ·········572
3. 취득시효의 대상 ·········573
4. 점유취득시효 ·········581
5. 등기부취득시효 ·········617

제7장 종중재산의 관리·처분 ·········628
1. 종중의 개념 ·········628

2. 종중의 성립 …………………………………………………………… 630

3. 종중의 성격 …………………………………………………………… 639

4. 고유의 의미의 종중과 종중유사단체 ……………………………… 641

5. 종중의 소송 당사자능력 및 등기능력 …………………………… 644

6. 종중재산 ……………………………………………………………… 651

7. 종중의 대표자 ………………………………………………………… 655

8. 종중총회 ……………………………………………………………… 659

9. 종중재산의 관리 및 처분절차 ……………………………………… 663

10. 종중재산의 명의신탁 ……………………………………………… 665

11. 종중 부동산의 등기절차 …………………………………………… 675

12. 종중이 점유취득시효 완성을 원인으로 한 농지취득의 가부 …… 683

13. 조상의 분묘를 설치·관리해온 임야 및 분묘기지권의 시효취득 …… 688

사항별 목차

제1장 부동산등기제도 / 2

1. 물권 / 3
   - 가. 물권의 의의 / 3
   - 나. 물권의 주체 / 3
   - 다. 물권의 객체 / 4
   - 라. 일물일권주의(一物一權主義) / 4
   - 마. 물권법정주의(物權法定主義) / 4
   - 바. 물권의 종류 / 5
   - 사. 물권변동 / 5
     - (1) 물권의 발생(發生) / 5
     - (2) 물권의 변경 / 5
     - (3) 물권의 소멸 / 6
2. 물권변동에 관한 입법주의(의사주의와 형식주의) / 6
   - 가. 의사주의·형식주의 / 6
   - 나. 우리 민법 / 7
3. 부동산물권의 공시제도 / 7
   - 가. 공시의 원칙과 공신의 원칙 / 8
     - (1) 공시의 원칙 / 8

        (2) 공신의 원칙 / 8

   4. 우리나라의 부동산등기제도 / 9

      가. 성립요건주의 / 10

      나. 물적편성주의 · 인적편성주의 · 연대적편성주의 / 11

      다. 등기를 필요로 하는 물건과 권리 / 12

      라. 등기의 절차 / 12

         (1) 공동신청주의 / 13

         (2) 단독신청의 경우 / 13

         (3) 대위신청 / 13

      마. 등기신청권 · 등기청구권 / 14

         (1) 등기신청권 / 14

         (2) 등기청구권 / 14

            (가) 등기인수(수취)청구권 / 15

            (나) 등기말소청구의 상대방 / 16

               1) 말소등기 / 16

               2) 등기말소청구의 상대방 / 16

            (다) 진정한 등기명의 회복 / 17

      바. 판결 등 집행권원에 의한 등기의 집행 / 17

         (1) 의사의 진술을 구하는 청구 / 17

         (2) 부동산등기법 제23조 제4항 판결의 요건 / 18

         (3) 등기의무자가 등기권리자를 상대로 등기를 인수받아 갈 것을 구하는
             등기인수(수취)청구권의 행사 / 18

         (4) 등기인수(수취) 청구의 청구취지 기재례 / 19

         (5) 판결에 의한 등기신청 / 19

            (가) 판결에 의한 등기신청인 / 19

               1) 승소한 등기권리자 또는 승소한 등기의무자 / 19

               2) 공유물분할판결에 의한 경우 / 20

            3) 채권자 대위소송에 의한 경우 / 20

            4) 채권자취소소송의 경우 / 20

        (나) 집행불능판결 / 20

    사. 등기관 / 21

        (1) 등기관의 심사권 / 21

        (2) 형식적 심사주의 · 실질적 심사주의 / 22

            (가) 등기관의 심사권한과 주의의무(注意義務) / 22

            (나) 판결로 확정된 상속분에 대한 등기관의 심사권 / 23

            (다) 등기신청서류의 보정명령 및 각하 / 23

            (라) 등기신청의 각하사유 / 23

            (마) "사건이 등기할 것이 아닌 때"에 해당하는 경우 등기관의 잘못으로 마쳐진 등기의 효력(무효) / 25

        (3) 등기관의 결정 또는 처분에 대한 이의신청 / 25

            (가) 등기관의 처분이 부당하다고 이의신청을 할 수 있는 자 / 25

            (나) 등기관의 결정 또는 처분에 대하여 이의를 신청할 수 있는 사유 / 26

            (다) 등기관이 등기절차를 완료한 적극적 처분을 한 경우 / 26

            (라) 등기신청을 각하한 등기관의 처분에 대한 이의를 인용한 법원의 결정에 따라 등기부에 기입이 마쳐진 경우, 그 법원의 결정에 대한 항고의 적부(소극) / 27

    아. 등기의 효력(물권의 효력발생요건) / 28

        (1) 권리 변동적 효력 / 28

        (2) 등기의 추정력 / 28

        (3) 추정력의 번복에 관한 입증책임(立證責任) / 29

제2장 민사소송제도 / 32

1. 민사소송제도의 목적 / 32
2. 민사소송의 이상(理想) / 33
   - 가. 적정(適正)의 이상 / 33
     - (1) 법원의 석명의무(민사소송법 제136조 제4항의 입법취지) / 35
     - (2) 대법원 판례 / 35
   - 나. 공평(公平)의 이상 / 36
   - 다. 신속(迅速)의 이상 / 36
   - 라. 경제(經濟)의 이상 / 37
   - 마. 신의성실(信義誠實)의 원칙 / 38
     - (1) 신의칙의 의미와 그 위배를 이유로 권리행사를 부정하기 위한 요건 / 38
     - (2) 사정변경의 원칙 / 39
     - (3) 실효의 원칙 / 39
     - (4) 민사소송에 신의칙의 도입 / 40
3. 부동산에 관련된 소송 / 41
   - 가. 등기청구권 / 42
     - (1) 등기청구권의 의의 / 42
     - (2) 등기신청권과 구별 / 42
     - (3) 등기청구권의 성질 / 42
     - (4) 등기청구권의 행사 / 43
     - (5) 등기의무자의 등기청구권의 행사(등기수취청구권) / 43
     - (6) 등기청구권의 소멸시효 해당여부 / 44
   - 나. 부동산등기에 관한 쟁송의 의미(등기에 관한 의사표시의무의 집행) / 44

(1) 이행의 소 / 44

(2) 확인의 소 / 46

(3) 형성의 소 / 48

(4) 부동산등기법 제23조 제4항의 판결 및 제65조 제2호의 판결 / 49

다. 부동산등기에 관한 의사표시의무의 집행 / 50

(1) 의사의 진술을 명한 판결의 확정과 의사의 진술의제 / 51

(2) 의사표시 의무판결에 가집행선고의 가부(소극) / 52

(3) 의사진술(意思陳述)을 명하는 판결에 대한 집행정지의 허부 / 52

4. 소장의 기재사항 / 53

(1) 당사자 · 법정대리인 · 주민등록번호 / 54

(가) 피고의 지정(당사자적격) / 57

1) 당사자의 확정 및 소송능력 등의 흠에 대한 법원의 조치 / 59

가) 사자(死者)를 당사자로 표시한 경우 / 60

나) 착오로 소멸한 당사자를 원고로 기재한 경우 / 61

다) 당사자능력이나 당사자적격이 없는 자를 당사자로 표시한 경우 법원이 취할 조치 / 61

라) 등기의 말소 또는 말소된 등기의 회복을 구하는 경우 피고의 지정 및 청구취지의 기재 / 61

2) 당사자의 변경 / 64

가) 임의적 당사자의 변경 / 64

① 피고의 경정 / 65

② 필수적 공동소송인의 추가 / 65

③ 총유 또는 합유부동산에 관한 소송 및 공유물분할 소송 / 66

㉮ 총유 부동산(總有 不動産) / 66

㉯ 합유 부동산(合有 不動産) / 67

㉰ 공유 부동산(公有 不動産) / 67

3) 당사자표시의 정정 / 68

4) 소송승계 / 69

가) 당연승계(當然承繼) / 69

나) 참가승계(參加承繼) / 70

다) 인수승계(引受承繼) / 70

(2) 대리인의 성명과 주소 / 70

(3) 청구의 취지와 원인 / 70

(가) 청구의 취지 / 70

1) 이행청구(등기에 관하여 의사의 진술을 구하는 청구) / 71

가) 부동산등기에 관한 소송의 청구취지의 특정 / 72

나) 권리에 관한 등기의 등기사항 / 73

다) 등기의 말소 또는 회복등기 절차 이행의 청구 / 73

라) 판결주문에 제3자의 승낙의 의사표시가 누락된 경우 / 75

마) 제3자의 승낙의 의사표시(법률요건 · 소송요건) / 75

바) 법원의 직권조사사항(석명 또는 지적의무) / 75

2) 확인청구 / 77

3) 형성청구 / 78

가) 형성의 소 / 78

나) 공유물분할 / 79

(4) 청구원인 / 81

(5) 사건의 표시 / 82

(6) 공격 또는 방어방법 / 82

(7) 상대방의 청구와 공격 또는 방어의 방법에 대한 진술 / 82

(8) 덧붙인 서류의 표시 / 82

(9) 작성한 날짜 / 82

(10) 법원의 표시 / 82

5. 부동산등기 관련소송의 인지액의 산정 / 83

(1) 인지의 첨부 / 83

(2) 인지의 보정명령 / 84

(3) 부동산등기절차 관련소송의 소가산정 / 84

(가) 소유권이전등기 / 84

(나) 제한물권의 설정등기 또는 이전등기 / 84

(다) 가등기 또는 가등기에 기한 본등기 / 85

(라) 말소등기 / 85

(마) 말소회복등기 / 85

(바) 등기의 수취(인수)를 구하는 소 / 86

(사) 진정명의회복을 원인으로 한 소유권이전등기청구 / 86

(아) 소유권이전등기말소에 대한 승낙의 의사표시를 구하는 소 / 86

　　1) 소가를 산출할 수 없는 재산권상의 소(동 규칙 제18조의 2)로 보는 견해 / 87

　　2) 소가산정의 원칙(동 규칙 제6조)에 따르자는 견해 / 87

제3장 부동산물권변동의 효력 / 90

1. 부동산의 의의 / 91

　가. 토지 및 그 정착물 / 91

　나. 토지소유권의 범위 / 92

　다. 건물 및 구분건물이 되기 위한 요건 / 92

2. 부동산물권 / 93

　가. 물권의 의의 / 93

　나. 물권(物權)의 본질(本質) / 93

　다. 1물1권주의 / 94

　라. 물권의 효력 / 95

3. 물권법정주의 / 96

　가. 물권법정주의의 의의 / 96

　나. 민법 제185조 / 96

　다. 등기와 물권변동 / 97

　　(1) 등기. 등기부의 의의 / 97

　　(2) 등기할 수 있는 권리 / 98

4. 부동산에 관한 법률행위로 인한 물권변동 / 98

　가. 물권변동의 의의 / 98

　나. 법률행위 / 99

　　(1) 법률행위의 의의 / 99

　　(2) 법률행위의 요건 / 99

　　(3) 물권변동의 원인행위(原因行爲)가 취소(取消) 또는 해제(解除)된 경우 물권의 복귀여부 / 100

　　　(가) 물권적(物權的) 효과설(效果說) / 100

　　　(나) 채권적(債權的) 효과설(效果說) / 100

　　　(다) 판례(判例)의 입장 / 100

　다. 의사주의(意思主義)와 형식주의(形式主義) / 101

　라. 물권행위의 독자성(獨自性)·물권행위의 무인성(無因性) / 102

　마. 물권행위·물권적 법률행위 / 102

　바. 공시의 원칙·공신의 원칙 / 103

　　(1) 공시(公示)의 원칙(原則) / 103

　　(2) 공신(公信)의 원칙(原則) / 103

　사. 등기와 물권변동 / 104

　　(1) 소유권보존등기 / 105

　　　(가) 소유권보존등기의 등기사항 / 105

　　　(나) 소유권보존등기의 신청인 / 105

　　(2) 원래부터의 부동산 소유자의 소유권 주장 가부(적극) / 106

　　(3) 멸실 회복등기 기간 내에 회복등기를 하지 않은 부동산의 등기 절차 / 106

　　(4) 미등기 토지에 대한 소유권보존등기를 위하여 국가를 상대로 제기한 토지소유권확인소송의 적부(適否) / 106

　　(5) 미등기 건물 매수인의 등기절차 / 107

　아. 등기의 추정력(推定力) / 108

　　(1) 등기의 추정력의 의미 / 108

(2) 등기의 추정력의 인정근거 / 108

(3) 등기의 추정력과 등기무효의 입증책임(立證責任) / 110

(4) 특별조치법에 의하여 경료 된 등기의 추정력이 번복(飜覆)되는 경우 / 111

자. 이중(二重)(重複) 등기(登記) / 112

  (1) 중복등기의 효력에 관한 학설 / 112

    (가) 절차법설(節次法說) / 112

    (나) 실체법설(實體法說) / 112

    (다) 절충설(折衷說) / 112

  (2) 판례(判例)의 동향(動向) / 113

  (3) 이중 보존등기의 효력 / 113

    (가) 동일인명의로 중복된 소유권보존등기의 효력 / 114

    (나) 소유명의자(所有名義者)를 달리하는 중복보존등기의 효력 / 114

      1) 명의인을 달리하여 소유권 원시취득자(原始取得者)명의로 중복 경료 된 소유권보존등기의 효력 / 114

      2) 중복보존등기 중 선등기가 원인무효가 아니어서 후등기가 무효로 된 경우, 후등기명의인의 점유취득시효완성으로 후등기가 유효로 되는지 여부(소극) / 114

  (4) 중복등기기록(重複登記記錄)의 정리(整理) / 115

    (가) 중복등기기록의 폐쇄 / 115

    (나) 중복등기기록의 정리 / 115

    (다) 폐쇄된 등기기록의 부활 / 117

5. 등기를 요하지 아니하는 부동산물권 취득 / 117

가. 법률의 규정에 의한 물권변동 / 118

  (1) 법률의 규정에 의한 부동산물권 취득의 의의 / 118

  (2) 민법 제187조의 입법취지 / 118

  (3) 법률의 규정에 의한 부동산물권 취득 / 118

    (가) 상속 / 119

    (나) 공용징수 / 120

    (다) 판결 / 120

1) 판결에 의한 부동산에 관한 물권의 취득 / 120

2) 민법 제187조의 판결의 의미 / 120

3) "등기를 하지 아니하면 처분(處分)하지 못한다"는 의미 / 121

(라) 경매 / 122

1) 소유권의 취득시기 / 122

2) 매각대금 지급 뒤의 조치 / 122

(마) 기타 법률의 규정에 의한 부동산에 관한 물권의 취득 / 123

(4) 신축된 건물의 소유권의 원시취득자(原始取得者) 확정방법 / 123

(5) 법률의 규정에 의한 부동산물권의 취득과 처분 / 124

제4장 판결에 의한 등기 / 126

제1절 판결에 의한 소유권보존등기 / 128

1. 소유권보존등기의 신청인 / 130

   가. 대장(토지, 임야 또는 건축물 대장)에 최초의 소유자로 등록되어 있는 자 또는 그 상속인, 그 밖의 포괄승계인(법 제65조 제1호) / 130

   나. 확정판결에 의하여 자기의 소유권을 증명하는 자(법 제65조 제2호) / 131

   (1) 부동산등기법 제65조 제2호 소정의 판결 / 131

   (2) 건축허가명의자를 상대로 한 소유권 확인판결 / 131

   (3) 미등기토지에 대하여 국가를 상대로 한 소유권확인청구 / 131

   다. 수용으로 인하여 소유권을 취득하였음을 증명하는 자(법 제65조 제3호) / 132

   라. 특별자치도지사, 시장, 군수 또는 구청장의 확인에 의하여 자기의 소유권을 증명하는 자(건물의 경우로 한정한다. 법 제65조 제4호) / 132

2. 부동산등기법 제65조 제2호의 판결 / 133

가. 판결의 상대방(피고적격) / 134
　　　　　(1) 대장상 최초의 소유자로 등록되어 있는 자(상속인) / 134
　　　　　(2) 국가(토지의 경우) / 134
　　　　　　　(가) 국가를 상대로 한 토지소유권 확인청구가 이익이 있는 경우 / 135
　　　　　　　(나) 대장에 소유권을 이전 받은 자는 등재되어 있으나 최초의 소유자가 누락된 경우 / 135
　　　　　　　(다) 토지대장상 최초의 소유자를 알 수 없는 경우 / 136
　　　　　　　(라) 국가를 상대로 한 미등기 건물의 소유권확인판결의 법 제65조 제2호의 판결에 해당 여부(소극) / 136
　　　　　　　(마) 보존등기가 되어 있는 토지(보존등기의 명의인) / 136
　　　　　(3) 지방자치단체(미등기 건물)를 상대로 한 판결 / 137
　　3. 부동산등기법 제65조 제2호의 판결에 해당 여부 / 137
　　　가. 신청인에게 소유권이 있음을 증명하는 확정판결 / 138
　　　나. 형성판결. 이행판결 / 138
　　　다. 의제자백판결 / 138
　　　라. 보존등기의 말소를 명한 판결에 의한 소유권보존등기 / 139
　　4. 등기에 관하여 의사의 진술을 명한 이행판결에 의한 등기 / 140
　　　가. 등기에 관하여 의사의 진술을 명한 판결의 주문 / 140
　　　　　(1) 판결주문에 명시될 사항 / 140
　　　　　(2) 등기의 말소 또는 말소된 등기의 회복을 명하는 판결의 경우 / 141
　　　　　　　(가) 등기의 말소 / 141
　　　　　　　(나) 말소된 등기의 회복 / 141
　　　나. 확인판결 / 142
　　　　　(1) 확인판결의 의의 / 142
　　　　　(2) 확인의 소의 권리보호 요건(확인의 이익) / 142
　　　다. 이행판결 / 143
　　　　　(1) 이행의 소 / 143

(2) 이행판결 / 143

(3) 채무명의 · 집행권원 / 144

(4) 등기에 관하여 의사의 진술을 구하는 청구(등기청구권) / 145

    (가) 등기의 의의 / 145

    (나) 등기의 유효요건 / 145

        1) 등기의 형식적 또는 절차적 유효요건 / 145

            ① 등기의 존재 / 146

            ② 등기할 사항 / 146

            ③ 관할 등기소 / 146

            ④ 등기신청의 형식적 요건의 구비 / 146

            ⑤ 등기신청행위의 하자가 없어야 한다. / 146

        2) 등기의 실질적 또는 실체적 유효요건 / 147

    (다) 물권행위의 의의 / 147

    (라) 물권변동의 의의 / 147

    (마) 등기청구권의 의의 / 148

        1) 공동신청주의와의 관계 / 148

        2) 등기권리자 · 등기의무자의 의의 / 148

        3) 등기청구권의 당사자 / 149

    (바) 등기인수(引受, 또는 受取) 청구권 / 149

        1) 등기인수(수취)청구권의 의의 / 149

        2) 등기의무자가 등기권리자를 상대로 등기를 인수받아 갈 것을 구할 수 있는지 여부(적극) / 149

    (사) 의사표시의무의 집행 / 150

    (아) 판결에 의한 등기 / 150

    (자) 권리에 관한 등기의 등기사항 / 151

        1) 등기목적 / 151

        2) 등기원인 및 그 연월일 / 152

            가) 등기원인의 의의 / 152

            나) 등기원인 연월일(등기원인일자) / 152

3) 권리자 / 152

4) 신청정보 및 첨부정보 / 152

(5) 등기절차이행청구의 청구취지(판결주문) 기재례 / 153

 (가) 매매 등을 원인으로 한 소유권이전등기 / 155

  1) 소유권 전부 이전인 경우 / 155

  2) 소유권 일부를 이전하는 경우 / 155

  3) 단독소유를 합유로 이전하는 경우 / 156

   가) 합유 / 156

   나) 합유지분의 처분절차 / 156

   다) 합유자 중 일부가 망한 경우 합유물의 소유권 귀속 / 156

 (나) 가등기에 기한 본등기 / 157

 (다) 유류분 반환 / 158

  1) 유류분 · 유류분의 권리자 / 158

  2) 유류분권자 / 158

  3) 유류분반환청구권 / 158

  4) 소멸시효 / 159

 (라) 대물변제 / 159

 (마) 현물출자 / 159

 (바) 승소한 등기의무자의 등기인수(수취)청구권 행사 / 160

 (사) 교환 / 160

 (아) 취득시효 / 161

  1) 점유취득시효 / 161

  2) 등기부취득시효 / 162

  3) 등기부취득시효의 요건 / 162

  4) 자기 소유 부동산에 대하여 시효취득이 가능한지 여부(적극) / 162

 (자) 진정명의회복을 원인으로 한 소유권이전등기 / 163

  1) 원인무효의 등기의 말소절차 / 163

  2) 진정한 등기명의회복을 원인으로 한 소유권이전등기절차이행청구 / 163

 (차) 수용으로 인한 소유권이전 / 164

1) 토지수용 / 164

2) 보상금의 지급 / 164

3) 권리의 취득 . 소멸 및 제한 / 164

(카) 등기의 말소 및 등기상 이해관계 있는 제3자의 승낙 / 165

1) 말소등기의 의의 / 165

2) 이해관계 있는 제3자가 있는 등기의 말소 / 165

(타) 회복등기 / 166

1) 멸실 회복등기의 요건 / 166

가) 등기부가 멸실된 경우의 회복등기 방법 / 166

나) 등기부 멸실 후 회복등기를 하지 아니한 경우 소유권 상실 여부(소극) / 167

다) 회복등기 신청기간이 경과된 후의 등기절차(새로운 보존등기 신청) / 167

2) 말소 회복등기의 의의 / 167

가) 등기상 이해관계 있는 제3자가 있을 때 / 168

나) 등기상 이해관계 있는 제3자의 승낙의무 / 168

(파) 전세권설정등기 / 169

(하) 저당권 · 근저당권의 등기사항 / 169

1) 저당권의 등기사항 / 169

2) 근저당권의 등기사항 / 170

(거) 임차권의 등기사항 / 171

라. 형성판결 / 172

5. 판결에 의한 소유권보존등기 신정절차 / 173

가. 판결에 의한 소유권보존등기신청서의 기재사항 / 173

(1) 부동산의 표시에 관한 사항(규칙 제43조 제1항 1호) / 173

(가) 토지 / 173

(나) 건물 / 174

(2) 등기신청인(규칙 제43조 제1항 2~4호) / 174

(3) 신청근거규정 / 175

(가) 등기원인과 그 연월일의 생략 / 175

(나) 신청근거규정의 기재 / 175

(4) 등기의 목적(규칙 제43조 제1항 6호) / 175

(5) 기타 기재사항 / 175

나. 판결에 의한 소유권보존등기신청서의 첨부서면 / 175

(1) 확정판결정본의 첨부 및 판결서의 검인 여부(소극) / 176

(2) 토지대장등본(임야대장 또는 건축물 관리대장등본) / 176

(3) 주민등록표등(초)본 / 177

(4) 기타 첨부서면 / 177

제2절 부동산등기법 제23조 제4항의 판결에 의한 등기 / 180

1. 판결에 의한 등기의 개념 / 180
2. 부동산등기법 제23조 제4항의 판결의 요건(확정된 이행판결) / 181
3. 부동산등기법 제23조 제4항의 판결에 준하는 집행권원 / 182
4. 의사표시의무판결에 가집행선고의 가부(소극) / 183

    가. 가집행선고의 의의 / 183

    나. 의사표시 의무판결에 가집행선고의 가부(소극) / 183

5. 의사표시의무판결의 집행과 강제집행정지의 여부(소극) / 184

    가. 강제집행정지의 의의 / 184

    나. 의사의 진술을 명하는 판결의 집행에 대한 강제집행정지의 허부(소극) / 184

    (1) 광의(廣義)의 집행(執行) / 184

    (2) 의사의 진술을 명하는 판결에 강제집행정지의 허부(소극) / 185

6. 판결서 등의 검인에 대한 특례 / 185

    가. 계약서에 대한 검인제도 / 185

    나. 판결서 등에 대한 검인 / 185

7. 부동산등기법 제23조 제4항의 판결에 의한 등기 / 186

    가. 등기신청인(승소한 등기권리자 또는 등기의무자) / 186

(1) 승소한 등기권리자 / 186

(2) 승소한 등기의무자의 등기신청 / 187

(가) 등기수취 또는 인수 청구권 / 187

(나) 판결에 의한 등기신청과 신청정보 및 첨부정보의 제공방법 / 188

1) 신청정보의 제공방법 / 188

2) 일괄신청과 동시신청 / 189

3) 신청정보의 내용 / 189

4) 첨부정보 / 190

(3) 패소한 당사자의 판결에 의한 등기신청 가부(소극) / 191

(4) 승소한 등기권리자의 상속인 / 191

나. 공유물분할판결에 의한 경우 / 191

(1) 공유물분할의 의의 / 191

(가) 공유물분할과 공유자 전원의 참여 / 192

(나) 재판에 의한 공유물분할의 방법 / 192

(2) 공유물분할의 소 / 193

(가) 고유 필수적 공동소송 / 193

(나) 공유토지 일부에 대한 시효취득을 원인으로 한 소유권이전등기청구소송 / 193

(3) 공유물의 분할청구 및 분할의 방법 / 193

(가) 공유물분할의 대상 / 194

(나) 공유물분할의 자유와 재판에 의한 공유물분할의 방법 / 194

(다) 현물분할이 불가능한 경우 법원의 직권경매 및 불공평한 분할의 위법성 / 195

(라) 공유물에 대한 불공평한 분할의 위법성 / 196

(마) 공유물분할과 전원의 참여 / 196

(4) 공유물분할판결에 의한 등기신청인(소송당사자) / 196

(5) 공유자의 지분처분과 다른 공유자의 동의 요부 / 196

(6) 공유자의 단독 보존행위의 가부 / 196

다. 채권자대위권에 의한 등기 / 197

(1) 채권자대위권의 의의 및 요건 / 197

        (가) 법정재산관리권 / 197

        (나) 채무자가 스스로 권리를 행사하지 않은 경우 / 198

        (다) 채무자의 무자력 / 198

        (라) 제3채무자에 대한 특정물에 관한 권리의 대위행사 / 199

    (2) 채권자대위권의 대상(목적) / 200

    (3) 채권자대위권행사의 객체가 될 수 있는 권리 / 200

    (4) 채권자대위소송에 의한 확정판결의 효력이 채무자에게 미치는지 여부(적극) / 201

    (5) 채권자대위권에 의한 등기신청 / 201

    (6) 채권자 대위권에 의한 대위등기의 신청요건 / 201

        (가) 채무자에게 등기신청권이 있을 것 / 202

        (나) 채무자에게 유리한 등기일 것 / 202

        (다) 대위의 기초가 되는 채권(피보전채권)이 있을 것 / 202

    (7) 취득시효완성과 대위등기 / 203

    (8) 채권자가 제3채무자를 상대로 채무자를 대위하여 등기절차이행을 명하는 판결을 받은 경우 / 203

        (가) 채권자 등의 판결에 의한 등기의 대위신청 / 203

        (나) 채권자대위권에 의한 등기절차 / 203

라. 사해행위취소판결에 의한 등기 / 213

    (1) 채권자취소권의 의의 / 213

    (2) 사해의사의 의미 / 213

    (3) 사해행위취소의 소의 피고적격 / 214

    (4) 사해행위의 성립요건 / 215

        (가) 채권자취소권의 요건 / 215

        (나) 사해행위에 해당여부 / 215

            1) 채무자소유 부동산의 담보제공 또는 매도행위 / 215

            2) 상속재산의 분할협의 또는 이혼에 따른 재산분할이 사해행위취소의 대상이 되기 위한 요건 / 215

            3) 채무자의 대물변제와 사해행위 여부 / 216

(5) 채권자취소권의 행사 / 216

    (가) 채권자취소권의 재판상 행사 / 216

    (나) 채권자 취소소송의 제소기간의 기산점 / 217

(6) 사해행위취소의 효력 / 217

(7) 수익자를 상대로 사해행위취소판결을 받은 채권자의 등기신청 / 218

8. 판결에 의한 등기신청서의 기재사항 / 218

  가. 부동산의 표시에 관한 사항 / 218

  나. 신청인(등기권리자와 등기의무자) / 218

  다. 이행판결의 등기원인과 그 연월일 / 219

    (1) 등기원인 및 그 연월일의 의의 / 219

    (2) 이행판결에 의한 등기신청의 경우 판결주문에 '등기원인과 그 연월일'이 명시되지 않은 경우 / 220

      (가) 등기원인과 그 연월일의 정확한 기재를 요하는 이유 / 220

      (나) 판례 / 221

    (3) 소유권보존등기의 경우 / 222

    (4) 권리의 등기의 등기원인의 경정가부(적극) / 222

    (5) 등기절차의 이행을 명하는 판결의 등기원인과 그 연월일 / 222

      (가) 이행판결(履行判決) / 222

      (나) 형성판결(形成判決) / 223

      (다) 화해조서(和解調書) / 223

  라. 등기의 목적 / 223

9. 판결에 의한 등기신청서의 첨부서면 / 223

  가. 판결정본 및 확정증명서 / 224

    (1) 등기원인증서(확정판결 정본 및 확정증명서) / 224

    (2) 판결서 등의 검인 / 224

  나. 집행문 / 225

    (1) 집행문의 의의 / 225

(2) 집행문의 종류 / 225

(3) 의사의 진술을 명한 판결과 집행문의 요부 / 226

(4) 등기절차이행을 명한 판결의 집행에 집행문의 첨부를 요하는 경우(예외) / 226

(5) 승계집행문 / 226

 (가) 승계집행문의 의의 / 226

 (나) 승계집행문을 부여하는 사례 / 227

 (다) 승계집행문부여 거절에 대한 이의신청 재판에 불복하는 방법(=특별항고) / 법원의 결정이 법률에 위반되었다는 사유가 특별항고 사유가 되는지 여부(소극) / 228

 (라) 의사의 표시를 명하는 판결의 확정으로 의사표시 간주의 효과가 생긴 후에 등기권리자의 지위가 승계된 경우, 승계집행문이 부여될 수 있는지 여부(원칙적 소극) / 229

다. 주소를 증명하는 서면 / 229

 (1) 소유권이전등기신청 / 229

 (2) 대위(代位) 보존등기신청 / 230

라. 제3자의 허가서 또는 등기상 이해관계 있는 제3자의 승낙서 / 230

 (1) 제3자의 허가서 등의 생략 / 231

 (2) 예외(소유권이전등기신청) / 231

  (가) 행정관청의 허가서 등의 첨부 / 231

  (나) 농지취득자격증명 및 토지거래허가서를 첨부할 필요가 없는 경우 / 231

마. 등기필증(등기필 정보) / 232

10. 판결에 의한 등기와 등기관의 심사권 / 237

가. 형식적 심사주의 / 237

 (1) 등기관의 심사대상 / 237

 (2) 등기신청서류에 대한 심사의 기준시기 / 237

 (3) 상속등기신청에 대한 등기관의 심사에 확정판결의 기판력이 미치는 여부 / 238

 (4) 등기관의 심사권한과 주의의무 / 238

나. 확정판결에 대한 등기관의 심사범위 / 238

다. 판결서의 기재사항에 관한 등기관의 심사 / 239

　(1) 등기관의 실질적 심사권한 유무(소극) 및 위조된 서면에 의한 등기신청을 수리한 등기관의 과실이 인정되는 경우 / 239

　(2) 판결에 의한 등기신청과 등기관의 심사 시 주의의무의 정도 / 239

　　(가) 원칙 / 240

　　(나) 예외 / 240

11. 판결에 의한 등기의 집행 / 241

가. 광의(廣義)의 집행행위(執行行爲) / 241

나. 협의(狹義)의 집행(執行) / 242

　(1) 등기신청의 접수시기 / 243

　(2) 등기의 효력발생시기 / 244

　　(가) 등기사무를 처리한 등기관이 누구인지를 알 수 있는 조치를 한때 / 244

　　(나) 의사의 진술을 명하는 판결과 협의의 집행이 완료되는 시기 / 245

다. 판결에 의한 등기신청인(승소한 등기권리자 또는 등기의무자) / 246

　(1) 승소한 등기권리자 / 246

　(2) 승소한 등기의무자 / 247

라. 등기의 말소 또는 말소등기의 회복을 명하는 판결에 명시될 사항 / 251

　(1) 등기의 말소를 명하는 판결주문에 명시될 사항 / 251

　(2) 말소등기의 회복을 명하는 판결주문에 명시될 사항 / 254

마. 부동산등기법 제65조 제2호의 판결 및 제23조 제4항의 판결의 차이 / 257

　(1) 부동산등기법 제65조 제2호의 판결(판결의 종류불문) / 257

　(2) 부동산등기법 제23조 제4항의 판결(확정된 이행판결) / 257

　(3) 의사의 진술을 명한 판결에 가집행선고 또는 강제집행정지의 가부(소극) / 258

바. 부동산등기법 제23조 제4항의 판결에 준하는 집행권원 / 259

　(1) 화해 또는 인낙조서, 화해권고결정 등 / 259

　(2) 소외인에 대한 화해의 효력 여부(소극) / 259

　　(가) 기판력의 의의 / 259

(나) 기판력의 주관적 범위 / 260

(다) 소외인(訴外人)에 대한 화해의 효력 / 260

(라) 공정증서의 집행권원에 해당여부(소극) / 261

1) 집행권원의 의의 / 261

2) 각종 집행권원 / 261

3) 공정증서의 집행권원에 해당 여부(소극) / 261

사. 확정판결의 소멸시효여부 및 판결에 의한 등기신청기간 / 262

(1) 시효제도 / 262

(2) 판결에 의하여 확정된 채권의 소멸시효 / 262

(가) 소멸시효기간(10년) / 262

(나) 시효중단을 위한 재소(再訴)와 소의 이익 / 262

(3) 판결에 의한 등기신청기간 / 263

아. 판결주문 중의 일부만의 등기신청가부(적극) / 265

제3절 민사집행법 제263조의 의사의 진술을 명한 판결 / 266

1. 의사표시를 할 것을 목적으로 하는 채권의 집행 / 266

2. 민사집행법 재263조의 집행권원(확정된 이행판결) / 267

3. 의사표시 의무판결에 가집행선고의 가부(소극) / 268

가. 가집행선고의 의의 / 268

나. 의사표시 의무판결에 가집행선고의 가부(소극) / 268

4. 판결에 의한 등기의 집행과 강제집행정지의 허부(소극) / 269

가. 강제집행 및 강제집행의 정지의 의의 / 269

나. 의사의 진술을 명한 판결에 대한 강재집행정지의 가부(소극) / 269

5. 확정판결에 따른 강제집행이 권리남용에 해당하기 위한 요건 / 270

제5장 집행불능판결 / 274

1. 집행불능판결의 의의 / 274
2. 판결의 집행력 / 276
3. 광의의 집행 / 276

제1절 집행불능판결의 유형 / 278

1. 등기신청의사(登記申請意思)의 진술을 명한 판결 / 278
    가. 부동산등기에 관하여 의사(意思)의 진술(陳述)을 명한 판결 / 279
        (1) 등기에 관하여 의사의 진술을 명한 이행판결에 명시될 사항 / 280
            (가) 일반적 기재사항 / 280
                1) 부동산의 표시 / 281
                2) 등기신청인의 표시(등기권리자와 등기의무자) / 281
                3) 등기원인과 그 연월일의 표시 / 282
                4) 등기목적의 표시 / 282
            (나) 특수한 기재사항 / 283
                1) 등기의 말소 / 285
                    가) 등기의무자 및 등기상 이해관계 있는 제3자가 등기의 말소에 협력하지 않는 경우 / 285
                    나) 소장의 당사자표시 및 청구취지의 기재사항 / 285
                    다) 판결서에 명시될 사항 / 285
                2) 말소된 등기의 회복 / 286
                    가) 등기의무자 및 등기상 이해관계 있는 제3자가 말소된 등기의 회복에 협력하지 않는 경우 / 286
                    나) 소장의 당사자표시 및 청구취지의 기재사항 / 286

다) 판결서에 명시될 사항 / 286

나. 토지의 분할을 명함이 없는 판결의 집행불능판결에 해당 여부(소극) / 287

　(1) 판결주문에 "분할하여"라는 표시를 누락한 것이 판결경정의 대상인지 여부(소극) / 287

　(2) 토지의 분할신청절차 / 287

2. 판결에 의한 소유권보존등기 / 288

가. 등기신청서의 기재사항 / 289

　(1) 신청근거규정의 명시(등기원인과 그 연월일의 기재 생략) / 289

　(2) 판결서에 명시될 사항 / 289

　　(가) 부동산 및 등기권리자의 표시 / 289

　　(나) 판결경정 / 290

나. 등기신청서의 첨부서면 / 290

3. 화해조서에 의한 등기 / 290

가. 화해조서의 효력 / 291

나. 화해조항의 중요성 / 291

다. 소외인에 대한 화해의 효력 / 293

4. 공유물분할판결에 의한 등기 / 293

가. 공동소유 / 293

나. 공유물분할의 자유와 분할의 금지 / 294

　(1) 공유물분할의 자유 / 294

　(2) 계약에 의한 공유물분할의 금지 / 295

　(3) 소유권의 일부이전과 계약에 의한 분할의 금지 / 295

다. 공유물분할의 소 / 296

　(1) 필수적 공동소송. 형성(形成)의 소(訴) / 296

　(2) 공유물분할의 소의 당사자 / 297

　　(가) 공유물에 대한 공유자일 것 / 297

　　(나) 필수적 공동소송 / 297

                1) 권리관계의 합일적 확정 / 297

                2) 공동소송인 중 일부의 상소 제기와 상소심의 심판범위 / 297

                3) 공유토지의 일부에 대한 취득시효완성 / 298

                4) 소송진행 중 당사자의 1인이 당사자의 자격을 상실한 경우 법원의 조치 / 298

            (다) 필수적 공동소송인의 추가 / 299

        (3) 재판에 의한 공유물 분할의 방법 / 299

            (가) 경제적 가치가 지분 비율에 상응하도록 토지를 현물분할하는 방법의 허용 여부(적극) / 299

            (나) 금전으로 경제적 가치의 과부족을 조정하게 하는 현물분할의 허용 여부(적극) / 299

            (다) 공유물분할의 소에 있어서 공유물분할의 방법 / 300

        (4) 판결주문의 기재방법 / 300

    라. 공유부동산의 분할판결에 따른 등기 / 301

    마. 공유물분할판결에 의한 등기절차(지분이전등기) / 301

        (1) 일부 공유자의 지분을 기초로 한 제3자 명의의 새로운 등기(단, 공유지분이전등기를 제외한다)가 경료된 경우 / 302

        (2) 일부 공유자의 지분이 제3자에게 이전된 경우 / 302

            1) 등기의무자의 승계 / 302

            2) 등기권리자의 승계 / 303

    바. 공유자의 단독 보존행위 / 304

        (1) 부동산의 인도청구 및 원인무효등기의 말소청구 / 304

        (2) 방해배제청구 및 이전등기 또는 가등기의 말소청구 / 305

        (3) 공유물의 인도나 명도청구 / 305

        (4) 진정명의회복을 원인으로 한 소유권이전등기청구 / 305

5. 합유부동산에 관한 소송 / 306

    가. 합유의 의의 / 306

        (1) 조합체로서 물건을 소유하는 형태 / 306

            (가) 합유재산의 보존등기 방법 / 307

        (나) 합유자 중 일부가 사망한 경우 소유권의 귀속 / 307

     (2) 합유지분의 처분과 합유물의 분할금지 / 307

     (3) 합유의 종료 / 307

  나. 고유필수적 공동소송 / 307

     (1) 합유물에 관한 소송이 필요적 공동소송인지 여부 / 308

     (2) 합유부동산에 관한 소유권이전등기청구 / 308

  다. 합유물의 처분, 변경과 보존 / 310

  라. 합유명의인 표시변경등기 / 310

     (1) 합유자가 3인 이상인 경우 1인이 사임한 때(합유자 일부의 사망과 소유권의 귀속)
         / 311

     (2) 합유자 2인 중 1인이 사망한 때 / 314

     (3) 합유자가 1인인 경우 / 314

     (4) 잔존 합유자의 사망과 상속등기 / 316

  마. 판결서에 합유자 중 일부가 누락된 경우(필수적 공동소송인의 추가) / 316

6. 판결에 의한 등기의 말소 / 316

  가. 말소등기의 의의 / 316

  나. 말소등기와 변경등기와 구별 / 317

  다. 말소의 대상이 되는 등기 / 317

  라. 원인무효등기의 말소청구권자(원고적격) / 318

     (1) 부동산의 매수인 / 318

     (2) 부동산 매수인의 대위에 의한 말소청구 / 318

     (3) 등기말소 또는 회복청구의 상대방(피고적격) / 319

        (가) 등기명의인 또는 그 포괄승계인 / 319

        (나) 종전 소유자의 근저당권설정등기의 말소청구 / 319

  마. 등기상 이해관계 있는 제3자의 승낙 / 320

  바. 말소등기의 요건 / 321

     (1) 현재 효력 있는 등기의 전부가 부적법할 것 / 322

(2) 등기의 말소에 대하여 등기상 이해관계 있는 제3자의 승낙 / 322

사. 말소등기의 신청인 / 323

　　(1) 공동신청의 원칙 / 323

　　(2) 예외(단독신청) / 323

아. 판결에 의한 등기의 말소신청 / 324

　　(1) 등기의무자가 말소등기신청에 협력하지 않는 경우 / 324

　　(2) 말소등기절차의 이행을 명하는 판결에 가집행의 선고가부(소극) / 324

　　(3) 종전 소유자의 근저당권설정등기의 말소청구 가부(적극) / 324

　　(4) 말소등기신청서의 기재사항 / 325

　　(5) 말소등기신청서의 첨부서면 / 325

자. 등기의 말소절차이행을 구하는 소 / 326

　　(1) 말소등기청구권의 발생원인(등기원인의 무효) / 326

　　(2) 소의 상대방(등기명의인 또는 그 포괄승계인) / 326

　　(3) 멸실된 건물에 대한 등기말소청구의 적부 / 327

차. 등기상 이해관계 있는 제3자가 있는 경우 / 327

　　(1) 등기상 이해관계 있는 제3자의 의의 / 328

　　(2) 제3자가 승낙의무를 부담하는지 여부의 판단기준 / 328

　　　(가) 제3자의 등기말소에 대한 승낙의무 여부 / 328

　　　(나) 제3자의 승낙의무 여부에 대한 판단기준 / 328

　　(3) 제3자의 등기의 말소에 대한 승낙의사의 표시(판결주문) / 330

　　(4) 제3자의 승낙의무 여부 / 330

　　　(가) 등기상 이해관계 있는 제3자에 해당되는 경우 / 331

　　　　1) 임차권자. 저당권자. 근저당권자 / 331

　　　　2) 가압류채권자(근저당권부 채권가압류) / 331

　　　　3) 근저당권자 및 가등기권자 / 331

　　　　　가) 근저당설정등기 및 가등기의 말소 / 331

　　　　　나) 소유권이전등기청구권가등기 및 근저당권 말소등기청구의 소송물가액 / 332

　　　　4) 경매신청인 / 332

            5) 체납처분권자 / 332

            6) 가처분권리자 / 333

        (나) 등기상 이해관계 있는 제3자에 해당되지 아니하는 경우 / 333

            1) 명의신탁자 / 333

            2) 예고등기 후 당해 부동산의 소유권을 취득한 제3자 / 333

    카. 부동산의 특정일부에 대한 말소등기절차이행을 명한 판결 / 337

    타. 집행법원의 촉탁에 의한 등기의 말소 및 말소등기의 회복과 제3자의 승낙요부(소극) / 337

        (1) 집행법원의 촉탁에 의한 등기의 말소와 제3자의 승낙요부(소극) / 337

        (2) 법원의 촉탁에 의하여 말소된 등기의 회복과 제3자의 승낙요부 / 337

    파. 제3자 명의등기의 직권말소 / 338

7. 판결에 의하여 말소된 등기의 회복 / 343

    가. 말소회복등기의 의의 / 343

    나. 제3자의 승낙의무 / 344

        (1) 등기상 이해관계 있는 제3자의 의의 및 판별 기준시 / 345

        (2) 승낙을 할 실체법상의 의무가 있는 경우 / 346

        (3) 승낙을 할 실체법상의 의무가 없는 경우 / 346

        (4) 등기가 원인 없이 말소된 경우(원인무효의 등기)의 승낙의무 / 347

        (5) 혼동으로 소멸한 근저당권의 부활과 이해관계인의 회복등기 승낙의무 / 348

        (6) 제3자의 임의의 승낙 또는 승낙을 명한 판결 / 348

        (7) 승낙을 할 의무가 있는 등기상 이해관계 있는 제3자의 범위 / 349

        (8) 등기상 이해관계 있는 제3자가 말소등기의 회복에 승낙을 거부하는 경우 / 349

        (9) 이해관계인의 승낙서 등을 첨부하지 아니한 말소회복등기(무효) / 349

        (10) 제3자 명의등기의 직권말소 / 349

    다. 당사자가 자발적으로 말소등기를 한 경우 회복등기의 가부(소극) / 350

    라. 말소회복등기의 신청인 / 350

        (1) 말소등기가 공동신청으로 된 경우 / 350

(2) 말소등기가 법원의 촉탁 또는 등기관의 직권에 의한 경우의 회복등기 절차 / 351

(3) 소장의 청구취지 및 피고 지정(피고적격) / 352

(가) 회복등기의무자 / 352

(나) 근저당권설정등기의 회복등기청구의 상대방(등기말소 당시의 소유자) / 352

(다) 말소회복등기에 대한 승낙의사표시청구의 소가신정 / 352

마. 직권으로 말소된 등기의 회복방법 / 353

(1) 가등기에 기한 소유권이전의 본등기가 됨으로써 직권으로 말소된 등기의 회복방법 / 353

(2) 회복등기에 있어서 승낙청구의 상대방인 이해관계 있는 제3자 / 353

바. 말소회복등기의 효력 / 354

사. 폐쇄등기부에 기재되어 있는 등기의 회복청구 및 등기말소청구의 가부(소극) / 354

아. 회복등기와 등기면상 양립할 수 없는 등기가 된 경우 / 355

자. 등기관의 등기신청의 각하 / 360

차. 제3자의 승낙여부에 대한 법원의 직권조사 / 361

카. 판결 등 집행권원에 의한 등기신청서의 첨부서면 / 363

(1) 판결정본 및 확정증명서와 송달증명서 / 363

(2) 집행문 / 363

(3) 주소를 증명하는 서면 / 363

(4) 제3자의 허가서 / 364

(5) 등기필정보 / 364

8. 집행불능판결에 대한 책임여부 / 364

가. 소장을 작성한 변호사나 법무사의 위임계약상의 선관의무 / 364

나. 집행불능판결을 선고한 법관의 책임 / 365

(1) 법원의 직권조사사항 / 365

(2) 법원의 소송자료보충을 위한 석명의무 / 365

(3) 법관의 직무상 의무 / 366

(4) 재판에 대한 국가배상책임이 인정되기 위한 요건 / 367

(5) 집행불능판결을 받은 원고의 구제문제 / 367

9. 멸실회복등기 / 368

가. 등기부의 멸실 / 368

나. 멸실한 등기부의 회복등기 / 368

다. 멸실된 등기부에 관한 경과조치 / 369

라. 멸실회복등기의 신청권자 / 370

마. 회복등기 또는 새로운 보존등기신청 / 370

(1) 회복등기신청인(자기명의로 등기부상에 기재되어 있는 자) / 370

(2) 회복등기신청기간 내에 회복등기를 하지 못한 경우의 새로운 보존등기신청 / 371

(3) 등기부멸실 후 회복등기를 하지 아니한 경우 소유권상실 여부(소극) / 371

(4) 등기부가 멸실된 경우의 회복등기 방법 / 371

(5) 회복등기신청기간 내에 회복등기를 하지 않은 부동산의 통상의 절차에 따른 소유권보존등기절차 / 375

(가) 통상의 절차에 따른 소유권보존등기 / 375

(나) 멸실된 지적공부의 복구 및 소유권보존등기신청 / 375

(6) 동일 부동산에 관하여 등기명의인을 달리하여 멸실회복에 의한 소유권이전등기가 중복등재 된 경우, 회복등기간의 우열을 판단하는 기준 / 376

10. 폐쇄등기부상의 등기에 대한 등기의 말소 또는 회복청구의 가부(소극) / 377

가. 등기부(등기기록)의 폐쇄 / 377

나. 폐쇄등기부에 기록된 등기의 효력 / 378

다. 폐쇄등기기록의 보존기간 및 부활 / 378

라. 폐쇄등기의 말소청구의 가부(소극) / 378

마. 폐쇄등기부에 기재되어 있는 등기의 회복청구의 가부(소극) / 378

11. 등기명의인 2인을 그 중 1인만으로 경정하는 판결에 의한 등기신청의

가부(소극) / 379

가. 권리변경(경정)등기의 의의 / 379

　(1) 권리변경(경정)등기 / 379

　(2) 부동산의 표시에 관한 변경(경정)등기와 제3자의 승낙여부(소극) / 379

나. 경정등기의 의의 / 380

　(1) 등기의 원시적 착오 또는 유루 / 380

　(2) 등기상 이해관계 있는 제3자 / 380

다. 등기상 이해관계 있는 제3자가 있는 경우 / 381

　(1) 변경(경정)등기에 관하여 등기상 이해관계 있는 제3자가 있는 경우 / 381

　(2) 등기상 이해관계 있는 제3자의 의미 / 382

라. 등기명의인 2인을 1인으로 하는 등기명의인표시 경정등기의 가부(소극) / 382

마. 경정등기의 요건 / 382

　(1) 원시적 착오 또는 유루의 존재 / 382

　(2) 등기의 동일성의 유지 / 383

　(3) 현재 효력 있는 등기에 대하여 착오 또는 유루가 있을 것 / 383

　(4) 등기사항의 일부에 대한 착오 또는 유루일 것 / 383

　(5) 등기상 이해관계 있는 제3자의 승낙 / 383

　(6) 등기명의인 2인을 1일만으로 변경하는 판결에 의한 등기 가부(소극) / 384

바. 법률상 허용될 수 없는 등기명의인 표시경정등기가 경료된 경우의 시정방법 / 384

사. 등기부와 대장상의 소유자에 관한 사항이 일치하지 않는 경우 / 384

12. 부기등기만의 말소를 명한 판결에 의한 등기 / 385

가. 부기등기 / 385

　(1) 부기등기의 의의 / 385

　(2) 부기(附記)로 하는 등기 / 386

나. 부기등기의 말소절차 / 388

　(1) 주등기에 말소원인이 있는 경우(부기등기의 직권말소) / 388

　(2) 부기등기만의 말소청구가부(소극) / 389

            (3) 부기등기만의 말소를 명한 판결에 의한 등기신청의 각하 / 389

        다. 부기등기에 한하여 말소원인이 있는 경우 / 389

    13. 예고등기만의 말소를 명한 판결에 의한 등기가부(소극) / 390

        가. 예고등기의 의의 / 391

        나. 예고등기의 목적 / 391

        다. 예고등기제도의 폐지 / 391

        라. 예고등기의 말소절차 / 391

        마. 예고등기만의 말소를 명한 판결에 의한 등기 가부 / 392

    14. 외국판결에 의한 등기 / 392

        가. 외국판결의 의의 / 392

        나. 외국재판의 승인요건 / 393

            (1) 외국판결의 승인 / 393

            (2) 외국판결의 승인요건 / 394

            (3) 외국재판의 승인요건에 관한 법원의 직권조사 / 395

        다. 외국재판의 강제집행 / 397

            (1) 집행판결에 의한 허가 / 397

            (2) 집행판결을 청구하는 소의 관할 / 397

        라. 집행판결 / 398

            (1) 집행판결의 의의 / 399

            (2) 집행판결제도의 취지 / 399

            (3) 당사자능력 / 402

        마. 집행권원 / 402

            (1) 집행권원의 의의 / 402

            (2) 외국판결에 대한 집행권원 / 403

        바. 외국판결에 의한 등기신청과 첨부서면(집행판결) / 403

    15. 중재판정에 의한 등기 / 404

가. 중재의 의의 / 404

　　　　　(1) 중재합의 / 405

　　　　　　　(가) 중재합의의 방식 / 405

　　　　　　　(나) 중재합의의 의미 및 그 효력범위 / 405

　　　　　　　(다) 중재합의와 법원에의 제소 / 406

　　　　　　　(라) 법원에 대한 가처분의 방법으로 중재절차의 진행을 정지해 달라는 신청의 허부(소극) / 406

　　　나. 중재의 본질 / 407

　　　　　(1) 중재인의 수 / 407

　　　　　(2) 중재인의 선정 / 407

　　　　　(3) 중재인에 대한 기피사유 / 408

　　　다. 중재판정의 의의 및 효력 / 409

　　　라. 중재판정의 승인(승인판결제도)과 집행(집행판결제도) / 410

　　　　　(1) 중재판정의 승인과 집행 / 410

　　　　　(2) 중재판정에 의한 집행 / 410

　　　　　(3) 중재판정에 기한 강제집행이 불법행위로 되기 위한 요건 / 412

　　　　　(4) 국내 중재판정 / 413

　　　　　(5) 외국 중재판정의 승인 및 집행 / 414

　　　마. 중재판정에 의한 등기신청과 첨부서면(집행판결) / 415

16. 판결에 의한 상속등기 / 416

　　　가. 상속 · 상속인 / 416

　　　나. 법률의 규정에 의한 부동산에 관한 물권의 취득 / 416

　　　다. 등기권리자인 상속인의 상속등기의 단독신청 / 417

　　　라. 상속인 중 일부의 비협력 또는 행방불명 / 417

　　　마. 판결에 의한 상속등기와 등기관의 심사권 / 418

　　　　　(1) 상속인 중 일부만을 상대로 한 판결에 의한 상속등기신청가부(소극) / 418

　　　　　(2) 상속을 증명하는 서면, 상속인의 범위, 상속분의 인정 / 418

(가) 상속을 증명하는 서면의 의미 / 418

(나) 협의분할에 의한 상속등기를 신청하는 경우, 등기신청인이 제출한 서면이 상속을 증명함에 족한 서면에 해당하는지 여부의 판단 기준 / 418

(다) 상속인의 범위·상속분 / 419

(3) 협의분할에 의한 상속등기신청과 상속을 증명함에 족한 서면의 요건 / 419

바. 일부 상속등기의 가부(소극) / 421

사. 공동상속인 중 1인의 보존행위로서 원인무효등기의 말소청구권행사 / 421

17. 가집행선고부 판결에 의한 등기신청의 가부(소극) / 422

가. 가집행선고의 의의 / 422

나. 부동산등기법 제23조 제4항 및 민사집행법 제263조 제1항의 판결 / 422

다. 등기절차의 이행을 명하는 판결에 가집행선고의 가부(소극) / 423

(1) 등기절차이행을 명한 판결에 가집행선고의 가부 / 423

(2) 가집행선고부판결에 의한 등기신청의 각하 / 423

18. 실명등기의 유예기간 경과 후 명의신탁해지를 원인으로 소유권이전등기를 명한 판결에 의한 등기신청의 각하 / 424

가. 부동산 실권리자명의등기에 관한 법률 / 424

(1) 명의신탁약정 및 명의신탁약정에 의한 부동산물권변동의 무효 / 424

(2) 실명등기유예기간 경과 후 명의신탁해지를 원인으로 한 판결에 의한 등기신청의 각하 / 424

나. 실명등기 유예기간 경과 후 명의신탁해지를 원인으로 한 판결에 의한 등기신청의 각하 / 424

다. 부동산실권리자 명의등기에 관한 법률의 입법목적 / 425

라. 용어의 정의 / 426

(1) 명의신탁약정(名義信託約定) / 426

(가) 명의신탁의 의의 / 426

(나) 명의신탁의 법률관계 / 426

(다) 명의신탁을 해제 또는 해지한 경우 / 427

　　　　(라) 명의신탁약정의 의의 / 427

　　　　(마) 명의신탁등기 / 427

　　(2) 명의신탁자(名義信託者) / 428

　　(3) 명의수탁자(名義受託者) / 428

　　(4) 실명등기 / 428

　　(5) 명의신탁의 법률관계 / 428

　　　　(가) 대내관계(對內關係) / 429

　　　　　　1) 신탁자의 소유권 보유(保有) 및 신탁자의 신탁계약해지에 따른 수탁자의 신탁자에 대한 권리이전의무 / 429

　　　　　　2) 수탁자의 사망과 상속인 간의 명의신탁관계의 존속 / 429

　　　　　　3) 수탁자의 신탁자에 대한 소유권주장 가부(소극) / 429

　　　　　　4) 명의신탁자인 종중이 사정명의인인 수탁자에게 실질적인 소유권을 주장할 수 있는지 여부(적극) / 429

　　　　(나) 대외관계(對外關係) / 430

　　　　　　1) 수탁자의 소유권행사 / 430

　　　　　　2) 수탁자의 수탁부동산의 처분과 명의신탁관계의 소멸 / 430

　　　　　　3) 부동산의 신탁자가 직접 제3자에 대하여 그 부동산에 대한 침해의 배제를 구할 수 있는지 여부(대위행사) / 431

　　　　　　4) 명의신탁부동산의 취득자가 악의(惡意)인 경우 소유권취득의 효력 / 431

　　　　　　5) 명의신탁자가 제3자에 대하여 "진정한 등기명의회복"을 원인으로 한 소유권이전등기를 청구할 수 있는지 여부(소극) / 431

마. 실권리자명의 등기의무 / 431

　　(1) 명의신탁관계의 성립(경매절차에서 매수인이 타인명의로 매각허가 결정을 받기로 약정한 경우 매수인과 타인과의 법률관계) / 432

　　(2) 부동산 실권리자명의 등기에 관한 법률 제3조 제1항 위반 행위의 요건 / 432

　　(3) 계약명의신탁사실을 알지 못하는 소유자와 매매계약 체결 후 수탁자명의로 등기한 경우의 과징금부과(명의신탁관계가 성립) / 432

바. 명의신탁의 효력 / 433

(1) 원칙(명의신탁약정 및 이에 따른 물권변동의 무효) / 433

(2) 예외(명의신탁약정이 있다는 사실을 알지 못한 경우) / 433

(3) 제3자에 대한 대항력 / 433

사. 종중, 배우자 및 종교단체에 대한 특례 / 434

  (1) 종중에 대한 특례(동법 제8조 제1호) / 434

    (가) 명의신탁제도의 유래 / 434

    (나) 종중재산에 관한 관습 / 435

    (다) 종중이 그 소유의 토지를 타인 명의로 신탁하여 사정받은 것이라고 인정할 수 있는 경우 및 그 판단 방법 / 435

    (라) 종중의 종원 등에 대한 명의신탁여부의 판단기준 / 436

    (마) 종중의 종원에 대한 명의신탁을 인정하기 위한 간접자료의 내용 / 436

  (2) 배우자에 대한 특례(동법 제8조 제2호) / 437

    (가) 명의신탁해지를 원인으로 한 소유권이전등기신청 / 437

    (나) 실명법시행 전에 배우자명의로 등기하고 판결확정 후 1년 내에 이혼을 하고 실명등기를 하지 아니한 경우 명의신탁약정 및 등기의 효력 / 440

    (다) 부부간 명의신탁관계의 종료와 신탁자의 수탁자에 대한 소유권이전등기청구권이 일반채권자들에게 공동담보로 제공되는 책임재산이 되는지 여부(적극) / 440

  (3) 종교단체에 대한 특례(동법 제8조 제3호) / 441

아. 실명법 제8조의 조세포탈 등의 목적이 있다는 이유로 무효라는 점에 관한 입증책임의 소재(등기가 무효임을 주장하는 자) / 445

  (1) 조세포탈 등의 목적 / 445

  (3) 강제집행면탈의 목적 / 446

자. 기존 명의신탁약정에 따른 등기의 실명등기 / 446

  (1) 기존 명의신탁자의 실명등기의무 / 446

  (2) 실명전환을 위한 유예기간을 규정한 취지 / 447

차. 명의신탁해지를 원인으로 한 등기신청의 각하 / 447

  (1) 유예기간경과 후 명의신탁해지를 원인으로 한 소유권이전등기(소유권말소등기)신청의 각하 / 447

(2) 사건이 등기할 것이 아닌 때의 의의 / 448
카. 실명등기를 한 것으로 보는 경우 / 448
타. 실권리자의 귀책사유 없이 실명등기 또는 매각처분을 할 수 없는 경우 / 449
파. 실명법시행 전 유예기간 중에 부동산물권에 관한 쟁송이 법원에 제기된 경우 / 449
　　(1) 부동산물권에 관한 쟁송의 의미 / 449
　　(2) 명의신탁자가 제소당한 경우 및 소 취하 후 다시 동일한 소를 제기한 경우 / 450
하. 실명등기의무 위반의 효력 / 451
　　(1) 명의신탁약정 및 이에 따른 물권변동의 무효 / 451
　　(2) 유예기간 이내에 실명등기를 하지 않은 상태에서 명의수탁자가 부동산을 임의처분한 경우 횡령죄의 성립 / 451
거. 명의신탁해지 이외의 사유를 원인으로 한 등기 / 451
　　(1) 2자 간 등기명의신탁 / 452
　　　　(가) 신탁자의 수탁자를 상대로 소유권이전등기의 말소 또는 진정명의회복을 원인으로 한 소유권이전등기청구 / 452
　　　　(나) 수탁자가 부동산을 처분하여 제3취득자가 유효하게 소유권을 취득하고 신탁자가 소유권을 상실한 경우(신탁자의 물권적 청구권행사불가) / 452
　　(2) 3자간 등기명의신탁 / 452
　　　　(가) 매도인의 수탁자를 상대로 소유권이전등기의 말소 또는 진정명의회복을 원인으로 한 소유권이전등기청구 / 453
　　　　(나) 매도인의 수탁자명의등기의 말소 및 신탁자의 매도인을 상대로 한 매매계약에 기한 소유권이전등기청구 / 453
　　　　(다) 수탁자의 부동산의 임의처분, 수용 등으로 제3취득자 명의로 이전등기가 된 경우 수탁자의 신탁자에 대한 부당이득반환의무 / 454
　　　　(라) 수탁자가 자의로 명의신탁자에게 소유권이전등기를 해준 경우(유효) / 455
　　　　(마) 수탁자의 부동산처분과 횡령죄의 성립 여부(적극) / 455
　　(3) 계약명의신탁 / 455
　　　　(가) 매도인이 '선의'(명의신탁약정을 알지 못한 경우)인 경우 : 신탁자의 수탁자를

상대로 한 부당이득반환청구 / 456
  1) 명의신탁자의 명의수탁자에 대한 부당이득반환청구 / 457
  2) 계약명의신탁약정이 실명법시행 후인 경우(명의신탁자가 입은 손해의 범위) / 457
  3) 신탁자가 제3자에게 처분한 행위가 신탁자의 일반채권자들을 해하는 사해행위가 되는지 여부(소극) / 458
  4) 명의수탁자의 완전한 소유권취득 / 458
  5) 부당이득반환청구권에 기한 유치권의 행사 여부(소극) / 459
 (나) 매도인이 '악의'(명의신탁약정을 안 경우)인 경우 : 매도인의 수탁자를 상대로 한 소유권이전등기의 말소 또는 진정명의회복을 원인으로 한 소유권이전등기청구 / 459
  1) 수탁자가 신탁부동산을 제3자에게 처분한 경우(불법행위) / 460
  2) 매매대금을 수령한 소유자(매도인)의 수탁자의 처분행위로 인한 손해발생 여부(소극) / 460
  3) 당해 부동산이 채무자인 명의신탁자의 재산으로서 강제집행면탈죄의 객체가 되는지 여부(소극) / 461
  4) 매매계약과 등기의 효력을 판단하는 기준(계약을 체결할 당시 매도인의 인식) / 461
 (다) 명의신탁약정과 함께 이루어진 부동산 매입위임약정의 효력(무효) 및 신탁자의 요구에 따라 부동산소유명의를 이전하기로 한 약정의 효력(무효) / 461
 (4) 3자 간 등기명의신탁과 계약명의신탁의 구별기준(매수인명의를 타인명의로 하기로 한 경우 : 계약명의신탁) / 462

19. 부동산의 특정일부 또는 공유지분에 대한 용익물권 또는 담보물권설정의 가부 / 463
 가. 부동산의 특정일부에 대한 용익물권설정의 등기절차 / 463
 나. 공유지분에 대한 용익물권 또는 담보물권 설정등기의 가부 / 463
  (1) 공유지분의 의의 및 처분 / 463
  (2) 공유지분의 등기 / 464

(3) 공유지분에 대한 용익물권설정등기의 가부(소극) / 464

　　　(4) 공유지분에 대한 근저당권설정등기의 가부(적극) / 464

20. 주위토지통행권 확인판결에 의한 토지통행권 등기의 가부(소극) / 465

　　가. 주위토지통행권의 의의 / 465

　　나. 주위토지통행권을 주장할 수 있는 자의 범위 / 465

　　다. 주위토지통행권 확인청구의 성질 / 465

　　라. 주위토지통행권이 인정되는 경우 / 466

　　마. 기존의 통로보다 더 편리하다는 이유만으로 주위토지통행권의 인정 여부 / 466

　　바. 주위토지통행권범위의 인정기준 / 466

　　사. 주위토지통행권 확인판결에 의한 토지통행권 등기의 가부(소극) / 467

　　　(1) 민법 제185조(강행규정) / 467

　　　(2) 법률이 인정하지 않는 새로운 종류의 물권의 창설 여부(소극) / 467

제2절 집행불능판결에 의한 등기신청의 각하 / 469

1. 등기신청의 각하 사유 / 470

2. 집행불능판결에 의한 등기신청의 각하사유 / 473

　　가. 사건이 등기할 것이 아닌 경우(법 제29조 2호) / 473

　　나. 신청정보의 부동산 또는 등기의 목적인 권리의 표시가 등기기록과 일치하지 아니한 경우(법 제29조 6호) / 474

　　　(1) 부동산의 표시가 등기기록과 일치하지 아니한 경우 / 475

　　　　(가) 부동산의 표시변경사유가 변론종결 이전에 발생한 경우 / 475

　　　　(나) 부동산의 표시변경사유가 변론종결 이후에 발생한 경우 / 476

　　　(2) 등기의 목적인 권리의 표시가 등기기록과 일치하지 아니한 경우 / 476

　　다. 신청정보의 등기의무자의 표시가 등기기록과 일치하지 아니한 경우(법 제29조 7호 전단) / 476

　　　(1) 등기명의인 표시의 변경(경정)등기의 선행 / 477

(2) 고유 필수적 공동소송인의 누락 / 477

라. 등기에 필요한 첨부정보를 제공하지 아니한 경우(신청서에 필요한 서면을 첨부하지 아니한 때. 법 제29조 9호) / 478

 (1) 등기에 필요한 첨부정보(등기신청에 필요한 서면)의 의의 / 478

 (2) 가집행선고 있는 판결에 의한 등기신청의 가부(소극) / 479

 (3) 등기의 말소 또는 말소등기의 회복등기신청 시 등기상 이해관계 있는 제3자의 승낙서를 첨부하지 아니한 경우 / 479

  (가) 등기상 이해관계 있는 제3자가 있는 등기의 말소절차 / 480

   1) 등기상 이해관계 있는 제3자의 승낙서 첨부 / 480

   2) 제3자의 승낙 없이 등기가 말소된 경우 말소등기의 효력(무효) / 480

  (나) 등기상 이해관계 있는 제3자가 있는 말소등기의 회복 / 480

 (4) 집행판결(외국판결이나 중재판정)을 첨부하지 아니한 경우 / 481

제3절 집행불능판결의 예방 / 482

제1관 소장의 정확한 기재 / 482

1. 당사자(피고)표시의 정확성(당사자적격) / 482

 가. 당사자의 주민등록번호(또는 부동산등기용 등록번호) 및 피고의 등기부상의 주소 병기(倂記) / 483

  (1) 부동산등기에 관하여 의사의 진술을 구하는 청구의 소장의 기재사항 / 483

  (2) 등기권리자의 주민등록번호(등기신청서 및 등기부의 필요적 기재사항) / 483

  (3) 부동산등기용 등록번호 / 484

  (4) 재판서 양식에 관한 예규 / 484

 나. 고유필수적 공동소송의 당사자 표시 / 486

  (1) 공유물분할의 소 / 487

   (가) 필수적 공동소송인의 추가 / 489

   (나) 공유물분할 판결에 의한 등기절차 / 489

  (2) 합유관계 소송 / 490

(가) 합유의 의의 / 490

(나) 합유지분·지분권 / 490

(다) 부동산의 합유등기(합유라는 취지의 등기) / 490

(라) 합유물의 처분, 변경 및 합유지분의 처분과 합유물의 분할금기 / 491

 1) 합유자 전원의 동의 / 491

 2) 조합재산의 처분·변경 / 491

 3) 합유물의 보존행위·합유의 종료 / 491

(마) 합유등기 / 492

(바) 합유부동산에 관한 소송 / 492

 1) 원칙 (고유필수적 공동소송) / 492

 2) 예외(보존행위, 조합원의 개인적 책임에 관한 소송) / 493

(3) 총유관계소송 / 494

 (가) 총유의 의의 / 494

 (나) 총유부동산의 관리, 처분 및 사용, 수익 / 495

 (다) 총유부동산에 관한 소송의 당사자 및 소송형태(필수적 공동소송) / 495

 (라) 총유물에 관한 권리의무의 득상 / 496

 (마) 법인 아닌 사단의 구성원 개인이 총유재산의 보존을 위한 소를 제기할 수 있는지 여부(소극) / 496

 (바) 비법인사단이 사원총회결의 없이 제기한 소송의 적법여부(소극) / 497

(4) 부동산의 총유등기 / 497

 (가) 법인 아닌 사단(총유)에 속하는 부동산의 등기 / 497

 (나) 등기권리자 또는 등기의무자 / 497

 (다) 법인 아닌 사단의 등기신청서의 기재사항 / 497

 (라) 법인 아닌 사단의 등기신청서의 첨부서면 / 497

 (마) 법인 아닌 사단이나 재단의 등기사항 / 499

다. 피고의 경정 및 필수적 공동소송인의 추가 / 499

(1) 피고의 경정 및 당사자 표시정정의 차이 / 500

(2) 필수적 공동소송인의 추가 / 501

(3) 원고가 당사자를 정확히 표시하지 못한 경우 법원이 취할 조치 / 501

(4) 등기상 이해관계 있는 제3자를 피고에서 누락한 경우(법원의 석명의무) / 501
　(가) 등기의 말소 또는 말소된 등기의 회복과 제3자의 승낙 / 501
　(나) 석명권 · 구문권 / 502
　(다) 민사소송법 제136조 제4항의 입법취지 및 관련 대법원판례 / 503
　(라) 소장에 등기상 이해관계 있는 제3자의 승낙을 누락한 경우 법원이 취할 조치 / 504
　　1) 법원의 석명의무 / 504
　　2) 당사자능력 유무의 판단을 위해 법원이 취해야 할 조치 / 504

2. 청구취지의 정확성 / 505
　가. 소장의 청구취지 작성 시의 주의사항 / 505
　　(1) 소의 제기 / 506
　　　(가) 당사자의 개념 / 506
　　　　1) 2당사자대립주의 / 506
　　　　2) 공동소송 / 507
　　　　　가) 통상의 공동소송 / 507
　　　　　나) 필수적 공동소송 / 507
　　　(나) 당사자의 확정 / 509
　　　(다) 당사자 적격(정당한 당사자) / 509
　　　　1) 당사자적격의 문제 / 509
　　　　2) 당사자적격을 갖는 자 / 509
　　　(라) 소장의 기재사항(청구취지 작성시의 주의사항) / 510
　　　　1) 당사자 본인 / 511
　　　　2) 권리에 관한 등기의 등기사항 / 511
　　　　3) 등기목적 . 등기원인 및 그 연월일 / 511
　　　　4) 등기권리자가 2인 이상인 경우 / 512
　　　　5) 신청정보 및 첨부정보의 내용 / 512
　　　　6) 판결에 의한 등기신청인 / 512
　　　　7) 협의에 의한 상속재산분할 / 513
　　　　8) 판결 등 집행권원에 의한 등기신청과 등기원인 및 그 연월일의 기재 여부 / 513

9) 진정명의회복을 원인으로 한 소유권이전등기신청 / 514

나. 등기의 말소 또는 회복에 대한 제3자의 승낙의 의사표시 / 514

(1) 등기의 말소 또는 말소등기의 회복 / 514

(2) 제3자의 승낙의무(등기가 불법으로 말소된 경우) / 515

제2관 법원의 석명권의 적정한 행사 / 516

1. 석명권행사의 내용과 한계 / 516
2. 소송자료 보충을 위한 법원의 석명의무 / 517
3. 법원의 석명 또는 지적의무 해태의 위법성 / 517
4. 석명권의 적정한 행사 / 517

가. 석명·석명권(발문권)·석명의무(발문의무) / 517

(1) 민사소송의 Magna Charta / 518

(2) 당사자 평등을 보장하는 제도 / 518

나. 석명권과 변론주의 / 519

(1) 변론주의와 석명권 / 519

(2) 법원의 석명권행사의 한계 및 당사자가 법률효과의 요건사실 일부를 빠뜨린 경우 / 520

다. 석명권의 범위 / 520

라. 석명권의 불행사와 상고이유 / 521

(1) 학설 / 521

(2) 석명의 대상 / 522

마. 석명권의 한계 / 522

(1) 소극적 석명 / 522

(2) 적극적 석명 / 523

(3) 판례 / 523

5. 법원의 석명의무(민사소송법 제136조 제4항) / 524

가. 민사소송법 제136조 제4항의 입법취지 / 524

나. 법률상 사항에 관한 법원의 설명 또는 지적의무 / 526
　6. 등기의 말소 또는 말소된 등기의 회복에 대한 등기상 이해관계 있는
　　　제3자의 승낙과 변론주의 / 526
　　　가. 법률요건 및 소송요건 / 526
　　　나. 법원의 석명 및 지적의무(指摘義務) / 527
　　　　　(1) 민사소송법 제136조 제4항(법원의 지적의무) / 527
　　　　　(2) 대법원 판례(법원의 지적 및 석명의무) / 528
　　　　　(3) 직권조사사항 / 529
　　　　　(4) 등기권리자가 등기의 말소 또는 회복에 대한 제3자의 승낙의 의사표시를 간과한
　　　　　　　경우 / 530

제3관 판결주문의 명확성 / 531
　1. 판결주문 / 531
　　　가. 판결주문의 특정 정도 / 531
　　　나. 확인의 이익의 유무와 법원의 직권판단 / 531
　　　다. 판결주문의 누락 및 재판의 누락에 대한 상고 기부(소극) / 531
　2. 등기에 관하여 의사의 진술을 명하는 판결주문에 명시될 사항 / 532
　3. 제3자의 승낙의 의사표시 / 533
　4. 이행판결의 주문 / 534
　　　가. 이행판결과 집행력 / 534
　　　나. 등기신청의사의 진술을 명한 이행판결주문의 명확성 / 535
　5. 등기의 말소 또는 회복을 명한 판결주문에 명시될 사항 / 536
　　　가. 말소할 등기 및 회복할 등기의 표시 / 536
　　　나. 등기상 이해관계 있는 제3자의 승낙의 의사표시 / 536

제4관 법관의 전문성 / 539
제5관 판결경정제도의 적극적 활용 / 541

1. 판결경정의 의의 / 541

2. 판결경정제도의 취지 / 541

3. 판결 경정이 허용되는 범위 / 542

4. 판결경정의 허부 / 543

　가. 판결의 경정을 허용하는 사례 / 543

　나. 판결의 경정을 허용하지 않는 사례 / 545

제6관 민사소송법 제208조 제1항 및 제249조의 개정건의 / 547

1. 민사소장 및 판결서에 당사자의 주민등록번호기재의 필요성 / 547

　가. 민사소송법 제208조 제1항 1호 및 제249조 · 제274조 제1항 1호 / 547

　나. 재판서양식에 관한 예규 / 547

2. 민사소송법의 개정건의 / 548

제4절 법관의 오판과 국가배상책임 / 549

1. 민사소송의 적정의 이상 / 549

2. 공무원의 불법행위와 배상책임 / 549

3. 법관의 재판상의 불법행위를 이유로 한 국가배상문제 / 550

4. 외국의 경우 / 550

　가. 미국 / 550

　나. 독일 / 550

　다. 일본 / 550

5. 우리나라 대법원 판례 / 551

　가. 대법원 2001. 4. 24. 선고 2000다16114판결 / 551

　나. 대법원 2001. 10. 12 선고 2001다47290 판결 / 552

　다. 대법원 2003. 7. 11. 선고 99다24218 판결 / 552

(1) 법관의 재판에 대한 국가배상책임이 인정되기 위한 요건 / 552

(2) 재판에 대하여 불복절차 내지 시정절차 자체가 없는 경우 / 553

(3) 대법원 판례 / 554

라. 헌법재판소 재판관에게 국가배상책임을 인정한 사례 / 554

6. 불복절차 내지 시정절차가 없는 경우 국가배상책임을 인정한 사례 / 554

7. 등기절차이행을 명한 확정판결이 집행불능판결에 해당되는 경우 / 555

8. 집행불능판결을 받은 원고의 구제문제 / 555

9. 소장을 작성하는 변호사 등의 책임 / 557

가. 피고지정 및 청구취지기재의 착오 / 557

나. 수임인의 위임계약상의 선관의무 위배 / 558

10. 법관의 오판과 국가 배상책임 / 559

가. 공무원의 의무 / 559

나. 공무원의 책임 / 559

다. 법관의 의무 / 560

라. 재판에 대하여 불복절차 내지 시정절차가 없는 경우 / 561

마. 법관의 전문화(법관의 교육제도) / 561

제6장 부동산소유권의 취득시효 / 566

제1절 시효제도 / 566

1. 시효제도의 존재이유 / 567

2. 시효의 원용 / 567

3. 시효이익의 포기 / 568

가. 시효이익의 포기의 의의 / 568

　　　나. 시효완성에 따른 시효이익포기의 당사자 / 568

　4. 시효의 중단 / 568

　5. 시효의 정지 / 569

　6. 제척기간과 소멸시효 / 569

제2절 취득시효제도 / 571

　1. 취득시효와 소멸시효 / 571

　2. 부동산소유권의 취득시효 / 572

　3. 취득시효의 대상 / 573

　　가. 취득시효의 대상이 될 수 있는 경우 / 574

　　　(1) 1필의 토지의 일부 / 574

　　　(2) 자기 소유 부동산 / 574

　　　(3) 공유지분·지분소유권 및 공유재산 / 575

　　　(4) 국가가 압류한 재산 및 성명불상자의 소유물 / 576

　　　(5) 통행지역권 / 576

　　　(6) 위토 / 576

　　나. 취득시효의 대상이 될 수 없는 경우 / 577

　　　(1) 행정재산 / 577

　　　　(가) 국유재산의 구분 및 사권(私權)의 설정 가부(소극) / 577

　　　　(나) 행정재산의 종류 / 577

　　　　(다) 행정재산의 시효취득대상 여부 / 577

　　　　(라) 공용폐지처분 / 578

　　　　　1) 공용폐지의 의사표시방법 및 그 입증책임 / 578

　　　　　2) 공용폐지처분 된 국유재산(행정재산)의 시효취득 가부(적극) / 579

　　　(2) 귀속재산 / 579

(가) 귀속재산의 의의 및 국유화 / 579

(나) 시효취득을 주장하는 점유자가 귀속재산이라는 사실을 알면서 이를 매수하여 점유를 개시한 경우, 자주점유 추정이 번복되는지 여부(적극) / 580

(3) 문화재보호구역 내의 국유토지 / 580

(4) 국립공원으로 지정·고시된 국유토지 / 580

(5) 자연공물 / 581

4. 점유취득시효 / 581

가. 점유취득시효의 의의 / 581

나. 점유자의 등기청구권의 행사 / 582

다. 등기청구권의 성질 및 소멸시효 / 582

라. 등기의무자의 등기수취청구권 / 583

(1) 소유권이전등기청구권의 성질 및 소멸시효기간 / 584

(2) 점유자의 소유권이전등기청구권의 소멸 여부 / 584

(3) 부동산의 매매로 인한 소유권이전등기청구권양도의 대항요건 / 584

마. 등기청구권행사의 상대방 / 585

(1) 시효완성 당시의 진정한 소유자 / 585

(2) 등기명의인이 변경된 경우 또는 소유자의 변동이 없는 경우 / 585

(3) 시효취득을 원인으로 한 소유권이전등기 전에 제3자에게 소유권이전등기가 경료된 경우 점유자의 제3자에 대항가부(소극) / 586

(4) 시효완성 후 원소유자의 상속인이 소유권이전등기를 경료한 경우 / 586

(5) 취득시효완성 후 제3자 앞으로 경료된 등기가 원인무효인 경우 및 제3자가 취득시효완성 당시 소유자의 상속인인 경우 점유자의 소유권이전등기청구의 가부 (적극) / 586

(6) 점유취득시효완성 당시의 소유권보존등기 또는 이전등기가 무효인 경우 시효취득자의 권리행사 방법 / 587

(7) 구분소유자 중 일부의 취득시효완성을 원인으로 한 대지지분이전등기청구 / 587

바. 점유취득시효의 법적성질(원시취득) / 588

사. 점유취득시효의 요건 / 588

  (1) 자주점유 / 591

    (가) 소유의 의사로 점유한다는 의미 / 592

    (나) 소유의 의사를 갖추어야 할 시기 / 592

    (다) 소유의 의사를 인정하기 위한 요건 / 592

    (라) 자주점유의 입증책임 / 593

    (마) 소유의 의사의 입증책임의 소재와 그 입증의 정도 / 594

    (바) 타주점유가 자주점유로 전환(轉換)되기 위한 요건 / 594

    (사) 자주점유의 추정이 번복되는 경우(점유자의 소유의 의사의 추정이 깨어지는 경우) / 594

      1) 소유의 의사 / 595

      2) 타인의 부동산을 무단점유한 경우 / 595

      3) 국가나 지방자치단체가 점유하는 경우 / 596

      4) 점유자가 배타적 지배를 행사하려는 의사로 점유하는 것으로 볼 수 없는 경우 / 596

      5) 국가나 지방자치단체가 취득시효완성을 주장하는 토지 / 597

    (아) 타인의 권리의 매매와 자주점유 / 597

    (자) 자주점유에 대한 입증책임의 소재 및 자주점유 추정이 번복되는 경우 / 598

  (2) 평온·공연한 점유 / 598

  (3) 시효기간 / 599

    (가) 취득시효기간의 기산일(起算日) / 599

    (나) 점유개시 기산점의 임의선택 가부(소극) / 601

      1) 취득자의 변동이 없는 경우 / 601

      2) 소유자에 변동이 있는 경우 / 601

      3) 취득시효의 완성 여부(사실심변론종결일 기준) / 602

      4) 점유승계의 경우 취득시효기산점의 선택가부 / 602

      5) 취득시효완성 후 토지소유자에 변동이 있고, 소유자가 변동된 시점을 새로운 기산점으로 삼아도 다시 취득시효기간이 완성되는 경우 취득시효완성의 주장가부(적극) / 603

6) 취득시효기간 중 등기명의자가 동일한 경우 기산점의 임의선택가부(적극) / 604

7) 점유기간 중에 부동산소유자의 변동이 있는 경우 취득시효 기산점의 인정방법 / 604

8) 취득시효기간의 만료로 소유권이전등기청구권을 취득한 후 점유를 상실한 경우 소유권이전등기청구권의 소멸 여부(소극) / 605

9) 전 점유자의 점유를 승계한 자의 소유권이전등기청구의 가부 / 605

10) 시효에 관한 경과규정 / 605

(4) 점유자의 등기청구권의 행사에 따른 등기 / 606

사. 점유취득시효의 효과(소유권의 원시취득) / 606

(1) 점유자의 시효완성 당시의 소유자를 상대로 한 소유권이전등기청구권의 행사 / 606

(가) 점유자의 소유권이전등기 전에 제3자에게 소유권이 이전된 경우 / 607

(나) 점유자의 소유자를 대위(代位)한 제3자 명의의 원인무효등기의 말소 및 소유권이전등기청구 / 607

(다) 점유취득시효가 완성된 자에 대한 부동산 소유명의자의 의무범위 / 608

(2) 점유취득시효 완성 당시의 소유권보존등기 또는 이전등기가 무효인 경우, 시효취득자의 권리행사 방법 / 608

(3) 취득시효완성 후 제3자 앞으로 경료된 소유권이전등기가 원인무효인 경우 소유권이전등기청구권자의 제3자명의등기의 말소청구 / 608

(4) 부동산점유취득시효완성으로 인한 소유권취득의 법적성질(원시취득) / 609

(5) 취득시효완성 후 등기명의인의 처분행위 / 609

(가) 등기명의인이 시효취득사실을 알지 못한 경우 / 609

(나) 부동산소유자가 취득시효완성사실을 알고 부동산을 제3자에게 처분한 경우 / 610

(다) 소유자의 처분행위가 불법행위가 되기 위한 요건 / 610

아. 점유취득시효완성에 의한 등기절차 / 610

(1) '등기된 부동산'의 시효취득에 의한 등기절차(소유권이전등기) / 611

(가) 등기신청서의 기재사항 / 612

1) 등기신청인 / 612

                2) 등기원인과 그 연월일, 등기의 목적 / 613
            (나) 등기신청서의 첨부서면 / 613
                1) 부동산등기규칙 제46조 제1항 각 호의 정보 / 613
                2) 농지취득 자격증명, 국민주택채권의 매입 / 614
        (2) '미등기 부동산'의 시효취득에 의한 등기절차(소유권보존등기) / 614
            (가) 등기신청서의 기재사항 / 615
                1) 등기신청인 / 615
                2) 등기의 목적, 신청근거규정 / 616
            (나) 등기신청서의 첨부서면 / 616
                1) 부동산등기규칙 제46조 제1항 각 호의 정보 / 616
                2) 등기원인을 증명하는 정보 / 616
                3) 농지취득자격증명, 국민주택채권의 매입 / 617

5. 등기부취득시효 / 617
    가. 등기부취득시효의 개념 / 617
    나. 등기부 취득시효의 요건 / 618
        (1) 부동산의 소유자로 등기한 자 / 618
            (가) '소유자로 등기한 자'의 의미 / 618
            (나) 민법 제245조 제2항의 '등기'의 의미 / 619
        (2) 소유의 의사(자주점유) / 619
            (가) '소유의 의사로 점유 한다'의 의미 / 620
            (나) 자주점유의 의미 / 620
            (다) 소유의 의사의 의미 / 620
            (라) 소유의 의사를 인정하기 위한 요건 / 621
            (마) 소유의 의사를 갖추어야 할 시기(時期) / 621
            (바) 취득시효에 있어서 자주점유의 추정이 번복되는 경우 / 621
        (3) 평온 · 공연한 점유 / 621
        (4) 점유자의 선의 · 무과실 / 622
            (가) 무과실의 입증 / 623

            (나) 무과실의 시점 / 623

            (다) 무과실의 입증책임의 소재(시효취득을 주장하는 사람) / 623

            (라) 선의 · 무과실이 요구되는 시점 / 624

            (마) 점유의 개시에 과실을 인정한 사례 / 624

        (5) 시효기간 / 624

            (가) 10년간 점유 / 624

            (나) 점유자의 등기기간이 전 점유자의 등기기간을 합하여 10년이 되는 경우 / 624

    다. 등기부취득시효의 효과 / 625

        (1) 점유자의 소유권취득 / 625

        (2) 등기부취득시효완성 후 점유자명의등기가 말소 또는 적법한 원인 없이 타인명의로 소유권이전등기가 된 경우 점유자의 소유권 상실 여부(소극) / 625

            (가) 점유자의 현재의 등기명의인을 상대로 한 방해배제청구 / 625

            (나) 등기부취득시효완성 후 점유자명의등기가 말소되었거나 부적법하게 타인명의로 이전등기가 된 경우 점유자의 소유권의 상실여부(소극) / 626

제7장 종중재산의 관리 · 처분 / 628

1. 종중의 개념 / 628

    가. 공동선조의 후손 / 628

    나. 종중의 법률상지위(법인 아닌 사단) / 629

2. 종중의 성립 / 630

    가. 종중의 성립요건 / 630

        (1) 자연발생적인 종족집단체의 성립 / 630

        (2) 종중 특정의 기준(공동선조) / 631

        (3) 종중의 구성원(공동선조의 후손 중 성년 이상의 남녀) / 631

            (가) 종전의 대법원판례(성년의 남자) / 631

(나) 종중의 구성원의 자격 / 632

1) 종중구성원의 자격을 성년남자만으로 제한하는 종래의 관습법의 효력 / 632

2) 여자 종원들에게 종중총회소집통지를 하지 않은 경우 총회결의의 효력 / 636

3) 종중이 종원의 지위를 박탈하는 징계처분의 효력 / 637

4) 종중이 종원의 권리의 본질적 내용을 침해하는 처분의 가부 및 종원의 권리를 장기간 정지시킨 처분의 효력(무효) / 637

5) 공동선조의 후손 중 일부를 임의로 종원에서 배제할 수 있는지 여부 / 638

나. 종중의 법인 아닌 사단으로서 단체성의 인정요건 / 639

3. 종중의 성격 / 639

가. 법인 아닌 사단 / 639

(1) 법인 아닌 사단의 의의 / 639

(2) 법인 아닌 사단의 성립요건 / 640

나. 조합과 비법인사단의 구별기준 / 641

4. 고유의 의미의 종중과 종중유사단체 / 641

가. 고유의미의 종중의 의의 / 641

나. 고유의미의 종중의 의의 및 그 판단기준 / 643

5. 종중의 소송 당사자능력 및 등기능력 / 644

가. 종중의 민사소송의 당사자능력 / 644

(1) 대표자 또는 관리인이 있는 경우 / 645

(2) 총유재산에 관한 소송(필수적 공동소송) / 645

(가) 필수적 공동소송 / 645

(나) 법인 아닌 사단의 구성원 개인이 총유재산의 보존을 위한 소제기 가부 / 645

나. 종중의 등기능력 / 646

(1) 종중재산의 법률관계 / 646

(가) 종중재산의 소유형태 / 646

1) 토지조사사업 / 646

2) 종중재산의 소유형태 / 646

            가) 판례(종중재산의 소유형태 : 공유-합유-총유) / 646
            나) 명의신탁 / 648
            다) 종중의 종원 등에 대한 명의신탁여부의 판단기준 / 649
        (나) 민법의 규정 / 649
    (2) 종중의 등기에 관한 부동산등기법규정의 연혁 / 650
        (가) 조선부동산등기령(朝鮮不動産登記令 : 明治 45년3월 18일 制令 제9호) / 650
        (나) 부동산등기법(제정 1960.1.1. 법률 제536호) / 650
        (다) 현행 부동산등기법(2011년4월12일 전부개정법률 제10580호) / 650
        (라) 부동산등기규칙(2011년9월28일 전부개정대법원규칙 제2356호) / 651

6. 종중재산 / 651
    가. 종중재산의 의의 / 651
        (1) 위토의 소유권귀속관계 / 652
        (2) 위토 및 금양임야의 승계 / 652
        (3) 선조의 분묘가 있거나 위토 또는 종산이라는 사실 / 653
    나. 종중재산의 소유형태의 변천(共有-合有-總有) / 653
    다. 종중재산의 귀속주체(종원) / 654
    라. 종중재산의 설정 경위에 관한 주장·입증의 방법과 정도 / 654
    마. 종중재산의 처분절차 / 654
    바. 종원의 종중재산에 대한 방해배제청구 / 655
    사. 종중재산에 대한 보존행위로 소송을 하는 경우 종중총회의 결의요부(적극) / 655
        (1) 종중총회의 결의 / 655
        (2) 비법인사단이 사원총회결의 없이 제기한 소송의 적법 여부(부적법) / 655

7. 종중의 대표자 / 655
    가. 종중의 대표자에 관한 정관의 규정 / 655
    나. 종중 대표자의 대표권 여부에 대한 법원의 직권조사 / 656
    다. 종중대표자의 선출방법 / 656
        (1) 종중대표자의 선임방법에 관한 일반관습 / 656

(2) 문중의 대표자 선출방법 / 657

(3) 연고항존자(年高行尊者)의 확정방법(종원 중 항렬이 가장 높고 나이가 많은 종원) / 657

라. 대표자의 대외적 행위 및 종중의 대표 / 658

마. 종중대표자와 종중재산의 관리처분권 / 658

(1) 종중대표자를 선임한 경우 / 658

(2) 종중재산의 관리 및 처분방법 / 658

(3) 종중의 문장의 종중재산권의 처분 여부 / 659

8. 종중총회 / 659

가. 종중회의의 소집통지방법 / 659

(1) 종중원에게 개별적으로 통지(서면·전화·구두 등) / 659

(2) 족보가 발간 된 경우 / 659

(3) 남자 종중원들에게만 소집통지를 하여 개최된 종중총회에서 이루어진 결의의 효력(무효) / 660

나. 종중총회의 소집권자 / 660

(1) 현존하는 연고항존자(年高行尊者) / 660

(2) 종중총회의 소집권자인 연고항존자의 확정방법 / 661

(3) 종중총회의 소집권자가 종원들이 요구한 임시총회소집에 불응한 경우의 총회소집절차 / 661

다. 종중총회의 소집에 있어서 회의목적사항기재의 정도 / 662

라. 종중총회결의의 효력 여부 / 662

(1) 일부 종중원에 대한 소집통고를 결여한 종중총회결의의 효력(무효) / 662

(2) 종원 자격이 없는 자가 참가하여 대표자로 선정된 종중대표자 선임결의의 효력 / 662

(3) 종중총회가 적법한 소집권자에 의하여 소집되지 아니한 경우 총회결의의 효력 / 662

9. 종중재산의 관리 및 처분절차 / 663

가. 종중재산의 관리·처분절차(종중규약의 규정 또는 종중총회의 결의) / 663

    (1) 종중재산의 처분이 종중규약이나 종중총회의 결의에 따라 이루어졌다는 점에 대한 입증방법 / 663

    (2) 종중의 문장(門長)에게 종중재산의 처분권한이 있는지 여부 / 664

    (3) 종중총회의 결의방법에 있어 위임장 제출방식에 의한 결의권 행사가 허용되는지 여부 / 664

    (4) 적법한 대표권이 없는 자가 한 처분행위를 종중이 추인하는 절차 / 664

나. 종중대표자와 종중재산의 관리처분권 / 664

다. 종중재산의 처분이 무효로 되는 경우 / 665

10. 종중재산의 명의신탁 / 665

가. 종중재산 / 665

    (1) 종중재산의 개념 및 권리주체 / 665

    (2) 종중재산의 소유형태 / 665

    (3) 종중재산의 관리 및 처분절차 / 666

나. 종중재산의 명의신탁 / 666

    (1) 명의신탁의 개념 / 666

    (2) 종중재산의 관리에 관한 관습 / 667

    (3) 종중원 아닌 자에 대한 종중재산 명의신탁과 경험칙 / 667

    (4) 종중의 종원 등에 대한 명의신탁여부의 판단기준 / 667

    (5) 명의신탁관계의 성립요건 / 668

    (6) 명의신탁의 법률관계 / 668

        (가) 명의신탁의 '내부관계' 및 명의수탁자 사망 시의 효과 / 669

        (나) 명의신탁의 '외부관계' 및 수탁자가 명의신탁 된 부동산을 제3자에게 처분한 경우 소유권의 귀속 / 669

        (다) 명의신탁 부동산의 취득자가 악의(惡意)인 경우 소유권취득의 효력 / 669

        (라) 명의수탁자의 명의신탁 부동산의 처분과 횡령죄의 성립 여부(적극) / 670

    (7) 법인 아닌 사단 또는 재단에 속하는 부동산의 등기 / 670

(8) 부동산 실권리자 명의등기제도 / 671

　　(가) 실권리자명의 등기의무 및 명의신탁약정의 효력 / 671

　　(나) 종중, 배우자 및 종교단체에 대한 특례 / 671

(9) 명의신탁자라고 주장하는 자가 등기권리증을 소지하고 있는 사실의 명의신탁에 대한 증명력 / 671

(10) 공동명의수탁자간에 공유물분할이 허용되는지 여부(소극) / 672

(11) 신탁당사자 일방의 사망과 신탁관계의 승계 / 672

(12) 명의신탁의 해제 또는 해지 / 672

(13) 명의신탁 부동산을 수탁자가 제3자에게 처분한 경우 소유권의 귀속관계 / 674

(14) 명의신탁 된 토지의 수용에 따른 손실보상청구권자 / 674

11. 종중 부동산의 등기절차 / 675

가. 등기명의인(종중) / 675

나. 등기신청인(종중의 대표자) / 675

다. 등기신청서의 기재사항 / 676

라. 등기신청서의 첨부서면 / 676

　　(1) 정관 기타의 규약 / 676

　　(2) 대표자 또는 관리인을 증명하는 서면 / 679

　　(3) 사원총회의 결의서 / 679

　　(4) 확인서 및 인감증명서 / 682

　　(5) 주민등록표등본 및 부동산등기용등록번호를 증명하는 서면 / 682

12. 종중이 점유취득시효 완성을 원인으로 한 농지취득의 가부 / 683

가. 등기선례 제8권 21항 / 683

　　(1) 농지법 제8조 제1항 단서 제3호 및 동법시행령 제6조 제1호의 규정 / 683

　　(2) 대법원 판례 / 684

　　(3) 등기선례 제8권 21항의 농지법 제8조 단서 제3호, 동법시행령 제6조 제1호 및 대법원 판례 위배 / 685

나. 등기예규 제1415호 제4항 / 686

13. 조상의 분묘를 설치·관리해온 임야 및 분묘기지권의 시효취득 / 688
　가. 분묘에 속한 금양임야와 묘토인 농지 등의 승계자 / 688
　　(1) 제사를 주재하는 자 / 688
　　　(가) 금양임야·묘토·족보 등의 승계 / 688
　　　(나) 제사주재자의 결정방법 / 688
　　　(다) 제사주재자의 지위를 유지할 수 없는 특별한 사정의 의미 / 688
　　　(라) 공동상속인 중 종손이 있을 경우, 제사의 주재자로서 금양임야를 승계할 자 / 689
　　　(마) 제사주재자지위의 확인을 구할 법률상 이익유무의 판단기준 / 689
　　　(바) 제사용 재산의 소유권에 관한 다툼이 있는 경우의 처리방법 / 689
　　(2) 민법 제1008조의3 소정의 묘토인 농지의 의미 및 용도 / 690
　　　(가) 묘토 / 690
　　　(나) 민법 제1008조의3(구 민법 제996조)에 정한 '묘토인 농지'의 의미 및 '묘토인 농지'를 제사주재자로서 단독 승계하였음을 주장하는 자가 증명하여야 할 사항 / 690
　나. 분묘가 설치된 임야에 대한 시효취득의 요건 / 691
　다. 제사를 주재하는 자(종손) / 691
　라. 분묘기지권의 시효취득 / 692
　　(1) 분묘기지권의 개념 / 692
　　　(가) 관습법상의 지상권·분묘기지권의 설정 / 692
　　　(나) 등기의 요부 / 692
　　　(다) 지료 / 693
　　　(라) 존속기간 / 693
　　(2) 분묘기지권의 성립요건 / 694
　　　(가) 분묘기지권의 귀속주체 / 694
　　　(나) 분묘기지권의 존속기간 및 분묘가 일시적으로 멸실된 경우에 분묘기지권의 존속 여부(적극) / 694
　　(3) 분묘기지권이 미치는 범위 / 695
　　　(가) 분묘기지 주위의 공지 / 695

　　　　(나) 지상권 유사의 물권이 미치는 범위 / 695

　　　　(다) 분묘기지권의 범위 / 695

　　(4) 분묘기지권의 등기여부(소극) / 696

　　(5) 분묘기지권의 점유취득시효의 요건 / 696

　　(6) 분묘기지권의 시효취득과 지료지급 의무여부(소극) / 697

마. 분묘기지권의 존속기간(분묘가 존속하고 있는 동안 존속) / 697

찾아보기 / 699

제1장 부동산등기제도

제1장 부동산등기제도

등기관이라는 국가기관이 법정절차에 따라 등기부라는 공적장부에 부동산에 관한 일정한 권리관계를 기재하는 것, 또는 그러한 기재 자체를 〈등기〉 또는 〈부동산 등기〉라고 한다. 등기는 등기소에 비치되어 있는 등기부에 행하여지는 점에서 행정청 등에 비치되어 있는 공부(公簿)에 일정한 권리관계를 기재하는 등록과 구별된다.

등기는 거래관계에 관련한 제3자를 위하여 권리내용을 명백히 공시하여 예측하지 못한 손해를 방지하는 제도로서 거래의 안전을 보호 하는데 중요한 구실을 한다. 부동산등기에 관한 법령으로서 등기절차를 규정하는 가장 중요한 것은 부동산등기법과 부동산등기규칙이다.

부동산등기법상 등기의 목적물이 되는 것은 부동산 중에서도 토지와 건물뿐이다(부동산등기법 제14조 제1항). 다만 토지·건물이라고 해서 그 종류의 여하를 불문하고 모두 등기의 대상이 되는 것은 아니고 등기의 대상이 되는 것은 이들 중 사권(私權)의 대상이 되는 것에 한한다.

현행법상 등기를 필요로 하는 권리는 원칙적으로 토지 또는 건물에 대한 물권(物權), 즉 부동산 물권이다. 그러나 부동산 물권이 모두 등기될 수 있는 권리는 아니며, 부동산에 관한 점유권·유치권·특수지역권(민법 제302조)은 그 성질상 등기를 요하지 않으며, 등기를 할 수도 없다.

부동산등기법상 등기할 수 있는 권리는 소유권·지상권·지역권·전세권·저당권·권리질권·채권담보권·임차권의 보존, 이전, 설정, 변경, 처분의 제한 또는 소멸에 대하여 한다(부동산등기법 제3조).

등기의 종류는 여러 가지 기준에 따라 분류될 수 있는데, 그 중 중요한 것은 다음과 같다. 즉 ① 사실의 등기와 권리의 등기 ② 보존등기와 권리변동의 등기 ③ 등기의 내용에 의한 분류로 기입등기, 경정등기, 변경등기, 말소등기, 멸실등기 ④ 등기의 방법 내지 형식에 의한 분류로서 주등기(독립등기), 부기등기 ⑤ 등기의 효력에 의한 분류로서 종국등기(본등기), 예비등기(가등기, 예고등기)가 있다.

1. 물권

가. 물권의 의의

물권(物權 : real rights)이라 함은 사법상(私法上) 특정의 물건을 직접 지배해서 이익을 얻는 배타적인 권리를 말한다. 물권은 일정한 재화(財貨)를 직접적·배타적으로 지배할 수 있는 권리이며, 채권과 달라서 물권법에 의하여 법정(法定)된 것에 한((限)한다. 소유권이 그 대표적인 것이다.

물권은 특정의 상대방이라는 것이 없고 일반인을 의무자로 하여 모든 자에게 주장할 수 있는 권리로서 이른바 절대권(絕對權)이다. 이에 대하여 채권은 특정인에 대한 청구권에 지나지 않는 상대권(相對權)이다. 절대권에는 "배타성(排他性)"이 있으나, 상대권에는 배타성이 없는 것이 특색이다.

민법상 물권은 점유권(占有權)과 본권(本權)으로 나누어지고, 본권은 다시 소유권과 제한물권(制限物權)으로 분류된다. 제한물권은 용익물권(用益物權)과 담보물권(擔保物權)으로 구분되는데, 용익물권에는 지상권·지역권·전세권·임차권이 있으며, 담보물권으로는 유치권·질권·저당권이 있다.

나. 물권의 주체

물권의 주체(主體)는, 권리 내지 법률관계 일반에 있어서의 주체와 마찬가지로, 개인 즉 자연인과 법인이다. 다만 외국인의 권리능력에 관하여 특별제한이 있는 경우가 있다.

다. 물권의 객체

물권의 객체(客體)가 되는 것은 원칙적으로 "특정된 독립한 물건"이다. 물권의 객체는 원칙적으로 "물건(物件)"이어야 한다. 물권의 객체는 "특정"되어 있어야 한다. 물권은 물건에 대한 직접적 지배를 본질적 내용으로 하기 때문에 "특정물(特定物)"이 아니면 물권은 성립할 수 없다. 물권의 객체는 "독립(獨立)"한 물건이어야 한다.

라. 일물일권주의(一物一權主義)

하나의 물권의 목적물은 한 개의 물건일 것을 요한다는 원칙을 말한다. 즉 한 개의 물건 위에는 그 내용이 양립될 수 없는 물권은 하나만 존재할 수 있고 물건의 일부에 관하여는 물권이 존재할 수 없으며, 수개의 물건 위에는 하나의 물권이 있을 수 없고, 그에 상응하는 여러 개의 물권이 성립한다는 것을 의미한다.

마. 물권법정주의(物權法定主義)

물권의 종류와 내용은 민법 기타의 "법률"이 정하는 것에 한하여 인정되고, 당사자가 그 밖의 물권을 자유로이 창설하는 것을 금하는 근대사법(近代私法)의 원칙을 말한다. 물권법정주의를 취한 결과 물권법은 임의법(任意法)인 채권법과는 달리 강행법규성(强行法規性)을 가진다. 민법 제185조는 〈물권은 법률 또는 관습법에 의하는 외에는 임의로 창설하지 못한다〉고 규정함으로써 물권법정주의를 선언하고 있다.

민법 제185조는 강행규정(强行規定)이며 이에 위반하는 법률행위는 무효이다. 우리 민법을 포함한 근대 민법이 물권법정주의를 채용하는 주요한 이유는 "공시(公示)의 원칙"을 관철하려는데 있다. 즉 물권은 배타적 지배권이므로 거래의 안전과 신속을 위하여 이를 공시할 필요가 있다.

바. 물권의 종류

민법이 인정하는 물권에는 점유권·소유권·지상권·지역권·전세권·유치권·질권·저당권의 8종이 있다. 부동산등기법상 등할 수 있는 권리는 소유권·지상권·지역권·전세권·저당권·권리질권·채권담보권·임차권의 보존, 이전, 설정, 변경, 처분의 제한 또는 소멸에 대하여 한다(부동산등기법 제3조).

사. 물권변동

물권변동(物權變動)이라 함은 물권의 발생·변경·소멸의 총칭이다. 물권의 변동은 주로 법률행위에 의하여 일어난다. 물권변동을 객체면에서 보면 물권의 발생·변경·이전·소멸이며, 주체면에서 볼 때는 물권의 취득·변경·이전·상실이다. 이를 물권의 주체(主體)를 중심으로 말한다면 민법 제186조의 규정에 의한 물권의 득실변경(得失變更)이라 한다. 이때의 득실(得失 : 취득·상실)은 물권의 상대적인 발생·소멸을 의미한다.

(1) 물권의 발생(發生)

물권의 발생에는 절대적 발생과 상대적 발생이 있다. 전자는 전에는 없었던 물권이 새로이 생겨나는 것으로서 주체를 중심으로 말하면 원시취득(예 : 무주물선점〈민법 제252조〉)에 해당한다. 후자 즉 상대적 발생이란 타인이 가지고 있던 기존의 물권이 승계되어 다른 특정인에게 권리가 발생하는 것, 즉 승계취득을 말한다(매매·상속·저당권의 설정 등).

(2) 물권의 변경

물권의 변경이란 주로 물권의 내용이 변하는 것으로서 질적(質的) 변경(물건의 멸실로 인하여 물권적 청구권이 손해배상청구권으로 변하는 것)과 양적(量的) 변경(소유권의 객체에 제한물권이 설정되어 소유권의 내용이 감소하는 것)이 있다. 물권의 변경이란 물권의 동일성을 해하지 않는 범위 내에서 물권의 객체나 내용인 효력에 변화가 생기는 것을 말한다. 주체의 변경은 물권의 이전으로 보기 때문에 제외된다. 변동하는 물권이 부동산

물권이냐 동산물권이냐에 따라서 물권변동은 부동산물권의 변동과 동산물권의 변동으로 나눌 수 있다.

(3) 물권의 소멸

물권의 소멸에도 절대적 소멸과 상대적 소멸이 있다. 전자는 사회에서 기존의 물권 하나가 없어지는 것(예 : 소유물의 멸실, 소멸시효 등에 의한 물권의 소멸)이며, 후자 즉 상대적 소멸은 물권 그 자체는 존속하지만 물권이 타인에게 승계됨으로써 종래의 주체가 물권을 잃는 것(예 : 물권의 양도에 의하여 양도인이 물권을 상실하는 것), 즉 물권의 상실을 말한다. 이전적 승계(移轉的 承繼)를 전주(前主)의 입장에서 본 것이다.

2. 물권변동에 관한 입법주의(의사주의와 형식주의)

물권변동에 관한 입법주의로는 당사자의 의사표시만으로 그 효력이 발생한다는 의사주의(意思主義 : 프랑스법주의)와 의사표시 외에 어떤 형식을 요한다는 형식주의(形式主義 : 독일법주의)가 있다. 우리 민법은 거래의 안전을 보장한다는 뜻에서 구민법과는 달리 형식주의를 취하였다. 그러므로, 부동산 물권은 등기를 하여야 그 효력이 발생하고, 동산물권은 인도(引渡)가 있어야 비로소 효력이 발생한다(민법 제186조, 제188조).

가. 의사주의 · 형식주의

물권의 변동, 특히 물권의 이전이나 설정이 법률행위로 인하여 행하여지는 경우에, ① 당사자의 의사표시만으로 물권변동이 일어나는 것으로 하는 입법주의를 의사주의(意思主義)라고 하며, ② 그러한 의사표시만으로는 물권변동의 효력이 발생하지 않고, 그 밖에 부동산물권에 관하여는 등기, 동산물권에는 인도(引渡)라는 공시방법을 갖추어야만 효력이 발생하는 것으로 하는 입법주의를 형식주의(形式主義)라고 한다.

의사주의는 프랑스 민법이 채용하는 것이므로 불법주의(佛法主義)라 하고 또한 대항요건주의(對抗要件主義)라고도 한다. 형식주의는 독일 민법이 채용하고 있어 독법주의(獨

法主義) 또는 성립요건주의(成立要件主義)라고 한다.

나. 우리 민법

우리 민법은 구법시대에 의사주의(意思主義)를 따르고 있었으나, 현행 민법은 형식주의(形式主義)를 채용하고 있으므로, 법률행위에 의한 물권변동은 물권행위와 등기 또는 인도라는 공시방법을 갖추어야만 일어나게 된다. 부동산에 관한 법률행위로 인한 물권의 득실변경은 등기하여야 그 효력이 생기며(민법 제186조), 동산에 관한 물권의 양도는 그 동산을 인도(引渡)하여야 효력이 생긴다(민법 제188조 제1항).

3. 부동산물권의 공시제도

물권에는 배타성(排他性)이 있기 때문에 어떤 물건에 관하여 어떤 사람이 하나의 물권을 취득하면 다른 사람은 그것과 양립할 수 없는 내용의 물권을 취득할 수 없게 된다. 여기서 물권의 귀속과 그의 내용, 즉 물권의 현상을 외부에서 인식할 수 있는 일정한 표상(表象), 표식(標識)에 의하여 공시(公示)하는 것이 필요하게 된다.

이것이 공시제도(公示制度) 내지 공시방법(公示方法)이며, 일반적으로 부동산물권에 관하여는 등기(登記), 동산물권에 관하여는 점유(占有)를 각각 공시방법으로 인정하고 있다. 부동산거래의 안전과 거래의 자유가 인정된 근대사회에서 부동산의 등기라는 가장 완비된 기술적인 공시방법이 안출(案出)되었다. 현행 민법이 제정됨에 따라 현행 부동산등기법이 제정되어 상당히 정비된 등기제도를 마련했다.

우리 민법은 부동산물권거래(민법 제186조, 제187조)와 동산물권거래(민법 제188조 내지 제190조)를 구별하고 전자를 후자보다 신중하게 다루고 있다. 동산물권의 거래는 인도(引渡 : 점유의 이전)라는 불완전한 방법으로 공시(公示)하나, 부동산물권의 거래는 등기라는 기술적인 방법으로 공시하게 된다.

가. 공시의 원칙과 공신의 원칙

공시(公示)의 원칙이란 부동산물권에 관한 거래의 안전을 위하여 부동산에 관한 물권의 득실변경은 언제나 외부에서 인식할 수 있는 표상 즉 공시방법인 등기를 갖추어야 한다는 것이다. 공시제도 또는 공시방법은 물권의 현상을 공시하여 물권을 거래하는 자를 보호하기 위한 것이므로 공시방법이 그러한 기능을 다 하기 위하여는 "공시의 원칙"과 "공신의 원칙"의 양자 또는 어느 하나를 인정하여야 한다. 우리 현행 민법은 부동산에 관하여는 공시의 원칙만을 채용하고, 동산에 관하여는 두 원칙을 모두 채용하고 있다.

(1) 공시의 원칙

물권의 변동은 언제나 외부에서 인식할 수 있는 어떤 표상, 즉 공시방법을 수반하여야 한다는 원칙이다. 거래의 안전을 위해 인정되는 원칙이다. 그러한 공시방법을 갖추지 않으면 물권변동의 효과는 부인된다는 것이 원칙이다. 부동산물권의 공시방법은 등기이며, 동산물권의 공시방법은 인도(引渡), 즉 점유의 이전이다.

현대 법은 공시의 원칙을 실현하기 위하여 이를 강제하는 두 가지 방법을 쓰고 있다. 하나는 성립요건주의(成立要件主義)로서 공시방법을 갖추지 않으면 제3자에 대한 관계는 물론이며, 당사자 간에도 물권변동은 생기지 않는 것으로 하는 것이며, 다른 하나는 대항요건주의(對抗要件主義)로서 당사자 간에서는 물권변동이 일어나지만 공시방법을 갖추지 않는 한 그 물권변동을 제3자에게 대항하지는 못하는 것으로 하는 것이다. 우리의 현행 민법과 독일 민법은 성립요건주의를 취하고 있고, 프랑스 민법과 구민법은 대항요건주의에 따른다.

(2) 공신의 원칙

물권의 존재를 추측케 하는 표상, 즉 공시방법을 신뢰해서 거래한 자가 있는 경우, 비록 그 공시방법이 진실한 권리관계에 일치하고 있지 않더라도 마치 그 공시된 대로의 권리가 존재하는 것처럼 다루어서 그자의 신뢰를 보호해야 한다는 원칙을 말한다. 이 원칙의 인정 근거는 거래의 안전을 보호 하는 데 있다.

즉 공시방법은 실체관계와 부합하지 않을 수가 있는데(예 : 무효인 매매계약에 의하여 소유권이전등기가 경료 된 경우) 이러한 공시방법을 신뢰한 자를 보호하는 제도가 공신(公信)의 원칙이다. 이는 공시(公示)의 원칙을 보완하는 방법이라 할 수 있다.

우리 민법은 부동산에 관하여 공신의 원칙을 채택하지 않고, 동산에 관하여도 도품(盜品), 유실물(遺失物)을 제외한 거래물건에 관해서만 이를 인정하고 있다(민법 제249조 이하). 우리 민법은 프랑스 민법의 태도를 따른 것으로, 신뢰보호 내지 거래보호 보다는 진정한 권리보호를 우선시키고 있는 것이다.

4. 우리나라의 부동산등기제도

현행 민법이 제정됨에 따라 현행 부동산등기법이 제정되어 상당히 정비된 등기제도를 가지고 있다. 등기관(부동산등기법 제11조)이라는 국가기관이 부동산등기법의 절차를 밟아서 등기부{전산정보처리조직에 의하여 입력·처리된 등기정보 자료를 대법원규칙으로 정하는 바에 따라 편성한 것을 말한다(부동산등기법 제2조 제1호).}라고 불리는 공적장부에 부동산에 관한 일정한 권리관계를 기재하는 것, 또는 그러한 기재 자체를 "등기" 또는 "부동산등기"라고 한다.

부동산등기는 부동산거래의 안전을 위하여 부동산(토지와 건물)에 관한 물권(소유권·지상권·지역권·전세권·저당권·권리질권·채권담보권·임차권)의 변동(이전, 설정, 변경, 처분의 제한 또는 소멸)을 공시하는 제도로서 등기관이라는 국가기관이 법정절차에 따라 등기부라는 공적장부에 기재하는 것 또는 그 기재 자체를 말한다.

등기는 부동산물권변동의 공시방법(公示方法)으로서의 기능을 가지고 있다. 채권과 달라서 물권(物權)은 절대권(絶對權)이며, 배타성(排他性)이 있다. 여기서 물권의 귀속(歸

屬)과 그의 내용 즉 물권의 현상을 외부에서 인식할 수 있는 일정한 표식(標識)에 의하여 공시(公示)하는 것이 필요하게 된다. 근대법은 이러한 요청에 응하여 부동산에 관하여는 〈등기〉라는 공시방법을 안출(案出)하였다.

등기는 거래관계에 있는 제3자를 위하여 권리내용을 명백히 공시하여 예측하지 못한 손해를 방지하는 제도로서 거래의 안전을 보호하는 데 중요한 구실을 한다. "부동산에 관한 법률행위로 인한 물권의 득실변경은 등기하여야 그 효력이 생긴다(민법 제186조)." 현행 민법은 제186조에서 부동산에 관한 법률행위로 인한 물권변동은 그것을 목적으로 하는 당사자의 의사표시만으로는 효력이 생기지 않으며, 그 밖에 등기라는 공시방법을 갖추어야만 비로소 효력이 생기는 것으로 하고 있다(민법 제186조).

구민법은 등기를 단지 물권변동의 효력을 제3자에게 주장하는 대항요건(對抗要件)으로 규정하였으나, 현행 민법은 등기를 물권변동의 효력발생요건(效力發生要件)으로 규정하였다(민법 제186조).

등기는 물권의 효력발생요건(效力發生要件)이고 존속요건(存續要件)은 아니어서 등기가 원인 없이 말소된 경우에는 그 물권의 효력에는 아무런 영향이 없고, 그 회복등기가 마쳐지기 전이라도 말소된 등기의 등기명의인은 적법한 권리자로 추정되므로 원인 없이 말소된 등기의 효력을 다투는 쪽에서 그 무효사유를 주장, 입증하여야 한다(대판 1997.9. 30. 95다39526).

가. 성립요건주의

성립요건주의(成立要件主義)라 함은 당사자의 의사표시, 즉 물권행위만으로는 물권변동이 일어나지 않고, 그 밖에 등기·인도(引渡)라는 공시방법을 갖춘 때에 비로소 물권변동이 일어난다는 입법주의(立法主義)를 말하는바, 독일 민법이 취하고 있다.

현행 민법 제186조는 "부동산에 관한 법률행위로 인한 물권의 득실변경은 등기하여야 그 효력이 생긴다"고 규정함으로써 법률행위에 의한 부동산물권변동에 관하여 이른바 성립요건주의(成立要件主義)(獨法主義)의 원칙을 채용하고 있다. 따라서 법률행위에 의한 부동산물권변동은 물권행위와 등기의 두 요건을 갖추었을 때에 성립 내지 효력을 발생한다.

민법 제186조가 규정하는 위와 같은 원칙이 적용되는 것은 부동산에 관한 "물권의 득실변경(得失變更)"에 관하여서이다. 그리고 그 물권의 득실변경에 등기가 요구되는 부동산물권에는 소유권·지상권·지역권·전세권·저당권·권리질권·채권담보권·임차권이 있다(부동산등기법 제3조).

나. 물적편성주의·인적편성주의·연대적편성주의

"물적편성주의(物的編成主義)"라 함은 각각 토지·건물을 기준으로 하여 하나의 부동산에 한 용지를 사용하여 등기부를 편성하는 방식을 말한다. 이에 반하여 부동산의 소유자를 기준으로 각자에게 한 용지로 등기부를 편성하는 방식을 "인적편성주의(人的編成主義)"라 한다. 부동산의 권리의 변동을 기재한 것을 순차적으로 편찬하여 등기부를 편성하는 "연대적(年代的)편성주의"도 있다.

우리나라의 등기제도는 독일과 프랑스의 그것을 적당히 혼합한 것이다. 즉 등기는 물권변동의 성립요건(민법 제186조)이며, 등기부는 물적편성주의{物的編成主義 : 등기부를 편성할 때에는 1필의 토지 또는 1개의 건물에 대하여 1개의 등기록을 둔다(부동산등기법 제15조 제1항 전단).}에 따라 편성된다는 점에서는 독일의 등기제도와 같으나, 등기관에게는 실질적심사권이 주어져 있지 않고 또한 등기에 공신력(公信力)이 없다는 점에서는 프랑스의 등기제도를 따르고 있다.

하나의 부동산에 관하여 등기부 용지를 달리하여 동일인 명의로 소유권보존등기가 중복되어 있는 경우에는 1물1용지주의(一物一用紙主義)를 채택하고 있는 부동산등기법상 시간적으로 뒤에 경료 된 중복등기는 그것이 실체관계 부합여부를 가릴 것 없이 무효이다(대판 1981.11.18. 81다1340). 동일 부동산에 관하여 등기명의인을 달리하여 중복된 소유권보존등기가 마쳐진 경우, 먼저 이루어진 소유권보존등기가 원인무효로 되지 않는 한 뒤에 된 소유권보존등기는 실체적 권리관계에 부합하는 여부를 불문하고 무효이다(대판 1996. 4.23. 95다11184).

다. 등기를 필요로 하는 물건과 권리

부동산등기법상 등기의 목적물이 되는 것은 부동산 중에서도 토지와 건물뿐이다(부동산등기법 제14조 제1항). 다만 토지와 건물이라고 하여 모두 등기의 대상이 되는 것은 아니고 이들 중 사권(私權)의 목적이 되는 것에 한한다. 특별법으로 〈입목에 관한 법률〉〈동산·채권 등의 담보에 관한 법률〉이 있다.

현행법상 등기를 필요로 하는 권리는 원칙적으로 토지 또는 건물에 대한 물권, 즉 부동산 물권이다. 그러나 부동산 물권이 모두 등기될 수 있는 권리는 아니고 부동산에 관한 점유권·유치권·특수지역권(민법 제302조)은 그 성질상 등기를 요하지 않는다. 부동산등기법상 등기할 수 있는 권리는 소유권·지상권·지역권·전세권·저당권·권리질권·채권담보권·임차권이다(부동산등기법 제3조).

라. 등기의 절차

등기는 원칙적으로 당사자의 신청 또는 관공서의 촉탁에 기하여서 행하여지며(부동산등기법 제22조 제1항 제2항, 제96조~98조), 예외적으로 등기관이 스스로 직권으로 하는 경우(동법 제32조 제2항) 또는 법원의 명령에 의하여 하는 경우(동법 제106조, 제107조)가 있다.

(1) 공동신청주의

등기는 법률에 다른 규정이 없는 경우에는 등기권리자와 등기의무자가 공동으로 신청한다(부동산등기법 제23조 제1항). 등기는 원칙적으로 등기권리자와 등기의무자의 공동신청에 의하여 행하여진다. 이것을 "공동신청주의"(共同申請主義)라고 한다. 등기권리자라 함은 그 등기가 행하여짐으로써 직접 이익을 얻는 자(매매에 있어서의 매수인)이고, 이에 대응하여 불이익을 받는 자(매매에 있어서의 매도인)가 등기의무자이다.

부동산에 관한 등기는 법률에 다른 규정이 없는 한 등기권리자와 등기의무자의 공동신청에 의하는 것인바, 등기의무자라 함은 등기부상의 형식상 신청하는 그 등기에 의하여 권리를 상실하거나 기타 불이익을 받을 자(등기명의인이거나 그 포괄승계인)를 말한다(대판 1979.7.24. 79다345).

(2) 단독신청의 경우

공동신청에 의하지 않더라도 등기의 진정(眞正)을 보장할 수 있는 사정이 있거나, 또는 등기의 성질상 등기의무자가 있을 수 없는 경우에는 등기권리자 또는 등기명의인에 의한 단독신청이 인정된다. 판결(부동산등기법 제23조 제4항) 또는 상속, 법인의 합병에 따른 등기는 전자(前者)의 이유로 등기권리자가 단독으로 신청할 수 있다(동조 제3항). 후자(後者)의 이유에 의한 것으로는 미등기부동산의 소유권보존등기(동법 제65조), 토지 및 건물의 표시에 관한 등기(동법 제35조, 제제41조) 등을 들 수 있다.

(3) 대위신청

민법 제404조의 규정에 의하여 채권자는 채무자가 가지는 등기신청권을 대위행사(代位行使)할 수 있다(동법 제28조, 부동산등기규칙 제50조, 도시 및 주거환경정비 등기규칙 제2조, 민법 제404조).

마. 등기신청권 · 등기청구권

(1) 등기신청권

등기신청권이라 함은 등기관(부동산등기법 제11조)이라는 국가기관에 대하여 국민이 등기를 신청하는 권리를 말하며, 일종의 공권(公權)이다. 등기권리자와 등기의무자가 모두 등기신청권을 가지며(부동산등기법 제23조 제1항), 특히 등기권리자가 단독으로 등기신청을 할 때(동조 제2항 내지 제8항) 의미가 있다.

이와 구별되는 개념으로 등기청구권이 있는데, 등기청구권은 등기의 신청에 협력할 것을 청구하는 권리이고, 사인(私人)이 다른 사인에게 등기에 필요한 협력을 요구하는 사법상의 권리라는 점에서 구별된다.

(2) 등기청구권

등기는 등기권리자와 등기의무자의 공동신청에 의하여 행해지는 것이 원칙이다(부동산등기법 제23조 제1항). 우리나라에서는 등기신청에 관하여 공동신청주의(共同申請主義)를 채용하고 있는 까닭에, 만일 일방 당사자(매도인인 등기의무자)가 등기신청에 협력하지 않는다면 타방 당사자(매수인인 등기권리자)는 단독으로 등기를 신청할 수 없으므로, 물권의 변동은 일어날 수 없다. 등기청구권은 바로 이러한 등기의 신청에 협력할 것을 청구하는 권리인 것이다.

따라서 등기제도의 원활한 운영을 위해, 등기를 원하는 일방 당사자는 타방 당사자에 대하여 등기신청에 협력할 것을 요구하는 권리, 즉 등기청구권(登記請求權)을 갖는 것이 인정된다. 등기권리자는 등기의무자에 대하여 등기의 신청에 협력할 것을 청구할 수 있는 권리(등기청구권)를 가진다. 이러한 등기청구권을 가지는 자가 "등기권리자"이며, 등기청구권에 응할 의무를 부담하는 자가 "등기의무자"이다.

등기청구권은 등기신청권과 구별된다. 즉 등기신청권은 등기관이라는 국가기관에 대한 공법상의 권리인데 비해, 등기청구권은 사인에게 등기신청에 필요한 협력을 구하는 사법상의 권리를 말한다. 등기청구권은 통상 등기의무자에 대한 등기권리자의 의사표시로 행사되나, 등기청구권에 기한 판결에 의해 단독으로 등기할 수 있다(부동산등기법 제23조 제4항).

(가) 등기인수(수취)청구권

종래 등기권리자(예 : 매수인)가 등기를 하지 아니하고 방치한 경우에 등기의무자(예 : 매도인)가 등기권리자를 상대로 등기를 넘겨가도록 청구할 수 있는지 여부가 등기인수(수취)청구권의 문제로 논의되었다. 등기의무자(예 : 매도인)도 법률상의 소유자로서 부동산에 대한 공조공과(公租公課) 등을 부담해야 하는 불이익을 면하기 위해 등기권리자(예 : 매수인)에게 등기청구권을 행사할 수 있는데, 이를 특히 "등기인수(수취)청구권"이라고 한다. 이와 관련하여 승소한 등기의무자가 단독으로 판결에 의한 등기를 신청할 수 있도록 부동산등기법이 개정되었다(현행 부동산등기법 제23조 제4항).

등기권리자가 등기를 하지 않고 방치한 경우에 등기의무자가 등기권리자를 상대로 등기를 넘겨가도록 청구할 수 있는 권리가 이른바 "등기인수(수취)청구권{登記引受(收取)請求權}"이다. 등기인수청구권이라 함은 등기권리자가 자기 이름으로 등기를 하지 아니함으로써 등기의무자가 과세 등의 불이익을 받는 경우에 등기의무자가 등기권리자에 대하여 등기의무의 이행을 수취할 것을 소(訴)의 방법으로 청구할 수 있는 권리로서 "등기수취청구권(登記受取請求權)" 또는 "역방향(逆方向)의 등기청구권"이라고도 한다.

부동산등기법은 등기는 등기권리자와 등기의무자가 공동으로 신청하여야 함을 원칙으로 하면서도, 제29조(현행법 제23조 제4항)에서 "판결에 의한 등기는 승소한 등기권리자 또는 등기의무자만으로" 신청할 수 있도록 규정하고 있는바, 위 법조에서 승소한 등기권리자 외에 승소한 등기의무자도 단독으로 등기를 신청할 수 있게 한 것은, 통상의 채권채무관계에서는 채권자가 수령을 지체하는 경우 채무자는 공탁 등에 의한 방법으로 채무부담에서 벗어날 수 있으나 등기에 관한 채권채무관계에 있어서는 이러한 방법을 사용할 수 없으므로, 등기의무자가 자기명의로 있어서는 안 될 등기가 자기명의로 있음으로 인하여 사회생활상 또는 법상 불이익을 입을 우려가 있는 경우에는 소(訴)의 방법으로 등기권리자를 상대로 등기를 인수받아 갈 것을 구하고 그 판결을 받아 등기를 강제로 실현할 수 있도록 한 것이다(대판 2001.2.9. 2000다60708).

(나) 등기말소청구의 상대방

1) 말소등기

말소등기란 어떤 부동산에 관하여 현재 존재하고 있는 등기의 전부를 말소하는 등기를 말한다. 즉 등기에 부합하는 실체관계가 없는 경우, 그 등기를 법률적으로 소멸시킬 목적으로 하는 등기이다. 이러한 말소등기는 ① 일단 유효하게 성립한 등기가 후에 부적법하게 된 경우(예 : 목적 부동산의 소멸) 또는 ② 처음부터 부적법한 등기이기 때문에 무효인 경우(예 : 등기원인의 무효)에 하게 된다.

2) 등기말소청구의 상대방

실체관계에 부합되지 않는 등기가 되어 있는 경우에 그 부동산의 권리자는 등기의무자인 말소될 등기관계의 등기명의자들을 피고로 하여야 한다(대판 1962.2.28. 4294민상733). 불법하게 말소된 것을 이유로 한 근저당권설정등기 회복등기청구는 그 등기말소당시의 소유자를 상대로 하여야 한다(대판 1969.3.18. 68다1617).

소유권에 관하여 순차적으로 각 등기가 경료된 경우, 후순위 등기의 말소가 가능한지에 관계없이 전 순위 등기의 말소절차이행을 명할 수 있다(대판 1995.10.12. 94다47483). 등기의무자, 즉 등기부상의 형식상 그 등기에 의하여 권리를 상실하거나 기타 불이익을 받을 자(등기명의인이거나 그 포괄승계인)가 아닌 자를 상대로 한 등기의 말소절차이행을 구하는 소는 당사자적격이 없는 자를 상대로 한 부적법한 소이다(대판 1994.2.25. 93다30225).

(다) 진정한 등기명의 회복

소유권자가 진정한 등기명의의 회복을 위하여 부진정한 현재의 등기명의인을 상대로 그 등기의 말소를 구하는 외에 소유권이전등기절차의 이행을 구할 수 있다(대판 1990.11.27.89다카12398 전원합의체판결). 부동산실권리자명의등기에관한법률 소정의 유예기간 내에 실명등기를 하지 아니하여 명의신탁약정이 무효로 된 경우, 종전에 명의신탁 대상 부동산에 관하여 소유권이전등기를 경료 한 적이 있던 명의신탁자는 명의수탁자를 상대로 진정명의회복을 원인으로 한 이전등기를 구할 수 있다(대판 2002.9.6. 2002다35157).

바. 판결 등 집행권원에 의한 등기의 집행

(1) 의사의 진술을 구하는 청구

의사표시를 할 것을 목적으로 하는 채권에 있어서는 채무자로 하여금 현실적으로 의사표시를 시킬 필요 없이 그 의사표사가 노리는 법률효과를 발생시켜버리면 이러한 채권의 목적은 달성된다. 채무자가 권리관계의 성립을 인낙한 때에는 그 조서로, 의사의 진술을 명한 판결이 확정된 때에는 그 판결로, 권리관계의 성립을 인낙하거나 의사를 진술한 것으로 본다(민사집행법 제263조 제1항).

이리하여 민사집행법은 이러한 종류의 채권의 집행에 있어서는 그 채무명의(집행권원)인 인낙조서의 작성이나 그 이행판결의 확정으로서 의사표시의 진술이 있은 것으로 간주하고, 간접강제에 의한 강제집행을 생략하고 있다(민사집행법 제263조 제1항).

부동산등기법 제23조 제4항은 "등기절차의 이행 또는 인수(引受)를 명하는 판결에 의한 등기는 승소한 등기권리자 또는 등기의무자가 단독으로 신청"할 수 있게 하였는데 이 취지는 등기의무자(또는 등기절차의 인수를 명한 판결의 경우는 등기권리자)에 대하여 등기절차를 이행하도록 명한 이행판결에 의하여 신청하는 것이므로 등기의무자(또는 등기절차의 인수를 명한 판결의 경우는 등기권리자)의 협력이 불필요하다고 본 것이다.

(2) 부동산등기법 제23조 제4항 판결의 요건

부동산등기법 제23조 제4항의 판결은 등기절차의 이행을 명하는 이행판결이어야 하며, 주문(主文)의 형태는 〈피고는 원고에게 별지목록 기재 부동산에 관하여 2025년 3월3일 매매(또는 증여 등)를 원인으로 한 소유권이전등기절차를 이행하라〉와 같이 등기신청 의사를 진술하는 것이어야 한다. 다만 공유물분할판결의 경우에는 예외로 한다.

위 판결에는 등기권리자와 등기의무자가 나타나야 하며, 신청의 대상인 등기의 내용, 즉 등기의 종류(등기의 목적), 등기원인과 그 연월일 등 등기신청에 기재하여야 할 사항(부동산등기규칙 제43조 제1항 참조)이 명시되어 있어야 한다{등기예규 제1383호 2. 가. 1) 2)}.

부동산등기법 제23조 제4항의 판결은 확정판결이어야 한다. 따라서 확정되지 아니한 가집행선고가 붙은 판결에 의하여 등기를 신청한 경우 등기관은 그 신청을 각하하여야 한다(등기예규 제1383호 2. 나.).

(3) 등기의무자가 등기권리자를 상대로 등기를 인수받아 갈 것을 구하는 등기인수(수취)청구권의 행사

등기는 등기권리자와 등기의무자가 공동으로 신청하여야 함을 원칙으로 하면서도 제23조 제4항에서 "판결에 의한 등기는 승소한 등기권리자 또는 등기의무자만으로" 신청할 수 있도록 규정하고 있는바, 위 법조에서 승소한 등기권리자 외에 등기의무자도 단독으로 등기를 신청할 수 있게 한 것은, 통상의 채권·채무관계에서는 채권자가 수령을 지체하는 경우 채무자는 공탁 등에 의한 방법으로 채무부담에서 벗어날 수 있으나 등기에 관한 채권·채무관계에 있어서는 이러한 방법을 사용할 수 없으므로, 등기의무자가 자기명의로 있어서는 안 될 등기가 자기명의로 있음으로 인하여 사회생활상 또는 법상 불이익을 입을 우려가 있는 경우에는 소의 방법으로 등기권리자를 상대로 등기를 인수받아 갈 것을 구하고 그 판결을 받아 등기를 강제로 실현할 수 있도록 한 것이다(대판 2001.2.9. 2000다60708).

(4) 등기인수(수취) 청구의 청구취지 기재례

등기권리자가 등기를 하지 아니함에 따라 불이익을 받게 될 염려가 있는 등기의무자는 등기권리자를 상대로 등기절차의 인수(또는 수취)를 명하는 판결을 받아 단독으로 등기를 신청할 수 있다.

이 경우 소장의 "청구취지"는 〈 피고는 원고로부터 별지 목록기재 부동산에 관하여 년 월 일 매매(또는 증여 등)를 원인으로 한 소유권이전등기신청절차를 인수(또는 수취)하라 〉는 형식을 취한다. 등기의 인수(수취)를 구하는 소(訴)의 소가(訴價)는 목적물 가액의 10분의 1이다(민사소송 등 인지규칙 제13조 제2항).

(5) 판결에 의한 등기신청

등기는 법률에 다른 규정이 없는 경우에는 등기권리자와 등기의무자가 공동으로 신청하는 것이 원칙이나(부동산등기법 제23조 제1항), 판결에 의한 등기는 승소한 등기권리자 또는 등기의무자가 단독으로 신청할 수 있다(동법 제23조 제4항). 이 경우 판결은 피고의 등기신청의사의 진술에 갈음하는 동시에 "등기원인을 증명하는 정보(부동산등기규칙 제46조 제1항 제1호 참조)"의 기능을 하여 원고(승소한 등기권리자 또는 등기의무자)는 단독으로 등기신청을 할 수 있다.

(가) 판결에 의한 등기신청인
1) 승소한 등기권리자 또는 승소한 등기의무자

승소한 등기권리자 또는 승소한 등기의무자는 단독으로 판결에 의한 등기신청을 할 수 있다. 승소한 등기권리자가 승소판결의 변론종결 후에 사망하였다면, 상속인이 상속을 증명하는 서면을 첨부하여 직접 자기명의로 등기를 신청할 수 있다. 패소한 등기의무자는 그 판결에 기하여 직접 등기권리자명의의 등기신청을 하거나 승소한 등기권리자를 대위하여 등기신청을 할 수 없다(등기예규 제1383호 3.가.).

2) 공유물분할판결에 의한 경우

공유물분할 판결이 확정되면 그 소송 당사자는 원·피고인지 여부에 관계없이 그 확정판결을 첨부하여 등기권리자가 단독으로 공유물분할을 원인으로 한 지분이전등기를 신청할 수 있다(부동산등기법 제23조 제4항 후단, 등기예규 제1383호 3.다).

3) 채권자 대위소송에 의한 경우

채권자가 제3채무자를 상대로 채무자를 대위하여 등기절차의 이행을 명하는 판결을 얻은 경우 채권자는 부동산등기법 제28조에 의하여 채무자의 대위신청인으로서 그 판결에 의하여 단독으로 등기를 신청할 수 있다. 채권자 대위소송에서 채무자가 채권자대위소송이 제기된 사실을 알았을 경우에는 채무자 또는 제3채무자도 채권자가 얻은 승소판결에 의하여 단독으로 등기신청을 할 수 있다(민법 제404조, 등기예규 제1383호 3.라).

4) 채권자취소소송의 경우

수익자(갑)를 상대로 사해행위취소판결(민법 제406조)을 받은 채권자(을)는 채무자(병)를 대위(민법 제404조)하여 단독으로 등기를 신청할 수 있다. 이 경우 등기신청서의 등기권리자란에는 "병 대위신청인 을"과 같이 기재하고, 등기의무자란에는 "갑"을 기재한다(등기예규 제1383호 3. 마).

(나) 집행불능판결

등기절차의 이행 또는 인수(引受)를 명하는 판결에 의한 등기는 승소한 등기권리자 또는 등기의무자가 단독으로 신청한다(부동산등기법 제23조 제4항). 이 경우 그 판결이 이른바 "집행불능판결"에 해당될 경우 등기관은 부동산등기법 제29조 각 호의 어느 하나에 해당하는 경우 이유를 적은 결정으로 신청을 각하하여야 한다.

등기절차이행을 명한 확정된 이행판결을 등기원인을 증명하는 정보(부동산등기규칙 제46조 제1항 제1호)로 하여 등기신청을 한 경우 그 판결이 이른바 "집행불능판결"에 해당되어 등기관이 부동산등기법 제29조에 의하여 그 신청을 각하한 경우, 그 판결은 확정된 승소판결이므로 원고는 이에 대하여 불복절차 내지 시정절차에 의하여 시정할 방법이 없다.

이 경우 원고는 다시 소를 제기하여 등기의 집행이 가능한 판결을 받아 등기신청을 하는 절차를 반복하게 된다. 민사소송제도는 사인의 권리보호와 사법질서의 유지를 목적으로 하여 국가가 마련한 제도이다. 따라서 민사소송제도의 본지(本志)가 살고 이상적으로 운영되려면 ① 적정(適正) ② 공평 ③ 신속 ④ 소송경제 ⑤ 신의칙(信義則)의 이념이 지배하여야 한다.

올바르고 잘못이 없는 재판은 소송의 가장 중요한 요청이다. 법관은 올바르게 사실을 확정하고, 이 확정된 사실에 법을 올바로 적용하여 재판을 통해 사회정의를 구현해야 한다. 이는 법원의 의무인 것으로 당사자로서는 권리로서 요구할 수 있다. "소송의 원인을 제거하는 것이 훌륭한 법관의 의무이다(It is the duty of a good judge to remove causes of litigation.)."

사. 등기관

등기사무는 등기소에 근무하는 법원서기관·등기사무관·등기주사 또는 등기주사보 중에서 지방법원장 또는 지원장이 지정하는 자(이하 "등기관"이라 한다)가 처리한다(부동산등기법 제11조 제1항). 등기관은 등기사무에 관하여 자기의 이름으로 독립·완결적으로 처리하는 직무권한을 갖는다.

(1) 등기관의 심사권

등기는 국가가 사권(私權)을 위하여서 하는 공증행위이므로 등기에 공신력이 인정되든 안 되든 등기와 실질관계가 부합되어야 한다. 여기서 등기신청이 있을 때에 이를 심사한다는 것이 필요하게 된다. 즉 등기관이 등기신청을 받으면 일정한 접수절차를 밟은 후 지체없이 신청을 심사하여야 하며, 심사에 의하여 신청된 대로의 등기를 하여야 하는가 또는 신청을 각하(却下)할 것인가를 결정하고, 등기의 실행 또는 신청의 각하의 양자 중 하나의 처분을 하여야 한다.

등기관이 등기신청을 심사한 결과 신청이 적법하다고 인정되는 경우에는 그 신청에 기한 등기를 실행하며, 등기신청이 부동산등기법 제29조 각 호의 어느 하나에 해당하는 경우에만 이유를 적은 결정으로 신청을 각하(却下)하여야 한다.

(2) 형식적 심사주의 · 실질적 심사주의

등기신청의 심사에 관하여는 실질적 심사주의와 형식적 심사주의의 두 가지 입법주의가 있다. 전자는 등기관에게 등기절차상의 요건 그 밖에 실체법상의 권리관계와의 합치여부를 실질적으로 심사하는 권한을 주는 주의(主義)이고, 후자는 등기관에게 등기절차상의 요건을 갖추고 있느냐(부동산등기법 제29조 참조)의 여부를 심사할 권한만을 주는 주의이다. 우리나라는 형식적 심사주의를 취하고 있다(부동산등기법 제29조).

(가) 등기관의 심사권한과 주의의무(注意義務)

등기관은 등기신청에 대하여 실체법상의 권리관계와 일치하는 여부를 심사할 실질적 심사권한은 없고 오직 신청서류와 등기부에 의하여 등기요건에 합당하는 여부를 심사할 형식적 심사권한밖에 없으나, 등기관으로서의 통상의 주의를 기울이면 제출된 등기권리증 등이 진정하게 작성된 것이 아님을 식별할 수 있음에도 불구하고 이를 간과하였다면 이는 형식적 심사권한을 행사함에 있어서 지켜야 할 주의의무를 위반한 것이다(대판 1989.3.28. 87다카2470).

등기관은 등기신청에 대하여 실체법상의 권리관계와의 일치여부를 심사할 실질적 심사권한은 없고 오직 신청서 및 그 첨부서류와 등기부에 의하여 등기요건의 충족여부를 심사할 형식적 심사권한밖에는 없는 것이어서 그 밖에 필요에 응하여 다른 서면의 제출을 받거나 관계인의 진술을 구하여 이를 조사할 수는 없다(대법원 1990.10.29. 90마772).

(나) 판결로 확정된 상속분에 대한 등기관의 심사권

등기신청인이 산정한 상속분(相續分)이 그 상속재산을 둘러싼 소송에서 받아들여져 판결로써 확정된바 있다 하더라도 상속등기신청에 대하여 등기관이 본법 소정의 서면만에 의하여 형식적 심사를 함에 있어서는 위 확정판결의 기판력이 미칠 여지가 없다. 등기원인이 상속인 때 상속을 증명하는 시, 구, 읍, 면의 장의 서면 또는 이를 증명함에 족한 서면의 조사에 기한 상속분(相續分)의 산정은 등기관의 형식적 심사권한의 범위 내라 할 것이다(대법원 1990.10.29. 90마772).

(다) 등기신청서류의 보정명령 및 각하

등기관은 등기신청서류의 흠결(欠缺)을 발견하였을 경우, 보정명령을 할 의무가 없고 즉일 보정되지 않는 한 각하하여야 한다(대법원 1969.3.4. 67마216). 확정판결을 근거로 하는 등기신청에 의한 경우에는 그 등기절차를 명한 확정판결이 당연 무효인지 여부의 점은 등기관으로서는 심사할 수 없다. 확정판결에서 농지에 관한 소유권이전등기절차이행을 명한 이상 등기관으로서는 다시 농지소재지관서의 증명을 요구할 수 없다(대법원 1968.7.8. 67마1128).

(라) 등기신청의 각하사유

등기관은 다음 각 호의 어느 하나에 해당하는 경우에만 이유를 적은 결정으로 신청을 각하하여야 한다. 다만, 신청의 잘못된 부분이 보정(補正)될 수 있는 경우로서 신청인이 등기관이 보정을 명한 날의 다음 날까지 그 잘못된 부분을 보정하였을 때에는 그러하지 아니하다(부동산등기법 제29조).

1. 사건이 그 등기소의 관할이 아닌 경우
2. 사건이 등기할 것이 아닌 경우

    법 제29조 제2호에서 "사건이 등기할 것이 아닌 경우"란 다음 각 호의 어느 하나에 해당하는 경우를 말한다(부동산등기규칙 제52조). 본조 제2호의 "사건이 등기할 것이 아닌 때"라 함은 주로 등기신청이 그 신청취지 자체에 의하여 법률상 허용할 수 없음이 명백한 경우를 말한다(대법원 1988.2.24. 87마469, 2000.9.29. 2000

다29240).

   1. 등기능력이 없는 물건 또는 권리에 대한 등기를 신청한 경우
   2. 법령에 근거가 없는 특약사항의 등기를 신청한 경우
   3. 구분건물의 전유부분과 대지사용권의 분리처분금지에 위반한 등기를 신청한 경우
   4. 농지를 전세권설정의 목적으로 하는 등기를 신청한 경우
   5. 저당권을 피담보채권과 분리하여 양도하거나, 피담보채권과 분리하여 다른 채권의 담보로 하는 등기를 신청한 경우
   6. 일부 지분에 대한 소유권보존등기를 신청한 경우
   7. 공동상속인 중 일부가 자신의 상속지분만에 대한 상속등기를 신청한 경우
   8. 관공서 또는 법원의 촉탁으로 실행되어야 할 등기를 신청한 경우
   9. 이미 보존등기 된 부동산에 대하여 다시 보존등기를 신청한 경우
   10. 그 밖에 신청취지 자체에 의하여 법률상 허용될 수 없음이 명백한 등기를 신청한 경우
3. 신청할 권한이 없는 자가 신청한 경우
4. 제24조 제1항 제1호에 따라 등기를 신청할 때에 당사자나 그 대리인이 출석하지 아니한 경우
5. 신청정보의 제공이 대법원 규칙으로 정한 방식에 맞지 아니한 경우
6. 신청정보의 부동산 또는 등기의 목적인 권리의 표시가 등기기록과 일치하지 아니한 경우
7. 신청정보의 등기의무자의 표시가 등기기록과 일치하지 아니한 경우. 다만, 제27조에 따라 포괄승계인이 등기신청을 하는 경우는 제외한다.
8. 신청정보와 등기원인을 증명하는 정보가 일치하지 아니한 경우
9. 등기에 필요한 첨부정보를 제공하지 아니한 경우
10. 취득세(지방세법 제20조의2에 따라 분할납부하는 경우에는 등기하기 이전에 납부하여야 할 금액만을 말한다), 등록면허세(등록에 대한 등록면허세만 해당한다) 또는 수수료를 내지 아니 하거나 등기신청과 관련하여 다른 법률에 따라 부과된 의무

를 이행하지 아니한 경우
11. 신청정보 또는 등기기록의 부동산의 표시가 토지대장·임야대장 또는 건축물대장과 일치하지 아니한 경우

(마) "사건이 등기할 것이 아닌 때"에 해당하는 경우 등기관의 잘못으로 마쳐진 등기의 효력(무효)

구부동산등기법 제55조 제2호(현행법 제29조 제2호)에서 규정하고 있는 "사건이 등기할 것이 아닌 때"라 함은 등기신청이 그 신청취지 자체에 의하여 법률상 허용할 수 없음이 명백한 경우를 말하고, 이에 해당하는 경우에는 등기관의 잘못으로 등기가 마쳐졌다하더라도 그 등기는 그 자체가 어떠한 의미도 가지지 않는 무효의 등기이기 때문에 등기관은 같은 법 제175조 제1항(현행법 제58조 제4항)에 의하여 직권으로 그 등기를 말소하게 된다(대판 2000.9.29. 2000다29240).

(3) 등기관의 결정 또는 처분에 대한 이의신청

등기사무를 처리하는 국가기관인 등기관은 부동산등기법이 정하는 바에 따라 결정 또는 처분을 할 권한을 가진다. 그러므로 만일에 이러한 결정이나 처분이 부당한 경우에는 그로 말미암아 불이익을 받은 등기신청인은 부당한 결정 또는 처분의 효과를 제거해서 정당한 결정이나 처분이 있었던 것과 같은 상태를 이루도록 청구할 수가 있어야 한다. 이것이 부동산등기법 제100조 이하에 규정된 이의제도(異議制度)이다.

등기관의 결정 또는 처분에 이의가 있는 자는 관할 지방법원에 이의신청을 할 수 있다(부동산등기법 제100조). 그러나 새로운 사실이나 새로운 증거방법을 근거로 이의신청을 할 수는 없다(동법 제102조). 이의에는 집행정지(執行停止)의 효력이 없다(동법 제104조).

(가) 등기관의 처분이 부당하다고 이의신청을 할 수 있는 자

등기관의 처분이 부당하다고 하여 이의신청을 할 수 있는 자는 등기상 직접적인 이해관계를 가진 자에 한한다 할 것이므로 등기의 신청인도 아니고 다만 등기관의 처분으로

보존등기가 된 토지의 대장상 소유자로 등재되었던 자의 상속인들은 등기상 직접적인 이해관계가 있다고 볼 수 없다(대법원 1987.3.18. 87마206).

(나) 등기관의 결정 또는 처분에 대하여 이의를 신청할 수 있는 사유

구부동산등기법 제178조(현행법 제100조)에 의하여 이의를 신청할 수 있는 사유는 본법 제55조(현행법 제29조) 제1호(사건이 그 등기소의 관할이 아닌 경우)·제2호(사건이 등기할 것이 아닌 경우)의 경우에 국한한다(대법원 1964.7.22. 63그630). 등기관이 등기신청을 각하하는 등의 소극적인 부당한 처분을 하였을 때에는 이에 대하여 이의를 할 수 있으나 일단 등기를 함으로써 형식상 이해관계인이 생긴 후에는 특별히 직권으로 말소할 수 있는 규정이 있는 경우가 아니고서는 이의를 할 수 없다(대법원 1965.4.13. 64마1099).

(다) 등기관이 등기절차를 완료한 적극적 처분을 한 경우

등기관이 일단 등기를 완료한 후에는 본법 제55조(현행법 제29조) 제1호 및 제2호의 경우 외에는 이의신청에 의하여 말소를 구할 수 없다(대법원 1969.2.28. 68마1528). 부동산등기법 제55조(현행법 제29조) 제1호·제2호에 해당하는 경우라면 몰라도 본조 제3호 이하의 사유로 각하하여야 할 등기가 일단 경료 되었다면 등기관이 직권으로 그 등기를 말소하거나 처분에 대한 이의신청을 할 수 없고 통상소송으로 다투어야 한다(대법원 1970.12.29. 70마738).

등기신청이 본법 제55조(현행법 제29조) 제8호(현행법 제9호) 소정의 "신청서에 필요한 서면을 첨부하지 아니한 때"에 해당되는 경우에는 등기관은 등기신청을 각하하여야 할 것이지만 일단 등기관이 그 등기신청에 따라 등기를 마치고 등기부상의 형식상 이해관계인이 생긴 후에는 그 등기에 대하여는 본안소송으로써 그 말소를 청구할 수 있을 뿐이고 등기관의 처분에 대한 이의신청의 방법으로는 그 말소를 구할 수 없다(대법원 1978.3.25. 87마240).

등기관이 등기신청에 따라 등기절차를 완료하였을 때는 비록 그 처분이 본법 기타 법령에 비추어 위법하거나 부당할 지라도, 그것이 본법 제55조(현행법 제29조) 제1호(사건이 그 등기소의 관할에 속하지 아니한 때), 제2호(사건이 등기할 것이 아닌 때)에 해당되는 사유가 아닌 때에는 이의의 방법으로 다툴 수 없는바, 그 이유는 일단 등기를 함으로써 형식상 이해관계인이 생긴 후에는 특별히 직권말소 할 수 있는 규정이 있는 경우가 아니고는 함부로 등기기재를 말소할 수 없기 때문이다(대법원 1979.11.20.79마360).

등기관이 등기신청인의 신청에 따라 그 등기절차를 완료한 적극적인 처분을 하였을 때에는 비록 그 처분이 부당한 것이었다 하더라도 본법 제55조 제1호, 제2호에 해당하지 않는 한 소송으로 그 등기의 효력을 다투는 것은 별론으로 하고 본조(제178조, 현행법 제100조)에 의한 이의의 방법으로는 그 말소를 구할 수 없다(대법원 1978.3.25. 87마240).

등기관이 등기신청인의 신청 또는 관공서의 촉탁에 따라 그 등기절차를 완료한 적극적인 처분을 하였을 때에는 비록 그 처분이 부당한 것이었다 하더라도 그 등기가 부동산등기법 제29조 제1호 및 제2호에 해당하는 것이 아니라면 등기관의 처분에 대한 이의신청으로는 다툴 수 없다(대결 2012.5.10. 2012마180).

(라) 등기신청을 각하한 등기관의 처분에 대한 이의를 인용한 법원의 결정에 따라 등기부에 기입이 마쳐진 경우, 그 법원의 결정에 대한 항고의 적부(소극)

등기신청을 각하한 등기관의 처분에 대하여 이의신청을 한 결과 관할법원이 이의가 이유 있다고 인정하여 등기관에게 그 신청에 따른 처분을 명함으로써 등기관이 이에 따라 등기부에 기입을 마친 경우, 등기신청에 대한 등기관의 각하처분은 이미 존재하지 아니하므로 등기관의 등기신청 각하처분의 당부를 판단한 법원의 결정에 대하여는 이를 다툴 항고의 이익은 없게 된다(대법원 1996.12.11. 96마1954).

아. 등기의 효력(물권의 효력발생요건)

(1) 권리 변동적 효력

부동산에 관한 법률행위로 인한 물권의 득실변경은 등기하여야 효력이 생긴다(민법 제186조). 구민법은 등기를 단지 물권변동의 효력을 제3자에게 주장하는 대항요건으로 규정하였으나 현행 민법은 등기를 물권변동의 효력발생요건으로 삼고 있다. 등기는 물권의 효력발생요건(效力發生要件)이고, 효력존속요건(效力存續要件)은 아니므로 물권에 관한 등기가 원인 없이 말소된 경우에도 그 물권의 효력에는 아무런 영향을 미치지 않는다(대판 1988.10.25. 87다카1232).

부동산에 관한 물권 물권행위와 그에 대응하고 부합하는 등기가 있으면 부동산에 관한 물권의 변동이라는 효력이 생긴다. 주의할 것은 물권변동은 등기를 신청한 때가 아니라 실제로 등기부에 기재된 때에 일어나게 된다. 이 때 물권변동의 효력발생 시기는 등기신청시가 아니라 실제로 등기부에 기재된 때이다(권리 변동적 효력). 같은 부동산에 관하여 등기한 권리의 순위는 법률에 다른 규정이 없으면 등기한 순서에 따른다(부동산등기법 제4조 제1항).

(2) 등기의 추정력

등기를 하게 되면 물권변동의 효력이 생기는 것 이외에 등기에는 일반적으로 추정적 효력이 있다. 즉, 어떤 등기가 있으면 그에 대응하는 실체적 권리관계가 유효(有效)히 존재하는 것으로 추정된다. 즉 등기에는 등기부상의 법률관계가 실체법상으로도 존재하는 것으로 추측케 하는 효력이 인정된다. 이것을 "등기의 추정적 효력" 또는 "등기의 추정력(推定力)"이라고 한다.

이러한 등기의 추정력을 명문으로 규정한 법제도 있으나(獨民 제891조, 瑞民 제937조), 우리 민법에는 특별규정이 없다. 그러나 학설·판례(대판 1957.5.2. 4289민상473, 1966.5.31. 66다677 등)는 모두 이를 인정하며, 이론이 없다.

토지조사부나 임야조사부에 소유자로 등재되어 있는 자는 재결에 의하여 사정(査定) 내용이 변경되었다는 등의 반증이 없는 이상 토지의 소유자로 사정받고 그 사정이 확정된 것으로 추정 된다(대판 1986.6.10. 84다카1773. 전원합의체판결, 1989.10.24. 88다카8952. 9869, 1990.5.22. 87다카22777, 1993.10.12. 93다30037).

임야소유권이전등기 등에 관한 특별조치법이나 부동산소유권이전등기 등에 관한 특별조치법에 의하여 이루어진 소유권보존등기 또는 소유권이전등기는 실체적 권리관계에 부합되는 등기로 추정되고 위 법 소정의 보증서 및 확인서가 허위 또는 위조된 것이라는 특단의 사정에 관한 주장, 입증이 없는 한 그 추정력은 유지된다(대판 1988.9.13. 87다카331).

멸실 회복등기의 추정력은 회복등기가 된 당해 부동산에 대하여만 미치는 것일 뿐 그 부동산이 분할되기 전의 원래의 부동산에서 분할 된 다른 부동산에 대하여 까지 미치는 것은 아니다(대판 1996.10.29. 96다19338).

(3) 추정력의 번복에 관한 입증책임(立證責任)

허무인으로 부터 등기를 이어 받은 소유권이전등기는 원인무효라 할 것이어서 그 등기명의자에 대한 소유권 추정은 깨뜨려 진다(대판 1985.11.12. 84다카2494). 추정의 효과는 등기부상의 권리관계가 진정한 것으로서 다루어진다는 것뿐이므로 반대의 증거에 의하여 추정을 뒤집을 수도 있다. 그러나 이 경우 그 입증책임은 등기원인의 무효를 주장하는 자가 부담하여야 한다(대판 1965.3.9. 64다1826, 1967.1.24. 66다1998, 1976.10.26. 76다1658).

부동산소유권의 득실변경에 관하여 법률이 규정하는 등기가 되어 있는 경우에는 등기된 권리의 변동은 일응 유효하게 되었다는 추정을 받는 것으로 그와 같은 권리의 부존재나 무효를 주장하는 자는 스스로 그것을 입증하여야 한다(대판 1965.3.9. 64다1826, 1976. 10.26. 76다1658). 등기원인의 무효를 주장하는 자는 그 원인사실을 주장하고 이를 입증할 책임이 있다(대판 1967.1.24. 66다1998).

등기는 물권의 효력발생요건이고 존속요건은 아니어서 등기가 원인 없이 말소된 경우에는 그 물권의 효력에 아무런 영향이 없고, 그 회복등기가 마쳐지기 전이라도 말소된 등기의 등기명의인은 적법한 권리자로 추정되므로 원인 없이 말소된 등기의 효력을 다투는 쪽에서 그 무효사유를 주장, 입증하여야 한다(대판 1997.9.30. 95다39526).

추정의 효과는 등기부상의 법률관계가 진정한 것으로서 다루어진다는 것일 뿐이므로 반대의 증거에 의하여 이 추정을 뒤집을 수 있음은 물론이다. 이 경우의 입증책임은 이를 주장하는 자에게 있다(대판 1959.11.12. 4292민상567, 1962.4.12. 4294민상1560, 1967.1.24. 66다1998, 1976.10.26. 76다1658, 1997.9.30. 95다39526, 1997.12.12. 97다40100, 2003.2.28. 2002다46256).

제2장 민사소송제도

제2장 민사소송제도

1. 민사소송제도의 목적

민사소송은 사인(私人)간의 생활관계에 관한 이해의 충돌이나 분쟁을 국가의 재판권에 의하여 강제적·법률적으로 해결·조정하기 위한 일련의 절차를 말한다. 민사소송제도의 목적이 사권(私權)의 보호에 있다고 볼 것인지, 아니면 사법질서의 유지에 있다고 볼 것인지는 논쟁이 되어 왔다. 사권의 보호를 위하여 분쟁을 해결하면 사법질서가 유지될 것이므로 분쟁을 공정(公正)하고 신속하게 처리하는 것이 민사소송의 목적이라 할 것이다.

민사소송의 목적을 분쟁을 해결함으로써 2차적으로 질서유지에 있는 것으로 보아 현대국가는 사법제도를 완비하여 권리구제에 힘쓰고 있는 것이다. 헌법 제27조 제1항은 "모든 국민은 헌법과 법률이 정한 법관에 의하여 법률에 의한 재판을 받을 권리를 가진다."라고 하였고, 법원조직법 제2조 제1항이 "법원은 헌법에 특별한 규정이 있는 경우를 제외한 모든 법률상의 쟁송(爭訟)을 심판하고, 이 법과 다른 법률에 따라 법원에 속하는 권한을 가진다."라는 취지로 규정한 것은 현대국가가 사권(私權)에 관한 분쟁해결을 전담하고 있음을 표현한 것이다.

사인간(私人間)의 생활관계라 할지라도 민사소송의 대상이 되는 것은 법률상의 쟁송에 한(限)한다. 법률상의 쟁송이라 할지라도 그것이 구체적인 민사상의 권리나 법률관계의 존부(存否)에 관한 것이 아니면 민사상의 분쟁으로서 법원의 심판을 받을 수 없다.

사법(私法)과 소송법은 민사사건을 처리하는 경우에 서로 공동하여 재판과 집행을 가능하게 하고 사인간의 생활관계의 구제적인 조정(調整)을 한다. 사법은 재판이나 집행의 실체를 정하는 규준(規準) 목표가 되며, 소송법은 재판과 집행의 방법을 규율하는 법규로서의 기능을 가진다. 이런 의미에서 사법을 실체법(實體法), 소송법을 형식법(形式法)이라고 한다. 실체법과 형식법은 서로 공통의 목적에 봉사한다.

2. 민사소송의 이상(理想)

민사소송제도는 사인의 권리보호와 사법질서의 유지를 목적으로 하여 국가가 마련한 제도이다. 민사소송법 제1조는 '법원은 소송절차가 공정하고 신속하며 경제적으로 진행되도록 노력하여야 한다. 당사자와 소송관계인은 신의에 따라 성실하게 소송을 수행하여야 한다'고 규정하고 있다. 민사소송법은 적정·공평·신속·경제·신의칙의 이상을 구현하기 위하여 필요한 제도들을 법규화한 것이다. 따라서 민사소송제도가 이상적으로 운영되려면 1) 적정 2) 공평 3) 신속 4) 경제 5) 신의칙의 이념이 지배하여야 한다.

가. 적정(適正)의 이상

권리 있는 자는 반드시 승소하고 권리 없이 부당하게 제소하는 자는 패소한다는 결과를 보장하기 위한 것이 적정의 이상이다. 올바르고 잘못이 없는 진실발견의 재판은 소송의 가장 중요한 요청이다. 법관은 올바르게 사실을 확정하고, 확정된 사실에 법을 올바로 적용하여 재판을 통해 사회정의를 구현하여야 한다.

적정의 이상을 구현하기 위하여 구술주의(민소법 제134조), 직접주의(동법 제204조), 석명의무 및 지적의무(동법 제136조), 직권증거조사(동법 제292조), 교호신문제도(동법 제327조) 등을 채택하고 있으며, 3심제도(동법 제390조, 제422조)와 재심제도(동법 제451조) 등 불복신청제도를 인정하고 있다.

민사소송제도는 사인의 권리보호와 사법질서의 유지를 목적으로 하여 국가가 마련한 제도이므로 올바르고 잘못이 없는 진실 발견의 재판은 민사소송의 가장 중요한 이상(理想)이다. 법관은 올바르게 사실을 확정하고 그 확정된 사실에 법을 올바로 적용하여 재판을 통해 사회정의를 구현해야 한다. 이는 법원의 의무(민소법 제136조)인 것이므로 당사자로서는 권리로 요구할 수 있다(이시윤 저 제6판 신민사소송법 23면).

헌법 제103조는 '법관은 헌법과 법률에 의하여 그 양심에 따라 독립하여 심판한다'고 하여, 법관이 구체적 사건을 재판함에 있어서 법관의 직무상의 독립을 규정하였다. 사법권의 독립은 권력분립의 원리를 실현하기 위한 것일 뿐 아니라, 민주적 법치국가에 있어서 법질서의 안정적 유지와 국민의 자유 및 권리의 보장을 완벽한 것이 되게 하기 위하여 공정하고 적정한 재판을 확보하기 위한 제도이다.

우리 헌법에 있어서 사법권의 독립은 법원의 자치를 위한 '법원(法院)의 독립(獨立)'(헌법 제101조 제1항, 제108조)과 재판의 독립을 위한 '법관(法官)의 독립(獨立)'(헌법 제103조)을 그 내용으로 한다. 헌법 제103조에서 법관이 '법률'에 의하여 심판한다고 하는 것은 법관이 올바르게 사실을 확정하고 그 확정된 사실에 법을 올바로 적용하여 적정(適正)한 재판을 통해 민사소송의 이상을 구현하는 것이다.

의사의 진술을 구하는 청구 중 등기신청에 관한 의사표시를 명한 확정된 이행판결을 등기원인을 증명하는 서면으로 하여 등기신청을 한 경우 그 신청이 부동산등기법 제29조 각호의 1에 해당하여 등기관이 이를 각하하는 사례가 등기실무에 있어 자주 발생하는바, 이와 같이 부동산등기에 관하여 의사의 진술을 명한 확정된 이행판결에 집행력이 없어 그 판결에 의한 등기의 집행이 불능으로 되는 판결을 '집행불능판결(執行不能判決)'이라고 한다.

이와 같은 집행불능판결은 원고승소의 확정판결이므로 그 판결에 대하여는 불복절차나 시정절차에 따라 원고의 권리나 이익을 회복할 방법이 없으므로 원고는 다시 소를 제기하여 집행이 가능한 판결을 다시 받아야 하므로 이와 같은 집행불능판결은 민사소송의 적정, 신속, 경제의 이상에 반한다.

등기에 관하여 의사의 진술(민사집행법 제263조)을 구하는 청구인용의 확정판결인 등기의 말소 또는 말소된 등기의 회복을 명하는 판결의 주문에 등기상 이해관계 있는 제3자의 '승낙의 의사표시'가 누락된 경우, 그 판결에 의한 등기신청은 부동산등기법 제29조 제9호에 의하여 등기관이 이를 각하하게 되므로 그 판결은 이른바 "집행불능판결"이 되어 민사소송의 적정(適正)의 이상(理想)에 반하게 된다.

위와 같은 집행불능판결의 예방을 위하여 법원이 적정하게 석명 또는 지적의무를 행사하는 것은 처분권주의(處分權主義)나 변론주의(辯論主義)와는 관련이 없는 것으로 보며, 등기의 말소(부동산등기법 제57조) 또는 말소등기의 회복(동법 제59조)에 대한 "등기상 이해관계 있는 제3자의 승낙"은 부동산등기법상의 법률요건에 해당하는 사항으로 보아 당사자의 신청 또는 이의에 관계없이 법원이 직권으로 조사하여 판단할 사항으로 해석하는 것이 민사소송의 적정(適正)의 이상(理想)에 부합하는 것으로 본다.

(1) 법원의 석명의무(민사소송법 제136조 제4항의 입법취지)

민사소송법이 지금까지 석명권(釋明權)을 법원의 권한으로 규정하고 있었으나 민사소송법의 개정에 의하여 동법 제136조 제4항이 '법원은 당사자가 간과하였음이 분명하다고 인정되는 법률상 사항에 관하여 당사자에게 의견을 진술할 기회를 주어야 한다.'고 규정하여 석명권이 법원의 의무임을 명백히 하였다.

(2) 대법원 판례

대법원은 법원이 석명 또는 지적의무를 다하지 아니한 것은 위법하다고 판결했다. 즉, 대법원은 '당사자가 부주의 또는 오해로 인하여 명백히 간과한 법률상의 사항이 있거나 당사자의 주장이 법률상의 관점에서보아 불명료(不明瞭) 또는 불완전(不完全)하거나 모순(矛盾)이 있는 경우, 법원은 적극적으로 석명권을 행사하여 당사자에게 의견진술의 기회를 부여하여야 하고, 만일 이를 게을리 한 채 당사자가 전혀 예상하지 못하였던 법률적 관점에 기한 재판으로 당사자 일방에게 불의의 타격을 가하였다면 석명 또는 지적의무를 다하지 아니하여 심리를 제대로 하지 아니한 것으로서 위법하다(대판 2002. 1. 25. 2001다11055).'고 판시하였다.

또한 '민사소송법 제136조 제4항은 "법원은 당사자가 간과하였음이 분명하다고 인정되는 법률상 사항에 관하여 당사자에게 의견을 진술할 기회를 주어야 한다"고 규정하고 있고, 당사자의 부주의 또는 오해로 인하여 명백히 간과한 법률상의 사항이 있거나 당사자의 주장이 법률상 관점에서 보아 모순이거나 불명료한 점이 있으면 법원은 적극적으로 석명권을 행사하여 당사자에게 의견진술의 기회를 주어야 하며, 만일 이를 게을리 한 경우에는 석명 또는 지적의무를 다하지 아니한 것이다(대판 2011. 11. 10. 2011다55405)'라고 판결했다.

나. 공평(公平)의 이상

재판의 적정을 위해서 한쪽 당사자에게 치우침이 없이 양쪽 당사자를 공평하게 취급하여야 한다는 것이 공평의 이상이다. 법관은 중립적 제3자의 위치에서 어느 한쪽에 편파됨이 없이 쌍방당사자의 진술을 경청하며, 각 당사자가 자기의 이익을 주장할 수 있는 기회를 동등하게 부여하여야 한다.

다. 신속(迅速)의 이상

소송절차에 의한 권리의 실현이 늦어지면 권리를 부정하는 것이나 다름없게 된다. 우리나라의 현실에 비추어보면 가장 중요한 이상이라고 본다. 소송촉진은 법원의 의무이며, 헌법 제27조 제3항은 모든 국민은 신속한 재판을 받을 권리를 가진다고 규정하여 법원은 소송촉진의무를 지게 되었다.

헌법 제27조 제3항은 "모든 국민은 신속한 재판을 받을 권리를 가진다."고 규정하고 있다. "신속한 재판을 받을 권리의 헌법상 의의"에 관하여 헌법재판소는 "신속한 재판을 받을 권리는 주로 피고인의 이익을 보호하기 위하여 인정된 기본권이지만 동시에 실체적 진실발견, 소송경제, 재판에 대한 국민의 신뢰와 형벌목적의 달성과 같은 공공의 이익에도 근거가 있기 때문에 어느 면에서는 이중적인 성격을 가지고 있다고 할 수 있어, 형사사법체제 자체를 위하여서도 아주 중요한 의미를 갖는 기본권이다(헌재결 1995.11.30. 92헌마44)."라고 심판했다.

민사소송법 제1조 제1항은 "법원은 소송절차가 공정하고 신속하며 경제적으로 진행되도록 노력하여야 한다."고 민사소송의 이상(理想)을 천명(闡明)하고 있다. 소송의 지연을 방지하고, 국민의 권리·의무의 신속한 실현과 분쟁처리의 촉진을 도모함을 목적으로 〈소송촉진 등에 관한 법률(1981년 1월 20일 법률 제3361호)〉이 제정되었다. 동법 제21조는 형사소송에 관한 특례로 "판결의 선고는 제1심에서는 공소가 제기된 날부터 6개월 이내에, 항소심 및 상고심에서는 기록을 송달받은 날부터 4개월 이내에 하여야 한다."고 판결 선고기간을 규정하고 있다. '권리보호의 지연(遲延)은 권리보호의 거절과 같은 것'이며, '지연되는 정의(正義)는 정의가 아니다(Justice delayed is justice denied.).'라는 법언(法諺)이 있다.

라. 경제(經濟)의 이상

소송을 수행함에 있어 법원이나 당사자 기타 소송관계인들의 비용과 노력을 최소한도로 그치게 함을 목적으로 하는 이상이다. 무자력자(無資力者)가 소송을 하지 못하는 폐단을 없애기 위한 소송구조(민소법 제128조 이하)제도 등이 있다.

한 나라의 민사소송제도의 이상을 어디에 중점을 두고 마련할 것인가는 그 나라의 제반 사정을 참작하여 그 구심점을 찾을 필요가 있을 것이나 우리 민사소송법은 적정·공평의 이상보다도 신속·경제의 이상에 중점을 두고 있는 것으로 생각할 수 있다.

등기신청에 관한 의사표시를 명한 확정된 이행판결(민사집행법 제263조 제1항)이 이른바 집행불능판결에 해당되어 그 판결에 의한 등기신청이 각하된 경우 그 판결에 대하여는 불복절차나 시정절차가 없으므로 원고는 다시 소를 제기하여 등기의 집행이 가능한 판결을 밟는 절차를 반복하게 되므로 집행불능판결은 민사소송의 적정, 신속, 경제의 이상에 반한다.

마. 신의성실(信義誠實)의 원칙

모든 사람은 사회공동생활의 일원(一員)으로서 상대방의 신뢰에 반하지 않도록 성의(誠意)있게 행동할 것이 요구되는데 특히 이러한 윤리적, 도덕적 평가를 법적 가치판단의 한 내용으로서 도입한 것이 신의성실(信義誠實)의 원칙(原則: 信義則으로 약칭함)이다. 신의성실의 원칙은 원래 로마법에 그 기원(起源)을 두고 있으나, 프랑스 민법에서 근대 사법상(近代私法上) 처음으로 규정하였고(동법 제1134조), 스위스 민법은 이를 민법 전체의 최고원리(最高原理)로 발전시켰다(동법 제2조 제1항).

(1) 신의칙의 의미와 그 위배를 이유로 권리행사를 부정하기 위한 요건

신의성실의 원칙(이하 '신의칙'이라고 한다)은, 법률관계의 당사자는 상대방의 이익을 배려하여 형평에 어긋나거나 신뢰를 저버리는 내용 또는 방법으로 권리를 행사 하거나 의무를 이행하여서는 아니 된다는 추상적 규범을 말하는 것으로서, 신의칙에 위배된다는 이유로 권리행사를 부정하기 위해서는 상대방에게 신의를 공여하였거나 객관적으로 보아 상대방이 신의를 가지는 것이 정당한 상태에 이르러야 하고 이와 같은 상대방의 신의에 반하여 권리를 행사하는 것이 정의관념에 비추어 용인될 수 없는 정도의 상태에 이르러야 한다(대판 2018. 7. 11. 2016다9261, 9278).

현행 민법은 스위스 민법을 모델로 하여 제2조 제1항에서 '권리의 행사와 의무의 이행은 신의에 좇아 성실히 하여야 한다'고 규정하고 있다. 이 조항은 권리의 공공성(公共性)을 표현하고 있는 일반조항[一般條項이라 함은 사법상의 법률요건을 추상적, 일반적으로 정한 조항을 말하며, 그 구체적 적용은 재판관에게 맡겨지는바, 이는 사회실정에 적합하도록 탄력성(彈力性)을 가지고 구체적 타당성을 추구하려는 데 있다]으로서, 그 구체적 내용은 개개의 경우에 있어 재판을 통해 실현될 것이다. 신의성실의 원칙으로부터 파생된 중요한 원칙으로서는 사정변경(事情變更)의 원칙과 실효(失效)의 원칙을 들 수 있다.

(2) 사정변경의 원칙

'사정변경(事情變更)의 원칙'이라 함은 법률행위 특히 계약의 성립 당시의 환경 또는 그 행위를 하게 된 기초가 된 사정이 그 후 현저히 변경되어, 당초에 정하였던 행위의 효과 내지 계약의 내용을 그대로 유지하고 강제하는 것이 신의칙과 공평(公平)의 원리에 반하는 부당한 결과를 가져오는 경우에는 당사자가 그 법률행위의 효과를 신의칙(信義則)에 맞도록 적당히 변경하거나 폐기할 것을 상대방에게 청구하거나 또는 계약을 해제, 해지할 수 있다는 것이다. 이 원칙은 특히 계속적 급부와 회귀적(回歸的) 급부에서처럼 당사자 사이에 계속적 거래관계가 생기는 경우에 큰 역할을 한다.

현행 민법상 사정변경의 원칙에 기한 규정이 있으나(민법 제218조, 제286조, 제557조, 627조, 628조, 661조, 689조 등)이 원칙을 직접 규정하는 일반조항은 없으며, 판례도 일관하여 이 원칙을 인정하고 있지 않으나 학설은 이 원칙을 우리민법의 대원칙인 신의칙의 파생원칙으로 보아 일반적으로 인정하고 있다. 사정변경의 원칙은 "계약은 반드시 지켜야 한다"는 원칙과 관련하여 엄격하게 적용되어야 한다.

사정변경의 원칙이 적용되기 위해서는, (1) 계약 당시에 당사자가 예상하지 않았고 또한 예상할 수도 없었던 현저한 사정의 변경이 생겼어야 하고, (2) 사정의 변경이 그 변경을 주장하는 자의 책임 있는 사유로 생기지 않았어야 하며, (3) 계약내용대로의 구속력을 인정한다면 신의칙에 반하는 결과가 되어야 한다.

(3) 실효의 원칙

'실효(失效)의 원칙'은 권리자가 자신의 권리를 장기간 행하지 않아 상대방이 이제는 그 권리의 주장이 더 이상 없을 것이라고 믿고 있으며, 사후에 그 권리를 다시 행사하는 것이 권리남용으로서 허용되지 않고, 따라서 신의칙에 반한다고 인정될 만한 정당한 사유가 있는 경우에 – 소멸시효의 발생 전이라도 – 상대방은 그 권리행사에 대해 실효의 항변(抗辯)을 할 수 있다는 것이다.

(4) 민사소송에 신의칙의 도입

민사소송에의 신의칙의 도입에 관하여는 불확정개념의 도입으로 인해 법적 안정성(安定性)을 해친다거나 일반조항으로 안이한 도피시도 등으로 반론이 있었다. 그러나 신의칙은 민법에만 국한될 수 없는 법의 보편적 가치(普遍的 價値)이자 원칙이며, 불법이나 부당하게 신의칙에 반하여 소송을 수행하는 당사자를 승소하도록 하는 것이 민사소송의 이상이 될 수는 없는 것이므로 민사소송법에 신의칙을 도입하게 된 것이다.

민사소송법 제1조 제2항은 '당사자와 소송관계인은 신의에 따라 성실하게 소송을 수행하여야 한다'고 규정하여 신의칙(信義則)이 민사소송의 대원칙임을 명문화했다. 신의칙의 규제를 받는 자는 원고와 피고만이 아니라 보조참가인, 소송대리인, 증인, 감정인, 등에게 미친다.

신의칙은 강행법규[강행법규(强行法規)라 함은 당사자의 의사와는 관계없이 언제나 적용되는 것으로서 법령 중의 선량한 풍속 기타 사회질서에 관계있는 규정을 말한다]이기 때문에 민사소송법 제1조 제2항의 신의칙에 위반 여부는 당사자의 주장이 없어도 법원의 직권조사 사항이다(1989. 9. 29. 88 다카17181, 1995. 12. 22. 94 다42129). 신의칙에 위반하여 제기된 소는 소의 이익(즉 권리보호이익)이 없는 것으로서 부적법으로 각하하게 되고, 그에 반하는 소송행위는 무효로 된다.

> **판례**
> 신의성실의 원칙(이하 '신의칙'이라고 한다)은, 법률관계의 당사자는 상대방의 이익을 배려하여 형평에 어긋나거나 신뢰를 저버리는 내용 또는 방법으로 권리를 행사하거나 의무를 이행하여서는 아니 된다는 추상적 규범을 말하는 것으로서, 신의칙에 위배된다는 이유로 권리행사를 부정하기 위해서는 상대방에게 신의를 공여하였거나 객관적으로 보아 상대방이 신의를 가지는 것이 정당한 상태에 이르러야 하고 이와 같은 상대방의 신의에 반하여 권리를 행사하는 것이 정의관념에 비추어 용인될 수 없는 정도의 상태에 이르러야 한다. 단체협약 등 노사합의의 내용이 근로기준법 등의 강행규정을 위반하여 무효인 경우에, 그 무효를 주장하는 것이 신의칙에 위배되는 권리의 행사라는 이유로 이를 배척한다면 강행규정으로 정한 입법취지를 몰각시키는 결과가 되므로, 신의칙을 적용하기 위한 일반적인 요건을 갖춤은 물론 강행규정성에도 불구하고 신의칙을 우선하여 적용하는 것을 수긍할 만한 특별한 사정이 있는 예외적인 경우에 해당하지 않는 한 그러한 주장이 신의칙에 위배된다고 볼 수 없다(대판 2018. 7. 11. 2016다9261, 9278).

3. 부동산에 관련된 소송

등기는 등기권리자와 등기의무자 쌍방의 공동신청에 의하여 이루어지는 것이 원칙이나(부동산등기법 제23조 제1항), 일방 당사자가 등기신청에 협력을 거절하면 타방 당사자는 '등기청구권(登記請求權)'(즉, 부동산등기에 관하여 의사의 진술을 구하는 청구)을 행사(민사집행법 제263조 제1항)하여 원고가 승소확정판결을 받아 승소한 등기권리자 또는 등기의무자로서 단독으로 등기신청을 할 수 있다(부동산등기법 제23조 제4항).

이 경우 판결은 피고의 등기신청의사의 진술에 갈음(민사집행법 제263조 제1항)하는 동시에 등기원인을 증명하는 서면(부동산등기규칙 제46조 제1항 제1호)의 기능을 하여, 승소한 원고(즉, 승소한 등기권리자 또는 등기의무자)는 단독으로 판결에 의한 등기신청을 할 수 있다(부동산등기법 제23조 제4항).

가. 등기청구권

(1) 등기청구권의 의의

등기는 등기권리자와 등기의무자의 공동신청에 의해 행해지는 것이 원칙이므로 일방 당사자가 등기신청에 협력을 거절하면 등기를 할 수 없게 된다. 따라서 등기제도의 원활한 운영을 위해, 등기를 원하는 일방 당사자는 타방 당사자에 대하여 등기신청에 협력할 것을 요구하는 권리, 즉 등기청구권을 갖는 것이 인정된다.

(2) 등기신청권과 구별

등기청구권은 등기신청권(登記申請權)과 구별된다. 등기신청권은 등기관(부동산등기법 제11조)이라는 국가기관에 대한 공법상의 권리인데 비해, 등기청구권은 사인(私人)에게 등기신청에 필요한 협력을 구하는 사법상의 권리를 말한다.

(3) 등기청구권의 성질

등기청구권의 성질에 관하여는 견해가 대립되고 있다. 즉
① 법률행위에 의한 물권변동의 경우에는 채권적 청구권이라는 견해와 물권적 청구권이라는 견해의 대립이 있다.
② 실체관계와 등기가 부합하지 않는 경우에는 진실한 권리자가 그 물권의 완전한 실현을 등기명의자에 의해 방해당하고 있다 할 수 있으므로 그러한 방해를 제거할 것을 요구하는 진정한 권리자의 등기청구권은 물권적 청구권의 성질을 가진다.
③ 시효에 의한 물권취득의 경우 중, "취득시효"의 경우에는 민법 제245조 제1항의 규정에 의해 채권적인 등기청구권이 발생하며, "소멸시효"의 경우에는 소멸시효의 효과에 관한 상대적 소멸설은 시효완성 후에 이를 원용하고 말소등기까지 하여야 비로소 물권이 소멸한다고 하면서 물권적 기대권(期待權)으로 설명하고 있는데 반해, 절대적 소멸설에 의하면 시효의 완성만으로 물권은 당연히 소멸하게 되므로

실체관계와 등기가 불일치하는 경우의 하나가 된다.
④ 부동산임차권 . 부동산환매권의 경우에는 민법 제621조 제1항, 민법 제592조의 규정에 의한 채권적 청구권이다.

(4) 등기청구권의 행사

등기청구권은 통상 등기의무자에 대한 등기권리자의 의사표시로 행사되나, 등기청구권에 기한 판결에 의해 승소한 원고가 단독으로 등기신청을 할 수 있다(부동산등기법 제23조 제4항). 등기청구권은 채권자대위권(債權者代位權)의 객체가 될 수 있다.

(5) 등기의무자의 등기청구권의 행사(등기수취청구권)

등기의무자도 법률상의 소유자로서 부동산에 대한 공조공과(公租公課) 등을 부담해야 하는 불이익을 면하기 위해 등기권리자에게 등기청구권을 행사할 수 있는데, 이를 특히 등기수취(인수)청구권{登記受取(引受)請求權}이라고 한다.

부동산등기법은 등기는 등기권리자와 등기의무자가 공동으로 신청하여야 함을 원칙으로 하면서도(부동산등기법 제23조 제1항), 제29조(현행법 제23조 제4항)에서 '판결에 의한 등기는 승소한 등기권리자 또는 등기의무자만으로' 신청할 수 있도록 규정하고 있는바, 위 법조에서 승소한 등기권리자 외에 등기의무자도 단독으로 등기를 신청할 수 있게 한 것은, 통상의 채권채무관계에서는 채권자가 수령을 지체하는 경우 채무자는 공탁 등에 의한 방법으로 채무부담에서 벗어날 수 있으나 등기에 관한 채권채무관계에 있어서는 이러한 방법을 사용할 수 없으므로, 등기의무자가 자기명의로 있어서는 안 될 등기가 자기명의로 있음으로 인하여 사회생활상 또는 법상 불이익을 입을 우려가 있는 경우에는 소(訴)의 방법으로 등기권리자를 상대로 등기를 인수(引受)받아 갈 것을 구하고 그 판결을 받아 등기를 강제로 실현할 수 있도록 한 것이다(대판2001.2.9. 2000다60708).

(6) 등기청구권의 소멸시효 해당여부

등기청구권이 소멸시효에 걸리는가 하는 문제는 등기청구권의 성질을 어떻게 보느냐에 따라 다른 해답이 얻어진다. 즉 등기청구권을 채권적 청구권이라고 보게 되면 10년의 소멸시효에 걸리게 되나, 물권적 청구권으로 보는 경우에는 소멸시효에 걸리지 않게 된다. 이에 관하여 판례는, 법률행위로 인한 등기청구권을 채권적 청구권이라고 보면서도 매수인이 매매 목적물을 인도받은 경우에는 다른 채권과는 달리 소멸시효에 걸리지 않는다(대판 1976.11.6. 76다148)고 했다.

나. 부동산등기에 관한 쟁송의 의미(등기에 관한 의사표시의무의 집행)

등기는 법률에 다른 규정이 없는 경우에는 등기권리자와 등기의무자의 공동신청에 의하여 행해지는 것이 원칙(법 제23조 제1항. 이것을 '共同申請의 原則'이라 한다)이나 일방 당사자가 등기신청에 협력을 거절하면 등기를 할 수 없게 되므로 등기제도의 원활한 운영을 위하여 등기를 원하는 일방당사자는 타방당사자에 대하여 등기신청에 협력할 것을 요구하는 권리, 즉 '등기청구권(登記請求權)'을 소(訴)로서 행사하는 것이 인정되는바, 이것을 '부동산에 관한 쟁송(爭訟)'이라고 한다.

법률상의 쟁송(爭訟)이라 함은 권리의 존부(存否)나 행위의 효력 등에 관한 분쟁을 말하며, 소송의 의미로 사용될 경우도 있다

(1) 이행의 소

이행(履行)의 소(訴)라 함은 원고가 법원에 대하여 피고에게 일정한 급부의 이행을 청구할 수 있는 법적지위를 주장하여 그 급부의 이행을 명하는 판결(즉 이행판결)을 구하는 것을 말한다. 이행청구의 본래적인 목적은 청구권의 확정에 있는 것이 아니라 집행력을 얻기 위한 집행권원의 확보에 있다.

이행의 소는 원칙적으로 실체법상의 청구권이 바탕이 되어야 하며, 청구권이 금전의 지급, 물건의 인도, 의사표시(등기청구권의 행사) 등을 내용으로 하여도 무방하다. 이행

의 소는 법원으로부터 피고에 대한 이행명령을 얻어내는 데 목적이 있다.

이행의 소만이 강제집행으로 연결되며 이를 인용하는 이행판결은 집행권원이 되고 이에 의하여 강제집행을 할 수 있다. 이행판결이 형식적으로 확정되면 이행청구권의 존재를 확정하는 효력인 기판력 이외에 집행력이 발생한다. 이행청구의 청구취지는 이행을 구하는 의무의 내용을 명확하고 간결하게 표시하여야 한다.

이행의 소에 있어서 소송요건을 구비하고 원고의 청구가 이유 있는 경우에 이행을 명하는 판결을 이행판결(履行判決)이라고 한다. 이행판결은 본안판결이며, 청구인용판결에 해당된다. 이행판결은 피고에 대한 이행명령이 있으므로 집행권원이 되어 집행력이 발생한다. 동시에 이행청구권의 존재를 확인하며, 기판력이 발생한다.

피고에게 일정한 의사의 진술을 명하는 판결은 확정된 때에는 그 판결로 의사를 진술한 것으로 본다(민사집행법 제263조 제1항). 부동산등기법 제23조 제4항은 '판결에 의한 등기는 승소한 등기권리자 또는 등기의무자가 단독으로 신청한다'고 규정하고 있다. 이 경우 판결은 피고의 등기신청의사의 진술에 갈음하는 동시에 등기원인을 증명하는 서면(부동산등기규칙 제46조 제1항 제1호)의 기능을 하여 원고는 단독으로 등기신청을 할 수 있다.

이 취지는 등기의무자에 대하여 등기절차를 이행하도록 명한 이행판결에 의하여 등기를 신청하는 것이므로 등기의무자의 협력이 불필요하다고 본 것이다. 즉 부동산의 매수인이 매도인을 상대로 한 소유권이전등기절차이행판결에서 그 판결주문이 '피고는 원고에게 별지목록 기재 부동산에 관한 19. . . 매매를 원인으로 한 소유권이전등기절차를 이행하라'고 되어 있으면 이 취지는 매도인으로서 그 소유권이전등기를 매수인과 함께 신청하라는 것이므로 그 판결의 확정과 더불어 이러한 등기신청의사가 있은 것으로 의제되어 등기권리자인 매수인이 단독으로 소유권이전등기를 신청할 수 있다.

부동산의 표시에 관한 등기사항으로 '등기원인'을 기재하여야 하며(부동산등기법 제34조 제6호, 제40조 제1항 제5호), 권리에 관한 등기사항으로 '등기목적, 등기원인 및 그 연월일'을 기재하여야 하며(동법 제48조 제1항 제4호), 등기신청서에도 '등기원인과 그 연월일 및 등기목적'을 기재(부동산등기규칙 제43조 제1항 제5호, 제6호)하도록 되어 있으므로 등기에 관한 소송의 청구취지에는 등기의 종류와 내용 이외에 등기원인과 그 연월일을 표시하여야 한다.

그러나 기존등기의 등기원인이 부존재, 무효이거나 취소, 해제 등의 사유로 소멸한 것임을 이유로 하여 말소등기 또는 회복등기절차이행을 청구할 때에는 청구취지에 등기원인의 기재가 불필요하다. 이와 같은 등기의 말소 또는 말소된 등기의 회복등기를 실행함에는 법원의 판결 자체가 등기원인이 된다[등기예규 제1383호, 4. 가. 2)].

매매를 원인으로 한 소유권이전등기를 청구한 데 대하여 법원이 양도담보약정을 원인으로 한 소유권이전등기를 명한 것은 위법하다(대판 1992. 3. 27. 91다40696). 부동산소유권이전등기절차를 이행하라는 의무에는 등기의무자로서 등기소에 대하여 등기를 신청하는 의사표시의무 이외에 매도인이 그 부동산을 매도한다는 의사표시의무를 당연히 포함하고 있다. 의사표시 의무판결은 그 확정으로써 비로소 그 의사의 진술을 한 것으로 간주되므로 성질상 그 판결이 확정되기 전에 그 의제의 효과를 발생시키지는 못한다. 즉 의사표시의무의 판결에는 가집행선고(민소법 제213조)를 붙이지 못한다. 따라서 가집행선고 있는 소유권이전등기절차이행판결에 의하여 등기신청이 있을 때라도 등기신청서에 첨부된 판결이 확정판결이 아니면 등기관은 이를 각하하여야 한다(부동산등기법 제29조 제9호).

(2) 확인의 소

확인(確認)의 소(訴)라 함은 원고가 법원에 대하여 피고에 대한 특정한 권리 또는 법률관계의 존부(存否)를 주장하여 그 존부를 확인하는 판결을 구하는 것을 말하는데, 이에는 권리 또는 법률관계의 존재를 주장하는 적극적 확인의 소와 그 부존재를 주장하는 소극적 확인의 소가 있다. 확인의 소는 원칙적으로 권리관계 자체의 존부를 심판대상으로 하나 예외적으로 법률관계를 증명하는 서면이 진정한지 아닌지를 확정하기 위하여서도 제기할 수 있다(민소법 제250조).

확인의 소에 있어서 청구적격(請求適格)은 원고와 피고 사이의 권리관계에서 뿐만 아니라 소송당사자의 일방과 소외인(訴外人)과의 사이에 존하는 법률관계에 관하여서도 소송당사자 간에 그 존재를 확인시키는 법률상의 이익이 있는 경우에는 인정된다. 확인청구의 대상은 구체적인 사법상의 권리 또는 법률관계이어야 하며, 현재의 법률관계에 한정되고 과거나 장래의 법률관계의 존부의 확인은 허용되지 않는다.

확인의 소는 원고의 법률적 지위의 불안 위험을 제거하는 데 가장 유효·적절한 수단일 경우에만 인정되어(확인청구의 보충성) 이행의 소나 형성의 소가 제기될 수 있는 경우에는 확인청구를 하는 것이 허용되지 않는다. 일반적으로 소유권의 귀속에 관하여 다툼이 있을 경우에는 자기 소유권의 적극적 확인을 구하여야 하고 상대방의 소유권에 대한 소극적 확인을 구해서는 안 된다.

확인의 소에 있어서 요구되는 권리보호 또는 소의 이익을 확인(確認)의 이익(利益)이라고 한다. 확인의 이익은 원고의 권리 또는 법률적 지위에 관한 불안·위험이 현존하고, 그 불안 위험을 제거하기 위하여 일정한 권리관계의 존부를 반대 이해관계인인 피고와의 사이에서 판결에 의해 확정하는 것이 유효하고 적절한 경우에 인정된다. 소유권의 귀속을 다툴 때에는 자기 소유권의 적극적 확인을 구할 것이고, 상대방 소유권의 소극적 확인을 구할 것이 아니다.

토지의 일부에 대한 소유권의 귀속에 관하여 다툼이 있는 경우에 적극적으로 그 부분에 대한 자기의 소유권의 확인을 구하지 아니하고 소극적으로 상대방 소유권의 부존재 확인을 구하는 것은, 원고에게 내세울 소유권이 없더라도 피고의 소유권이 부인되면 그로써 원고의 법적 지위의 불안이 제거되어 분쟁이 해결될 수 있는 경우가 아닌 한 소유권의 귀속에 관한 분쟁을 근본적으로 해결하는 즉시확정의 방법이 되지 못하며, 또한 그러한 판결만으로는 토지의 일부에 대한 자기의 소유권이 확인되지 아니하여 소유자로서 지적도의 경계에 대한 정정을 신청할 수도 없으므로 확인의 이익이 없다(대판 2016. 5. 24. 2012다87898).

확인의 소가 제기되는 경우에 법원이 행하는 판결로서 권리 또는 법률관계의 존부를 확인하여 선언하는 것을 확인판결(確認判決)이라 한다. 확인의 소에 관하여 원고승소의 확인판결이 나면 원고가 주장한 법률관계의 존재에 관해 기판력(旣判力)이 생기며, 이 한도 내에서는 이행판결과 공통성을 지니지만 확인판결에는 집행력(執行力)이 발생하지 않는다. 확인판결은 현재 존재하고 있는 권리를 공권적으로 선언하는 것이므로 새로운 법률관계를 창설하는 형성판결(形成判決)과 구별된다.

(3) 형성의 소

권리자의 일방적인 의사표시에 의하여 법률관계의 발생, 변경, 소멸을 초래하는 권리를 형성권(形成權)이라고 한다. 이러한 형성권에는 권리자의 의사표시만으로 효과를 발생하는 것[예: 법률행위의 동의권(민법 제5조, 제10조), 취소권(민법 제140조 이하), 추인권(민법 제143 조 이하), 계약의 해제권 및 해지권(민법 제543조), 상계권(민법 제492조) 등]과 법원의 판결에 의하여 비로소 효과를 발생하는 것[예 : 채권자취소권(민법 제406조), 친생부인권(민법 제846 조), 재판상 이혼권(민법 제840조) 등]이 있다. 이 중에서 후자를 청구하기 위하여 제기하는 소를 형성의 소라고 한다.

형성(形成)의 소(訴)라 함은 원고가 법원에 대하여 피고에 대한 특정내용의 법률관계의 형성(변동)을 구할 수 있는 지위가 있음을 주장하여 그 형성을 선고하는 판결을 구하는 것을 말한다. 지금까지 존재하지 아니하였던 새로운 법률관계를 발생시키고, 기존의 법률관계를 변경 소멸시키는 내용의 판결을 구하는 것이다. 이러한 의미에서 형성의 소는 창설적 효과를 목적으로 하며, 이미 있는 법률관계를 확정·실현시키는 선언적 효과를 목적으로 하는 확인의 소나 이행의 소와 구별되며, 형성의 소를 창설의 소 또는 권리변동의 소라고도 한다.

형성의 소는 판결의 설권적(設權的) 효력에 의하여 권리 또는 법률관계의 새로운 설정, 변경, 소멸을 구하는 점에 그 특색이 있다. 형성의 소의 이익은 실체법이나 소송법에 명문의 규정이 있는 경우에 한해 인정된다.

형성의 소가 제기되는 경우에 법원이 하는 판결로서, 실체법상의 형성권 또는 형성요건의 존재를 확인하는 것과 함께 그에 터 잡은 권리관계의 변동을 선언하는 것을 형성판결(形成判決)이라고 한다. 형성의 소에 대한 청구기각의 판결은 단지 형성요건의 부존재를 확정하는 확인판결에 그치나 청구인용의 판결 즉 형성판결은 형식적으로 확정되면 형성요건의 존재에 대해 기판력이 발생하는 동시에 법률관계를 발생·변경·소멸시키는 형성력이 생긴다.

형성의 소의 대상인 법률관계는 형성소권의 행사인 형성의 소의 제기와 판결의 확정에 의해서만 변동의 효과가 발생한다. 따라서 판결확정 전 까지는 누구나 그 법률관계를 존중해야 한다.

(4) 부동산등기법 제23조 제4항의 판결 및 제65조 제2호의 판결

판결에 의한 등기는 승소한 등기권리자 또는 등기의무자가 단독으로 신청하며(부동산등기법 제23조 제4항), 확정판결에 의하여 자기의 소유권을 증명하는 자는 미등기의 토지 또는 건물에 관한 소유권보존등기를 신청할 수 있다(동법 제65조 제2호).

부동산등기법 제23조 제4항의 판결은 민사집행법 제263조 제1항의 의사의 진술 중에서도 등기신청의사의 진술을 명한 판결만을 의미한다고 보아야 한다. 따라서 부동산등기법 제23조 제4항의 판결은 의사의 진술을 명하는 '확정된 이행판결'만을 의미하며, 확인판결이나 형성판결은 이에 포함되지 아니한다. 위 판결에는 등기권리자, 등기의무자, 신청대상인 등기의 내용(등기목적), 등기원인과 그 연월일 등 등기기록 및 등기신청서의 필요적 기재사항이 명시되어 있어야 한다.

부동산등기법 제65조 제2호의 판결은 그 내용이 신청인에게 소유권이 있음을 증명하는 확정판결이면 족하고, 그 종류에 관하여 아무런 제한이 없어 반드시 확인판결이어야 할 필요는 없고, 이행판결이나 형성판결이라도 그 이유 중에서 보존등기신청인의 소유임을 확정하는 내용의 것이면 이에 해당되며, 또한 화해조서 등 확정판결에 준하는 것도 포함된다(대법원 1971. 11. 12. 71마657, 대판 1994. 3. 11. 93다57704).

다. 부동산등기에 관한 의사표시의무의 집행

의사표시를 목적으로 하는 채권에 있어서는 채무자로 하여금 현실적으로 의사표시를 시킬 필요 없이 그 의사표시가 노리는 법률효과를 발생시켜버리면 채권의 목적은 달성된다. 채무자로 하여금 현실적으로 의사표시를 할 것을 집행권원에 의하여 강요하려면 성질상 간접강제의 방법에 의할 수밖에 없다.

그러나 의사표시의 이행을 구하는 판결의 최종목적이 그 법률효과의 발생에 있다면 간접강제의 방법에 호소할 것이 아니라 법률상 가능한 관념적인 법률효과의 발생만을 의제하면 집행의 목적은 달성되는 것이다.

이리하여 민사집행법은 이러한 종류의 채권의 집행에 있어서는 그 집행권원인 인낙조서의 작성이나 그 이행판결의 확정으로서 의사표시의 진술이 있은 것으로 간주하고, 간접강제에 의한 강제집행절차를 생략하고 있다(민사집행법 제263조 제1항).

민사집행법 제263조 제1항에 의하여 그 의사표시를 한 것과 마찬가지의 효력이 생기는 것은 그러한 법률과의 발생을 선고하는 형성판결의 성질상 그러한 것이 아니고, 어디까지나 이행판결의 집행력에 관하여 법이 특별규정을 둔 것이라고 보아야 한다. 민사집행법 제263조 제1항은 '의사의 진술을 명한 판결이 확정된 때는 그 판결로 의사를 진술 한 것으로 본다'고 규정하고 있다.

부동산등기에 관하여 피고에게 등기신청에 관하여 일정한 의사의 진술을 명한 판결이 확정된 때에는 그 판결로 의사를 진술한 것으로 본다(민사집행법 제263조 제1항). 판결에 의한 등기는 승소한 등기권리자 또는 등기의무자가 단독으로 신청할 수 있다(부동산등기법 제23조 제4항). 이 경우 판결은 피고의 등기신청의사의 진술에 갈음하는 동시에 등기원인을 증명하는 서면(부동산등기규칙 제46조 제1항 제1호)의 기능을 한다.

부동산등기법 제23조 제4항은 '판결에 의한 등기는 승소한 등기권리자(즉, 登記請求權의 행사) 또는 승소한 등기의무자(즉, 登記收取請求權의 행사)가 단독으로 신청'할 수 있게 하였는데 이 취지는 등기의무자에 대하여 등기절차를 이행하도록 명한 이행판결에 의하여 신청하는 것이므로 등기의무자의 협력이 불필요하다고 본 것이다.

(1) 의사의 진술을 명한 판결의 확정과 의사의 진술의제

의사(意思)의 진술을 명한 판결이 확정된 때에는 그 판결로 의사를 진술한 것으로 본다(민사집행법 제263조 제1항). 반대의무가 이행된 뒤에 의사를 진술할 것인 경우에는 제30조(집행문 부여)와 제32조(재판장의 명령)의 규정에 따라 집행문을 내어준 때에 그 효력이 생긴다(동법 제263조 제2항). 의사표시를 할 것을 목적으로 하는 채권에 있어서는 채무자로 하여금 현실적으로 의사표시를 시킬 필요 없이 그 의사표시가 노리는 법률효과를 발생시켜버리면 이러한 채권의 목적은 달성된다.

의사표시의 이행을 구하는 판결의 최종목적이 그 법률효과의 발생에 있다면 굳이 간접강제의 방법에 호소할 것이 아니라 관념적인 법률효과의 발생만을 의제하면 집행의 목적은 달성되므로 법률은 이러한 종류의 채권의 집행에 있어서는 그 집행권원인 이행판결의 확정으로서 의사의 진술이 있은 것으로 간주하고, 간접강제에 의한 강제집행절차를 생략하고 있다(민사집행 법 제263조 제1항). 판결의 확정으로 집행이 끝나는 대표적인 예이다. 물론 조건부 의사표시 의무를 집행할 때는 집행문을 받아야 한다(동조 제2항).

이러한 의사표시 간주의 전형적인 예로 부동산등기법 제23조 제4항 전단은 "등기절차의 이행 또는 인수를 명하는 판결에 의한 등기는 승소한 등기권리자 또는 등기의무자가 단독으로 신청"할 수 있게 하였는바, 이 취지는 등기의무자에 대하여 등기절차를 이행하도록 명한 확정된 이행판결에 의하여 신청하는 것이므로 등기의무자의 협력이 불필요하다고 본 것이다. 등기관의 사후적 사무처리일 뿐 집행기관이 관여하는 것이 아니므로 본래의 집행에 해당하지 아니하는 '넓은 의미의 집행'에 속할 뿐이다.

(2) 의사표시 의무판결에 가집행선고의 가부(소극)

재산권상의 청구에 관한 판결에는 원칙적으로 가집행선고를 하여야 한다(민소법 제213조 제1항). 그러나 등기절차의 이행을 명하는 판결은 재산권의 청구에 관한 판결이지만, 의사의 진술을 명하는 판결은 그 판결이 확정된 때에 비로소 의사를 진술한 것으로 간주되므로(민사집행법 제263조 제1항), 만일 가집행선고부 판결에 의한 등기를 허용할 경우 그 판결이 상소심에서 취소된 때에는 부동산거래의 안전을 해칠 수 있으므로 부동산등기에 관하여 의사의 진술을 명하는 판결에는 가집행선고를 붙일 수 없다.

따라서 가집행선고 있는 소유권이전등기절차이행판결에 의한 등기신청이 있는 경우에도 그 등기신청서에 첨부된 판결이 확정판결이 아니면 등기관은 부동산등기법 제29조 제9호[등기에 필요한 첨부정보(즉, 판결확정증명서)를 제공하지 아니한 경우]에 의하여 이를 각하하여야 한다.

(3) 의사진술(意思陳述)을 명하는 판결에 대한 집행정지의 허부

근저당설정등기의 말소와 같은 피고의 의사진술을 명하는 판결에 대하여는 집행기관이 관여할 필요가 없는 것이므로 그 집행정지는 허용되지 않는다(1959. 12. 7. 4295민신14). 조건부 의사진술을 명하는 재판은, 그 조건이 성취되어 집행문이 부여될 때 의사를 진술한 것과 동일한 효력이 발생하고, 집행기관이 관여하는 현실적인 강제집행절차가 존재할 수 없으므로, 강제집행의 정지도 있을 수 없으니, 등기관은 강제집행정지결정에 구애됨이 없이 등기신청을 받아들여 등기기입을 할 수 있다(대법원 1979. 5. 22. 77마427).

따라서 부동산등기에 관하여 의사의 진술을 명하는 판결(예 : 등기의 말소나 말소된 등기의 회복을 명하는 판결을 할 경우 그 말소 또는 말소된 등기의 회복에 대하여 등기상 이해관계 있는 제3자가 있을 때)을 하는 경우 이에 관련된 법률(예 :부동산등기법 제57조 제1항, 제59조, 제29조 제9호, 민사집행법 제263조 제1항 등)을 올바로 적용하여 그 확정판결에 의한 등기의 집행을 할 수 있는 적정한 판결(부동산등기법 제23조 제4항)을 하여야 한다.

4. 소장의 기재사항

헌법 제27조 제1항에 의하여 보장된 국민의 재판청구권(裁判請求權)의 실현을 위하여 소(訴)를 제기함에 있어서는 소장(訴狀)을 법원에 제출할 것을 요한다. 재판청구권이라 함은 모든 국민이 국가에 대하여 재판을 청구할 수 있는 기본권으로서 이는 행정부의 자의적(恣意的)인 재판을 배제하고, 사법권의 독립이 보장된 법원에서 신분이 보장된 자격 있는 법관에 의하여 재판을 받을 권리와 적법한 절차에 따르는 공정한 심판을 받을 권리를 포함한다.

"모든 국민은 헌법과 법률이 정한 법관에 의하여 법률에 의한 재판을 받을 권리"를 가지는바, 이는 민사재판을 받을 권리, 형사재판을 받을 권리, 행정재판을 받을 권리, 헌법재판을 받을 권리 등으로 구성된다. 법률로써 재판청구권을 제한하는 경우에도 국가안전보장, 질서유지, 공공복리를 위하여 필요한 경우에 한하여 제한할 수 있다.

소(訴)라 함은 법원에 대하여 일정한 내용의 재판을 해 달라는 당사자의 신청이다. 즉, 소는 원고가 피고를 상대로 법원에 특정한 청구(소송물)에 관한 판결을 구하는 소송행위이다. 소는 심판의 개시라는 효과를 목적으로 하는 법원에 대한 소송행위이며 직접 피고에 대하여 하는 사법상의 의사표시가 아니다.

소는 특정한 청구에 관하여 법원의 심판을 구하는 행위이며, 여기서 청구라고 하는 것은 원고가 소에 의하여 그 당부(當否)에 관한 심판을 구하는 구체적인 이익의 주장을 지칭하는 것으로서 원칙적으로 특정한 권리 또는 법률관계의 존부에 관한 주장이어야 한다. 소는 청구의 성질과 내용을 기준으로 하여 이행(履行)의 소, 확인(確認)의 소, 형성(形成)의 소 등 3가지로 분류된다.

소장(訴狀)이라 함은 소를 제기하기 위하여 원고가 제1심법원에 제출하여야 할 서면을 말한다(민소법 제248조). 즉 소의 제기는 소장이라는 서면을 작성하여 법원에 제출하는 방식에 의하는 것이 원칙이며, 이를 소장제출주의(訴狀提出主義)라고 한다.

소장에는 당사자와 법정대리인, 청구의 취지와 원인을 적어야 한다. 소장에는 준비서면에 관한 규정을 준용한다(민소법 제249조). 준비서면에는 다음 각 호의 사항을 적고, 당사자 또는 대리인이 기명날인 또는 서명한다(민소법 제는274조 제1항).

(1) 당사자 · 법정대리인 · 주민등록번호

당사자의 표시는 원고 또는 피고가 누구인가를 구별할 수 있는 정도로 동일성을 특정하여 기재하여야 한다. 자연인의 경우에는 성명, 주소, 법인 등의 경우에는 명칭이나 상호와 본점 또는 주된 사무소소재지를 표시한다. 당사자의 표시는 판결의 효력이 미치는 인적범위를 확정하고, 강제집행의 대상이 되는 자이므로 성명, 주민등록번호, 주소를 정확하게 기재하여 특정하여야 한다. 성명은 한글로 표시하고, 주민등록번호나 한자명을 괄호 안에 병기하여 표시한다.

등기의무자, 즉 등기부의 형식상 그 등기에 의하여 권리를 상실하거나 기타 불이익을 받을 자(등기명의인이거나 그 포괄승계인)가 아닌 자를 상대로 한 등기의 말소절차이행을 구하는 소(訴)는 당사자적격이 없는 자를 상대로 한 부적법한 소이다(대판 1994. 2. 25. 93다39225). 따라서 등기의 말소절차이행을 청구하는 소의 상대방(피고)은 현재의 등기명의인이거나 그 포괄승계인이어야 한다(대판 1966. 10. 4. 66다1387).

등기의 말소를 신청하는 경우에 그 말소에 대하여 등기상 이해관계 있는 제3자가 있을 때에는 제3자의 승낙이 있어야 한다(법 제57조 제1항). 부동산등기법 제57조 제1항에서 말하는 '등기상 이해관계 있는 제3자'라 함은 그 말소등기를 함으로써 손해를 입을 우려가 있는 등기상의 권리자로서 그 손해를 입을 우려가 있는 것이 기존 등기부 기재에 의하여 형식적으로 인정되는 자이고, 그와 같은 손해를 입게 될 위험성은 등기의 형식에 의하여 판단하며 실질적으로 손해를 입을 우려가 있는지 여부는 고려의 대상이 되지 아니한다(대판 1994. 6. 10. 93다24810).

등기상 이해관계 있는 제3자가 해당 말소등기에 대하여 승낙을 하여야 할 의무가 있는지는 실체법상의 권리관계에 의하여 결정된다. 만약 등기상 이해관계 있는 제3자가 등기의 말소에 대한 승낙을 거부할 경우 등기권리자는 그 제3자를 상대로 등기의 말소에 대한 승낙의 의사표시에 갈음하는 판결(민집법 제263조 제1항)을 받아야 한다.

등기의 말소(법 제57조) 또는 말소된 등기의 회복(법 제59조)을 소(訴)로서 청구하는 경우(민사집행법 제263조 제1항), 그 등기의 말소 또는 말소된 등기의 회복에 대하여 등기상 이해관계 있는 제3자가 있을 때에는 그 제3자를 '피고'로 지정(당사자 적격) 한 후 소장의 청구 취지에 제3자의 등기의 말소 또는 말소된 등기의 회복에 대한 '승낙의 의사표시'를 반드시 기재하여야 한다.

재판서 양식에 관한 예규(재일 2003-12. 2003. 9. 17. 재판예규 제930호)는 '민사·가사·행정·특허사건의 재판서 또는 화해·조정·포기·인낙조서 등에 있어서 기록상 당사자의 "주민등록번호"를 알 수 있는 경우에는 당사자의 한자 성명을 병기하지 아니하고 한글 성명 옆에 괄호하고 그 안에 주민등록번호를 기록한다(재판예규 3. 다.)'고 규정하고 있다. 재판장은 필요한 경우에는 원고 또는 신청인에게 당사자 쌍방의 주민등록표 등·초본의 제출을 명할 수 있다[동 예규 3. 라 ⑴.].

부동산등기법상 등기권리자의 '주민등록번호'(또는 부동산등기용등록번호)는 등기사항이며(법 제48조 제2항 및 제3항), 등기신청인의 '주민등록번호'(또는 부동산등기용등록번호)는 등기신청서의 필요적 기재사항(규칙 제43조 제1항 2호 및 제2항)으로 규정되어 있다.

기 재 례

1. 원고 김철수(661120-1183516)
　　　서울 서초구 서초동 123-5 (우편번호 137-070)
　　　전화번호 525-2345

2. 피고 박만수(朴萬水, 주민등록번호　　　　-　　　　)
　　　주소 : 소재불명
　　　최후주소 서울 서초구 서초동 145-60

앞에서 본 바와 같이 부동산등기법상 등기신청인의 '주민등록번호'는 등기신청서(규칙 제43조 제1항 제2호) 및 등기기록(법 제48조 제는2항 및 제는3항)의 필요적 기재사항으로 규정되어 있으므로, 만일 등기신청서에 등기신청인의 주민등록번호를 기재하지 아니하면 그 등기신청은 '신청정보의 제공이 대법원 규칙으로 정한 방식에 맞지 아니한 경우(법 제29조 제5호)'에 해당하여 등기관이 각하하게 된다.

따라서 판결에 의한 등기의 집행(민사집행법 제263조 제1항, 법 제23조 제4항)을 위하여, 부동산 등기에 관하여 의사의 진술을 구하는 소장의 당사자표시에는 당사자의 주민등록번호를 반드시 기재하여야 한다.

등기에 관하여 피고에 일정한 의사의 진술을 구하는 소를 제기하는 원고는 소장을 작성함에 있어 아래 사항을 특히 주의하여야 한다.

(가) 피고의 지정(당사자적격)

첫째, '피고의 정확한 지정'(당사자적격)이다.

당사자적격(當事者適格)이라 함은 일정한 소송물에 관하여 원고 또는 피고로서 소송을 수행하고 본안판결을 유효하게 받을 수 있는 자격으로서 소송실시권 또는 정당한 당사자라고도 한다. 당사자적격은 소송요건으로서 법원의 직권조사사항이며, 당사자적격을 간과한 판결은 상소에 의해 취소될 수 있으나, 판결확정 후에는 재심의 소를 제기할 수 없다.

등기의무자 아닌 자를 상대로 등기말소를 청구하였음은 당사자의 적격(適格)을 그릇한 위법이 있다(대판 1962. 2. 15. 4296민상454). 실체관계에 부합되지 않는 등기가 되어 있는 경우에 그 부동산의 권리자는 등기의무자인 말소된 등기관계의 등기명의자들을 피고로 하여야 한다(대판 1962. 2. 28. 4294민상733).

부동산이 실존(實存)하지 아니하고 부실(不實)한 등기라 하더라도 이해관계가 없는 자는 그 보존등기의 말소등기를 소구(訴求)할 이익이 없다(대판 1962. 3. 29. 4294민상1338). 부동산을 매수(買受)하였다 하더라도 아직 소유권이전등기를 경료하지 아니한 자는 그 부동산에 관한 원인무효등기의 말소를 청구할 수 없다(대판 1963. 3. 7. 63다3).

등기의무자, 즉 등기부상의 형식상 그 등기에 의하여 권리를 상실하거나 기타 불이익을 받을 자(등기명의인이거나 그 포괄승계인)가 아닌 자를 상대로 한 등기의 말소절차이행을 구하는 소는 당사자적격이 없는 자를 상대로 한 부적법한 소이다(대판 1994. 2. 25. 93다39225). 소유권에 관하여 순차적으로 각 등기가 경료된 경우, 후순위 등기의 말소가 가능한지에 관계없이 전순위 등기의 말소절차이행을 명할 수 있다(대판 1995. 10. 12. 94다47483).

이미 자기 앞으로 소유권을 표상하는 등기가 되어 있었거나 법률에 의하여 소유권을 취득한 자가 진정한 등기명의를 회복하기 위한 방법으로는 현재의 등기명의인을 상대로 그 등기의 말소를 구하는 외에 "진정한 등기명의 회복"을 원인으로 한 소유권이전등기절차의 이행을 직접 구하는 것도 허용되어야 한다(대판 1990. 11. 27. 89다카12398 전원합의체판결).

진정한 등기명의회복을 위한 소유권이전등기청구는 자기명의로 소유권을 표상하는 등기가 되어 있었거나 법률에 의하여 소유권을 취득한 진정한 소유자가 그 등기명의를 회복하기 위한 방법으로 그 소유권에 기하여 현재의 등기명의인을 상대로 진정한 등기명의회복을 원인으로 한 소유권 이전등기절차의 이행을 구하는 것이다(대판 2001. 8. 21. 2000다36484).

불법하게 말소된 것을 이유로 한 근저당권설정등기 회복등기청구는 그 등기말소 당시의 소유자를 상대로 하여야 한다(대판 1969. 3. 18. 68다1617).

당사자적격이 없는 자가 받은 판결에는 기판력, 형성력이 생기지 않으므로 무효의 판결이 된다. 피고의 지정에 있어, 고유필수적 공동소송으로 보는 총유(總有) 및 합유(合有) 부동산에 관한 소송이나 공유물분할에 관한 소송의 경우, 그 구성원 또는 공유자 전원이 공동으로 원고 또는 피고가 되어야 하며, 공동소송인 중 일부만이 소송을 제기하거나 일부만을 상대로 소송을 제기한 때에는 당사자적격의 흠으로 소가 부적법 하게 된다(민사소송법 제254조 제2항).

등기의 말소(법 제57조)나 말소등기의 회복(법 제59조)을 신청하는 경우, 등기의무자가 그 말소 또는 말소된 등기의 회복에 대하여 협력을 거절하거나 '등기상 이해관계 있는 제3자'가 등기의 말소나 말소된 등기의 회복에 대하여 승낙을 거절할 경우 등기권리자는 누구를 상대로 하여 등기청구권을 행사할 것인가가 문제 된다. 이 경우 등기권리자는 그 제3자를 '피고로 지정'한 후 소장의 청구취지에서 등기의 말소나 회복에 대한 "제3자의 등기의 말소 또는 회복에 대한 승낙의 의사표시"를 명백하게 표시하여야 하며, 그 청구인용의 판결주문에도 등기의 말소나 말소된 등기의 회복에 대한 제3자의 승낙의 의사표시가 명시되어 있어야 그 판결에 의한 등기의 집행을 할 수 있다.

1) 당사자의 확정 및 소송능력 등의 흠에 대한 법원의 조치

당사자(當事者)의 확정(確定)이라 함은 제소된 소송사건에서 누가 원고이고, 누가 피고인가를 명확히 정하는 것을 말한다. 소송사건의 당사자가 확정되어야만 당사자능력, 당사자적격, 소송능력을 판단할 수 있으며, 그 밖에 인적재판적, 제척원인, 소송절차의 수계 및 중단, 송달, 소송물의 동일성, 기판력 및 집행력의 주관적 범위, 증인능력 등을 정할 수 있게 된다. 당사자는 소송제기행위를 기준으로 하여 확정되는바, 판례와 통설에 의하면 소장에 당사자로 표시된 자가 당사자이다(表示說).

당사자는 소장에 기재된 표시 및 청구의 내용과 원인 사실 등 소장의 전취지를 합리적으로 해석하여 확정하여야 하며, 소장에 표시된 원고에게 당사자능력이 인정되지 않는 경우에는 소장의 전취지를 합리적으로 해석한 결과 인정되는 올바른 당사자 능력자로 그 표시를 정정하는 것은 허용된다(대판 1999. 11. 26. 98다19950, 2003. 3. 11. 2002두8459)

법원은 직권으로 누가 당사자인가를 조사하여야 하며, 당사자가 불명확한 경우에는 당사자의 특정을 위해 보정하도록 명하여야 하며, 만일 보정하는 것이 지연됨으로써 손해가 생길 염려가 있는 경우에는 법원은 보정하기 전의 당사자 또는 법정대리인으로 하여금 일시적으로 소송행위를 하게 할 수 있다(민소법 제59조).

등기의 말소(법 제57조 제1항) 또는 말소된 등기의 회복(법 제59조)을 신청하는 경우, 그 말소 또는 말소된 등기의 회복에 대하여 등기상 이해관계 있는 제3자의 승낙은 부동산등기법상의 법률요건이며, 민사소송법상 소송요건(제3자의 피고지정 및 승낙의 의사표시의 청구취지기재)이다. 따라서 그 제3자가 등기의 말소 또는 말소된 등기의 회복에 대한 등기권리자의 승낙을 거부할 경우 등기권리자는 그 제3자를 상대(피고 지정)로 승낙의 의사표시(청구취지)에 갈음하는 판결(민사집행법 제263조 제1항)을 받아야 한다. 이 경우 등기권리자가 착오로 그 제3자를 피고로 지정하지 아니한 때에는 재판장은 적정한 소장심사권(민소법 제254조) 및 석명권, 구문권(민소법 제136조 제4항)을 행사하여 당사자(피고) 및 청구취지(승낙의 의사표시)의 특정을 위한 보정을 명해야 할 것이다.

대법원은 소송자료 보충을 위한 석명에 관하여 '당사자가 어떠한 법률효과를 주장하면서 미처 깨닫지 못하고 그 요건사실 일부를 빠뜨린 경우에는 법원은 그 누락 사실을 지적하고, 당사자가 이 점에 관하여 변론을 하지 아니하는 취지가 무엇인지를 밝혀 당사자에게 그에 대한 변론을 할 기회를 주어야 할 의무가 있다(대판 2005. 3. 11. 2002다60207)'고 판시했다.

민사소송법이 지금까지 석명권(釋明權)을 법원의 권한으로 규정하고 있었으나 민사소송법의 개정에 의하여 동법 제136조 제4항이 '법원은 당사자가 간과하였음이 분명하다고 인정되는 법률상 사항에 관하여 당사자에게 의견을 진술할 기회를 주어야한다'고 규정하여 석명권이 법원의 의무임을 명백히 하였다. 이에 따라 대법원은 '당사자의 부주의 또는 오해로 인하여 명백히 간과한 법률상의 사항이 있거나 당사자의 주장이 법률상 관점에서 보아 모순이거나 불명료한 점이 있으면 법원은 적극적으로 석명권을 행사하여 당사자에게 의견진술의 기회를 주어야 하며, 이를 게을리 한 경우에는 석명 또는 지적의무를 다하지 아니한 것이다(대판 2011. 11. 10. 2011다55405)'라고 판결했다. 또한 대법원은 '법원이 석명 또는 지적의무를 다하지 아니한 것은 위법하다(대판 2002. 1. 25. 2001다11055)'고 판결했다.

가) 사자(死者)를 당사자로 표시한 경우

사자(死者)를 당사자로 하여 소를 제기한 경우 상속자가 응소(應訴)를 하더라도 소는 부적법하게 되며, 판결이 확정되더라도 상속자에게 판결의 효력이 미치지 않는다. 그러나 대법원은 '원고가 이미 사망한 자를 그가 사망한 것을 모르고 피고로 표시하여 제소하였을 경우에 사실상의 피고는 사망자의 상속인이고, 다만 그 표시를 그르친 것에 불과하므로 원고가 피고의 표시를 그 상속인으로 정정하는 신청을 하였을 경우에는 당연히 이를 허용해야 한다(대판 1969. 12. 9. 69 다1230)'판시하였다.

부동산에 관한 분쟁의 해결을 위하여 누가 원고가 되고 누구를 피고로 할 것인가는 실체법상의 문제로서 소송의 승패를 좌우하는 중요한 문제이다. 소를 제기한 후에는 당사자의 임의적 변경이나 추가는 허용되지 아니한다. 다만, 당사자표시를 잘못한 것이 명백한 때에는 이를 정정할 수 있다(대판 1978. 8. 22. 78다1205).

나) 착오로 소멸한 당사자를 원고로 기재한 경우

소송에서 당사자가 누구인가는 당사자능력(當事者能力), 당사자적격(當事者適格) 등에 관한 문제와 직결되는 중요한 사항이므로 사건을 심리, 판단하는 법원으로서는 직권으로 소송당사자가 누구인가를 확정하여 심리를 진행하여야 한다. 개인이나 법인이 과세처분에 대하여 심판청구 등을 제기하여 전심절차를 진행하던 중 사망하거나 흡수합병 등으로 당사자능력이 소멸하였으나 전심절차에서 이를 알지 못한 채 사망하거나 합병으로 인해 소멸된 당사자를 청구인으로 표시하여 청구에 관한 결정이 이루어지고, 상속인이나 합병법인이 결정에 불복하여 소를 제기하면서 소장에 착오로 소멸한 당사자를 원고로 기재하였다면 실제 소를 제기한 당사자는 상속인이나 합병법인이고 다만 그 표시를 잘못한 것에 불과하므로 법원으로서는 이를 바로잡기 위한 당사자표시정정신청을 받아들인 후 본안에 관하여 심리, 판단하여야 한다(대판 2016. 12. 27. 2016두50440).

다) 당사자능력이나 당사자적격이 없는 자를 당사자로 표시한 경우 법원이 취할 조치

원고가 당사자를 정확히 표시하지 못하고 당사자능력(當事者能力)이나 당사자적격(當事者適格)이 없는 자를 당사자로 잘못 표시하였다면 법원은 당사자를 소장의 표시만에 의할 것이 아니고 청구의 내용과 원인사실을 종합하여 확정한 후 확정된 당사자가 소장의 표시와 다르거나 소장의 표시만으로 분명하지 아니한 때에는 당사자의 표시를 정정 보충시키는 조치를 취하여야 하고, 이러한 조치를 취함이 없이 단지 원고에게 막연히 보정명령만을 명한 후 소를 각하하는 것은 위법하다(대판 2013. 8. 22. 2012다68279).

라) 등기의 말소 또는 말소된 등기의 회복을 구하는 경우 피고의 지정 및 청구취지의 기재

'등기는 법률에 다른 규정이 없는 경우에는 등기권리자와 등기의무자가 공동으로 신청한다(법 제23조 제1항)'고 규정하여 공동신청주의 원칙을 선언하고 있다. 따라서 등기를 원하

는 일방 당사자는 타방 당사자가 등기신청에 협력하지 않을 경우 상대방의 협력 즉, 등기신청의 의사표시를 청구할 수 있는바, 이를 위한 권리가 등기청구권(登記請求權)이다.

등기청구권은 '실체법상'의 권리로서 등기권리자가 등기의무자에게 등기신청의 의사표시를 갈음하는 이행판결을 소구(訴求)할 수 있는 권리(민사집행법 제263조 제1항)이다. 이러한 등기청구권을 갖는 자가 실체법상 등기권리자(登記權利者)이며, 그 상대방이 실체법상 등기의무자(登記義務者)이다.

'절차법상' 등기권리자란 신청된 등기가 실행되면 등기기록상 권리를 취득하거나 그 밖의 이익을 받는 자로 표시되는 자이며, 반대로 등기의 실행으로 인하여 권리를 상실하거나 그 밖의 불이익을 받는 것으로 표시되는 자를 절차법상 등기의무자라고 한다(대판 1979. 7. 24. 79다345). 절차법상 등기권리자 및 등기의무자에 해당 여부는 반드시 등기기록상 형식적으로 판단하여야 하고 실체법상 권리유무를 고려하여서는 아니 된다. 실체법상의 등기권리자 및 등기의무자는 절차법상의 등기권리자 및 등기의무자와 일치하는 경우가 대부분이나 반드시 일치하는 것은 아니다.

등기의 말소를 신청하는 경우(법 제57조 제1항) 등기의무자가 말소등기의 신청에 협력하지 않거나, 등기의 말소에 대하여 등기상 이해관계 있는 제3자가 승낙을 거부하는 때에는 등기권리자는 등기의무자 또는 그 제3자를 상대로 등기의 말소 및 이에 대한 승낙의 의사표시에 갈음하는 판결(민사집행법 제263조 제1항)을 받아 승소한 등기권리자로서 단독으로 등기의 말소를 신청할 수 있다(법 제23조 제4항). 등기의 말소신청에 등기의무자가 협력하지 않아 등기권리자가 등기의 말소절차이행을 청구하는 경우 소의 상대방(피고)은 등기명의인이거나 그 포괄승계인이어야 한다.

등기의 말소를 신청하는 경우에 그 말소에 대하여 등기상 이해관계 있는 제3자가 있을 때에는 제3자의 승낙이 있어야 한다(법 제57조 제1항). 등기의 말소에 관하여 '등기상 이해관계 있는 제3자'인지 여부는 등기의 형식에 의하여 판단하고 실질적으로 손해를 입을 염려가 있는지 여부는 고려의 대상이 되지 아니한다(대법원 1998. 4. 9. 98마40, 1997. 7. 30. 95다39526).

그 제3자가 등기의 말소에 관하여 승낙할 의무가 있는 제3자인지 여부는 제3자가 말소등기 권리자에 대한 관계에서 그 승낙을 하여야 할 실체법상의 의무가 있는지 여부에 의하여 결정될 문제이다. 그러나 기존등기가 실체법상 부적법(등기원인의 무효, 취소, 해제 등)이라는 이유로 말소되는 경우 현행법상 등기의 공신력(公信力)이 인정되지 않으므로 무효등기에 터 잡은 등기도 무효가 되므로(등기는 종전의 등기부상 명의를 출발점으로 하여 연속되어야 한다는 "등기연속의 원칙"에 위배되는 등기) 그 등기명의인은 기존등기의 말소에 대한 승낙의무를 부담한다.

말소된 등기의 회복(법 제59조)도 등기권리자와 등기의무자의 공동신청에 의함이 원칙이나 등기의무자가 회복등기신청에 협력하지 않을 때에는 등기권리자는 등기의무자를 상대로 등기청구권을 행사하여 등기신청 의사표시에 갈음하는 판결(민사집행법 제263조 제1항)을 받아 승소한 등기권리자로서 단독으로 회복등기를 신청할 수 있다(법 제23조 제4항).

말소된 등기의 회복을 신청하는 경우 그 회복에 대하여 등기상 이해관계 있는 제3자가 있을 때에는 제3자의 승낙이 있어야 하는바, 그 제3자가 등기의 회복에 대한 승낙을 거부할 경우 등기권리자는 제3자를 상대로 등기의 회복에 대한 승낙의 의사표시를 구하는 소를 제기하여 승낙의 의사표시에 갈음하는 판결을 받아 승소한 등기권리자로서 단독으로 회복등기를 신청할 수 있다(법 제23조 제4항).

말소회복등기에 있어 등기상 이해관계 있는 제3자가 회복등기에 대한 승낙의무를 부담하는 여부는 실체법상의 관계에 따라 결정되므로 그 제3자가 등기의 회복에 대하여 승낙을 하여야 할 실체법상의 의무가 있다고 인정되는 경우에는 그 제3자는 마땅히 권리자의 승낙요구에 응하여야 한다(대판 1987. 5. 26. 85다카22030). 등기가 그 권리자의 의사에 의하지 아니하고 말소되어 그 말소등기가 '원인무효'인 경우에는 등기상 이해관계 있는 제3자는 선의, 악의 또는 그 회복등기로 인하여 손해의 유무에 불구하고 등기권리자의 회복등기절차에 필요한 승낙을 할 의무가 있다(대판 1970. 2. 24. 69다2193, 1971. 8. 31. 71다1285, 1972. 12.12. 72다158).

2) 당사자의 변경

당사자(當事者)의 변경(變更)이라 함은 동일 소송절차에서 제3자가 소송에 가입하는 기회에 종전의 당사자가 그 소송에서 탈퇴하는 경우를 말한다. 신당사자(新當事者)가 소송에서 탈퇴한 자의 지위를 승계하지 않는 경우(任意的當事者의 變更)와 신당사자가 탈퇴자의 기존의 소송상태를 승계하는 경우(訴訟承繼)가 있다.

가) 임의적 당사자의 변경

임의적 당사자(任意的 當事者)의 변경이라 함은 소송계속 중 당사자의 임의의 의사에 따라 당사자가 변경되는 경우를 말한다. 즉, 당사자의 의사에 의하여 종전의 원고나 피고에 갈음하여 제3자를 가입시키거나 종전의 원고나 피고에 추가하여 제3자를 가입시키는 것을 말한다.

예를 들면 소송계속 중 원고적격이 없는 자가 제소하였음이 명백할 경우 원고적격자를 원고로 교체하거나, 피고적격이 없는 자를 피고로 하였음이 명백할 경우에 피고적격자로 피고를 교체하거나 소송계속 중 원고 측 또는 피고 측에 추가적으로 확장된 원고 또는 피고가 되기 위하여 소송에 참가해오는 경우이다.

임의적 당사자변경은 소외(訴外)의 제3자가 당사자로 교체되어 당사자의 동일성이 없는 자가 당사자로 되는 것이므로 소장의 당사자표시를 정정하는 것과는 구별된다. 민사소송법상 임의적 당사자변경의 하나는 당사자의 교체의 한 형태인 피고의 경정(민소법 제260조)이며, 다른 하나는 당사자의 추가의 한 모습인 필수적 공동소송인의추가(민소법 제68조)이다.

① 피고의 경정

원고가 피고를 잘못 지정한 것이 분명한 경우(예 : 회사를 피고로 하여야 할 것을 회사의 대표이사 개인을 피고로 한 경우)에는 제1심법원은 변론을 종결할 때까지 원고의 신청에 따라 결정으로 피고를 경정(更正)하도록 허가할 수 있다(민소법 제260조 제1항 전단).

경정허가결정이 있는 때에는 종전의 피고에 대한 소는 취하된 것으로 보며, 새 피고에 대하여는 소의 제기이므로 이에 의한 시효중단, 기간준수의 효과는 경정신청서의 제출시에 발생한다(민소법 제265조).

② 필수적 공동소송인의 추가

필수적 공동소송(必須的 共同訴訟)이라 함은 공동소송인 사이에 합일확정(合一確定)을 필수적으로 요하는 공동소송을 말하며, 소송공동이 강제되느냐의 여부에 의하여 고유필수적 공동소송과 유사필수적 공동소송으로 분류된다.

'고유필수적 공동소송(固有必須的 共同訴訟)'이라 함은 소송공동이 법률상 강제되고, 또 합일확정의 필요가 있는 공동소송으로서 여러 사람에게 소송수행권이 공동으로 귀속되어 공동소송인 전원이 원고 또는 피고가 되지 않으면 당사자적격을 잃어 소가 부적법해지는 소송형태를 말한다(민소법 제67조). 고유필수적 공동소송은 공동소송이 법률상 강제 되고, 실체법상 소송수행권이 수인에게 귀속되는 경우이므로 실체법상 근거에 의한 필요적 공동소송이라고도 한다.

'유사필수적 공동소송(類似必須的 共同訴訟)'이라 함은 소송공동은 강제되지 않으나 합일확정의 필요가 있는 공동소송이다. 즉, 여러 사람이 공동으로 원고 또는 피고가 되어야 하는 것은 아니고 개별적으로 소송을 할 수 있지만, 일단 공동소송으로 된 이상 합일확정이 요청되어 일률적으로 소송을 수행하여야 할 공동소송으로 우연필수적 공동소송(偶然必須的 共同訴訟)이라고도 한다.

법원은 필수적 공동소송인 가운데 일부가 누락된 경우에는 제1심의 변론을 종결할 때까지 원고의 신청에 따라 결정으로 원고 또는 피고를 추가하도록 허가할 수 있다. 다만, 원고의 추가는 추가될 사람의 동의를 받은 경우에만 허가할 수 있다(민소법 제68조 제1항).

필수적 공동소송인의 추가요건은 첫째로 필요적 공동소송인의 일부가 탈루된 경우일 것, 둘째 추가된 신당사자가 종전의 당사자와의 관계에서 공동소송인이 되므로 공동소송인의 요건을 갖출 것, 셋째 원고 측을 추가하는 경우에는 추가될 신당사자의 동의가 있어야 한다(민소법 제68조 제1항 단서).

필수적 공동소송인의 추가결정이 있는 때에는 처음 소가 제기된 때에 추가된 당사자와의 사이에 소가 제기된 것으로 보기 때문에 시효중단, 기간준수의 효과는 처음 제소시(提訴時)에 소급한다. 필수적 공동소송인의 추가이므로 종전의 공동소송인의 소송수행의 결과는 유리한 소송행위인 범위 내에서 신당사자에게 효력이 미친다. 당사자적격은 소송요건으로서 법원의 직권조사사항이며, 당사자적격이 없는 자가 받은 판결에는 기판력, 형성력이 생기지 않으므로 무효의 판결이 된다.

③ 총유 또는 합유부동산에 관한 소송 및 공유물분할 소송

총유(總有) 부동산(민법 제275조, 법 제26조) 또는 합유(合有) 부동산(민법 제271조, 법 제48조 제4항)에 관한 소송이나 공유물분할(민법 제262조 및 제269조, 법 제48조 제4항)에 관한 소송은 고유필수적 공동소송(민사소송법 제67조)이므로 그 구성원 또는 공유자 전원이 원고 또는 피고가 되어야 당사적격이 있다.

㉮ 총유 부동산(總有 不動産)

법인 아닌 사단의 사원이 집합체로서 물건을 소유할 때에는 총유(總有)로 한다(민법 제275조 제1항). 종중, 문중, 그 밖에 대표자나 관리인이 있는 법인 아닌 사단이나 재단에 속하는 부동산의 등기에 관하여는 그 사단이나 재단을 등기권리자 또는 등기의무자로 하며, 등기는 그 사단이나 재단의 명의로 그 대표자나 관리인이 신청한다(부동산등기법 제26조).

재산권이 총유인 경우에 권리주체는 비법인사단(非法人社團)이 되므로, 법인 아닌 사단의 대표자나 관리인이 있으면 그 이름으로 당사자가 될 수 있으나(민소법 제52조), 대표자 또는 관리인이 없는 때에는 전원이 소송당사자가 되어야 하며, 이때의 소송관계는 고유필수적 공동소송이다.

부동산이 총유(민법 제275조)인 경우 총유재산에 관한 소송은 법인 아닌 사단이 그 명의로 사원총회의 결의를 거쳐 하거나 또는 그 구성원 전원이 당사가가 되어 필수적 공동소송의 형태로 할 수 있을 뿐 그 사단의 구성원은 설령 그 사단의 대표자라거나 사원총회의 결의를 거쳤다 하더라도 그 소송의 당사자가 될 수 없다(대판 2005. 9. 15. 2004다44971 전원합의체).

㉯ 합유 부동산(合有 不動産)
법률의 규정 또는 계약에 의하여 수인이 조합체로서 물건을 소유하는 때는 합유(合有)로 하며, 합유자(合有者)의 권리는 합유물(合有物) 전부에 미친다(민법 제271조). 등기할 권리가 합유인 때에는 그 뜻을 등기부에 기록하여야 한다(법 제48조 제4항).

'합유물'(민법 제271조)을 처분, 변경하려면 합유자 전원의 동의를 필요로 하고(민법 제272조), 합유자는 전원의 동의가 없으면 합유물에 관한 지분을 처분하지 못하므로(민법 제273조 제1항), 합유물에 관한 소송은 원칙적으로 고유필수적 공동소송이 된다.

합유물에 관한 소송은 보존행위가 아닌 한 원칙적으로 소송의 목적이 합유자 전원에 대하여 합일적(合一的)으로 확정되어야 하는 필요적 공동소송이다(대판 1983. 10. 25. 83다카850. 1991. 6. 25. 90누5184).

㉰ 공유 부동산(公有 不動産)
물건이 지분(持分)에 의하여 수인의 소유로 된 때에는 공유(共有)로 한다(민법 제262조 제1항). 등기관이 등기부의 갑구(소유권에 관한 사항을 기록) 또는 을구(소유권 외의 권

리에 관한 사항을 기록)에 권리에 관한 등기를 할 때 권리자가 2인 이상인 경우에는 권리자별 지분을 기록하여야 한다(법 제48조 제4항).

부동산이 공유인 경우, 공유자는 그 지분을 자유로이 처분할 수 있고 공유물 전부를 지분의 비율로 사용 수익할 수 있으나(민법 제263조), 다른 공유자의 동의 없이 공유물을 처분하거나 변경할 수 없으므로(민법 제264조) 공유물 자체에 관한 소송은 고유필수적 공동소송이다(대판 2001. 7. 10. 99다31124, 2003. 12. 12. 2003다44165).

따라서 공유권(公有權) 확인소송(確認訴訟), 공유권에 기한 소유권이전등기청구소송, 수인의 가등기채권자가 매매예약완결의 의사표시를 하고 이에 기해서 소유권이전등기를 청구하는 소송 등은 모두 고유필수적 공동소송이다.

공유물의 분할은 협의에 의한 분할이거나 재판상의 분할이거나를 막론하고 공유자 전원이 분할절차에 참여하여야 한다(대판 68. 5. 21. 68다414, 415 카8582). 공유대지를 공유자중 1인의 협의 없이 분할한 경우 그 공유물 분할은 법률상 효력이 없다(대판 68. 6. 25. 68다647).

그러나 단독처분이 허용되는 공유지분권 확인소송, 공유자 각자 할 수 있는 보존행위(민법 제265조 단서)에 기한 공유물의 방해배제청구, 공유물의 인도, 명도청구, 등기말소청구는 필요적 공동소송이 아니다. 따라서 소송의 대상인 부동산이 총유 또는 합유인 경우나 공유물분할에 관한 소송인 경우 등기부상의 구성원 또는 공유자 전원이 원고 또는 피고가 되지 않으면 당사자적격을 흠결하게 된다.

3) 당사자표시의 정정
당사자표시(當事者表示)의 정정(訂正)이란 당사자의 표시에 의문이 있거나 또는 부정확하게 기재된 잘못이 있는 경우에 당사자의 동일성(同一性)을 해하지 않는 범위 내에서 이를 바로 잡는 것을 말한다(대판 1996. 10. 12. 96다3852, 2011. 7. 28. 2010다97044).

'피고(被告)의 경정(更正)'은 피고의 동일성을 바꾸는 것이므로 피고의 동일성의 유지를 전제로 피고표시를 바로 잡는 '당사자 표시정정'[예 피고의 이름 박종선(朴鐘宣)을 박종의(朴鍾宜)로 잘못 기재한 경우]과는 다르다. 그러나 표시정정에 의하여 당사자로서 새로운 사람을 끌어들이는 결과가 된다면 당사자의 표시정정이 아니라 당사자의 변경이 된다.

당사자표시(當事者表示)의 정정(訂正)은 가족관계 등록부, 주민등록표, 법인등기사항 증명서 등 공부상의 기재에 비추어 당사자의 이름에 오기(誤記)나 탈루(脫漏)된 것이 명백한 경우에 허용된다. 당사자가 누구인가를 확정하기 어려운 경우에는 이를 분명하게 하기 위한 석명이 필요하며(대판 1997. 6. 27. 97누5725), 당사자표시에 착오가 있음이 소장의 전취지에 의하여 인정되는 경우에도 당사자표시를 정정하기 위한 석명(釋明)을 요한다.

4) 소송승계

소송승계(訴訟承繼)라 함은 소송계속 중에 당사자의 사망, 회사의 합병 또는 소송목적물의 양도 등으로 인하여 소송물인 권리 또는 법률관계에 변동이 생겨 당사자적격이 제3자에게 이전하고 제3자인 신적격자(新適格者)가 구당사자의 소송상의 지위를 그대로 승계하는 것을 말한다.

소송승계에는 당사자의 지위가 포괄적으로 제3자에게 승계되는 당연승계(當然承繼)와 당사자의 지위가 특정의 소송물에 관해서만 승계되는 참가승계(參加承繼) 및 인수승계(引受承繼)가 있다.

가) 당연승계(當然承繼)

당연승계는 포괄승계원인이 있는 때에 당연히 소송당사자가 바뀌며 소송을 인계받게 되는 경우로 승계의 원인은 당사자의 사망(민소법 제233조), 법인의 합병에 의한 소멸(민소법 제234조), 당사자인 수탁자의 임무종료(민소법 제236조), 당사자의 자격상실(민소법 제237조 제1항) 등이다.

나) 참가승계(參加承繼)

소송이 법원에 계속되어 있는 동안에 제3자가 소송목적인 권리 또는 의무의 전부나 일부를 승계하였다고 주장하며 독립당사자참가신청의 방식으로 참가한 경우 그 참가는 소송이 법원에 처음 계속된 때에 소급하여 시효의 중단 또는 법률상 기간준수의 효력이 생긴다(민소법 제81조). 승계인은 고유의 독립당사자참가의 경우와 달리 전주의 소송상의 지위를 승계하므로 참가시까지 전주가 한 소송행위의 결과에 구속된다.

다) 인수승계(引受承繼)

소송이 법원에 계속되어 있는 동안에 제3자가 소송목적인 권리 또는 의무의 전부나 일부를 승계한 때에는 법원은 당사자의 신청에 따라 그 제3자로 하여금 소송을 인수하게 할 수 있다(민소법 제82조 제1항). 인수신청은 사실심의 변론종결 전에 한하며, 상고심에는 허용되지 않는다.

(2) 대리인의 성명과 주소

(3) 청구의 취지와 원인

(가) 청구의 취지

'청구(請求)의 취지(超旨)'는 원고가 소로서 바라는 법률효과를 적는 소의 결론부분으로 판결의 주문에 대응하는 것으로서 원고가 어떠한 종류의 판결을 구 하는가 또 어떠한 내용과 범위의 판결을 구하는가를 표시하는 것이다.

소장의 청구취지(請求趣旨)는 명확히 기재하여야 한다. 청구의 취지는 원고가 소로서 바라는 법률효과를 기재한 소의 결론부분으로서 민사소송법상 소장의 필요적 기재사항이다(동법 제249조 제1항). 따라서 청구의 취지에는 판결의 주문에 대응되는 것으로서 원고가 어떠한 종류의 판결을 구 하는가 또 어떠한 내용과 범위의 판결을 구하는 가를 명확하게 기재하여야 한다.

대법원은 "청구취지가 특정되지 못한 경우에 그 보정(補正) 또는 각하(却下)의 조치를 취(取)하지 아니한 채 행(行)한 판결은 위법이다(대판 1959.10.8.4291민상844)." "민사소송에 있어서 청구의 취지는 그 내용 및 범위가 명확히 알아 볼 수 있도록 구체적으로 특정되어야 하고, 이의 특정 여부는 직권조사사항(職權調査事項)이라고 할 것이므로 청구취지가 특정되지 않은 경우에는 법원은 피고의 이의(異議) 여부에 불구하고 그 보정(補正)을 명하고, 이에 응(應)하지 않을 때에는 소(訴)를 각하(却下)하여야 한다(대판 1981.9.8. 80다2904)."고 판시하였다.

청구의 취지가 명확한가의 여부는 법원의 직권조사사항(職權調査事項)이며, 청구의 취지가 특정되지 아니한 때에는 법원은 석명권을 행사하여 명확히 하지 않으면 안 된다. 청구의 취지가 불분명, 불특정, 법률적으로 부정확, 부당한 경우에는 원고가 소로써 달성하려는 진정한 목적이 무엇인가를 법원은 석명(釋明)하여야 한다. 민사소송법 제136조 제4항은 석명권이 법원의 의무임을 명백히 하였다.

1) 이행청구(등기에 관하여 의사의 진술을 구하는 청구)

이행청구(履行請求)의 청구취지는 이행을 구하는 의무의 내용을 명확하고 간결하게 표시하고, 이행할 채무의 종류, 법적성질, 발생원인 등 피고에 대해 의무이행명령을 할 것을 요구하는 것이다. 피고에게 일정한 의사의 진술을 명하는 판결은 확정된 때 그 의사의 진술이 있는 것으로 본다(민집법 제263조 제1항).

이행의 소를 인용하는 이행판결은 집행권원이 되고 이에 의하여 강제집행을 할 수 있다. 이행판결이 형식적으로 확정되면 이행청구권의 존재를 확정하는 효력인 기판력(既判力) 이외에 집행력(執行力)이 발생한다.

등기는 법률에 다른 규정이 없는 경우에는 등기권리자와 등기의무자의 공동신청에 의하여 이루어지는 것이 원칙이나(부동산등기법 제23조 제1항), 일방 당사자가 등기신청에 협력을 거절하면 등기를 할 수 없게 되므로 등기제도의 원활한 운영을 꾀하기 위하여 등기를 원하는 일방 당사자는 타방 당사자에 대하여 등기신청에 협력할 것을 요구하는 권리 즉 등기청구권을 인정한다. 등기청구권은 등기권리자가 등기의무자에게 등기신청의 의사표시에 갈음하는 이행판결을 소구(訴求)할 수 있는 권리이다.

판결에 의한 등기는 승소한 등기권리자 또는 등기의무자가 단독으로 신청한다(동법 제23조 제4항). 이 경우 판결은 피고의 등기신청의사의 진술에 갈음하는 동시에 등기원인을 증명하는 서면(부동산등기규칙 제46조 제1항 제1호)의 기능을 하여 원고는 단독으로 등기를 신청할 수 있다.

가) 부동산등기에 관한 소송의 청구취지의 특정

청구의 취지는 이를 명확히 알아볼 수 있도록 구체적으로 특정하지 않으면 안 된다. 청구의 취지는 청구의 원인 앞에 기재하며, 여기에는 원고가 승소하면 판결문에 기재할 사항을 간단명료하게 표시하여야 한다. 청구의 취지의 기재는 청구가 인용되는 경우 이를 판결의 주문으로 그대로 옮겨 적을 수 있을 만큼 정확해야 하며, 청구의 취지에서 요구하는 판결의 내용은 확정적이어야 한다.

특히 부동산등기에 관한 소송에 있어서 청구의 취지의 특정이 많이 문제된다. 청구의 취지는 청구의 형태와 범위를 확정할 수 있도록 소의 결론에 해당하는 내용을 단순명료하게 기재해야 한다. 청구의 취지는 그대로 인용되었을 때 목적물에 대하여 집행이 가능하도록 특정에 유의해야 한다. 피고에게 의사의 진술을 명한 판결이 확정된 때에는 그 판결로 의사의 진술이 있는 것으로 보게 되므로(민사집행법 제263조 제1항) 의사표시의 내용을 구체적으로 명시하여야 한다. 소유권이전등기절차의 이행을 구하는 소송의 청구의 취지에는 등기의 종류와 내용, 등기원인과 그 연월일까지 정확히 표시하여야 그 판결에 의한 등기의 집행을 할 수 있다.

원래 등기는 법률에 다른 규정이 없는 경우에는 등기권리자와 등기의무자가 공동으로 신청하는 것이 원칙이나 (부동산등기법 제23조 제1항), "등기절차의 이행(履行) 또는 인

수(引受)를 명하는 판결에 의한 등기는 승소한 등기권리자 또는 등기의무자가 단독으로 신청한다(동법 제23조 제4항)." 이 경우 판결은 피고의 등기신청의사의 진술에 갈음하는 동시에 "등기원인을 증명하는 서면"(부동산등기규칙 제46조 제1항 제1호)의 기능을 하여 원고는 단독으로 등기신청을 할 수 있다.

나) 권리에 관한 등기의 등기사항

등기관이 갑구 또는 을구에 "권리에 관한 등기"를 할 때에는 ① 순위번호, ② 등기목적, ③ 접수연월일 및 접수번호, ④ 등기원인 및 그 연월일, ⑤ 권리자를 기록하여야 한다(부동산등기법 제48조 제1항). 등기를 신청하는 경우에는 ① 부동산의 표시, ② 신청인의 성명, 주소 및 주민등록번호, ③ 신청인이 법인인 경우에는 그 대표자의 성명과 주소, ④ 대리인에 의하여 등기를 신청하는 경우에는 그 성명과 주소, ⑤ 등기원인과 그 연월일, ⑥ 등기의 목적 등을 신청정보의 내용으로 등기소에 제공하여야 한다(부동산등기규칙 제43조 제1항). 등기를 신청하는 경우에는 "등기원인을 증명하는 정보"를 그 신청정보와 함께 첨부정보로서 등기소에 제공하여야 한다(동 규칙 제46조 제1항 제1호).

위에서 본바와 같이 ① 부동산의 표시, ② 권리자, ③ 등기원인과 그 연월일, ④ 등기의 목적은 권리에 관한 등기의 등기사항으로서 신청정보 및 첨부정보의 내용이므로 부동산등기에 관하여 의사의 진술을 구하는 청구의 취지에는 이를 명확히 기재하여야 그 판결에 의한 등기를 집행할 수 있다.

등기신청서(부동산등기규칙 제43조 제1항 제5호, 제6호) 및 등기기록(부동산등기법 제48조 제1항 제2호, 제4호)에는 '등기목적', '등기원인과 그 연월일'을 기재하도록 되어 있으므로 등기에 관한 소송의 청구취지에는 등기의 종류와 내용 이외에 등기원인과 그 연월일을 표시하여야 한다.

다) 등기의 말소 또는 회복등기 절차 이행의 청구

그러나 기존등기의 등기원인이 부존재 내지 무효이거나 취소·해제에 의하여 소멸하였음을 이유로 말소등기(부동산등기법 제57조) 또는 회복등기(동법 제59조)의 절차이행을 청구할 때에는 청구의 취지에 등기원인의 기재가 불필요하다. 이 경우 말소등기 또는 회복등기신청서에는 등기원인은 "확정판결"로, 그 연월일은 "판결선고일"을 기재한다[등기예규 제1383호. 4. 가. 2)].

처음부터 원인무효의 등기가 이루어졌거나, 등기 당시에는 적법하였으나 법률행위의 취소, 해제 등 후발적인 사유로 등기원인이 무효로 된 경우에 그 등기를 말소하기 위하여는 말소대상 등기를 표시하기 위하여 등기소, 접수연월일, 접수번호, 등기의 종류만을 표시함으로 족하고, 이 경우 등기원인은 '확정판결'로, 그 연월일은 '판결선고일'을 기재한다[대판 1981. 3. 10. 80다2583. 등기예규 제1383호. 4.가. 2)].

등기의 말소(법 제57조) 또는 말소된 등기의 회복을 신청하는 경우(법 제59조)에 그 말소 또는 회복에 대하여 등기상 이해관계 있는 제3자가 있을 때에는 그 제3자의 승낙이 있어야만 그 등기를 신청할 수 있다(규칙 제46조 제1항 제3호).

따라서 등기의 말소나 말소등기의 회복에 대하여 등기상 이해관계 있는 제3자가 있을 때에는 첫째, 제3자를 '피고로 지정'한 후 둘째, 소장의 청구취지에 등기의 말소 또는 말소등기의 회복에 대한 제3자의 '승낙의 의사표시'를 명기하여야 하며, 그 판결의 주문에도 '제3자의 승낙의 의사표시'가 명기되어 있어야만 그 판결에 의한 등기의 집행을 할 수 있다(법 제23조 제4항).

등기의 말소를 신청하는 경우에 그 말소에 대하여 등기상 이해관계 있는 제3자가 있을 때에는 제3자의 승낙이 있어야 하며(부동산등기법 제57조 제1항), 말소된 등기의 회복을 신청하는 경우에 등기상 이해관계 있는 제3자가 있을 때에는 그 제3자의 승낙이 있어야 한다(동법 제59조). 따라서 등기의 말소 또는 말소된 등기의 회복을 신청하는 경우에 그 말소나 회복에 대하여 등기상 이해관계 있는 제3자가 승낙을 거부하는 경우에는 그 제3자를 상대로 등기의 말소나 회복에 대한 승낙의 의사표시를 청구취지에 표시하여야 한다.

라) 판결주문에 제3자의 승낙의 의사표시가 누락된 경우

만일 판결의 주문에 제3자의 승낙의 의사표시가 누락된 경우 그 판결을 등기원인을 증명하는 서면으로 하여 등기신청을 하면 그 등기신청은 '등기에 필요한 첨부정보를 제공하지 아니한 경우(법 제29조 제9호)'에 해당하여 등기관은 그 등기신청을 각하하게 된다. 그러므로 판결에 의하여 말소된 등기의 회복을 신청하는 경우 그 확정판결의 주문에 등기상 이해관계 있는 제3자의 '말소된 등기의 회복에 대한 승낙의 의사표시'가 명백히 표시되어 있지 아니할 경우에는 그 제3자의 승낙서를 별도로 첨부하지 아니하면 부동산등기법 제29조 제9호(등기에 필요한 첨부정보를 제공하지 아니한 경우)에 의하여 각하된다.

부동산등기법 제59조에서 말하는 '등기상 이해관계 있는 제3자'라 함은 말소된 등기의 회복등기를 함으로써 손해를 입을 우려가 있는 사람으로서 그 손해를 입을 우려가 있다는 것이 기존의 등기부기재에 의하여 형식적으로 인정되는 자를 의미하며 (대판 1997. 9. 30. 95다39526), 여기서 말하는 '손해를 입을 우려'가 있는지의 여부는 제3자의 권리취득등기시(말소등기시)를 기준으로 할 것이 아니라 회복등기시를 기준으로 하여야 한다 (대판 1990. 6. 26. 89다카5673).

마) 제3자의 승낙의 의사표시(법률요건·소송요건)

이와 같이 등기의 말소 또는 말소등기의 회복에 대하여 등기상 이해관계 있는 제3자의 '승낙의 의사표시'는 부동산등기법상의 법률요건(법 제57조, 제59조 참조)이며, 동시에 등기에 관하여 의사의 진술을 구하는 소의 소송요건(당사자적격 및 소송물의 특정 등)이므로 이것은 법원의 '직권조사사항(職權調査事項)'으로 본다.

바) 법원의 직권조사사항(석명 또는 지적의무)

청구의 취지가 명확한가의 여부는 법원의 직권조사사항이며, 그것이 특정되지 아니한 때에는 재판장은 석명권을 행사하여 명확히 하지 않으면 안 된다(대판 1956.6. 19. 4289민상151. 1967. 8. 29. 67누85. 1970. 8. 31. 70다1255).

민사소송법 제136조 제4항은 "법원은 당사자가 명백히 간과한 것으로 인정되는 법률상 사항에 관하여 당사자에게 의견을 진술할 기회를 주어야 한다."라고 규정하고 있으므로, 당사자가 부주의 또는 오해로 인하여 명백히 간과한 법률상의 사항이 있거나 당사자의 주장이 법률상의 관점에서 보아 모순이나 불명료한 점이 있는 경우 법원은 적극적으로 석명권을 행사하여 당사자에게 의견진술의 기회를 주어야 하고 만일 이를 게을리 한 경우에는 석명 또는 지적의무를 다하지 아니한 것으로서 위법하다(대판 2010. 2. 11. 2009다 83599).

당사자 적격 여부 및 소송물의 특정이나 소의 이익여부는 소송법상의 소송요건에 해당하는 사항으로서 피고의 항변유무에 관계없이 법원이 직권으로 조사하여 참작할 사항으로 보아야 한다. 소송요건의 존부를 판정하는 시기는 원칙적으로 사실심의 변론종결시이며(대판 1977. 5. 24. 76다2304), 소송요건은 본안판결(本案判決)의 요건이므로 본안판결에 앞서 조사하여야 한다.

등기의 말소나 회복청구에 있어서 원고가 입증자료로 법원에 제출한 등기사항증명서의 기재에 의하여 등기상 이해관계 있는 제3자가 존재함이 판명된 때에는 그 제3자의 등기의 말소나 회복에 대한 승낙의무여부에 관하여 의심이 갈만한 사정이 엿보인다면 법원은 이에 관하여 심리. 조사할 의무가 있다(대판 2007. 3. 29. 2006다74273).

청구취지(판결주문) 기재례

- 소유권이전등기절차 이행청구 -

1. 피고는 원고에게 서울특별시 서초구 서초동 100번지 대 200평방미터에 관하여 2018년 3월 1일 매매를 원인으로 한 소유권이전등기절차를 이행하라.

- 등기상 이해관계 있는 제3자가 있는 등기의 말소청구 -

1. 원고에게 피고 甲은 별지목록기재 부동산에 관하여 서울중앙지방법원 강남등기

소 2005년 10월 1일 접수 제3457호로 마친 소유권이전등기의 말소등기절차를 이행하고, 피고 乙은 위 소유권이전등기의 말소등기에 대하여 승낙의 의사표시를 하라.

- 등기상 이해관계 있는 제3자가 있는 말소등기의 회복청구 -

1. 피고 甲은 원고에게 별지목록기재부동산에 관하여 서울중앙지방법원 강남등기소 1998년 10월 18일 접수 제3050호로 말소등기된 같은 등기소 1997년 3월 25일 접수 제4060호 소유권이전등기의 회복등기절차를 이행하고, 피고 乙은 원고에게 별지목록기재 부동산에 관하여 서울중앙지방법원 강남등기소 1998년 10월 18일 접수 3050호로 말소등기된 같은 등기소 1997년 3월 25일 접수 제4060호 소유권이전등기의 회복등기에 대하여 승낙의 의사표시를 하라.

2) 확인청구

확인청구는 원고가 피고와의 사이에 다툼이 있는 권리 또는 법률관계에 관하여 법원에 대하여 그 존재 또는 부존재의 확정선언을 구하는 것이므로 청구취지를 선언적 형태인 '확인한다'라고 기재하고 명령적인 형태인 '확인하라'라고 기재하지 않는다.

확인청구에 있어서는 확인의 대상이 된 권리 또는 법률관계가 특정될 수 있도록 그 종류, 범위, 발생원인 등을 명확히 하여야 하고, 목적물을 특정하여 표시하여야 한다. 확인청구에 관하여 원고 승소의 확인판결이 나면 원고가 주장한 법률관계의 존재에 관해 기판력이 생기며, 이 한도 내에서는 이행판결과 공통성을 지니지만 확인판결에는 집행력이 발생하지 않는다. 확인판결은 현재 존재하고 있는 권리를 공권적(公權的)으로 선언하는 것이므로 새로운 권리관계를 창설하는 형성판결과 구별된다.

청구취지(판결주문) 기재례

- 소유권 확인청구 -

1. 서울특별시 서초구 서초동 100 대 200평방미터가 원고의 소유임을 확인한다.
---

3) 형성청구

가) 형성의 소

형성(形成)의 소(訴)는 원고가 법원에 대하여 형성권(形成權: 권리자의 일방적인 의사표시에 의하여 법률관계의 발생. 변경. 소멸을 초래하는 권리를 말한다)의 존재를 확정하여 그 내용에 따라 일정한 권리 또는 법률관계를 발생, 변경, 소멸시켜 줄 것을 구하는 소로 법률에 이를 허용하는 규정이 있는 때에만 가능하다.

형성의 소의 이익은 실체법이나 소송법에 명문의 규정이 있는 경우에 한해 인정된다. 형성의 소가 제기되는 경우에 법원이 행하는 판결로서, 실체법상의 형성권 또는 형성요건의 존재를 확인하는 것과 함께 그에 터 잡은 권리관계의 변동을 선언하는 것을 형성판결(形成判決)이라 한다. 형성판결에 형성력(形成力) 외에 기판력(旣判力)도 인정되느냐에 대해서는 학설이 나뉘어지고 있는데, 기판력을 인정하여야 한다는 것이 다수설의 입장이다. 형성청구의 청구취지는 확인의 소와 같이 선언적 형태를 취한다.

청구취지(판결주문) 기재례

---
1. 서울특별시 서초구 서초동 100대 2,700평방미터 중 별지도면 표시 1,2,5,6,1의 각 점을 순차 연결한 선내 (가)부분, 1,500평방미터를 원고의 소유로, 같은 도면 표시 2,3,4,5,2의 각 점을 순차 연결한 선내 (나)부분, 1,200평방미터를 피고의 소유로 분할한다.
2. 별지목록 기재부동산을 경매에 부쳐 그 대금에서 경매비용을 공제한 나머지 금액을 원고에게 10분의 6, 피고에게 10분의 4의 각 비율로 분배(분할, 배당)한다.

나) 공유물분할

공유물분할에는 협의에 의한 분할과 재판에 의한 분할이 있다. 협의에 의한 분할에는 다시 현물분할, 대금분할, 가격배상에 의한 분할의 방법이 있는데 현물분할이 통상의 방법이다. 분할의 방법에 관하여 협의가 성립되지 아니한 때에는 공유자는 법원에 분할을 청구할 수 있다(민법 제269조 제1항). 현물로 분할 할 수 없거나 분할로 인하여 현저히 그 가액이 감손될 염려가 있는 때에는 법원은 물건의 경매를 명할 수 있다(동조 제2항).

공유물분할(共有物分割)의 소(訴)는 공유자가 공유물의 분할을 청구할 수 있는 경우에 공유자 간에 분할에 관한 협의가 조정되지 않기 때문에 재판상의 분할을 구하는 소송으로, 이 소는 다른 공유자 전원을 피고로 하여 제기함을 요하는 필수적 공동소송(민소법 제67조 제1항)이다. 이 소는 공유자 간에 상호의 지분의 확정을 청구하는 점에서는 소송사건이지만, 분할방법을 정하는 점은 성질상 비송사건(非訟事件)으로서 형식적(形式的) 형성소송(形成訴訟)에 속한다(민법 제269조 제1항).

부동산등기법상 등기신청서 및 등기부에는 부동산의 표시, 권리자, 등기목적, 등기원인 및 그 연월일 등을 기재하도록 되어 있으므로(법 제34조, 제40조, 제48조 규칙 제43조) 등기에 관한 소장의 청구 취지에는 아래 예시와 같이 등기목적, 등기원인과 그 연월일 등을 정확히 기재하여야 한다.

소장의 청구취지(판결주문) 기재례

1. 소유권이전등기

    피고는 원고에게 별지목록기재 부동산에 관하여 2015. 1. 25. 매매(또는 증여, 교환, 현물출자 등)를 원인으로 한 소유권이전등기절차를 이행하라. 또는 피고는 원고에게 별지목록기재 부동산에 관하여 이 사건 소장 부본 송달일자 명의신탁해지를 원인으로 한 소유권이전등기절차를 이행하라. 또는 피고들은 원고에게 서울 서초구 서초동 235-1 대 600평방미터 중 각 3분의 1 지분에 관하여 2015. 3. 10. 매매를 원인으로 한 소유권이전등기절차를 각 이행하라.

2. 소유권이전등기의 말소 및 등기상 이해관계 있는 제3자의 승낙

별지목록기재 부동산에 관하여, 원고에게, 피고 갑(甲)은 서울남부지방법원 강서등기 소 2002. 10. 20. 접수 제3445호로 경료 된 소유권이전등기의 말소등기절차를 이행 하고, 피고 을(乙)은 소유권이전등기의 말소등기에 대한 승낙의 의사표시를 하라.

3. 가등기에 기한 소유권이전의 본등기

피고는 원고에게 별지목록기재 부동산에 관하여 서울중앙지방법원 관악등기소 2003. 1. 25. 접수 제2300호로 경료된 가등기에 기하여 2003. 12. 15. 매매(2003. 12. 10. 매매예약완결)를 원인으로 한 소유권이전의 본등기절차를 이행하라.

4. 진정명의회복을 원인으로 한 소유권이전등기

피고는 원고에게 별지목록기재부동산에 관하여 진정명의회복을 원인으로 한 소유권이전등기절차를 이행하라.

5. 말소등기

피고는 원고에게 별지목록기재 부동산에 관하여 서울남부지방법원 강서등기소 2003. 4. 5. 접수 제6677호로 경료 된 근저당권설정등기에 대하여 2005. 5. 5. 해지를 원인으로 한 근저당권설정등기의 말소등기절차를 이행하라.

6. 말소등기와 등기상 이해관계 있는 제3자의 승낙

   피고 갑은 별지목록기재부동산에 대한 서울 남부지방법원 강서등기소 2015년 1월 20일 접수 제3568호로 경료된 소유권이전등기의 말소절차를 이행하고, 피고 을은 위 소유권이전등기의 말소등기에 대하여 승낙의 의사표시를 하라.

7. 말소회복등기

   피고는 원고에게 별지목록기재부동산에 관하여 서울남부지방법원 강서등기소 2005. 12. 20. 접수 재67788호로 말소등기된 같은 등기소 2005. 1. 20. 접수 제4455호 근저당권설정등기의 회복등기절차를 이행하라.

8. 회복등기와 등기상 이해관계 있는 제3자의 승낙

   피고 갑(甲)은 원고에게 별지목록기재 부동산에 관하여 서울 남부지방법원 영등포등기소 2005. 10. 20. 접수 제44555호로 말소등기된 같은 등기소 2005. 3. 10. 22344호 근저당권 설정등기의 회복등기절차를 이행하고, 피고 을(乙)은 위 근저당권설정등기의 회복등기에 대한 승낙의 의사표시를 하라.

(4) 청구원인

'청구원인(請求原因)'이라 함은 원고가 주장하는 청구의 취지를 보충하여 청구(소송물)를 특정함에 필요한 사실관계를 기재하는 것을 말한다. 청구원인은 이행의 소에 있어서는 소송물을 특정하는 역할을 한다. 등기원인의 무효로 인한 말소등기절차이행을 구하는 경우에는 말소대상등기를 특정하기 위하여 등기소, 등기접수연월일 및 접수번호 등을 기재하여야 한다. 원인무효를 이유로 한 소유권보존등기말소등기청구의 청구원인을 기재하면 아래와 같다.

> **기재례**
>
> 청구원인(등기의 말소청구) : 원고는 2015. 1. 25. 별지목록기재 건물에 관하여 관할 서초구청 제55789호로 건축허가를 받은 후 원고의 비용으로 건축공사를 완공하여 원시적으로 건물의 소유권을 취득하였습니다. 그런데 피고는 위 건물이 자신의 소유인양 건축허가서 등 관련문서를 위조 및 행사하여 서울남부지방법원 강서등기소 2015. 3. 25. 접수 제3878호로 피고명의로 소유권보존등기를 경료 받았습니다. 따라서 피고명의의 소유권보존등기는 실체적 권리 없이 경료 된 원인무효의 등기이므로 피고는 원고에게 위 소유권보존등기의 말소절차를 이행할 의무가 있다 할 것입니다.

(5) 사건의 표시

사건은 청구의 취지 및 청구의 원인과 함께 청구의 내용을 요약하여 표시하는 것으로 법원에서는 이에 기하여 사건명을 부여하고 사건을 분류하여 담당재판부에 사건을 배당하게 된다(예 소유권이전등기, 소유권이전등기말소 등).

(6) 공격 또는 방어방법
(7) 상대방의 청구와 공격 또는 방어의 방법에 대한 진술
(8) 덧붙인 서류의 표시
(9) 작성한 날짜
(10) 법원의 표시

위 (5)호 및 (6)호의 사항에 대하여는 사실상 주장을 증명하기 위한 증거방법과 상대방의 증거방법에 대한 의견을 함께 적어야 한다(민사소송법 제274조 제2항).

* 소장 및 판결에 당사자의 주민등록번호명시의 필요성 *

당사자의 '주민등록번호'는 소장의 필요적 기재사항이 아니나, 부동산등기법상 등기권리자의 주민등록번호(또는 부동산등기용등록번호)는 등기사항이며(법 제48조 제2항 및 제3항), 등기신청인(공동신청의 경우에는 등기권리자 및 등기의무자)의 주민등록번호(또는 부동산등기용등록번호)는 등기신청서의 필요적 기재사항(규칙 제43조 제1항제2호)으로 규정되어 있다.

허무인 명의등기의 방지를 위하여 부동산등기법 중 개정법률(1983. 12. 31. 법률 제3692호. 시행일 : 1984. 7. 1.)에 의하여 모든 등기에 등기권리자(개인에 한함)의 주민등록번호를 성명에 병기하도록 되었다. 따라서 1984. 7. 1. 이후 등기신청서에 등기신청인의 주민등록번호를 기재하지 아니하면 부동산등기법 제29조 제5호(신청정보의 제공이 대법원규칙으로 정한 방식에 맞지 아니한 경우) 또는 제7호(신청정보의 등기의무자의 표시가 등기기록과 일치하지 아니한 경우)에 해당하여 그 신청은 각하되므로, 소장의 당사자표시에는 반드시 주민등록번호를 병기하여야 하며, 이에 따라 판결서에도 당사자의 주민등록번호가 명시되어야만 그 판결에 의한 등기를 집행할 수 있게 된다.

5. 부동산등기 관련소송의 인지액의 산정

(1) 인지의 첨부

민사소송절차, 행정소송절차 그 밖에 법원에서의 소송절차 또는 비송사건절차에서 소장이나 신청서 또는 신청의 취지를 적은 조서에는 다른 법률에 특별한 규정이 있는 경우가 아니면 '민사소송 등 인지법(印紙法)'에서 정하는 인지(印紙)를 붙여야 한다.

다만, 대법원규칙으로 정하는 바에 따라 인지를 붙이는 대신 그 인지액에 해당하는 금액을 현금이나 신용카드, 직불카드 등으로 납부하게 할 수 있도록 하되, 신용카드, 직불카드 등으로 납부하는 경우 인지납부일, 인지납부대행기관의 지정 및 운영과 납부대

행수수료 등에 필요한 사항은 대법원규칙으로 정한다(민사소송 등 인지법 제1조).

(2) 인지의 보정명령

재판장은 소장 등에 첨부된 인지액 또는 그에 갈음한 납부액이 상당하지 아니하다고 인정한 때에는 지체 없이 신청인등에게 인지 또는 납부액의 보정을 명하여야 한다. 이 경우 재판장은 법원사무관 등으로 하여금 위 보정명령(補正命令)을 하게 할 수 있다(동 규칙 제4조).

(3) 부동산등기절차 관련소송의 소가산정

등기절차의 이행을 구하는 소의 소가(訴價)는 다음 각 호에 규정된 가액 또는 기준에 의한다(동 규칙 제13조 제1항).

(가) 소유권이전등기

소유권이전등기의 경우에는 목적물건의 가액에 의한다(동 규칙 제13조 제 1항 1호). 즉, 매매 계약을 원인으로 부동산(가액 : 3,000원인 경우)에 관하여 소유권이전등기절차 이행을 구하는 경우의 소송목적의 값은 3,000원이다.

등기의 효력에 관하여 성립요건주의(부동산에 관한 법률행위로 인한 물권변동은 반드시 등기하여야 그 효력이 발생하는 것을 成立要件主義라고 한다. 민법 제186조)를 채택하고 있는 현행 민법상 소유권이전등기를 경료함으로써 당해 부동산의 소유권을 취득하기 때문에 목적물건의 가액을 소송목적의 값으로 한 것이다.

(나) 제한물권의 설정등기 또는 이전등기

제한물권(용익물권 및 담보물권)의 설정등기 또는 이전등기의 경우에는 다음의 구별에 의한다(동 규칙 제13조 제1항 2호).
1. 지상권 또는 임차권의 경우에는 목적물건가액의 2분의1

2. 담보물권 또는 전세권의 경우에는 목적물건 가액을 한도로 한 피담보채권액(근저당권의 경우에는 채권최고액)

(다) 가등기 또는 가등기에 기한 본등기

가등기 또는 그에 기한 본등기의 경우에는 권리의 종류에 따라 위 (가)호 또는 (나)호의 규정에 의한 가액의 2분의 1(동 규칙 제13조 제1항 3호).

(라) 말소등기

말소등기의 소가(訴價)의 산정은 다음의 구별에 의한다(동 규칙 제13조 제1항 4호).

1) 소유권이전계약(매매, 증여, 교환 등)의 해지나 해제에 기하여 말소등기절차이행을 구하는 경우에는 소유권이전등기의 소송목적의 값과 동액(목적물건의 가액)으로 한다(동 규칙 제13조 제1항 4호 가목).

2) 등기원인의 무효 또는 취소에 기하여 말소등기절차이행을 구하는 경우에는 소유권이전등기의 소송목적의 값의 2분의1이다(등기규칙 제기13조 제1항 4호 나목). 이것은 동 규칙 제12조 5호 가목(소유권에 기한방해배제청구의 경우에는 목적물건가액의 2분의 1)의 규정과 그 취지가 동일하고, 그 실질이 소유권에 기한 방해배제청구에 해당하기 때문이다.

(마) 말소회복등기

소유권이전등기의 말소회복을 청구하는 경우에는 말소등기청구소송의 목적의 값과 동액으로 한다(동 규칙 제13조 제1항 4호). 말소회복등기란 실체관계에 부합하는 등기의 전부 또는 일부가 부적법하게 말소된 경우 그 말소등기를 회복하여 처음부터 말소가 없었던 것과 같은 효과를 생기게 할 목적으로 행하여지는 등기절차이므로, 회복되는 등기에 관련한 권리의 종류에 따라 말소등기절차의 소에 준하여 소송목적의 값을 규정한 것이다.

(바) 등기의 수취(인수)를 구하는 소

등기의 인수를 구하는 소의 소가는 목적물건가액의 10분의 1에 의한다(동 규칙 제13조 제2항). 부동산의 매수인(등기권리자)이 자기명의로 등기를 이전하지 않는 경우에 매도인(등기의무자)이 매수인을 상대로 제기하는 등기인수 청구는 당해 부동산에 과해지는 재산세 등의 부과징수를 면할 목적으로 제기하는 소이므로 전부승소 할 경우 원고가 직접 받게 될 경제적 이익은 장래 면할 재산세액이라고 할 수 있는바, 원고가 장래 면하게 될 재산세의 산정에 관하여 민사소송 등 인지규칙 제13조 제2항은 '목적물가액의 10분의 1'로 규정하였다.

(사) 진정명의회복을 원인으로 한 소유권이전등기청구

말소등기에 갈음한 진정명의회복(眞正名義回復)을 원인으로 한 소유권이전등기청구소송의 소송목적의 값의 산정방식에 관하여, 소유권말소등기기에 관한 규정(동 규칙 제13조 제1항 4호 나목의 물건가액의 2분의 1)에 의한다는 견해와 소유권이전등기에 관한 규정(동 규칙 제13조 제1항 1호의 물건가액)에 의한다는 견해가 있다.

진정명의회복을 원인으로 한 소유권이전등기청구의 실질은 소유권에 기한 방해배제청구(防害排除請求)로서 말소등기청구와 동일하므로(대판 2001. 9. 20. 99다37894 전원합의체판결) 원고가 전부승소 할 경우 직접 받게 될 경제적 이익은 동 규칙 제12조 5호 가목 및 제13조 제1항 4호 나목과 동일하다고 볼 수 있으므로 소가는 목적물건가액의 2분의 1이다.

(아) 소유권이전등기말소에 대한 승낙의 의사표시를 구하는 소

등기의 말소를 신청하는 경우에 그 말소에 대하여 등기상 이해관계 있는 제3자가 있을 때에는 그 제3자의 승낙이 있어야 한다(법 제57조 제1항). 등기의 말소에 관하여 등기상 이해관계 있는 제3자가 있을 때 그 제3자가 등기의 말소에 대하여 임의로 승낙을 하지 아니할 경우 등기권리자는 제3자를 상대로 등기의 말소에 대한 승낙의 의사표시를 구하는 청구(登記請求權)를 하여야 한다.

등기의 말소에 대한 제3자의 승낙의 의사표시를 구하는 소송의 경우 그 소송목적의 값에 관한 구체적인 규정이 없어 실무상 혼선이 있다. 이에 대하여 두 가지의 견해가 있다.

1) 소가를 산출할 수 없는 재산권상의 소(동 규칙 제18조의 2)로 보는 견해

등기의 말소에 대한 승낙의 의사표시를 구하는 소의 소송목적의 값에 관한 명문의 규정이 없으므로 민사소송 등 인지규칙 제18조의 2(소가를 산출할 수 없는 재산권상의 소)의 규정에 따라 '소송목적의 값을 산출할 수 없는 소송'으로 보는 견해(즉, 소가를 산출할 수 없는 소송의 소가인 5천만 원으로 본다)가 있다.

2) 소가산정의 원칙(동 규칙 제6조)에 따르자는 견해

승낙의 의사표시를 구하는 소가 모두 경제적 이익을 산정할 수 있는 것은 아니지만 반대로 모두 소송목적의 값을 산출할 수 없는 소송으로 보는 것 또한 타당하지 않다는 전제하에 승낙의 의사표시를 구하는 소송 중 그 경제적 이익의 산출이 가능한 경우에는 민사소송 등 인지규칙 제6조(소가산정의 원칙)의 규정에 따라 '원고가 전부승소 할 경우 직접 받게 될 경제적 이익을 객관적으로 평가한 금액'을 산출하여 그 소송목적의 값을 정하자는 견해이다. 다만, 동 규칙에 구체적인 근거규정이 없는 사례의 경우 동 규칙상 어떤 규정을 유추적용해야 하는지에 대하여 여러 견해가 있는바,
  (1) 동 규칙 제12조 5호 가목(소유권에 기한 방해배제의 소를 유추적용)을 적용하자는 의견,
  (2) 동 규칙 제13조 제1항 4호 나목(1항 1호)을 적용하자는 의견,
  (3) 동 규칙 제13조 제1항 4호 나목(1항 2호 나목)을 적용하자는 의견 등이 있다.

이에 대하여 승낙의 의사표시를 구하는 원고 측에서 보면 중간처분등기의 존재는 이른바 실체상 본등기요건을 구비한 원고의 소유권을 방해하고 있는 상태라고 할 수 있다. 그렇다면 승낙의 의사표시를 구하는 청구는 원고의 실체적인 소유권을 방해하고 있는 상태의 배제를 구하는 소라고 볼 수 있으므로 (1)의 의견이 타당하다는 견해가 있다(사법발전재단 발행 '인지실무' P 309~315).

제3장 부동산물권변동의 효력

제3장 부동산물권변동의 효력

우리 민법은 제186조에서 "부동산(不動産)에 관한 법률행위(法律行爲)로 인한 물권(物權)의 득실변경(得失變更)은 등기하여야 그 효력이 생긴다"고 규정하여 법률행위로 인한 부동산물권변동에 관하여 구민법의 의사주의(意思主義, 佛法主義) 원칙(原則)에서 형식주의(形式主義, 獨法主義) 원칙(原則)으로 전환(轉換)되었다. 그리하여 법률행위에 의한 부동산물권변동은 물권행위(物權行爲)와 등기(登記)라는 두 요건을 갖추었을 때에 성립 내지 효력을 발생하게 된다.

그러나 법률행위(法律行爲)에 의하지 않는 부동산물권에 관하여는 민법 제187조에서 "상속, 공용징수, 판결, 경매 기타 법률의 규정에 의한 부동산에 관한 물권의 취득은 등기를 요하지 아니한다. 그러나 등기를 하지 아니하면 이를 처분(處分)하지 못 한다"고 규정함으로써 제186조의 원칙에 대한 예외규정을 두고 있다.

민법 제186조는 물권(物權)의 변동에 관하여 이른바 형식주의(形式主義)의 원칙(原則)을 선명(宣明)한 것이다. 이 형식주의(形式主義)의 원칙(原則)은 〈법률행위(法律行爲)로 인한 물권변동(物權變動)〉에 관하여서만 적용되는 것이고, 〈법률(法律)의 규정(規定)에 의한 물권변동(物權變動)〉에는 적용되지 않는다.

민법 제186조는 법률행위로 인한 부동산물권의 득실변경(得失變更)에 관하여 적용된다. 여기서 법률행위라 함은 물권적(物權的) 합의(合意)를 의미하며, 물권의 득실변경이라 함은 물권의 "발생·변경·소멸"을 말한다. 이것을 물권의 주체(主體)를 중심으로 볼 때에는 물권의 "취득·변경·상실"이라는 물권의 변동을 의미한다. 이와 같은 물권적 합의에 의한 부동산물권의 변동에는 등기를 하여야 그 효력이 생긴다.

〈법률행위(法律行爲)〉는 물권변동을 일으킬 것을 목적으로 하는 법률행위, 즉 물권행위(物權行爲)를 의미한다. 이 물권행위가 두 당사자의 의사(意思)의 합치(合致), 즉 물권적(物權的) 합의(合意)로 이루어지는 경우에는 그것은 하나의 물권계약(物權契約)이다.

부동산등기법상 "등기할 수 있는 권리"는 부동산의 표시(表示)와 소유권의 보존, 이전, 처분의 제한 또는 소멸 및 지상권·지역권·전세권·저당권·권리질권·채권담보권·임차권의 설정, 이전, 변경, 처분의 제한 또는 소멸에 대하여 한다(부동산등기법 제3조).

따라서 민법 제186조는 민법이 인정한 부동산물권 중 점유권(占有權 : 민법 제192조), 유치권(留置權 : 민법 제320조), 특수지역권(민법 제302조)을 제외한 토지와 건물에 관한 소유권·지상권·지역권·전세권·저당권·권리질권·채권담보권·임차권 등의 법률행위에 의한 물권변동에 적용된다(부동산등기법 제3조).

같은 부동산에 관하여 등기한 권리의 순위는 법률에 다른 규정이 없으면 등기한 순서(順序)에 따른다. 등기의 순서(順序)는 등기기록 중 같은 구(區)에서 한 등기 상호간에는 순위번호(順位番號)에 따르고, 다른 구에서 한 등기 상호간에는 접수번호(接受番號)에 따른다(동법 제4조).

1. 부동산의 의의

가. 토지 및 그 정착물

토지 및 그 정착물(定着物)은 부동산(不動産)이다(민법 제99조 제1항). 토지의 소유권은 정당한 이익이 있는 범위 내에서 토지의 상하(上下)(암석·토사·지하수 등)에 미친다(민법 제212조). 토지의 정착물이란 토지에 고정적으로 부착하여 용이하게 이동할 수 없는 물건으로서 법적 취급의 차이에 따라 다음의 두 종류로 나눌 수 있다.

즉, 그 하나는 토지의 일부로서 취급되는 것으로 다리·돌담·연못·도로의 포장 등이며, 다른 하나는 토지와는 별개의 독립된 부동산으로 취급되는 것으로 건물과 입목(立木)에 관한 법률에 의하여 등기된 '수목(樹木)의 집단'이 그것이다. 입목(立木)은 부동산으로 본다(입목에 관한 법률 제3조 제1항). 입목의 소유자는 토지와 분리하여 입목을 양도하거나 저당권의 목적으로 할 수 있다(동조 제2항). 토지소유권 또는 지상권처분의 효력은 입목에 미치지 아니한다(동조 제3항).

나. 토지소유권의 범위

지적공부에 등록된 토지의 소유권의 범위에 관하여 대법원은 "어떤 특정한 토지가 지적공부에 의하여 일필의 토지로 등록되었다면 그 토지의 소재, 지번, 지목, 지적 및 경계는 다른 특별한 사정이 없는 한 이 등록으로써 특정되었다고 할 것이므로 그 토지의 소유권의 범위는 지적공부상의 경계(境界)에 의하여 확정하여야 한다(대판 1989.1.24. 88다카8194)."고 판시하였다.

다. 건물 및 구분건물이 되기 위한 요건

독립된 부동산으로서의 건물(建物)이라고 하려면 최소한의 기둥과 지붕 그리고 주벽(主壁)이 있으면 된다(대판 2003. 5. 30. 2002다21592, 21608).

법률상 1개의 부동산으로 등기된 기존건물이 증축되어 증축부분이 구분소유(區分所有)의 객체가 될 수 있는 구조상(構造上) 및 이용상(利用上)의 독립성(獨立性)을 갖추었다고 하더라도 이로써 곧바로 증축부분이 법률상 기존 건물과 별개인 구분건물(區分建物)로 되는 것은 아니고, 구분건물이 되기 위하여는 증축부분의 소유자의 구분소유의사(區分所有意思)가 객관적으로 표시된 구분행위(區分行爲)가 있어야 할 것인바, 기존건물에 관하여 증축 후의 현존건물의 현황에 맞추어 증축으로 인한 건물표시변경등기(建物表示變更登記)가 경료 된 경우에는 특별한 사정이 없는 한 그 소유자는 증축부분을 구분건물로 하지 않고 증축 후의 현존건물 전체를 1개의 건물로 하려는 의사(意思)이다(대판 1999. 7. 27. 98다32540).

2. 부동산물권

가. 물권의 의의

물권(物權)이라 함은 특정한 물건을 직접 지배하여 이익을 얻는 배타적(排他的)인 권리를 말하는 것으로서, 재산권(財産權)이고 지배권(支配權)이며 절대권(絕對權)이다. 물권은 일정한 물건을 직접·배타적으로 지배할 수 있는 권리이며, 채권(債權)과 밀접한 관계를 갖는 재산권(財産權)이다. 그러나 채권과 달리 물권법(物權法)에 의하여 법정(法定)된 것에 한(限)한다.

민법상 물권은 점유권(占有權)과 본권(本權)으로 나누어지고, 본권은 다시 소유권과 제한물권(制限物權)으로 분류된다. 제한물권은 용익물권(用益物權 : 지상권·지역권·전세권·임차권)과 담보물권(擔保物權 : 유치권·질권·저당권)으로 구분된다.

나. 물권(物權)의 본질(本質)

물권은 배타적(排他的) 권리이다. 즉, 동일 목적물 위에 1개의 물권이 성립하면 이와 동일 내용의 물권이 병존(倂存)할 수 없다. 즉, 동일 목적물 위에 1개의 물권이 성립하면 이와 동일 내용의 물권이 병존할 수 없다. 공유(共有)는 이 원칙에 반(反)하는 것은 아니다. 물권의 배타성에 관하여 가장 주의하여야 할 것은 그것이 제3자에게 물권의 존재를 인식시키는 표상(表象)을 갖추어야 비로소 안전한 것으로 된다고 하는 것이다. 이른바 물권법에 있어서의 공시(公示)의 원칙(原則)이다.

채권(債權)은 특정인(特定人)의 행위를 그 객체로 하지만 물권(物權)은 물건(物件)을 객체로 하는 재산권이라는 점에서, 채권을 대인권(對人權)이라고 부르는 반면, 물권은 대물권(對物權)이라 일컫는다. 물권의 본질(本質)은 사람(또는 법인)이 스스로 직접적·배타적으로 객체를 지배하는 것이므로 물권은 가장 전형적인 지배권(支配權)이다. 또한 물권은 특정의 상대방이라는 것이 없고, 모든 사람에게 주장할 수 있는 절대권(絕對權)이다. 이에 대하여 채권은 특정인에 대한 청구권(請求權)에 불과한 상대권(相對權)이다.

다. 1물1권주의

1개의 물권의 객체(客體)는 독립한 물건이 아니면 안 되며, 또 1개의 물건 위에는 동일 내용의 물권은 1개밖에 성립할 수 없다는 원칙을 1물1권주의(一物一權主義)라고 한다. 즉 한 개의 물건 위에는 그 내용이 양립(兩立)될 수 없는 물권은 하나만 존재할 수 있고 물건의 일부에 관하여는 물권이 존재할 수 없으며, 수개의 물건위에는 하나의 물권이 있을 수 없고, 그에 상응하는 여러 개의 물권이 성립한다는 것을 의미한다.

따라서 서로 용납하는 지배를 내용으로 하는 물권이 동시에 두개 이상 성립함은 1물1권주의에 반하는 것이 아니다. 예컨대 소유권과 제한물권은 동일한 물건 위에 동시에 성립할 수 있는 것이다. 이러한 원칙은 물권의 절대성(絕對性)·배타성(排他性)으로부터 당연히 인정되는 것이다.

이 원칙을 이정하는 이유는 ① 물건의 일부나 구성부분에 물권의 성립을 인정하면 물건의 지배관계가 복잡하게 되어 공시(公示)에 불편을 초래하게 되므로 거래의 안전을 해(害)하게 되기 때문이며, ② 수개의 물건위에 한 개의 물권을 성립시키지 않음으로써 목적물의 특정성(特定性) 및 독립성(獨立性)을 확보하여 공시(公示)의 간편화를 도모하기 위한 것이고, ③ 물권은 물건에 대한 배타적 지배권이므로 동일 물건에 대한 타인의 동일한 지배가 허용될 수 없기 때문이다.

그런데 1물1권주의 원칙에는 상당한 범위의 예외가 인정된다. 즉 물건의 일부라도 권리의 객체가 되는 수가 있고("집합건물의 소유 및 관리에 관한 법률"이 건물의 구분소유를 인정함), 다수의 물건의 집단이 법률의 규정에 의하여 하나의 물건으로 다루어지는 경우도 있다["입목에 관한 법률"이 수목(樹木)의 집단 위에 하나의 소유권 또는 저당권의 성립을 인정하고, 각종의 공장저당법이 다수의 기업재산 위에 하나의 저당권의 성립을 인정하고 있다]. 1물1권주의 원칙은 목적물의 특정성(特定性), 독립성(獨立性)을 확실하게 하고, 공시(公示)를 편리하게 한다.

라. 물권의 효력

물권의 공통(共通)한 효력으로서 우선적 효력(優先的 效力)과 물권적 청구권(物權的 請求權)을 들 수 있다. 우선적 효력으로서는 다음 두 가지 효력을 가리킨다. ① 물권상호간의 우선적 효력, 즉 내용이 서로 충돌하는 물권 상호간에 있어서는 물권성립의 시(時)의 순서에 따라서 앞의 것이 뒤의 것에 우선한다. 다만 이것은 물권의 배타성의 효과이므로, 표상(등기 또는 점유)을 갖추지 않으면 완전한 배타성은 인정되지 않는다. 따라서 우선적 효력은 표상을 갖춘 때의 전후(前後)에 의하여 정하여진다.

② 채권에 대한 우선적 효력, 즉 특정의 물건이 채권의 목적으로 되어 있는 경우에 그 물건 위에 물권이 성립하면, 물권이 채권에 우선한다. 예컨대 갑(甲)소유의 토지에 대하여 을(乙)이 이를 인도(引渡)시킬 채권을 가지는 경우에, 병(丙)이 그 소유권을 취득하면 병의 소유권은 을의 채권에 우선한다.

물권적 청구권(物權的 請求權)이라 함은 물권의 내용의 완전한 실현이 어떤 사정으로 방해 당하고 있는 경우에 그 방해사실을 제거할 수 있는 입장에 있는 자에 대하여 그 방해를 제거하고 물권내용의 완전한 실현을 가능하게 하는 행위를 청구할 수 있는 효력을 말한다.

물권의 일반적 효력으로서 보통 우선적(優先的) 효력과 물권적청구권(物權的請求權)을 든다. 그런데 학자(學者)에 따라서는 그 외에 추급효(追及效 : 追及的 效力)를 드는 경우도 있다. 추급효(追及效) 또는 추급적효력(追及的效力)이란 물권의 객체인 물건이 누구의 수중에 들어가더라도 그 소재(所在)에 추급(追及)하여 권리를 주장할 수 있는 효력을 말한다.

그러나 추급효는 결국 우선적 효력이나 물권적청구권의 행사에 의해 실현되는 것에 불과하므로, 통설(通說)은 추급효를 독립적인 물권의 일반적 효력으로서 다루지 않고 우선적(優先的) 효력이나 물권적청구권(物權的請求權) 중 어느 하나에 포함되는 것으로 보고 있다.

3. 물권법정주의

가. 물권법정주의의 의의

물권법정주의(物權法定主義)라 함은 물권(物權)의 종류와 내용은 민법 기타의 〈법률(法律)〉이 정하는 것에 한하여 인정되고, 당사자가 그 밖의 물권을 자유로이 창설(創設)하는 것을 금하는 근대사법(近代私法)의 원칙을 말한다.

물권법정주의를 취한 결과 물권법(物權法)은 임의법(任意法)인 채권법(債權法)과 달리 강행법규성(强行法規性)을 가지게 된다. 즉 채권법에서의 계약(契約)의 전형(典型)은 예시적(例示的)인 것에 불과하지만, 물권법에서의 물권의 전형은 확정적(確定的)인 것이다.

나. 민법 제185조

민법 제185조는 "물권은 법률 또는 관습법(慣習法)에 의하는 외(外)에는 임의(任意)로 창설(創設)하지 못한다"고 규정함으로써 물권법정주의(物權法定主義)를 선언하고 있다. 채권법에 있어서와 같은 계약자유의 원칙을 배척하고 물권법정주의를 취한 이유는, 물권관계(物權關係), 특히 토지에 관한 물권관계를 단순화(單純化), 명료화(明瞭化)하기 위한 것이다. 단순화, 명료화가 요구되는 것은, 첫째로 물권거래의 원활·안전을 위하여서이고, 둘째 공시(公示)의 원칙을 관철하기 위하여서이다.

민법 제185조에서 "법률"이라 함은 헌법상 의미의 법률을 말하는 것이고, 명령(命令)이나 규칙(規則)같은 것은 포함하지 않으며, 그러한 법률로서 가장 중요한 것은 민법이지만 이에 한(限)하지 않고 기타의 특별법규(特別法規)를 포함한다.

민법 제185조에서 "임의(任意)로 창설(創設)하지 못 한다"는 것은 ① 법률 또는 관습법이 인정하지 않는 새로운 종류의 물권을 만들지 못한다는 것과, ② 법률 또는 관습법에 의해 인정되는 물권이더라도 법률 또는 관습법이 정하는 바와 다른 내용을 그것에 부여하지 못한다는 것을 의미한다. 이러한 민법 제185조는 강행법규(强行法規)이며 이에 위반하는 법률행위는 무효(無效)이다.

우리 민법을 포함한 근대 민법이 이와 같은 물권법정주의를 채용하는 주요한 이유는 공시(公示)의 원칙(原則)을 관철하려는데 있다. 즉 물권은 배타적(排他的) 지배권(支配權)이므로 거래의 안전과 신속을 위하여 이를 공시(公示)할 필요가 있다. 그런데 이러한 공시(公示)의 목적을 달성하기 위해서는 물권의 종류를 한정(限定)하여 당사자에게 선택(選擇)의 자유만을 인정하는 것이 가장 적절한 방법이라고 보기 때문에 물권법정주의를 채택하고 있는 것이다.

다. 등기와 물권변동

(1) 등기. 등기부의 의의

등기관(登記官 : 부동산등기법 제11조)이라는 국가기관이 법정절차(法定節次)에 따라 등기부(登記簿)라는 공적장부(公的帳簿)에 부동산에 관한 일정한 권리관계(權利關係)를 기재하는 것, 또는 그러한 기재 자체를 〈등기〉 또는 〈부동산등기〉라고 한다.

부동산등기가 전산정보처리조직으로 운영되는 현행 부동산등기법 하에서의 〈등기부(登記簿)〉라 함은 전산정보처리조직에 의하여 입력·처리된 등기정보자료를 대법원규칙으로 정하는 바에 따라 편성한 것을 말하며(부동산등기법 제2조 제1호), 〈등기기록(登記記錄)〉이란 1필(筆)의 토지 또는 1개의 건물에 관한 등기정보자료를 말한다(동조 제3호).

(2) 등기할 수 있는 권리

물권법정주의(物權法定主義)를 채택함에 따라 부동산등기법 제3조는 "등기할 수 있는 권리"는 "부동산의 표시(表示)와 소유권의 보존, 이전, 처분의 제한 또는 소멸 및 지상권·지역권·전세권·저당권·권리질권·채권담보권·임차권의 설정, 이전, 변경, 또는 말소에 대하여한다"고 규정하였다.

4. 부동산에 관한 법률행위로 인한 물권변동

부동산의 물권변동에 관하여 구민법은 의사주의(意思主義) 내지 대항요건주의(對抗要件主義)를 취하였으나 신민법은 "부동산에 관한 법률행위로 인한 물권의 득실변경(得失變更)은 등기하여야 그 효력이 생긴다(제186조)"라고 규정하여 형식주의(形式主義) 내지 성립요건주의(成立要件主義)를 채택하였다. 이와 같이 부동산의 물권변동에 관하여 의사주의 내지 대항요건주의에서 형식주의 내지 성립요건주의로 옮겨 감에 따라 공시제도(公示制度), 즉 등기의 중요성은 더욱 높아지게 되었다.

가. 물권변동의 의의

물권(物權)의 변동(變動)이라 함은 물권의 발생·변경·소멸을 말한다. 이를 물권의 주체(主體)를 중심으로 말한다면 민법 제186조의 규정에서 보는 바와 같이 물권의 〈득실변경(得失變更)〉이 된다. 이때의 득실(得失 : 取得·喪失)은 물권의 상대적(相對的)인 발생·소멸을 의미하는 것이다.

물권변동(物權變動)을 일으키는 법률요건에는 여러 가지가 있으나, 이를 크게 나누면 법률행위(法律行爲)와 법률(法律)의 규정(規定)으로 구분된다. 그 중에서도 사적자치(私的自治) 내지 계약자유(契約自由)를 기본으로 하는 민법에 의하여 규율(規律)되는 우리의 생활에 있어서 법률행위(法律行爲)에 의한 물권변동이 중요한 의의(意義)를 가지게 됨은 당연한 것이다.

물권행위(物權行爲)도 법률행위(法律行爲)이므로 민법 총칙편(總則編)의 법률행위에 관한 규정이 모두 이에 적용된다. 즉 당사자의 권리능력(權利能力)과 행위능력(行爲能力), 의사표시(意思表示), 대리(代理), 무효(無效)와 취소(取消), 조건(條件)과 기한(期限) 등에 관한 규정은 모두 물권행위에도 적용된다. 물권행위 중 물권적합의(物權的合意)는 일종의 계약이므로 이에 관하여는 민법 채권편(債權編)의 계약(契約)의 성립에 관한 규정이 적용된다.

물권변동(物權變動)을 목적으로 하는 의사표시(意思表示), 즉 물권계약은 이를 특히 물권적(物權的) 합의(合意)라고 하며, 물권적(物權的) 의사표시(意思表示)라고도 한다. 일반적인 견해에 의하면 물권적 합의는 곧 물권행위를 가리키는 것이나, 물권적(物權的) 의사표시(意思表示)와 공시방법(公示方法)을 합한 것을 물권행위(物權行爲)라고 하는 견해에 의하면 물권적 합의는 물권행위의 한 요소가 된다.

나. 법률행위

(1) 법률행위의 의의

법률행위(法律行爲)라 함은 일정한 법률효과(法律效果)의 발생을 목적으로 하나 또는 다수의 의사표시(意思表示) 및 기타 요건(要件)으로 성립된 것으로서 법률요건(法律要件)의 가장 중요한 예이다. 의사표시(意思表示)는 법률행위를 이루는 본질적인 요소이나 유일한 것은 아니며, 법률행위의 성립을 위해서는 의사표시뿐만 아니라 물건의 인도(引渡), 관청의 허가 등과 같은 법률사실(法律事實)을 필요로 하는 경우가 많다.

(2) 법률행위의 요건

법률행위(法律行爲)의 요건으로 ① 법률행위의 당사자 ② 내용(목적) ③ 의사표시(意思表示) 등 3가지의 일반적 성립요건을 갖추어야만 성립한다. 그리고 일단 성립한 법률행위가 현실적으로 그 효력을 발생하려면 효력요건(效力要件)을 갖추어야 한다. 일반적 효력요건은 당사자에게 행위능력(行爲能力)이 있을 것, 내용이 확정·가능·적법하고 사회적 타당성이 있을 것, 내심(內心)의 의사와 외부에 표시된 의사가 일치하며 의사표시가 내심의 효과의사(效果意思) 결정에 하자(瑕疵)가 없을 것 등이다. 이와 같은 효력요건을 갖추지 못하면 불완전한 법률행위로서 무효(無效)가 되거나 취소(取消)할 수 있게 된다.

(3) 물권변동의 원인행위(原因行爲)가 취소(取消) 또는 해제(解除)된 경우 물권의 복귀여부

부동산물권변동을 목적으로 하는 법률행위 즉 매매나 증여 등의 원인행위가 취소(取消) 또는 해제(解除)된 경우에 그로 인한 물권변동은 등기를 말소하지 않더라도 당연히 그 효력을 상실하고 물권이 원귀속자(原歸屬者)에게 복귀하는가, 아니면 원상회복을 위한 이전등기나 말소등기를 하여야 비로소 복귀하는가 하는 문제가 발생하게 된다.

(가) 물권적(物權的) 효과설(效果說)

물권행위의 원인행위인 채권행위(債權行爲)가 무효(無效)이면 물권행위도 당연히 무효로 되어 물권변동은 당초부터 발생하지 아니하고, 채권행위가 취소(取消)되거나 해제(解除)되면 물권행위도 소급(遡及)하여 무효로 되므로 그 원인행위에 의한 등기가 경료(經了)되었고 그 등기가 말소되지 않았다 하더라도 물권은 당연히 원상태로 복귀된다는 설(說)로서 의사표시복귀설(意思表示復歸說)이라고도 한다(通說).

(나) 채권적(債權的) 효과설(效果說)

이 설(說)은 물권행위의 취소(取消)는 물권적 단독행위이므로 민법 제186조에 의하여 말소등기를 하여야 하며 취소권자가 말소등기를 하지 않는 한 등기명의자의 소유권은 그대로 존속되고 원소유자는 등기명의자에게 부당이득반환청구권만 생긴다는 견해로서 말소등기복귀설(抹消登記復歸說)이라고도 한다. 물권행위의 무인성(無因性)을 인정할 경우에는 이 설(說)과 동일한 결론에 귀착하게 된다.

(다) 판례(判例)의 입장

판례는 취소권자가 적법하게 취소했는데도 소유권이 복귀하지 않는 것으로 새기면 말소등기절차가 이행될 때까지 권리 없는 자가 권리를 누리는 결과가 되고 또한 그 자가 제3자에게 등기를 이전하여 버리면 원권리자(原權利者)는 영원히 권리를 상실하게 되므로 본인에게 권리를 신속하게 회복시키는 것이 정의(正義)에 부합한다는 취지에서 물권적 효과설인 통설(通說)의 입장을 취하고 있다.

귀속재산(歸屬財産)의 불하처분(拂下處分)이 취소(取消)된 경우에는 그 불하(拂下)에 의한 소유권이전등기가 말소되지 아니하였다 하여도 이는 원인무효의 등기가 되었다 할 것이므로 국가는 그 귀속재산에 대하여 소유자로서의 권리를 행사할 수 있다(대판 1965.5.25. 65다404).

통설과 판례는 등기에 대한 공신력(公信力)의 부인을 이론적 근거로 삼고 있다. 따라서 취득자의 등기명의를 믿고 이와 거래한 제3자는 계약이 무효·취소·해제되면 무권리자로부터 물권을 취득한 것으로 되므로 물권을 취득할 수 없게 된다. 그러므로 이러한 경우에 선의의 제3자 보호와 거래의 안전 확보가 문제된다.

다. 의사주의(意思主義)와 형식주의(形式主義)

물권행위(物權行爲)는 직접 물권의 변동을 목적으로 하는 법률행위이다. 그러나 물권행위 즉 당사자의 의사표시(意思表示)만으로 물권변동이 일어나는 것으로 하느냐 또는 그러한 의사표시만으로는 곧 물권변동의 효력이 발생하지 않고 그 밖에 부동산에 관하여는 등기(登記)라는 공시방법(公示方法)을 갖추어야만 효력이 생기는 것으로 하느냐는 입법정책(立法政策)의 문제이며, 입법주의(立法主義)는 갈라져 있다.

근대초(近代初)에 성립한 불란서(佛蘭西) 민법은 의사표시만으로 물권변동이 일어나고 그 밖에 공시방법(公示方法)을 필요로 하지 않는 입법주의(立法主義)를 취하게 되었다. 그 후에 성립한 독일민법(獨逸民法)은 다시 공시방법을 물권변동의 요건으로 하여 물권행위와 등기가 있어야만 부동산 물권변동이 일어나는 것으로 하였다. 종래 불란서민법이 채용하는 입법주의(立法主義)는 이를 "의사주의(意思主義)" 또는 "불법주의(佛法主義)"라 하며, 독일민법이 채용하고 있는 제도는 이를 "형식주의(形式主義)" 또는 "독법주의(獨法主義)"라고 일컬어 오고 있다.

현행 민법이 시행되기 이전의 구법시대에는 우리나라는 불법주의(佛法主義 : 이른바 意思主義) 즉 대항요건주의(對抗要件主義)에 따르고 있었다(民事令 제13조). 이에 반하여 현행 민법은 제186조(부동산물권변동의 효력)와 제188조(동산물권양도의 효력)에서 물권변동은 그것을 목적으로 하는 당사자의 의사표시만으로는 효력이 생기지 않으며, 그 밖에 등기(登記) 또는 인도(引渡)라는 공시방법(公示方法)을 갖추어야만 비로소 효력이 생기는 것으로 하고 있다. 즉 현행 민법은 독법주의(獨法主義 : 形式主義) 또는 성립요건주의(成立要件主義)라는 입법주의(立法主義)를 채용하고 있다.

라. 물권행위의 독자성(獨自性)·물권행위의 무인성(無因性)

물권변동은 위와 같이 물권행위(物權行爲) 외에 부동산물권에 관하여는 등기(登記)를 하여야만 일어나게 된다. 이와 같이 물권행위는 채권(債權)을 발생케 하는 원인행위(原因行爲)와는 언제나 분리되어 있으며, 따라서 그것은 따로 이 행하여야만 한다고 한다{물권행위(物權行爲)의 독자성(獨自性)}. 그리고 물권행위의 독자성이 인정되므로 물권행의의 효력은 비록 그 원인행위인 채권행위가 무효(無效)이거나 또는 실효(失效)하더라도 영향을 받지 않는다고 한다{물권행위(物權行爲)의 무인성(無因性)}.

마. 물권행위·물권적 법률행위

오늘날 물권변동은 대부분이 물권의 득실변경(得失變更)을 목적으로 하는 법률행위의 효과로서 일어난다. 이와 같이 직접 물권의 변동을 목적으로 하는 의사표시(意思表示)를 요소(要素)로 하는 법률행위를 〈물권행위(物權行爲)〉 또는 〈물권적(物權的) 법률행위(法律行爲)〉라고 한다.

부동산에 관한 법률행위(法律行爲)로 인한 물권의 득실변경(得失變更)은 등기(登記)하여야 그 효력(效力)이 생긴다(민법 제186조). 따라서 부동산에 관하여 "등기할 수 있는 권리"(부동산등기법 제3조), 즉 소유권의 보존, 이전, 처분의 제한 또는 소멸 및 용익권(用益權 : 지상권·지역권·전세권·임차권)과 담보권(擔保權 : 저당권·권리질권·채권담보권)의 설정, 변경, 처분의 제한 또는 소멸에 대하여는 등기하여야 그 효력이 생긴다.

바. 공시의 원칙·공신의 원칙

(1) 공시(公示)의 원칙(原則)

물권은 배타성(排他性)을 가진 권리이므로 소유권이 갑(甲)으로부터 을(乙)에게 이전된 것, 갑(甲) 소유의 부동산 위에 을(乙)이 저당권을 가지는 것 따위는 제3자가 확실히 알 수 있게 하지 않으면 제3자에게 뜻하지 않은 손해를 줄 염려가 있다. 민법은 물권변동에 관하여 제3자로부터 인식(認識)할 수 있는 외형적(外形的)인 것, 즉 표상(表象)을 갖출 것을 요구한다. 이것이 이른바 〈공시(公示)의 원칙(原則)〉이다.

물권의 변동은 언제나 외부에서 인식할 수 있는 표상, 즉 공시방법(公示方法)을 수반해야 한다는 원칙을 말한다. 거래의 안전을 위해서 인정되는 원칙이다. 부동산물권의 공시방법은 등기(登記)이고 동산물권의 공시방법은 인도(引渡), 즉 점유의 이전(移轉)이다.

(2) 공신(公信)의 원칙(原則)

공시의 원칙이 〈물권(物權)이 있으면, 공시(公示)가 이에 따라야한다〉는 것임에 반(反)하여, 공신(公信)의 원칙(原則)은 〈공시(公示)가 있으면, 물권이 이에 따라야한다〉는 원칙이라고 말할 수 있다. 즉 등기 또는 점유와 같은 공시방법(公示方法)이 갖추어져 있는 때에는 비록 권리는 존재하지 않는 때라 하더라도 권리가 존재하는 것과 마찬가지로 다루어야 한다는 것이다.

공신(公信)의 원칙(原則)이라 함은 물권의 존재를 추측케 하는 표상, 즉 공시방법을 신뢰해서 거래한 자가 있는 경우, 비록 그 공시방법이 진실한 권리관계에 일치하고 있지 않더라도 마치 그 공시된 대로의 권리가 존재하는 것처럼 다루어서 그 자(者)의 신뢰(信賴)를 보호해야 한다는 원칙을 말한다. 이 원칙의 인정근거는 거래(去來)의 안전(安全)을 보호하는 데 있다. 따라서 공신(公信)의 원칙은 공시(公示)의 원칙을 보완하는 방법이라 할 수 있다.

우리 민법에 있어서는, 동산에 관하여는 공신의 원칙을 채택하고 있지만(민법 제249조 善意取得), 부동산에 관하여는 이 원칙을 채택하고 있지 않다. 우리나라에서는 등기에는 공신력(公信力)이 없는 것이다. 즉 우리민법은 신뢰보호 내지 거래안전의 보호보다는 진정(眞正)한 권리보호(權利保護)를 우선시키고 있는 것이다.

사. 등기와 물권변동

부동산에 관한 법률행위(法律行爲)로 인한 물권(物權)의 득실변경(得失變更)은 등기하여야 그 효력이 생긴다(민법 제186조). 본조는 물권의 변동에 관하여 이른바 형식주의(形式主義) 원칙을 선명(宣明)한 것이다. 구민법은 이른바 의사주의(意思主義)를 취하였던 것을 민법이 형식주의(形式主義)로 전환시킨 것이다.

이 형식주의 원칙은 〈법률행위로 인한 물권변동〉에 관하여서만 통용(通用)되는 것이고 〈법률의 규정에 의한 물권변동〉에는 적용되지 않는다(민법 제187조). 본조에서 말하는 〈법률행위〉는 물권변동을 일으킬 것을 목적으로 하는 법률행위, 즉 물권행위(物權行爲)를 의미한다. 이 물권행위가 두 당사자의 의사(意思)의 합치, 즉 물권적(物權的) 합의(合意)로 이루어지는 경우에는 그것은 하나의 〈물권계약(物權契約)〉이다.

물권적(物權的) 합의(合意)는 하나의 계약이므로 의사표시 및 계약에 관한 규정이 원칙적으로 적용된다. 즉, ① 물권적 합의에는 두 당사자의 행위능력(行爲能力)이 필요하다.

② 의사표시의 흠결(欠缺) 또는 하자(瑕疵)가 있는 때에는 총칙편의 규정에 의하여 무효(無效)로 되거나 취소(取消)될 수 있다. ③ 대리(代理)를 허용하고 조건(條件) 또는 기한(期限)을 붙일 수 있다. ④ 청약(請約)과 승낙(承諾)으로 성립하며, 이에 관하여는 채권편의 규정이 적용된다. ⑤ 물권적 합의의 내용은 해석에 의하여 결정된다.

구민법에 있어서는 부동산에 관한 물권의 변동은 그 등기를 하지 아니하면 이로써 제3자에게 대항(對抗)할 수 없었던 것이고, 신민법에 있어서는 부동산에 관한 법률행위로 인한 물권변동은 등기하여야 그 효력(效力)이 생기는 것이다(대판 1962.1.25. 4294民再抗686).

(1) 소유권보존등기

민법 제186조)에서 말하는 "등기"에는 소유권보존등기(所有權保存登記)도 포함되므로 미등기부동산을 적법하게 매수(買受)한 자가 자기명의로 소유권보존등기를 하였을 경우에도 그 보존등기는 본조의 등기에 해당되어 소유권취득의 효력이 발생한다(대판 1963.4.25. 62다19).

(가) 소유권보존등기의 등기사항

등기관(부동산등기법 제11조)이 소유권보존등기를 할 때에는 부동산등기법 제48조 제1항 제4호에도 불구하고 "등기원인"과 그 "연월일"을 기록하지 아니한다(부동산등기법 제64조).

(나) 소유권보존등기의 신청인

미등기의 토지 또는 건물에 관한 소유권보존등기는 다음 각 호의 어느 하나에 해당하는 자가 신청할 수 있다(부동산등기법 제65조).
1. 토지대장·임야대장 또는 건축물대장에 최초의 소유자로 등록되어 있는 자 또는 그 상속인, 그 밖의 포괄승계인
2. 확정판결에 의하여 자기의 소유권을 증명하는 자

3. 수용(收用)으로 인하여 소유권을 취득하였음을 증명하는 자
4. 특별자치도지사, 시장, 군수 또는 구청장(자치구의 구청장을 말한 다)의 확인에 의하여 자기의 소유권을 증명하는 자(건물의 경우로 한정한다)

소유권보존등기는 새로이 등기용지를 개설(開設)함으로써 그 부동산을 등기부상 확정하고 이후는 그에 대한 권리변동은 모두 보존등기를 시발점(始發點)으로 하게 되는 까닭에 등기가 실체법상의 권리관계와 합치할 것을 보장하는 관문(關門)이며, 따라서 그 외의 다른 보통등기에 있어서와 같이 당사자 간의 상대적 사정만을 기초로 하여 이루어질 수 없고, 물권(物權)의 존재 자체를 확정하는 절차가 필요하다(대판 1987.5.26. 86다카2518).

(2) 원래부터의 부동산 소유자의 소유권 주장 가부(적극)

부동산에 관한 법률행위로 인하여 발생한 물권의 득실변경(得失變更)의 효력을 주장하려면 그 등기가 있어야 할 것이나 원래(原來)부터의 부동산소유자는 그 소유의 미등기(未登記) 또는 등기멸실(登記滅失)의 부동산에 관하여는 등기부에 의한 증명이 없어도 그 소유권을 주장할 수 있다(대판 1971.10.25. 70다1127).

(3) 멸실 회복등기 기간 내에 회복등기를 하지 않은 부동산의 등기 절차

등기부멸실(登記簿滅失)에 따른 회복등기기간(回復登記間) 내에 회복등기를 하지 않은 부동산은 미등기부동산으로 되고 이 경우 소유권보존등기절차에 의하여 새로운 등기를 신청하여야 한다(대판 1984.2.28.83다카994).

(4) 미등기 토지에 대한 소유권보존등기를 위하여 국가를 상대로 제기한 토지소유권 확인소송의 적부(適否)

구부동산등기법 제130조(토지의 소유권보존등기)에 비추어 볼 때 부동산에 관한 소유권보존등기를 함에 있어 토지대장등본 또는 임야대장등본에 의하여 소유자임을 증명할

수 없다면 판결에 의하여 소유권을 증명하여 소유권보존등기를 할 수 밖에 없고, 더욱이 대장 소관청인 국가기관이 그 소유를 다투고 있다면 이와 같은 판결을 얻기 위한 소송은 국가를 상대로 제기할 수 있다(대판 1993.4.27. 93다5727, 5734, 2001.7.10. 99다34390).

구부동산등기법 제130조 제2호 소정의 판결은 그 내용이 신청인에게 소유권이 있음을 증명하는 확정판결이면 족하고, 그 종류에 관하여 아무런 제한이 없어 반드시 확인판결(確認判決)이어야 할 필요는 없고, 이행판결(履行判決)이든 형성판결(形成判決)이든 관계가 없으며, 또한 화해조서(和解調書) 등 확정판결(確定判決)에 준하는 것도 포함한다(대판 1994.3.11. 93다57704).

(5) 미등기 건물 매수인의 등기절차

건물의 소유권보존등기는 그 건물소유자만이 할 수 있으므로 미등기건물을 매수한 자는 원소유자명의로 소유권보존등기를 거친 후 소유권이전등기를 하여야 하고 직접 자기 명의로 소유권보존등기를 신청할 수 없다(대법원 1985.12.16. 85마798).

구부동산등기법 제131조(건물의 보존등기) 제2호(판결에 의하여 자기의 소유권을 증명하는 자)의 "판결"에는 소유권확인의 판결뿐만 아니라 그 판결설시(判決說示)로서 등기의무자의 소유임을 인정하고 그 이전등기(移轉登記)를 명한 소위 급부판결(給付判決)도 포함 된다(대법원 1971.11.12. 71마657).

건물에 관한 보존등기가 어떤 건물을 공시(公示)하는 효력이 있는 유효(有效)한 등기가 되기 위하여는 그 등기상의 표시와 이에 의하여 공시하려는 당해 건물의 실제상의 상태 간의 동일성(同一性) 또는 적어도 유사성(類似性)이 있다고 인식(認識)될 수 있어야 하므로 등기상의 표시건물과 당해 실제건물 간에 그 소재 지번이나 건물의 종류, 구조, 면적 등에 관하여 중대한 차이가 있어 양자 간에 도저히 동일성 또는 유사성 조차 인식될 수 없는 것이면 그 등기는 무효이다(대판 1987.6.9. 86다카977).

미등기 건물에 관하여 국가를 상대로 한 소유권확인판결을 받는다고 하더라도 그 판결은 구부동산등기법 제131조 제2호에 해당하는 판결이라고 볼 수 없어 이를 근거로 소유권보존등기를 신청할 수 없다(대판 1999.5.28. 99다2188).

아. 등기의 추정력(推定力)

(1) 등기의 추정력의 의미

부동산물권변동을 공시(公示)하는 등기에는 그것이 형식적으로 존재하는 것 자체로부터 등기에 의하여 표시된 권리 또는 법률관계가 존재하는 것으로 추정(推定)되고, 말소(抹消)된 등기에는 그 권리 또는 법률관계가 존재하지 아니하는 것으로 추정되는데, 이를 가리켜 등기의 추정력(推定力) 또는 등기의 추정적(推定的) 효력(效力)이라고 한다.

(2) 등기의 추정력의 인정근거

등기의 추정력을 명문(明文)으로 인정하고 있는 입법례(立法例 : 독일민법 제891조, 스위스 민법 제937조)도 있으나 명문이 없는 우리나라나 일본의 학설(學說), 판례(判例)는 이론(異論)없이 등기의 추정력을 인정하고 있는바, 그 인정근거로 다음 3가지를 들고 있다.

첫째, 법문상(法文上)의 근거로서, 점유(占有)의 추정력을 명문으로 규정하고 있는 민법 제200조(권리의 적법의 추정)를 들고 있다. 즉 동산에 관한 물권변동의 공시방법인 점유에 대하여 권리의 적법추정력(適法推定力)이 인정된다면, 그 점유보다 한층 더 우수한 공시방법(公示方法)인 등기에 관하여 점유와 차별을 둘 이유가 없으며, 통설(通說), 판례(判例)가 기(旣) 등기부동산(登記不動産)에 관하여는 민법 제200조에 의한 점유의 적법추정(適法推定)이 적용되지 않는다고 해석하고 있으므로, 부동산에 대한 등기에 관하여 추정력을 인정하는 것은 민법 제200조의 유추해석(類推解釋) 내지 물론해석(勿論解釋)으로서 긍정(肯定)되어야 한다는 것이다.

둘째, 실질상(實質上)의 근거로서 등기가 제도상 그 절차에 있어서 유효한 실체적 권리관계에 기하여 이루어진다는 것이 상당한 정도로 보장되어 있어 진실한 권리관계와 일치할 개연성(蓋然性)이 상당히 높다는 점을 들고 있다.

판례(判例)도 등기의 추정력을 인정하는 근거에 관하여 "현행 등기제도상 특별사유가 없으면 등기는 당해 부동산에 관하여 처분권(處分權) 있는 자의 행위에 의하여 하게 되는 원칙에 따른 것이라고 볼 것이라는 데서 기인(其因하는 것이다"(대판 1957.11.4. 4290민상199)라든가, "등기는 등기관이 법률의 규정에 따라하는 것인 만큼 등기가 있을 때에는 일응 적법하게 된 등기라고 추정되는 것"(대판 1962.4.22. 4294민상1560)이라든지, "등기의 추정력은 비록 명문상의 근거는 없으나 등기가 제도적으로 엄격한 절차규정에 따라 진실이 반영되도록 보장되어 있을뿐더러 국가기관에 의하여 그 절차와 장부가 관리되고 있으므로 등기가 이루어진 대로 권리관계(權利關係)가 존재할 개연성(蓋然性)이 상당히 높기 때문에 이러한 개연성에 근거하여 인정되고 있는 것이다"(대판 1987.10. 13. 86다카2928 전원합의체판결의 소수의견)라고 각 판시(判示)함으로써 등기의 추정력을 개연성(蓋然性)에 근거하여 인정하고 있다.

셋째, 입증책임(立證責任)의 분배(分配)와 관련된 근거로서, 등기명의자에게 권리취득원인사실(權利取得原因事實)을 증명할 책임을 부담시키는 것이 가혹(苛酷)하다는 점이다. 즉 등기명의자가 자기명의로 등기를 경료 한 이후에는 안심하고 그 취득에 관한 증거방법(證據方法) 등을 분실할 우려가 많으므로 어느 때라도 그것의 증명을 부담시키는 것은 가혹하고 특히 승계취득(承繼取得)의 경우 순차로 전주(前主)의 권리를 증명하지 않으면 안 된다는 것은 실로 불능(不能)의 증명(證明)을 강요하는 결과가 되어 형평(衡平)을 잃을 우려가 있으므로 실제소송에서 증명불능(證明不能) 내지는 곤란의 경우를 고려할 때 개연성(蓋然性)을 전제로 하여서 등기에 추정력을 인정함으로써 등기된 대로의 권리의 존재를 다투는 자(者)에게 그 반대사실(反對事實)을 증명하도록 하는 것이 타당(妥當)하다는 것이다.

매매 기타의 법률행위를 원인으로 한 부동산소유권이전등기가 존재한 때에는 그 등기의 원인 된 행위는 이를 진정(眞正)히 설립된 것으로 추정(推定)함이 상당하다(대판 1948.1.23. 4280민상173). 등기는 무효원인(無效原因)에 의한 것이라는 반증(反證)이 없는 한(限) 일응 유효원인(有效原因)에 의한 것이라고 추정할 것이다(대판 1957.5.2. 4289민상473).

부동산의 소유권이전등기가 경유(經由)된 이상 그 절차 및 원인에 있어 정당한 것으로 추정된다(대판 1957.10.21. 4290민상251, 252). 등기는 등기관이 법률의 규정에 따라 하는 것인 만큼 등기가 있을 때에는 일응 적법하게 된 등기라고 추정(推定)되는 것이며 따라서 등기가 적법하게 된 것이 아니라고 주장하는 사람은 적법하지 아니하다는 그 사실을 입증(立證)할 책임이 있다 할 것이다(대판 1962.4.12. 4294민상1560).

소유권이전등기가 경료 되어 있는 경우에는 그 등기명의자는 제3자에 대해서 뿐만 아니라 전(前) 소유자(所有者)에 대해서도 적법한 등기원인에 의하여 소유권을 취득한 것으로 추정(推定)된다(대판 1982.6.22. 81다791, 1997.12.12. 97다40100).

(3) 등기의 추정력과 등기무효의 입증책임(立證責任)

부동산소유권의 득실변경에 관하여 법률이 규정하는 등기가 되어 있는 경우에는 등기된 권리의 변동은 일응 유효하게 되었다는 추정(推定)을 받는 것으로 그와 같은 권리의 부존재(不存在)나 무효(無效)를 주장하는 자는 그것을 입증(立證)하여야 하는 것이다(대판 1976.10.26. 76다1658).

등기는 물권의 효력발생요건(效力發生要件)이고 효력존속요건(效力存續要件)은 아니므로 물권에 관한 등기가 원인 없이 말소(抹消)된 경우에도 그 물권의 효력에는 아무런 영향(影響)을 미치지 않는다(대판 1988. 10.25. 87다카1232, 1988.12.27. 87다카2431).

등기는 물권의 효력발생요건이고 효력존속요건은 아니어서 등기가 원인 없이 말소된 경우에는 그 물권의 효력에 아무런 영향이 없고, 그 회복등기가 마쳐지기 전이라도 말소된 등기의 등기명의인은 적법한 권리자로 추정되므로 원인 없이 말소된 등기의 효력을 다투는 쪽에서 그 무효사유를 주장·입증하여야 한다(대판 1997.9.30. 95다39526).

등기명의인표시변경등기(登記名義人表示變更登記)는 등기명의인의 동일성(同一性)이 유지되는 범위 내에서 등기부상의 표시를 실제와 합치시키기 위하여 행하여지는 것에 불과할 뿐 어떠한 권리변동을 가져오는 것이 아니다(대판 2000.5.12. 99다69983).

멸실(滅失)에 의한 회복등기(回復登記)가 등기부에 기재되었다면 별다른 사정이 없는 한 이는 등기관에 의하여 적법하게 수리되고 처리된 것이라고 일응 추정함이 타당하며, 전(前) 등기의 접수연월일 및 번호란이 "불명(不明)"으로 기재되어 있다는 것만으로는 회복등기절차에 무슨 하자(瑕疵)가 있는 것으로 볼 수 없다(대판 1990.11.27. 90다카18637).

(4) 특별조치법에 의하여 경료 된 등기의 추정력이 번복(飜覆)되는 경우

부동산소유권이전등기 등에 관한 특별조치법에 의하여 소유권이전등기가 경료 된 경우 그 등기는 일반적으로 그 법에 규정된 절차에 따라 적법하게 된 것으로서 실체적 권리관계에도 부합하는 등기로 추정되는 것이나, 그 등기의 기초가 된 특별조치법상의 보증서나 확인서가 위조되었거나 허위로 작성된 것이라든지 그 밖의 다른 어떤 사유로 인하여 그 등기가 위 특별조치법에 따라 적법하게 된 것이 아니라는 점이 주장 입증되면 그와 같은 추정은 번복된다(대판 1993.9.14. 93다12268).

부동산에 관한 등기부상 소유권이전등기가 경료 되어 있는 이상 일응 그 절차 및 원인이 정당한 것이라는 추정을 받게 되고 그 절차 및 원인의 부당을 주장하는 당사자에게 이를 입증할 책임이 있는 것이나, 등기절차가 적법하게 되지 아니한 것으로 볼 만한 의심스러운 사정이 있음이 입증된 경우에는 그 추정력(推定力)은 깨어진다(대판 2003.2.28. 2002다46256).

등기의 추정력을 번복하기 위한 보증서의 허위성(虛僞性)의 입증정도는 법관이 확신할 정도가 되어야 하는 것은 아니나, 적어도 그 실체적(實體的) 기재내용이 진실이 아님을 의심할 만큼 증명하여야 한다(대판 1995.12.12. 94다52096).

자. 이중(二重) 등기(登記)

1부동산1등기용지주의(一不動産一登記用紙主義)를 취하고 있는 우리 법제하(法制下)에서 중복등기(重複登記)는 허용될 수 없음은 당연하지만 제도의 허점이나 등기관의 실수로 인하여 현실적으로 많은 중복등기가 존재하고 있다.

(1) 중복등기의 효력에 관한 학설

(가) 절차법설(節次法說)

절차법설은 먼저 보존등기가 되어 있는 이상 나중에 된 보존등기는 절차상 위법한 것으로서 무효하고 한다. 따라서 실체적 권리관계의 여하를 가릴 것 없이 후등기(後登記)는 그 이유만으로 말소되어야 한다는 설이다.

(나) 실체법설(實體法說)

실체법설은 등기신청단계(登記申請段階)에 있어서는 후 등기신청이 당연히 각하(却下)되어야 할 것이지만 일단 등기신청이 받아 들여져 등기가 되어버린 이상 양(兩) 등기의 실체관계(實體關係)를 따져 그에 부합(符合)하는 등기를 유효(有效)한 것으로, 부합하지 아니한 등기를 무효(無效)로 한다는 것이다.

(다) 절충설(折衷說)

절충설에서는 기본적으로 절차법설을 취하지만 선(先) 등기는 전혀 권리 없는 자에 의하여 행해진 반면 후(後) 등기는 실체적 권리자에 의하여 행해진 경우에는 예외적으로 선(先) 등기를 무효로 하고 후 등기를 유효(有效)로 한다는 것이다.

(2) 판례(判例)의 동향(動向)

대법원은 처음에는 절차법설을 채택하여 중복등기의 유형여하(類型如何)를 불문하고 후에 한 보존등기와 이를 기초로 한 다른 등기는 무조건적으로 무효라는 입장으로 일관(一貫)하였다(대판 1956.2.23. 4288민상549, 1968.8.26. 69다820). 그 후 대법원은 1978.12.26. 77다2427 전원합의체판결로써 종전 판례를 변경하고 그 방향을 전환(轉換)하였다.

대법원 판례의 흐름은 절차법설(節次法說)과 실체법설(實體法說)의 입장을 넘나들면서 혼선(混線)을 빚어왔으나 대법원 1990.11.27. 87다카2961; 87다453 전원합체판결)은 "동일부동산에 관하여 등기명의인을 달리하여 중복된 소유권보존등기가 경료 된 경우에는 먼저 이루어진 소유권보존등기가 원인무효가 되지 아니하는 한 뒤에 된 소유권보존등기는 비록 그 부동산의 매수인에 의하여 이루어진 경우에도 일부동산일용지주의(一不動産一用紙主義)를 채택하고 있는 부동산등기법 아래에서는 무효라고 해석함이 상당하다"고 판시(判示)하여 절차법설에 가까운 절충설의 입장으로 최종적으로 정리하였다.

(3) 이중 보존등기의 효력

이중(二重)으로 보존등기가 개설(開設)되었을 경우에 먼저 개설된 보존등기가 유효한 것인 이상 뒤에 개설된 보존등기는 그 자체로서 아무런 하자(瑕疵)가 없다 하더라도 무효이다(대판 1962.2.15. 4294민상448). 동일 토지에 대하여 이중으로 보존등기가 된 경우 그 경위(經緯)가 어떠하던 간에 후에 한 등기는 무효(無效)이다(대판 1969.10.14. 69다1488).

동일 부동산에 관하여 경료 된 각 소유권보존등기가 그 부동산을 표상함에 부족함이 없는 것으로 인정되는 경우, 그 각 등기는 모두 공시의 효력을 가지게 되고, 따라서 뒤에 이루어진 소유권보존등기는 중복등기에 해당하여 선등기에 원인무효(原因無效)의 사유가 없는 한 원인무효로 귀착(歸着)될 수밖에 없다(대판 2002.7.12. 2001다16913).

(가) 동일인명의로 중복된 소유권보존등기의 효력

하나의 부동산에 관하여 등기부용지를 달리 하여 동일인명의(同一人名義)로 소유권보존등기가 중복되어 있는 경우에는 일물일용지주의(一物一用紙主義)를 채택하고 있는 부동산등기법상 시간적으로 뒤에 경료 된 중복등기는 그것이 실체관계(實體關係) 부합여부를 가릴 것 없이 무효이다(대판 1981.10.24. 80다3265).

(나) 소유명의자(所有名義者)를 달리하는 중복보존등기의 효력

동일 부동산에 관하여 등기명의를 달리하여 중복된 소유권보존등기가 경료 된 경우에는 먼저 이루어진 소유권보존등기가 원인무효(原因無效)가 되지 않는 한 뒤에 한 소유권보존등기는 비록 그 부동산의 매수인에 의하여 이루어진 경우에도 일부동산일용지주의(一不動産一用紙主義)를 채택하고 있는 부동산등기법 아래에서는 무효이다(대판 1987.3.10. 84다카2132, 1990.11.27. 89다카19610).

1) 명의인을 달리하여 소유권 원시취득자(原始取得者)명의로 중복 경료 된 소유권보존등기의 효력

동일 부동산에 관하여 등기명의인을 달리하여 중복된 소유권보존등기가 경료 된 경우에는 먼저 이루어진 소유권보존등기가 원인무효로 되지 않는 한 뒤에 된 소유권보존등기는 그것이 비록 실체관계에 부합한다고 하더라도 1부동산1등기용지주의의 법리에 비추어 무효이고, 이러한 법리는 뒤에 된 소유권보존등기의 명의인이 당해 부동산의 소유권을 원시취득(原始取得)한 경우에도 그대로 적용 된다(대판 1996.9. 20. 93다20177, 20184).

2) 중복보존등기 중 선등기가 원인무효가 아니어서 후등기가 무효로 된 경우, 후등기명의인의 점유취득시효완성으로 후등기가 유효로 되는지 여부(소극)

동일부동산에 대하여 이미 소유권이전등기가 경료 되어 있음에도 그 후 중복하여 소유권보존등기를 경료한 자가 그 부동산을 20년간 소유의 의사로 평온·공연하게 점유하여 취득시효가 완성되었더라도, 선등기인 소유권이전등기의 토대가 된 소유권보존등기가

원인무효라고 볼 아무런 주장·입증이 없는 이상, 뒤에 경로 된 소유권보존등기는 실체적 권리관계에 부합하는지의 여부에 관계없이 무효이다(대판 1996.9.20. 93다20177, 20184).

(4) 중복등기기록(重複登記記錄)의 정리(整理)

(가) 중복등기기록의 폐쇄

등기관이 같은 토지에 관하여 중복하여 마쳐진 등기기록을 발견한 경우에는 대법원규칙으로 정하는 바에 따라 중복등기기록 중 어느 하나의 등기기록을 폐쇄(閉鎖)하여야 한다(부동산등기법 제21조 제1항).

부동산등기법 제21조에 따른 중복등기기록의 정리는 부동산등기규칙 제34조부터 제41조까지의 규정에서 정한 절차에 따른다(부동산등기규칙 제33조 제1항). 제1항에 따른 중복등기기록의 정리는 실체(實體)의 권리관계(權利關係)에 영향을 미치지 아니한다(동조 제2항).

(나) 중복등기기록의 정리

1) 소유권의 등기명의인이 같은 경우의 정리 : 중복등기기록의 최종 소유권의 등기명의인이 같은 경우에는 나중에 개설된 등기기록("후등기기록"이라한다)을 폐쇄한다. 다만, 후등기기록에 소유권 외의 권리에 관한 등기가 있고 먼저 개설된 등기기록("선등기기록"이라 한다)에는 그와 같은 등기가 없는 경우에는 선등기기록을 폐쇄한다(부동산등기규칙 제34조).

2) 소유권의 등기명의인이 다른 경우의 정리 : 중복등기기록 중 어느 한 등기기록의 최종 소유권의 등기명의인이 다른 등기기록의 최종소유권의 등기명의인으로부터 직접 또는 전전하여 소유권을 이전받은 경우로서, 다른 등기기록이 후등기기록 이거나 소유권 외의 권리 등에 관한 등기가 없는 선등기기록일 때에는 그 다른 등기기

록을 폐쇄한다(동 규칙 제35조).

중복등기기록의 최종 소유권의 등기명의인이 다른 경우로서 어느 한 등기기록에만 원시취득사유 또는 분배농지의 상환완료를 등기원인으로 한 소유권이전등기가 있을 때에는 그 등기기록을 제외한 나머지 기록을 폐쇄한다(동 규칙 제36조 제1항). 소유권보존등기가 원시취득사유 또는 분배농지의 상환완료에 따른 것임을 당사자가 소명하는 경우에도 제1항과 같다(동조 제2항). 제1항 및 제2항의 경우에는 부동산등기법 제58조(직권에 의한 등기의 말소)에 따른 직권에 의한 등기의 말소절차를 이행한다(동조 제3항).

중복등기기록의 최종 소유권의 등기명의인이 다른 경우로서 제35조와 제36조에 해당하지 아니할 때에는 각 등기기록의 최종 소유권의 등기명의인과 등기상 이해관계인에 대하여 1개월 이상의 기간을 정하여 그 기간 내에 이의를 진술하지 아니하면 그 등기기록을 폐쇄할 수 있다는 뜻을 통지하여야 한다(동 규칙 제37조 제1항). 제1항의 통지를 받고 어느 등기기록의 최종 소유권의 등기명의인과 등기상 이해관계인이 이의를 진술하지 아니하였을 때에는 그 등기기록을 폐쇄한다(동조 제2항 전단). 제1항과 제2항에 따라 등기기록을 정리할 수 있는 경우 외에는 대장과 일치하지 않는 등 기기록을 폐쇄한다(동조 제3항). 제1항부터 제3항까지 규정에 따른 정리를 한 경우 등기관은 그 뜻을 폐쇄된 등기기록의 최종 소유권 의 등기명의인과 등기상 이해관계인에게 통지하여야 한다(동조 제4 항).

3) **지방법원장의 허가가 필요한 중복등기기록 정리** : 등기관이 제36 조와 제37조에 따라 중복등기기록을 정리하려고 하는 경우에는 지 방법원장의 허가를 받아야 한다(동 규칙 제38조).

4) **당사자의 신청에 의한 정리** : 중복등기기록 중 어느 한 등기기록의 최종 소유권의 등기명의인은 자기명의의 등기기록을 폐쇄하여 중복 등기기록을 정리하도록 신청할 수 있다. 다만, 등기상 이해관계인 이 있을 때에는 그 승낙이 있음을 증명하는

정보를 첨부정보로서 등기소에 제공하여야 한다(동 규칙 제39조 제1항). 등기관은 제1항에 따른 중복등기기록의 정리신청이 있는 경우에는 제34조부터 제37조까지의 규정에도 불구하고 그 신청에 따라 등기기록을 폐쇄하여야 한다(동조 제2항).

(다) 폐쇄된 등기기록의 부활

부동산등기법 제21조 제1항에 따라 폐쇄된 등기기록의 소유권의 등기명의인 또는 등기상 이해관계인은 대법원규칙으로 정하는 바에 따라 그 토지가 폐쇄된 등기기록의 소유권의 등기명의인의 소유임을 증명하여 폐쇄된 등기기록의 부활(復活)을 신청할 수 있다(부동산등기법 제21조 제2항). 폐쇄된 등기기록의 부활절차는 부동산등기규칙 제41조의 규정에 따른다.

5. 등기를 요하지 아니하는 부동산물권 취득

상속(相續), 공용징수(公用徵收), 판결(判決), 경매(競賣) 기타 법률(法律)의 규정(規定)에 의한 부동산(不動産)에 관한 물권(物權)의 취득(取得)은 등기(登記)를 요하지 아니한다. 그러나 등기를 하지 아니하면 이를 처분(處分)하지 못한다(민법 제187조).

물권의 변동은 그 원인(原因)이 되는 법률요건(法律要件)에 기하여 그의 법률효과(法律效果)로서 발생한다. 물권변동의 원인이 되는 법률요건(法律要件)을 기준으로 한다면, 물권의 변동은 당사자의 의사(意思)에 기하여 일어나는 물권변동과, 그러한 의사(意思)와는 관계없이 주로 법률의 규정에 의하여 또는 국가의 주권행사(主權行使)로 일어나는 물권변동으로 나누어 볼 수 있다.

전자(前者)는 이를 〈법률행위에 의한 물권변동〉이라고 하며, 후자(後者)는 〈법률행위에 의하지 않는 물권변동〉 또는 〈법률의 규정에 의한 물권변동〉이라고 부른다. 오늘날 물권변동은 그 대부분이 직접 물권의 득실변경(得失變更)을 목적으로 하는 법률행위, 즉 물권행위(物權行爲)의 효과로서 일어난다. 우리 민법도 부동산물권변동(不動産物權變

動)을 법률행위에 의한 것과 법률행위에 의하지 않는 것으로 나누어 제186조와 제187조에서 각각 다른 원칙에 따라 규율(規律)하고 있다.

민법 제187조는 법률의 규정에 의한 부동산물권의 변동은 등기 없이도 그 효력이 생긴다는 원칙을 선명(宣明)한 것이다. 본조는 부동산에 관한 물권의 〈취득(取得)〉이라고 하지만, 비단 취득에 한(限)하지 않고 널리 부동산물권(不動産物權)의 변동(變動)을 모두 포함한다고 해석하여야 한다.

가. 법률의 규정에 의한 물권변동

(1) 법률의 규정에 의한 부동산물권 취득의 의의

〈법률의 규정에 의한 물권변동〉이라고 하는 것은, 직접으로 어느 법의 어느 조문(條文)의 규정에 의한다는 뜻이 아니라, 법률행위로 인한 것이 아닌, 바꾸어 말하면 당사자의 의사(意思)에 기하여 효력이 생기는 것이 아닌 경우를 말하는 것이다. 즉 법률행위로 인한 부동산물권의 변동은 등기를 하여야 효력이 생기는데(민법 제186조) 반(反)하여, 법률의 규정에 의한 부동산물권의 변동은 등기 없이도 효력이 생기는 것이다.

(2) 민법 제187조의 입법취지

민법이 부동산물권변동에 관하여 제186조의 형식주의(形式主義) 원칙(原則)을 명정(明定)하고 있음에도 불구하고 제187조에 의한 의사주의(意思主義) 원칙(原則)의 예외규정을 둔 입법취지(立法趣旨)는 등기가 성질상 불가능한 경우(상속·목적물의 증감 등), 정책적 고려(판결·공용징수 등), 법률관계의 공백상태 방지(상속·민법 제48조의 出捐財産의 歸屬時期 등) 등의 이유에서 취해진 조치라고 볼 수 있다.

(3) 법률의 규정에 의한 부동산물권 취득

민법 제187조는 "상속, 공용징수, 판결, 경매 기타 법률의 규정에 의한 부동산에 관한 물권의 취득은 등기를 요하지 아니한다. 그러나 등기를 하지 아니하면 이를 처분하지 못 한다"고 규정하고 있다.

(가) 상속

상속은 가족(家族)의 사망으로 인해 생전(生前)의 재산권(財産權)을 상실한 경우에 사망자가 가졌던 법률상의 지위(地位)를 일신전속(一身專屬)된 권리의무(權利義務)를 제외하고 상속인(민법 제1000조 제1항)이 포괄적(包括的)으로 승계(承繼)하는 것을 말한다.

피상속인(被相續人)의 신분법상(身分法上)의 지위승계(地位承繼)를 의미하는 신분승계(身分承繼)와 단순히 피상속인의 재산법상(財産法上)의 지위를 승계하는 재산상속(財産相續)이 있다. "민법일부개정법률"(1990년1월31일 법률 제4199호)에 의하여 종전의 호주상속(戸主相續) 제도는 삭제되고, 호주승계(戸主承繼) 제도가 신설(민법 제8장 戸主承繼)되어 호주승계는 명목상(名目上)의 것이 되어 현재 중요성을 가지는 상속의 대상은 재산상속(財産相續)의 분야(分野)라고 할 것이다.

민법은 재산상속에 있어서는 "상속은 사망(死亡)으로 인하여 개시(開始)된다."(민법 제997조)고 하여 사망의 경우만을 상속의 개시원인(開始原因)으로 하였다. 실종선고(失踪宣告)에 의하여 사망으로 보는 때에는 실종선고 확정시(確定時)가 아니라 실종선고기간이 만료(滿了)한 때이다. 실종선고를 받은 자는 실종의 선고기간(민법 제27조)이 만료한 때에 사망한 것으로 본다(민법 제28조).

상속인은 상속개시(즉, 피상속인의 사망)된 때로부터 피상속인의 재산에 관한 포괄적(包括的) 권리의무(權利義務)를 승계한다. 그러나 피상속인의 일신(一身)에 전속(專屬)한 것은 그러하지 아니하다(민법 제1005조). 따라서 상속인은 민법 제1005조에 의하여 피상속인이 사망한 때에는 피상속인의 재산에 관하여 등기 없이 권리를 승계하게 된다. 그러나 상속등기를 하지 아니하면 이를 처분(處分)하지 못 한다(민법 제187조 후단).

본조는 법률의 규정에 의한 부동산물권의 취득(取得)의 예로 상속(相續)을 들고 있으나, 널리 〈포괄승계(包括承繼)〉는 모두 이에 해당한다고 하여야 한다(대판 1968.2.20. 65다744, 1969.3.25. 69다95, 1969.11.20. 65마1039, 1970.6.30. 70다568). 따라서 상속 이외에, 포괄유증(包括遺贈 : 민법 제1078), 회사의 합병(상법 제235조, 제269조, 제530조, 제603조) 등으로 인한 권리·의무의 이전의 경우에도 본조가 적용된다.

(나) 공용징수

공용징수(公用徵收)는 특정한 공익사업(公益事業)을 위하여 보상(補償)을 전제로 개인의 특정한 재산권을 강제적으로 취득하는 제도이다. 공용징수에 의하여 물권변동이 일어나는 시기(時期)는 토지 또는 물권에 대한 "수용의 개시일(開始日)"인데(공익사업을 위한 토지 등의 취득 및 보상에 관한 법률 제45조 제1항), 그것이 부동산물권인 경우에도 본조에 의하여 등기를 요하지 않는다.

(다) 판결

1) 판결에 의한 부동산에 관한 물권의 취득

"판결(判決)에 의한 물권변동"이라 함은 판결의 효력으로서 직접 물권변동을 일으키는 경우를 말한다. 따라서 실체법상의 형성(形成)의 판결에 한(限)한다(대판 1965.8.17. 64다1721, 1969.10.8. 69그15). 그 구체적 예는 사해적(詐害的) 물권행위를 취소하는 판결(민법 제406조), 공유물분할의 판결(민법 제269조 제1항), 상속재산분할의 판결(민법 제1013조 제2항) 등이다.

2) 민법 제187조의 판결의 의미

판결에 의하여 등기를 하지 않고 물권의 취득효력을 받는 경우라 함은 판결자체에 의하여 물권의 취득효력을 형성(形成)하는 경우를 말한다(대판 1963.4.18. 62다223). 민법 제187조에서 소위 판결(判決)이라고 함은 판결절차에 의하여 부동산물권취득의 형성적(形成的) 효력이 생기는 판결만을 말한다(대판 1964.9.8. 64다165).

형성판결(形成判決)이라 함은 형성(形成)의 소(訴)가 제기되는 경우에 법원이 하는 판결로서, 실체법상의 형성권(形成權) 또는 형성요건(形成要件)의 존재를 확인하는 것과 함께 그에 터 잡은 권리관계의 변동을 선언하는 것을 말한다. 이혼(민법 제840조), 주주총회결의의 취소·무효(상법 제376조, 제380조)를 선언하는 판결 등이 그 예이다.

민법 제187조의 판결(判決)이란 판결자체에 의하여 물권의 취득효력을 형성(形成)하는 것만을 말한다(대판 1968.9.17. 68다1085, 1086). 본조의 판결은 판결 자체에 의하여 부동산물권 취득의 효력이 발생하는 경우를 말하는 것이고, 당사자 사이의 법률행위를 원인으로 하여 부동산소유권이전등기절차의 이행을 명하는 것과 같은 판결은 이에 포함되지 아니하므로, 인낙조서가 확정판결과 동일한 효력이 있다고 하더라도 증여를 원인으로 한 소유권이전등기절차의 이행청구에 대하여 인낙한 것이라면 그 부동산의 취득에는 등기를 요한다(대판 1998.7.28. 96다50025).

판결에 의한 부동산물권취득은 등기할 필요가 없으나 이때의 판결이란 판결 자체에 의하여 부동산물권취득의 형성적(形成的)효력이 생(生)하는 경우를 말하는 것이고 당사자 사이에 이루어진 어떠한 법률행위를 원인으로 하여 부동산소유권이전등기절차의 이행을 명하는 것과 같은 내용의 판결은 이에 포함도지 아니한다(대판 1970.6.30. 70다568).

3) "등기를 하지 아니하면 처분(處分)하지 못한다"는 의미

민법 제187조 단서는 본문에 의하여 등기 없이 취득한 부동산물권을 처분하려면 새로운 취득자명의로 등기하기 위하여 우선 자기명의의 등기를 경료 하여야 한다는 원칙을 규정한 것이고, 이미 새로운 취득자 명의로 등기되고 현재의 진실한 권리상태와 합치되면 그 절차에 흠이 있다하여도 무효라고 할 수 없다(대판 1972.2.22. 71다2687).

본조가 법률행위에 의하지 아니하는 본조 소정 사유로 인한 부동산에 관한 물권의 취득(取得)은 등기를 요하지 아니하나 그 등기를 하지 아니하면 이를 처분(處分)하지 못한다고 규정하고 있음은 본조 본문에 의하여 등기 없이 취득한 부동산물권을 처분하려면 우선 자기명의(自己名義)에의 등기를 경료 하여야 한다는 원칙을 규정한 것이니 자기명의에의

등기 없이 부동산물권을 처분한 경우에는 새로운 취득자는 부동산물권을 취득하지 못한다는 것뿐이고 그 처분행위의 채권적인 효력마저도 부인하는 취지가 아니라 할 것이다(대판 1977.3.22. 76다2058).

관습상의 법정지상권도 등기하지 않으면 이를 타에 처분할 수 없으므로 이를 양수(讓受)한 자도 법정지상권의 등기를 마쳐야만 그 지상권을 주장할 수 있다(대판 1966.9.27. 66다1433).

(라) 경매

경매(競賣)에는 민사집행법에 의한 강제경매(强制競賣 : 제80조~162조)와 담보권 실행 등을 위한 경매(제264조~275조)가 있다. 경매로 인한 소유권취득의 시기는, 담보권 실행 등을 위한 경매에 있어서는 경락인이 경락대금을 완납한 때(제267조)이지만, 강제경매에 있어서는, 매수인은 "매각대금을 다 낸 때"에 매각의 목적인 권리를 취득한다(제135조).

경매로 인하여 부동산의 소유권을 취득함에 있어서는 등기를 요하지 않는 것이므로 경락허가결정을 원인으로 한 소유권이전등기가 중복등기의 이론으로 무효인 여부에 관계없이 경락인은 확정적으로 경락부동산에 대한 소유권을 취득한다(대판 1992.4.28. 91다46700).

1) 소유권의 취득시기

매수인은 매각대금을 다 낸 때에 매각의 목적이 된 권리를 취득한다(민사집행법 제135조).

2) 매각대금 지급 뒤의 조치

매각대금이 지급되면 법원사무관등은 매각허가결정의 등본을 붙여 다음 각 호의 등기를 촉탁하여야 한다(민사집행법 제144조 제1항).

1. 매수인 앞으로 소유권을 이전하는 등기

2. 매수인이 인수하지 아니한 부동산의 부담에 관한 기입을 말소하는 등기
3. 제94조 및 제139조 제1항의 규정에 따른 경매개시결정등기를 말소 하는 등기

(마) 기타 법률의 규정에 의한 부동산에 관한 물권의 취득

민법 제187조가 예시하고 있는 경우 이외에도 법률의 규정에 의한 물권변동의 예로는, ① 건물의 신축·개축 등으로 인한 취득, 물건의 멸실(滅失)로 인한 물권의 상실, ② 소멸시효(消滅時效)로 인한 상실, ③ 혼동(混同 : 민법 제191조), ④ 피담보채권의 소멸로 인한 담보물권의 소멸(민법 제369조), ⑤ 법정지상권(法定地上權 : 민법 제305조, 366조), ⑥ 법정저당권(法定抵當權 : 민법 제649조), ⑦ 대위(代位)로 인한 저당권 등의 이전(민법 제368조, 399조, 482조, 484조) 따위가 있다.

(4) 신축된 건물의 소유권의 원시취득자(原始取得者) 확정방법

건물을 신축(新築)하였을 경우의 그 소유권은 실제로 물자(物資)나 공사금(工事金)을 제공한 자에게 속한다(대판 1962.3.29. 62다23). 건축주(建築主)의 사정으로 건축공사가 중단되었던 미완성(未完成)의 건물을 인도(引渡)받아 나머지 공사를 마치고 완공하였다고 하더라도 공사가 중단된 시점에서 사회통념상 건물이라고 볼 수 있는 형태와 구조를 갖추고 있었다면 원래의 건축주가 이를 원시취득(原始取得)하였다고 봄이 상당하다(대판 1993.4.23. 93다1527,1513).

일반적으로 자기의 노력과 재료를 들여 건물을 건축한 사람은 그 건물의 소유권을 원시취득(原始取得)하는 것이고, 다만 도급계약(都給契約)에 있어서는 수급인(受給人)이 자기의 노력과 재료를 들여 건물을 완성하더라도 도급인(都給人)과 수급인 사이에 도급인 명의로 건축허가를 받아 소유권보존등기를 하기로 하는 등 완성된 건물의 소유권을 도급인에게 귀속시키기로 합의한 것으로 보여 질 경우에는 그 건물의 소유권은 도급인에게 원시적(原始的)으로 귀속된다(대판 1997.5.30. 97다8601).

집합건물의 소유 및 관리에 관한 법률 및 구 주택건설촉진법(2003.

5.29. 법률 제6916호 주택법으로 전문개정 전)에 근거하여 설립된 재건축조합은 기존의 노후건축물을 철거하고 재건축사업을 시행하는 것을 목적으로 하는 법인 아닌 사단으로서 그 사업구역 내에 있는 조합원들 소유의 토지는 재건축조합에 현물로 출자되고 그 지상의 주택은 사업시행에 따라 철거될 것을 전제로 하는 것이어서, 재건축조합이 시공회사와 사이에서 조합원으로부터 출자 받은 대지상에 집합건물을 신축하기로 하는 공사계약을 체결하고 이를 시행함에 있어 도급계약당사자가 아니라 제3자에 불과한 조합원들이 그 신축자금의 일부를 제공하였다 하여 그러한 사정만 가지고 개별 조합원들이 신축된 집합건물 중 특정부분의 구분소유권을 원시취득(原始取得)한다고 볼 것은 아니고, 재건축조합의 규약 및 공사계약서의 내용을 모두 살펴 원시취득자(原始取得者)를 확정하여야 한다(대판 2005.7.22. 2003다3072).

(5) 법률의 규정에 의한 부동산물권의 취득과 처분

상속, 공용징수, 판결, 경매 기타 법률의 규정에 의하여 등기 없이 물권을 취득(取得)한 경우에도 그 물권을 처분(處分)하려면 등기(登記)를 하여야 한다(민법 제187조 단서).

판례도 "관습에 의한 법정지상권이 성립한 후에 대지소유권의 양도(讓渡)가 있는 경우뿐만 아니라 법정지상권이 붙은 건물의 소유권의 양도가 있는 경우에도 그 법정지상권에 관한 등기 없이는 건물 양수자(讓受者)가 대지소유자에 대하여 법정지상권을 주장할 수 없다"(대판 1965.7.27. 65다864)고 하고, "토지와 그 지상건물이 같은 소유자의 소유에 속하였다가 그 건물 또는 토지가 매매되어 양자의 소유자가 다르게 될 때에는 특히 그 건물을 철거한다는 조건이 없는 한 당연히 건물소유자는 그 토지 위에 소위 관습에 의한 법정지상권을 취득하게 되나 위 지상권의 영도에 있어서는 등기를 요한다"(대판 1968.7.31. 67다1759)고 한다.

제4장 판결에 의한 등기

제4장 판결에 의한 등기

'판결에 의한 등기'라 함은 미등기의 토지 또는 건물에 대하여 확정판결에 의하여 자기의 소유권을 증명하는 자가 확정판결정본을 등기원일을 증명하는 서면으로 소유권보존등기를 신청(법 제65조 제2호)하거나, 부동산등기에 관하여 등기의무자의 등기신청의사의 진술에 갈음하는 확정판결을 받은 승소한 등기권리자 또는 등기의무자가 그 판결을 등기원인을 증명하는 서면으로 하여 단독으로 등기를 신청하는 것을 말 한다(법 제23조 제4항 및 민사집행법 제263조).

등기는 법률에 다른 규정이 없는 경우에는 등기권리자와 등기의무자가 공동으로 신청한다(부동산등기법 제23조 제1항)고 규정하여 공동신청의 원칙을 채택하고 있다. 따라서 등기의무자가 등기신청에 협력하지 않는다면 등기권리자는 해당 등기에 따른 효력(물권의 변동, 대항력 등)을 생기게 할 수 없고 나아가서 등기제도의 원활한 운영을 꾀할 수 없게 된다. 이 경우 등기를 원하는 일방 당사자가 타방 당사자에 대하여 등기신청에 협력할 것을 요구할 수 있는 실체법상의 권리 즉 "등기청구권(登記請求權)"이 인정된다. 이러한 등기청구권을 갖는 자가 실체법상 '등기권리자'이며 그에 응할 의무를 지는 자가 실체법상 '등기의무자'이다.

등기청구권은 공동신청에 의하는 권리에 관한 등기를 신청함에 있어서 등기의무자의 등기신청의사의 진술을 갈음하는 판결(민법 389조 2항 참조)을 소구할 수 있는 권리이다. 등기청구권에 기하여 등기권리자가 등기의무자를 상대로 한 소송에서 일정한 내용의 등기절차를 이행할 것을 명하는 판결이 확정되면 그것으로써 등기의무자가 등기신청을 한 것으로 간주되므로(민사집행법 263조), 승소한 등기권리자는 그 확정판결에 의하여 단독으로 등기신청을 할 수 있다(부동산등기법 제23조 제4항).

등기청구권을 행사하는 원고가 승소하여 피고의 등기신청의 의사표시를 갈음하는 의사의 진술을 명하는 판결이 선고된 때에는 그 판결이 확정됨으로써 피고가 특정한 등기신청의사의 진술을 한 것으로 간주되므로(민사집행법 제263조 1항), 판결확정과 동시에 협의의 집행은 완료되나, 판결이 확정되었다고 해서 등기의무자의 등기신청의사가 등기소에 도달된 것은 아니므로 등기권리자가 판결을 첨부하여 그 판결에서 명한 특정한 등기신청의 의사를 등기소에 도달시키는 행위(등기신청)가 필요하며, 그러한 등기신청절차를 규정한 것이 부동산등기법 23조 4항이라고 할 수 있다. 이에 따르면 판결을 등기소에 제시하는 행위는 광의의 집행 내지 판결의 이용행위로서의 성질을 갖는다.

'부동산등기법 제65조(소유권보존등기의 신청인) 2호의 소유권을 증명하는 판결'은 보존등기신청인의 소유임을 확정하는 내용의 것으로 그 판결은 소유권확인판결에 한하는 것은 아니며, 형성판결이나 이행판결이라도 그 이유 중에서 보존등기신청인의 소유임을 확정하는 내용의 것이면 이 에 해당한다.

부동산등기법 제23조 제4항의 판결은 등기신청절차의 이행을 명하는 '이행판결'이어야 하며(다만 공유물분할판결의 경우에는 예외로 한다), 화해조서, 인낙조서, 화해권고결정, 민사조정조서, 조정에 갈음하는 결정, 가사조정조서, 조정에 갈음하는 결정 등의 내용에 등기의무자의 등기신청에 관한 의사표시의 기재가 있는 경우에는 등기권리자가 단독으로 등기를 신청할 수 있다.

제1절　　판결에 의한 소유권보존등기

　소유권보존등기는 새로이 등기용지를 개설함으로써 그 부동산을 등기부상 확정하고 이후는 그에 대한 권리변동은 모두 보존등기를 시발점으로 하여 하게 되는 까닭에 등기가 실체법상의 권리관계와 합치할 것을 보장하는 관문이며 따라서 그 외의 다른 보통 등기에 있어서와 같이 당사자 간의 상대적 사정만을 기초로 하여 이루어질 수 없고, 물권의 존재 자체를 확정하는 절차가 필요하다(대판 1987. 5. 26. 86다카2518).

　미등기의 토지 또는 건물에 관한 소유권보존등기는 다음 각 호의 어느 하나에 해당하는 자가 신청할 수 있다(부동산등기법 제65조).
　1. 토지대장·임야대장 또는 건축물대장에 최초의 소유자로 등록되어 있는 자 또는 그 상속인, 그 밖의 포괄승계인
　2. 확정판결에 의하여 자기의 소유권을 증명하는 자
　3. 수용((收用)으로 소유권을 취득하였음을 증명하는 자
　4. 특별자치도지사, 시장, 군수 또는 구청장(자치구의 구청장)의 확인에 의하여 자기의 소유권을 증명하는 자(건물의 경우로 한정한다.)

　'판결에 의한 소유권보존등기'라 함은 확정판결에 의하여 자기의 소유권을 증명하는 자가 승소한 등기권리자로서 그 확정판결을 등기원인을 증명하는 서면으로 하여 미등기의 토지 또는 건물에 관한 소유권보존등기를 신청하는 것을 말한다((법 제65조 제2호).

　부동산등기법 제130조(현행법 제65조)에 비추어 볼 때 부동산에 관한 소유권보존등기를 함에 있어 토지대장등본 또는 임야대장등본에 의하여 소유자임을 증명할 수 없다면 판결에 의하여 소유권을 증명하여 소유권보존등기를 할 수밖에 없고, 더욱이 대장소관청인 국가기관이 그 소유를 다투고 있다면 이와 같은 판결을 얻기 위한 소송은 국가를

상대로 제기할 수 있다(1993. 4. 27. 93다5727, 5734, 1994. 3. 11. 93다57704, 1994. 12. 2. 93다58738, 1995. 7. 25. 95다14817, 2001. 7. 10. 99다34390).

부동산등기법 제130조(토지의 소유권보존등기, 현행법 제65조 제2호) 제2호 소정의 판결은 그 내용이 신청인에게 소유권이 있음을 증명하는 확정판결이면 족하고, 그 종류에 관하여 아무런 제한이 없어 반드시 확인판결이어야 할 필요는 없고, 이행판결이든 형성판결이든 관계가 없으며, 또한 화해조서 등 확정판결에 준하는 것도 포함한다(대판 1994. 3. 11. 93다57704).

부동산등기법 제131조(건물의 소유권보존등기, 현행법 제65조) 제2호의 판결에는 소유권확인 판결뿐만 아니라 그 판결 설시(說示)로서 등기의무자의 소유임을 인정하고 그 이전등기를 명한 급부판결도 포함된다(대법원 1971. 11. 12. 71마657).

확인의 소는 분쟁 당사자 사이에 현재의 권리 또는 법률관계에 관하여 즉시 확인할 이익이 있는 경우에 허용되는 것이므로, 소유권을 다투고 있지 않은 국가를 상대로 소유권확인을 구하기 위하여는 그 판결을 받음으로써 원고의 법률상 지위의 불안을 제거함에 실효성이 있다고 할 수 있는 특별한 사정이 있어야 할 것인바, 건물의 경우 가옥대장이나 건축물관리대장의 비치, 관리업무는 지방자치단체의 고유사무로서 국가사무라고 할 수 없는데다가 당해 건물의 소유권에 관하여 국가가 이를 특별히 다투고 있지도 아니하다면, 국가는 그 소유권귀속에 관한 직접 분쟁의 당사자가 아니어서 이를 확인해 주어야 할 지위에 있지 않으므로, 국가를 상대로 미등기건물의 소유권확인을 구하는 것은 그 확인의 이익이 없어 부적법하다(대판 1999. 5. 28. 99다2188).

국가를 상대로 건물 소유권확인판결을 받는다 하더라도 그 판결은 부동산등기법 제131조 제2호(현행법 제65조 제2호)에 해당하는 판결이라고 볼 수 없어 이를 근거로 소유권보존등기를 신청할 수 없으며(대판 1995. 5. 12. 94다20464), 미등기 건물에 관하여 국가를 상로 한 소유권확인판결을 받는다고 하더라도 그 판결은 부동산등기법 제131조 제2호(현행법 제65조 제2호)에 해당하는 판결이라고 볼 수 없어 이를 근거로 소유권보존등기를 신청할 수 없다(대판 1999. 5. 28. 99다2188).

1. 소유권보존등기의 신청인

미등기의 토지 또는 건물에 관한 소유권보존등기는 다음 각 호의 어느 하나에 해당하는 자가 신청할 수 있다(법 제65조).

가. 대장(토지, 임야 또는 건축물 대장)에 최초의 소유자로 등록되어 있는 자 또는 그 상속인, 그 밖의 포괄승계인(법 제65조 제1호)

자기명의로 소유권보존등기를 신청할 수 있는 자는 토지대장, 임야대장 또는 건축물대장에 '최초의 소유자'로 등록되어 있는 자 또는 그 상속인, 그 밖의 포괄승계인이다. 미등기토지를 대장에 신규 등록하는 경우 대장소관청에서 토지의 소유자를 조사, 등록하므로 대장상 '최초의 소유자'로 등록된 자는 그 토지의 원시취득자(原始取得者)가 되므로 이를 진정한 소유자로 보아 그 명의로 소유권보존등기를 신청할 수 있다.

미등기 부동산을 '매수한 자'는 직접 그 명의로 소유권보존등기를 신청할 수 없으며, 먼저 대장에 최초의 소유자로 등록된 자의 명의로 소유권보존등기를 한 다음 자기명의로 소유권이전등기신청을 하여야 한다[대법원 1985. 12.16. 85마798, 등기예규 제1483호 2. 가. (3).].

부동산등기법 제65조 제1호의 '그 밖의 포괄승계인'에 '포괄적 유증을 받은 자'가 포함된다(대법원 2013. 1. 25. 2012마1206).

나. 확정판결에 의하여 자기의 소유권을 증명하는 자(법 제65조 제2호)

(1) 부동산등기법 제65조 제2호 소정의 판결

부동산등기법 제130조(현행법 제65조) 제2호 소정의 판결은 그 내용이 신청인에게 소유권이 있음을 증명하는 확정판결이면 족하고, 그 종류에 관하여 아무런 제한이 없어 반드시 확인판결이어야 할 필요는 없고, 이행판결이든 형성판결이든 관계가 없으며, 또한 화해조서 등 확정판결에 준하는 것도 포함된다(대판 1994. 3. 11. 93다57704).

(2) 건축허가명의자를 상대로 한 소유권 확인판결

미등기건물에 대한 소유권보존등기를 신청함에 있어서 소유권을 증명하는 서면으로 판결을 첨부할 경우, 그 판결은 건축물대장상 '소유자로 등록되어 있는 자'를 상대로 한 소송에서 당해 건물이 보존등기신청인의 소유임을 확정하는 내용의 것이어야 하므로, 건축허가명의자를 상대로 하여 소유권을 확인하는 판결은 위 건물의 소유권을 증명하는 판결의 범위에 포함될 수 없다(등기선례 제3권 261항 등기예규 제192항).

(3) 미등기토지에 대하여 국가를 상대로 한 소유권확인청구

무주(無主)의 부동산은 국유(國有)로 한다(민법 제252조 제2항). 구민법(1958. 2. 22. 법률 제471호로 제정되기 전의 것) 제239조와 민법 제252조 제2항의 규정에 의하여 무주의 부동산은 선점과 같은 별도의 절차를 거침이 없이 그 자체로 국유에 속하므로, 구 국유재산법(1999.12.31. 법률 제6072호로 개정되기 전) 제8조 및 같은 법시행령 제4조에서 무주의 부동산을 국유로 취득하는 절차를 규정하고 있으나 이는 단순히 지적공부상의 등록절차에 불과하고 이로써 권리의 실체관계에 영향을 주는 것은 아니다(대판 1999.3.9. 98다41759).

미등기토지에 관한 토지대장에 소유권을 이전받은 자는 등재되어 있으나 최초의 소유자는 등재되어 있지 않은 경우, 위 토지대장상 소유권이전등록을 받은 자에게 국가를 상대로 토지소유권확인청구를 할 확인의 이익이 있다(대판 2009. 10. 15. 2009다48633).

국가를 상대로 한 토지소유권확인청구는 그 토지가 미등기이고 토지대장이나 임야대장 상에 등록명의자가 없거나 등록명의자가 누구인지 알 수 없을 때와 그 밖에 국가가 등기 또는 등록명의자인 제3자의 소유를 부인하면서 계속 국가소유를 주장하는 등 특별한 사정이 있는 경우에 한하여 그 확인의 이익이 있다. 그리고 어느 토지에 관하여 등기부나 토지대장 또는 임야대장상 소유자로 등기 또는 등록되어 있는 자가 있는 경우에는 그 명의자를 상대로 한 소송에서 당해 부동산이 보존등기신청인의 소유임을 확인하는 내용의 확정판결을 받으면 소유권보존등기를 신청할 수 있는 것이므로 그 명의자를 상대로 한 소유권확인청구에 확인의 이익이 있는 것이 원칙이지만, 토지대장 또는 임야대장의 소유자에 관한 기재의 권리추정력이 인정되지 아니하는 경우에는 국가를 상대로 소유권확인청구를 할 수밖에 없다(대판 2010. 11. 11. 2010다45944).

다. 수용으로 인하여 소유권을 취득하였음을 증명하는 자(법 제65조 제3호)

사업시행자는 수용의 개시일(開始日)에 수용의 대상인 토지나 물건의 소유권을 취득하며, 그 토지나 물건에 관한 다른 권리는 이와 동시에 소멸한다(공익사업을 위한 토지 등의 취득 및 보상에 관한 법률 제45조 제1항).

미등기토지를 수용한 사업시행자는 토지수용을 원인으로 하여 소유권보존등기를 신청할 수 있고, 이 경우 일반적인 첨부서면 외에 등기원인을 증명하는 서면으로 토지수용위원회의 재결서등본과 보상을 증명하는 서면으로 공탁서원본(또는 보상금수령영수증)을 첨부하여야 한다(등기선례 제7권 제143항).

라. 특별자치도지사, 시장, 군수 또는 구청장의 확인에 의하여 자기의 소유권을 증명하는 자(건물의 경우로 한정한다. 법 제65조 제4호)

건물의 경우 토지와는 달리 '특별자치도지사, 시장, 군수 또는 구청장의 확인'을 소유권을 증명하는 정보로 제공하여 소유권보존등기를 신청할 수 있다. 부동산등기법 제65조 제4호의 규정에 의한 확인에 의하여 자기의 소유권을 증명하는 자가 건물의 소유권보존등기를 신청할 수 있다고 한 것은 최소한 건축물대장이 생성되어 있음을 전제로 한 것이며, 건축물대장이 생성되어 있지 않은 건물에 대하여 위 확인에 의하여 소유권을 증명하여 소유권보존등기를 신청할 수 있다는 의미는 아니다.

이와는 달리 현행 등기예규 제1483호는 건축물대장이 없는 건물에 대하여도 시장 등의 확인에 의하여 건물의 소유권보존등기를 할 수 있는 경우를 규정하고 있고, 등기실무도 마찬가지로 처리되고 있다[법원행정처 발행 부동산등기실무 제2권 204면(3)].

소유권보존등기는 부동산등기법 제65조에 규정된 신청권자가 단독으로 신청할 수 있으므로 공동신청을 전제로 하는 등기권리자·등기의무자(법 제23조 제1항)가 문제되지 않는다.

2. 부동산등기법 제65조 제2호의 판결

토지(임야) 대장 또는 건축물대장에 소유권자가 아닌 자가 최초의 소유자로 등록되어 있거나 등기기록에 등기되어 있는 경우 '진정한 소유자'는 대장 또는 등기기록상의 소유자(소유자 사망의 경우 그 상속인)를 상대로 그 부동산에 대한 소유권이 자기에게 있음을 증명하는 판결을 받아 소유권보존등기를 신청할 수 있다(법 제65조 제2호).

여기서 말하는 판결은 미등기부동산에 대한 소유권을 증명하는 서면으로서의 판결을 의미하는 것으로서 보존등기신청인의 소유임을 확정하는 내용의 판결이면 족하고 반드시 확인판결이어야 할 필요는 없으며(대판 1994. 3. 11. 93다57704). 형성판결이나 이행판결이라도 그 이유 중에서 보존등기 신청인의 소유임을 확정하는 내용의 것이면 이에 해당하며, 조정조서, 화해조서 등 확정판결에 준하는 것도 포함된다(등기예규 제1483호. 3. 다.).

구 부동산등기법 제130조에 비추어 볼 때 부동산에 관한 소유권 보존등기를 함에 있어 토지대장등본 또는 임야대장등본에 의하여 소유자임을 증명할 수 없다면 판결에 의하여 소유권을 증명하여 소유권보존등기를 할 수밖에 없고, 더욱이 대장 소관청인 국가기관이 그 소유를 다투고 있다면 이와 같은 판결을 얻기 위한 소송은 국가를 상대로 제기할 수 있다(대판 93. 4. 27. 93다5727, 5734, 2001. 7. 10. 99다34390).

가. 판결의 상대방(피고적격)

판결의 상대방은 '소유권보존등기를 신청할 수 있는 자'를 상대방으로 하여 승소판결을 받아야 한다. 부동산등기법 제65조 제2호의 소유권을 증명하는 '판결'(판결과 동일한 효력이 있는 화해조서, 제소전화해조서, 인낙조서, 조정조서를 포함한다)은 다음 각 호에 해당하는 자를 대상으로 한 것이어야 한다.

(1) 대장상 최초의 소유자로 등록되어 있는 자(상속인)

토지(임야)대장 또는 건축물대장상에 '최초의 소유자이'로 등록되어 있는 자 또는 그 상속인, 그 밖의 포괄승계인(대장상 소유자 표시에 일부 오류가 있어 대장상 소유자 표시를 정정등록 한 경우의 정정등록 된 소유명의인을 포함한다)을 상대로 소유권이 자기에게 있음을 증명하는 판결을 받아야 한다.

미등기 부동산에 관하여는 대장상(토지, 임야 또는 건축물) 소유자로 등록되어 있는 자가 보존등기신청을 할 수 있으므로(법 제65조 제1호), 미등기 부동산은 대장상 '최초의 등록명의자'를 상대로 하여야 한다. 등기부가 멸실되었으나 등기부상 소유자로서 멸실회복등기 기간 내에 회복등기를 신청하지 못한 자와 미등기토지의 지적공부상 "국"으로부터 소유권이전등록을 받은 자는 대장상 소유권이전등록을 받았어도 직접 자기명의로 소유권보존등기를 신청할 수 있으므로 이들을 상대방으로 할 수 있다.

(2) 국가(토지의 경우)

토지(임야)대장상의 소유자 표시란이 공란으로 되어 있거나 소유자 표시에 일부 누락이 있어 '대장상의 소유자'를 특정할 수 없는 경우에는 '국가'를 상대방으로 하여 소유권

확인을 구할 수 있다(민법 제252조 제2항 참조).

미등기토지의 지적공부상 '국가로부터 소유권이전등록을 받은 자'를 상대방으로 하여 소유권확인을 청구할 수 있다.

대장상 소유권이전등록을 받았다 하더라도 물권변동에 관하여 형식주의를 취하고 있는 현행 민법상 소유권을 취득했다고 할 수 없으므로 '대장상 소유권이전등록을 받은 자'는 자기 앞으로 바로 보존등기는 신청할 수는 없으며, 대장상 최초의 소유명의인 앞으로 보존등기를 한 다음 이전등기를 하여야 한다(대판 2009. 10. 15. 2009다48633).

(가) 국가를 상대로 한 토지소유권 확인청구가 이익이 있는 경우

대장(토지대장. 임야대장)상 등록명의자가 없거나 등록명의자가 누구인지 알 수 없을 때(등록명의인의 성명 또는 주소가 불명인 경우)에는 '국가'를 상대방으로 소유권확인판결을 받아야 한다. 다만, 대장상 또는 등기부상 명의인이 분명한 경우에도 국가가 등기 또는 등록명의자인 제3자의 소유를 부인하면서 계속 '국가 소유'를 주장하는 등 특별한 사정이 있는 경우에는 국가를 상대방으로 하여 확인을 구할 이익이 있다(대판 1994. 12. 2. 93다58738).

'국가를 상대로 한 토지소유권확인청구는 그 토지가 미등기이고 토지대장이나 임야대장에 등록명의자가 없거나 등록명의자가 누구인지 알 수 없을 때와 그 밖에 국가가 등기 또는 등록명의자인 제3자의 소유를 부인하면서 계속 국가소유를 주장하는 등 특별한 사정이 있는 경우에 한하여 그 확인의 이익이 있다(대판 2009. 10. 15. 2009다48633, 2001. 7. 10.99다34390).

(나) 대장에 소유권을 이전 받은 자는 등재되어 있으나 최초의 소유자가 누락된 경우

미등기토지에 관한 토지대장에 소유권을 이전 받은 자로 등재되어 있으나 '최초의 소유자'는 등재되어 있지 않은 경우, 위 토지대장상 소유권이전등록을 받은 자에게 국가를 상대로 토지소유권확인청구를 할 확인의 이익이 있다(대판 2009. 10. 15. 2009다48633).

(다) 토지대장상 최초의 소유자를 알 수 없는 경우

토지의 경우 그 토지대장상 '최초의 소유자'가 누구인지를 모를 경우에는 '국가'를 상대로 소유권확인을 구하여야 한다. 구부동산등기법 제130조(현행법 제65조 제2호)에 비추어 볼 때 부동산에 관한 소유권보존등기를 함에 있어 토지대장등본 또는 임야대장등본에 의하여 소유자임을 증명할 수 없다면, 판결에 의하여 그 소유권을 증명하여 소유권보존등기를 할 수밖에 없는 것이고, 더욱이 대장 소관청인 국가기관이 그 소유를 다투고 있다면 이와 같은 판결을 얻기 위한 소송은 국가를 상대로 제기할 수 있다(대판 1993. 4. 27. 93다5727, 5734, 1994. 3. 11. 93다57704, 1994. 12. 2. 93다58738, 1995. 7. 25. 95다14817, 2001. 7. 10. 99다34390).

(라) 국가를 상대로 한 미등기 건물의 소유권확인판결의 법 제65조 제2호의 판결에 해당 여부(소극)

건물의 경우 가옥대장이나 건축물관리대장의 비치, 관리업무는 당해 '지방자치단체'의 고유사무로서 국가사무라고 할 수 없는데다가 당해 건물의 소유권에 관하여 '국가'가 이를 특별히 다투고 있지도 아니하다면, 국가는 그 소유권 귀속에 관한 직접 분쟁의 당사자가 아니어서 이를 확인해 주어야 할 지위에 있지 않으므로, 국가를 상대로 미등기건물의 소유권확인을 구하는 것은 그 확인의 이익이 없어 부적법하다. 미등기 건물에 관하여 국가를 상대로 한 소유권확인판결을 받는다고 하더라도 그 판결은 부동산등기법 제131조 제2호(현행법 제65조 제2호)에 해당하는 판결이라고 볼 수 없어 이를 근거로 소유권보존등기를 신청할 수 없다(대판 1999. 5. 28. 99다2188).

(마) 보존등기가 되어 있는 토지(보존등기의 명의인)

소유권보존등기가 되어 있는 토지에 대해서는 그 '등기명의인'이 상대방이 된다. 이미 소유권보존등기가 마쳐진 토지에 관하여 그 명의인을 상대로 소유권보존등기말소판결을 얻은 경우 그 판결에 신청인의 소유임을 확인하는 내용이 있으면 그 판결에 의하여 보존등기를 말소한 후 자기명의로 새로이 보존등기를 신청할 수 있다(등기선례 제6권 178항).

(3) 지방자치단체(미등기 건물)를 상대로 한 판결

"건축물대장이 작성되어 있지 아니한 건물"이거나 건축물대장의 소유자 표시란이 공란이거나 소유자 표시에 일부 누락이 있어 대장상 '최초의 소유자'를 확정할 수 없는 미등기 건물에 관하여는 국가를 상대방으로 하여 소유권확인의 판결을 받을 수 없고(대판 1995. 5. 12. 94다20464. 등기선례 요지집 제5권 255항), 건축물대장의 비치·관리업무의 소관청인 '지방자치단체'를 상대로 하여 당해 건물이 자신의 소유임을 확인하는 내용의 확정판결을 받아 그 명의로 소유권보존등기를 신청할 수 있다(대판 1994. 3. 11. 93다57704. 등기선례 요지집 제6권 122항). 따라서 건물에 대하여 건축허가명의인 또는 건축주를 상대로 한 소유권확인판결로는 소유권보존등기를 신청할 수 없다(등기예규 1483호 3. 라.).

건축물대장상의 소유자 표시란이 공란이거나 소유자 표시에 일부 누락이 있어 대장상의 소유자를 확정할 수 없는 미등기건물에 대하여 갑이 시장, 군수, 구청장을 상대로 하여 당해 건물이 그의 소유임을 확인하는 내용의 확정판결을 받았다면 갑은 그 판결정본을 첨부하여 그 명의의 소유권보존등기를 신청할 수 있다(등기선례 제6권 122항).

3. 부동산등기법 제65조 제2호의 판결에 해당 여부

건물 소유권보존등기의 신청인을 규정한 법65조 2호에서 말하는 '확정판결에 의하여 자기의 소유권을 증명하는 자'란 ① 미등기건물의 경우에는 건축물대장에 등록된 소유자 또는 대장소관청인 특별자치도지사, 시장, 군수, 구청장(자치구의 구청장을 말한다)을 상대로 소유권확인판결을 받은 사람을 말한다. 이러한 판결을 받은 경우 판결과 함께 건축물대장 정보를 첨부하여야 소유권보존등기를 신청할 수 있다. ② 등기된 건물의 경우에는 소유권보존등기의 명의인을 상대로 소유권 보존등기 말소판결을 받은 사람을 말하며, 이 경우에도 판결과 함께 건축물대장 정보를 첨부하여야 한다.

확정판결에 의하여 자기의 소유권을 증명하는 자는 미등기의 토지 또는 건물에 관한 소유권보존등기를 신청할 수 있다(법 제65조 제2호). 부동산등기법 제65조 제2호의 '소유권을 증명하는 판결'은 소유권확인판결에 한정되는 것은 아니며, 형성판결이나 이행판결이라도 그 이유 중에서 보존등기신청인의 소유임을 확정하는 내용의 것이면 이에 해당된다.

가. 신청인에게 소유권이 있음을 증명하는 확정판결

부동산등기법 제65조 제2호의 판결은 소유권을 증명하는 서면으로서의 판결을 의미하는 것으로서 보존등기신청인의 소유임을 확정하는 것이어야 한다. 그러나 구부동산등기법 제130조 제2호(현행법 제65조 제2호)의 판결은 그 내용이 신청인에게 소유권이 있음을 증명하는 확정판결이면 족하고, 그 종류에 관하여 아무런 제한이 없어 반드시 확인판결이어야 할 필요는 없고, 이행판결이든 형성판결이든 관계가 없으며, 또한 화해조서 등 확정판결에 준하는 것도 포함된다(대법원 1990. 10. 29. 90마772 결정, 대판 1994. 3. 11. 93다57704).

나. 형성판결, 이행판결

형성판결이나 이행판결이라도 그 '이유 중에서 보존등기신청인의 소유임을 확정'하는 내용의 것이면 부동산등기법 제65조 제2호의 판결에 해당하며, 조정조서, 화해조서 등 확정판결에 준하는 것도 포함한다. 다만 판결이유에서 소송 당사자가 아닌 제3자의 소유임이 설시된 경우에는 그 제3자는 판결의 효력을 받는 자가 아니므로 그 판결에 의하여 자기명의로 소유권보존등기를 신청할 수 없다.

다. 의제자백판결

이행판결이 '의제자백판결'(민사소송법 제150조)인 경우 이러한 판결도 법 제65조 제2호의 판결에 포함되느냐에 관하여, 판결이유에 보존등기신청인의 소유임을 확인하는 내용이 없음으로 이에 포함되지 않는다는 견해가 있으나 의제자백의 경우에도 보존등기신청인의 소유권이 명시적으로 확인된 경우와 달리 취급할 이유가 없으므로, 이에 포함된다고 볼 것이다.

라. 보존등기의 말소를 명한 판결에 의한 소유권보존등기

소유권보존등기의 말소청구소송을 제기하여 승소확정판결(판결이유 중에 당해 부동산이 보존등기신청인의 소유임을 확정하는 내용이어야 함)을 받은 자 또는 그 상속인은 위 판결을 소유권을 증명하는 서면으로 하여 자기 앞으로의 소유권보존등기를 신청할 수 있다(등기선례 요지집 제3권 253항, 제4권 199항, 제5권 220항, 6권 178항, 제7권 124항).

甲이 등기부상 소유자 乙을 상대로 하여 토지소유권보존등기말소의 승소판결을 받았고, 그 판결이유에서 甲이 토지소유자의 상속인임이 인정되었다면, 甲은 위 판결에 의하여 자기명의로 위 토지에 대한 소유권보존등기를 신청할 수 있다(등기선례 제7권 항).

미등기 부동산이 공동소유인 경우 공유자 중 1인은 공유물의 보존행위로서 공유자 전원을 위하여 소유권보존등기를 신청할 수 있으므로 상속인 중 일부인 甲이 국가를 상대로 제기한 소유권보존등기 말소판결의 이유 중에서 그 부동산이 甲을 포함한 공동상속인 乙과 丙의 '상속재산이라는 사실'과 '구체적 상속분'이 기재되어 있다면 甲은 위 판결에 의하여 단독으로 소유권보존등기의 말소 및 甲을 포함한 乙과 丙 전원명의의 소유권 보존등기를 신청할 수 있다. 이 경우 소유권보존등기신청서에는 피상속인과 상속인의 제적등본 기타 가족관계등록사항별증명서 등의 '상속을 증명하는 서면'을 별도로 첨부할 필요가 없으나 판결이유 중에 그 부동산이 피상속인의 소유였다는 사실만이 기재되어 있거나 상속인과 상속분이 구체적으로 기재되어 있지 않은 경우에는 상속을 증명하는 서면을 첨부하여야 한다(등기선례 제8권 105항).

4. 등기에 관하여 의사의 진술을 명한 이행판결에 의한 등기

가. 등기에 관하여 의사의 진술을 명한 판결의 주문

판결의 주문(主文)은 소송의 결론부분으로서 청구의 취지에 대응하는 것으로 소 또는 상소에 대한 법원의 응답(應答)을 나타내는 항목이므로, 판결의 기판력, 형성력, 집행력을 명확하게 나타내도록 간결하게 표시하여야 한다.

제1심의 판결에 있어서 주문은 원고의 청구를 인용 또는 기각하거나 혹은 소를 부적법하다고 하여 각하하는 것이고, 상급심의 판결에 있어서는 상소를 인정 또는 기각하거나 상소를 부적법한 것으로 각하하는 것이 된다.

주문은 판결의 기판력, 형성력, 집행력을 명확하게 나타내도록 간결하게 표시하여야하므로, 이행판결의 주문에는 특히 '협의의 강제집행'을 고려하여야 하며, 확인소송에서 원고승소의 판결을 하는 주문에는 권리관계를 특정할 수 있게 표시하여야 하며, 형성판결의 주문은 형성되는 권리관계를 명확히 표시하여야 한다.

(1) 판결주문에 명시될 사항

등기에 관하여 의사의 진술을 명한 이행판결이 확정된 때에는 그 판결로 의사를 진술한 것으로 보므로(민사집행법 제263조 제1항). 등기절차의 이행을 명하는 판결주문의 형태는 '피고(등기의무자)는 원고(등기권리자)에게 별지목록기재 부동산(등기할 부동산의 표시)에 관하여 2015년 1월 25일(등기원인일자) 매매(등기원인)를 원인으로 한 소유권이전등기절차(등기목적)를 이행하라'와 같이 등기신청의사를 명확히 진술하는 것이어야 한다.

위와 같이 등기에 관하여 의사의 진술을 명하는 이행판결에는 등기권리자와 등기의무자, 등기의 대상인 부동산의 표시, 등기목적, 등기원인과 그 연월일 등 등기신청서(규칙 제43조 제1항) 및 등기기록(법 제34조, 제40조, 제48조)의 필요적 기재사항이 명시되어 있어야 그 판결에 의한 등기의 집행(법 제23조 제4항)을 할 수 있다.

등기에 관하여 의사의 진술을 명하는 판결은, 그 판결이 확정된 때에 등기신청의사표시를 한 것으로 의제되므로, 등기에 관한 의사표시의 내용을 특정할 수 있는 범위 내에서 이를 명기(明記)하여야 그 판결에 의한 등기를 집행(법 제23조 제4항)할 수 있다.

(2) 등기의 말소 또는 말소된 등기의 회복을 명하는 판결의 경우

(가) 등기의 말소

등기의 말소를 신청하는 경우에 그 말소에 대하여 등기상 이해관계 있는 제3자가 있을 때에는 제3자의 승낙이 있어야 한다(법 제57조 제1항). 따라서 등기의 말소를 신청할 경우 그 말소에 대하여 등기상 이해관계 있는 제3자가 임의로 승낙을 하지 않을 때에는 그 제3자를 상대로 등기의 말소에 대한 승낙의 의사표시를 구하는 소를 제기하여 판결을 받아야 한다.

등기의 말소를 명하는 판결의 주문에는 '원고에게 피고 甲은 별지목록기재부동산에 관하여 서울남부지방법원 강서등기소 2005년 12월 5일 접수 제65889호로 경료된 소유권이전등기(말소대상등기의 표시)의 말소등기절차를 이행하고, 피고 乙은 위 소유권이전등기의 말소등기에 대하여 승낙의 의사표시를 하라'고 명시되어야 한다.

(나) 말소된 등기의 회복

말소된 등기의 회복을 신청하는 경우에 등기상 이해관계 있는 제3자가 있을 때에는 그 제3자의 승낙이 있어야 한다(법 제59조). 따라서 말소된 등기의 회복을 신청하는 경우 그 등기의 회복에 대하여 등기상 이해관계 있는 제3자가 임의로 승낙을 하지 아니할 경우에는 그 제3자를 상대로 등기의 회복에 대하여 승낙의 의사표시를 구하는 소를 제기하여야 한다.

말소된 등기의 회복을 명하는 판결의 주문에는 '피고 甲은 원고에게 별지목록기재부동산에 관하여 서울 남부지방법원 강서등기소 2015년 12월 25일 접수 제8997호로 말소등기(말소된 등기의 표시)된 같은 등기소 2015년 1월 30일 접수 제1588호 근저당권설정등기의 회복등기절차(회복할 등기의 표시)를 이행하고, 피고 乙은 원고에게 별지목록기재 부동산에 관하여 같은 등기소 2015년 12월 25일 접수 제8997호로 말소등기된 2015년 1월 30일 접수 제1588호 근저당권설정등기의 회복등기에 대하여 승낙의 의사표시를 하라'와 같이 '말소된 등기' 및 '회복할 등기'를 구체적으로 명시하여야만 그 판결에 의한 등기를 집행할 수 있다.

나. 확인판결

(1) 확인판결의 의의

확인판결이라 함은 확인의 소(원고가 법원에 대하여 다툼이 있는 권리, 법률관계의 존재, 부존재의 확정을 요구하는 소)가 제기된 경우에 법원이 하는 판결로서 권리 또는 법률관계의 존부를 확인하여 선언하는 것을 말한다.

소유권, 상속권 등의 절대권 자체에 대한 확인이나 임대차관계 등의 포괄적인 권리관계 또는 법률상의 지위에 대하여 확인을 선언하는 판결 등이 그 예이다. 따라서 매매계약이 무효라는 확인판결에 의하여 소유권이전등기의 말소등기를 신청할 수 없고(선례 1-494), 소유권확인판결에 의하여 소유권이전등기를 신청하거나(선례 4-217), 통행권 확인판결에 의하여 지역권설정등기를 신청할 수 없다(선례 7-322).

(2) 확인의 소의 권리보호 요건(확인의 이익)

확인의 소에 있어서는 권리보호 요건으로서 확인의 이익이 있어야 하고 확인의 이익은 확인판결을 받는 것이 원고의 권리 또는 법률상의 지위에 현존하는 불안·위험을 제거하는 가장 유효적절한 수단일 때에 인정되는 것이므로, 확인의 소에 있어서는 원고의 권리 또는 법률상의 지위에 불안·위험을 초래하고 있거나 초래할 염려가 있는 자가 피고로서의 적격을 가진다(대판 2007. 2. 9. 2006다68650, 68667).

▣ 확인판결의 주문례

> 서울특별시 00구 00동 000번지 대 000평방미터가 원고의 소유임을 확인한다.

다. 이행판결

이행판결이라 함은 이행의 소(원고가 법원에 대하여 피고에게 일정한 급부의 이행을 청구할 수 있는 법적지위를 주장하여 급부의 이행을 명하는 판결을 구하는 소)에 있어서 원고의 청구가 이유 있는 경우에 이행을 명하는 판결을 말한다. 이행판결은 피고에 대한 이행명령을 포함하고 있으므로 집행권원이 되어 집행력이 발생한다.

▣ 이행판결의 주문례

> 피고는 원고에게 서울특별시 ○○구 ○○동 ○○번지 대 000평방미터에 관하여 0000년 00월 0일 매매(또는 증여, 교환 등)를 원인으로 한 소유권이전등기절차를 이행하라.

(1) 이행의 소

이행(履行)의 소(訴)라 함은 원고가 법원에 대하여 피고에게 일정한 급부의 이행을 청구할 수 있는 법적지위를 주장하여, 그 급부의 이행을 명하는 판결(즉 이행판결)을 구하는 것을 말한다. 이행청구의 목적은 청구권의 확정에 있는 것이 아니라 집행력을 얻기 위한 채무명의(債務名義)의 확보에 있다.

(2) 이행판결

이행판결(履行判決)이라 함은 이행의 소에 있어서, 소송요건을 구비하고, 원고의 청구가 이유 있는 경우에 이행을 명하는 판결을 말한다. 이행판결은 본안판결(本案判決)이며,

청구인용판결(請求認容判決)에 해당된다. 이행판결은 피고에 대한 이행명령을 포함하고 있으므로 집행권원이 되어 집행력이 발생한다. 동시에 이행청구권의 존재를 확인하며, 이 점에 관하여 기판력(旣判力)이 발생한다.

(3) 채무명의·집행권원

채무명의(債務名義)라 함은 일정한 사법상의 급부청구권의 존재 및 범위를 표시하고 강제집행에 의해 이를 실현시키는 집행력(執行力)을 법률상 인정하는 공적(公的)인 문서를 말한다. 채무명의의 대표적인 것은 법원의 확정판결이다. 이외에도 법원이 관여하는 것으로서 가집행선고 있는 종국판결, 가집행선고 있는 지급명령, 화해조서, 각종의 조정절차에서 성립한 조정조서 등이 있다.

집행권원(執行權原)이라 함은 일정한 사법상(私法上) 이행청구권의 존재와 범위를 표시하고 그 청구권에 집행력을 인정한 공증의 문서를 말한다(민사집행법 제56조). 구 민사소송법에서는 채무명의라고 하였다(구 민사소송법 제519조). 구체적으로 어떠한 증서가 집행권원이 되는지는 민사집행법과 그 밖의 법률에 정하여져 있다. 집행권원은 일정한 사법상 이행청구권을 표시하여야 하므로 그러한 표시가 없는 형성판결이나 확인판결은 집행권원이 될 수 없다.

민사집행법과 민사소송법에 규정된 집행권원은 다음과 같다.

확정된 종국판결 및 가집행의 선고가 있는 종국판결(민집 제24조), 외국법원의 확정판결 또는 이와 동일한 효력이 인정되는 재판에 대한 집행판결(민집 제26조 제1항), 소송상 화해조서, 제소 전 화해조서(민집 제57조, 제56조 제5호), 청구의 인낙조서(민집 제57조, 제56조 제5호), 항고로만 불복할 수 있는 재판(민집 제57조, 제56조 제1호), 확정된 지급명령(민집 제57조, 제56조 제3호), 집행증서(민집 제57조, 제56조 제4호), 가압류명령, 가처분명령(민집 제291조, 제301조), 과태료의 재판에 대한 검사의 집행명령(민집 제60조), 확정된 화해권고결정(민소 제231조).

(4) 등기에 관하여 의사의 진술을 구하는 청구(등기청구권)

(가) 등기의 의의

등기관(부동산등기법 제11조)이라는 국가기관이 법정절차에 따라 등기부라는 공적 장부에 부동산에 관한 일정한 권리관계를 기재하는 것, 또는 그러한 기재 자체를 〈등기〉 또는 〈부동산 등기〉라고 한다. 이러한 정의(定義)는 등기의 실체법상의 정의이다. 절차법상으로는 그 밖에 '부동산의 표시'에 관한 기재까지도 포함해서 등기라고 한다.

등기는 부동산물권의 공시방법이며, 물권행위가 있어도 등기를 갖추지 못하면 물권변동은 일어나지 않는다. 이런 의미에서 등기는 법률행위에 의한 물권변동에 관하여 법률이 요구하는 물권행위 이외의 또 하나의 요건인 것이다.

(나) 등기의 유효요건

등기가 물권행위와 더불어 물권변동의 효력을 발생케 하려면 그것이 유효하게 성립하고 있어야 한다. 공시의 원칙을 관철하기 위한 방법으로 성립요건주의(成立要件主義)를 채택하고 있는 우리 민법상(민법 제186조) 법률행위에 의한 부동산거래에 있어서는 원칙적으로 물권행위 외에 등기가 경료 되어야만 물권변동의 효력이 발생한다.

이와 같이 등기가 부동산의 물권변동 또는 현재의 권리상태의 공시방법으로서 유효하려면 그 등기 자체가 부동산등기법 기타 법령이 규정한 절차상의 요건을 갖추어 적법하게 이루어져야 할 뿐만 아니라(형식적 또는 절차적 유효요건), 현재의 권리상태 또는 물권변동에 부합하는 것이어야 한다(실질적 또는 실체적 유효요건). 이와 같은 등기의 유효요건 중 어느 하나에 하자 또는 흠결이 있는 경우에는 그 등기는 원칙적으로 무효라고 하여야 할 것이다.

1) 등기의 형식적 또는 절차적 유효요건

등기가 유효하기 위하여는 그 등기가 부동산등기법 기타 법령이 정하는 절차에 따라 행하여 져야 한다. 등기의 형식적 유효요건은 아래와 같다.

① 등기의 존재

등기가 등기로서 유효하려면 등기부상의 기재인 등기 자체가 존재하여야 한다. 따라서 등기신청이 있고 등기신청인에게 등기필증까지 교부되었다 하더라도 등기관이 그 등기신청에 따라 현실적으로 등기부에 기입한 것이 없다면 그 등기는 존재하지 않는 것으로서(대법원 1977.10.31. 77마262) 그 유효, 무효도 문제될 수 없다.

② 등기할 사항

등기가 유효하려면 그 사항이 등기할 수 있는 것이어야 한다. 등기는 부동산의 표시와 소유권, 지상권, 지역권, 전세권, 저당권, 권리질권, 채권담보권, 임차권의 보존, 이전, 설정, 변경, 처분의 제한 또는 소멸에 대하여 한다(부동산등기법 제3조).

③ 관할 등기소

등기는 관할 등기소에서 하여야 하며(동법 제29조 제1호), 관할위반의 등기는 당연 무효의 등기로서 등기관이 직권으로 말소하여야 한다(동법 제58조).

④ 등기신청의 형식적 요건의 구비

부동산등기법 제29조(신청의 각하)는 등기의 진실성을 확보하기 위하여 등기신청에 엄격한 형식적 요건을 구비할 것을 요구하고 그 요건이 갖추어지지 아니한 경우에는 등기관이 그 신청을 각하하도록 하였다.

⑤ 등기신청행위의 하자가 없어야 한다.

등기의무자의 등기신청 의사(意思)는 등기의 유효요건이다. 비록 등기를 신청한 대리인에게 대리권이 없었더라도, 본인의 의사에 의하여 실체적 유효요건을 갖추게 되고, 또한 등기가 이에 부합할 때에는 그 등기는 유효하다(대판 1971.8.31. 71다1163). 등기신청인 특히 등기의무자의 의사(意思)에 의하지 아니한 등기신청, 즉 위조한 등기신청서류 또는 무권대리인의 등기신청에 의하여 이루어진 등기는 무효이다(대판 1973.10.31. 73다628).

2) 등기의 실질적 또는 실체적 유효요건

등기는 등기부 기재에 합치하는 실체관계 또는 물권이나 권리의 변동, 권리상태가 존속하고 있어야 하고 이에 부합하여야 한다. 법률행위에 의한 부동산물권의 변동에는 물권행위와 등기라는 두 요건을 필요로 하며, 또한 양자는 서로 부합하여야 한다. 이 두 요건 중 어느 하나가 존재하지 않거나 또는 유효하지 못하면 물권의 변동은 일어나지 않는다(대판 1964.11.24. 64다851, 852).

등기가 "실체적 권리관계에 부합 한다"는 것은 등기절차에 어떤 하자가 있다하더라도 그 등기가 현재의 진실한 권리관계와 합치되는 것을 말한다(대판 1992.2.28. 91다30149). 법률행위에 의한 물권변동에 있어서 성립요건주의를 취하고 있는 현행 민법상에서는 당사자가 이루려고 하는 물권변동에의 부합이 그 실체적 유효요건이 된다.

(다) 물권행위의 의의

물권행위(物權行爲)라 함은 물권변동을 목적으로 하는 의사표시를 요소로 하는 법률행위를 말하는 것으로서, 채권 . 채무를 발생시키는 법률행위인 채권행위(債權行爲)와 대립하는 개념이다. 채권행위에 의해서는 채권이 발생할 뿐이고 이행의 문제가 남게 되지만, 물권행위에 의해서는 곧 물권변동이 발생하므로 이행의 문제가 생기지 않는다.

물권행위와 채권행위는 이론상 서로 구별되는 개념이지만, 대부분의 경우에는 먼저 채권행위가 있고, 그 이행으로서 물권행위가 행해진다. 물권변동을 일으켜야 할 채무를 발생시키는 채권행위의 이행으로서 물권행위가 행해지는 경우, 즉 그 채권행위가 물권행위의 원인이 되는 경우에, 그 채권행위를 물권행위의 〈원인행위(原因行爲)〉라고 한다.

(라) 물권변동의 의의

물권변동이라 함은 물권의 발생 . 변경 . 소멸을 말한다. 물권의 주체(主體)를 중심으로 말할 때에는 물권의 득실변경(得失變更)이라 한다.

(마) 등기청구권의 의의

등기는 원칙적으로 등기권리자 및 등기의무자의 공동신청에 의해서 행해지는 것이기 때문에(부동산등기법 제23조 제1항) 등기권리자의 등기신청에 대해 등기의무자가 임의로 협력하지 않는 경우에는 법률상 등기권리자가 등기의무자에 대해 그 협력을 청구할 수 있는 권리를 인정하지 않으면 안 된다. 이와 같은 등기신청에 있어서 협력을 청구할 수 있는 권리를 등기청구권(登記請求權)이라 한다.

1) 공동신청주의와의 관계

부동산등기법 제23조 제1항은 "등기는 법률에 다른 규정이 없는 경우에는 등기권리자와 등기의무자가 공동으로 신청 한다"라고 규정하여 공동신청주의(共同申請主義)를 채택하고 있다. 이와 같이 공동신청주의를 취하고 있기 때문에 만일에 일방 당사자(등기의무자)가 등기신청에 협력하지 않는다면 타방 당사자(등기권리자)는 단독으로 등기신청을 할 수 없으므로 물권변동이 일어나지 못하게 되는바, 등기제도의 원활한 운영을 꾀하기 위하여 일방 당사자는 타방 당사자에게 등기신청에 협력을 요구할 권리인 등기청구권이 있다고 하여 부동산등기법상의 공동신청주의가 등기청구권의 일반적 근거가 되는 것이라고 한다.

2) 등기권리자 · 등기의무자의 의의

등기권리자 · 등기의무자라는 용어는 부동산등기법상 공동신청주의를 전제로 하여 인정되는 것이다. 등기권리자 · 등기의무자라는 개념은 종래 각각 구별되는 두 가지 측면, 즉 등기절차법상 측면과 실체사법상 측면에서 사용되어 왔다.

등기절차상의 '등기권리자'란 신청된 등기를 함으로써 실체적 권리관계에 있어서 권리를 취득하거나 기타의 이익을 받는 자라는 것이 등기부상 형식적으로 표시되는 자이며, 반대로 '등기의무자'란 등기를 함으로써 실체적 권리관계에 있어서 권리를 상실하거나 기타의 불이익을 받는 자라는 것이 등기부상 형식적으로 표시되는 자이다.

한편 실체사법상의 등기권리자와 등기의무자는 실체법상의 권리인 등기청구권을 가지는 자가 '등기권리자'이고, 등기청구권에 대응하는 의무자, 즉 등기신청에 협력할 의무를 부담하는 자가 '등기의무자'이다.

3) 등기청구권의 당사자

등기권리자·등기의무자라는 개념은 부동산등기법 제23조 제1항의 공동신청주의가 요구되는 것을 전제로 하여 인정되는 것이다. 원래 공동신청주의라는 등기절차는 종전의 등기부상 명의를 출발점으로 하여 연속(連續)되어야 한다는 이른바 '등기연속(登記連續)의 원칙(原則)' 등과 관련하여 절차법적인 필요에서 정립(定立)된 것임에 반하여 등기청구권의 당사자, 즉 등기청구권자와 등기협력의무자라는 개념은 특정의 등기에 있어 누가 등기를 청구할 수 있으며 누구를 상대방으로 하여야 하는가의 실체적 권리관계로부터 발생되는 개념이다.

따라서 등기청구권이 발생하기 위해서는 절차법적인 측면에서 등기부상 등기권리자·등기의무자이어야 하고 아울러서 실체법적으로도 상대방에 대하여 등기를 청구할 수 있는 권리가 존재하여야 한다.

(바) 등기인수(引受, 또는 受取) 청구권

1) 등기인수(수취)청구권의 의의

등기권리자(예: 부동산의 매수인)가 등기를 하지 아니하고 방치한 경우에 등기의무자(예: 매도인)가 등기권리자를 상대로 등기를 넘겨가도록 청구할 수 있는 권리가 이른바 "등기인수(수취)청구권"이다. 즉 등기권리자가 자기 이름으로 등기를 하지 아니함으로써 등기의무자가 과세 등의 불이익을 받게 될 염려가 있는 경우에 등기권리자에 대하여 등기의무의 이행을 인수(수취)할 것을 청구할 수 있는 권리이다.

2) 등기의무자가 등기권리자를 상대로 등기를 인수받아 갈 것을 구할 수 있는지 여부(적극)

부동산등기법은 등기는 등기권리자와 등기의무자가 공동으로 신청하여야 함을 원칙으로 하면서도(제28조, 현행법 제23조 제1항) 제29조(현행법 제23조 제4항)에서 "판결에 의한 등기는 승소한 등기권리자 또는 등기의무자만으로" 신청할 수 있도록 규정하고 있는바, 위 법조에서 승소한 등기권리자 외에 승소한 등기의무자도 단독으로 등기를 신청할 수 있게 한 것은, 통상의 채권채무관계에서는 채권자가 수령을 지체하는 경우 채무자는 공탁 등에 의한 방법으로 채무부담에서 벗어날 수 있으나 등기에 관한 채권채무관계에서는 이러한 방법을 사용할 수 없으므로, 등기의무자가 자기명의로 있어서는 안 될 등기가 자기명의로 있음으로 인하여 사회생활상 또는 법상 불이익을 입을 우려가 있는 경우에는 소의 방법으로 등기권리자를 상대로 등기를 인수받아 갈 것을 구하고 그 판결을 받아 강제로 실현할 수 있도록 한 것이다(대판 2001.2.9. 2000다60708).

(사) 의사표시의무의 집행

의사표시(意思表示)를 할 것을 목적으로 하는 채권에 있어서는 채무자로 하여금 현실적으로 의사표시를 시킬 필요 없이 그 의사표시가 노리는 법률효과를 발생시켜버리면 이러한 채권의 목적은 달성된다. 채무자로 하여금 현실적으로 의사표시를 할 것을 집행권원에 의하여 강요하려면 성질상 간접강제의 방법에 의할 수밖에 없다. 이리하여 법률은 이러한 종류의 채권의 집행에 있어서는 그 집행권원인 인낙조서의 작성이나 그 이행판결의 확정으로서 의사표시의 진술이 있은 것으로 간주하고, 간접강제에 의한 강제집행절차를 생략하고 있다(민집 제263조 제1항).

(아) 판결에 의한 등기

부동산등기법 제23조 제4항의 규정에 보면 "등기절차의 이행 또는 인수(引受)를 명하는 판결에 의한 등기는 승소한 등기권리자 또는 등기의무자가 단독으로 신청하고, 공유물을 분할하는 판결에 의한 등기는 등기권리자 또는 등기의무자가 단독으로 신청한다"고 하였는데 이 취지는 등기의무자에 대하여 등기절차를 이행하도록 명한 이행판결에 의하여 신청하는 것이므로 등기의무자의 협력이 불필요하다고 본 것이다.

등기는 법률에 다른 규정이 없는 경우에는 등기권리자와 등기의무자 쌍방의 공동신청에 의하여 이루어지는 것이 원칙이나(부동산등기법 제23조 제1항), 판결에 의한 등기는 승소한 등기권리자 또는 등기의무자가 단독으로 신청할 수 있다(동조 제4항). 이 경우 판결은 피고의 등기신청 의사의 진술에 갈음하는 동시에 "등기원인을 증명하는 서면"(부동산등기규칙 제46조 제1항 제1호)의 기능을 하여 원고는 단독으로 등기신청을 할 수 있다.

(자) 권리에 관한 등기의 등기사항

등기관이 갑구 또는 을구에 "권리에 관한 등기"를 할 때에는 다음 각 호의 사항을 기록하여야 한다(부동산등기법 제48조 제1항).

1. 순위번호
2. 등기목적
3. 접수연월일 및 접수번호
4. 등기원인 및 그 연월일
5. 권리자

1) 등기목적

등기관이 갑(甲)구 또는 을(乙)구에 권리에 관한 등기를 할 때에는 "등기목적"을 기록하여야 하며(부동산등기법 제48조 제1항 2호), 등기를 신청하는 경우에는 "등기의 목적"을 신청정보의 내용으로 등기소에 제공하여야한다(부동산등기규칙 제43조 제1항 6호).

"등기의 목적"이라 함은 신청하는 등기의 내용 내지 종류를 말 한다(예 : 소유권보존등기, 소유권이전등기, 소유권말소등기, 지상권설정등기 등). 즉 등기의 목적이란 부동산등기법 제3조의 등기할 수 있는 권리인 소유권, 지상권, 지역권, 전세권, 저당권 등의 보존, 이전, 설정, 변경, 처분의 제한 또는 소멸을 말한다.

2) 등기원인 및 그 연월일

가) 등기원인의 의의

"등기원인(登記原因)"이라 함은 등기를 하는 것을 정당하게 하는 법률상의 원인, 즉 권원(權原)을 말한다. 소유권이전등기에 있어 등기원인이라고 함은 등기를 하는 것 자체에 관한 합의(合意)가 아니라 등기하는 것을 정당하게 하는 실체법상(實體法上)의 원인(原因)을 뜻하는 것으로서, 등기를 함으로써 일어나게 될 권리변동의 원인행위나 그의 무효, 취소, 해제 등을 가리킨다(대판 1999.2.26. 98다50999).

나) 등기원인 연월일(등기원인일자)

"등기원인 연월일"이란 등기를 하는 것을 정당하게 하는 실체법상의 권리변동의 원인행위인 법률행위(예 ; 매매, 증여 등) 또는 법률사실(예 : 상속, 경매, 시효취득 등)의 성립일(成立日)을 의미하다.

3) 권리자

등기관이 갑(甲)구 또는 을(乙)구에 권리에 관한 등기를 할 때에는 "권리자(權利者)"를 기록하여야 한다(부동산등기법 제48조 제1항 5호). 등기관이 등기부에 권리자에 관한 사항을 기록할 때에는 권리자의 성명 또는 명칭 외에 주민등록번호 또는 부동산등기용등록번호와 주소 또는 소재지를 함께 기록하여야 한다.

4) 신청정보 및 첨부정보

등기를 신청하는 경우에는 ① 신청인의 성명(또는 명칭), 주소(또는 사무소 소재지) 및 주민등록번호(또는 부동산등기용등록번호) ② 등기의 원인과 그 연월일 ③ 등기의 목적 등을 "신청정보"의 내용으로 등기소에 제공하여야 한다(부동산등기규칙 제43조 제1항2호, 5호, 6호).

또한 등기를 신청하는 경우에는 ① 등기원인을 증명하는 정보 ② 등기권리자(새로 등기명의인이 되는 경우로 한정한다)의 주소(또는 사무소 소재지) 및 주민등록번호(또는 부동산등기용등록번호)를 증명하는 정보. 다만, 소유권이전등기를 신청하는 경우에는 등기의 무자의 주소(또는 사무소 소재지)를 증명하는 정보를 그 신청정보와 함께 "첨부정보"로서 등기소에 제공하여야 한다(부동산등기규칙 제46조 제1항 1호,6호).

따라서 등기에 관하여 의사의 진술을 구하는 소송의 청구취지에는 ① 등기의 종류와 내용 이외에 ② 등기원인과 그 연월일 ③ 권리자를 정확하게 표시하여야 그 판결에 의한 등기의 집행을 할 수 있다. 그러나 기존등기의 등기원인이 부존재, 내지 무효이거나 취소, 해제 등의 사유로 소멸한 것임을 이유로 하여 말소등기 또는 회복등기절차이행을 청구할 때에는 청구취지에 등기원인은 "확정판결"로, 그 연월일은 "판결 선고일"을 기재한다[등기예규 제1383호 4.가. 2)].

(5) 등기절차이행청구의 청구취지(판결주문) 기재례

민사집행법 263조에 의하여 채무자의 의사표시가 있는 것으로 보게 되는 판결 그 밖의 재판은 이행판결(履行判決)이나 이행을 명하는 재판이어야 하며, 확인(確認)의 재판이나 형성(形成)의 재판은 이에 해당하지 않는다. 그 재판의 형식은 반드시 판결에 국한되지 아니하고, 가사소송법에 의한 가사비송사건의 심판(가사소송법 제41조)이나 민사조정법 제30조의 조정을 갈음하는 결정이라도 무방하나, 이러한 재판은 확정되면 기판력(旣判力)이 발생하는 것이어야 한다.

부동산등기법 제23조 제4항의 규정에 보면 "등기절차의 이행(履行) 또는 인수(引受)를 명하는 판결에 의한 등기는 승소한 등기권리자 또는 등기의무자가 단독으로 신청한다"고 하였는데 이 취지는 등기의무자에게 대하여 등기신청절차를 이행하도록 명한 이행판결에 의하여 신청하는 것이므로 등기의무자의 협력이 불필요하다고 본 것이다.

예를 들면 부동산의 매수인이 매도인을 상대로 하는 그 소유권이전등기절차이행판결에서 그 판결주문이 "피고는 원고에게 서울 서초구 서초동 159-2 대 300㎡에 관하여 2025년 1월 25일 매매를 원인으로 한 소유권이전등기절차를 이행하라"고 되어 있으면 이

취지는 매도인으로서 그 소유권이전등기를 매수인과 함께 신청하라는 의사의 진술을 하라는 것이므로 그 판결의 확정과 더불어 이러한 등기신청의사가 있는 것으로 의제(擬制)되어 등기권리자인 매수인이 단독으로 소유권이전등기절차이행신청이 되는 것이다(부동산등기법 제23조 제4항).

"부동산소유권이전등기절차를 이행하라"는 의무에는 매도인이 등기의무자로서 등기소에 대하여 등기를 신청하는 의사표시의무 이외에 매도인이 그 부동산을 매도(賣渡)한다는 의사표시의무를 당연히 포함하고 있다(부동산등기법 제23조 제4항). 민사집행법 제263조의 집행권원의 종류는 확정된 이행판결이나 이것과 동일한 화해조서 및 인낙조서 등이다. 민사집행법 제263조 제1항의 규정은 인낙조서와 이행판결만을 들고 있는 듯하지만 그것은 예시적(例示的)인 표현이고, 그 밖의 집행권원을 배제하는 취지는 아니다.

의사표시의무판결은 그 확정으로써 비로소 그 의사의 진술을 한 것으로 간주되므로 성질상 그 판결이 확정되기 전에 그 의제(擬制)의 효과를 발생시키지는 못한다. 즉 의사표시의무의 판결에는 가집행선고(假執行宣告)를 붙이지 못한다(민사소송법 제213조). 따라서 가집행선고 있는 소유권이전등기절차이행판결에 의하여 등기신청이 있을 때라도 등기신청서에 첨부된 판결이 확정판결이 아니면 등기관은 그 신청을 각하하여야 한다(부동산등기법 제29조 제9호).

민사집행법 제263조 제1항에 의하여 채무자의 의사표시가 있는 것으로 보게 되는 판결 그 밖의 재판은 그 재판상 의사표시의 내용이 집행권원에서 명확히 특정되는 것이어야 한다. 따라서 부동산에 관한 등기신청의무에 있어서는 ① 등기하여야 할 부동산의 표시, ② 등기의 목적, ③ 등기원인과 그 연월일, ④ 등기권리자 등이 집행권원에 명료하게 표시되어 있어야 하고 불분명한 점이 있으면 그 집행권원에 기초한 등기는 불능이 된다(부동산등기법 제29조 참조). 등기절차이행청구의 청구취지(판결주문)의 기재례는 아래와 같다.

(가) 매매 등을 원인으로 한 소유권이전등기

1) 소유권 전부 이전인 경우

〈청구취지〉 "피고는 원고에게 별지목록 기재부동산에 관하여 2025년2월1일 매매(또는 증여)를 원인으로 한 소유권이전등기절차를 이행하라"

주(註) : "신청정보의 부동산 또는 등기의 목적인 권리의 표시가 등기기록과 일치하지 아니한 경우" 등기신청의 각하사유(부동산등기법 제29조 제6호)가 되므로, 부동산이 아파트 등 집합건물로 대지권 등기가 되어 있는 등 '표제부의 부동산의 표시'가 복잡한 경우에도 등기부 중 표제부에 기재된 내용을 그대로 표시해야 하므로 통상 별지(別紙)를 사용한다.

갑, 을, 원고의 순서로 부동산이 매도된 경우 중간등기생략에 관한 합의가 없는 한 순차로 전자(前者)를 대위하여 이전등기를 구한다. 채권자 대위(代位) 소송에서 채무자를 피고로 하지 아니하는 경우에도 채무자는 당사자에 준하여 특정되어야 할 필요성이 있으므로 청구취지에 채무자의 주민등록번호와 주소를 기재하여야 한다(부동산등기규칙 제43조 제1항 제2호 참조).

〈청구취지〉 "별지목록 기재 부동산에 관하여, 피고 갑은 피고 을에게 2003년11월1일 매매를 원인으로 한, 피고 을은 원고에게 2003년2월10일 매매를 원인으로 한, 각 소유권이전등기절차를 이행하라."

2) 소유권 일부를 이전하는 경우

〈청구취지〉 "피고들은 원고에게 서울 강서구 가양동 140 대500㎡ 중 각 3분의1 지분에 관하여 2025년3월15일 매매를 원인으로 한 소유권이전등기절차를 이행하라."

3) 단독소유를 합유로 이전하는 경우

가) 합유

합유(合有)라 함은 법률의 규정 또는 계약에 의하여 수인이 조합체(組合體)로서 물건을 소유하는 때의 그 공동소유를 말한다(민법 제271조). 즉 합유는 조합재산을 소유하는 형태이며, 합유에 있어서도 공유(共有)에서와 같이 합유자는 지분을 가진다. 그러나 합유자의 지분은 자유로이 처분하지 못하는 점에서 공유지분과 다르다.

나) 합유지분의 처분절차

합유지분의 처분에는 합유자 전원의 동의를 요한다. 합유자는 합유물의 분할을 청구하지 못한다(민법 제273조). 합유는 조합체의 해산 또는 합유물의 양도로 인하여 종료한다(민법 제274조 제1항).

다) 합유자 중 일부가 망한 경우 합유물의 소유권 귀속

부동산의 합유자 중 일부가 사망한 경우 합유자 사이에 특별한 약정이 없는 한 사망한 합유자의 상속인은 합유자로서의 지위를 승계하는 것이 아니므로 해당 부동산은 잔존 합유자가 2인 이상일 경우에는 잔존 합유자의 합유로 귀속되고 잔존 합유자가 1인인 경우에는 잔존 합유자의 단독소유로 귀속된다(대판 1996.12.10. 96다23238).

부동산을 합유하는 경우에는 등기하여야 한다. 등기할 권리자가 2인 이상인 경우 등기할 권리가 합유일 때에는 합유라는 뜻을 신청정보의 내용으로 등기소에 제공하여야 한다(부동산등기규칙 제105조 제2항). 단독소유자를 포함하지 아니하는 수인의 합유로 이전하는 경우의 청구취지 기재례는 다음과 같다.

〈청구취지〉 "피고는 원고(합유자)들에게 별지목록 기재 부동산에 관하여 2025년2월5일 매매를 원인으로 한 소유권이전등기절차를 이행하라"

주(註) : 등기권리자가 2인 이상인 경우에 그 권리가 합유인 때에는 등기기록상 합유자

의 지분을 표시하지 아니하고 "합유자 OOO"로만 기록하며(등기예규 제911호), 단독소유가 그 단독소유자를 포함한 합유로 되었을 경우 전소유자를 합유자로 표시한다(등기예규 제911호). 부동산의 합유자 중 일부가 사망한 경우 합유자 사이에 특별한 약정이 없는 한 사망한 합유자의 지분은 나머지 합유자에게 귀속 될 뿐 상속되는 것이 아니므로, 위 지분에 관한 청구에 있어 위 망인의 상속인은 당사자적격이 없다.

(나) 가등기에 기한 본등기

가등기는 부동산등기법 제3조 각 호의 어느 하나에 해당하는 권리의 설정, 이전, 변경 또는 소멸의 청구권을 보전(保全)하려는 때에 한다. 그 청구권이 시기부(始期附) 또는 정지조건부(停止條件附)일 경우나 그 밖에 장래에 확정될 것인 경우에도 같다(동법 제88조). 가등기에 의한 본등기(本登記)를 한 경우 본등기의 순위는 가등기의 순위에 따른다(동법 제91조).

복수 채권자의 채권을 담보하기 위하여 채무자 소유의 부동산에 관하여 복수채권자를 공동권리자로 하는 매매예약을 하고 그에 따른 소유권이전청구권보전의 가등기를 한 경우 복수완결의 의사표시는 복수채권자 전원이 하여야 하며 이에 따른 목적물의 소유권이전의 본등기를 구하는 소는 필요적 공동소송이므로, 수인의 가등기권리자 중 그 일부 사람이 자기 지분 만에 대하여 본등기를 구하는 것은 나머지 가등기권리자가 그 지분을 포기하여 경정등기를 마치는 등 특별한 사정이 없는 한 허용되지 않는다(대판 1984.6.12. 83다카2282).

가등기담보등에 관한 법률이 적용되는 경우에는 변제기 후에 청산금의 평가액을 채무자에게 통지하고 그 통지의 도달일로부터 2개월(청산기간)이 경과하여야 청산금의 지급과 상환으로 가등기에 기한 본등기를 청구할 수 있으므로(동법 제3조 제1항, 제4조 제2항, 제3항) 2개월이 경과한 다음 날짜를 대물반환원인으로 한다. 가등기에 기한 본등기를 청구하면서 "그 취지"를 명시하지 아니한 채 이전등기만을 구하게 되면 이로 인한 등기는 가등기에 의하여 보전된 순위를 취득하지 못한다.

〈청구취지〉 "피고들은 원고에게 별지목록 기재 부동산에 관하여 서울중앙지방법원 강남등기소 2003년1월25일 접수 제2235호로 경료 된 가등기에 기하여 2003년 1월15일 매매(2003년5월15일 매매예약완결, 또는 2003년7월15일 대물반환)를 원인으로 한 소유권이전의 본등기절차를 이행하라."

(다) 유류분 반환

1) 유류분 · 유류분의 권리자

유류분이라 함은 상속인이 상속에 있어서 법률상의 취득이 보장되고 있는 상속재산상의 이익에 대한 일정액을 말한다. 상속인의 유류분은 다음 각 호에 의한다(민법 제1112조).

1. 피상속인의 직계비속은 그 법정상속분의 2분의 1
2. 피상속인의 배우자는 그 법정상속분의 2분의 1
3. 피상속인의 직계존속은 그 법정상속분의 3분의 1
4. 피상속인의 형제자매는 그 법정상속분의 3분의 1

2) 유류분권자

유류분권자(遺留分權者)라 함은 유류분권(遺留分權)을 가진 자를 말한다. 민법상 유류분권자는 피상속인의 직계비속 · 배우자 · 직계존속 · 형제자매이다(민법 제1112조). 유류분권을 행사할 수 있는 자는 재산상속의 순위 상 상속권이 있어야 한다. 유류분은 법정상속권에 기초하고 있으므로, 상속권의 상실 원인인 상속인의 결격 · 포기에 의하여 상속권을 잃은 자는 유류분권도 당연히 잃는다.

3) 유류분반환청구권

유류분반환청구권이라 함은 유류분권자가 받은 상속재산이 유류분을 침해하는 유증(遺贈) 또는 증여(贈與)로 인하여 유류분에 미치지 못하였을 경우에 그 부족한 한도에서 유증 또는 증여된 재산의 반환을 청구하는 권리(민법 제1115조 제1항)를 말한다. 유류분

반환청구권의 행사방법은 유류분권리자가 유증 받은 자와 증여받은 자에 대한 의사표시로서 하며, 증여에 대하여는 유증을 반환받은 후가 아니면 이것을 청구할 수 없다(민법 제1116조).

4) 소멸시효

유류분반환의 청구권은 유류분 권리자가 상속의 개시와 반환하여야 할 증여 또는 유증을 한 사실을 안 때로부터 1년 내에 하지 아니하면 시효에 의하여 소멸한다. 상속이 개시한 때로부터 10년을 경과한 때도 같다(민법 제1117조). 10년의 기간은 제척기간이라고 해석하여야 할 것이다.

〈청구취지〉 "피고는 원고에게 별지목록 기재 부동산에 관하여 2020년2월5일 유류분 반환을 원인으로 한 소유권 일부이전등기절차를 이행하라"

주(註) : 등기원인 일자는 유류분 반환청구의 의사표시를 한 날(소에 의하여 반환청구의 의사표시를 한 때에는 소장 송달일)이다.

(라) 대물변제

대물변제(代物辨濟)라 함은 채무자가 채권자의 승낙을 얻어 본래의 채무이행에 갈음하여 다른 급여(給與)를 한 때에는 변제와 같은 효력이 있는 것을 말한다(민법 제466조). 따라서 채권은 소멸한다.

〈청구취지〉 "피고는 원고에게 별지목록 기재 부동산에 관하여 2025년4월5일 대물변제를 원인으로 한 소유권이전등기절차를 이행하라"

(마) 현물출자

현물출자(現物出資)라 함은 금전 이외의 재산으로 하는 출자(出資)를 말한다. 회사가 그 사업의 경영을 위해 특정한 재산을 필요로 하는 경우에, 즉 기존기업의 조직을 개선하여 회사조직을 하는 경우 등에서 자주 행해진다. 현물출자의 대상이 될 수 있는 것은 대차대조표에 자산으로 기재할 수 있는 재산이면 좋고, 동산 . 부동산 . 유가증권 . 특허권 . 실용신안권 등 재산적 가치 있는 사실관계라도 상관없다.

현물출자를 하는 발기인은 납입기일에 지체 없이 출자의 목적인 재산을 인도하고 등기, 등록 기타 권리의 설정 또는 이전을 요할 경우에는 이에 관한 서류를 완비하여 교부하여야 한다(상법 제295조 제2항).

〈청구취지〉 "피고는 원고에게 별지목록 기재 부동산에 관하여 2025년1월25일 현물출자를 원인으로 한 소유권이전등기절차를 이행하라"

(바) 승소한 등기의무자의 등기인수(수취)청구권 행사

등기권리자(예 : 매수인)가 등기를 하지 아니하고 방치한 경우에 등기의무자(예 ; 매도인)가 등기권리자를 상대로 등기를 넘겨가도록 청구할 수 있는 권리가 이른바 '등기인수청구권'이다. '등기수취청구권' '역방향의 등기청구권'이라고 한다. 등기절차의 인수를 명하는 판결에 의한 등기는 승소한 등기의무자가 단독으로 신청한다(부동산등기법 제23조 제4항).

〈청구취지〉 "피고는 원고로부터 별지목록 기재 부동산에 관하여 2025년 5월 19일 매매를 원인으로 한 소유권이전등기절차를 인수(수취)하라."

주(註) : 등기절차의 이행을 구하는 소의 소가 중 "등기의 인수를 구하는 소의 소가는 목적물건 가액의 10분의 1"에 의한다(민사소송 등 인지규칙 제13조 제2항).

(사) 교환

교환(交換)은 당사자 쌍방이 금전 이외의 재산권을 상호 이전할 것을 약정함으로써 그 효력이 생긴다(민법 제596조). 교환의 목적물이 금전 이외의 재산권에 한하는 점에서 매매와 구별된다. 당사자의 일방이 금전을 지급하는 경우에는 매매가 되나, 당사자 쌍방이 금전 이외의 재산권을 서로 이전할 것을 약정하면서 아울러 당사자가 금전을 보충 지급할 것을 약정하는 경우에는 민법에 따르면 교환이 되고(민법 제597조), 이 때 지급되는 금전을 보충금(補充金)이라고 한다.

〈청구취지〉 "피고는 원고에게 별지목록 기재 부동산에 관하여 2025년2월10일 교환을 원인으로 한 소유권이전등기절차를 이행하라"

(아) 취득시효

취득시효(取得時效)라 함은 물건 또는 권리를 점유하는 사실상태가 일정 기간 동안 계속되는 경우에, 그것이 진실한 권리관계와 일치하는가의 여부를 묻지 않고, 권리취득의 효과가 생기게 하는 시효제도를 말한다. 소멸시효(消滅時效)와 대립되는 개념이다. 이러한 취득시효의 존재 이유는 사회질서의 안정을 위하여 그리고 증거보전의 곤란을 배제하기 위한 것이다.

민법이 인정하는 시효로 취득되는 권리는 부동산 소유권(민법 제245조)과 동산 소유권(민법 제246조)이며, 그 외의 재산권에 관해서는 이를 준용하도록 하고 있다(민법 제248조). 우리 민법은 부동산소유권의 취득시효에 있어 점유취득시효(민법 제245조 제1항)와 등기부취득시효(민법 제245조 제2항)의 두 가지를 인정하고 있다.

1) 점유취득시효

20년간 소유의 의사로 평온, 공연하게 부동산을 점유하는 자는 등기함으로써 그 소유권을 취득한다(민법 제245조 제1항). 이것을 "점유취득시효"라고 한다. 점유취득시효에 의한 소유권취득은 원시취득(原始取得)이다. 따라서 성질상 그 등기는 보존등기이어야 하나, 형식상 이전등기가 행하여짐을 주의하여야 한다.

2) 등기부취득시효

부동산의 소유자로 등기한 자가 10년간 소유의 의사로 평온, 공연하게 선의이며 과실 없이 그 부동산을 점유한 때에는 소유권을 취득한다(민법 제245조 제2항). 이것을 "등기부 취득시효"라고 한다. "부동산의 소유자로 등기한 자"라고 한 것은 그 부동산을 관할하는 등기소의 등기부에 형식상 적법하게 소유자로 등기되어 있는 자를 말한다.

시효에 의하여 취득하는 권리는 전(前) 소유자의 권리를 계승(繼承)한 승계취득(承繼取得)이 아니라 원시취득(原始取得)이며, 그 효력은 점유를 개시한 때에 소급한다(민법 제247조 제1항). 따라서 전주(前主)의 권리에 존재하였던 모든 제한은 취득시효의 완성과 더불어 소멸한다.

3) 등기부취득시효의 요건

등기부취득시효의 요건으로서 요구되는 점유에 관하여는 점유자의 선의·무과실도 요구된다(민법 제245조 제2항). 점유취득시효의 요건으로서 요구되는 20년간의 점유는 소유의 의사로 평온·공연하게 하는 것으로 충분하고 점유자의 선의·무과실은 그 요건이 아니나(민법 제245조 제1항), 등기부취득시효에 있어서는 그 밖에 점유자의 선의·무과실도 요구된다.

이때에 점유자의 선의는 추정되나(민법 제197조 제1항), 무과실은 추정되지 않는다. 따라서 시효취득을 주장하는 자가 자신이 선의(善意)인데 과실이 없었음을 입증하여야 한다. 등기부취득시효에 있어서는 이미 시효취득자가 등기부상 명의인으로 되어 있으므로 등기는 그 요건이 아니다.

4) 자기 소유 부동산에 대하여 시효취득이 가능한지 여부(적극)

취득시효는 당해 부동산을 오랫동안 계속하여 점유한다는 사실 상태를 일정한 경우에 권리관계로 높이려고 하는 데에 그 존재 이유가 있는 점에 비추어 보면, 시효취득의 목적물은 타인의 부동산임을 요하지 않고 자기 소유의 부동산이라도 시효취득의 목적물이 될 수 있다고 할 것이고, 취득시효를 규정한 민법 제245조가 "타인의 물건인 점"을 규정에서 빼놓은 것도 같은 취지에서라고 할 것이다(대판 2001. 7. 13. 2001다17572).

〈청구취지〉 "피고는 원고에게 별지목록 기재 부동산에 관하여 1996년3월25일 시효취득을 원인으로 한 소유권이전등기절차를 이행하라"

주(註): 시효취득을 원인으로 하는 소유권이전등기신청 시 등기원인일자는 시효기간의 기산일(개시일)로 한다. 다만, 판결 등 집행권원에 의한 경우 판결 등의 주문에 따른다.

(자) 진정명의회복을 원인으로 한 소유권이전등기

1) 원인무효의 등기의 말소절차

실체관계와 부합하지 않는 원인무효의 등기가 있는 경우에는 그 등기를 말소하는 것이 원칙이다. 이 경우 말소등기 외에 무효인 등기의 최종명의인으로부터 직접 진정한 소유자에게 '진정명의 회복'을 원인으로 하여 '소유권이전등기'를 하는 방법을 인정할 수 있는가가 문제된다.

2) 진정한 등기명의회복을 원인으로 한 소유권이전등기절차이행청구

진정명의회복을 원인으로 한 소유권이전등기절차에 관하여 초기의 판례는 '원인무효등기의 말소를 청구하는 대신 소유권회복을 원인으로 한 이전등기절차의 이행을 청구할 수 없다(대판 1972. 12. 26. 72다1846, 1981. 1. 13. 78다1916)라고 하여 이를 부정하였으나, 그 후 이미 자기 앞으로 소유권을 표상하는 등기가 되어 있었거나 법률에 의하여 소유권을 취득한 자가 진정한 등기명의를 회복하기 위한 방법으로는 현재의 등기명의인을 상대로 그 등기의 말소를 구하는 외에 "진정한 등기명의회복"을 원인으로 한 소유권이전등기절차의 이행을 직접 청구하는 것도 허용되어야한다(대판 1990.11.27. 89다카12398 전원합의체판결, 본 판결로 1972.12.26. 72다1846, 1847. 1981.1.13. 78다1916 판결 등 변경)고 하여 종전의 판례를 변경하였다.

〈청구취지〉 "피고는 원고에게 별지목록 기재 부동산에 관하여 진정명의회복을 원인으로 한 소유권이전등기절차를 이행하라"

주(注): 진정명의회복을 등기원인으로 하여 소유권이전등기를 신청하는 경우 신청서에 "등기원인 일자"를 기재할 필요는 없으며, 부동산거래신고 등에 관한 법률 제11조의 규정에 의한 토지거래허가증 및 농지법 제8조 제1항의 규정에 의한 농지취득자격증명의 제출을 요하지 아니한다(등기예규 제1376호. 4.5.).

(차) 수용으로 인한 소유권이전

1) 토지수용

토지수용이라 함은 특정한 공익사업(公益事業)을 위하여 법률이 정하는 바에 따라 강제적으로 토지 소유권 등을 취득하는 것을 말한다. 도시개발법 . 도로법 . 광업법 등과 같이 각 법률에 특별한 규정이 있는 경우를 제외하고는 공익사업을 위한 토지 등의 취득 및 보상에 관한 법률(약칭 : 토지보상법)에 의한다. 사업시행자는 공익사업의 수행을 위하여 필요하면 이 법에서 정하는 바에 따라 토지 등을 수용하거나 사용할 수 있다(토지보상법 제19조 제1항).

2) 보상금의 지급

사업시행자는 제38조(천재지변 시의 토지의 사용) 또는 제39조(시급한 토지 사용에 대한 허가)에 따른 사용의 경우를 제외하고는 수용 또는 사용의 개시일(토지수용위원회가 재결로써 결정한 수용 또는 사용을 시작하는 날을 말한다)까지 관할 토지수용위원회가 재결한 보상금을 지급하여야 한다(동법 제40조 제1항).

3) 권리의 취득 . 소멸 및 제한

사업시행자는 수용의 개시일에 토지나 물건의 소유권을 취득하며, 그 토지나 물건에 관한 다른 권리는 이와 동시에 소멸한다(동법 제45조 제1항). 사업시행자는 사용의 개시일에 토지나 물건의 사용권을 취득하며, 그 토지나 물건에 관한 다른 권리는 사용기간 중에는 행사하지 못한다(제2항). 토지수용위원회의 재결로 인정된 권리는 제1항 및 제2항에도 불구하고 소멸되거나 그 행사가 정지되지 아니한다(제3항).

〈청구취지〉 "피고(소유자 : 국, 관리청 국토교통부)는 원고에게 별지목록 기재 부동산에 관하여 2019년1월5일 토지수용을 원인으로 한 소유권이전등기절차를 이행하라"

주(註) : 등기관이 토지수용으로 인한 소유권이전등기를 하는 경우 그 부동산의 등기기록 중 소유권, 소유권 외의 권리, 그 밖의 처분제한에 관한 등기가 있으면 그 등기를 직권으로 말소하여야 한다. 다만, 그 부동산을 위하여 존재하는 지역권의 등기 또는 토지수용위원회의 재결로써 존속이 인정된 권리의 등기는 그러하지 아니하다(부동산등기법 제99조 제4항). 등기원인일자는 수용개시일을 기록한다.

(카) 등기의 말소 및 등기상 이해관계 있는 제3자의 승낙

1) 말소등기의 의의

말소등기(抹消登記)라 함은 어떤 부동산에 관하여 현재 존재하고 있는 등기의 전부를 말소하는 등기를 말한다. 즉 등기에 부합하는 실체관계가 없는 경우, 그 등기를 법률적으로 소멸시킬 목적으로 하는 등기이다. 이러한 말소등기는 ① 일단 유효하게 성립한 등기가 후에 부적법하게 된 경우(예 : 목적 부동산의 소멸) 또는 ② 처음부터 부적법한 등기이기 때문에 무효인 경우(예 : 등기원인의 무효)에 하게 된다.

2) 이해관계 있는 제3자가 있는 등기의 말소

등기의 말소를 신청하는 경우에 그 말소에 대하여 등기상 이해관계 있는 제3자가 있을 때에는 제3자의 승낙이 있어야 한다(부동산등기법 제57조 제1항). 제1항에 따라 등기를 말소할 때에는 등기상 이해관계 있는 제3자명의의 등기는 등기관이 직권으로 말소한다(동조 제2항).

〈청구취지〉 "원고에게 피고 갑은 별지목록 기재 부동산에 관하여 서울중앙지방법원 강남등기소 2023년10월15일 접수 제34567호로 경료 된 소유권이전등기의 말소등기절차를 이행하고, 피고 을은 위 소유권이전등기의 말소등기에 대하여 승낙의 의사표시를 하라"

주(註) : 원인무효인 소유권이전등기 명의인을 채무자로 한 가압류등기와 그에 터 잡은 경매신청기입등기 명의자에 대하여는 원인무효의 소유권이전등기말소에 대한 승낙을 구하여야 할 것이고 직접 말소청구를 할 수 없다(대판 1998.11.27. 97다41103). 가압류, 가처분등기, 예고등기는 법원의 촉탁에 의하여 기재되고, 법원의 촉탁 또는 등기관의 처분(부동산등기법 제94조 제2항)으로 말소되는 것으로 그 등기명의자와 공동신청의 방법으로 말소하는 방법이 없으므로 그 등기명의자를 상대로 말소청구의 소를 제기할 수도 없다.

(타) 회복등기
1) 멸실 회복등기의 요건
멸실(滅失) 회복등기(回復登記)는 6.25 사변 기타 재난(災難)으로 인하여 등기부의 전부 또는 일부가 물리적으로 멸실된 경우에 그로 말미암아 소멸한 등기의 회복을 목적으로 행하여지는 등기이므로 등기부 멸실 전에도 자기명의로 등기부상에 기재되어 있어야 이를 할 수 있다(대판 1995. 3. 17. 93다61970).

멸실 회복등기는 오로지 멸실한 등기의 회복을 목적으로 한 것이므로 등기부 멸실 전에도 자기명의로 등기부상에 등록되어 있었어야 이를 할 수 있는 것이고 현재 실체상의 권리가 있다하여 멸실 회복등기를 할 수 없다(대판 1961. 11. 2. 4293민상629).

가) 등기부가 멸실된 경우의 회복등기 방법
등기부의 전부 또는 일부가 멸실된 경우에는 대법원장은 본조(구법 제24조)에 의하여 3월 이상의 기간을 정하여 그 기간 내에 등기의 회복신청을 하도록 고시(告示)를 하며 그 신청기일 경과 후에 있어서는 통상의 절차에 의하여 새로운 보존등기를 신청하여야한다(대판 1978.12.26. 78다1895. 멸실 회복등기의 사무처리 지침 2007.12.11. 등기예규 제1223호).

나) 등기부 멸실 후 회복등기를 하지 아니한 경우 소유권 상실 여부(소극)

회복등기기간 내에 회복등기를 하지 못하였더라도 등기멸실 당시의 소유자는 그 부동산에 대한 소유권을 상실하는 것이 아니다(대판 1970.3.10. 70다15).

다) 회복등기 신청기간이 경과된 후의 등기절차(새로운 보존등기 신청)

6.25 사변 기타 재난으로 인하여 등기부의 전부 또는 일부가 멸실되었으나 회복등기신청 기간 내에 회복등기의 신청을 하지 못하여 그 기간이 경과한 후에는 설사 등기권리자가 전 등기의 등기필증을 소유하고 있다고 하여도 회복등기 방법에 의하여 그 등기를 할 수 없으며, 일반절차에 따라 새로운 보존등기를 신청하여야 한다(1991.1.30. 등기예규 제716호).

2) 말소 회복등기의 의의

말소(抹消) 회복등기(回復登記)는 어떤 등기의 전부 또는 일부가 부적법하게 말소된 경우에 그 말소된 등기를 회복함으로써 처음부터 그러한 말소가 없었던 것과 같은 효력을 보유하게 할 목적으로 행하여지는 등기이다. 말소등기의 원인이 처음부터 무효이거나, 취소 또는 무효로 인하여 말소된 경우 및 착오로 인하여 말소된 경우에 행한다. 말소되었던 등기에 관한 회복등기가 된 경우에 그 회복등기는 말소된 종전의 등기와 동일한 효력을 가진다(대판 1968.8.30. 68다1187).

말소회복등기란 어떤 등기의 전부 또는 일부가 부적법하게 말소된 경우에 말소된 등기를 회복하여 말소 당시에 소급하여 말소가 없었던 것과 같은 효과를 생기게 하는 등기를 말하는 것으로서, 여기서 부적법이란 실체적 이유에 기한 것이건 절차적 하자에 기한 것임을 불문하고 말소등기나 기타의 처분이 무효인 경우를 의미하는 것이기 때문에 어떤 이유건 당사자가 자발적으로 말소등기를 한 경우에는 말소회복등기를 할 수 없다(대판 1993.3.9. 92다39877).

가) 등기상 이해관계 있는 제3자가 있을 때
말소된 등기의 회복을 신청하는 경우에 등기상 이해관계 있는 제3자가 있을 때에는 그 제3자의 승낙이 있어야 한다(부동산등기법 제59조).

본조(구법 제75조, 현행법 제59조)는 말소된 등기의 회복을 신청하는 경우에 등기상 이해관계가 있는 제3자가 있는 때에는 신청서에 그 승낙서 또는 이에 대항 할 수 있는 재판의 등본을 첨부하여야 한다고 규정하고 있는바, 여기서 말하는 등기상 이해관계가 있는 제3자란 말소회복등기를 함으로써 손해를 입을 우려가 있는 사람으로서 그 손해를 입을 우려가 있다는 것이 기존의 등기부 기재에 의하여 형식적으로 인정되는 사람이다(대판 1997.9.30. 95다39526).

가등기가 가등기권리자의 의사에 의하지 아니하고 말소되어 그 말소등기가 원인무효인 경우에는 등기상 이해관계 있는 제3자는 그의 선의, 악의를 묻지 아니하고 가등기권리자의 회복등기절차에 필요한 승낙을 할 의무가 있으므로, 가등기가 부적법하게 말소된 후 가처분등기, 근저당권설정등기, 소유권이전등기를 마친 제3자는 가등기의 회복등기절차에서 등기상 이해관계 있는 제3자로서 승낙의무가 있다(대판 1997.9.30. 95다39526).

나) 등기상 이해관계 있는 제3자의 승낙의무
말소회복등기절차에 있어서 등기상 이해관계 있는 제3자가 있어 그의 승낙이 필요한 경우라고 하더라도, 그 제3자가 등기권리자에 대한 관계에 있어 그 승낙을 하여야 할 실체법상의 의무가 있는 경우가 아니면, 그 승낙요구에 응하여야 할 이유가 없다(대판 2004.2.27. 2003다35567).

〈청구취지〉 "원고에게 피고 갑은 별지목록 기재 부동산에 관하여 서울중앙지방법원 강남등기소 2023년12월5일 접수 제8588호로 말소등기 된 같은 등기소 2023년5월10일 접수 제18776호 소유권이전등기의 회복등기절차를 이행하고, 피고 을은 위 소유권이전등기의 회복등기에 대하여 승낙의 의사표시를 하라."

(파) 전세권설정등기

등기관이 전세권설정이나 전전세(轉傳貰)의 등기를 할 때에는 제48조(등기사항)에서 규정한 사항 외에 다음 각 호의 사항을 기록하여야 한다. 다만, 제3호부터 제5호까지는 등기원인에 그 약정이 있는 경우에만 기록한다.

1. 전세금 또는 전전세금
2. 범위
3. 존속기간
4. 위약금 또는 배상금
5. 민법 제306조 단서의 약정
6. 전세권설정이나 전전세의 범위가 부동산의 일부인 경우에는 그 부분을 표시한 도면의 번호(부동산등기법 제72조 제1항).

〈청구취지〉 "피고는 원고에게 별지목록기재 부동산에 관하여 2023년2월27일 전세권설정계약을 원인으로 한 전세금 50,000,000원, 범위 건물 전부(또는 건물 2층 전부), 존속기간 2023년2월27일부터 2024년2월26일까지, 전세권자 최민국(680703-1062316) 서울 마포구 마포대로 11 가길25(염리동)의 전세권설정등기절차를 이행하라."

(하) 저당권·근저당권의 등기사항

1) 저당권의 등기사항

등기관이 저당권설정의 등기를 할 때에는 제48조(등기사항)에서 규정한 사항 외에 다음 각 호의 사항을 기록하여야 한다. 다만, 제3호부터 제8호까지는 등기원인에 그 약정이 있는 경우에만 기록한다(부동산등기법 제75조 제1항).

1. 채권액
2. 채무자의 성명 또는 명칭과 주소 또는 사무소 소재지
3. 변제기
4. 이자 및 그 발생기 . 지급시기
5. 원본 또는 이자의 지급장소
6. 채무불이행으로 인한 손해배상에 관한 약정
7. 민법 제358조(저당권의 효력의 범위) 단서의 약정
8. 채권의 조건

〈청구취지〉 "피고는 원고에게 별지목록기재 부동산에 관하여 2019년3월4일 저당권설정계약을 원인으로 한 채권액 100,000,000원, 변제기 2020년3월3일, 이자 연 6푼, 원본 및 이자의 지급장소 서울특별시 종로구 원서동 6번지 김한솔의 주소지, 채무자 김한솔(600120-1023300) 주소 서울특별시 종로구 원서동 6번지, 저당권자 이겨레(750614-1035852) 서울특별시 종로구 창덕궁길 100(계동)의 저당권설정등기절차를 이행하라."

2) 근저당권의 등기사항

등기관은 저당권의 내용이 근저당권(根抵當權)인 경우에는 제48조(등기사항)에서 규정한 사항 외에 다음 각 호의 사항을 기록하여야 한다. 다만, 제3호 및 제4호는 등기원인에 그 약정이 있는 경우에만 기록한다(동법 제75조 제2항).

1. 채권의 최고액
2. 채무자의 성명 또는 명칭과 주소 또는 사무소 소재지
3. 민법 제358조 단서의 약정
4. 존속기간

〈청구취지〉 "피고는 원고에게 별지목록기재 부동산에 관하여 2019년3월14일일 근저당

권 설정계약을 원인으로 한 채권최고액 60,000,000원, 채무자 김한울 서울특별시 종로구 율곡로 16 (원서동), 근저당권자 이겨레(750614-1035852) 서울특별시 종로구 창덕궁길 100(계동)의 근저당권설정등기절차를 이행하라."

(거) 임차권의 등기사항

등기관이 임차권 설정 또는 임차물 전대(轉貸)의 등기를 할 때에는 제48조(등기사항)에서 규정한 사항 외에 다음 각 호의 사항을 기록하여야 한다. 다만, 제3호부터 제6호까지는 등기원인에 그 사항이 있는 경우에만 기록한다(동법 제74조).

임차보증금, 차임지급시기, 존속기간 등은 이에 관한 약정이 있는 경우에만 등기한다. 부동산의 일부가 임대차의 목적인 경우에는 그 부분을 표시한 지적도나 건물의 도면을 첨부정보로 제공하여야 하나(부동산등기법 제74조 제7호), 임대차의 목적 범위가 건물 특정 층의 전부인 경우에는 그렇지 않다.

1. 차임
2. 범위
3. 차임지급시기
4. 존속기간. 다만, 처분능력 또는 처분권한 없는 임대인에 의한 민법 제619조의 단기임대차인 경우에는 그 뜻도 기록한다.
5. 임차보증금
6. 임차권의 양도 또는 임차물의 전대에 대한 임대인의 동의
7. 임차권설정 또는 임차물 전대의 범위가 부동산의 일부인 때에는 그 부분을 표시한 도면의 번호

〈청구취지〉 "피고는 원고에게 별지목록기재 부동산에 관하여 2019년3월4일 임차권설정계약을 원인으로 한 임차보증금 20,000,000원, 차임 월 금500,000원, 차임지급시기 매월 말일, 존속기간 2019년 3월 5일부터 2020년 3월 4일까지, 임차권자

김한울(650422-1045115) 서울특별시 종로구 율곡로 16. (원서동)의 임차권설정등기절차를 이행하라."

라. 형성판결

형성판결이라 함은 형성의 소(원고가 법원에 대하여 피고에 대한 특정내용의 형성을 구할 수 있는 지위가 있음을 주장하여 그 형성을 선고하는 판결을 구하는 소, 즉 판결에 의한 법률관계의 변동을 요구하는 소)가 제기된 경우에 법원이 하는 판결로서, 실체법상의 형성권 또는 형성요건의 존재를 확인하는 것과 함께 그에 터 잡은 권리관계의 변동을 선언하는 것을 말한다.

▣ 형성판결의 주문례

> 서울특별시 ○○구 ○○동 00번지 대 5,000평방미터 중 별지도면표시 1, 2, 5, 6, 1의 각 점을 순차 연결한 (가) 부분 3,000평방미터를 원고의 소유로, 같은 도면표시 2, 3, 4, 5, 2의 각 점을 순차 연결한 선내 (나)부분 2,000 평방미터를 피고의 소유로 분할한다.
>
> 또는 서울특별시 ○○구 ○○동 000번지 대 0000평을 별지도면표시 가, 나, 다, 라, 가의 각 점을 순차로 연결한 선내 (가) 부분 000평, 같은 도면표시 마, 바, 사, 아, 마의 각 점을 순차로 연결한 선내 (나) 부분 000평, 같은 도면표시 자, 차, 카, 타, 자의 각 점을 순차로 연결한 선내 (다) 부분 000평으로 각 분할하여 (가) 부분 000평을 원고의, (나) 부분 000평을 피고 甲의, (다) 부분 000평을 피고 乙의 각 소유로 한다.

5. 판결에 의한 소유권보존등기 신청절차

확정판결에 의하여 자기의 소유권을 증명하는 자는 미등기의 토지 또는 건물에 관한 소유권보존등기를 신청할 수 있다(부동산등기법 제65조 제2호).

가. 판결에 의한 소유권보존등기신청서의 기재사항

판결에 의하여 미등기 부동산에 대한 소유권보존등기를 신청하는 경우에는 아래와 같이 부동산등기규칙 제43조 각항의 사항을 등기신청서에 기재하여야 한다.

(1) 부동산의 표시에 관한 사항(규칙 제43조 제1항 1호)

등기의 '표제부에 표시된 부동산'에 관한 권리관계의 표시가 유효한 것이 되기 위하여는 우선 그 표시가 실제의 부동산과 동일하거나 사회 관념상 그 부동산을 표시한 것으로 인정될 정도로 유사하여야 하고, 그 동일성 내지 유사성 여부는 토지의 경우에는 지번과 지목, 지적에 의하여 판단하여야 한다(대판 2001. 3. 23. 2000다51285).

(가) 토지

토지라 함은 일정한 범위에 걸친 지면(地面)에 정당한 이익이 있는 범위 내에서 그 수직(垂直)의 상하(공중과 지하)를 포함하는 것을 말한다(민법 제212조). 토지는 원래 연속되어 구분성을 갖지 않기 때문에, 인위적으로 그 지표(地表)에 선을 그어 경계로 삼고 구획되며, 지적공부인 토지대장·임야대장에 등록된다.

등록된 각 구역은 독립성이 인정되며, 한 필마다 지번을 붙이고, 그 개수는 필(筆)로서 계산된다. 물권변동에 관한 형식주의를 취하는 현행 민법 하에서는 등기를 하여야만 물권변동이 생기는데(민법 제186조). 토지의 일부에 대한 등기는 인정되지 아니한다(부동등기법 제15조). 토지의 보존등기신청서에는 토지의 소재와 지번, 지목, 면적을 기재하여야 한다(규칙 제43조 제1항 1호 가목).

(나) 건물

건물이라 함은 토지에 정착하고 있는 건조물로서 토지와는 완전히 독립한 별개의 부동산을 말하며, 토지등기부와는 별개로 건물등기부를 두고 있다(민법 제99조 제1항, 부동산등기 법 제14조 제1항). 우리나라에서는 건물은 토지와 완전히 독립한 별개의 부동산이다. 따라서 토지와 별개로 권리의 객체가 되며, 그에 관한 물권의 득실변경은 원칙적으로 등기하여야 효력이 생긴다(민법 제186조).

'독립된 부동산으로서의 건물'이라고 함은 최소한의 기둥과 지붕 그리고 주벽이 이루어지면 법률상 건물이라고 할 수 있다(대판 1996. 6. 14. 94다53006, 2001. 1. 16. 200다51872, 2003. 5. 30. 2002다21592, 21608).

1) 일반건물 : 건물의 보존등기신청서에는 건물의 소재, 지번 및 건물번호(다만, 같은 지번 위에 1개의 건물만 있는 경우에는 건물번호는 기재하지 아니한다), 건물의 종류, 구조와 면적, 부속건물이 있는 경우에는 부속건물의 종류, 구조와 면적을 기재한다(규칙 제43조 제1항 1호 나목).

2) 구분건물 : 1동의 건물의 표시로서 소재, 지번, 건물명칭 및 번호, 구조, 종류, 면적, 전유부분의 건물의 표시로서 건물번호, 구조, 면적, 대지권이 있는 경우 그 권리를 표시하여야 한다.

(2) 등기신청인(규칙 제43조 제1항 2~4호)

등기신청인의 성명(또는 명칭), 주소(또는 사무소 소재지) 및 주민등록번호(또는 부동산등기용등록번호), 신청인이 법인인 경우에는 그 대표자의 성명과 주소, 대리인에 의하여 등기를 신청하는 경우에는 그 성명과 주소를 기재하여야 한다.

(3) 신청근거규정

(가) 등기원인과 그 연월일의 생략

부동산등기법 제65조에 따라 소유권보존등기를 신청하는 경우에는 '법 제65조 각호의 어느 하나에 따라 등기를 신청한다는 뜻'을 신청서에 기재하여야 한다. 이 경우 부동산등기규칙 제43조 제1항 제5호에도 불구하고 '등기원인과 그 연월일'은 기재할 필요가 없다(규칙 제43조 제1항 5호, 규칙 제121조 제1항 후단).

따라서 등기관이 소유권보존등기를 할 때에는 부동산등기법 제48조 제1항 제4호에도 불구하고 소유권보존등기의 등기사항으로 '등기원인과 그 연월일'을 등기부에 기록하지 아니한다(법 제64조).

(나) 신청근거규정의 기재

확정판결에 의하여 자기의 소유권을 증명하는 자가 소유권보존등기를 신청하는 경우에는 등기신청서에 등기원인과 그 연월일의 기재에 가름하여 신청근거규정으로 '부동산등기법 제65조 제2호'라고 표시하여야 한다(법 제64조 규칙 제121조 제1항).

(4) 등기의 목적(규칙 제43조 제1항 6호)

등기의 목적은 소유권보존등기라고 기재한다.

(5) 기타 기재사항

등기소의 표시, 신청연월일, 시가표준액, 국민주택채권의 매입금액, 매입총액, 발행번호, 등록세, 교육세, 세액합계, 등기신청 수수료액 등을 기재한다.

나. 판결에 의한 소유권보존등기신청서의 첨부서면

판결에 의한 소유권보존등기신청서에는 다음 각 호의 서면을 첨부서면을 첨부하여야 한다(부동산등기규칙 제46조).

(1) 확정판결정본의 첨부 및 판결서의 검인 여부(소극)

확정판결에 의하여 자기의 소유권을 증명하는 자가 소유권보존등기를 신청하는 경우(법 제65조 제2호)에는 등기원인을 증명하는 서면으로 확정판결정본을 첨부하여야 한다(규칙 제46조 제1항 1호). 확정증명서를 첨부하여야 하나. 송달증명서는 첨부할 필요가 없다(등기예규 제1214호 5. 가.). 판결에 의한 등기를 신청하는 경우 원칙적으로 집행문의 첨부를 요하지 않는다. 등기절차의 이행을 명하는 판결이 선이행판결, 상환이행판결, 조건부이행판결인 경우에는 집행문을 첨부하여야 한다. 다만 등기절차의 이행과 반대급부의 이행이 각각 독립적으로 기재되어 있다면 그러하지 아니하다(등기예규제 1214호. 5. 나.).

부동산등기법 제65조 제2호의 판결에 의한 소유권보존등기는 판결 자체에 의하여 부동산물권취득의 형성적 효력이 발생하는 것이며, 당사자 사이의 법률행위를 원인으로 하여 부동산소유권이전등기절차의 이행을 명하는 것과 같은 내용의 판결이 아니므로 판결에 의하여 소유권보존등기를 신청하는 경우에는 부동산등기특별조치법 제3조 제1항의 규정에 의한 '검인'의 대상이 되지 아니하는 것으로 보아야 한다.

부동산등기특별조치법은 부동산거래에 대한 실체적 권리관계에 부합하는 등기를 신청하도록 하기 위하여 '계약'을 원인으로 소유권이전등기를 신청할 때 '계약연월일, 대금 및 그 지급일자 등 지급에 관한 사항, 계약의 조건이나 기한' 등에 관한 사항에 대하여 시장 등의 검인을 받도록 하였기 때문이다.

(2) 토지대장등본(임야대장 또는 건축물 관리대장등본)

부동산등기법 제65조에 따라 소유권보존등기를 신청하는 경우에는 토지의 표시를 증명하는 토지대장 또는 임야대장이나 건축물관리대장을 등기소에 제공하여야 한다(규칙 제121조 제2항).

(3) 주민등록표등(초)본

신청인의 주소를 증명하기 위한 서면으로 신청인의 주민등록표 등본 또는 초본을 첨부하여야 한다(규칙 제46조 제1항 6호).

(4) 기타 첨부서면

등록세영수필확인서, 위임장 등을 첨부한다(법 제29조 10호, 11호, 규칙 제46조 제1항 5호).

	토지소유권보존등기신청			
접 수	년 월 일 제 호	처 리 인	등기관 확인	각종 통지

부동산의 표시
서울특별시 서초구 서초동 100 대 100㎡ — 이 상 —

등 기 의 목 적	소유권보존
신청 근거 규정	부동산등기 법 제65조 제2호

구분	성 명 (상호·명칭)	주민등록번호 (등기용등록번호)	주 소 (소재지)	지 분 (개인별)
신청인	이 대 백	000000-0000000	서울특별시 서초구 서초동 000	

시가표준액 및 국민주택채권매입금액		
부동산의 표시	부동산별 시가표준액	부동산별 국민주택채권매입금액
1. 토 지	금 원	금 원
	금 원	금 원
	금 원	금 원
국 민 주 택 채 권 매 입 총 액	금 원	
국 민 주 택 채 권 발 행 번 호		
등록세 금 원	교육세	원
세 액 합 계	금 원	
등 기 신 청 수 수 료	금 원	

첨 부 서 면

- 등록세영수필확인서   1통
- 토지대장등본   1통
- 주민등록표등(초)본   1통
- 신청서부본   1통

〈기 타〉
- 판결정본   1통
- 판결확정증명서   1통

년   월   일

위 신청인   이 대 백 ㊞ (전화 :   )

(또는) 위 대리인   (전화 :   )

서울중앙지방법원등기과 귀중

제2절 부동산등기법 제23조 제4항의 판결에 의한 등기

1. 판결에 의한 등기의 개념

등기는 법률에 다른 규정이 없는 경우에는 등기권리자와 등기의무자가 공동으로 신청한다(법 제23조 제1항). 따라서 등기의무자가 등기신청에 협력하지 않는다면 등기권리자는 물권변동을 일어나게 할 수 없고 나아가서 등기제도의 원활한 운영을 꾀할 수 없게 된다. 여기서 등기를 원하는 일방당사자가 타방 당사자에 대하여 등기신청에 협력할 것을 요구할 수 있는 실체법상의 권리인 '등기청구권(登記請求權)'이 인정된다.

이러한 등기청구권을 갖는 자가 실체법상 '등기권리자'(登記權利者)이며, 그에 응할 의무를 지는 자가 실체법상 등기의무자(登記義務者)이다. 등기청구권은 공동신청에 의하는 권리에 관한 등기를 신청함에 있어서 등기의무자의 등기신청의사의 진술을 갈음하는 판결(민법 제389조 제2항)을 소구(訴求)할 수 있는 권리(민사집행법 제263조 제1항)이다.

등기청구권에 기하여 등기권리자가 등기의무자를 상대로 한 소송에서 일정한 내용의 등기절차를 이행할 것을 명하는 판결이 확정되면 그것으로써 등기의무자가 등기신청을 한 것으로 간주되므로(민사집행법 제263조 제1항), 승소한 등기권리자 또는 등기의무자는 그 확정판결에 기하여 단독으로 등기신청을 할 수 있다(법 제23조 제4항).

이와 같이 등기를 원하는 당사자의 일방이 등기신청에 협력을 거부하는 상대방을 피고로 하여 등기신청의 의사표시를 갈음하는 의사의 진술을 명하는 판결을 받아 그 확정판결을 등기원인을 증명하는 서면으로 하여 단독으로 등기신청을 하는 것을 "판결에 의한 등기"(법 제23조 제4항)라고 한다.

판결에 의한 등기신청의 경우에 등기권리자의 단독신청을 인정한 것은 확정판결에 의하여 실체적 권리관계에 부합하는 등기의 진정성이 보장되기 때문이다. 의사표시를 할 것을 목적으로 하는 채권에 있어서는 채무자로 하여금 현실적으로 의사표시를 시킬 필요 없이 그 의사표시가 노리는 법률효과를 발생시켜 버리면 이러한 채권의 목적은 달성된다.

이리하여 법률은 이러한 종류의 채권의 집행에 있어서는 그 이행을 명한 판결이 확정된 때에는 그 판결로 의사를 진술한 것으로 간주하고, 간접강제에 의한 강제집행절차를 생략하고 있다(민사집행법 제263조 제1항).

부동산등기법 제23조 제4항은 '판결에 의한 등기는 승소한 등기권리자 또는 등기의무자가 단독으로 신청 한다'고 하였는데 이 취지는 등기의무자에 대하여 등기절차를 이행하도록 명한 확정된 이행판결에 의하여 등기를 신청하는 것이므로 등기의무자의 협력이 불필요하다고 본 것이다.

판결에 의한 등기란 확정판결('부동산등기법 제65조 제2호의 소유권을 증명하는 판결'은 보존등기신청인의 소유임을 확정하는 내용의 것으로 그 판결은 소유권확인판결에 한하는 것은 아니며, 형성판결이나 이행판결이라도 그 이유 중에서 보존등기신청인의 소유임을 확정하는 내용의 것이면 이에 해당하나, '부동산등기법 제23조 제4호의 판결'은 등기신청절차의 이행을 명하는 확정된 이행판결만을 의미한다)을 등기원인을 증명하는 서면으로 하여, 미등기부동산에 대한 소유권보존등기를 신청하거나(법 제65조 제2호) 또는 부동산등기에 관하여 등기신청의 의사표시를 갈음하는 확정된 이행판결을 받은 승소한 등기권리자 또는 등기의무자가 단독으로 판결에 의한 등기를 신청하는 것을 말한다 (법 제23조 제4항 민사집행법 제263조 제1항).

2. 부동산등기법 제23조 제4항의 판결의 요건(확정된 이행판결)

등기절차의 이행 또는 인수를 명하는 판결에 의한 등기는 승소한 등기권리자 또는 등기의무자가 단독으로 신청하고, 공유물을 분할하는 판결에 의한 등기는 등기권리자 또는 등기의무자가 단독으로 신청한다(법 제23조 제4항).

법 제23조 제4항의 판결은 등기신청절차의 이행을 명하는 확정(민집법 제263조 제1항 참조)된 이행판결이어야 하며 주문의 형태는 '피고는 원고에게 별지목록 기재부동산에 관하여 2014년 1월 25일 매매(증여. 교환 등)를 원인으로 한 소유권이전등기절차를 이행하라' 또는 '원고에게 피고 갑은 별지목록기재 부동산에 관하여 서울 남부지방법원 강서등기소 2014년 1월 5일 접수 제3050호로 마친 소유권이전등기의 말소등기절차를 이행하고, 피고 을은 위 소유권이전등기의 말소등기에 대하여 승낙의 의사표시를 하라'와 같이 등기신청의사를 진술하는 것이어야 한다.

위 판결에는 등기권리자, 등기의무자, 신청대상인 등기의 내용(등기의 목적), 등기원인과 그 연월일 등 "등기신청서(부동산등기규칙 제43조) 및 등기부의 필요적 기재사항(부동산등기법 제48조)"이 명시되어 있어야 한다.

등기신청서에 필수적으로 기재하여야 할 사항(규칙 제43조)이 판결주문에 명시되지 아니한 경우에 그 판결에 의해 등기를 신청할 수 없다. 예컨대 근저당권설정등기를 명하는 판결주문에 필수적 기재사항인 채권최고액이나 채무자(법 제75조 제2항 1, 2호)가 명시되지 아니한 경우, 전세권설정등기를 명하는 판결주문에 필수적 기재사항인 전세금이나 전세권설정의 범위(법 제72조 제1항 1, 2호)가 명시되지 아니한 경우 등이 그러하다.

3. 부동산등기법 제23조 제4항의 판결에 준하는 집행권원

민사집행법 제263조 제1항의 집행권원은 확정된 이행판결이나 이와 동일한 효력을 가지는 화해조서, 인낙조서, 화해권고결정, 민사조종조서, 조정에 갈음하는 결정, 가사조정조서, 조정에 갈음하는 결정 등도 그 내용에 등기의무자의 등기신청에 관한 의사표시의 기재가 있는 경우에는 등기권리자가 단독으로 등기를 신청할 수 있다.

중재판정(중재법 제35조, 제37조) 또는 외국판결(민사소송법 제217조)에 의한 등기신청은 집행판결을 첨부하여야만 단독으로 등기를 신청할 수 있다(민사집행법 제26조 제1항, 부동산등기법 제23조 제4항).

4. 의사표시의무판결에 가집행선고의 가부(소극)

재산권의 청구에 관한 판결에는 원칙적으로 가집행의 선고를 하여야 한다(민소 213조 1항). 그러나 등기절차의 이행을 명하는 판결은 재산권의 청구(민소법 제213조)에 관한 판결이지만, 의사의 진술을 명하는 판결은 그 판결이 '확정된 때'에 비로소 의사를 진술한 것으로 간주 되므로(민집 263조 1항), 만일 가집행선고부판결(민소법 제213조)에 의한 등기를 허용할 경우 그 판결이 상소심에서 취소된 때에는 부동산 거래의 안전을 해칠 수 있으므로 부동산등기에 관하여 의사의 진술을 명하는 판결에는 가집행선고를 붙일 수 없다.

가. 가집행선고의 의의

가집행선고라 함은 미확정의 종국판결에 관하여 확정판결과 동일한 집행력을 인정하여 그 판결의 내용을 실현시키기 위한 것으로서 판결의 확정 전에 특히 집행력을 부여하는 형성판결을 말한다. 가집행선고가 인정되기 위해서는 (i) 재산권상의 청구에 관한 미확정 판결이어야 하며, (ii) 직접 강제집행이 가능하여야 하고 (iii) 가집행선고를 붙이지 않아야 할 상당한 이유가 없어야 한다. 가집행선고는 법원의 직권 또는 당사자의 신청에 의해 담보를 제공할 것을 조건으로 또는 무조건적으로 종국판결의 주문 중에 선고하여야 한다(민소법 제231조).

나. 의사표시 의무판결에 가집행선고의 가부(소극)

의사표시 의무판결은 그 확정으로써 비로소 그 의사의 진술을 한 것으로 간주되므로 (민사집행법 제263조 제1항) 성질상 그 판결이 확정되기 전에 그 의제의 효과를 발생시키지는 못한다. 즉 의사표시의무의 판결에는 가집행선고(민사소송법 제213조)를 붙이지 못한다.

따라서 가집행선고 있는 소유권이전등기절차이행판결에 의한 등기신청이 있는 경우에도 그 등기신청서에 첨부된 판결이 확정판결이 아니면 등기관은 부동산등기법 제29조 제9호(등기신청에 필요한 서면인 "판결확정증명서"를 첨부하지 않은 때)에 의하여 이를 각하하여야 한다.

등기에 관하여 의사의 진술을 명한 이행판결에 가집행선고를 부한 판결을 등기원인증서로 하여 등기신청을 하는 사례가 있으나 이 경우에는 그 판결이 확정되지 아니하였으므로 부동산등기법 제29조 제9호(등기신청에 필요한 서면인 확정증명서를 첨부하지 아니함)에 의하여 각하된다.

5. 의사표시의무판결의 집행과 강제집행정지의 여부(소극)

가. 강제집행정지의 의의

강제집행의 정지라 함은 법률상의 이유로 인하여 강제집행절차를 개시할 수 없거나 또는 속행하지 못하는 것을 말한다. 가집행선고가 있는 판결은 선고에 의하여 즉시 집행력이 발생하므로, 이를 정지시키려면 별도의 신청에 의한 강제집행정지의 결정(민사집행법 제49조)을 받아야한다.

나. 의사의 진술을 명하는 판결의 집행에 대한 강제집행정지의 허부(소극)

(1) 광의(廣義)의 집행(執行)

강제집행은 채무자의 의사에 반하여 강제력을 행사하여 의무의 내용을 실현하는 것이나 국가의 강제력을 사용함이 없이 재판에 의하여 그 내용에 적합한 상태를 실현하는 경우가 있다. 즉 등기절차를 명하는 확정된 이행판결(민사집행법 제263조 제1항)을 등기원인증서(규칙 제46조 제1항 1호)로 한 등기신청(법 제23조 제4항)에 의하여 등기부에 일정한 사항을 기재하는 것은 재판의 반사적 효력으로 행하여지는 것에 불과하며 국가의 강제력의 행사에 의한 이행청구권과는 관계가 없으므로 강제집행에는 해당하지 아니하나 이것은 재판에 기한 국가의 행위라는 점에서 유사한 점이 있기 때문에 '광의(廣義)의 집행(執行)'이라고 한다(대법원 2000. 5. 24. 98마1839 결정, 2000. 5. 24. 99그82 결정, 2000. 5. 30. 2000그37 결정).

(2) 의사의 진술을 명하는 판결에 강제집행정지의 허부(소극)

부동산의 소유권이전등기절차 또는 등기의 말소와 같은 피고의 의사의 진술을 명하는 판결에 대하여는 집행기관이 관여하는 현실적인 강제집행절차가 존재할 수 없으므로 이에 대한 강제집행정지는 허용되지 아니하므로(대법원 1959. 12. 7. 4292민신14, 1970. 6. 9. 70마851, 1971. 6. 9. 70마851) 등기관은 강제집행정지결정에 구애됨이 없이 등기신청을 받아들여 등기 기입을 할 수 있다(대법원 1979. 5. 22. 77마427).

6. 판결서 등의 검인에 대한 특례

가. 계약서에 대한 검인제도

부동산거래에 대한 실체적 권리관계에 부합하는 등기를 신청하도록 하여 건전한 부동산 거래질서를 확립함을 목적으로 부동산등기특별조치법을 제정하여 '계약을 원인'으로 소유권이전등기를 신청할 때에는 당사자, 목적부동산, 계약연월일, 대금 및 지급일자 등이 기재된 계약서에 검인신청인을 표시하여 부동산의 소재지를 관할하는 시장, 구청장, 군수 등의 검인을 받아 관할등기소에 이를 제출하도록 하였다(부동산등기 특별조치법 제3조 제1항).

나. 판결서 등에 대한 검인

등기원인을 증명하는 서면이 집행력 있는 판결서(여기의 판결은 법 제23조 제4항의 확정된 이행판결로서 부동산등기 특별조치법 제2조 제1항에 의한 계약을 원인으로 소유권이전등기절차이행을 명한 판결을 말하며, 법 제65조 제2호의 판결은 이에 해당되지 아니하는 것으로 보아야 한다) 또는 판결과 같은 효력을 갖는 조서인 때에는 판결서 등에 부동산등기특별조치법 제3조 제1항의 규정에 따라 부동산의 소재지를 관할하는 시장, 구청장, 군수의 검인을 받아 제출하여야 한다. 시장 등이 검인을 한 때에는 판결서 등의 사본 2통을 작성하여 1통은 보관하고 1통은 부동산의 소재지를 관할하는 세무서장에게 송부하여야 한다(부동산등기특별조치법 제3조 제2항, 제3항).

7. 부동산등기법 제23조 제4항의 판결에 의한 등기

가. 등기신청인(승소한 등기권리자 또는 등기의무자)

등기청구권에 기하여 등기권리자가 등기의무자를 상대로 한 소송에서 부동산등기에 관하여 일정한 내용의 등기절차를 이행할 것을 명하는 판결이 확정되면 그것으로서 등기의무자가 등기신청을 한 것으로 간주되므로(민사집행법 제263조 제1항) 승소한 등기권리자 또는 승소한 등기의무자는 그 확정판결을 등기원인증서로 하여 단독으로 등기신청을 할 수 있다(법 제23조 제4항).

판결에 의한 등기는 승소한 등기권리자 또는 등기의무자가 단독으로 확정판결을 등기원인증서로 단독으로 등기를 신청하여(법 제23조 제4항) 판결주문에 표시된 관념적인 권리를 현실적인 권리(등기부에 기재 즉 등기의 집행)로 승화시키는 것을 말한다.

(1) 승소한 등기권리자

승소한 등기권리자는 단독으로 판결에 의한 등기를 신청 할 수 있다(법 제23조 제4항). 승소한 등기권리자에는 적극적 당사자인 원고뿐만 아니라 피고나 당사자 참가인도 포함된다.

'승소한 등기권리자'는 소송당사자만을 의미하므로 소송당사자가 아닌 자는 판결이나 조정 등에서 등기권리자나 등기의무자로 기재되었다 하더라도 단독으로 등기신청을 할 수 없다. 승소한 등기권리자만이 판결에 의한 등기신청을 할 수 있으므로 등기의무자에 해당하는 패소한 당사자'는 그 판결에 기하여 직접 등기권리자 명의의 등기신청을 하거나 승소한 등기권리자를 대위하여 등기신청을 할 수 없다. 승소한 등기권리자가 승소판결의 변론종결 후 사망하였다면, 상속인이 상속을 증명하는 서면을 첨부하여 직접 자기 명의로 등기를 신청 할 수 있다.

(2) 승소한 등기의무자의 등기신청

(가) 등기수취 또는 인수 청구권

구부동산등기법(1991. 12. 14. 법률 제4422호 부동산등기법중개정법률) 제29조는 "판결에 의한 등기는 승소한 등기권리자 또는 등기의무자만으로 이를 신청할 수 있다."고 규정하였다.

현행 부동산등기법(2020. 2. 4. 법률 제16912호 부동산등기법중개정법률) 제23조 제4항은 "등기절차의 이행(履行) 또는 인수(引受)를 명하는 판결에 의한 등기는 승소한 등기권리자 또는 등기의무자가 단독으로 신청한다."고 규정하고 있다.

부동산등기법 제23조 제4항에서 "등기절차의 인수(引受)를 명하는 판결에 의한 등기는 〈승소한 등기의무자〉가 단독으로 신청한다."고 한 것은 종래 학설로 인정되던 이른바 〈등기수취(登記受取) 또는 인수(引受) 청구권(請求權)〉을 명문으로 규정한 것이다(대판 2001. 2. 9. 2000다60708 참조).

"승소한 등기의무자기"라 함은 등기를 하지 아니하고 방치하는 등기권리자(예 : 부동산의 매수인)를 상대로 등기를 넘겨 가도록 하는 재판을 하여 승소판결을 받은 등기의무자(예 : 부동산의 매도인)를 말한다.

부동산등기법 제23조 제4항의 규정에 의한 승소한 등기의무자의 단독신청은 실체법상 등기의무자가 등기권리자를 상대로 등기를 인수받아 갈 것을 소로서 청구하고 그 판결을 받아 등기를 강제로 실현하는 것이다.

> **판례**
> **등기의무자가 등기권리자를 상대로 등기를 인수받아 갈 것을 구할 수 있는지 여부(적극)**
> 본법은 등기는 등기권리자와 등기의무자가 공동으로 신청하여야 함을 원칙으로 하면서도 제29조(현행법 제23조 제4항)에서 '판결에 의한 등기는 승소한 등기권리자 또는 등기의무자만으로' 신청할 수 있도록 규정하고 있는바, 위 법조에서 승소한 등기권리자 외에 등기의무자도 단독으로 등기를 신청할 수 있게 한 것은, 통상의 채권·채무 관계에서는 채권자가 수령을 지체하는 경우 채무자는 공탁 등에 의한 방법으로 채무부담에서 벗어날 수 있으나 등기에 관한 채권·채무관계에서 있어서는 이러한 방법을 사용할 수 없으므로, 등기의무자가 자기 명의로 있어서는 안 될 등기가 자기 명의로 있음으로 인하여 사회생활상 또는 법상 불이익을 입을 우려가 있는 경우에는 소의 방법으로 등기권리자를 상대로 등기를 인수 받아 갈 것을 구하고 그 판결을 받아 등기를 강제로 실현할 수 있도록 한 것이다(대판 2001. 2. 9. 2000다60708).

■ 등기수취(인수)청구의 소의 청구취지 및 판결주문의 기재례

> 피고는 원고로부터 별지목록 기재부동산에 관하여 0000년 0월 0일 매매(또는 증여, 교환 등)를 원인으로 한 소유권이전등기신청절차를 수취(인수)하라.

(나) 판결에 의한 등기신청과 신청정보 및 첨부정보의 제공방법

1) 신청정보의 제공방법

등기의 신청은 1건당 1개의 부동산에 관한 신청정보를 제공하는 방법으로 하여야 한다. 다만, 등기목적과 등기원인이 동일하거나 그 밖에 대법원 규칙으로 정하는 경우에는 같은 등기소의 관할 내에 있는 여러 개의 부동산에 관한 신청정보를 일괄하여 제공하는 방법으로 할 수 있다(부동산등기법 제25조).

2) 일괄신청과 동시신청

부동산등기법 제25조 단서에 따라 다음 각 호의 경우에는 1건의 신청정보로 "일괄(일괄신청)"하여 신청하거나 촉탁할 수 있다(부동산등기규칙 제47조 제1항).

1. 같은 채권의 담보를 위하여 소유자가 다른 여러 개의 부동산에 대한 저당권설정등기를 신청하는 경우
2. 법 제97조(공매처분으로 인한 등기의 촉탁) 각 호의 등기를 촉탁하는 경우
3. 민사집행법 제44조(매각대금 지급 뒤의 조치) 제1항 각 호의 등기를 촉탁하는 경우

같은 등기소에 "동시(동시신청)"에 여러 건의 등기신청을 하는 경우에 첨부정보의 내용이 같은 것이 있을 때에는 먼저 접수되는 신청서에만 그 첨부정보를 제공하고, 다른 신청서에는 먼저 접수된 신청에 그 첨부정보를 제공하였다는 뜻을 신청정보의 내용으로 등기소에 제공하는 것으로 그 첨부정보의 제공을 갈음할 수 있다(동 규칙 제47조 제2항).

3) 신청정보의 내용

등기를 신청하는 경우에는 다음 각 호의 사항을 신청정보의 내용으로 등기소에 제공하여야 한다(부동산등기규칙 제43조 제1항).

1. 다음 각 호의 구분에 따른 부동산의 표시에 관한 사항
   가. 토지: 법 제34조 제3호부터 제5호까지의 규정에서 정하고 있는 사항
   나. 건물: 법 제40조 제1항 제3호와 제4호에서 정하고 있는 사항
   다. 구분건물 : 1동의 건물의 표시로서 소재 지번, 건물명칭 및 번호, 구조, 종류, 면적, 전유부분의 건물의 표시로서 건물번호, 구조, 면적, 대지권이 있는 경우 그 권리의 표시. 다만, 1동의 건물의 구조, 종류, 면적은 건물의 표시에 관한 등기나 소유권보존등기를 신청하는 경우로 한정한다.
2. 신청인의 성명(또는 명칭), 주소(또는 사무소 소재지) 및 주민 등록번호(또는 부동산 등기용등록번호)
3. 신청인이 법인인 경우에는 그 대표자의 성명과 주소
4. 대리인에 의하여 등기를 신청하는 경우에는 그 성명과 주소

5. 등기원인과 그 연월일
6. 등기의 목적
7. 등기필정보. 다만, 공동신청 또는 승소한 등기의무자의 단독신청에 의하여 권리에 관한 등기를 신청하는 경우로 한정한다.
8. 등기소의 표시
9. 신청연월일

4) 첨부정보

등기를 신청하는 경우에는 다음 각 호의 정보를 그 신청정보와 함께 첨부정보로서 등기소에 제공하여야 한다(동 규칙 제46조 제1항).

1. 등기원인을 증명하는 정보
2. 등기원인에 대하여 제3자의 허가, 동의 또는 승낙이 필요한 경우에는 이를 증명하는 정보
3. 등기상 이해관계 있는 제3자의 승낙이 필요한 경우에는 이를 증명하는 정보 또는 이에 대항 할 수 있는 재판이 있음을 증명하는 정보
4. 신청인이 법인인 경우에는 그 대표자의 자격을 증명하는 정보
5. 대리인에 의하여 등기를 신청하는 경우에는 그 권한을 증명하는 정보
6. 등기권리자(새로 등기명의인이 되는 경우로 한정한다)의 주소(또는 사무소 소재지) 및 주민등록번호(또는 부동산등기용등록번호)를 증명하는 정보. 다만, 소유권이전등기를 신청하는 경우에는 등기의무자의 주소(또는 사무소 소재지)를 증명하는 정보도 제공 하여야 한다.
7. 소유권이전등기를 신청하는 경우에는 토지대장, 임야대장, 건축물대장 정보나 그 밖에 부동산의 표시를 증명하는 정보
8. 변호사나 법무사가 다음 각 호의 등기를 신청하는 경우, 자격자 대리인이 주민등록증·인감증명서·본인서명사실 확인서 등 법령에 따라 작성된 증명서의 제출이나 제시, 그 밖에 이에 준하는 확실한 방법으로 위임인이 등기의무자인지 여부를 확인하고 자필 서명한 정보

가. 공동으로 신청하는 권리에 관한 등기

나. 승소한 등기의무자가 단독으로 신청하는 권리에 관한 등기

(3) 패소한 당사자의 판결에 의한 등기신청 가부(소극)

판결에 의한 등기는 '승소'한 등기권리자 또는 등기의무자만으로 이를 신청할 수 있으므로(법 제23조 제4항) 승소판결을 받은 甲이 그 판결에 의한 등기신청을 하지 아니하는 경우에 '패소'한 乙이 그 판결에 기하여 직접 등기를 신청하거나 대위신청을 할 수는 없으므로, 등기의무자인 乙은 등기권리자인 甲을 상대로 등기를 인수받아 갈 것을 구하는 별도의 소송을 제기하여 그 승소판결에 의하여 등기를 신청하여야 한다.

승소한 등기의무자가 단독으로 권리에 관한 등기를 신청하는 경우에는 등기필증(등기필정보)을 등기소에 제출하여야 한다(법 제50조 제2항 후단, 규칙 제43조 제1항 7호 단서).

(4) 승소한 등기권리자의 상속인

승소한 등기권리자가 승소판결의 변론종결 후에 사망하였다면, 그의 상속인이 상속을 증명하는 서면(규칙 제49조)을 첨부하여 직접 자기명의로 판결에 의한 등기(상속등기 생략)를 신청할 수 있다(등기예규 제 1383 호. 3. 나).

나. 공유물분할판결에 의한 경우

(1) 공유물분할의 의의

공유물분할은 공유관계 소멸원인 중 하나이다. 각 공유자는 언제든지 공유물의 분할을 청구하여 공유관계를 종료시킬 수 있다(민법 제268조 제1항). 즉 공유물분할은 자유이다. 그러나 공유자 사이의 계약으로 일정한 한도 내에서 분할의 자유를 제한하는 것은 인정된다. 따라서 5년을 넘지 않는 한도에서 분할하지 않을 것을 약정할 수 있으며(민 268 ① 단서), 그 부분할계약은 경신할 수 있으나, 그 기간은 경신한 날부터 5년을 넘지 못한다(민법 제268조 제2항). 각 공유자의 분할청구권은 일종의 형성권이라는 것이 통설의 견해이다.

공유물분할에는 '협의에 의한 분할'과 '재판에 의한 분할'이 있다. 분할의 방법에 관하여 협의가 성립하지 않은 때에는 공유자가 법원에 분할을 청구할 수 있다(민 269 ①). 분할의 소는 분할을 청구하는 공유자가 다른 전원을 상대로 하여 제기하는 형성의 소이다(통설·판례).

1필의 공유지를 공유물분할등기를 하기 위하여는 먼저 토지의 분할절차를 밟은 후 그 토지대장에 의하여 분필등기를 하여야 하고, 공유물분할을 원인으로 소유권이전등기는 동시에 하지 않고도 각 분필등기된 부동산별로 각각 독립하여 공동(등기권리자와 등기의무자)신청할 수 있다(등기예규 제514호).

(가) 공유물분할과 공유자 전원의 참여

공유물의 분할은 협의에 의한 분할이거나 재판에 의한 분할이거나를 막론하고 공유자 전원이 분할절차에 참여하여야 하므로(대판 1968. 5. 21. 68다414, 415), 공유대지를 공유자 중 1인의 협의 없이 분할한 경우 그 공유물분할은 법률상 효력이 없다(대판 1968. 6. 25. 68다647).

(나) 재판에 의한 공유물분할의 방법

공유물의 분할은 공유자 간에 협의가 이루어지는 경우에는 그 방법을 임의로 선택할 수 있으나 협의가 이루어지지 아니하여 재판에 의하여 공유물을 분할하는 경우에는 법원은 현물로 분할하는 것이 원칙이고, 현물로 분할할 수 없거나 현물로 분할을 하게 되면 현저히 그 가액이 감소될 염려가 있는 때에 비로소 물건의 경매를 명하여 대금분할을 할 수 있는 것이므로, 위와 같은 사정이 없는 한 법원은 각 공유자의 지분비율에 따라 공유물을 현물 그대로 수개의 물건으로 분할하고 분할된 물건에 대하여 각 공유자의 단독소유권을 인정하는 판결을 하여야 하는 것이며, 그 분할의 방법은 당사자가 구하는 방법에 구애받지 아니하고 법원의 재량에 따라 공유관계나 그 객체인 물건의 제반 상황에 따라 공유자의 지분비율에 따른 합리적인 분할을 하면 된다(대판 2004. 7. 22. 2004다10183, 10190).

(2) 공유물분할의 소

(가) 고유 필수적 공동소송

공유물분할의 소(訴)라 함은 공유자가 공유물의 분할을 청구할 수 있는 경우에 공유자 간에 분할에 관한 협의가 조정되지 않기 때문에 재판상의 분할을 구하는 소송을 말한다. 이 소는 다른 공유자 전원을 피고로 하여 제기함을 요하는 '고유 필수적 공동소송'이다(대판 2022. 6. 30. 2020다210686, 210693).

이 소는 공유자 간에 상호의 지분의 확정을 청구하는 점에서 소송사건이지만, 분할방법을 정하는 점은 성질상 비송사건으로서 "형식상 형성소송"에 속한다(민 269 ①). 법원의 판결에 의하여 공유물이 분할되는 경우를 재판상의 분할이라고 한다.

재판상의 분할의 경우에 있어서도 그 분할의 방법은 현물분할을 원칙으로 한다. 그러나 현물분할이 불가능하거나 분할로 인하여 현저히 그 가액이 감소될 염려가 있는 때에는 법원은 공유물의 경매를 명할 수 있다(민이269 ②). 경매를 명한 경우 그 대금을 분할하여야 한다.

(나) 공유토지 일부에 대한 시효취득을 원인으로 한 소유권이전등기청구소송

토지를 수인이 공유하는 경우에 공유자들의 소유권이 지분의 형식으로 공존하는 것뿐이고, 그 처분권이 공동에 속하는 것은 아니므로 공유토지의 일부에 대하여 취득시효 완성을 원인으로 공유자들을 상대로 그 시효취득 부분에 대한 소유권이전등기절차의 이행을 청구하는 소송은 필요적 공동소송이라고 할 수 없다(대판 94. 12. 27. 93다32880, 32897).

(3) 공유물의 분할청구 및 분할의 방법

물건이 지분에 의하여 수인의 소유로 된 때에는 공유로 하며(민법 제262조 제1항), 공유자는·공유물의 분할을 청구할 수 있다(민법 제268조 제1항), 공유물의 분할의 방법에 관하여 협의가 성립되지 아니한 때에는 공유자는 법원에 그 분할을 청구할 수 있다(민법 제269조 제1항).

(가) 공유물분할의 대상

민법 제268조가 규정하는 공유물의 분할은 공유자 상호간의 지분의 교환 또는 매매를 통하여 공유의 객체를 단독소유권의 대상으로 하여 그 객체에 대한 공유관계를 해소하는 것을 말하므로 분할의 대상이 되는 것은 어디까지나 공유물에 한한다(대판 2002. 4. 12. 2002다4580).

(나) 공유물분할의 자유와 재판에 의한 공유물분할의 방법

공유는 물건에 대한 공동소유의 한 형태로서 물건에 대한 1개의 소유권이 분량적으로 분할되어 여러 사람에게 속하는 것이므로 특별한 사정이 없는 한 각 공유자는 공유물의 분할을 청구하여 기존의 공유관계를 폐지하고 각 공유자 간에 공유물을 분배하는 법률관계를 실현하는 일방적인 권리를 가지는 것이며(공유물분할의 자유), 공유물의 분할은 당사자 간에 협의가 이루어지는 경우에는 그 방법을 임의로 선택할 수 있으나 협의가 이루어지지 아니하여 재판에 의하여 공유물을 분할하는 경우에는 법원은 '현물'로 분할하는 것이 원칙이고, 현물로 분할할 수 없거나 현물로 분할을 하게 되면 현저히 그 가액이 감소될 염려가 있는 때에는 비로소 물건의 '경매'를 명할 수 있다(대판 1991. 11. 12. 91다27228).

공유물분할의 소에 있어서 법원은 공유관계나 그 객체인 물건의 제반사정을 종합적으로 고려하여 합리적인 방법으로 지분비율에 따른 분할을 명하여야 하는 것이고, 여기서 '지분비율'이란 원칙적으로 지분에 따른 가액(교환가치)의 비율을 말하는 것이므로, 법원은 분할대상 목적물의 현상이나 위치, 이용상황이나 경제적 가치가 균등하지 아니할 때에는 원칙적으로 경제적 가치가 지분비율에 상응하도록 조정하여 분할을 명하여야 하는 것이다(대판 1999. 6. 11. 99다6746).

재판에 의하여 공유물을 분할하는 경우에 법원은 현물로 분할하는 것이 원칙이므로, 불가피하게 대금분할을 할 수밖에 없는 요건에 관한 객관적·구체적인 심리 없이 단순히 공유자들 사이에 분할의 방법에 관하여 의사가 합치하고 있지 않다는 등의 주관적·추상

적인 사정에 터 잡아 함부로 대금분할을 명하는 것은 허용될 수 없다(대판 2009. 9. 10. 2009다40129, 40226).

공유물의 분할은 공유자 간에 협의가 이루어지는 경우에는 그 방법을 임의로 선택할 수 있으나 협의가 이루어지지 아니하여 재판에 의하여 공유물을 분할하는 경우에는 법원은 '현물'로 분할하는 것이 원칙이고, 현물로 분할할 수 없거나 현물로 분할을 하게 되면 현저히 그 가액이 감손될 염려가 있는 때에는 비로소 물건의 '경매'를 명하여 대금분할을 할 수 있는 것이므로, 위와 같은 사정이 없는 한 법원은 각 공유자의 지분 비율에 따라 공유물을 현물 그대로 수개의 물건으로 분할하고 분할된 물건에 대하여 각 공유자의 단독 소유권을 인정하는 판결을 하여야 하는 것이며, 그 분할의 방법은 당사자가 구하는 방법에 구애받지 아니하고 법원의 재량에 따라 공유관계나 그 객체인 물건의 제반 상황에 따라 공유자의 지분 비율에 따른 합리적인 분할을 하면 된다(대판 2004. 7. 22. 2004다10183, 10190).

공유물분할의 소는 형성의 소로서 공유자 상호간의 지분의 교환 또는 매매를 통하여 공유의 객체를 단독 소유권의 대상으로 하여 그 객체에 대한 공유관계를 해소하는 것을 말하므로, 법원은 공유물분할을 청구하는 자가 구하는 방법에 구애받지 아니하고 자유로운 재량에 따라 공유관계나 그 객체인 물건의 제반상황에 따라 공유자의 지분비율에 따른 합리적인 분할을 하면 된다(대판 2004. 10. 14. 2004다30583).

(다) 현물분할이 불가능한 경우 법원의 직권경매 및 불공평한 분할의 위법성

공유물의 현물분할이 불가능하거나 부적(不適)하다고 인정한 때에는 법원은 직권으로 경매를 명할 수 있다(대판 1968. 3. 26. 67다2455, 2456). 본건 공유부동산의 분할방법에 관하여 당사자 간에 협의가 성립 안 되고 공유물의 위치에 따른 가격차이가 있어 현물분할이 곤란함을 엿볼 수 있는 이 사건에 있어서 위 부동산을 경매에 부쳐 그 대금을 지분비율에 의하여 배당함은 정당하다(대판 1973. 1. 30. 72다1800).

(라) 공유물에 대한 불공평한 분할의 위법성

공유재산의 면적, 위치, 사용가치, 가격, 공유자의 실제 점유위치 등을 제대로 고려하지 않고 심히 불공평하게 공유물의 분할방법을 결정한 것은 위법이다(대판 1969. 12. 29. 68다2425).

(마) 공유물분할과 전원의 참여

공유물의 분할은 협의에 의한 분할이거나 재판상의 분할이거나를 막론하고 공유자 전원이 분할절차에 참여하여야 하며(대판 1968. 5. 21. 68다414, 415), 공유대지를 공유자 중 1인의 협의 없이 분할한 경우 그 공유물분할은 법률상 효력이 없다(대판 1968. 6. 25. 68다647).

(4) 공유물분할판결에 의한 등기신청인(소송당사자)

공유물을 분할하는 판결에 의한 등기는 등기권리자 또는 등기의무자가 단독으로 신청한다(법 제23조 제4항 후단). 공유물분할판결이 확정되면 그 소송당사자는 원·피고인지 여부에 관계없이 그 확정판결을 첨부하여 등기권리자 단독(법 제23조 제4항)으로 공유물분할을 원인으로 한 지분이전등기를 신청할 수 있다(등기예규 제1383호. 3. 다, 등기선례 제4권 221항).

(5) 공유자의 지분처분과 다른 공유자의 동의 요부

각 공유자는 그 지분권을 다른 공유자의 동의가 없는 경우라도 양도 기타의 처분을 할 수 있는 것이며 공유자끼리 그 지분을 교환하는 것도 그것이 지분권의 처분에 해당하는 이상 다른 공유자의 동의를 요하는 것이 아니므로(대판 1972. 5. 23. 71다2760), 공유자는 그의 공유지분을 다른 공유자의 동의 없이 처분할 수 있다(대판 1980. 5. 27. 80다535).

(6) 공유자의 단독 보존행위의 가부

공유물에 대한 보존행위는 공유자 각자가 단독으로 할 수 있다(대판 1960. 7. 7. 4292

민상462). 부동산의 공유지분권자 중의 한 사람은 보존행위로서 공유물을 권원 없이 점유하는 자에 대하여 부동산의 인도를 청구할 수 있으며(대판 1966. 4. 19. 66다283), 공동상속인의 한 사람은 공유자이므로 그 보존행위로서 단독으로 상속재산에 대한 원인무효인 등기의 말소를 청구할 수 있으며(대판 1966. 4. 19. 66다415, 1971. 11. 30. 71다1831, 1982. 3. 9. 81다464, 1993. 5. 11. 92다52870, 1996. 2. 9. 94다61649), 토지의 공유지분권자 중의 1인은 그 토지에 관한 보존행위로서 위 토지에 원인 없이 경료된 이전등기 또는 가등기의 명의자에 대하여 단독으로 그 각 등기의 말소등기의 이행을 청구할 수 있다(대판 1971. 7. 27. 71다1265).

부동산의 공유자 중 한 사람은 공유물에 대한 보존행위로서 그 공유물에 관한 원인무효의 등기 전부의 말소를 구할 수 있고, 진정명의회복을 원인으로 한 소유권이전등기청구권과 무효등기의 말소청구권은 어느 것이나 진정한 소유자의 등기명의를 회복하기 위한 것으로서 실질적으로 그 목적이 동일하고 두 청구권 모두 소유권에 기한 방해배제청구권으로서 그 법적 근거와 성질이 동일하므로, 공유자 중 한 사람은 공유물에 경료된 원인무효의 등기에 관하여 각 공유자에게 지분별로 진정명의회복을 원인으로 한 소유권이전등기를 이행할 것을 청구할 수 있다(대판 2005. 9. 29. 2003다40651).

다. 채권자대위권에 의한 등기

채권자는 민법 제404조에 따라 채무자를 대위(代位)하여 등기를 신청할 수 있으며(법 제28조 제1항), 등기관이 법 제28조 제1항 또는 다른 법령에 따른 대위신청에 의하여 등기를 할 때에는 대위자의 성명 또는 명칭, 주소 또는 사무소 소재지 및 대위원인을 기록하여야 한다.

(1) 채권자대위권의 의의 및 요건

(가) 법정재산관리권

채권자대위권(債權者代位權)이라 함은 채권자가 자신의 권리를 보전하기 위하여 채무자의 권리를 행사할 수 있는 것을 말하며(민법 제404조), 이는 실체법상의 권리로서 일종의 법정재산관리권(法定財産管理權)이라고 본다.

(나) 채무자가 스스로 권리를 행사하지 않은 경우

채권자대위권은 채무자가 그 권리를 행사하지 아니하는 경우에 한하여 자기 채권의 보전을 위하여 행사할 수 있으며(대판 1969. 2. 25. 68다2352, 2353), 채권자대위권은 채무자가 제3채무자에 대한 권리를 스스로 행사하지 않은 때에 비로소 발생하는 것이다(대판 1970. 4. 28. 69다1311). 채권자대위권은 채무자가 제3자에 대한 권리를 스스로 행사하지 않는 경우에 한 하여 이를 행사할 수 있는 것이고 채무자가 이미 그 권리를 행사한 때에는 채권자는 그 권리를 대위행사 할 수 없다(대판 1975. 7. 8. 75다529, 530).

채권자대위권은 채권자가 채무자에 대한 자기의 채권을 보전하기 위하여 필요한 경우에 채무자의 제3자에 대한 권리를 대위행사 할 수 있는 권리를 말하는 것으로서, 이때 보전되는 채권은 보전의 필요성이 인정되고 이행기가 도래한 것이면 족하고, 그 채권의 발생원인 이 어떠하던 대위권을 행사함에는 아무런 방해가 되지 아니하며, 또한 채무자에 대한 채권이 제3채무자에게까지 대항할 수 있는 것임을 요하는 것도 아니라 할 것이므로, 채권자대위권을 재판상 행사하는 경우에 있어서도 채권자는 그 채권의 존재사실 및 보전의 필요성, 기한의 도래 등을 입증하면 족한 것이며, 채권의 발생원인사실 또는 그 채권이 제3채무자에게 대항할 수 있는 채권이라는 사실까지 입증할 필요는 없다(대판 1988. 2. 23. 87다카961).

(다) 채무자의 무자력

채권자대위권을 행사함에는 원칙적으로 채무자의 무자력(無資力)을 그 요건으로 하며, 무자력인지의 여부는 사실심의 변론종결 당시를 표준으로 하여 결정되어야 하고, 그 입증책임은 채권자가 진다.

판례는 예외적으로 다음과 같은 경우에는 채무자의 무자력을 요하지 않고 특정의 채권을 보전하기 위하여 대위권의 행사를 인정하고 있다. 즉 채무자가 하여야 할 등기절차를 채권자가 대위해서 행사할 수 있으며(대판 1962. 5. 10. 62다138), 채권자대위권에 의한 상속등기(대법원 1964. 4. 3. 63마54), 부동산매수인의 목적부동산에 관한 원인무효등기의 대위에 의한 말소청구(대판 1965. 2. 16. 64다1630)를 할 수 있다.

채권자는 자기의 채무자에 대한 부동산의 소유권이전등기청구권 등 특정채권을 보전하기 위하여 채무자가 방치하고 있는 그 부동산에 관한 특정권리를 대위하여 행사할 수 있고 그 경우에는 채무자의 무자력(無資力)을 요건으로 하지 아니한다(대판 1992. 10. 27. 91다483).

채권자대위소송에서 피대위자인 채무자의 특정이 필요한 사항이기는 하나, 이는 피보전채권과 대위행사할 채권의 존부를 판단하고, 판결의 효력이 미칠 주관적 범위와 집행력이 미치는 범위를 정하며 채무자 본인이 제기할 소송이 중복소송에 해당하는지 여부를 판단하기 위하여 요구되는 것이므로, 채무자가 제대로 특정되었는지 여부는, 당해 채권자대위소송의 소송물이 갖는 성격과 채무자 특정의 난이도 및 소송 과정에서 드러난 사안의 특성 등에 비추어, 그 특정한 정도가 위에서 든 목적들을 달성하는 데 충분한지 검토한 후 그 결과에 따라 구체적·개별적으로 결정하면 될 일이지 반드시 모든 경우에 일률적으로 채무자 개개인의 인적 사항을 통상의 소송당사자와 같은 정도로 상세히 특정하여야 하는 것은 아니다(대판 2004. 11. 26. 2004다40986).

(라) 제3채무자에 대한 특정물에 관한 권리의 대위행사

채권자대위권은 채무자의 채권을 대위행사 함으로써 채권자의 채권이 보존되는 관계가 존재하는 경우에 한하여 이를 행사할 수 있으므로 특정물에 관한 채권자는 채권을 보전하기 위하여 채무자의 제3채무자에 대한 그 특정물에 관한 권리만을 대위행사 할 수 있다(대판 1993. 4. 23. 93다289).

(2) 채권자대위권의 대상(목적)

특정물에 관한 채권에 있어서는 채무자가 그 채권을 행사지 아니하는 경우에 채권보존의 필요가 있다고 인정함이 타당하다. 부동산에 관한 소유권이전등기절차이행청구의 채권은 민법 제404조 소정의 채권자의 채권에 해당한다(대판 1957. 6. 27. 4289 민상485, 486).

채권자대위권은 채무자가 제3채무자에 대한 권리를 스스로 행사하지 않는 경우에 한하여 할 수 있는 것이고, 채무자가 이미 그 권리를 행사한 때에는 그 권리를 대위행사 할 수 없다(1975. 7. 8. 75다529, 530). 채권자취소권도 채권자가 채무자를 대위하여 행사하는 것이 가능하다(대판 2001. 12. 27. 2000다73049).

등기신청권은 채권자대위권의 목적(법 제28조)이 될 수 있으므로(대판 1962. 5. 10. 62다138), 채권자대위권에 의한 상속등기를 거부할 수 없다(대법원 1964. 4. 3. 63마54). 부동산을 정당히 매수하고 그 대금을 완불한 매수인은 현행 민법상 그 이전등기를 받기 전에는 물권의 변동이 생기지 아니하나 등기청구권이라는 채권적 청구권에 의하여 소유자인 매도인을 대위하여 목적부동산에 관한 원인무효등기의 말소등기청구를 할 수 있다(1965. 2.16. 64다1630).

(3) 채권자대위권행사의 객체가 될 수 있는 권리

채권자대위권은 채권자가 자기의 채권을 보전하기 위하여 채무자에게 속한 권리를 행사하는 것이며 그 권리가 채무자의 일신에 전속하는 권리 또는 압류를 불허하는 권리와 같이 채권의 담보가 될 수 없는 성질의 것이 아닌 이상 대위권행사의 객체가 될 수 있고, 그 권리에 동시이행의 항변권이 부착된 권리라 하여도 관계없다(대판 1965. 5. 25. 65다265, 266).

(4) 채권자대위소송에 의한 확정판결의 효력이 채무자에게 미치는지 여부(적극)

채권자가 채권자대위권을 행사하는 방법으로 제3채무자를 상대로 소송을 제기하여 판결을 받은 경우에 어떠한 사유로 인하였던 채무자가 채권자대위권에 의한 소송이 제기된 사실을 알았을 경우에는 그 확정판결의 효력은 채무자에게도 미친다(대판 1975. 5. 13. 74다1664, 전원합의체판결). 채권자가 민법 제404조에 의한 채권자대위권에 기하여 채권자의 권리를 행사하면서 그 사실을 채무자에게 통지를 하지 아니한 경우라도 채무자가 자기의 채권이 채권자에 의하여 대위행사되고 있는 사실을 알고 있는 경우에는 그 대위행사한 권리의 처분을 가지고 채권자에게 대항할 수 없다(1988. 1. 19. 85다카1792).

(5) 채권자대위권에 의한 등기신청

등기신청권은 채권자대위권의 목적이 될 수 있으며(대판 1962. 5. 10. 62다138), 채권자대위권의 행사는 채무자가 그 행사를 반대하는 경우에도 가능하다(대판 1963. 11. 21. 63다634). 채권자는 민법 제404조에 따라 채무자를 대위(代位)하여 등기를 신청할 수 있다(부동산 등기법 제28조 제1항). 등기관이 부동산등기법 제28조 제1항 또는 다른 법령에 따른 대위신청에 의하여 등기를 할 때에는 대위자의 성명 또는 명칭, 주소 또는 사무소 소재지 및 대위 원인을 기록하여야 한다(동법 제28조 제2항). 대위등기신청서의 기재사항 및 첨부서면에 관한 사항은 부동산등기규칙 제50조에 규정되어 있다.

(6) 채권자 대위권에 의한 대위등기의 신청요건

등기는 등기권리자와 등기의무자의 공동신청에 의함이 원칙(법 제23조 제1항)이나 예외로 등기신청권자가 아니면서 법률에 의하여 등기신청권자를 대위하여 자기 이름으로 피대위자 명의의 등기를 신청할 수 있는 경우가 있는바, 이를 대위등기신청(代位登記申請)이라 한다(법 제28조, 규칙 제50조).

등기신청권도 채권자대위의 객체인 권리가 될 수 있으므로 채권자는 자기채권(등기청구권과 같은 특정채권)의 실현을 위하여 채무자가 가지는 등기신청권을 자기의 이름으로 행사하여 채무자 명의의 등기를 신청할 수 있다(법 제28조). 채권자가 대위등기 할 수 있는 등기의 종류(보존등기, 이전등기, 말소등기, 변경등기 등)에는 특별한 제한이 없다.

채권자의 대위등기신청의 요건은 아래와 같다.

(가) 채무자에게 등기신청권이 있을 것
채권자대위에 의한 등기는 채권자가 채무자의 등기신청권을 대위행사 하는 것이므로 그 전제로 채무자의 등기신청권이 있어야 한다. 따라서 채무자에게 등기신청권이 없으면 대위등기를 할 수 없다.

(나) 채무자에게 유리한 등기일 것
채권자대위권은 채무자의 책임재산을 보전하기 위하여 채무자의 관여 없이 행해지는 것이므로 대위로 신청할 수 있는 등기는 채무자의 권리에 이익을 가져오는 등기와 채무자에게 불리하지 않는 등기에 한정된다. 따라서 채권자는 채무자가 등기권리자의 지위에 있는 경우에만 그 등기신청권을 대위할 수 있고, 채무자가 등기의무자의 지위에 있는 경우에는 대위할 수 없다. 다만 부동산표시의 변경(경정)등기 또는 등기명의인 표시의 변경(경정)등기와 같이 채무자에게 불리하지 아니한 등기는 대위신청 할 수 있다(부동산등기실무 I권 180면).

(다) 대위의 기초가 되는 채권(피보전채권)이 있을 것
채권자가 등기신청을 대위하기 위해서는 대위자가 피대위자에 대하여 채권을 가져야 한다. 피보전채권은 채권적 청구권이건 물권적 청구권이건 묻지 않는다. 대위의 기초인 피보전채권이 금전채권인 경우에는 채권자 대위의 일반원칙에 따라 채무자의 무자력(無資力)이 요구되나 대위의 기초인 권리가 특정채권인 때에는 당해 권리의 발생원인인 법률관계의 존재를 증명하는 서면(예 : 매매계약서 등)을, 금전채권일 때에는 금전채권증서(예 : 금전소비대차계약서 등)를 첨부하면 등기관은 무자력 여부를 심사하지 않고 등기신청을 수리하도록 하였다(등기예규 제1432호. 3.).

채권자가 채무자를 대위하여 등기를 신청하는 경우 채무자로부터 채권자 자신으로의 등기를 동시에 신청하지 않더라도 이를 수리하여야 한다. 등기관이 등기를 완료한 때에는 대위신청인 및 피대위자에게 등기완료통지를 하여야 한다(등기예규 제1432호. 4. 가. 다.).

(7) 취득시효완성과 대위등기

취득시효완성으로 인한 소유권이전등기청구권자는 채권적 권리를 가진 것에 불과하므로 시효취득자가 그 등기를 하기 전에 소유명의인으로부터 먼저 소유권이전등기를 넘겨받은 제3자에 대하여는 시효취득을 주장할 수 없다. 다만 위 제3자명의의 등기가 원인무효의 등기라면 취득시효완성 당시의 소유자에 대하여 가지는 소유권이전등기청구권을 기초로 원인무효인 등기의 말소를 구함과 아울러 위 소유자에게 취득시효완성을 원인으로 한 소유권이전등기를 구할 수 있다(대판 1993. 9. 14. 93다12268).

(8) 채권자가 제3채무자를 상대로 채무자를 대위하여 등기절차이행을 명하는 판결을 받은 경우

(가) 채권자 등의 판결에 의한 등기의 대위신청

채권자가 제3채무자를 상대로 채무자를 대위하여 등기절차의 이행을 명하는 판결을 받은 경우 채권자는 부동산등기법 제28조에 의하여 채무자의 대위신청인으로서 그 판결에 의하여 단독으로 등기를 신청할 수 있으며, 채권자대위소송에서 채무자가 채권자대위소송이 제기된 사실을 알았을 경우에는 채무자 또는 제3채권자도 채권자가 얻은 승소판결에 의하여 단독으로 등기를 신청할 수 있다(등기예규 제1383호. 3. 라).

(나) 채권자대위권에 의한 등기절차

부동산등기법 제28조에 따라 대위에 의한 등기를 신청하는 경우에는 다음 각 호의 사항을 신청서에 기재하여야 하며, 대위원인을 증명하는 서면을 등기소에 제출하여야 한다(규칙 제50조).

1. 피대위자의 성명(또는 명칭), 주소(또는 사무소 소재지) 및 주민등록번호(또는 부동

산등기용등록번호)
2. 신청인이 대위자라는 뜻
3. 대위자의 성명(또는 명칭)과 주소(또는 사무소 소재지)
4. 대위원인

등기관이 부동산등기법 제28조 제1항 또는 다른 법령에 따른 대위신청에 의하여 등기를 할 때에는 대위자의 성명 또는 명칭, 주소 또는 사무소 소재지 및 대위원인을 기록하여야 한다(법 제28조 제2항).

[사 례]

서울지방법원

판 결

사 건　　2003가단23227 소유권이전등기말소

원 고　　삼풍제지 주식회사
　　　　　서울 도봉구 창동 224
　　　　　대표이사 ○○○
　　　　　소송대리인 법무법인 ○○○
　　　　　담당변호사 ○○○

피 고 1.　신 ○○
　　　　　서울 ○○○ ○○동 ○○○
　　　　　등기부상 주소 서울 ○○○ ○○동 ○○○
　　　　　소송대리인 법무법인 ○○○
　　　　　담당변호사 ○○○

피 고 2.　이 ○○
　　　　　현재 소재불명
　　　　　최후주소 서울 ○○○○○동 ○○○
　　　　　등기부상 주소 서울 ○○○ ○○동 ○○○

변론종결　2003. 11. 25.
판결선고　2003. 12. 23.

주 문

1. 별지 목록 기재 각 부동산에 관하여,

가. 피고 신○○은 피고 이○○에게 인천지방법원 부천지원 1978. 11. 9. 접수 제47510호로 마친 각 소유권이전청구권가등기(별지 서식 2 참조) 및 같은 지원 1981. 7. 31. 접수 제22021호로 마친 각 소유권이전등기(별지 서식 1)의 각 말소등기절차를 이행하고,

　　나. 피고 이○○은 원고에게 1978. 10. 10. 대물변제약정을 원인으로 한 각 소유권이전등기(별지 서식 3)절차를 이행하라.

2. 소송비용은 피고들의 부담으로 한다.

청구취지

주문과 같다.

이 유 (생 략)

[별지 서식 1]

소유권이전등기말소등기신청

접 수	년 월 일	처 리 인	등기관 확인	각종 통지
	제 호			

부동산의 표시	
1. 경기도 부천시 원미구 ○○동 46-6　　대 100㎡ 2. 위 지상 　연와조 세멘와즙 평가건주택 1동 　건평 16평 3홉 　세멘부럭조 스라브즙 평가건변소 1동 　건평 3홉	
등기원인과 그 연월일	2003년 12월 23일 서울지방법원의 확정판결
등 기 의 목 적	소유권이전등기말소
말 소 할 등 기	1981년 7월 31일 접수 제22021호로 경료된 소유권이전등기
대위원인	1978. 10. 10. 대물변제약정을 원인으로 한 소유권이전등기를 받아야 할 채권보전

구분	성 명 (상호 명칭)	주민등록번호 (등기용등록번호)	주 소 (소재지)
등기 의무자	신 ○ ○ (피 고 1)	생 략	생 략
등기 권리자	이 ○ ○ (피 고 2)	생 략	생 략

등 록 세	금	원
교 육 세	금	원
세 액 합 계	금	원
등기신청수수료	금	원

첨 부 서 면

1. 판결정본 및 확정증명 통 1. 등록세영수필확인서 및 통지서 통 1. 위임장 통 1. 이해관계인이 있는 때 : 승낙서 등 통	<기타>

2011년 9월 20일

위 대위등기 신청인 ○○물산(주) (전화 :   )

대표이사 : ○○○

(또는) 위 대리인 법무사 최 ○ ○ (전화 :   )

인천지방법원 부천지원 등기과 귀중

[별지 서식 2]

가등기말소등기신청

접 수	년 월 일 제 호	처 리 인	등기관 확인	각종 통지

부동산의 표시
1. 경기도 부천시 원미구 ○○동 46-6   대 100㎡ 2. 위 지상 　연와조 세멘와즙 평가건주택 1동 　건평 16평 3홉 　세멘부럭조 스라브즙 평가건변소 1동 　건평 3홉

등기원인과 그 연월일	2003년 12월 23일 서울지방법원의 확정판결
등 기 의 목 적	가등기말소
말소할 등기 표시	1978년 11월 9일 접수 제 47510호로 경료된 가등기
대위원인	1978. 10. 10. 대물변제약정을 원인으로 한 소유권이전등기를 받아야 할 채권보전

구분	성 명 (상호 명칭)	주민등록번호 (등기용등록번호)	주 소 (소재지)
등기 의무자	신 ○ ○ (피고 1)	생 략	생 략
등기 권리자	이 ○ ○ (피고 2)	생 략	생 략

등 록 세	금	원
교 육 세	금	원
세 액 합 계	금	원
등기신청수수료	금	원
첨 부 서 면			
1. 판결정본 및 확정증명 통 1. 등록세영수필확인서 및 통지서 통 1. 위임장 통 1. 이해관계인이 있는 때 : 승낙서 등 통	<기타>

2011년 9월 20일

위 대위등기 신청인 ○○물산(주) (전화 :   )

대표이사 : ○○○

(또는) 위 대리인 법무사 최 ○ ○ (전화 :   )

인천지방법원 부천지원 등기과 귀중

[별지 서식 3]

소유권이전등기신청

접 수	년 월 일 제 호	처 리 인	등기관 확인	각종 통지

부동산의 표시(거래신고일련번호/거래가액)

1. 경기도 부천시 원미구 ○○동 46-6   대 100㎡
2. 위 지상
   연와조 세멘와즙 평가건주택 1동
   건평 16평 3홉
   세멘부럭조 스라브즙 평가건변소 1동
   건평 3홉

등기원인과 그 연월일	1978년 10월 10일 대물변제
등 기 목 적	소유권이전
이 전 할 지	

구분	성 명 (상호 명칭)	주민등록번호 (등기용등록번호)	주 소 (소재지)
등기 의무자	이 ○ ○ (피 고 2)	생 략	생 략
등기 권리자	삼풍물산 대표이사 ○○○ (원 고)	생 략	생 략

시가표준액 및 국민주택채권매입금액		
부동산 표시	부동산별 시가표준액	부동산별 국민주택채권매입금액
1.	금 원	금 원
2.	금 원	금 원
3.	금 원	금 원
국 민 주 택 채 권 매 입 총 액	금 원	
국 민 주 택 채 권 발 행 번 호		
취득세(등록면허세) 금 원	지방교육세 금 원	
세 액 합 계	금 원	
등기신청수수료	금 원	
	은행수납번호 :	

첨 부 서 면

1. 판결정본 및 확정증명(전건원용) 통 1. 등록세영수필확인서 및 통지서 통 1. 토지·임야·건축물대장 통 1. 법인등기부등본 통	<기타>

2011년 9월 20일

위 신청인 삼풍ㅇㅇ(주) (전화 :   )

대표이사 : ㅇㅇㅇ

(또는) 위 대리인 법무사 ㅇㅇㅇ (전화 :   )

인천지방법원 부천지원 등기과 귀중

라. 사해행위취소판결에 의한 등기

채권자취소권은 채무자가 채권자를 해함을 알면서 자기의 일반재산을 감소시키는 행위를 한 경우에 그 행위를 취소하여 채무자의 재산을 원상회복시킴으로써 모든 채권자를 위하여 채무자의 책임재산을 보전하는 권리이나, 사해행위 이후에 채권을 취득한 채권자는 채권의 취득 당시에 사해행위취소에 의하여 회복되는 재산을 채권자의 공동담보로 파악하지 아니한 자로서 민법 제406조에 정한 사해행위취소와 원상회복의 효력을 받는 채권자에 포함되지 아니한다(대판 2009. 6. 23. 2009다18502).

(1) 채권자취소권의 의의

채권자취소권은 채무자가 채권자를 해함을 알면서 자기의 일반재산을 감소시키는 행위를 한 경우에 그 행위를 취소하여 채무자의 재산을 원상회복시킴으로써 모든 채권자를 위하여 채무자의 책임재산을 보전하는 권리이다(민법 제406조).

채권자취소권의 대상이 되는 사해행위는 채무자의 총재산에 감소를 초래함으로써 채권자를 해하는 채무자의 재산적 법률행위를 말하므로 채무자의 총재산에 감소를 초래하지 않는 경우에는 사해행위라 할 수 없다(대판 1982. 5. 25. 80다1403).

(2) 사해의사의 의미

채권자취소권의 주관적 요건인 채무자가 채권자를 해함을 안다는 이른바 채무자의 악의, 즉 사해의사는 채무자의 재산처분 행위에 의하여 채권자의 채권을 완전하게 만족시킬 수 없게 된다는 사실을 인식하는 것을 의미하고, 그러한 인식은 일반 채권자에 대한 관계에서 있으면 충분하고 특정의 채권자를 해한다는 인식이 있어야 하는 것은 아니다(대판 1998. 5. 12. 97다57320).

사해행위의 취소의 대상이 되는 법률행위는 채권자를 해하는 것이라야 하며 "채권자를 해한다" 함은 채무자의 재산적 법률행위로 말미암아 채무자의 적극재산이 채무의 총액보다 적게 되는 경우를 말하는 것이므로 채무자의 재산적 법률행위로 말미암아 채무자의 채무총액이 적극재산의 총액을 초과한다는 것이 확정되지 아니하고서는 채무자에게 채권자를 해하는 법률행위가 있었다고 단정할 수 없다(대판 1976. 11. 23. 75다1686).

(3) 사해행위취소의 소의 피고적격

채권자취소권은 채무자가 채권의 공동담보가 부족함을 알면서 재산 감소행위를 하였을 때에 그 감소행위의 효력을 부인하여 채권의 공동담보를 회복함을 목적으로 채권자에게 부여된 권리인바 동 권리의 본질적 내용은 사해행위의 효력의 취소에 있다고 볼 것인가 또는 사해행위로 인하여 일탈(逸脫)한 책임재산의 반환에 있다고 볼 것인가에 관하여는 논의의 여지가 없지 아니할 것이나 전자 즉 형성권이 채권자취소권의 본질이라고 본다면 책임재산의 반환을 위하여는 다시 채권자대위권을 빌리지 아니하면 아니 된다는 결론을 보게 되므로 공동담보를 회복함을 목적으로 하는 제도에 합치한다고 볼 수 없는 것이다. 그리고 사해행위의 취소는 상대적으로밖에는 효력을 발생하는 것이 아니므로 피고적격은 언제나 이익반환청구의 상대방 즉 수익자 또는 전득자에게만 있다고 보아 채무자만을 피고로 하거나 또는 채무자를 동 취소권행사의 상대방으로 추가하여 공동피고로 할 수 없다고 보는 것이 타당하다(대판 1961. 11. 9. 4293민상263).

채권자취소권에 있어서의 채무자 사해행위의 취소는 절대적인 취소가 아니라 악의의 수익자 또는 악의의 전득자에 대한 관계에 있어서만 상대적으로 취소하는 것이므로 위 취소청구권은 악의의 수익자 또는 악의의 전득자에 대하여서만 있는 것이고 채무자에 대하여서는 행사할 수 없다할 것이므로 채무자를 상대로 취소청구는 할 수 없다(대판 1962. 2. 15. 4294민상378).

사해행위의 취소는 악의의 수익자(受益者)나 전득자(轉得者)에 대하여서만 할 수 있고 채무자에 대하여서는 행사할 수 없으므로 채무자를 상대로 한 취소청구는 부적법하다(대판 1967. 12. 26. 67다1839, 2004. 8. 30. 2004다21923).

(4) 사해행위의 성립요건

(가) 채권자취소권의 요건

채권자취소권의 객관적 요건으로서 채무자가 채권자를 해하는 법률행위(詐害行爲)를 하였을 것과, 주관적 요건으로서 채무자 및 수익자 또는 전득자가 사해(詐害)의 사실을 알고 있었을 것(악의)이 필요하다.

사해행위의 취소의 대상이 되는 법률행위는 채권자를 해하는 것이라야 하며 '채권자를 해한다'라고 함은 채무자의 재산적 법률행위로 말미암아 채무자의 적극재산이 채무의 총액보다 적게 되는 경우를 말하는 것이므로 채무자의 재산적 법률행위로 말미암아 채무자의 채무총액이 적극재산의 총액을 초과한다는 것이 확정되지 아니하고서는 채무자에게 채권자를 해하는 법률행위가 있었다고 단정할 수 없다(1976. 11. 23. 75다1686).

채권자취소의 대상이 되는 사해행위는 채무자의 총재산에 감소를 초래함으로써 채권자를 해하는 채무자의 재산적 법률행위를 말하므로 채무자의 총재산에 감소를 초래하지 않는 경우에는 사해행위라 할 수 없다(1982. 5. 25. 80다1403).

(나) 사해행위에 해당여부

1) 채무자소유 부동산의 담보제공 또는 매도행위

채무초과 상태에 있는 채무자가 그 소유의 부동산을 채권자 중의 한 사람에게 채권담보로 제공하는 행위는 특별한 사정이 없는 한 다른 채권자들에 대한 관계에 있어서 사해행위에 해당하며(대판 1997. 9. 9. 97다10864), 채무초과상태의 채무자가 유일한 재산인 토지를 제3자에게 매도하고 소유권이전등기를 경료해 준 것은 특별한 사정이 없는 한 채권자를 해한다는 사정을 알고서 한 사해행위에 해당한다(대판 2003. 3. 25. 2002다62036).

2) 상속재산의 분할협의 또는 이혼에 따른 재산분할이 사해행위취소의 대상이 되기 위한 요건

상속재산의 분할협의는 그 성질상 재산권을 목적으로 하는 법률행위이므로 사해행위취소권 행사의 대상이 될 수 있으며(대판 2001. 2. 9. 2000다51797), 이미 채무초과상

태에 있는 채무자가 이혼을 하면서 배우자에게 재산분할로 일정한 재산을 양도함으로써 결과적으로 일반채권자에 대한 공동담보를 감소시키는 결과로 되어도, 그 재산분할이 민법 제839조의2의 규정의 취지에 따른 상당한 정도를 벗어나는 과대한 것이라고 인정할 만한 특별한 사정이 없는 한, 사해행위로서 취소되어야 할 것은 아니라고 할 것이고, 다만 상당한 정도를 벗어나는 초과부분에 대하여는 적법한 재산분할이라고 할 수 없기 때문에 이는 사해행위에 해당하여 취소의 대상으로 될 수 있을 것이고, 위와 같이 상당한 정도를 벗어나는 과대한 재산분할이라고 볼 만한 특별한 사정이 있다는 점에 관한 입증책임은 채권자에게 있다고 보아야 할 것이다(대판 2001. 2. 9. 2000다63516, 2001. 5. 8. 2000다58804).

채무자가 이혼을 하면서 배우자에게 재산분할로 일정한 재산을 양도하는 재산분할이 상당한 정도를 벗어나는 과대한 것이라고 인정할 만한 특별한 사정이 없는 한 사해행위로서 취소되어야 할 것은 아니고, 다만 상당한 정도를 벗어나는 초과부분에 대하여는 사해행위에 해당하여 취소의 대상으로 될 수 있을 것이나, 이 경우에도 취소되는 범위는 그 상당한 정도를 초과하는 부분에 한정하여야 하고, 이에 대한 입증책임은 채권자에게 있다(대판 2000. 9. 29. 2000다25569).

3) 채무자의 대물변제와 사해행위 여부

채무자의 재산이 채무의 전부를 변제하기에 부족한 경우에 채무자가 그의 유일한 재산을 어느 특정 채권자에게 대물변제로 제공하여 양도한 행위는 다른 특별한 사정이 없는 한 다른 채권자들에 대한 관계에서 사해행위가 된다(대판 2005. 11. 10. 2004다7873).

(5) 채권자취소권의 행사

(가) 채권자취소권의 재판상 행사

채권자취소권은 채권자가 자기의 이름으로 재판상 행사하여야 하며, 채권자대위권에 있어서와 같이 채무자에 갈음해서 행사하지 못한다. 채권자취소권은 반드시 재판상 행사하여야 한다(민법 제406조 제1항 본문). 전항의 소는 채권자가 '취소원인을 안 날'로부터

1년, '법률행위가 있은 날'부터 5년 내에 제기하여야 한다(민법 제406조 제2항).

채권자취소권 행사에 있어서 제척기간의 기산점인 채권자가 '취소원인을 안 날'이라 함은 채권자가 채권자취소권의 요건을 안 날, 즉 채무자가 채권자를 해함을 알면서 사해행위를 하였다는 사실을 알게 된 날을 의미하며(대판 2000. 9. 29. 2000다3262), '법률행위가 있은 날'이라 함은 사해행위에 해당하는 법률행위가 실제로 이루어진 날을 의미한다(대판 2002. 7. 26. 2001다73138, 73145). 채권자취소권의 행사를 위한 출소기간은 제척기간이고, 사해행위의 취소와 원상회복청구는 동시에 행사할 수 있는 것이다(대판 1980. 7. 22. 80다795).

(나) 채권자 취소소송의 제소기간의 기산점

채권자취소의 소는 채권자가 취소원인을 안날로부터 1년 내에 제기하여야 하는 것인바, 여기에서 취소원인을 안다고 하기 위하여서는 단순히 채무자의 법률행위가 있었다는 사실을 아는 것만으로는 부족하고, 그 법률행위가 채권자를 해하는 행위라는 것 즉, 그에 의하여 채권의 공동담보에 부족이 생기거나 이미 부족상태에 있는 공동담보가 한층 더 부족하게 되어 채권을 완전하게 만족시킬 수 없게 된다는 것까지 알아야 한다(대판 2000. 6. 13. 2000다15265).

(6) 사해행위취소의 효력

사해행위취소의 효력은 상대적이기 때문에 소송당사자인 채권자와 수익자 또는 전득자 사이에만 발생할 뿐 소송의 상대방이 아닌 제3자에게는 아무런 효력을 미치지 아니한다(대판 2001. 5. 29. 99다9011, 2005. 11. 10. 2004다49532).

취소의 효력은 상대적이다. 즉, 취소판결의 기판력은 소송에 참가하지 않은 채무자에게는 미치지 않고, 또한 채무자와 수익자·수익자와 전득자 사이의 법률관계에는 아무런 영향이 없다. 따라서 취소의 효과로서의 원상회복도 채권자와 수익자 또는 전득자와의 상대적 관계에서만 발생할 뿐이고 채무자가 직접 권리를 취득하지는 않는다. 채권자가 변제를 받은 나머지는 수익자 또는 전득자의 재산에 복귀한다. 위와 같이 채권자취소권의 행사에 의하여 채무자와 수익자 · 수익자와 전득자 사이의 법률행위의 효력에는 영향이 없다.

(7) 수익자를 상대로 사해행위취소판결을 받은 채권자의 등기신청

수익자를 상대로 사해행위취소판결을 받은 채권자는 채무자를 대위하여 단독으로 등기를 신청할 수 있다. 이 경우 등기신청서의 등기권리자란에는 "채무자 ○○○ 대위신청인 채권자 ○○○"로 기재하고, 등기의무자란에는 "수익자 ○○○"를 기재한다(등기예규 제1383호 3. 마.).

8. 판결에 의한 등기신청서의 기재사항

등기절차의 이행을 명하는 판결에 의하여 등기를 신청하는 경우에는 등기신청서의 일반적 기재사항인 부동산등기규칙 제43조 제1항 각 호의 사항인 부동산의 표시에 관한 사항, 등기신청인, 등기원인과 그 연월일, 등기의 목적, 등기필정보(다만 공동신청 또는 승소한 등기의무자의 단독신청에 의하여 권리에 관한 등기를 신청하는 경우로 한정한다), 등기소의 표시, 신청연월일 등을 기재하여야 한다.

가. 부동산의 표시에 관한 사항

판결에 의한 등기신청서에는 부동산등기규칙 제43조 제1항 제1호의 부동산의 표시에 관한 사항(즉, 토지, 건물, 구분건물)을 신청정보의 내용으로 등기소에 제공하여야 한다.

나. 신청인(등기권리자와 등기의무자)

등기신청서에는 신청인의 성명(또는 명칭), 주소(또는 사무소 소재지), 및 주민등록번호(또는 부동산등기용등록번호), 신청인이 법인인 경우에는 그 대표자의 성명과 주소를 기재하여야 한다. 허무인 명의등기의 방지를 위하여 부동산등기법 중 개정법률(1983. 12. 31. 법률 제3692호)에 의하여 모든 등기에 등기권리자(개인에 한함)의 주민등록번호를 성명에 병기(시행일 : 1984. 7. 1.)하도록 하였다.

판결에 의한 등기의 신속, 정확한 집행을 위하여 등기신청서 중 등기의무자 표시란에 피고의 주민등록번호와 현주소 이외에 등기부에 기재된 피고의 주소(등기부상의 주소)를 병기하는 것이 필요하므로 등기원인증서인 판결서에 '피고의 주민등록번호와 등기부 상의 주소'가 명시될 필요가 있다.

다. 이행판결의 등기원인과 그 연월일

(1) 등기원인 및 그 연월일의 의의

'등기원인'이란 부동산에 관한 권리 또는 표시 등의 변동원인이 되는 법률행위(매매, 증여, 교환 등) 또는 법률사실(상속, 경매, 시효취득, 토지수용, 토지의 분할 또는 합병, 건물의 증축 등)을 말한다.

소유권이전등기에 있어서 등기원인이라고 함은 등기를 하는 것 자체에 관한 합의가 아니라 등기를 하는 것을 정당하게 하는 실체법상의 원인을 뜻하는 것으로서, 등기를 함으로써 일어나게 될 권리변동의 원인행위나 그의 무효, 취소, 해제 등을 가리킨다(대판 1999. 2. 26. 98다50999).

등기원인이라 함은 등기를 하는 것을 정당하게 하는 즉 권원(權原)을 말한다. 등기원인은 매우 다양하며, 부동산에 관한 권리 또는 표시 등의 변동원인이 되는 법률행위 및 법률사실을 포함한다.

'법률행위'는 의사표시의 태양에 따라 단독행위, 계약, 합동행위로 구분된다. '법률사실'이란 법률효과를 발생케 하는 원인으로서 필요하고도 충분한 사실의 총체인 법률요건을 구성하는 개개의 사실을 말한다(예 : 상속, 경매, 토지의 분합, 건물의 증축, 수용, 시효취득 등).

'등기원인의 연월일'이란 등기원인인 법률행위 또는 법률사실의 성립 내지 효력이 발생한 일자를 말한다. 법률행위에 제3자의 허가, 승낙 등이 그 효력발생요건일 때에는 그 허가일이, 법률행위가 시기부 또는 조건부일 경우에는 그 시기의 도래일 또는 조건의 성취일이 등기원인의 연월일이 된다.

(2) 이행판결에 의한 등기신청의 경우 판결주문에 '등기원인과 그 연월일'이 명시되지 않은 경우

등기예규 제1383호(4. 가. 2)는 '등기절차의 이행을 명하는 판결주문에 등기원인과 그 연월일이 명시되어 있지 아니한 경우 등기신청서에는 등기원인은 "확정판결"로, 그 연월일은 "판결 선고일"을 기재한다'고 하였으며, 등기예규 제1408호[4. 바. (1)]는 '가등기상 권리가 매매예약에 의한 소유권이전청구권일 경우, 판결주문에 매매예약 완결일자가 있으면 그 일자를 등기원인일자로 기재하여야 하고, 판결주문에 매매예약 완결일자가 기재되어 있지 아니한 때에는 등기원인은 "확정판결"로, 등기원인일자를 그 확정판결의 "선고연월일"로 기재하여야 한다'고 했다.

(가) 등기원인과 그 연월일의 정확한 기재를 요하는 이유

등기원인이라 함은 부동산에 관한 권리변동의 원인이 되는 법률상의 원인 즉 권원으로서 법률행위(매매, 증여, 교환, 공유물분할, 대물변제, 현물출자 등)에 한하지 않고, 그 밖의 법률사실(협의상 이혼에 따른 재산분할, 시효취득, 수용, 상속, 진정한 등기명의회복 등)이 되기도 한다.

등기원인의 성립을 증명하는 서면이 바로 '등기원인을 증명하는 서면'[현행법상 '등기원인을 증명하는 정보'(법 제46조 제1항 제1호. 제29조 8호)]으로서 등기를 신청할 때에는 반드시 그 서면의 첨부를 요하고 있으며(규칙 제46조 제1항 1호), 이것을 첨부하지 아니한 경우에는 부동산등기법 제29조 제9호에 의하여 각하된다.

등기신청서에 등기원인을 증명하는 서면을 제출케 하는 이유는 등기관으로 하여금 등기원인의 존부'에 대한 심사를 가능케 함으로써 '등기의 진정'을 보장하려는 데 있다.

따라서 위 등기예규(등기예규 제1383호 및 제1408호)가 등기절차의 이행을 명하는 확정판결(등기의 말소를 명한 판결을 포함한다)을 등기원인을 증명하는 서면으로 하여 등기신청을 한 경우 또는 판결에 의하여 가등기에 의한 본등기 신청의 경우 그 판결주문에 '등기원인과 그 연월일' 또는 '매매예약 완결일자'가 기재되어 있지 아니한 경우, 등기신청서에 등기원인을 "확정판결"로, 그 연월일을 "판결 선고일"로 기재하여야 한다는 것은 실체적 권리관계에 부합하는 법률행위 내지 법률사실과 부합하지 아니하므로 문제가 있다고 본다.

위와 같은 경우 등기관은 등기신청의 수리여부를 결정할 것이 아니라 등기원인과 그 연월일을 등기의 실체적 권리관계에 부합하도록 구체적으로 등기원인인 법률행위의 종류 또는 법률사실의 내용 및 그 성립일자를 특정하도록 보정을 명(등기신청인은 위 보정에 따른 판결경정결정신청을 함)하여 그에 따라 등기의 수리여부를 결정하는 것이 "등기원인과 그 연월일"을 등기신청서(규칙 제43조 제1항 5호, 제46조 제1항 제1호, 등기예규 제1334호 별표 양식 제2-1호 이하) 및 등기부(법 제34조 제6호, 제40조 제5호, 제48조 제1항 제4호, 단 제64조 참조)의 필요적 기재사항으로 규정한 부동산등기 법규의 취지에 부합하는 것으로 본다.

(나) 판례

판례는 '소유권이전등기절차이행을 명하는 판결주문에 등기원인의 기재 요부'에 관하여 '등기권리자가 판결로써 등기신청을 이천(履踐)함에는 판결주문에 등기원인이 명백히 되어야 신청절차가 가능할 것이며, 등기원인이라 함은 부동산의 권리득상에 관한 법률사실 즉 법률행위를 지칭하는 것이니 소유권이전등기절차이행청구를 인용함에 있어 주문으로 원·피고 간 합의에 의한 이전등기절차를 이행하라고 한 것은 권리득상에 대한 법률행위를 표시한 것이라고 할 수 없다(대판 1947. 4. 8. 4280 民上 16)'고 하였다.

(3) 소유권보존등기의 경우

부동산등기법 제65조에 따라 소유권보존등기를 신청하는 경우에는 법 제65조 각 호의 어느 하나에 따라 등기를 신청한다는 뜻(신청근거 규정)을 신청서에 기재하여야 한다. 이 경우 부동산등기규칙 제43조 제1항 5호에도 불구하고 '등기원인과 그 연월일'을 기재할 필요가 없다(규칙 제121조 제1항). 진정명의회복을 등기원인으로 한 소유권이전등기 신청서에도 '등기원인 일자'를 기재할 필요가 없다(등기예규 제1376호 4항).

(4) 권리의 등기의 등기원인의 경정가부(적극)

일반적으로 권리의 등기에서 등기원인의 경정은 허용되고, 부동산표시의 변경이나 경정의 등기는 부동산등기법 제23조 제5항에 의하여 소유권의 등기명의인이 단독으로 신청할 수 있고, 등기명의인표시의 변경이나 경정의 등기는 제6항에 의하여 해당 권리의 등기명의인이 단독으로 신청할 수 있으나, 등기원인을 경정하는 등기는 위 각 표시의 변경이나 경정에 해당하지 않으므로 단독신청에 의한 경우에는 단독신청으로, 공동신청에 의한 경우에는 공동으로 신청하여야 한다. 소유권이전등기의 등기원인을 증여에서 매매로 경정하는 절차는, 공동신청에 의한 소유권이전등기의 경우 쌍방이 공동으로 등기원인을 경정하는 등기를 신청할 수 있고, 상대방이 이를 거부하는 경우에는 그를 상대로 경정등기절차이행을 명하는 판결을 받아 단독으로 신청할 수 있다(대판 2013. 6. 27. 2012다118549).

(5) 등기절차의 이행을 명하는 판결의 등기원인과 그 연월일

(가) 이행판결(履行判決)

판결에 의한 등기신청의 경우 등기절차의 이행을 명하는 이행판결에 의한 경우 판결주문에 명시된 등기원인과 그 연월일을 기재하며, 판결주문에 등기원인과 그 연월일이 명시되지 않은 경우(기존등기의 등기원인이 부존재 내지 무효이거나 취소, 해제에 의하여 소멸하였음을 이유로 말소등기 또는 회복등기를 명하는 판결인 경우)에는 등기신청서에는 등기원인은 '확정판결'로, 그 연월일은 '판결 선고일'을 기재한다(등기예규 제1383호 4. 가. 2).

(나) 형성판결(形成判決)

권리변경의 원인이 판결 자체, 즉 형성판결인 경우 등기원인은 판결에서 행한 형성처분(이에 : 공유물분할)을 기재하고, 그 연월일은 판결확정일을 기재한다(예 : 공유물분할판결의 경우 등기원인은 '공유물분할'로, 그 연월일은 '판결확정일'을 기재하며, 사해행위취소판결의 경우 등기원인은 '사해행위취소'로, 그 연월일은 판결확정일을 기재하며, 재산분할심판의 경우 등기원인은 '재산분할'로, 그 연월일은 '심판확정일'을 기재한다(등기예규 제1383호 4. 나).

(다) 화해조서(和解調書)

화해조서, 인낙조서, 화해권고결정 등에 등기신청에 관한 의사표시의 기재가 있고 그 내용에 등기원인과 그 연월일의 기재가 있는 경우 등기신청서에는 그 연월일을 기재한다. 화해조서 등에 등기신청에 관한 의사표시의 기재가 있으나 그 내용에 등기원인과 그 연월일의 기재가 없는 경우 등기원인은 '화해', '인낙', '화해권고결정' 등으로, 그 연월일은 '조서기일', 또는 '결정확정일'을 기재한다(등기예규 제1383호 4. 다).

라. 등기의 목적

등기의 목적이라 함은 신청하는 등기의 내용 내지 종류를 말한다(법 제48조 제1항 2호 · 규칙 제43조 제1항 6호). 등기관이 갑구 또는 을구에 권리에 관한 등기를 할 때에는 등기의 목적을 기록하여야 한다(법 제48조 제1항 2호). 등기의 목적은 소유권이전, 소유권일부이전, 공유물 분할로 인한 소유권일부이전 등으로 기재한다.

9. 판결에 의한 등기신청서의 첨부서면

판결에 의하여 등기를 신청하는 경우에는 등기신청서의 일반적 첨부서면인 부동산등기규칙 제46조 각항의 서면 외에 다음 각 호의 서면을 제출하여야 한다.

가. 판결정본 및 확정증명서

판결에 의한 등기를 신청함에 있어 등기원인증서로서 그 판결이 확정되었음을 증명하는 판결정본 및 확정증명서를 첨부하여야 한다(부동산등기규칙 제46조 제1항 1호, 등기예규 제1383호 5. 가.).

(1) 등기원인증서(확정판결 정본 및 확정증명서)

등기원인증서에는 등기의 목적인 부동산의 표시와 그 권리에 관한 등기원인과 그 연월일을 비롯한 기타 등기사항 그리고 당사자인 등기권리자와 등기의무자의 표시가 기재되어 있어야 한다. 이러한 기재가 모두 기재되어 있지 아니한 서면은 여기서 말하는 등기원인증서의 하나로 볼 수 없다.

판결에 의하여 등기를 신청함에 있어 등기원인증서로서 판결정본과 그 확정증명서를 첨부하여야 하며(따라서 등기에 관하여 의사의 진술을 명하는 판결에는 가집행선고를 할 수 없다), 조정조서, 화해조서 또는 인낙조서를 등기원인증서로 첨부하는 경우에는 확정증명서를 첨부할 필요가 없으며, 조정에 갈음하는 결정정본 또는 화해권고결정정본을 등기원인증서로서 첨부하는 경우에는 확정증명서를 첨부(송달증명서는 첨부할 필요가 없다)하여야 한다(등가예규 제1383호 5. 가).

(2) 판결서 등의 검인

'계약'을 원인으로 '소유권이전등기'를 신청하는 경우에 등기원인을 증명하는 서면이 집행력 있는 판결서(법 제23조 제4항의 판결을 의미함) 또는 판결과 같은 효력을 갖는 조서인 때에는 판결서 등에 부동산의 소재지를 관할하는 시장, 구청장, 군수의 검인을 받아 관할 등기소에 이를 제출하여야 한다(부동산등기특별조치법 제3조 제2항, 제3항).

따라서 매각(강제·임의경매), 공매를 원인으로 한 소유권이전등기 및 계약의 일방 당사자가 국가 또는 지방자치단체인 경우의 소유권이전등기(등기예규 제1419호 1. 가),

토지수용을 원인으로 한 소유권이전등기신청(등기선례 3권 501항), 유증을 원인으로 한 소유권이전등기, 매매계약해제로 인한 소유권이전등기 말소등기신청서의 등기원인증서인 해제증서는 검인을 받을 필요가 없다.

나. 집행문

(1) 집행문의 의의

집행문(執行文)이라 함은 집행권원(執行權原)의 집행력(執行力)의 현존 또는 집행력의 내용을 공증하기 위하여 법원사무관 등이 집행권원의 정본(正本) 말미에 부기(附記)하는 공증문서(公證文書)를 말한다. 집행문은 판결정본의 끝에 덧붙여 적는다(민사집행법 제29조 제1항). 집행문에는 "이 정본은 피고 아무개 또는 원고 아무개에 대한 강제집행을 실시하기 위하여 원고 아무개 또는 피고 아무개에게 준다"라고 적고 법원사무관 등이 기명날인하여야 한다(동조 제2항).

집행문은 판결이 확정되거나 가집행의 선고가 있는 때에 한하여 부여하며, 판결을 집행하는 데에 조건이 붙어 있어 그 조건이 성취되었음을 채권자가 증명하여야 하는 때에는 이를 증명하는 서류를 제출하여야만 집행문을 내어준다(동법 제30조).

(2) 집행문의 종류

집행문의 종류에는 '단순집행문'(집행권원이 단순한 경우 즉 조건이 붙어 있지 않고 집행권원에 기재된 당사자 이외의 제3자에게 승계되지 아니한 경우), '조건성취집행문'(조건이 붙어 있는 집행권원에서 조건성취가 되었을 때에 내어주는 집행문), '승계집행문'(집행권원에 표시된 당사자 이외의 사람을 채권자 또는 채무자로 하는 강제집행에 있어서, 그 승계가 법원에 명백한 사실이거나 승계사실을 증명서로 증명한 때에 한하여 법원사무관 등이나 공증인이 내어주는 집행문)의 세 가지가 있다.

(3) 의사의 진술을 명한 판결과 집행문의 요부

의사표시를 명하는 판결은 그 확정시에 채무자의 의사표시가 있는 것으로 보기 때문에(민집법 제263조 제1항) 판결에 의한 등기신청서에는 판결정본과 그 확정증명서를 첨부하면 되며 집행문을 부여받을 필요가 없음이 원칙이다(등기예규 제1383호 5. 나 ①).

(4) 등기절차이행을 명한 판결의 집행에 집행문의 첨부를 요하는 경우(예외)

등기절차의 이행을 명하는 판결이 선이행판결, 상환이행판결, 조건부이행판결인 경우에는 집행문을 첨부하여야 한다. 다만 등기절차의 이행과 반대급부의 이행이 각각 독립적으로 기재되어 있다면 그러하지 아니하다(등기예규 제1383호 4. 나 ①).

따라서 원고의 금원 지급의무와 피고의 소유권이전등기절차 이행의무가 동시이행관계에 있는 것이 아닌 경우에는 그 판결에 의하여 원고 명의로의 소유권이전등기를 신청함에 있어 집행문을 부여받을 필요가 없다.

(5) 승계집행문

확정판결의 효력은 당사자, 변론종결 후의 승계인(변론종결 없이 한 판결의 경우에는 판결선고 후의 승계인) 또는 그를 위하여 청구의 목적물을 소지한 사람에 대하여 미치므로(민사소송법 제218조 제1항), 판결의 확정 기타 집행권원의 성립 후에 '당사자의 승계'가 있는 경우 승계인을 위하여 또는 승계인에 대하여 집행하기 위해서는 승계집행문을 부여받아야 한다(민사집행법 제31조).

(가) 승계집행문의 의의

승계집행문이라 함은 판결에 표시된 채권자의 승계인을 위하여 또는 채무자의 승계인에 대하여 집행하는 경우에 부여되는 집행문을 말한다(민집법 제31조). 승계집행문은 그 승계가 법원에 명백한 사실이거나 증명서로서 이를 증명한 때에 한하여 부여할 수 있다(민사집행법 제31조).

(나) 승계집행문을 부여하는 사례

당사자의 승계가 이루어진 경우에는 등기절차의 이행을 명하는 확정판결의 변론종결 후 그 판결에 따른 등기신청 전에 등기의무자인 피고 명의의 등기를 기초로 한 제3자 명의의 새로운 등기가 경료 된 경우로서 제3자가 민사소송법 제218조 제1항의 변론을 종결한 뒤의 승계인에 해당하여 위 판결의 기판력이 그에게 미친다는 이유로 원고가 제3자에 대한 승계집행문(민사집행법 제31조)을 부여받은 경우에는 원고는 그 제3자 명의의 등기의 말소등기와 판결에서 명한 등기를 단독으로 신청할 수 있으며, 위 각 등기는 동시에 신청하여야 한다(등기예규 제1383호 5. 다).

소유권이전등기말소청구의 예고등기[부동산등기법전부개정법률(2011. 4. 12. 법률 제10580호)에 의하여 예고등기제도는 폐지되었다]가 경료 된 후 원고가 승소확정판결에 의하여 말소등기를 신청하는 경우에 등기상 이해관계 있는 제3자가 있는 때에는 그 판결의 기판력이 그에게 미치지 아니하는 한 그의 승낙서 또는 이에 대항할 수 있는 재판의 등본을 첨부하여야 하나 위 제3자가 민사소송법 제218조 제1항에서 말하는 변론종결 후의 승계인에 해당하여 위 판결의 기판력이 제3자에게 미칠 때에는 원고는 승계집행문을 부여받아 제3자의 등기를 말소신청할 수 있다(등기선례 제8권 98항, 101항).

甲이 乙을 상대로 소유권이전등기의 말소청구의 소를 제기하여 승소확정판결(1968. 1. 23자 판결확정)을 받았으나 그 변론 종결 후에 丙이 乙로부터 소유권이전등기를 경료(1994. 1. 20. 소유권이전등기)받은 경우 甲이 丙에 대한 승계집행문을 받는다면 丙 명의의 소유권이전등기의 말소등기를 신청할 수 있을 것이나 그 말소등기의 신청은 乙 명의의 소유권이전 등기의 말소등기신청과 동시에 하여야 한다(등기선례 요지집 제4권 482항).

토지에 관하여 원인무효를 이유로 한 소유권보존등기 말소청구에서 그 토지의 특정일부에 대하여 승소판결이 확정된 후 토지 전부에 관하여 근저당권설정등기가 경료된 후 피고로부터 근저당권설정등기를 경료 받은 자는 변론종결 후의 승계인에 해당된다 할 것이므로 원고는 확정된 일부말소판결 및 근저당권자에 대한 승계집행문을 첨부하여 소유권보존등기 및 근저당권설정등기의 말소등기신청을 할 수 있다.

甲이 乙을 상대로 소유권이전등기의 말소를 명하는 판결과 임차인 丙을 상대로 건물명도를 명하는 판결이 각 확정되었으나 그 확정판결의 사실심 변론종결 후에 丁 명의의 가압류등기가 경료된 경우 甲이 丁에 대한 승계집행문을 부여받아 가압류등기의 말소신청을 할 수 있다.

> **판례**
> 소송계속 중 어느 일반 당사자의 사망에 의한 소송절차 중단을 간과하고 변론이 종결되어 판결이 선고된 경우에는 그 판결은 소송에 관여할 수 있는 적법한 수계인의 권한을 배제한 결과가 되는 절차상 위법은 있지만 그 판결이 당연 무효라 할 수는 없고, 다만 그 판결은 대리인에 의하여 적법하게 대리되지 않았던 경우와 마찬가지로 보아 대리권 흠결을 이유로 상소 또는 재심에 의하여 그 취소를 구할 수 있을 뿐이므로, 이와 같이 사망한 자가 당사자로 표시된 판결에 기하여 사망자의 승계인을 위한 또는 사망자의 승계인에 대한 강제집행을 실시하기 위하여는 민사소송법 제481조를 준용하여 승계집행문을 부여함이 상당하다(대법원 1998. 5. 30. 98그7).

(다) 승계집행문부여 거절에 대한 이의신청 재판에 불복하는 방법(=특별항고) / **법원의 결정이 법률에 위반되었다는 사유가 특별항고 사유가 되는지 여부**(소극)

승계집행문부여 거절에 대한 이의신청에 관한 재판에 대해서는 민사소송법 제449조 제1항에 정한 특별항고만이 허용된다. 이 조항은 법률상 불복할 수 없는 결정·명령에 재판에 영향을 미친 헌법 위반이 있거나, 재판의 전제가 된 명령·규칙. 처분의 헌법 또는 법률의 위반 여부에 대한 판단이 부당하다는 것을 이유로 하는 때에 한하여 특별항고를 허용하고 있다(민사소송법 제449조 제1항). 따라서 법원의 결정이 법률에 위반되었다는 사유는 재판에 영향을 미친 헌법 위반이 있다고 할 수 없어 특별항고 사유가 아니다(대법원 2017. 12. 28. 2017그100 결정).

(라) 의사의 표시를 명하는 판결의 확정으로 의사표시 간주의 효과가 생긴 후에 등기권리자의 지위가 승계된 경우, 승계집행문이 부여될 수 있는지 여부(원칙적 소극)

민사집행법 제263조 제1항은 의사표시의무의 집행에 관하여 '의사의 진술을 명 한 판결이 확정된 때에는 그 판결로 의사를 진술한 것으로 본다.'고 정하고 있다. 민사집행법 제263조 제2항과 같이 반대의무의 이행 등과 같은 조건이 부가된 것이 아니라 단순하게 의사의 표시를 명하는 경우에 판결 확정시에 의사표시가 있는 것으로 간주된다. 의사표시 간주의 효과가 생긴 후에 등기권리자의 지위가 승계된 경우에는 부동산등기법의 규정에 따라 등기절차를 이행할 수 있을 뿐이고 원칙적으로 승계집행문이 부여될 수 없다(대법원 2017. 12. 28. 2017그100 결정 승계집행문거절에 대한 이의).

다. 주소를 증명하는 서면

등기를 신청하는 경우에는 등기권리자(새로 등기명의인이 되는 경우로 한정한다)의 주소 및 주민등록번호를 증명하는 서면을 제출하여야 한다. 다만 소유권이전등기를 신청하는 경우에는 등기의무자의 주소를 증명하는 서면을 제출하여야 한다(규칙 제46조 제1항 6호).

(1) 소유권이전등기신청

판결에 의하여 등기권리자가 단독으로 소유권이전등기를 신청할 때는 등기권리자의 주소를 증명하는 서면만을 제출하면 된다(규칙 제46조 제1항 6호). 판결문상의 피고의 주소가 등기부상의 등기의무자의 주소와 다른 경우에는 동일인임을 증명할 수 있는 자료로서 주소에 관한 서면을 제출하여야 한다. 다만 판결문상에 기재된 피고의 주민등록번호와 등기부상에 기재된 등기의무자의 주민등록번호가 동일하여 동일인임을 인정할 수 있는 경우에는 그러하지 아니하다(등기예규 제1383호 5. 라. 1).

(2) 대위(代位) 보존등기신청

원고가 미등기 부동산에 관하여 그 소유자를 피고로 하여 소유권이전등기절차이행을 명하는 판결을 받은 후 피고를 대위(代位)하여 소유권보존등기를 신청하는 경우에는 그 보존등기명의인인 피고의 주소를 증명하는 서면을 제출하여야 한다. 이 경우 피고의 주민등록이 주민등록법 제20조 제5항에 의하여 말소된 때에는 말소된 주민등록등본을 첨부하고 그 최후 주소를 주소지로 하여 피고 명의의 소유권보존등기를 신청할 수 있다(등기예규 제1383호 5. 라. 2).

라. 제3자의 허가서 또는 등기상 이해관계 있는 제3자의 승낙서

등기를 신청하는 경우에는 부동산등기규칙 제46조 제1항 각호의 서면인 등기원인을 증명하는 서면, 등기원인에 대하여 제3자의 허가, 동의, 승낙이 필요한 경우에는 이를 증명하는 서면, 등기상 이해관계 있는 제3자의 승낙이 필요한 경우에는 이를 증명하는 서면 또는 이에 대항 할 수 있는 재판이 있음을 증명하는 서면 등을 등기소에 제출하여야 한다.

그러나 등기원인을 증명하는 서면이 집행력 있는 판결인 경우에는 부동산등기규칙 제46조 제1항 제2호의 '등기원인에 대하여 제3자의 허가, 동의 또는 승낙이 필요한 경우에는 이를 증명하는 서면'을 제출할 필요가 없다. 다만, 등기원인에 대하여 행정관청의 허가 · 동의 또는 승낙을 받을 것이 요구되는 때에는 그러하지 아니하다(규칙 제46조 제3항).

판결에 의하여 말소등기(법 제57조)나 말소회복등기(법 제59조, 규칙 제118 조)를 신청하는 경우 등기상 이해관계 있는 제3자의 승낙서 등의 제출은 면제되지 않는다. 예컨대 소유권이전등기의 말소등기절차를 이행하라는 판결을 받았다 하더라도 말소 대상인 이전등기에 기하여 설정된 근저당권자의 승낙서 등을 제출하지 않는다면 그 소유권이전등기도 말소할 수 없다.

(1) 제3자의 허가서 등의 생략

신청대상인 등기에 제3자의 허가서(농지취득 자격증명, 토지거래 허가증, 외국인의 토지취득 허가증 등)등이 필요한 경우에도 그러한 서면의 제출은 요하지 않는다(규칙 제46조 제3항). 다만, 등기원인에 대하여 행정관청의 허가, 동의 또는 승낙 등을 받을 것이 요구되는 때에는 해당 허가서 등의 현존사실이 그 판결서에 기재되어 있는 경우에 한하여 허가서 등의 제출의무가 면제된다.

(2) 예외(소유권이전등기신청)

(가) 행정관청의 허가서 등의 첨부

"소유권이전등기"를 신청할 때에는 해당 허가서 등의 현존사실이 판결서 등에 기재되어 있다 하더라도 행정관청의 허가 등을 증명하는 서면을 반드시 제출하여야 한다(부동산등기특별조치법 제5조 제1항, 등기예규 제1383호 5. 마.).

피상속인이 신탁한 부동산에 대하여 상속인들이 신탁계약해지를 원인으로 한 소유권이전등기소송을 제기하여 승소판결을 받은 경우, 그 판결에 의한 소유권이전등기시에는 상속인들 명의의 농지취득자격증명을 첨부하여야 한다(등기선례 요지집 제5권 718항. 727항).

농지에 대하여 명의신탁해지를 원인으로 한 소유권이전등기절차의 이행을 명하는 판결을 받았다고 하더라도 그 판결에 의하여 소유권이전등기를 신청하는 경우에는 농지취득자격증명을 첨부하여야 한다(등기선례 요지집 제5권 717항).

(나) 농지취득자격증명 및 토지거래허가서를 첨부할 필요가 없는 경우

농지에 대하여 취득시효완성, 공유물분할약정, 진정한 등기명의 회복을 원인으로 한 소유권이전등기를 명한 승소판결을 받은 경우에는 농지취득자격증명을 첨부할 필요가 없다(농지법 제8조 제1항 제3호 및 동법시행령 제6조 제1호 등기선례 요지집 제5권 733

항 등기예규 제1415호 3. 나).

쌍방이 이혼하고 각자 소유의 특정 부동산을 이전하여 주기로 하는 화해조서에 의하여 소유권이전등기신청을 하는 경우에는 토지거래허가서 등을 첨부할 필요가 없다(등기선례 요지집 제3권 249항).

유류분반환을 원인으로 한 소유권이전등기절차이행의 조정결정이 확정된 경우 그 조정결정에 의한 소유권이전등기신청을 할 때에는 농지취득자격증명을 첨부할 필요가 없다(등기선례 요지집 제5권 741항).

마. 등기필증(등기필 정보)

등기권리자와 등기의무자가 공동으로 권리에 관한 등기를 신청하는 경우에 신청인은 그 신청정보와 함께 부동산등기법 제50조 제1항에 따라 통지받은 등기의무자의 등기필정보를 등기소에 제공하여야 한다. 승소한 등기의무자가 단독으로 권리에 관한 등기를 신청하는 경우에도 또한 같다(법 제50조 제2항).

승소한 등기권리자가 단독으로 판결에 의하여 등기를 신청하는 경우에는 등기의무자의 권리에 관한 등기필증(등기필정보)을 제공할 필요가 없으나 '승소한 등기의무자'가 단독으로 등기를 신청할 때에는 그의 권리에 관한 등기필정보를 제공하여야 한다(법 제50조 제2항 후단, 규칙 제43조 제1항 7호).

등기필증을 멸실하여 첨부할 수 없는 경우에는 부동산등기규칙 제111조에 의하여 확인서면이나 공증서면 중 하나를 제출하여야 한다(법 제51조, 규칙 제111조).

확인서면

등 기 할 부동산의 표 시			
등기의무자	성 명		등기의 목적
	주 민 등 록 번 호		
	주 소		
첨 부 서 면	주민등록증사본 · 여권사본 · 자동차운전면허증사본		
특 기 사 항			
우 무 인			

위 첨부서면의 원본에 의하여 등기의무자 본인임을 확인하고 부동산등기법 제49조 2항의 규정에 의하여 이 서면을 작성합니다

년 월 일

법무사 ㊞

판례

등기필증 멸실의 경우, 법무사의 위임인 본인 여부 확인에 있어서 요구되는 주의의무의 정도 : 부동산등기법 제49조, 법무사법 제25조의 각 규정의 취지에 의하면 등기필증 멸실의 경우 법무사 등이 하는 부동산등기법 제49조 소정의 확인은 원칙적으로 등기관이 수행하여야 할 확인 업무를 등기관에 갈음하여 행하는 것이므로, 법무사 등은 등기신청을 위임하는 자와 등기부

> 상의 등기의무자로 되어 있는 자가 동일인인지의 여부를 그 직무상 요구되는 주의를 다하여 확인하여야 할 의무가 있고, 법무사가 위임인이 본인 또는 대리인임을 확인하기 위하여 주민등록증이나 인감증명서를 제출 또는 제시하도록 하여 특별히 의심할 만한 사정이 발견되지 아니하는 경우에는 그 증명서만으로 본인임을 확인할 수 있을 것이나, 그와 같은 확인과정에서 달리 의심할 만한 정황이 있는 경우에는 가능한 여러 방법을 통하여 본인 여부를 한 층 자세히 확인할 의무가 있다(대판 2000. 7. 28. 99다63107).

소유권이전등기신청(진정명의회복)

접 수	년 월 일	처 리 인	등기관 확인	각종 통지
	제 호			

부동산의 표시

1. 서울특별시 서초구 서초동 100
    대 300㎡
2. 서울특별시 서초구 서초동 100
    시멘트 벽돌조 슬래브지붕 2층 주택
        1층 100㎡
        2층 100㎡

― 이 상 ―

등기원인과 그 연월일	진정명의회복
등 기 의 목 적	소유권이전
이 전 할 지 분	

구분	성 명 (상호·명칭)	주민등록번호 (등기용등록번호)	주 소 (소재지)	지 분 (개인별)
등기 의무자	이 대 백	000000-0000000	서울특별시 서초구 서초동 000	
등기 권리자	김 갑 동	000000-0000000	서울특별시 ○○구 ○○동 000	

시가표준액 및 국민주택채권매입금액			
부동산 표시	부동산별 시가표준액		부동산별 국민주택채권매입금액
1. 주 택	금 원		금 원
2.	금 원		금 원
3.	금 원		금 원
국 민 주 택 채 권 매 입 총 액		금 원	
국 민 주 택 채 권 발 행 번 호			
세 액 합 계	금 원		
등기신청수수료	금 원		
등기의무자의 등기필정보			
부동산 고유번호	0000-0000-00000		
성 명 (명 칭)	일련번호		비밀번호

첨 부 서 면

- 취득세(등록면허세)영수필확인서   1통
- 토지·임야·건축물대장등본   각1통
- 주민등록표등(초)본   각1통

- 판결정본(검인)   1통
- 판결확정증명   1통

년   월   일

위 신청인   (전화 :   )
(또는) 위 대리인   (전화 :   )

○○지방법원   귀중

10. 판결에 의한 등기와 등기관의 심사권

등기의 목적은 부동산에 관한 물권 변동을 공시하는 것이므로 등기는 실체적 권리관계와 부합하여야 한다. 이를 위하여 부동산등기법은 등기관에게 등기신청에 대한 심사권을 부여하고 있다(법 29조). 등기관이 신청서를 받은 때에는 지체 없이 신청에 관한 모든 사항을 조사하여야하고, 조사 결과 신청에 따른 등기를 할 것인가, 보정을 명할 것인가 또는 신청을 각하할 것인가를 결정해야 한다. 등기사무 처리에 있어서 이와 같은 결정을 하는 과정을 등기신청에 관한 등기관의 심사 또는 신청서의 조사라고 한다.

등기관의 등기신청서에 관한 심사권(審査權)이란 등기부에 허위의 등기가 행하여지는 것을 막고 실체관계와 부합하는 등기가 이루어지도록 등기관이 신청의 적법 여부를 심사할 수 있는 권한을 말한다. 등기관의 심사권한의 범위에 관한 입법주의에는 '형식적 심사주의'와 '실질적 심사주의'가 있으며, 부동산 등기법은 형식적 심사주의(形式的 審査主義)를 채택하고 있다(법 제29조).

가. 형식적 심사주의

(1) 등기관의 심사대상

등기관은 등기신청에 대하여 실체법상의 권리관계와의 일치 여부를 심사할 실질적 심사권은 없고 오직 신청서 및 그 첨부서류와 등기부에 의하여 등기요건의 충족여부를 심사할 형식적 심사권한 밖에는 없는 것이어서 그 밖에 필요에 응하여 다른 서면의 제출을 받거나 관계인의 진술을 구하여 이를 조사할 수는 없다(대법원 1990. 10. 29. 90마772, 1995. 1. 20. 94마535).

(2) 등기신청서류에 대한 심사의 기준시기

등기관이 본조에 의하여 등기신청서류에 대한 심사를 하는 경우 심사의 기준시는 바로 등기부에 기재(登記의 實行)하려고 하는 때인 것이지 등기신청서류의 제출시가 아니다(대법원 1989. 5. 29. 87마820).

(3) 상속등기신청에 대한 등기관의 심사에 확정판결의 기판력이 미치는 여부

등기신청인이 산정한 상속분이 그 상속재산을 둘러싼 소송에서도 받아들여져 판결로써 확정된 바 있다 하더라도 상속등기신청에 대하여 등기관이 본법 소정의 서면만에 의하여 형식적 심사를 함에 있어서는 위 확정판결의 기판력이 미칠 여지가 없다.

등기원인이 상속인 때 부동산등기법 제46조가 신청서에 첨부하도록 한 상속을 증명하는 시, 구, 읍, 면의 장의 서면 또는 이를 증명함에 족한 서면의 조사에 기한 상속분의 산정은 등기공무원의 형식상 심사권한의 범위 내라 할 것이다(대법원 1990. 10. 29. 90마772).

(4) 등기관의 심사권한과 주의의무

등기관은 등기신청에 대하여 실체법상의 권리관계와 일치하는 여부를 심사할 실질적 심사권한은 없고 오직 신청서류와 등기부에 의하여 등기요건에 부합하는 여부를 심사할 형식적 심사권한 밖에 없으나, 등기관으로서의 통상의 주의를 기울이면 제출된 등기권리증 등이 진정하게 작성된 것이 아님을 식별할 수 있음에도 불구하고 이를 간과하였다면 이는 그 형식적 심사권한을 행사함에 있어서 지켜야 할 주의의무(注意義務)를 위반한 것이다(대판이89. 3. 28. 87 다카2470).

나. 확정판결에 대한 등기관의 심사범위

확정판결을 근거로 하는 등기신청에 의한 경우에는 그 등기절차를 명한 확정판결이 당연 무효인 여부의 점은 등기관으로서는 심사할 수 없다(대법원 1968. 7. 8. 67마1128). 신청인이 확정판결에 기하여 소유권이전등기를 신청하고 있는 경우에는 등기관이 부동산실권리자명의등기에 관한 법률 제8조 제2호의 특례에 해당하는지 여부에 관하여 다시 심사를 하여 명의신탁약정 및 그 명의신탁등기의 유·무효를 가리는 것은 등기관의 형식적 심사권의 범위를 넘어서는 것이어서 허용될 수 없다(대법원 2002. 10. 28. 2001마1235).

다. 판결서의 기재사항에 관한 등기관의 심사

(1) 등기관의 실질적 심사권한 유무(소극) 및 위조된 서면에 의한 등기신청을 수리한 등기관의 과실이 인정되는 경우

등기관은 등기신청에 대하여 부동산등기법상 그 등기신청에 필요한 서면이 제출되었는지 여부 및 제출된 서면이 형식적으로 진정한 것인지 여부를 심사할 권한을 갖고 있으나 그 등기신청이 실체법상의 권리관계와 일치하는지 여부를 심사할 실질적인 심사권한은 없으므로, 등기관으로서는 오직 제출된 서면 자체를 검토하거나 이를 등기부와 대조하는 등의 방법으로 등기신청의 적법 여부를 심사하여야 할 것이고, 이러한 방법에 의한 심사결과 형식적으로 부진정한, 즉 위조된 서면에 의한 등기신청이라고 인정될 경우 이를 각하하여야 할 직무상의 의무가 있다고 할 것이지만, 등기관은 다른 한편으로 대량의 등기신청사건을 신속하고 적정하게 처리할 것을 요구받기도 하므로 제출된 서면이 위조된 것임을 간과하고 등기신청을 수리한 모든 경우에 등기관의 과실이 있다고는 할 수 없고, 위와 같은 방법의 심사과정에서 등기업무를 담당하는 평균적 등기관이 보통 갖추어야 할 통상의 주의의무만 기울였어도 제출 서면이 위조되었다는 것을 쉽게 알 수 있었음에도 이를 간과한 채 적법한 것으로 심사하여 등기신청을 각하하지 못한 경우에 그 과실을 인정할 수 있다(대판 2005. 2. 25. 2003다13048).

(2) 판결에 의한 등기신청과 등기관의 심사 시 주의의무의 정도

판결서를 첨부서면으로 한 등기신청을 접수한 등기관으로서는 등기신청에 필요한 서면이 모두 제출되었는지 여부, 그 서면 자체에 요구되는 형식적 사항이 구비되었는지 여부, 특히 확정된 판결서의 당사자 및 주문의 표시가 등기신청의 적법함을 뒷받침 하고 있는지 여부 등을 제출된 서면과 등기부의 상호 대조 등의 방법으로 모두 심사한 이상 그 형식적 심사의무를 다하였다고 할 것이고, 위 판결서에 법률이 정한 기재 사항이 흠결되어 있거나 조잡하게 기재되어 있는 등 그 외형과 작성방법에 비추어 위조된 것이라고 쉽게 의심할 만한 객관적 상황도 존재하지 않는 경우, 등기관이 판결서의 기재사항 중 신청된 등기의 경료와 직접적으로 관련되어 있는 것도 아니고, 그 기재방법의 차이로 인하여 판결의 효력에 어떠한 영향도 주지 않는 기재사항까지 일일이 검토하여 그것이 재판서 양식에 관한 예규 및 일반적인 작성관행 등에서 벗어난 것인지 여부를 파악한 다음 이를 토대로 그 위조여부에 관하여 보다 자세한 확인을 하여야 할 주의의무가 있다고는 할 수 없다(등기신청의 첨부서면으로 제출된 판결서가 위조된 것으로서 그 기재사항 및 기재 형식이 일반적인 판결서의 작성방식과 다르다는 점만을 근거로 판결서의 진정 성립에 관하여 자세한 확인절차를 하지 않은 등기관의 직무상의 주의의무위반을 이유로 국가배상책임을 인정한 원심판결을 파기환송한 사례)(대판기2005. 2. 25. 2003다13048).

(가) 원칙

판결에 의한 등기를 하는 경우 등기관은 원칙적으로 판결 주문에 나타난 등기권리자와 등기의무자 및 이행의 대상인 등기의 내용이 등기신청서와 부합하는지를 심사하는 것으로 족하다(등기예규 제1383호 6. 가).

(나) 예외

다음 각 호의 경우에는 예외적으로 등기관이 판결이유를 고려하여 신청에 대한 심사를 하여야 한다.

1) 소유권이전등기가 가등기에 기한 본등기인지를 가리기 위하여 판결이유를 보는 경우
2) 명의신탁해지를 원인으로 소유권이전등기를 명한 판결의 경우 그 명의신탁이 부동산 실권리자명의등기에 관한 법률에서 예외적으로 유효하다고 보는 상호명의신탁, 배우자 또는 종중에 의한 명의신탁인지 여부를 가리기 위한 경우
3) 상속인의 범위 및 상속지분의 심사

확정판결에 상속관계에 대한 설시가 있다 하더라도 그 부분에 등기관에 대한 어떤 기속력이 인정되는 것은 아니어서 등기관으로서는 형식적 심사권의 범위 내에서 적법하게 그 확정판결이 부동산등기법 제46조 소정의 상속을 증명함에 족한 서면인지 여부를 심사할 뿐만 아니라 제출된 서면을 종합하여 객관적으로 상속인의 범위 및 상속지분을 판단할

수 있고 그러한 형식적 심사에 필요한 서면을 신청서에 첨부하지 않았다면 법 제55조 8호에 따라 등기신청을 각하하여야 한다(대결 1995. 1. 20. 94마535).

11. 판결에 의한 등기의 집행

부동산등기에 관하여 의사(意思)의 진술(陳述)을 청구한 원고가 승소하여 피고의 등기신청의 의사표시(意思表示)에 갈음하는 판결이 확정된 때에는 피고가 특정한 등기신청의사의 진술을 한 것으로 간주되므로(민사집행법 제263조 제1항) 원고는 그 판결을 첨부하여 그 판결에서 명한 특정한 등기를 단독으로 신청할 수 있다(법 제23조 제4항).

위의 판결은 민사집행법 제263조 제1항의 의사의 진술 중에서도 '등기신청의사의 진술을 명한 이행판결(履行判決)'만을 의미하여, 확인판결(確認判決)이나 형성판결(形成判決)은 이에 포함되지 아니한다.

가. 광의(廣義)의 집행행위(執行行爲)

민사집행법 제263조 제1항은 '의사의 진술을 명한 판결이 확정된 때에는 그 판결로 의사를 진술한 것으로 본다'고 규정하여, 부동산등기에 관하여 등기신청의 의사표시를 갈음하는 의사의 진술을 명한 판결의 확정으로 피고가 특정한 등기신청의사의 진술을 한 것으로 간주하고, 간접강제에 의한 강제집행절차를 생략하고 있다(민사집행법 제263조 제1항 민법 제389조 제2항 전단).

의사의 진술을 명한 판결이 확정된 때에는 그 판결로 '의사(意思)를 진술'한 것으로 본다(민집법 제263조 제1항)는 취지는 등기신청의 의사표시의무를 명한 판결은 그 확정으로 등기신청의사의 진술을 한 것으로 간주되는 것을 의미하는 것이지 판결주문에 기재된 내용이 '등기부에 기입'된 것을 의미하는 것이 아니다.

판결에 의한 등기의 집행이라 함은 확정판결정본을 등기원인증서로 하여 등기신청을 한 후 등기관의 심사에 따라 판결주문에 기재된 내용을 '등기부에 기입'하는 것을 의미하기 때문이다(민집법 제293조 제1항 참조).

부동산등기법 제23조 제4항 전단에서 판결에 의한 등기는 '승소한 등기권리자 또는 등기의무'자가 단독으로 신청한다고 하여 판결로 인한 등기는 승소한 등기권리자 또는 등기의무자 (등기수취청구권의 행사)만으로 신청할 수 있게 하였는데 이 취지는 등기의무자에 대하여 등기절차를 이행하도록 명한 이행판결에 의하여 신청하는 것이므로 등기의무자의 협력이 불필요하다고 본 것이다.

등기절차를 명하는 확정된 이행판결(민사집행법 제263조 제1항)을 등기원인증서로 한 등기신청(법 제23조 제4항)에 의하여 등기부에 일정한 사항을 기재하는 것은 재판의 반사적 효력으로 행하여지는 것에 불과하며 국가의 강제력의 행사에 의한 이행청구권과는 관계가 없으므로 강제집행에 해당하지 아니하나 이것은 재판에 기한 국가의 행위라는 점에서' 유사한 점이 있기 때문에 '광의(廣義)의 집행(執行)'이라고 한다(대법원 1996. 3. 12. 95마528 결정, 2000. 5. 24. 98마1839 결정, 2000. 5. 24. 99그82 결정, 2000. 5. 30. 2000그37 결정).

나. 협의(狹義)의 집행(執行)

민사집행의 의의에 관하여 민사집행은 '좁은 의미'에서는 강제집행, 담보권실행을 위한 경매, 민법·상법 그 밖의 법률의 규정에 의한 경매 즉 형식적 경매 등 세 가지의 절차를 말하고, '넓은 의미'에서는 위 세 가지와 보전처분의 절차까지 합한 네 가지 절차를 말한다(李時潤 著 제6판 新民事執行法 3면).

의사표시의무의 협의의 집행의 완료시기에 관하여 원고가 승소하여 피고(등기신청의 의사표시를 갈음하는)의 의사의 진술을 명하는 판결이 선고된 때에는 그 판결이 확정됨으로써 피고가 특정한 등기신청의사의 진술을 한 것으로 간주되므로(민사집행법 제263조),

판결확정과 동시에 협의의 집행은 완료된다(법원행정처 발행 부동산등기실무 1권 315면)는 견해가 있으나 의문이다.

판결에 의한 등기는 승소한 등기권리자 또는 등기의무자가 단독으로 신청할 수 있으며(법 제23조 제4항), 이 경우 판결은 피고의 등기신청의사의 진술에 갈음하는 동시에 등기원인을 증명하는 서면(규칙 제46조 제1항 1호)의 기능을 하여 원고가 등기신청서에 그 확정판결 정본을 등기원인증서로 첨부하여 관할등기소에 등기신청을 한 후 등기관의 심사를 거쳐 '등기부(등기기록)에 기입(기록)'한 후 등기사무를 처리한 등기관이 누구인지 알 수 있는 '조치를 한 때'에 그 등기는 효력을 발생하며(법 제6조 제2항, 제11조 제4항 참조) 이로서 판결에 의한 등기의 집행이 완료된다.

따라서 의사의 진술을 명하는 판결이 선고된 때에는 그 판결의 확정과 동시에 '협의(陜義)의 집행(執行)은 완료 된다'는 견해에 동의할 수는 없다. 판결에 의한 '등기의 집행'이라 함은 원고가 확정판결정본을 등기원인증서로 하여 등기신청을 한 후 등기관의 심사에 따라 판결주문에 기재된 내용을 '등기부(등기기록)에 기입(기록)'하는 것을 의미하기 때문이다.

등기신청의 의사표시를 갈음하는 의사의 진술을 명하는 판결이 선고된 때에는 그 판결이 확정됨으로써 피고가 특정한 등기신청의사의 진술을 한 것으로 간주되는 규정(민집 263조)을 근거로 '판결확정'과 동시에 협의의 집행은 완료 된다는 위 견해에는 아래와 같은 이유로 찬성할 수 없다.

(1) 등기신청의 접수시기

등기는 신청인이 부동산등기규칙 제43조 제1항 각호의 사항이 기재된 신청서에 규칙 제46조 각항의 규정에 의한 서면을 첨부하여 관할 등기소에 신청하여 그 신청정보가 전산정보처리조직에 저장된 때에 '접수'된 것으로 본다(법 제6조 제1항).

등기신청의 접수효과 발생 시기 및 등기의 완성시기에 관하여 판례는 등기신청의 접수효과는 등기공무원이 신청서를 받았을 때에 발생하며 등기는 등기사항을 기입하고 날인함으로써 완성되고 그 날인이 누락되었다하여 그 등기가 무효가 된다고는 할 수 없다(77. 10. 31. 77마262)고 하였다.

(2) 등기의 효력발생시기

(가) 등기사무를 처리한 등기관이 누구인지를 알 수 있는 조치를 한때

등기관은 등기사무를 전산정보처리조직을 이용하여 등기부에 등기사항을 기록하는 방식으로 처리하여야 한다(법 제11조 제2항). 등기관은 접수번호의 순서에 따라 등기사무를 처리하여야 하며, 등기관이 등기사무를 처리한 때에는 '등기사무를 처리한 등기관이 누구인지 알 수 있는 조치'를 하여야 한다(법 제11조 제3항, 4항).

등기관이 등기를 마친 경우 그 등기는 접수한 때부터 효력을 발생하며(법 제6조 제2항), 부동산등기법 제6조 제2항에서 '등기관이 등기를 마친 경우'라 함은 부동산등기법 제11조 제4항의 규정에 의하여 등기관이 등기사무를 처리한 후 그 '등기사무를 처리한 등기관이 누구인지 알 수 있는 조치'를 한 때를 의미하며 여기서 '조치'는 구법상의 등기관의 '날인'에 해당한다.

구부동산등기법은 표시란에 등기를 함에는 신청서 접수의 연월일 등을 기재하고 등기관이 날인하여야 하며, 사항란에 등기를 함에는 신청서 접수의 연월일 등을 기재하고 등기관이 '날인'하여야 한다고 규정(구법 제57조)하였으나 개정법에서는 등기사무를 전산정보처리조직을 이용하여 등기부에 등기사항을 기록하는 방식으로 처리하므로 등기관이 등기사무를 처리한 때에는 '전자서명'을 함으로써 '등기사무를 처리한 등기관이 누구인지 알 수 있는 조치'를 한 경우 그 등기는 접수한 때부터 효력을 발생하는 것으로 본다(구법 제177조의4 제2항, 법 제6조 제2항).

위와 같이 '등기의 효력발생시기'(법 제6조 제2항)는 등기신청인(법 제23조)이 규칙

제43조 각항의 사항을 기재한 등기신청서에 규칙 제46조 각항의 서면을 첨부한 등기신청서를 관할등기소에 제출(접수)하여 등기관이 이를 심사하여 적법한 것으로 판단하여 등기사무를 처리(등기기록에 이를 기록)한 후 그 등기사무를 처리한 등기관이 누구인지를 알 수 있는 '조치'를 한 때(법 제11조 제4항)이며, 이로써 등기의 집행은 완료되는 것이다.

(나) 의사의 진술을 명하는 판결과 협의의 집행이 완료되는 시기

판례는 등기신청의 접수효과는 등기관이 신청서를 받았을 때 발생하며, 등기는 등기부에 등기사항을 기입하고 날인(날인은 구법상의 교합인의 날인을 의미하며 현행법 제11조 제4항의 등기관이 등기사무를 처리한 때에는 등기사무를 처리한 등기관이 누구인지 알 수 있는 '조치'를 하여야 한다는 규정에서 조치를 의미함)함으로써 완성되고 그 날인이 누락되었다 하여 그 등기가 무효가 된다고 할 수 없다(대결 1977. 10. 31. 77마262)고 하였다.

따라서 '피고의 등기시청의 의사표시를 갈음하는 의사의 진술을 명하는 판결의 확정과 동시(그 확정판결을 등기원인증서로 하여 등기신청을 하지 아니한 상태)에 협의의 집행이 완료 된다'는 견해(이시윤 저 : 제6판 신민사집행법 490면 도표 2-12 의사표시 의무〈등기 등 집행〉)에는 찬동할 수 없다.

의사의 진술을 명한 확정판결을 등기원인증서로 하여 등기부에 일정한 사항을 기재하는 것은 의사표시의무의 집행으로서 '광의의 집행행위'에 속하는 것으로 보나(대법원 2000. 5. 24. 98마1839, 2000. 5. 24. 99그82, 2000. 5. 30. 2000그37), 위와 같이 의사의 진술을 명하는 '판결의 확정'과 동시에 승소한 등기권리자 또는 등기의무자의 등기신청행위가 없는 상태에서 협의의 집행이 완료된다고 볼 수 있는지(확정판결을 등기원인증서로 한 등기신청이 없는 경우)는 의문이다.

왜냐하면 부동산의 매매에 있어 매도인의 매매의 목적이 된 권리이전의무와 매수인의 대금지급의무는 특별한 규정이나 관습이 없으면 동시에 이행(민법 제568조)하여야 하나 당사자 쌍방 간에 매매계약이 성립된 사실 자체만으로(매매계약서를 등기원인증서로 하여 등기신청을 하지 아니한 경우) 매매를 원인으로 한 소유권이전등기의 효력을 인정할 수 없는 것과 마찬가지이기 때문이다.

다. 판결에 의한 등기신청인(승소한 등기권리자 또는 등기의무자)

부동산등기법 제23조 제4항의 판결은 채무자의 등기소에 대한 등기신청의 의사표시를 갈음하는 것이므로, 부동산등기에 관하여 특정한 등기신청의 의사표시를 할 것을 명한 판결은 확정된 '이행판결'만을 의미하며(민사집행법 제263조 제1항), 확인판결이나 형성판결은 이에 포함되지 아니하는 것으로 보아야 한다.

등기절차의 이행 또는 인수를 명하는 판결에 의한 등기는 승소한 등기권리자 또는 등기의무자가 단독으로 신청한다(부동산등기법 제23조 4항). 매매계약이 무효라는 확인판결에 의하여 소유권이전등기의 말소를 신청할 수 없으며(등기선례 제1권 494항), 소유권확인판결에 의하여 소유권이전등기를 신청하거나(등기선례 제4권 217항) 통행권확인판결에 의하여 지역권설정등기를 할 수 없다(등기선례 제7권 322항).

다만 형성판결 중 공유물분할판결의 경우는 예외이다. 공유물분할판결의 주문에는 특정한 등기절차의 이행을 명하는 내용이 없지만 각 공유자는 원·피고에 관계없이 그 판결을 첨부하여 공유물분할등기(지분이전등기)를 신청할 수 있다(등기선례 제3권 556항).

(1) 승소한 등기권리자

승소한 등기권리자는 소송당사자만을 의미하므로 소송당사자가 아닌 자는 그 판결이나 조정 등에서 등기권리자나 등기의무자로 기재되었다 하더라도 단독으로 등기신청을 할 수 없다. 예컨대, 당사자(원고, 피고, 참가인)가 아닌 제3자에게 소유권이전등기절차를 이행한다는 내용이 포함된 재판상 화해가 성립되었어도 그 제3자가 화해절차에 당사자로 참가하지 아니한 이상 화해의 효력이 미치지 아니하므로, 그 자는 화해조서에 의하여 단독으로 등기신청을 할 수 없다(선례 4-202, 7-110). 소송당사자 아닌 제3자는 재판상 화해의 당사자가 될 수 있고, 이 경우 그 화해의 효력은 제3자에게도 미치지만 화해당사자가 아닌 제3자에게는 화해의 효력이 미치지 않는다(대법원 1985. 11. 26. 선고 84다카1880)

(2) 승소한 등기의무자

'승소한 등기 의무자'라 함은 등기를 하지 아니하고 방치하는 등기권리자(예 : 매수인)를 상대로 등기를 넘겨가도록 하는 재판을 하여 승소판결을 받은 등기의무자(예 : 매도인)를 말한다. 등기권리자(매수인)가 등기를 하지 아니하고 방치한 경우에 등기의무자(매도인)가 등기권리자(매수인)를 상대로 등기를 넘겨가도록 청구할 수 있는 권리가 이른바 '등기수취청구권'이다. 등기수취청구권이란 등기권리자가 자기 이름으로 등기를 하지 아니함으로써 등기의무자가 과세 등의 불이익을 받는 경우에 등기권리자에 대하여 등기의무의 이행을 수취할 것을 청구할 수 있는 권리이다(등기 수취청구권, 등기 인수청구권, 역방향의 등기청구권이라고 한다).

판결에 의한 등기는 승소한 등기의무자가 단독으로 신청할 수도 있는데(법 23조 4항), 이는 종래 학설로 인정되던 이른바 등기수취(인수)청구권을 1991. 12. 14. 부동산등기법의 개정으로 등기절차상 규정한 것이다. 판례(대법원 2001. 2. 9. 선고 2000다60708 판결)는 승소한 등기의무자가 단독으로 판결에 의한 등기신청을 할 수 있게 한 이유를 "등기의무자가 자기 명의로 있어서는 안 될 등기가 자기 명의로 있음으로 인하여 사회생활상 또는 법상 불이익을 입을 우려가 있는 경우에는 소의 방법으로 등기권리자를 상대로 등기를 인수받아 갈 것을 구하고 그 판결을 받아 등기를 강제로 실현할 수 있도록 한 것"이라고 한다.

승소한 등기의무자의 단독신청은 실체법상 등기의무자가 등기권리자를 상대로 등기를 인수받아 갈 것을 소로써 청구하고 그 판결을 받아 등기를 강제로 실현하는 것이다. 공동신청에 의하는 등기에서 등기권리자의 신청의사는 판결로 대신하고 등기의무자의 신청의사는 등기신청서에 의한다는 점에서, 그 구조는 승소한 등기권리자가 단독신청하는 경우와 동일하다. 따라서 등기인수소송에서 패소한 피고(등기권리자)는 승소한 원고(등기의무자)가 등기신청을 하지 않는다고 해서 단독으로 위 판결에 의한 등기신청을 할 수 없다.

[등기수취청구의 소의 판결주문의 기재례]
1. 피고는 원고로부터 별지목록기재 부동산에 관하여 0년 0월 0일 매매(증여, 교환 등)를 원인으로 한 소유권이전등기신청절차를 인수(수취)하라.

	소유권이전등기신청(판결)		
접 수	년 월 일 제 호	처 리 인	등기관 확인	각종 통지

부동산의 표시
1. 서울특별시 서초구 서초동 100 　　　대 100㎡ 2. 서울특별시 서초구 서초동 100 　　　시멘트 벽돌조 슬래브지붕 2층 주택 　　　1층 100㎡ 　　　2층 100㎡ — 이 상 —
등기원인과 그 연월일	2014년 9월 1일 매매(판결주문의 등기원인이 매매인 경우)
등 기 의 목 적	소유권이전
이 전 할 지 분	

구분	성 명 (상호·명칭)	주민등록번호 (등기용등록번호)	주 소 (소재지)	지 분 (개인별)
등기 의무자	이○○		서울특별시 ○○구 ○○동 000	
등기 권리자	김○○		서울특별시 ○○구 ○○동 000	

시가표준액 및 국민주택채권매입금액		
부동산 표시	부동산별 시가표준액	부동산별 국민주택채권매입금액
2. 주 택	금 원	금 원
2.	금 원	금 원
3.	금 원	금 원
국 민 주 택 채 권 매 입 총 액	금 원	
국 민 주 택 채 권 발 행 번 호		
등록세 금 원	교육세 금 원	
세 액 합 계	금 원	
등기신청수수료	금 15,000원	

등기의무자의 등기필정보		
부동산고유번호	0000-0000-00000	
성 명 (명 칭)	일련번호	비밀번호
이○○		

첨 부 서 면

- 등록세영수필확인서   1통
- 토지 · 건축물대장등본   각1통
- 주민등록표등(초)본   각1통
- 판결정본(검인)   1통
- 확정증명   1통

2014년   10월   1일

위 신청인   김○○ ㊞   (전화 :   )

(또는) 위 대리인   (전화 :   )

서울중앙지방법원 등기과 귀중

라. 등기의 말소 또는 말소등기의 회복을 명하는 판결에 명시될 사항

(1) 등기의 말소를 명하는 판결주문에 명시될 사항

등기의 말소를 신청하는 경우에 그 말소에 대하여 등기상 이해관계 있는 제3자가 있을 때에는 제3자의 승낙이 있어야 한다(법 제57조 제1항).

등기의 말소를 명하는 판결(부동산등기법 제57조 제1항)

(1) "피고는 원고에게 별지목록기재 부동산에 관하여 ○○지방법원 ○○등기소 0000년 0월 0일 접수 제000호로 경료된 소유권이전등기의 말소등기절차를 이행하라"

또는

(2) "피고 甲은 별지목록기재 부동산에 대한 ○○지방법원 ○○등기소 0000년 0월 0일 접수 제000호로 경료된 소유권이전등기의 말소등기절차를 이행하고, 피고 乙(등기의 말소에 대하여 부동산등기법 제57조 제1항의 등기상 이해관계 있는 제3자가 있는 경우)은 위 소유권이전등기의 말소등기에 대하여 승낙의 의사를 표시하라"

등기의 말소를 명하는 판결주문에는 등기원인과 그 연월일은 기재하지 아니하므로, 위 판결에 의한 등기신청서에는 등기원인은 '확정판결'로, 그 연월일은 '판결선고일'을 기재하고, 등기부(갑구)에는 등기목적은 '0번 소유권이전등기말소'로, 등기원인은 '0000년 0월 0일 확정판결'로 등기관이 기재한다.

	소유권이전등기말소등기신청			
접 수	년 월 일	처 리 인	등기관 확인	각종 통지
	제 호			

부동산의 표시
1. 서울특별시 서초구 서초동 100   대 100㎡ — 이 상 —

등기원인과 그 연월일	2014년 9월 1일 확정판결			
등 기 의 목 적	소유권이전등기말소			
말 소 할 등 기	2010년 3월 2일 접수 제4168호로 경료한 소유권 이전등기			
구분	성 명 (상호·명칭)	주민등록번호 (등기용등록번호)	주 소 (소재지)	지 분 (개인별)
등기 의무자	이○○		서울특별시 ○○구 ○○동 000	
등기 권리자	김○○		서울특별시 ○○구 ○○동 000	

세 액 합 계	금	원
교 육 세	금	원
세 액 합 계	금	원
등기신청수수료	금	원
첨 부 서 면			

▪ 등록세영수필확인서 통	▪ 판결정본 및 확정증명 각1통

2014년   10월   1일

위 신청인   김○○ ㊞   (전화 :   )
(또는) 위 대리인   (전화 :   )

서울중앙 지방법원   등기과 귀중

(2) 말소등기의 회복을 명하는 판결주문에 명시될 사항

말소된 등기의 회복을 신청하는 경우에 등기상 이해관계 있는 제3자가 있을 때에는 그 제3자의 승낙이 있어야 한다(법 제59조). 따라서 말소된 등기의 회복(부동산등기법 제59조)을 명하는 판결의 주문은 "피고는 원고에게 별지목록기재 부동산에 관하여 서울중앙지방법원 강남등기소 2008년 10월 20일 접수 제4500호로 말소등기 된 같은 등기소 2008년 5월 15일 접수 제8000호 소유권이전 등기의 회복등기절차를 이행하라" 또는

말소된 등기의 회복에 대하여 등기상 이해관계 있는 제3자가 있을 때에는 말소된 등기의 회복에 대한 그 제3자의 승낙의 의사표시를 하여야 하므로 판결의 주문에는 아래와 같이 그 제3자의 승낙의 의사표시를 명백히 하여야 한다.

"피고 甲은 원고에게 별지목록기재 부동산에 관하여 서울 중앙지방법원 강남등기소 1998년 10월 18일 접수 제3000호로 말소등기 된 같은 등기소 1997년 3월 23일 접수 제2000호 소유권이전등기의 회복등기절차를 이행하고, 피고 乙(등기상 이해관계 있는 제3자)은 원고에게 별지목록기재 부동산에 관하여 서울 중앙지방법원 강남등기소 1998년 10월 18일 접수 제3000호로 말소등기 된 같은 등기소 1997년 3월 23일 접수 제2000호 소유권이전등기의 회복등기에 대하여 승낙의 의사를 표시하라"와 같이 제3자의 말소된 등기의 회복에 대한 '승낙의 의사표시'를 진술하는 내용이 명시되어 있어야 그 판결에 대한 등기를 집행할 수 있다.

그러나 이 경우에도 말소등기와 같이 등기원인과 그 연월일은 기재하지 아니하며, 등기신청서에는 등기원인은 "확정판결"로, 그 연월일은 "판결선고일"을 기재한다.

등기부(갑구)에는 등기목적은 '0번 00000등기회복'으로, 등기원인은 '0000년 0월 0일 00지방법원의 확정판결'과 같이 등기관이 기재한다.

	토지소유권이전 말소회복등기신청			
접 수	년 월 일 제 호	처 리 인	등기관 확인	각종 통지

부동산의 표시
생 략

등기원인과 그 연월일	2011년 0월 0일 확정판결
등 기 의 목 적	소유권이전등기의 회복
회 복 할 등 기	0000년 0월 0일 접수 제00호로 말소된 소유권이전등기

구분	성 명	주민등록번호	주 소 (소재지)
등기 의무자	이○○		서울특별시 ○○구 ○○동 000
등기 권리자	김○○		서울특별시 ○○구 ○○동 000

등록면허세	금	원
지방교육세	금	원
세 액 합 계	금	원
등기신청수수료	금	원
	은행 수납번호 :	

첨 부 서 면

1. 판결정본 및 확정증명서   각1통
1. 등기상 이해관계 있는 제3자의 승낙서
   또는 이에 대항할 수 있는 재판의 등본   통
1. 등기필증   통
1. 등록세영수필확인서 및 통지서   통
1. 위임장   통

　　　　　　　　　　　년　　월　　일

　　　　위 신청인　　ㅇㅇㅇ ㊞　　　(전화 :　　　　)
　　　　　　　　　　ㅇㅇㅇ ㊞ (전화 :　　　　)
　　　　(또는) 위 대리인 법무사 ㅇㅇㅇ (전화 :　　　　)

　　　　　　ㅇㅇ지방법원　　　등기과 귀중

마. 부동산등기법 제65조 제2호의 판결 및 제23조 제4항의 판결의 차이

(1) 부동산등기법 제65조 제2호의 판결(판결의 종류불문)

판결에 의한 등기는 승소한 등기권리자 또는 등기의무자가 단독으로 신청하며(법 제23조 제4항), 확정판결에 의하여 자기의 소유권을 증명하는 자는 미등기의 토지 또는 건물에 관한 소유권보존등기를 신청할 수 있다(법 제65조 제2호).

구부동산등기법 제130조 제2호(현행법 제65조 제2호)의 판결은 그 내용이 신청인에게 소유권이 있음을 증명하는 확정판결이면 족하고, 그 종류에 관하여 아무런 제한이 없어 반드시 확인판결이어야 할 필요는 없고, 이행판결이든 형성판결이든 관계가 없으며, 또한 화해조서 등 확정판결에 준하는 것도 포함한다(대법원 1971. 11. 12. 71마657, 대판 1994. 3. 11. 93다57704).

(2) 부동산등기법 제23조 제4항의 판결(확정된 이행판결)

부동산등기법 제23조 제4항(구법 제29조)의 판결의 범위에 관하여 이 판결은 채무자의 등기소에 대한 등기신청의 의사표시를 갈음하는 것이므로(민사집행법 제263조 제1항 참조) 특정한 등기신청의 의사표시를 할 것을 명하는 이행판결만을 의미한다는 견해(판례 및 등기실무)와 부동산등기법 제23조 제4항의 문헌상 반드시 이행판결로만 해석하여야 할 이유가 없고 등기의 진정이 보장되기만 하면 당사자 간의 실질적 권리관계에 대한 확인 내지 형성판결도 포함된다는 견해가 있다.

부동산등기법 제23조 제4항의 판결은 민사집행법 제263조 제1항의 의사의 진술 중에서도 '등기신청의사의 진술을 명한 판결'만을 의미한다고 보아야 한다. 따라서 부동산등기법 제23조 제4항의 판결은 의사의 진술을 명하는 확정된 '이행판결'만을 의미하며, 확인판결이나 형성판결은 이에 포함되지 아니한다. 다만 형성판결 중 공유물분할판결(민법 제269조 제1항)의 경우는 예외이다.

따라서 확정된 '이행판결'만을 의미하는 부동산등기법 제23조 제4항의 판결과 '판결의 종류를 불문'하는 동법 제65조 제2호의 판결에 의한 소유권보존등기신청을 혼동하지 않도록 주의하여야 한다.

(3) 의사의 진술을 명한 판결에 가집행선고 또는 강제집행정지의 가부(소극)

의사의 진술을 명하는 판결은 그 판결이 확정된 때에 그 의사를 진술한 것으로 보므로(민사집행법 제263조 제1항) 부동산등기법 제23조 제4항의 판결은 확정된 이행판결만을 의미한다.

민사집행법 제263조 제1항은 '의사의 진술을 명한 판결이 확정된 때에는 그 판결로 의사를 진술한 것으로 본다'고 하여 부동산등기에 관하여 의사의 진술을 명하는 판결은 확정되어야 집행력이 생기기 때문에 가집행선고를 붙일 수 없다.

가집행선고부 판결에 의한 등기를 허용할 경우 그 판결이 상소심에서 취소된 때에는 부동산거래의 안전을 해하게 되므로 부동산등기에 관하여 의사의 진술을 명하는 판결에는 가집행선고를 붙일 수 없다. 따라서 확정되지 아니한 '가집행선고가 붙은 판결'에 의하여 등기를 신청한 경우 등기관은 그 신청을 각하하여야 한다(법 제29조 제9호).

또한 부동산의 소유권이전등기 또는 등기의 말소와 같은 의사의 진술을 명한 판결에 대하여는 집행기관이 관여하는 현실적인 강제집행절차가 존재할 수 없으므로 이에 대한 강제집행은 허용되지 아니하므로(대법원 1970. 6. 9. 70마851) 등기관은 '강제집행정지 결정'에 구애됨이 없이 등기신청을 받아들여 등기기입을 할 수 있다(대법원 1979. 5. 22. 77마427).

바. 부동산등기법 제23조 제4항의 판결에 준하는 집행권원

(1) 화해 또는 인낙조서, 화해권고결정 등

확정판결과 동일한 효력이 있는 화해조서(민소 제220조), 인낙조서(민소 제220조), 화해권고결정(민소 제225조, 제231조), 민사조정조서(민조 제29조), 조정에 갈음하는 결정(민조 제34조), 가사조정조서(가소 제59조) 등도 그 내용에 등기의무자의 등기신청에 관한 의사표시의 기재가 있는 경우에는 판결에 준하여 등기권리자가 단독으로 등기를 신청할 수 있다(법 제23조 제4항).

중재판정 또는 외국판결에 의한 등기신청은 집행판결(민사집행법 제26조, 제27조)을 첨부하여야만 단독으로 등기를 신청할 수 있다.

(2) 소외인에 대한 화해의 효력 여부(소극)

(가) 기판력의 의의

기판력(旣判力)이라 함은 민사소송법상 판결의 효력 중 소송물(訴訟物이란 민사소송에 있어서 심판의 대상이 되는 기본단위 즉 소송의 객체를 말한다)에 관하여 행하여진 판단의 효력으로서, 판결이 확정되면 당사자는 후에 동일사항에 대한 별소(別訴)로서 반대사실을 주장하여 이미 확정된 판결의 판단을 다툴 수 없고(不可爭), 법원도 전판결과 모순저촉되는 판단을 할 수 없는(不可反) 구속력을 말한다.

확정판결의 기판력은, 법원이 당사자 간의 법적 분쟁에 관하여 판단하여 소송이 종료된 이상, 법적 안정성을 위해 당사자와 법원 모두 분쟁해결의 기준으로서 확정판결의 판단을 존중하여야 한다는 요청에 따라 인정된 것이다. 민사소송법은 확정판결을 그대로 유지할 수 없는 정도로 중대한 흠이 있는 예외적인 경우에만 확정판결을 취소하고 이미 종결된 사건을 다시 심판할 수 있도록 특별한 불복신청의 방법으로서 재심제도를 두고 있다. 재심은 민사소송법이 열거하고 있는 사유가 있는 경우에 한하여(민사소송법 제451조, 제452조), 일정한 기간 내에(민사소송법 제456조, 다만 제457조의 예외가 있다) 별도로 소를 제기하는 방식으로만 허용된다.

따라서 확정판결에 따른 강제집행이 권리남용에 해당한다고 쉽게 인정하여서는 안 되고, 이를 인정하기 위해서는 확정판결의 내용이 실체적 권리관계에 배치되는 경우로서 그에 기초한 집행이 현저히 부당하고 상대방으로 하여금 집행을 받아들이도록 하는 것이 정의에 반함이 명백하여 사회생활상 용인할 수 없다고 인정되는 것과 같은 특별한 사정이 있어야 한다(대판 2018. 3. 27. 2015다70822. 청구이의).

(나) 기판력의 주관적 범위

기판력이 미치는 인적범위(人的範圍)로서, 기판력은 당사자 간에 한하여 생기고, 제3자에게는 미치지 않는 것이 원칙이다(민사소송법 제218조 제1항). 예외적으로 기판력이 당사자 이외의 제3자에게 미치는 경우가 있지만, 이것은 법률에 특별한 규정이 있는 경우에 한하는 것으로, 변론종결 후의 승계인(동법 제218조 제1항), 청구의 목적물의 소지자(동법 제218조 제1항), 제3자의 소송담당의 경우 권리귀속주체(동법 제218조 제3항, 예 : 회생사건의 관리인, 선정자, 유언집행자가 받은 판결의 상속인 등)에게 그 효력이 있다.

(다) 소외인(訴外人)에 대한 화해의 효력

원고가 소외인에게 소유권이전등기절차를 이행한다는 내용이 포함된 재판상 화해가 성립되었어도 화해의 효력이 소외인에게는 미치지 아니하므로 위 화해조서에 의한 소유권이전등기를 신청할 수 없다(등기선례 제4권 202항).

피고가 원고 甲, 소외인 乙, 丙에게 각 3분의1 지분에 관하여 소유권이전등기를 이행한다는 내용이 포함된 재판상 화해가 성립되었다고 하더라도 화해조서상에 당사자로 되어 있지 아니한 이상 화해의 효력이 소외인 乙, 丙에게는 미치지 아니하므로(민소법 제218조 제1항 참조) 乙, 丙은 화해에 의하여 단독으로 지분이전등기를 신청할 수는 없다(등기선례 제7권 110항).

(라) 공정증서의 집행권원에 해당여부(소극)

1) 집행권원의 의의

집행권원(執行權原)이라 함은 일정한 사법상의 급부청구권의 존재 및 범위를 표시하고 강제집행에 의해 이를 실현시키는 집행력을 법률상 인정하는 공적문서를 말한다. 구법에서는 '채무명의(債務名義)'라고 하는데(구 민사소송법 제519조), 신법에서 독일의 원문에 충실하게 '집행권원(執行權原)'이라 하였다(민사집행법 제56조).

2) 각종 집행권원

집행권원의 대표적인 것은 법원의 확정된 종국판결이나 가집행선고가 있는 종국판결이다(민사집행법 제24조). 외국판결에 기초한 강제 집행과 중재판정에 기초한 강제집행은 우리나라 법원에서 집행판결로 그 적법함을 선고한 때에 한하여 이를 행할 수 있다(동법 제26조 제1항, 중재법 제37 제1항).

그 밖에 집행권원으로 항고로만 불복할 수 있는 재판, 가집행의 선고가 내려진 재판, 확정된 지급명령, 공증인이 일정한 금액의 지급이나 대체물 또는 유가증권의 일정한 수량의 급여를 목적으로 하는 청구에 관하여 작성한 공정증서로서 채무자가 강제집행을 승낙한 취지가 적혀 있는 것, 소송상 화해, 청구의 인낙 등 그 밖에 확정 판결과 같은 효력을 가지는 것이 있다(민사집행법 제56조).

3) 공정증서의 집행권원에 해당 여부(소극)

공증인 작성의 공정증서는 채무의 목적이 일정한 금액의 지급이나 대체물 또는 유가증권의 일정한 수량의 급여를 목적으로 하는 청구에 관하여 작성한 공정증서로서 채무자가 강제집행을 승낙한 취지가 적혀 있는 때에 한하여 집행력이 인정되므로(민사집행법 제56조 4호) 설령 부동산에 관한 등기신청의무를 이행하기로 하는 조항이 공정증서에 기재되어 있다 하더라도 등기권리자는 이 공정증서에 의하여 단독으로 등기를 신청할 수 없다(등기예규 제 1383호 2. 다. 3).

사. 확정판결의 소멸시효여부 및 판결에 의한 등기신청기간

(1) 시효제도

시효라 함은 일정한 사실 상태가 일정한 기간 계속되는 경우에 그 사실상태가 진실의 권리관계와 일치하는가의 여부를 따지지 않고 그대로 그것을 존중하여 권리관계로 만들어 그것에 따른 권리의 득실을 생기게 하는 법률요건이다.

시효에는 취득시효와 소멸시효의 두 가지가 있다. 어떤 사람이 권리자인 것 같은 사실상태가 오랫동안(즉, 시효기간) 계속한 경우에 그것을 근거로 하여 그 사람이 과연 진실한 권리자인가 아닌가를 묻지 않고 처음부터 그 사람이 진실한 권리자였다고 인정해 버리는 제도가 '취득시효'이다.

이에 대하여 어떤 사람이 채무를 부담하지 않은 것 같은 사실상태가 오랫동안(즉, 시효기간) 계속한 경우에 그 외관을 근거로 하여 그 사람이 과연 진실로 채무를 부담하지 않은 것인지 여부를 묻지 않고 그 사람이 처음부터 채무를 부담하지 않았다고 인정해 버리는 제도가 '소멸시효'이다.

(2) 판결에 의하여 확정된 채권의 소멸시효

(가) 소멸시효기간(10년)

판결에 의하여 확정된 채권은 단기의 소멸시효에 해당하는 것(즉 민법 제163조, 제164조)이라도 그 소멸시효는 10년으로 한다(민법 제165조 제1항). '판결에 의한 확정된 채권'이라 함은 예컨대 1천만 원의 외상대금채권에 관한 이행판결이 확정된 경우의 그 1천만 원의 채권이 그 예이다.

(나) 시효중단을 위한 재소(再訴)와 소의 이익

확정된 승소판결에는 기판력이 있으므로 승소 확정판결을 받은 당사자가 전소의 상대방을 상대로 다시 승소 확정판결의 전소(前訴)와 동일한 청구의 소를 제기하는 경우, 특별한 사정이 없는 한 후소(後訴)는 권리보호의 이익이 없어 부적법하다. 하지만 예외적으로 확정판결에 의한 채권의 소멸시효기간인 10년의 경과가 임박한 경우에는 그 시효중단을 위한 소는 소의 이익이 있다. 이는 승소판결이 확정된 후 그 채권의 소멸시효기간인 10년의 경과가 임박하지 않은 상태에서 굳이 다시 동일한 소를 제기하는 것은 확정판결의 기판력에 비추어 권리 보호의 이익을 인정할 수 없으나, 그 기간의 경과가 임박한 경우에는 시효중단을 위한 필요성이 있으므로 후소를 제기할 소의 이익을 인정하는 것이다.

한편 시효중단을 위한 후소의 판결은 전소의 승소 확정판결의 내용에 저촉되어서는 아니 되므로, 후소 법원으로서는 그 확정된 권리를 주장할 수 있는 모든 요건이 구비되어 있는지에 관하여 다시 심리할 수 없으나, 위 후소 판결의 기판력은 후소의 변론종결시를 기준으로 발생하므로, 전소의 변론종결 후에 발생한 변제, 상계, 면제 등과 같은 채권소멸사유는 후소의 심리대상이 된다. 따라서 채무자인 피고는 후소 절차에서 위와 같은 사유를 들어 항변할 수 있고 심리 결과 그 주장이 인정되면 법원은 원고의 청구를 기각하여야 한다. 이는 채권의 소멸사유 중 하나인 소멸시효 완성의 경우에도 마찬가지이다.

이처럼 판결이 확정된 채권의 소멸시효기간의 경과가 임박하였는지 여부에 따라 시효중단을 위한 후소의 권리보호이익을 달리 보는 취지와 채권의 소멸시효 완성이 갖는 효과 등을 고려해 보면, 시효중단을 위한 후소를 심리하는 법원으로서는 전소 판결이 확정된 후 소멸시효가 중단된 적이 있어 그 중단사유가 종료한 때로부터 새로이 진행된 소멸시효 기간의 경과가 임박하지 않아 시효중단을 위한 재소(再訴)의 이익을 인정할 수 없다는 등의 특별한 사정이 없는 한, 후소가 전소 판결이 확정된 후 10년이 지나 제기되었다 하더라도 곧바로 소의 이익이 없다고 하여 소를 각하해서는 아니 되고, 채무자인 피고의 항변에 따라 원고의 채권이 소멸시효 완성으로 소멸하였는지에 관한 본안판단을 하여야 한다(대판 2019. 1. 17. 2018다24349).

(3) 판결에 의한 등기신청기간

등기절차의 이행을 명하는 확정판결을 받았다면 그 확정시기에 관계없이, 즉 확정 후

10년이 경과하였다 하더라도 그 판결에 의한 등기신청(부동산등기법 제23조 제4항)을 할 수 있다(등기예규 제1383호 2. 가. 라.).

판결이 확정된 후 10년이 경과하여 소멸시효완성(민법 제165조 제1항 참조)의 의심이 있다 하더라도 형식적 심사권만 있는 등기관으로서는 시효의 중단여부 등을 알 수 없으므로 판결에 의한 등기를 수리하여 등기하여야 한다. 따라서 등기절차의 이행을 명하는 확정판결을 받았다면 그 확정시기에 관계없이, 즉 판결확정 후 10년이 경과하였다 하더라도 그 판결에 의한 등기신청을 할 수 있다(등기예규 제1383호 2. 라. 등기선례 제1권 181항).

원인무효로 인한 소유권이전등기말소의 확정판결과 그 등기를 기초로 그 소송의 사실심변론 종결 후에 경료된 등기의 명의인들에 대하여 받은 승계집행문을 첨부하여 위 소유권이전등기 및 변론종결 후의 승계인들 명의의 등기의 말소신청을 한 때에는, 그 신청이 위 판결의 확정 후 10년을 경과한 것이라 하더라도 등기관은 이를 수리하여 등기를 하여야 한다(등기선례 제1권 179항). 왜냐하면 등기말소청구권은 그 성질이 소유권에 기한 방해배제청구권(妨害排除請求權)으로서 소멸시효의 대상이 아니기 때문이다.

판례는 부동산 매수인의 등기청구권도 형식주의를 취하고 있는 현행 민법 하에서는 채권적 청구권이라고 해석되나 매수인이 매매목적물을 인도(명도)받은 경우에는 다른 채권과는 달리 소멸시효에 걸리지 않는다고 해석함이 타당하다(대판 1976. 11. 6. 76다148 전원합의체판결)고 하였으며, 이러한 법리는 3자간 등기명의신탁에 의한 등기가 유효기간(여기서 '유효기간'이라는 표현은 실명등기의 '유예기간'으로 표사하는 것이 타당하다고 봄)의 경과로 무효로 된 경우에도 마찬가지로 적용된다. 따라서 그 경우 목적부동산을 인도받아 점유하고 있는 명의신탁자의 매도인에 대한 소유권이전등기청구권 역시 소멸시효가 진행되지 않는다(대판 2013. 12. 12. 2013다26647).

아. 판결주문 중의 일부만의 등기신청가부(적극)

　판결의 내용 중 일부만에 대한 등기신청도 원칙적으로 가능하다. 따라서 1필의 토지 전부에 대하여 소유권이전등기절차이행을 명한 확정판결을 등기원인을 증명하는 서면으로 첨부하여 그 토지의 3분의 1 지분에 대한 소유권이전등기를 신청할 수 있고(등기선례 제6권 113항), 판결정본 상에 표시된 토지가 사실심의 변론종결 이전에 이미 분할되었다면 판결경정에 의하여 대장상의 표시와 일치시킨 다음 분필등기(원고의 대위신청)를 거쳐 소유권이전등기를 신청하여야 하며 그 경우 위 판결정본에 기하여 분할 후의 어느 한 토지에 대하여만 이전등기를 신청할 수도 있다(등기선례 제3권 263항).

　판결주문에서 소유권말소등기절차 및 소유권이전등기절차를 명한 경우, 소유권이전등기를 신청하지 않은 채 소유권말소등기만을 신청할 수 있다. 즉 등기부상 甲으로부터 乙에게로 소유권이전등기가 경료되었는데, 丙이 甲과 乙을 상대로 한 소송에서 "(1) 피고 乙은 피고 甲에게 소유권이전등기의 말소등기절차를 이행하라. (2) 피고 甲은 원고 丙에게 소유권이전등기절차를 이행하라"는 취지의 판결을 받은 경우, 원고 丙의 채권자 丁은 원고 丙을 대위하여 위 판결의 제2항에 따른 피고 甲으로부터 원고 丙으로의 소유권이전등기를 신청하지 않은 채, 원고 丙과 피고 甲을 대위하여 위 판결의 제1항에 따른 피고 乙 명의의 소유권등기에 대한 말소등기만을 신청할 수 있다(등기선례 제6권 150항).

제3절 민사집행법 제263조의 의사의 진술을 명한 판결

1. 의사표시를 할 것을 목적으로 하는 채권의 집행

채무자가 임의로 채무를 이행하지 아니한 때에는 채권자는 그 강제이행을 법원에 청구할 수 있으며, 그 채무가 법률행위를 목적으로 한 때에는 채무자의 의사표시(意思表示)에 가름할 재판을 청구할 수 있다(민법 제389조 제1~2항).

의사표시(意思表示)를 할 것을 목적으로 하는 채권에 있어서는 채무자로 하여금 현실적으로 의사표시를 시킬 필요 없이 그 의사표시가 목적하는 법률효과를 발생시켜 버리면 이러한 채권의 목적은 달성된다.

채무자로 하여금 현실적으로 의사표시를 할 것을 집행권원에 의하여 강요하려면 성질상 간접강제(間接强制)의 방법에 의할 수밖에 없다. 그러나 의사표시의 이행을 구하는 판결의 최종목적이 그 '법률효과의 발생'에 있다면 굳이 간접강제의 방법에 호소할 것이 아니라 관념적(觀念的)인 법률효과(法律效果)의 발생만을 의제하면 집행의 목적은 달성되는 것이다.

이리하여 법률은 이러한 종류의 채권의 집행에 있어서는 그 집행권원인 인낙조서의 작성이나 그 이행판결의 '확정'으로서 '의사표시(意思表示)'의 진술이 있은 것으로 간주하고 간접강제에 의한 강제집행절차를 생략하고 있다(민사집행법 제263조, 민법 제389조 제1항전단).

민사집행법 제263조의 규정에 의하여 그 의사표시를 한 것과 마찬가지의 효력이 생기는 것은 그러한 법률효과의 발생을 선고하는 형성판결의 성질상 그러한 것이 아니고 어디까지나 "이행판결(履行判決)의 집행력(執行力)"에 관하여 법이 특별규정을 둔 것이라고 보아야 한다.

부동산등기법 제23조 제4항이 "판결에 의한 등기는 승소한 등기권리자 또는 등기의무자가 단독으로 신청한다"고 규정한 취지는 등기의무자에 대하여 등기절차를 이행하도록 명한 이행판결에 의하여 등기신청을 하는 것이므로 등기의무자의 '협력'이 불필요하다고 본 것이다.

등기권리자에게 매매를 원인으로 한 부동산소유권이전등기절차를 이행하라는 의무에는 매도인(등기의무자)으로서 등기소에 대하여 소유권이전등기를 신청하는 의사표시 이외에 매도인(등기의무자)이 그 부동산을 매수인(등기권리자)에게 매도한다는 의사표시의무를 당연히 포함하고 있다.

2. 민사집행법 제263조의 집행권원(확정된 이행판결)

민사집행법 제263조에 의하여 채무자의 의사표시가 있는 것으로 보게 되는 판결 그 밖의 재판은 확정된 '이행판결'이나 이행을 명하는 재판이어야 하며 확인의 재판이나 형성의 재판은 이에 해당되지 않으며, 이러한 재판은 확정되면 기판력(旣判力)이 발생하는 것이어야 한다.

또한 그 재판상 의사표시(意思表示)의 내용이 집행권원(執行權原)에서 명확히 특정되는 것이어야 한다. 따라서 '등기신청의무'에 있어서는 등기할 부동산의 표시(부동산등기법 제34조, 제40조), 등기원인과 그 연월일일(동법 제48조 제1항 4호), 등기목적(동법 제48조 제1항 2호) 등이 집행권원에서 명료하게 표시되어 있어야 하며 불분명한 점이 있으면 그 집행권원에 기초한 등기의 집행은 불능이 된다.

민사집행법 제263조의 집행권원에는 확정된 이행판결이나 이것과 동일한 효력을 가지는 화해조서 및 인낙조서(민사소송법 제220조) 등이며, 화해권고결정, 민사조정조서, 조정에 갈음하는 결정, 가사조정조서 등도 그 내용에 등기의무자의 등기신청에 관한 의사표시(意思表示)의 기재가 있는 경우에는 이에 해당된다. 민사집행법 제263조 제1항의 규정은 인낙조서와 이행판결만을 들고 있으나 그것은 예시적인 표현이고 그 밖의 집행권원을 배제하는 취지는 아니다.

3. 의사표시 의무판결에 가집행선고의 가부(소극)

가. 가집행선고의 의의

가집행선고(假執行宣告)라 함은 미확정의 종국판결에 관하여 확정판결과 동일한 집행력을 인정해서 판결의 내용을 실현시키기 위한 것으로서 판결의 확정 전에 특히 집행력을 부여하는 형성판결(形成判決)을 말한다(민소법 제213조).

가집행선고는 판결의 확정 전에 미리 집행할 수 있어 승소자의 신속한 권리실현에 이바지하며, 패소자가 강제집행의 지연만을 노려 남상소하는 것을 억제하는 기능을 한다. 가집행선고는 선고 시부터 즉시 효력이 발생하고 판결에 대한 상소에 의하여 그 효력이 소멸되지는 않지만, 당사자는 판결에 대한 항소로써 가집행선고에 대하여 불복을 신청할 수 있다.

상소심에서 가집행선고 자체나 본안의 판결을 변경하는 판결의 선고가 있을 경우에는 가집행선고는 효력을 잃게 된다. 본안판결이 변경되었을 때 가집행선고에 의하여 행해진 집행은 부당이득(不當利得)이 되고 집행으로 인하여 패소자에게 손해가 발생하였을 경우에는 손해배상책임(損害賠償責任)이 발생한다.

나. 의사표시 의무판결에 가집행선고의 가부(소극)

의사표시의무판결(意思表示義務判決)은 그 확정으로써 의사의 진술을 한 것으로 간주(민집법 제263조 제1항)되므로 성질상 그 판결이 확정되기 전에 그 의제의 효과를 발생시키지는 못한다. 즉 의사표시의무의 판결에는 가집행선고(假執行宣告)를 붙이지 못한다.

따라서 가집행선고 있는 소유권이전등기절차이행판결에 의하여 등기신청이 있을 때라도 등기신청서에 첨부된 판결이 확정판결이 아니면 각하(등기신청에 필요한 서면인 판결확정증명서를 첨부하지 아니함을 이유로 등기신청을 각하함)하여야 한다(부동산등기법 제29조 제9호. 등기예규 제1383호. 2. 나.).

4. 판결에 의한 등기의 집행과 강제집행정지의 허부(소극)

가. 강제집행 및 강제집행의 정지의 의의

강제집행(强制執行)이란 사법상의 의무를 이행하지 않는 자에 대하여, 국가의 강제권력으로 그 의무의 이행을 실현하는 작용이나 절차를 말한다. 의사표시를 할 것을 목적으로 하는 채권에 관하여는 판결의 확정에 의해 의사표시를 한 것으로 간주한다(민사집행법 제263조 제1항).

강제집행(强制執行)의 정지(停止)라 함은 법률상의 이유로 인하여 강제집행절차를 개시할 수 없거나 또는 속행하지 못하는 것을 말한다. 강제집행은 민사집행법 제49조 각 호의 어느 하나에 해당하는 서류(집행할 판결 또는 그 가집행을 취소하는 취지나, 강제집행을 허가하지 아니하거나 그 정지를 명하는 취지 또는 집행처분의 취소를 명한 취지를 적은 집행력 있는 재판의 정본 등)를 제출한 경우에 정지하거나 제한하여야 한다.

나. 의사의 진술을 명한 판결에 대한 강재집행정지의 가부(소극)

등기관이 확정된 이행판결에 기하여 등기부에 일정한 사항을 기입하는 것은 광의(廣義)의 집행(執行)으로 볼 수 있으나 그 판결내용의 실현을 위하여 등기의무자(피고)에게 직접강제를 가하는 행위가 아니므로 등기관은 집행기관이 아니다.

따라서 부동산의 소유권이전등기절차 또는 등기의 말소나 말소등기의 회복과 같은 피고의 의사의 진술을 명하는 판결에 대하여는 집행기관이 관여하는 현실적인 강제집행절차가 존재할 수 없으므로 이에 대한 강제집행정지는 허용되지 아니한다.

근저당권설정등기의 말소와 같은 피고의 의사진술을 명하는 판결에 대하여는 집행기관이 관여할 필요가 없는 것이므로 그 집행정지는 허용되지 않으며(대판 1959. 12. 7. 4292민신14), 부동산의 소유권이전등기절차이행청구를 인용하는 판결이 확정되면 등기권리자는 동 확정판결에 기하여 단독으로 등기신청을 할 수 있는 것이며 집행기관이 이에 관여할 수 없는 것이니 설사 위 확정판결에 대하여 재심의 소가 제기되었다 하더라도 본법 제473조(현행법 제500조)는 적용되지 않는다(대법원 1971. 6. 9. 70마85 1).

조건부 의사진술을 명하는 재판은 그 조건이 성취되어 집행문이 부여될 때 의사를 진술한 것과 동일한 효력이 발생하고 집행기관이 관여하는 현실적인 강제집행절차가 존재할 수 없으므로 강제집행의 정지도 있을 수 없으니 등기관은 강제집행정지결정에 구애됨이 없이 등기신청을 받아들여 등기기입을 할 수 있다(대법원 1979. 5. 22. 77마427).

5. 확정판결에 따른 강제집행이 권리남용에 해당하기 위한 요건

확정판결의 기판력은, 법원이 당사자 간의 법적 분쟁에 관하여 판단하여 소송이 종료된 이상, 법적 안정성을 위해 당사자와 법원 모두 분쟁해결의 기준으로서 확정판결의 판단을 존중하여야 한다는 요청에 따라 인정된 것이다. 민사소송법은 확정판결을 그대로 유지할 수 없는 정도로 중대한 흠이 있는 예외적인 경우에만 확정판결을 취소하고 이미 종결된 사건을 다시 심판할 수 있도록 특별한 불복신청의 방법으로서 재심제도를 두고 있다. 재심은 민사소송법이 열거하고 있는 사유가 있는 경우에 한하여(민사소송법 제451조, 제452조), 일정한 기간 내에(민사소송법 제456조, 다만 제457조의 예외가 있다) 별도로 소를 제기하는 방식으로만 허용된다.

따라서 확정판결에 따른 강제집행이 권리남용에 해당한다고 쉽게 인정하여서는 안 되고, 이를 인정하기 위해서는 확정판결의 내용이 실체적 권리관계에 배치되는 경우로서 그에 기초한 집행이 현저히 부당하고 상대방으로 하여금 집행을 받아들이도록 하는 것이 정의에 반함이 명백하여 사회생활상 용인할 수 없다고 인정되는 것과 같은 특별한 사정이 있어야 한다(대판 2018. 3. 27. 2015다70822 청구이의).

제5장 집행불능판결

제5장 집행불능판결

1. 집행불능판결의 의의

의사의 진술을 구하는 청구 중 부동산등기법상의 등기신청에 관한 의사표시를 명한 확정된 이행판결을 등기원인을 증명하는 서면으로 하여 등기신청을 한 경우 그 등기신청이 구 부동산산등기법 제55조, 개정법 제29조 각 호의 1에 해당하여 등기관이 이를 각하하게 되는 사례가 있는바, 이와 같이 부동산등기에 관한 의사의 진술을 명한 확정판결에 기판력은 있으나 집행력이 없어 그 판결에 의한 등기의 집행(구부동산등기법 제29조, 개정법 제23조 4항)이 불능으로 되는 판결을 집행불능판결이라고 한다.

민사집행법 제263조 제1항의 규정에 의한 의사표시의무의 집행 중 등기신청에 관한 의사표시를 구하는 소장을 작성하는 원고, 변호사, 법무사 등이 소장의 청구취지를 잘못 기재[예: 등기의 말소(부동산등기법 제57조 제1항 참조) 또는 말소 된 등기의 회복(동법 제59조 참조)을 구하는 소송의 경우, 등기의 말소 또는 말소된 등기의 회복에 대하여 '등기상 이해관계 있는 제3자'가 있음에도 불구하고 그 제3자의 등기의 말소나 회복에 대한 '승낙의 의사표시'를 누락한 경우]하거나 당사자를 잘못 지정한 경우(예 : 고유필수적 공동소송으로 보는 공유물분할, 합유부동산, 총유부동산에 관한 소송에서 등기부상의 소유자인 공유자나 합유자 등의 일부를 당사자에서 누락하거나 등기상 이해관계 있는 제3자를 피고로 지정하지 아니하여 당사자 적격을 잃게 되는 경우 등)가 있다.

위와 같이 등기의 말소(법 제57조 제1항) 또는 말소된 등기의 회복(법 제59조)을 청구함에 있어 등기상 이해관계 있는 제3자를 피고에서 누락하거나 고유필수적 공동소송인 중 일부를 누락한 경우[예 : 공유물분할 소송(대판 2001. 7.10. 99다31124), 합유부동산에 관한 소송(대판 1996. 12. 10. 96다23238), 총유부동산에 관한 소송(대판 1995.

9. 5. 95다21303, 2005. 9. 15. 2004다44917)]에 피고의 경정신청(민사소송법 제260조) 또는 공동소송인의 추가신청(동법 제68조)절차를 밟지 아니하거나 법원이 위와 같은 소장의 흠결을 간과하고 청구취지에 따라 원고의 청구를 인용하는 판결을 하는 사례가 있다.

이 경우 원고는 위 확정판결을 등기원인증서로 하여 등기신청을 할 경우 등기관은 부동산등기법 제29조 각 호의 어느 하나에 해당함을 이유로 그 등기신청을 각하하게 된다. 이와 같이 부동산등기에 관하여 의사(意思)의 진술을 명한 확정판결에 집행력(執行力)이 없어 그 판결에 의한 등기의 집행이 불능으로 되는 판결을 "집행불능판결"(執行不能判決) 이라고 한다.

부동산등기에 관하여 의사(意思)의 진술을 명한 확정된 이행판결을 등기원인을 증명하는 서면으로 하여 등기신청을 한 경우 그 신청이 부동산등기법 제29조 각 호의 1에 해당하는 사유로 인하여 등기관이 이를 각하하게 되는 사례가 자주 발생하고 있는바, 이와 같이 부동산등기에 관한 의사의 진술을 명한 확정판결에 집행력(執行力)이 없어 그 판결에 의한 등기의 집행(법 제23조 제4항)이 불능으로 되는 판결을 집행불능판결(執行不能判決) 이라고 한다.

부동산 등기에 관하여 의사(意思)의 진술을 명한 판결(등기절차이행을 명하는 판결)은 그 재판상 의사표시의 내용이 집행권원(판결주문)에 명확히 특정되어야 하므로 부동산등기에 관하여 의사의 진술을 명한 판결의 주문에는 등기신청서(부동산등기규칙 제43조) 및 등기기록(부동산등기법 제48조)의 필요적 기재사항인 부동산의 표시, 등기권리자와 등기의무자, 등기의 목적, 등기원인과 그 연월일 등이 판결서에 명료하게 표시되어 있어야 하고, 그것이 불분명한 경우 판결의 경정결정(민소법 제211조)을 받지 못하면 그 판결에 의한 등기의 집행은 불능이 된다.

2. 판결의 집행력

판결의 집행력(執行力)이라 함은 판결주문에서 채무자에게 명하여진 이행의무(履行義務)를 국가의 집행기관을 통하여 강제적으로 실현시킬 수 있는 효력을 말한다. 이것은 통상적으로 사용되고 있는 집행력의 의미이며, 이를 협의(狹義)의 집행력(執行力)이라고 한다.

'확인판결(確認判決)'은 소송의 목적인 권리 또는 법률관계의 존부 또는 증서의 진부를 확정하는 것이어서 집행력이 없으며, '형성판결(形成判決)'은 권리 또는 법률관계의 변동을 생기게 할 뿐이므로 집행력이 없다. 다만 확인 또는 형성판결에 부수하여 하는 소송비용의 재판에는 집행력을 인정할 여지가 있다.

협의(狹義)의 집행력(執行力)에 대하여 강제집행의 방법이 아닌 타의 방법에 의하여 판결의 내용에 적합한 상태를 실현시키는 효력을 '광의(廣義)의 집행력(執行力)'이라고 한다. 예를 들면 판결내용에 따라 가족관계등록부의 정정(가족관계의 등록 등에 관한 법률 제107조) 또는 등기의 기재를 말소(부동산등기법 제57조)하거나 말소등기의 회복을 신청하는 것(부동산등기법 제59조) 등이다. 이 효력은 기판력의 반사적 효과에 의한 것이고, 확인판결이나 형성판결에도 인정된다. 보전처분을 취소하는 판결에도 가집행선고를 붙이면 광의의 집행력이 생긴다(학설 판례 주석민사소송법 456면).

3. 광의의 집행

강제집행은 채무자의 의사에 반하여 강제력을 행사하여 의무의 내용을 실현하는 것이나 국가의 강제력을 사용함이 없이 재판에 의하여 그 내용에 적합한 상태를 실현하는 경우가 있다. 즉 등기절차를 명하는 확정된 이행판결(민사집행법 제263조 제1항)을 등기원인증서로 한 등기신청(부동산등기법 제23조 제4항)에 의하여 등기부에 일정한 사항을 기재하는 것은 재판의 반사적 효력으로 행하여지는 것에 불과하며 국가의 강제력의 행사에 의한 이행청구권과는 관계가 없으므로 강제집행에는 해당하지 아니하나 이것은 재판에 기한 국가의 행위라는 점 에서 유사한 점이 있기 때문에 "광의의 집행"이라고 한다(대법원 2000. 5. 24. 98마1839 결정, 2000. 5. 24. 99그82 결정, 2000. 5. 30. 2000그37 결정).

따라서 부동산의 소유권이전등기절차 또는 등기의 말소와 같은 피고의 의사진술을 명하는 판결에 대하여는 집행기관이 관여하는 현실적인 강제집행절차가 존재 할 수 없으므로 이에 대한 강제집행정지는 허용되지 아니하므로(대법원 1959. 12. 7. 4292민신14, 1970. 6. 9. 70마851) 등기관은 강제집행정지 결정에 구애됨이 없이 등기신청을 받아들여 등기기업을 할 수 있다(대법원 1979. 5. 22. 77마427, 공613호 11948).

제1절 집행불능판결의 유형

부동산등기법 제23조 제4항에 의한 판결 등 집행권원을 등기원인을 증명하는 서면으로 등기신청을 한 경우 그 판결이 집행불능판결에 해당되어 등기관이 법 제29조 각 호의 1에 해당함을 이유로 등기신청을 각하하는 집행불능판결, 즉 부동산등기신청에 관한 의사표시를 명한 확정된 이행판결이 기판력은 있으나 집행력이 없어 그 판결에 의한 등기의 집행이 불능으로 되는 이른바 '집행불능판결의 유형(類型)'은 다음과 같다.

1. 등기신청의사(登記申請意思)의 진술을 명한 판결

'의사(意思)의 진술을 명한 판결'이 확정된 때에는 그 판결로 의사를 진술한 것으로 본다(민사집행법 제263조 제1항). 의사표시(意思表示)를 할 것을 목적으로 하는 채권에 있어서 채무자로 하여금 현실적으로 의사표시를 시킬 필요 없이 그 의사표시가 노리는 법률효과를 발생시켜버리면 이러한 채권의 목적은 달성된다.

이리하여 법률은 이러한 종류의 채권의 집행에 있어서는 그 집행권원(執行權原)인 이행판결(履行判決)의 확정으로서 의사의 진술이 있은 것으로 간주하고, 간접강제(間接强制)에 의한 강제집행절차를 생략하고 있다(민사집행법 제263조, 민법 제389조 제1항 전단).

부동산등기법 제23조 제4항의 규정에 의하면 판결에 의한 등기는 '승소한 등기권리자 또는 등기의무자'가 단독으로 신청한다고 하였는바, 그 취지는 등기의무자에 대하여 등기절차를 이행하도록 명한 이행판결에 의하여 등기를 신청하는 것이므로 등기의무자의 협력이 불필요하다고 본 것이다.

이 경우 판결은 피고의 등기신청의사(登記申請意思)의 진술에 갈음 하는 동시에 등기원인을 증명하는 서면(부동산등기규칙 제46조 제1항 1호)의 기능을 하여(대판 1989. 10. 24. 89다카10552) 원고는 단독으로 등기신청을 할 수 있다(법 제23조 제4항).

확정된 이행판결을 등기원인을 증명하는 서면(부동산등기규칙 제46조 제1항 1호)으로 등기신청을 할 경우 그 판결이 이른바 집행불능판결(執行不能判決)에 해당되어 등기관이 부동산등기법 제29조에 의하여 각하하는 사례가 자주 발생하는바, 그 유형(類型)은 아래와 같다.

등기관이 갑구(甲區) 또는 을구(乙區))에 권리에 관한 등기를 할 때에는 권리자의 성명 또는 명칭 외에 주민등록번호 또는 부동산등기용등록번호와 주소 또는 사무소 소재지, 등기목적, 등기원인 및 그 연월일을 기록하여야 하며(법 제48조), 위와 같은 등기사항은 등기신청정보의 내용(등기신청서의 기재사항)으로 등기신청인이 등기소에 제공하여야 한다(규칙 제46조 제1항 제1호).

부동산등기에 관하여 의사의 진술을 명하는 확정된 이행판결(민사집행법 제263조 제1항)의 주문에 위와 같은 등기사항(즉, 등기권리자, 등기목적, 등기원인 및 그 연월일)이 명확히 표시되어 있지 아니하거나 등기의 말소(법 제57조) 또는 말소된 등기의 회복(법 제59조)을 신청하는 경우 그 등기원인을 증명하는 정보(규칙 제46조 제1항 제1호)인 확정된 이행판결의 주문에 등기의 말소 또는 말소된 등기의 회복에 대하여 등기상 이해관계 있는 제3자의 승낙의 의사표시가 누락된 경우에는 그 판결에 의한 등기신청은 부동산등기법 제29조 각호의 어느 하나에 해당하여 등기관이 이를 각하하게 된다. 따라서 그 판결은 이른바 집행불능판결에 해당하여 판결에 의한 등기의 집행(법 제23조 제4항, 민사집행법 제263조 제1항)은 불능으로 된다.

가. 부동산등기에 관하여 의사(意思)의 진술(陳述)을 명한 판결

부동산등기에 관하여 등기신청의사(登記申請意思)의 진술을 명한 판결이 확정된 때에는 그 판결로 의사를 진술한 것으로 보므로(민사집행법 제263조 제1항), 민사집행법 제263조 제1항의 판결은 의사의 진술 중에서도 등기신청의사의 진술을 명한 확정된 이행판결(履行判決)만을 의미한다고 보아야 한다.

따라서 부동산등기법 제23조 제4항의 판결은 등기신청의사의 진술을 명하는 확정된 '이행판결(履行判決)'만을 의미하며, 확인판결(確認判決)이나 형성판결(形成判決)은 이에 포함되지 아니한다.

(1) 등기에 관하여 의사의 진술을 명한 이행판결에 명시될 사항

부동산에 관하여 등기신청의사의 진술을 명한 판결이 확정된 때에는 그 판결로 의사를 진술한 것으로 본다(민집법 제263조 제1항). 등기신청의사의 진술을 명한 확정된 이행판결의 주문에 등기의 대상인 부동산의 표시 또는 등기권리자와 등기의무자, 등기원인과 그 연월일, 등기의 목적 등이 잘못 기재되거나, 등기의 말소(법 제57조 제1항) 또는 말소된 등기의 회복(법 제59조)에 대하여 등기상 이해관계 있는 제3자의 등기의 말소나 말소된 등기의 회복에 대한 승낙의 의사표시가 누락된 경우, 의사의 진술을 명한 판결의 대상인 등기가 사건이 등기할 것이 아닌 경우(법 제29조 제2호), 가집행선고부 판결에 의한 등기신청인 경우 등에는 등기관이 부동산등기법 제29조 각호의 어느 하나에 해당하여 그 신청을 각하(법 제29조)하게 된다.

이와 같이 등기에 관하여 의사(意思)의 진술을 명한 확정된 이행판결이 집행력(執行力)이 없어 그 판결에 의한 등기신청이 각하되는 판결을 이른바 "집행불능판결(執行不能判決)"이라고 한다.

따라서 부동산에 관하여 등기신청의사의 진술을 명하는 이행판결에는 아래예시와 같은 등기신청서 및 등기부(등기기록)의 '일반적 기재사항' 및 '특수한 기재사항'이 판결주문에 명확히 기재되어야 등기권리자인 원고가 단독으로 그 판결에 의한 등기를 신청할 수 있다 (법 제23조 제4항).

(가) 일반적 기재사항

부동산등기에 관하여 의사의 진술을 명한 판결에는 등기신청서(부동산등기규칙 제43조 제1항 참조) 및 등기부(부동산등기법 제40조, 제48조 참조)의 일반적 기재사항인 부동산의 표시에 관한 사항(규칙 제43조 제1항 제1호), 등기신청인에 관한 사항(규칙 제43조 제1항 제2호, 제3호), 등기의 원인과 그 연월일 및 등기의 목적(규칙 제43조 제1항 제5호, 제6호) 등이 명확히 표시되어 있어야 한다.

등기에 관하여 의사의 진술을 명한 판결에 명시될 사항 중 등기부 및 등기신청서의 필요적 기재사항을 상술하면 아래와 같다.

1) 부동산의 표시

등기신청서에는 부동산등기규칙 제43조 제1항 제1호의 부동산의 표시에 관한 사항을 정확히 기재하여야 한다. '부동산의 표시에 관한 사항'이라 함은 다음과 같다.

즉 토지의 경우에는 소재와 지번, 지목, 면적, 건물의 경우 : 소재, 지번, 건물번호, 건물의 종류, 구조와 면적을 표시하며, 구분건물의 경우에는 1동의 건물의 표시로서 소재, 지번, 건물명칭 및 번호, 구조, 종류, 면적, 전유부분의 건물의 표시로서 건물번호, 구조, 면적, 대지권이 있는 경우 그 권리의 표시를 하여야 한다.

판결서에 표시된 부동산의 표시가 등기부와 일치하지 아니할 경우 판결의 경정허가(민소법 제211조)를 받지 못하면 그 판결에 의한 등기의 집행을 할 수 없게 된다.

2) 등기신청인의 표시(등기권리자와 등기의무자)

판결에 의한 등기신청서에는 등기신청인 즉, 등기권리자와 등기의무자의 성명(또는 명칭), 주소(또는 사무소 소재지), 주민등록번호(또는 부동산등기용등록번호)를 기재하여야 하며(규칙 제43조 제1항 2호), 등기관이 등기부의 갑구 또는 을구에 권리에 관한 등기를 할 때에는 권리자의 성명(또는 명칭) 외에 주민등록번호(또는 부동산등기용등록번호) 주소(또는 사무소 소재지)를 함께 기록하여야 하므로(법 제48조 제1항 1호 및 제2항-제4항) 판결서에는 등기권리자의 성명, 주민등록번호, 주소를 명백히 기재하여야 한다.

부동산등기법 제29조 제7호에 의하여 '등기신청서의 등기의무자의 표시가 등기기록과 일치하지 아니한 경우'에는 등기관이 부동산등기법 제29조 제7호에 의하여 등기신청을 각하하므로 판결에 의한 등기의 집행을 위하여 판결서에는 등기의무자인 피고의 성명, 현주소 이외에 '주민등록번호'와 '등기부상의 주소'를 병기함으로서 판결문상의 피고와 등기상의 소유자인 등기의무자의 동일성을 인정할 수 있도록 하는 것이 필요하다.

3) 등기원인과 그 연월일의 표시

'등기원인'이라 함은 등기를 하는 것을 정당하게 하는 실체법상의 원인을 뜻하는 것으로 등기를 함으로써 일어나게 될 권리변동의 원인행위인 법률행위(예 : 매매. 증여. 교환 등) 또는 법률사실(예 : 상속. 경매. 시효취득. 토지수용 등)을 말하며, '등기원인 연월일' 이란 등기하는 것을 정당하게 하는 실체법상의 권리변동의 원인행위인 법률행위 또는 법률사실의 성립일자를 의미한다.

등기원인의 성립을 증명하는 서면이 바로 "등기원인을 증명하는 정보"로, 등기를 신청하는 경우에는 신청정보(부동산등기규칙 제43 조)와 함께 첨부정보로서 등기소에 제공하여야 한다(동 규칙 제46 조 제1항 제1호). 판결에 의한 등기신청의 경우에는 확정판결정본 이 등기원인을 증명하는 정보가 된다. 등기를 신청하는 경우에는 "등기원인을 증명하는 정보"를 제출케 하는 이유는, 등기관으로 하여금 등기원인의 존부에 대한 심사를 가능케 함으로써 등기의 진정을 보장하려는 것이다.

등기원인 및 그 연월일은 등기원인을 증명하는 정보(규칙 제46조 제1항 제1호), 등기신청서(규칙 제43조 제1항 5호) 및 등기기록(법 제34조 6호, 법 제40조 제1항 5호 및 법 제48조 제1항 4호. 규칙 제43조 제1항 5호)의 필요적 기재사항이므로 판결 주문에 명확히 기재되어야 그 판결에 의한 등기의 집행을 할 수 있다.

4) 등기목적의 표시

등기신청서 및 등기기록에는 등기의 목적(법 제48조 제1항 제2호 및 규칙 제43조 제1항 제6호 참조)을 필요적으로 기재하여야 한다. 등기의 목적이란 신청하는 등기의 내용 내지 종류를 말한다(예 : 소유권보존등기, 소유권이전등기, 소유권이전청구권가등기, 저당권말소 등).

(나) 특수한 기재사항

등기신청의사의 진술을 명한 이행판결의 주문에는 위 (가)항에 명시된 등기부 및 등기신청서의 일반적 기재사항 이외에 아래와 같은 특수한 기재사항이 명시되어 있어야 그 판결에 의한 등기신청을 할 수 있다.

[의사의 진술을 명하는 판결주문의 기재례]

1. 등기원인이 법률행위인 경우.

1. 피고는 원고에게 별지목록 기재 부동산(1. 등기 할 부동산)에 관하여 2006년 1월 15일(2. 등기원인 일자) 매매(3. 등기원인)를 원인으로 한 소유권이전등기절차(4. 등기의 목적)를 이행하라.

1. 피고는 원고에게 서울 서초구 서초동 169-2 대 123㎡에 관하여 2003. 2. 3. 매매(또는 증여)를 원인으로 한 소유권이전등기절차를 이행하라.

1. 피고는 원고에게 별지목록기재 부동산에 관하여 이 사건 소장 부본 송달일자명의 신탁해지를 원인으로 한 소유권 이전등기절차를 이행하라.

1. 피고는 원고에게 서울 마포구 공덕동 143-1 대 350㎡ 중 각 3분의 1지분에 관하여 각 2003. 1. 17자 취득시효 완성을 원인으로 한 소유권이전등기절차를 이행하라.

1. 피고는 원고에게 ○○시 ○○동 623의 1대 817㎡에 관하여 이사건 판결 확정일자 진정한 등기명의회복을 원인으로 한 소유권이전등기절차를 이행하라.

1. 피고는 원고에게 별지목록 기재 부동산에 관하여 1998. 9. 9자 신탁해지를 원인으로 한 소유권이전등기절차를 이행하라.

1. 피고는 원고에게 별지목록기재 부동산에 관하여 2003. 2. 27. 전세권설정계약

을 원인으로 한 전세금: 50,000,000원, 범위 : 건물의 전부, 존속기간: 2004. 2. 26.까지의 전세권설정등기절차를 이행하라.

1. 피고는 원고에게 별지목록기재 부동산에 관하여 2003. 2. 25. 저당권설정계약을 원인으로 한 채권액: 금70,000,000원, 채무자 : 김을동(700120-1022300), 주소 : 서울 중구 을지로 1가 101, 변제기 : 2004. 2. 25, 이자: 연20%, 이자지급시기: 매월 1의 저당권설정등기절차를 이행하라.

1. 피고는 원고에게 별지 제1목록기재 부동산에 관하여 ○○지방법원 ○○등기소 2003. 9. 3. 접수 제12247호로서 한 채권최고액: 금250,000,000원, 채무자 : 피고의 근저당권 설정등기에 추가하여, 별지 제2목록기재 부동산에 관하여 2003. 9. 10. 추가근저당권설정계약을 원인으로 한 근저당권 설정등기절차를 이행하라.

1. 피고는 원고에게 별지목록 기재부동산에 대한 2009. 5. 5.자 재산분할을 원인으로 한 지분이전등기절차를 이행하라.

1. 피고는 원고에게 별지목록 기재 부동산에 관하여 이 사건 소장 부본 송달일자 환매를 원인으로 한 소유권이전등기절차를 이행하라.

1. 피고는 원고에게 별지목록 기재 부동산에 관하여 ○○지방법원 ○○등기소 2000. 4. 1. 접수 제00호로 경로한 가등기에 기하여 2000. 5. 15. 매매예약완결을 원인으로 한 소유권이전의 본등기절차를 이행하라.

2. 등기원인이 법률사실인 경우

피고는 원고에게 별지목록 기재부동산(1. 등기 할 부동산)에 관하여 2006년 1월 15일(2. 등기원인일자) 시효취득(3. 등기원인)을 원인으로 한 소유권이전등기절차(4. 등기의 목적)를 이행하라.

1) 등기의 말소

가) 등기의무자 및 등기상 이해관계 있는 제3자가 등기의 말소에 협력하지 않는 경우

등기의 말소를 신청하는 경우에 그 말소에 대하여 등기상 이해관계 있는 제3자가 있을 때에는 제3자의 승낙이 있어야 한다(법 제57조 제1항). 등기의 말소도 다른 등기신청과 같이 등기권리자와 등기의무자가 공동으로 신청하는 것이 원칙이나 등기의무자가 등기의 말소신청에 협력하지 않을 때에는 등기권리자는 등기의무자를 상대로 의사표시(즉 등기의 말소)에 갈음하는 판결을 받아(민사집행법 제263조 제1항) 승소한 등기권리자로서 단독으로 등기의 말소를 신청할 수 있다(법 제23조 제4항).

등기권리자는 등기의 말소신청에 협력을 거부하는 등기의무자를 상대로 원인무효의 등기의 말소청구와 함께 등기의 말소에 대하여 등기상 이해관계 있는 제3자가 있을 때 그 제3자가 등기의 말소에 대하여 승낙을 하지 않을 경우에는 그 제3자를 상대로 등기의 말소에 대한 승낙의 의사표시를 청구하여야 한다.

나) 소장의 당사자표시 및 청구취지의 기재사항

등기의무자 및 등기상 이해관계 있는 제3자가 등기의 말소에 협력하지 않는 경우 등기권리자는 소장의 '당사자 표시란'에 등기의무자를 제1피고로, 등기상 이해관계 있는 제3자를 제2피고로 각 지정한 후 '청구취지란'에 등기의무자인 제1피고를 상대로 한 원인무효인 등기의 말소청구와 함께 제3자인 제2피고를 상대로 등기의 말소에 대한 승낙의 의사표시를 각 청구함으로서 소장의 당사자표시 및 청구취지를 명확히 하여야 한다.

다) 판결서에 명시될 사항

등기의 말소를 명하는 판결의 주문에도 소장의 청구취지와 같이 등기의무자의 등기의 말소에 대한 의사표시와 함께 제3자의 등기의 말소에 대한 승낙의 의사표시가 각 표시되어 있어야만 비로소 그 판결에 의한 등기의 집행을 할 수 있다.

2) 말소된 등기의 회복

가) 등기의무자 및 등기상 이해관계 있는 제3자가 말소된 등기의 회복에 협력하지 않는 경우

말소된 등기의 회복을 신청하는 경우에 등기상 이해관계 있는 제3자가 있을 때에는 그 제3자의 승낙이 있어야 한다(법 제59조). 말소된 등기의 회복에 있어서 말소된 원등기가 공동신청으로 된 것인 때에는 그 회복등기도 공동신청에 의함이 원칙이나 등기의무자가 말소된 등기의 회복신청에 협력하지 않을 때에는 등기권리자는 등기의무자를 상대로 말소된 등기의 회복에 대한 의사표시에 갈음하는 판결을 받아(민사집행법 제263조 제1항) 승소한 등기권리자로서 단독으로 말소된 등기의 회복을 신청할 수 있다(법 제23조 제4항).

등기권리자는 말소된 등기의 회복에 협력을 거부하는 등기의무자를 상대로 말소된 등기의 회복청구와 함께 말소된 등기의 회복에 대하여 등기상 이해관계 있는 제3자가 있을 때에는 그 제3자를 상대로 말소된 등기의 회복에 대한 승낙의 의사표시를 청구하여야 한다.

나) 소장의 당사자표시 및 청구취지의 기재사항

등기권리자는 소장의 '당사자표시란'에 등기의무자를 제1피고로, 등기상 이해관계 있는 제3자를 제2피고로 지정한 후 소장의 '청구취지란'에 등기의무자인 제1피고를 상대로 말소된 등기의 회복청구와 함께 제3자인 제2피고를 상대로 말소된 등기의 회복에 대한 승낙의 의사표시를 각 청구함으로서 소장의 당사자표시와 청구취지를 명확히 기재하여야 한다.

다) 판결서에 명시될 사항

말소된 등기의 회복을 명하는 판결의 주문에도 소장의 청구취지와 같이 등기의무자의 말소된 등기의 회복에 대한 의사표시와 함께 등기상 이해관계 있는 제3자의 말소된 등기의 회복에 대한 승낙의 의사표시가 각 명시되어 있어야만 그 판결에 의하여 말소된 등기의 회복신청을 할 수 있다(법 제23조 제4항).

나. 토지의 분할을 명함이 없는 판결의 집행불능판결에 해당 여부(소극)

1필지의 토지의 특정일부에 대하여 소유권이전등기의 말소를 명하는 판결을 받은 등기권리자는 그 판결에 따로 '토지의 분할'을 명하는 주문재가 없더라도 그 판결에 기하여 등기의무자를 대위하여 그 특정된 일부에 대한 분필등기절차를 마친 후 소유권이전등기를 말소할 수 있으므로 토지의 분할을 명함이 없이 1필지의 토지의 일부에 관하여 소유권이전등기의 말소를 명한 판결을 집행불능판결이라 할 수 없다(등기예규 제639호).

(1) 판결주문에 "분할하여"라는 표시를 누락한 것이 판결경정의 대상인지 여부(소극)

1필지의 토지의 일부에 대한 소유권이전등기절차를 이행하기 위하여서는 이전할 부분에 대한 분필등기절차를 당연히 거치게 되는 것이므로 1필지의 토지를 분할하여 그 부분에 대한 소유권이전등기절차를 이행하라는 청구취지의 기재 중 '분할하여'라는 부분은 그 토지 일부에 대한 소유권이전등기절차이행의 당연한 방법을 불필요하게 기재한 것에 불과한 것이어서 위 청구를 인용하는 경우에는 판결주문에 그 토지 일부에 대한 소유권이전등기절차의 이행을 명하는 것으로 족하고 "분할하여"라는 표시를 빠뜨렸다하여 판결에 위산, 오기 기타 이에 유사한 오류가 있다할 수 없고 청구의 일부에 대한 재판을 탈루(脫漏)한 것도 아니라고 할 것이다(대법원 1987. 7. 16. 87그24).

(2) 토지의 분할신청절차

토지소유자는 다음 각 호의 경우에는 토지의 분할을 신청할 수 있다(측량, 수로조사 및 지적에 관한 법률 제79조 제1항, 동법 시행령 제65조 제1항).

1. 소유권이전, 매매 등을 위하여 필요한 경우
2. 토지 이용상 불합리한 지상경계를 시정하기 위한 경우
3. 관계법령에 따라 토지분할이 포함된 개발행위허가 등을 받은 경우
4. 지적공부에 등록된 1필지의 일부가 형질변경 등으로 용도가 변경된 경우에는 용도가 변경된 날로부터 60일 이내에 지적소관청에 토지의 분할을 신청하여야 한다(동법 제79조 제2항).

토지소유자가 동법 제79조에 따라 토지의 분할을 신청할 때에는 분할사유를 적은 신청서에 국토교통부령으로 정하는 서류를 첨부하여 지적소관청에 제출하여야 한다. 이 경우 동법 제79조 제2항에 따라 1필지의 일부가 형질변경 등으로 용도가 변경되어 분할을 신청할 때에는 동법 시행령 제67조 제2항에 따른 지목변경신청서를 함께 제출하여야 한다(동법 시행령 제65조 제2항).

2. 판결에 의한 소유권보존등기

소유권보존등기라 함은 미등기의 부동산에 관하여 그 소유자의 신청에 의해 처음으로 행해지는 소유권 등기를 말한다. 어떤 부동산에 관하여 보존등기를 하면 그 부동산을 위하여 등기용지가 새로이 개설되고 이후 그 부동산에 관한 권리변동은 모두 그 보존등기를 기초로 하여 행해지게 된다.

'확정판결에 의하여 자기의 소유권을 증명하는 자'는 그 확정판결을 등기원인을 증명하는 서면(법 제65조 제2호)으로 하여 승소한 등기권리자로서 단독으로 미등기의 토지 또는 건물에 관한 소유권보존등기를 신청할 수 있다(법 제 23조 제4항) 이것을 '판결에 의한 소유권보존등기'라고 한다.

법 제65조 제2호의 판결은 대장(토지, 임야, 건축물)상에 최초의 소유자로 등록되어 있는 자 또는 그 상속인, 미등기토지의 지적공부상 국가로부터 소유권이전등록을 받은 자, 토지(임야)대장상의 소유자 표시란이 공란으로 되어 있거나 소유자 표시에 일부 누락이 있어 대장상의 소유자를 특정할 수 없는 경우에 국가를 상대로 하여 미등기의 토지 또는 건물에 관하여 자기의 소유권을 증명하는 자가 단독으로 등기를 신청할 수 있는 것을 말한다.

구부동산등기법 제130조 제2호(현행법 제65조 제2호) 소정의 판결은 보존등기신청인의 소유임을 확정하는 내용의 것이면 소유권확인판결에 한하는 것은 아니며, 형성판결이나 이행판결이라도 그 이유 중에서 보존등기신청인의 소유임을 확정하는 내용의 것이면 위 판결에 해당하며, 화해조서 등 확정판결에 준하는 것도 포함한다(대판 1994. 3. 11. 93다 57704).

가. 등기신청서의 기재사항

미등기 부동산에 관하여 확정판결에 의하여 자기의 소유권을 증명하는 자가 소유권보존등기를 신청하는 경우 그 등기신청서에는 등기할 부동산의 표시, 등기신청인의 성명, 주소, 주민등록번호, 등기의 목적, 신청근거규정 등을 기재하여야 한다(규칙 제43조, 제121조 제1항).

(1) 신청근거규정의 명시(등기원인과 그 연월일의 기재 생략)

등기관이 갑구 또는 을구에 권리에 관한 등기를 할 때에는 등기원인과 그 연월일을 기록하여야 하나(법 제48조 제1항 4호), 소유권보존등기를 할 때에는 등기원인과 그 연월일을 기록하지 아니하는 대신(법 제64조) 부동산등기법 제65조 각 호의 어느 하나에 따라 등기를 신청한다는 뜻(판결에 의한 보존등기신청의 경우에는 신청근거 규정으로 '부동산등기법 제65조 제2호'로 표시함)을 신청정보의 내용으로 등기소에 제공하여야 한다(규칙 제121조 제1항).

등기를 신청하는 경우에는 등기신청서에 '등기원인과 그 연월일'을 기재하여야 하나(규칙 제43조 제1항 5호), 소유권보존등기신청서에는 등기원인은 기재할 필요가 없으므로(법 제64조, 규칙 제121조 제1항 후단) 소유권취득의 원인은 등기부에 공시(公示)되지 아니한다.

(2) 판결서에 명시될 사항

(가) 부동산 및 등기권리자의 표시

판결에 의한 부동산의 소유권보존등기(법 제65조 제2호)에 있어 부동산의 표시에 관한 사항(소재와 지번, 지목과 면적, 건물의 종류, 구조, 번호, 구분건물의 대지권의 표시 등)과 등기권리자의 표시에 관한 사항(성명, 주소, 주민등록번호 등)은 부동산등기법상 등기신청서(규칙 제43조 제1항 1호 가목, 나목, 2호) 및 등기부의 필요적 기재사항(부동산의 표시 : 법 제34조 제3호~제5호, 제40조 제1항 제3호, 제4호, 권리자의 표시 : 제48조 제1항 5호, 제2항~제4항)이므로 판결서상의 당사자의 표시 또는 주문(부동산의 표시)에 이를 명백히 기재하여야 그 판결에 의한 등기의 집행을 할 수 있다.

(나) 판결경정

판결에 의한 소유권보존등기신청의 경우에 판결서의 당사자(고유필수적 공동소송의 당사자 일부의 누락) 또는 주문의 기재 중 등기할 부동산 및 등기신청인(권리자)의 표시에 관한 사항 중 일부가 누락되었거나 착오 기재가 있을 때에는 그 판결의 경정허가결정(민사소송법 제211조)을 받지 못하면 그 판결에 의한 등기의 집행은 불능으로 된다.

나. 등기신청서의 첨부서면

미등기의 토지 또는 건물에 관하여 확정판결에 의하여 자기의 소유권을 증명하는 자가 소유권보존등기를 신청하는 경우에는 등기신청서에 판결정본 및 확정증명서, 대장(토지, 임야, 건축물)등본, 주민등록표등(초)본, 등록세영수필확인서 등을 첨부하여야 한다(규칙 제46조, 제121조 제2항).

3. 화해조서에 의한 등기

화해조서(和解調書)라 함은 소송상의 화해, 제소전(提訴前)의 화해에 있어서 그 내용이 기재된 조서를 말한다. 화해조서는 확정판결과 동일한 효력이 있으므로(민소법 제220조) 화해조서의 작성으로 그 범위에서 소송은 당연히 종료된다. 화해조항은 판결의 주문에 해당하는 효력을 가진 가장 중요한 사항이다.

화해조항이 등기절차를 이행할 조항일 경우에는 화해조항에 기재된 등기할 부동산의 표시가 등기부의 표시와 일치하여야 하며 등기원인 및 그 연원일, 등기의 목적이 화해조항에 명시되어 있어야 한다(법 제29조 제6호).

화해조서는 그 기재가 구체적인 이행의무를 내용으로 할 때에는 집행력을 갖는다. 집행력이 미치는 인적범위와 집행력의 배제방법은 집행력 있는 판결에 준한다. 따라서 원고 또는 피고가 소외인에게 소유권이전등기절차를 이행한다는 내용이 포함된 재판상 화해가 성립되었어도 화해의 효력이 소외인에게는 미치지 아니하므로(민소법 제218조, 민집법 제25조) 위 화해에 의한 소유권이전등기를 신청할 수 없다. 원고 또는 피고가 소외인에게 소유권이전등기절차를 이행한다는 내용이 포함된 재판상 화해가 성립된 경우에는 그 화해조서에 의한 등기의 집행은 불능이 된다(법 제29조 제2호).

가. 화해조서의 효력

화해, 청구의 포기, 인낙을 변론조서, 변론준비기일조서에 적은 때에는 그 조서는 확정판결과 같은 효력을 가진다(민사소송법 제220조). 화해조서는 그 기재가 구체적인 이행의무를 내용으로 할 때에는 집행력을 갖는다(민사집행법 제56조 5호, 제57조, 제263조). 화해조서는 확정판결과 동일한 효력을 갖기 때문에 화해조서에 명백한 오류가 있는 때에는 판결에 준하여 경정(민사소송법 제211조)이 허용된다.

나. 화해조항의 중요성

화해절차에 당사자 혹은 제3자가 참가한 때에는 제3자도 포함하여 서로 양보한 결과 일치된 진술내용, 소송종료의 효과를 가져 오는 사항 기타 중요한 사항을 기재한 것을 '화해조항'이라고 한다. 화해조항은 판결의 주문에 해당하는 효력을 가진 가장 중요한 사항이다.

화해는 분쟁을 종국적으로 해결하여 그 재발을 방지하고 화해조서에 의하여 강제집행이나 등기를 실행하고자 하는데 그 목적이 있고, 강제집행이나 등기는 화해조서 중 화해조항의 기재문언에 의하여 실시된다.

화해조항 중 이행조항은 집행력 있는 채무명의가 되므로 화해조항에는 당사자, 이행목적물의 특정, 이행의 시기, 방법 등이 명확히 기재되어야 한다. 화해조항이 등기절차를 이행할 조항일 경우에는 등기할 부동산의 표시가 등기부의 표시와 일치하여야 하며 등기원인과 그 연월일, 등기의 목적이 명시되어 있어야 한다(법 제29조 6호 참조).

권리에 관한 등기에는 등기원인과 그 연월일, 등기의 목적, 등기권리자를 기재하여야 하므로(법 제48조 제1항) 이러한 사항이 화해조항에 명시되어 있어야 한다. 원고 또는 피고가 화해에 참가하지 아니한 제3자에게 이행하기로 특정한 경우에는 화해조항 중에 제3자의 성명, 주소를 명기하여야 한다.

조정에 갈음하는 결정(화해조항)이 잘못된 사례
서울 남부지방법원 2011머6351 공유물분할 사건의 조정에 갈음하는 결정조서의 결정사항이 [2, 피신청인은 신청인으로부터 위 1항의 금원을 지급받은 후 즉시 신청인에게 별지목록 기재건물 중 피신청인의 지분 2분의 1에 관하여 이 사건 조정에 갈음하는 결정일자(2012. 4. 18.) 공유물분할합의를 원인으로 하는 소유권이전등기를 마쳐준다]라고 기재된 조정을 갈음하는 결정조서를 등기원인증서로 하여 원고가 강서등기소에 소유권이전등기신청을 하자 담당 등기관은 위 결정사항 중 '마쳐준다'는 의미가 무엇을 의미하는지 그 취지가 불명확 하므로 판결을 다시 받아오라고 보정명령을 한 사례가 있다.
위 결정사항 중 '……. 소유권이전등기를 마쳐준다'는 표현은 '……. 소유권이전등기절차를 이행한다'라고 기재하여 신청인의 청구가 이행청구(이행판결)임을 명확하게 표시했어야 한다).

다. 소외인에 대한 화해의 효력

원고 또는 피고가 소외인에게 소유권이전등기절차를 이행한다는 내용이 포함된 재판상 화해가 성립되었어도 화해의 효력이 소외인에게는 미치지 아니하므로(민소법 제218조, 민집법 제25조) 위 화해에 의한 소유권이전등기를 신청할 수 없다(등기선례 제4권 202항). 따라서 원고 또는 피고가 소외인에게 소유권이전등기절차를 이행한다는 내용이 포함된 재판상 화해가 성립된 경우에는 그 화해조서에 의한 등기의 집행은 불능이 된다.

피고가 원고 갑(甲), 소외인 을(乙), 병(丙)에게 각 3분의1지분에 관하여 소유권이전등기를 이행한다는 내용이 포함된 재판상의 화해가 성립되었다고 하더라도 '화해 조서에 소외인 을, 병이 당사자'(예 : 원고 OOO, 피고 OOO, 피고보조참가인 OOO, 당사자참가인 OOO 등)로 되어 있지 아니한 이상(민집법 제25조 참조) 화해의 효력이 소외인 을, 병에게는 미치지 아니하므로(민소법 제218조 제1항 참조), 을, 병은 화해에 의하여 단독으로 지분이전등기를 신청할 수는 없다(대판 1985. 11. 26. 84다카1880, 등기선례 제4권 202항. 제7권 110항).

등기절차이행의 화해조항 기재례

1. 피고는 원고에게 별지목록기재 토지에 관하여 OOOO년 O월 O일 매매를 원인으로 한 소유권이전등기절차를 이행한다. 또는
1. 피고는 원고에게 별지목록기재 건물에 관하여 OO지방법원 OO등기소 OOOO년 O월 O일 접수 제OO호로 경료한 소유권이전등기의 말소등기절차를 이행한다.

---

4. 공유물분할판결에 의한 등기

가. 공동소유

하나의 물건을 2인 이상이 공동으로 소유하는 형태를 공동소유라고 한다(민법 제2편 제3장 제3절). 우리 민법은 공동소유의 형태로서 공유(共有: 민법 제262조~제270조),

합유(合有: 민법 제271조~제274조), 총유(總有: 민법 제275조~제277조)의 세 가지를 인정하고 있는데, 이것은 우리 민법의 특색 중의 하나이다. 독일 민법이나 스위스 민법에는 공유와 합유에 관한 규정만 있고 총유에 관한 규정은 없다.

이러한 공동소유의 형태들은 인적(人的) 결합관계(結合關係)의 물권법에의 반영인 것이다. 그러나 개인주의적 법 원리(原理)에 입각하고 있는 근대법에 있어서는 공동소유의 세 유형 중 언제든지 소유자가 원하는 때에는 개인 소유권으로 분해할 수 있는 공유(共有)가 가장 원칙적인 공동소유형태로서 인정되고 있다.

나. 공유물분할의 자유와 분할의 금지

(1) 공유물분할의 자유

우리 민법 제268조 제1항 전단은 '공유자는 공유물의 분할을 청구할 수 있다'라고 규정하여 공유물분할의 자유를 인정하고 있다. 공유물분할이란 전공유자와의 관계에 있어서 상호간에 전면적으로 공유관계가 폐지되는 것이라고 해석되고 있다.

그러나 공유자 사이의 계약으로 일정한 한도 내에서 분할의 자유를 제한하는 것은 인정된다. 따라서 5년을 넘지 않는 한도 내에서 분할하지 않을 것을 약정할 수 있으며(민법 제268조 제1항 단서), 그 불분할계약을 갱신할 수 있으나 그 기간은 갱신한 날로부터 5년을 넘지 못한 다(민법 제268조 제2항). 각 공유자의 분할청구권은 일종의 형성권(形成權)이라는 것이 통설의 견해이다.

공유물분할에는 협의에 의한 분할과 재판에 의한 분할이 있으며, 협의에 의한 분할에는 다시 현물분할, 대금분할, 가격배상에 의한 분할의 방법이 있는데 현물분할이 통상의 방법이다. 분할의 방법에 관하여 협의가 성립하지 않는 때에는 공유자가 법원에 분할을 청구할 수 있다(민법 제269조 제1항). 공유물분할의 소는 분할을 청구하는 소유자가 다른 공유자 전원을 상대로 하여 제기하는 형성(形成)의 소(訴)이다(통설·판례).

재판에 의한 분할의 경우에도 현물분할을 원칙으로 하며, 현물로 분할할 수 없거나 분할로 인하여 현저히 그 가액이 감손될 염려가 있는 때에는 법원은 물건의 경매를 명하여 그 대금을 분할 할 수 있다(민법 제269조 제2항). 분할에 의해 각 공유자 사이에는 각자의 지분에 대하여 교환 또는 매매가 행하여진 결과가 된다.

따라서 각 공유자는 다른 공유자가 분할로 인하여 취득한 물건에 관하여 그 지분의 비율로 매도인과 동일한 담보책임을 부담한다(민법 제270조). 분할의 효과는 소급하지 않으나 공동상속재산의 분할은 상속이 개시된 때에 소급하여 그 효력이 있다. 그러나 제3자의 권리를 해하지 못한다(민법 제1015조).

(2) 계약에 의한 공유물분할의 금지

민법은 공유자가 계약으로 일정한 한도 내에서 분할의 자유를 제한하는 것을 인정한다. 이것을 불분할계약(不分割契約)이라고 한다. 그러나 그 기간은 5년을 넘길 수 없으며(민법 제268조 제1항 단서)이 불분할계약을 다시 갱신할 수 있지만 그 기간 역시 갱신한 때로부터 5년을 넘지 못한다(민법 제268조 제2항).

(3) 소유권의 일부이전과 계약에 의한 분할의 금지

부동산등기법 제67조는 '등기관이 소유권의 일부에 관한 이전등기를 할 때에는 그 이전되는 지분을 기록하여야 한다. 이 경우 등기원인에 민법 제268조 제1항 단서의 약정이 있을 때에 는 그 약정에 관한 사항도 기록하여야 한다'고 규정하고 있으며, 부동산등기규칙 제123조는 '소유권의 일부에 대한 이전등기를 신청하는 경우에는 이전되는 지분을 신청정보의 내용으로 등기소에 제공하여야 한다. 이 경우 등기원인에 민법 제268조 제1항 단서의 약정이 있을 때 에는 그 약정에 관한 사항도 신청정보의 내용으로 등기소에 제공하여야 한다'고 규정하고 있다.

공유물분할특약의 승계여부에 관하여 판례는 '공유물을 분할한다는 공유자 간의 약정이 공유자와 서로 분리될 수 없는 공유자 간의 권리관계라 할지라도 그것이 그 후 공유지분권을 양수 받은 특정승계인에게 당연히 승계된다고 볼 근거가 없을 뿐만 아니라 공유물을 분할하지 아니한다는 약정(민법 제268조 제1항 단서) 역시 공유와 서로 분리될 수 없는 공유자간의 권리관계임에도 불구하고 이 경우엔 부동산등기법 제89조(현행법 제67조)에 의하여 등기하도록 규정 하고 있는 점을 대비하여 볼 때 다 같은 분할에 관한 약정이면서 분할특약의 경우에만 특정승계인에게 당연승계 된다고 볼 수 없다(대판 1975. 11. 11. 75다82)'고 했다.

다. 공유물분할의 소

(1) 필수적 공동소송. 형성(形成)의 소(訴)

공유자가 공유물의 분할을 청구할 수 있는 경우에 공유자 간에 분할에 관한 협의가 성립되지 않기 때문에 재판상의 분할을 구하는 소송을 공유물분할의 소라고 한다. 이 소는 분할을 구하는 공유자가 다른 모든 공유자전원을 공동피고로 하여 제기함을 요하는 고유필수적 공동소송이다(대판 2001. 7. 10. 99다31124, 2020. 6. 30. 2020다210686. 210693). 이 소는 공유자 간에 상호의 지분의 확정을 청구하는 점에서는 소송사건(訴訟事件)이지만 분할방법을 정하는 점은 성질상 비송사건(非訟事件)으로서 형식적 형성소송(形成訴訟)에 속한다(민법 제269조 제1항).

즉 공유물분할의 소는 공유자 전원 사이에 있어서 기존의 공유관계를 해소시켜 각 분할부분에 대하여 각 공유자의 단독소유권 또는 일부 공유자들 사이의 새로운 공유관계를 창설하는 소(訴)이기 때문에 공유자 전원에 대하여 권리관계가 합일적(合一的)으로 확정할 것을 요하는 고유필수적 공동소송이다. 고유필수적 공동소송에서는 공동소송인 중 한 사람에게 소송요건의 흠결이 있으면 전 소송을 부적법 각하하여야 한다.

공유물분할의 소는 형성의 소로서 공유자 상호간의 지분의 교환 또는 매매를 통하여 공유의 객체를 단독 소유권의 대상으로 하여 그 객체에 대한 공유관계를 해소하는 것을 말하므로, 법원은 공유물분할을 청구하는 자가 구하는 방법에 구애받지 아니하고 자유로운 재량에 따라 공유관계나 그 객체인 물건의 제반 상황에 따라 공유자의 지분비율에 따른 합리적인 분할을 하면 된다(대판 2004. 10. 14. 2004다30583).

(2) 공유물분할의 소의 당사자

공유물분할의 소(민법 제269조 제1항)는 공유물의 분할을 청구하는 공유자가 다른 공유자 전원을 피고로 하여 제기함을 요하는 고유 필수적 공동소송이다(민소법 제67조).

(가) 공유물에 대한 공유자일 것

공유물의 분할을 청구하는 원고 및 피고는 각각 목적물에 대한 공유지분을 가지는 자로서 공유로 등기되어 있어야 한다. 또한 공유자 내부관계에 있어서도 실질적으로 공유관계에 있어야 하고 토지의 일부를 특정하여 매수하면서 편의상 공유지분등기를 경료 한 경우와 같이 등기부상의 공유자들 내부관계에 있어 구분소유적 공유관계를 주장할 수 있는 경우에는 공유물 분할의 소를 제기할 수 없다(대판 1967. 4. 4. 66다814, 815, 816).

(나) 필수적 공동소송

1) 권리관계의 합일적 확정

공유물분할의 소는 공유자 전원사이에 있어서 기존의 법률관계를 폐기해서 각 분할부분에 대하여 각 공유자의 단독소유권 또는 일부 공유자들 사이의 새로운 공유관계를 창설하는 소이므로 공유자 전원에 대하여 권리관계가 합일적(合一的)으로 확정할 것을 요하는 필수적 공동소송이다. 즉 공유자 전원이 원고가 아니면 피고가 될 것을 요하며 원고인가 피고인가를 묻지 않고 당사자가 복수인 경우는 항상 민사소송법 제67조의 필수적 공동소송의 법리가 적용된다.

2) 공동소송인 중 일부의 상소 제기와 상소심의 심판범위

판례도 '공유물의 분할은 협의에 의한 분할이거나 재판상의 분할이거나를 막론하고 공유자 전원이 분할절차에 참여하여야 한다(대판 1968. 5. 21. 68다414, 415)', '공유물

분할청구의 소는 분할을 청구하는 공유자가 원고가 되어 다른 공유자 전부를 피고로 하여야 하는 고유필수적 공동소송이고, 공동소송인과 상대방 사이에 판결의 합일확정을 필요로 하는 고유필수적 공동소송에 있어서는 공동소송인 중 일부가 제기한 상소는 다른 공동소송인에게도 그 효력이 미치는 것이므로 공동소송인 전원에 대한 관계에서 판결의 확정이 차단되고 그 소송은 전체로서 상소심에 이심되며, 상소심판결의 효력은 상소를 하지 아니한 공동소송인에게도 미치므로 상소심으로서는 공동소송인 전원에 대하여 심리 판단하여야 한다(대판 2003. 12. 12. 2003다 44615, 44622)'라고 하여 고유필수적 공동소송임을 명시한 이래 일관하고 있으며, 통설 역시 이를 지지하고 있다.

3) 공유토지의 일부에 대한 취득시효완성

토지를 수인이 공유하는 경우에 공유자들의 소유권이 지분의 형식으로 공존하는 것뿐이고, 그 처분권이 공동에 속하는 것은 아니므로 공유토지의 일부에 대하여 취득시효완성을 원인으로 공유자들을 상대로 그 시효취득 부분에 대한 소유권이전등기절차의 이행을 청구하는 소송은 필요적 공동소송이라고 할 수 없다(대판94. 12. 27. 93다32880, 32897).

이와 같이 공유물분할의 소에 있어서는 공유자가 모두 당사자로 되어 서로 대립하는 것 같으나 실질적으로는 대립하는 이해관계인으로서 다투는 입장에 있는 것이 아니라 새로운 법률관계의 형성이라는 공통된 이해관계를 갖고 있다.

4) 소송진행 중 당사자의 1인이 당사자의 자격을 상실한 경우 법원의 조치

공유자 중의 일부가 원고가 되어 공유물분할의 소를 제기하면 피고로 되어야 할 자는 원고를 제외한 다른 공유자 전원이다. 따라서 원고를 제외한 나머지 공유자 전원을 피고로 하지 않았거나 소송의 진행 도중에 당사자의 한 사람이 공유지분을 양도하여 당사자가 될 자격을 상실하였다면 당사자적격을 결여한 것으로 그 소송은 허용되지 않으므로 소를 각하할 것이나, 당사자적격에 관한 사항은 사실심의 변론종결시를 기준으로 하여 판단할 것이므로 변론종결시까지 이러한 흠결이 치유된다면 법원은 각하할 것이 아니라 본안판결을 하여야 할 것이다.

(다) 필수적 공동소송인의 추가

법원은 민사소송법 제67조 제1항의 규정에 따른 필수적 공동소송인 가운데 일부가 누락된 경우에는 제1심의 변론을 종결할 때까지 원고의 신청에 따라 결정으로 원고 또는 피고를 추가 하도록 허가할 수 있게 되었으므로(민소법 제68조 제1항) 앞으로 공유물분할소송에서의 당사자 추가는 위 규정에 의하여 해결될 수 있다.

(3) 재판에 의한 공유물 분할의 방법

공유물의 분할은 공유자 간에 협의가 이루어지는 경우에는 그 방법을 임의로 선택할 수 있으나 협의가 이루어지지 아니하여 재판에 의하여 공유물을 분할하는 경우에는 법원은 현물로 분할하는 것이 원칙이고, 현물로 분할할 수 없거나 현물로 분할을 하게 되면 현저히 그 가액이 감손될 염려가 있는 때에 비로소 물건의 경매를 명하여 대금분할을 할 수 있는 것이므로, 위와 같은 사정이 없는 한 법원은 각 공유자의 지분 비율에 따라 공유물을 현물 그대로 수개의 물건으로 분할하고 분할된 물건에 대하여 각 공유자의 단독소유권을 인정하는 판결을 하여야 하는 것이며, 그 분할의 방법은 당사자가 구하는 방법에 구애받지 아니하고 법원의 재량에 따라 공유관계나 그 객체인 물건의 제반 상황에 따라 공유자의 지분 비율에 따른 합리적인 분할을 하면 된다(대판 2004. 9. 22. 2004다10183. 10190)

(가) 경제적 가치가 지분 비율에 상응하도록 토지를 현물분할하는 방법의 허용 여부(적극)

토지를 분할하는 경우에는 원칙적으로는 각 공유자가 취득하는 토지의 면적이 그 공유지분의 비율과 같도록 하여야 할 것이나, 반드시 그런 방법으로만 분할하여야 하는 것은 아니고, 토지의 형상이나 위치, 그 이용상황이나 경제적 가치가 균등하지 아니할 때 에는 이와 같은 제반 사정을 고려하여 경제적 가치가 지분 비율에 상응되도록 분할하는 것도 허용된다(대판 2004. 7. 22. 2004다10183. 10190.).

(나) 금전으로 경제적 가치의 과부족을 조정하게 하는 현물분할의 허용 여부(적극)

일정한 요건이 갖추어진 경우에는 공유자 상호간에 금전으로 경제적 가치의 과부족을 조정하게 하여 분할을 하는 것도 현물분할의 한 방법으로 허용된다(2004. 7. 22. 2004다 10183, 10190).

(다) 공유물분할의 소에 있어서 공유물분할의 방법

공유물분할의 소는 형성의 소로서 공유자 상호간의 지분의 교환 또는 매매를 통하여 공유의 객체를 단독 소유권의 대상으로 하여 그 객체에 대한 공유관계를 해소하는 것을 말하므로, 법원은 공유물분할을 청구하는 자가 구하는 방법에 구애받지 아니하고 자유로운 재량에 따라 공유관계나 그 객체인 물건의 제반 상황에 따라 공유자의 지분비율에 따른 합리적인 분할을 하면 된다(대판 2004. 10. 14. 2004다30583).

(4) 판결주문의 기재방법

현물분할을 명하는 판결의 주문은 공유물을 공유자의 수에 따라 분할하고 분할된 각 부분에 대하여 각 공유자가 단독소유권 또는 새로운 공유지분권을 취득할 수 있도록 표시하여야 한다. 공유물분할 청구소송에서는 분할된 부분의 범위를 특정하기 위한 도면을 제출하는 경우가 많으므로 주문에 인용하면 될 것이다.

공유물분할판결의 주문 기재방법

1. 서울특별시 ○○구 ○○동 00번지 대 000평에 관하여 별지도면표시 가.나.다.라.가.의 각 점을 순차로 연결한 선내 (가)부분 00평을 원고의 소유로, 같은 도면표시 마.바.사.아.마.의 각 점을 순차로 연결한 선내 (나)부분 00평을 피고의 소유로 분할한다.

2. 서울특별시 ○○구 ○○동 000번지 대 000평을 별지도면표시 가.나.다.라.가.의 각 점을 순차로 연결한 선내 (가)부분 00평, 같은 도면 표시 마.바.사.아.마.의 각 점을 순차로 연결한 선내 (나)부분 00평, 같은 도면표시 자.차.카.타.자.의 각 점을 순차로 연결한 선내 (다)부분 00평으로 각 분할하여, (가)부분 00평을 원고의, (나)부분 00평을 피고 갑의, (다)부분 00평을 피고 을의 각 소유로 한다.

라. 공유부동산의 분할판결에 따른 등기

공유물이 부동산인 경우 공유물분할의 효과로 물권변동이 발생하려면 공유물분할의 등기가 있어야 하는가가 문제된다. '협의분할'의 경우에는 분할의 합의는 민법 제186조의 법률행위에 해당하므로 분할의 합의가 되었다고 하여 분할된 부분에 대한 단독소유권을 취득하는 것이 아니라 등기하여야 비로소 단독소유권을 취득하게 된다.

'재판상 분할'의 경우에는 민법 제187조의 규정에 의하여 공유물분할의 판결이 확정되면 등기를 하지 않아도 분할된 부분에 대하여 공유자는 단독소유권을 취득한다고 할 것이다(대판 1964. 9. 8. 64다165, 1969. 10. 8. 69그15. 1970. 6. 30. 70다568).

그러나 각 공유자가 분할된 각 부분을 타에 양도하기 위하여서는 분할등기를 하여야 하기 때문에(민법 제187조 후단) 결국 재판에 의한 공유물분할에 있어서도 분할등기를 하여야 분할절차가 완전히 종료된다고 할 수 있다. 공유물분할의 판결이 확정되면 토지의 경우에는 분필(분할), 건물의 경우에는 구분등기절차를 거친 다음 공유물분할을 원인으로 하여 단독소유로 하는 등기절차를 밟아야 한다.

공유물분할의 경우 협의분할이거나 재판상 분할이거나를 막론하고 각 공유자는 등기권리자인 동시에 등기의무자이다. 등기는 법률에 다른 규정이 없는 경우에는 등기권리자와 등기의무자가 공동으로 신청(부동산등기법 제23조 제1항)하는 것이 원칙이나 부동산등기법 제23조 제4항은 '공유물을 분할하는 판결에 의한 등기는 등기권리자 또는 등기의무자가 단독으로 신청한다'고 규정하고 있다.

마. 공유물분할판결에 의한 등기절차(지분이전등기)

공유물분할에 의하여 공유자의 1인이 분할된 부동산의 단독소유자로 된 경우 그 등기는 '소유권이전'으로 할 것인가 아니면 '지분이전'으로 할 것인가가 문제된다. 전설을 취하는 견해도 있으나 공유물분할의 법적 성질은 다른 공유자의 지분을 이전받아 단독소유로 되는 것이므로 등기의 기록방법은 지분이전등기의 형식에 의하는 것이 타당하며, 현재의 등기실무례[(법원행정처발행 부동산등기 기록례집 70면 나 (1) (2) 참조]도 이에 의하고 있다.

공유물분할판결이 확정되면 그 소송당사자는 원고·피고인지 여부에 관계없이 그 확정판결을 첨부하여 등기권리자가 단독으로 공유물분할을 원인으로 한 '지분이전등기'를 신청할 수 있다(법 제23조 제4항, 등기예규 제1383호. 3. 다).

(1) 일부 공유자의 지분을 기초로 한 제3자 명의의 새로운 등기(단, 공유지분이전등기를 제외한다)가 경료된 경우

공유물분할판결의 변론종결 후 그 판결에 따른 등기신청 전에 일부 공유자의 지분을 기초로 한 제3자 명의의 새로운 등기가 경료된 경우[(단, 아래(2) 1)의 경우를 제외한다]로서 제3자가 「민사소송법」 제218조 제1항의 변론을 종결한 뒤의 승계인에 해당하여 위 판결의 기판력이 그에게 미친다는 이유로 다른 공유자가 자신이 취득한 분할부분에 관하여 위 제3자에 대한 승계집행문을 부여받은 경우에는, 그 공유자는 제3자 명의의 등기의 말소등기와 판결에 따른 지분이전등기를 단독으로 신청할 수 있으며, 위 각 등기는 동시에 신청하여야 한다[등기예규 1383호 5. 다. 2)].

(2) 일부 공유자의 지분이 제3자에게 이전된 경우

1) 등기의무자의 승계

공유물분할판결의 변론종결 후 그 판결에 따른 등기신청 전에 일부 공유자의 지분이 제3자에게 이전된 경우로서 제3자가 「민사소송법」 제218조 제1항의 변론을 종결한 뒤의 승계인에 해당하여 위 판결의 기판력이 그에게 미친다는 이유로 다른 공유자가 자신이 취득한 분할부분에 관하여 위 제3자에 대한 승계집행문을 부여받은 경우에는, 그 공유자는 제3자 명의의 지분에 대하여 그 제3자를 등기의무자로 하여 곧바로 판결에 따른 이전등기를 단독으로 신청할 수 있다.

2) 등기권리자의 승계

공유물분할판결의 변론종결 후 그 판결의 확정 전에 일부 공유자의 지분이 제3자에게 이전된 경우로서 위 제3자가 「민사소송법」 제218조 제1항의 변론을 종결한 뒤의 승계인에 해당하여 위 판결의 기판력이 그에게 미친다는 이유로 종전 공유자가 취득한 분할부분에 관하여 자신을 위한 승계집행문을 부여받은 경우에는, 그 제3자는 다른 공유자 명의의 지분에 대하여 곧바로 자신 앞으로 판결에 따른 이전등기를 단독으로 신청할 수 있다[(등기예규 제1383호 5. 다. 2)]

■ 부동산등기 기록례 ■

(1) 지분이전

【갑 구】			(소유권에 관한 사항)	
순위번호	등기목적	접수	등기 원인	권리자 및 기타사항
2	소유권이전	2011년 12월 4일 제7004호	2011년 12월 3일 매매	공유자 지분 2분의 1 　이대한 701115-1201257 　　서울특별시 서초구 강남대로 21(서초동) 지분 2분의 1 　최민국 680703-1562316 　　서울특별시 마포구 마포대로11가길 25(염리동) 거래가액 140,000,000원
3	2번 최민국 지분 전부 이전	2012년 3월 5일 제3004호	2012년 3월 4일 공유물 분할	공유자 지분 2분의 1 　이대한 701115-1201257 　　서울특별시 서초구 강남대로 21(서초동)

(2) 다른 부동산의 지분이전

【갑 구】				(소유권에 관한 사항)
순위 번호	등기 목적	접수	등기 원인	권리자 및 기타사항
3	2번 이대한 지분 전부 이전	2012년 3월 5일 제3005호	2012년 3월 4일 공유물 분할	공유자 지분 2분의 1 최민국 680703-1562316 　서울특별시 마포구 마포대로11가길 25 (염리동)

바. 공유자의 단독 보존행위

(1) 부동산의 인도청구 및 원인무효등기의 말소청구

공유물에 대한 보존행위는 공유자 각자가 단독으로 할 수 있으므로(민법 제265조 후단, 대판 1960. 7. 7. 4292민상462), 부동산의 공유권자 중의 한 사람은 보존행위로서 그 공유물을 권원 없이 점유하는 자에 대하여 그 부동산의 인도를 청구할 수 있으며(대판 1966. 4. 19. 66다283), 공동상속인의 한 사람은 공유자이므로 그 보존행위로서 단독으로서도 상속재산에 대한 원인무효인 등기의 말소를 청구할 수 있으며(대판 1966. 4. 19. 66다415), 공동상속재산은 상속인들의 공유이고, 또 부동산의 공유자인 한 사람은 그 공유물에 대한 보존행위로서 그 공유물에 관한 원인무효의 등기전부의 말소를 구할 수 있다(대판 1996. 2. 9. 94다61649).

부동산 공유자 중 1인은 공유물에 대한 보존행위로서 그 공유물에 대한 원인무효등기의 말소등기청구를 할 수 있다(대판 1971. 11. 30. 71다1831, 1972. 2. 22. 71다2501. 1982. 3. 9. 814464, 1993. 5. 11. 92다52870).

(2) 방해배제청구 및 이전등기 또는 가등기의 말소청구

건물의 공유지분권자는 동 건물전부에 대하여 보존행위로서 방해배제청구를 할 수 있으며(대판 1968.9.17. 68다1142, 1143), 토지의 공유지분권자 중의 1인은 그 토지에 관한 보존행위로서 위토지 위에 원인 없이 경료된 이전등기 또는 가등기의 명의자에 대하여 단독으로 그 각 등기의 말소등기이행을 청구할 수 있다(대판 1971. 7. 27. 71다1265).

(3) 공유물의 인도나 명도청구

지분을 소유하고 있는 공유자나 그 지분에 관한 소유권이전등기청구권을 가지고 있는 자라고 할지라도 다른 공유자와의 협의 없이는 공유물을 배타적으로 사용·수익할 수 없는 것이므로, 다른 공유자는 자신이 소유하고 있는 지분이 과반수에 미달되더라도 공유물을 점유하고 있는 자에 대하여 공유물의 보존행위로서 공유물의 인도나 명도를 청구할 수 있다(대판 1994. 3. 22. 93다9392, 9408, 1996. 12. 23. 95다8308).

(4) 진정명의회복을 원인으로 한 소유권이전등기청구

부동산의 공유자 중 한 사람은 공유물에 경료된 원인무효의 등기에 관하여 각 공유자에게 해당 지분별로 진정명의회복을 원인으로 한 소유권이전등기를 이행할 것을 단독으로 청구할 수 있다(대판 2005. 9. 29. 2003다40651).

공유물분할을 구하는 청구취지 및 판결주문의 기재례

1. 별지 제1목록 기재 부동산을 원고들의 소유로, 별지 제2목록 기재 부동산을 피고의 소유로 각 분할한다.
1. 서울특별시 ○○구 ○○번지 대 100제곱미터 중 별지 도면표시 1. 2. 3. 4. 1의 각 점을 순차 연결한 선내의 ㉮ 부분 50㎡를 원고의 소유로, 같은 도면표시 2. 5. 6. 7. 2의 각 점을 순차 연결한 선내의 ㉯ 부분 50㎡를 피고의 소유로 각 분할한다.

> 1. 별지 부동산목록 기재 각 토지를, 그 중 같은 목록 제5항, 6항 기재 토지는 원고들의 공유로, 같은 목록 제1항 내지 4항 기재 토지는 피고들의 공유로 각 분할한다.
> 1. ○○시 ○○동 00번지 대 218.3㎡를 그 중 별지도면표시 5, 2, 6, 7, 5의 각 점을 순차 연결한 선내 '나' 부분 86.5㎡를 원고의 소유로, 같은 도면표시 1, 5, 7, 6, 3, 4, 1의 각 점을 순차 연결한 선내 '가' 부분 131.8㎡를 피고들의 소유로 각 분할한다.
> 1. 별지목록기재 부동산을 경매에 부쳐 그 대금에서 경매비용을 공제한 나머지 금액을 원고에게 10분의 7, 피고에게 10분의 3의 각 비율로 분할한다.

5. 합유부동산에 관한 소송

가. 합유의 의의

(1) 조합체로서 물건을 소유하는 형태

합유(合有)라 함은 공동소유의 한 형태이며, 공유와 총유의 중간에 있는 것으로 법률의 규정 또는 계약에 의하여 수인이 조합체로서 물건을 소유하는 형태이다(민법 제271조 제4항, 제704조, 신탁법 제50조 제1항). 합유는 법률의 규정 또는 계약에 의하여 수인이 조합체(組合體)로서 물건을 소유하는 때의 그 공동소유(共同所有)를 말한다. 즉 합유는 조합재산(組合財産)을 소유하는 형태이며, 합유에 있어서도 공유(共有)에서와 같이 합유자(合有者)는 지분(持分)을 가지나 합유자의 지분은 자유로이 처분하지 못하는 점에서 공유지분과 다르다.

공유와 다른 점은 공유에서는 각 공유자의 지분을 자유로이 타인에게 양도할 수 있으며, 또 공유자 중 일부가 분할을 희망하는 때에는 분할을 해야만 하는데 대하여, 합유는 각인이 지분을 가지고 있으나 자유로이 타인에게 양도할 수 없으며 자유분할도 인정되지 않거나 제한되고 있는 점이다. 공유는 개인적 색체가 짙은 것인데, 합유는 공동목적을 위하여 어느 정도 개인적인 입장이 구속되고 있는 점에 차이가 있다. 그러나 각자 지분을 가지고 있는 점에서 총유보다는 개인적인 색체가 있다.

(가) 합유재산의 보존등기 방법

합유재산을 합유자 1인 명의로 소유권보존등기를 한 것은 실질관계에 부합하지 않는 원인무효의 등기다(대판 1970. 12. 29. 69다22).

(나) 합유자 중 일부가 사망한 경우 소유권의 귀속

부동산의 합유자 중 일부가 사망한 경우 합유자 사이에 특별한 약정이 없는 한 사망한 합유자의 상속인은 합유자로서의 지위를 승계하는 것이 아니므로 해당 부동산은 잔존 합유자가 2인 이상인 경우에는 잔존 합유자의 합유로 귀속되고 잔존 합유자가 1인인 경우에는 잔존 합유자의 단독소유로 귀속된다(대판 1994. 2. 25. 93다39225).

(2) 합유지분의 처분과 합유물의 분할금지

합유자는 전원의 동의 없이 합유물에 대한 지분을 처분하지 못하며, 합유자는 합유물의 분할을 청구하지 못한다(민법 제273조). 조합원 전원의 동의 없는 조합지분의 처분은 무효이며(대판 1957. 2. 23. 4289민상654), 조합재산의 지분의 양도는 타 조합원의 동의 없이는 이에 대항할 수 없다(대판 1970. 12. 29. 69다22).

(3) 합유의 종료

합유는 조합체의 해산 또는 합유물의 양도로 인하여 종료한다(민법 제274조 제1항). 민법 제274조 제1항의 경우에 합유물의 분할에 관하여는 공유물의 분할에 관한 규정을 준용한다(민 법 제274조 제2항).

나. 고유필수적 공동소송

고유필수적 공동소송으로 보는 합유부동산(合有不動産)에 관한 소송(대판 1996. 12.

10. 96다23238)에서는 등기부상의 소유자인 합유자 전원이 공동으로 원고 또는 피고가 되지 않으면 당사자 적격을 잃어 소가 부적법하게 되므로 변론종결 당시의 등기부상의 합유자 전원을 피고로 하여야 할 뿐만 아니라 그 소는 합유자 전원에 대하여 합일적으로 확정되어야 하므로 당사자(등기부상의 합유자) 중 일부가 누락된 판결에 의한 등기신청은 "신청서에 기재된 등기의무자의 표시가 등기부와 부합하지 아니한 때"(법 제29조 제7호)에 해당되어 등기관은 그 등기신청을 각하하게 된다.

(1) 합유물에 관한 소송이 필요적 공동소송인지 여부

합유물을 처분 또는 변경함에는 합유자 전원의 동의가 있어야 하나 보존행위는 각자가 할 수 있다(민법 제272조). 합유물에 관한 소송은 보존행위가 아닌 한 원칙적으로 소송의 목적이 합유자 전원에 대하여 합일적(合一的)으로 확정되어야 하는 필요적 공동소송이다(대판 1991. 6. 25. 90누5184).

민법상 조합계약은 2인 이상이 상호 출자하여 공동으로 사업을 경영할 것을 약정하는 계약으로서, 조합재산은 조합의 합유에 속하므로 조합재산에 속하는 채권에 관한 소송은 합유물에 관한 소송으로서 특별한 사정이 없는 한 조합원들이 공동으로 제기하여야 하는 고유필수적 공동소송이다(대판 2012. 11. 29. 2012다44471).

(2) 합유부동산에 관한 소유권이전등기청구

민법상의 조합이 조합원인 원고 양인이 조합의 사업에 사용하기 위하여 매수한 부동산은 그 들의 합유에 속하는 것이고 그와 같은 합유부동산에 관한 소유권이전등기청구소송은 합일확정을 요하는 필요적 공동소송이다(대판 1966. 9. 27. 65다2025, 2026).

피고 등의 합유로 소유권이전등기가 마쳐진 부동산에 대하여 원고의 명의신탁해지로 인한 소유권이전등기이행청구소송은 합유재산에 관한 소송으로서 고유필요적 공동소송에 해당된다(대판 1983. 10. 25. 83다카850).

등기 기록례 : 공유의 일부를 합유로 변경하는 경우

【갑 구】				(소유권에 관한 사항)
순위 번호	등기 목적	접수	등기 원인	권리자 및 기타사항
2	소유권 이전	2012년 9월 10일 제9100호	2012년 8월 10일 매매	공유자 <s>지분 6분의 1</s> <s>김한울 000000-0000000</s> <s>서울시 종로구 율곡로○길 6(사간동)</s> <s>지분 6분의 2</s> <s>이겨래 000000-0000000</s> <s>서울특별시 종로구 창덕궁길 000(원서동)</s> <s>지분 6분의 3</s> <s>김예린 000000-0000000</s> <s>서울특별시 서초구 서초대로46길 60,</s> <s>○○동 201호(서초동, 서초아파트)</s> 거래가액 금71,000,000원
2-1	2번 소유권 변경	2012년 12월 5일 제3005호	2012년 11월 10일 변경계약	공유자 지분 6분의 1 김한울 000000-0000000 서울시 종로구 율곡로○길 6(사간동) 합유자 목적지분 6분의 5 이겨래 000000-0000000 서울특별시 종로구 창덕궁길 000(원서동) 지분 6분의 3 김예린 000000-0000000 서울특별시 서초구 서초대로46길 60, ○○동 201호(서초동, 서초아파트)

다. 합유물의 처분, 변경과 보존

합유물을 처분 또는 변경함에는 합유자 전원의 동의가 있어야 한다. 그러나 보존행위는 각자가 할 수 있다. 합유로 소유권이전등기가 마쳐진 부동산에 대하여 명의신탁해지로 인한 소유권이전등기이행청구소송은 합유재산에 관한 소송으로서 고유필수적 공동소송에 해당된다(1983. 10. 25. 83다카850)

합유물에 관하여 경료된 원인무효의 소유권이전등기의 말소를 구하는 소송은 합유물에 관한 보존행위로서 합유자 각자가 할 수 있다(대판 1997. 9. 9. 96다16896). 합유 및 총유에 있어서 목적물의 처분변경에는 전원의 동의를 요하나 보존행위는 각자 단독으로 할 수 있다(대판 60. 5. 5. 4292 민상191).

민법 제272조에 따르면 합유물을 처분 또는 변경함에는 합유자 전원의 동의가 있어야 하나, 합유물 가운데서도 조합재산의 경우 그 처분·변경에 관한 행위는 조합의 특별사무에 해당하는 업무집행으로서, 이에 대하여는 특별한 사정이 없는 한 민법 제706조 제2항이 민법 제272조에 우선하여 적용되므로, 조합 재산의 처분·변경은 업무집행자가 없는 경우에는 조합원의 과반수로 결정하고, 업무집행자가 수인인 경우에는 업무집행자의 과반수로 결정하며, 업무집행자가 1인만 있는 경우에는 그 업무집행자가 단독으로 결정한다(대판 2010. 4. 29. 2007다18911).

라. 합유명의인 표시변경등기

합유자 중 일부가 사망한 경우 합유자 사이에 특별한 약정이 없는 한, 사망한 합유자의 상속인은 민법 제719조의 규정에 의한 지분반환청구권을 가질 뿐 합유자로서의 지위를 승계하는 것이 아니다(대판 1996. 12. 10. 96다23238) 따라서 사망한 합유자의 상속인들 중 일부가 다른 상속인을 상대로 상속지분이전등기절차의 이행을 명하는 판결을 받은 경우에도 위 판결에 의하여 사망한 합유자의 합유지분에 대한 소유권이전등기를 신청할 수는 없다(등기선례 제6권 295항).

합유자 중 일부가 사망한 경우에는 사망한 합유자의 지분에 관하여 그 상속인 앞으로 상속등기를 하거나 해당 부동산을 그 상속인 및 잔존 합유자의 합유로 하는 변경등기를 할 것은 아니고 아래와 같이 잔존 합유자의 합유로 하는 '합유명의인 표시변경등기'를 하여야 한다.

(1) 합유자가 3인 이상인 경우 1인이 사임한 때(합유자 일부의 사망과 소유권의 귀속)

부동산의 합유자 중 일부가 사망한 경우 합유자 사이에 특별한 약정이 없는 한 사망한 합유자의 상속인은 합유자로서의 지위를 승계하는 것이 아니므로 해당 부동산은 잔존 합유자가 2인 이상일 경우에는 잔존 합유자의 합유로 귀속되고 잔존 합유자가 1인인 경우에는 잔존 합유자의 단독소유로 귀속된다(대판 96. 2. 25 93다39225).

합유자가 3인 이상인 경우에 그 중 1인이 사망한 때에는 해당 부동산은 잔존 합유자의 합유로 귀속되는 것이므로, 잔존 합유자는 사망한 합유자의 사망사실을 증면하는 서면을 첨부하여 해당 부동산을 잔존합유자의 합유로 하는 '합유명의인 변경등기신청'을 할 수 있다.

	합유명의인변경등기(합유자변경)			
접 수	년 월 일	처 리 인	등기관 확인	각종 통지
	제 호			

부동산의 표시
서울특별시 서초구 남부순환로 ○○길 000 　　대 300㎡

등기원인과 그 연월일	2007년 3월 5일 합유자 박○○ 사망
등 기 의 목 적	소유권변경
변경사항	별지와 같음

구분	성 명 (상호·명칭)	주민등록번호 (등기용등록번호)	주 소 (소재지)
등기 의무자	1. 김○○ 2. 이○○ 3. 박○○		
등기 권리자	1. 김○○ 2. 이○○		

등 록 세	금		원
교 육 세	금		원
세 액 합 계	금		원
등기신청수수료	금		원
	은행 수납번호 :		

첨 부 서 면

1. 가족관계등록부 1통 1. 등록세영수필확인서 및 통지서 1통 1. 신청서 부본 1통 1. 위임장 1통	〈기 타〉 1. 기본증명서 1통

년   월   일

위 신청인   (전화 :   )

(또는) 위 대리인   (전화 :   )

지방법원 등기소 귀중

[별지]

> 별지목록기재 부동산에 대한 갑구 순위번호 2번의 '합유자 金○○. 서울 ○○구 ○○동 00번지. 李○○. 서울 ○○구 ○○동 00번지. 朴○○. 서울 ○○구 ○○동 00번지'를 2007년 3월 5일 합유자 朴○○의 사망을 원인으로 '합유자 金○○. 서울 ○○구 ○○동 00번지. 李○○. 서울 ○○구 ○○동 00번지로 변경

(2) 합유자 2인 중 1인이 사망한 때

합유자가 2인인 경우에 그 중 1인이 사망한 때에는 해당 부동산은 잔존 합유자의 단독소유로 귀속되는 것이므로, 잔존 합유자는 사망한 합유자의 사망사실을 증명하는 서면을 첨부하여 해당 부동산을 잔존 합유자의 단독소유로 하는 '합유명의인 변경등기신청'을 할 수 있다(대판 1996. 12. 10. 96다23238).

(3) 합유자가 1인인 경우

위 (1)의 등기를 하지 않고 있는 사이에 다시 잔존 합유자 중 일부가 사망한 때에는 현재의 잔존 합유자는 해당 부동산의 소유명의인을 당초의 합유자 전원으로부터 바로 현재의 잔존 합유자의 합유로 하는 '합유명의인 변경등기신청'을 할 수 있고, 잔존 합유자가 1인인 경우에는 그 단독소유로 하는 '합유명의인 변경등기신청'을 할 수 있다. 이 경우 그 등기의 신청서에는 등기원인으로서 사망한 합유자들의 사망일자와 사망의 취지를 모두 기재하고, 그들의 사망사실을 증명하는 서면을 첨부하여야 한다.

등기 기록례 : 합유자가 3인 이상인 경우 그 1인이 순차적으로 사망한 경우

【갑 구】				(소유권에 관한 사항)
순위번호	등기목적	접수	등기 원인	권리자 및 기타사항
2	소유권이전	2012년 2월 3일 제206호	2012년 1월 30일 매매	합유자 ~~김한울 000000-0000000~~ 　~~서울시 종로구 율곡로길-16(사간동)~~ ~~이겨레 000000-0000000~~ 　~~서울특별시 종로구 창덕궁길-00(원서동)~~ ~~김예린 000000-0000000~~ 　~~서울특별시 서초구 서초대로46길 60,~~ 　~~○○동 201호(서초동, 서초아파트)~~ 거래가액 금 270,000,000원
2-1	2번 소유권 변경	2012년 3월 4일 제505호	2013년 2월 4일 합유자 김예린 사망	합유자 ~~김한울 000000-0000000~~ 　~~서울시 종로구 율곡로길-16(사간동)~~ ~~이겨레 000000-0000000~~ 　~~서울특별시 종로구 창덕궁길-00(원서동)~~
2-2	2번 소유권 변경	2012년 4월 1일 제608호	2013년 3월 25일 합유자 김한울 사망	소유자 이겨레 000000-0000000 　~~서울특별시 종로구 창덕궁길-00(원서동)~~

㈜ 1. 합유자 사이에 특별한 약정이 없는 한 사망한 합유자의 지분에 관하여 합유자의 상속인 앞으로 상속등기를 할 수 없으므로, 그 상속인 및 잔존합유자의 합유
2. 잔존합유자는 등기신청서에 사망한 합유자의 사망사실을 증명하는 서면을 첨부하여야 한다.
3. 합유자가 2인인 경우 그 중 1인이 사망한 때에는 해당 부동산은 잔존합유자의 단독소유로 귀속된다.

(4) 잔존 합유자의 사망과 상속등기

위 (3)의 등기를 하지 않고 있는 사이에 그 잔존 합유자도 사망한 때에는 그 잔존 합유자의 상속인은 바로 자기 앞으로 '상속등기'를 신청할 수 있다. 이 경우 그 상속등기의 신청서에는 등기원인으로서 피상속인이 아닌 다른 합유자(들)의 사망일자 및 사망의 취지와 등기신청인인 상속인의 상속일자 및 상속의 취지를 함께 기재하고, 상속을 증명하는 서면 외에 다른 합유자(들)의 사망사실을 증명하는 서면을 첨부하여야 한다(등기예규 제911호. 2. 라).

마. 판결서에 합유자 중 일부가 누락된 경우(필수적 공동소송인의 추가)

고유필수적 공동소송으로 보는 합유부동산에 관한 소송(민법 제274조 제2항, 대판 1996. 12. 10. 96다23238)에서는 등기부상의 소유자인 합유자 전원이 공동으로 원고 또는 피고가 되지 않으면 당사자 적격을 잃어 소가 부적법하게 되므로 변론종결 당시의 등기부상의 합유자 전원을 피고로 하여야 할 뿐만 아니라 그 소는 합유자 전원에 대하여 합일적으로 확정되어야 하므로 당사자(등기부상의 합유자) 중 일부가 누락된 판결에 의한 등기신청은 "신청서에 기재된 등기의무자의 표시가 등기부와 부합하지 아니한 때"(법 제29조 제7호)에 해당되어 등기관은 그 등기신청을 각하하게 된다.

6. 판결에 의한 등기의 말소

가. 말소등기의 의의

말소등기(抹消登記)라 함은 어떤 부동산에 관하여 현재 존재하고 있는 등기의 전부를 말소하는 등기를 말한다. 즉 등기에 부합하는 실체관계가 없는 경우, 그 등기를 법률적으로 소멸시킬 목적으로 하는 등기이다. 이러한 말소등기는 ① 일단 유효하게 성립한 등기가 후에 부적법하게 된 경우(예: 목적 부동산의 소멸) 또는 ② 처음부터 부적법한 등기이기 때문에 무효인 경우(예: 등기원인의 무효)에 하게 된다.

나. 말소등기와 변경등기와 구별

말소등기는 기존의 어떤 등기의 전부를 소멸시키는 점에서, 기존의 등기 자체는 존속시키면서 그 일부만을 보정(補正)하는 변경등기와 구별된다. 변경등기는 종국등기(終局登記)의 하나로, 기존 등기의 일부의 변경을 목적으로 하는 등기를 말하며, 부기등기의 형식으로 행해지는 것이 원칙이다.

좁은 의미로 변경등기는 등기가 완료된 후에 후발적으로 등기의 실체관계와 불일치가 생긴 경우에 이를 해소하기 위한 등기만을 가리키나, 넓은 의미로는 경정등기(更正登記)도 포함시킨다.

다. 말소의 대상이 되는 등기

말소의 대상이 되는 등기는 기존의 어떤 등기의 등기사항 전부가 '부적법'한 것이어야 하며, 말소등기의 대상이 되는 부적법의 원인은 원시적인 것(신청착오 또는 원인무효 등)이든 후발적인 것(채무변제로 인한 저당권 소멸, 존속기간의 만료로 인한 지상권소멸 등)이든 실체적 부적법(등기원인의 무효, 취소, 해제 등)뿐만 아니라 절차적 부적법(중복등기, 관할위반의 등기 등)도 포함한다.

말소의 대상이 될 수 있는 등기는 소유권 또는 소유권 이외의 권리에 관한 등기이든 그 종류에 제한이 없으나 현재 효력이 있는 등기이어야 하며, 말소등기를 다시 소멸시키기 위한 말소등기 즉, 말소등기의 말소등기는 허용되지 않으며 이러한 경우에는 말소회복등기를 하여야 한다(법 제59조 규칙 제118조).

말소등기도 일반적인 권리등기와 같이 등기권리자와 등기의무자의 공동신청에 의한 것이 원칙(법 제23조 제1항)이나 등기의무자가 말소등기신청에 협력하지 않을 때에는 의사 표시에 갈음하는 확정된 이행판결을 받아 승소한 등기권리자가 단독으로 등기의 말소를 신청할 수 있다(법 제23조 제4항, 민사집행법 제263조 제1항).

등기의무자의 소재불명으로 인하여 공동으로 등기의 말소를 신청할 수 없는 경우에는 민사소송법에 따라 공시최고를 신청할 수 있으며, 이 경우에 제권판결이 있으면 등기권리자가 그 사실을 증명하여 단독으로 등기의 말소를 신청할 수 있다(법 제56조).

소유권에 관하여 순차적으로 각 등기가 경료된 경우, 후(後)순위 등기의 말소가 가능한지에 관계없이 전(前)순위 등기의 말소절차를 명할 수 있다(대판의1995. 10. 12. 94다47483).

라. 원인무효등기의 말소청구권자(원고적격)

원고가 피고에 대하여 피고 명의로 마쳐 진 소유권보존등기의 말소를 구하려면 먼저 원고에게 그 말소를 청구할 수 있는 권원이 있음을 적극적으로 주장·입증하여야 하며, 만일 원고에게 이러한 권원이 있음이 인정되지 않는다면 설사 피고 명의의 소유권보존등기가 말소되어야 할 무효의 등기라고 하더라도 원고의 청구를 인용할 수 없다(대판 1999. 2. 26. 98다17831. 소유권이전등기말소).

(1) 부동산의 매수인

부동산을 매수하였다 하더러도 아직 소유권이전등기를 경료하지 아니한 자는 그 부동산에 대한 원인무효등기의 말소를 청구할 수 없다(대판 1963. 3. 7. 63다3).

(2) 부동산 매수인의 대위에 의한 말소청구

부동산을 정당히 매수하고 그 대금을 완불한 매수인은 현행 민법상 그 이전등기를 받기 전에는 물권의 변동이 생기지 아니하나 등기청구권이라는 채권적 청구권에 의하며 소유자인 매도인을 대위하여 목적부동산에 관한 원인무효의 등기의 말소등기청구를 할 수 있다(대판 1965. 2. 16. 64다1630).

(3) 등기말소 또는 회복청구의 상대방(피고적격)

등기는 등기권리자와 등기의무자의 공동신청에 의하는 것이 원칙이므로, 일방당사자가 등기신청에 협력을 거절하면 등기를 할 수 없게 되므로 등기제도의 원활한 운영을 위하여 등기를 원하는 당사자는 등기신청에 협력을 거절하는 당사자에 대하여 등기신청에 협력할 것을 요구하는 권리, 즉 등기청구권을 행사하는 것이 인정된다(민집법 제263조 제1항).

등기의 말소를 신청하는 경우(법 제57조 제1항) 또는 말소된 등기의 회복을 신청하는 경우(법 제59조)에 그 말소 또는 회복에 대하여 등기상 이해관계 있는 제3자가 있을 때에는 제3자의 승낙이 있어야 한다. 이 경우 '등기의무자'가 그 등기의 말소나 회복신청에 협력을 거절하거나, '등기상 이해관계 있는 제3자'가 등기의 말소나 말소된 등기의 회복에 대한 승낙을 거절할 경우 등기권리자는 누구를 상대로 등기청구권을 행사할 것인가가 문제된다.

(가) 등기명의인 또는 그 포괄승계인

등기명의자 아닌 자를 상대로 등기말소를 청구하는 것은 당사자적격을 그릇한 위법이 있다(대판 1962. 2. 15. 4294 민상454). '등기의무자' 즉, 등기부상의 형식상 그 등기에 의하여 권리를 상실하거나 기타 불이익을 받을 자(등기명의인이거나 그 포괄승계인)가 아닌 자를 상대로 한 등기의 말소절차이행을 구하는 소는 당사자 적격이 없는 자를 상대로 한 부적법한 소이다(대판 1994. 2. 25. 93다39225, 1994. 9. 27. 94다25032).

(나) 종전 소유자의 근저당권설정등기의 말소청구

근저당권이 설정된 후 그 부동산의 소유권이 제3자에게 이전된 경우에는 현재의 소유자가 피담보채무의 소멸을 원인으로 그 근저당권설정등기의 말소를 청구할 수 있음은 물론 근저당권설정자인 종전의 소유자도 피담보채무의 소멸을 이유로 하여 그 근저당권설정등기의 말소를 청구할 수 있다(대판 1994. 1. 25. 93다16338. 전원합의판결).

마. 등기상 이해관계 있는 제3자의 승낙

등기의 말소를 신청하는 경우에 그 말소에 대하여 등기상 이해관계 있는 제3자가 있을 때에는 제3자의 승낙이 있어야 하며(법 제57조 제1항), 말소된 등기의 회복을 신청하는 경우에 등기상 이해관계 있는 제3자가 있을 때에는 그 제3자의 승낙이 있어야 한다(법 제59조).

등기의 말소(법 제57조 제1항) 또는 말소된 등기의 회복(법 제59조)도 일반적인 권리등기와 같이 등기권리자와 등기의무자의 공동신청에 의하는 것이 원칙이나(법 제23조 제1항) 등기의무자가 등기의 말소 또는 말소된 등기의 회복신청에 협력하지 않을 때(등기의 말소 또는 말소된 등기의 회복에 대하여 등기상 이해관계 있는 제3자가 등기의 말소나 말소된 등기의 회복에 대하여 승낙을 거부하는 경우를 포함한다)에는 등기권리자는 등기의무자 및 그 제3자를 상대로 등기신청의사표시에 갈음하는 확정된 이행판결(履行判決)을 받아 승소한 등기권리자로서 단독으로 등기의 말소나 회복을 신청할 수 있다(민집법 제263조 제1항, 부동산등기법 제23조 제4항).

등기의 말소 또는 말소된 등기의 회복을 함에 있어서 등기상 이해관계 있는 제3자가 승낙을 거부할 경우에 등기의 말소나 회복을 하고자 하는 자의 입장에서는 그 제3자의 승낙서의 첨부가 없으면 등기의 말소나 회복을 할 수 없게 되므로 그 제3자의 임의의 승낙을 얻거나 그것이 불가능할 때에는 강제적으로 승낙을 구하는 판결을 받아야(민사집행법 제263조 제1항) 승소한 등기권리자로서 단독으로 그 등기를 신청할 수 있다(법 제23조 제4항).

판결에 의한 등기의 말소신청의 경우 그 말소에 대하여 등기상 이해관계 있는 제3자의 승낙서 또는 이에 대항할 수 있는 재판의 등본을 등을 첨부하지 아니한 경우에는 부동산등기법 제29조 제9호의 '신청서에 필요한 서면(즉 승낙서)을 첨부하지 아니한 때'에 해당되어 그 신청은 각하되며(대법원 1967. 11. 29. 67마1092), 판결에 의하여 말소된 등기의 회복을 신청하는 경우에도 등기상 이해관계 있는 제3자의 승낙서 또는 이에 대항할 수 있는 재판의 등본을 첨부하지 아니한 경우에는 위와 같은 사유로 그 등기신청은 각하된다.

등기의 말소를 신청하는 경우(법 제57조 제1항) 또는 말소된 등기의 회복을 신청하는 경우(법 제59조)에 그 말소 또는 회복에 대하여 등기상 이해관계 있는 제3자가 있을 때에는 제3자의 승낙이 있어야 한다. 이 경우 '등기의무자'가 그 등기의 말소나 회복신청에 협력을 거절하거나, '등기상 이해관계 있는 제3자'가 등기의 말소나 말소된 등기의 회복에 대한 승낙을 거절할 경우 등기권리자는 누구를 상대로 등기청구권을 행사할 것인가가 문제된다.

등기의 말소를 신청하는 경우에 그 말소에 대하여 등기상 이해관계 있는 제3자가 있을 때에는 제3자의 승낙이 있어야 한다(법 제57조 제1항). 따라서 판결에 의하여 말소등기를 신청하는 경우에도 그 말소에 대하여 등기상 이해관계 있는 제3자가 있을 때에는 등기상 이해관계인의 승낙서 등의 제출은 면제되지 않는다.

소유권이전등기말소청구소송에서 원고가 승소확정판결에 의하여 말소등기를 신청하는 경우에 등기상 이해관계 있는 제3자가 있는 때에는 그 판결의 기판력이 그에게 미치지 아니하는 한 그의 승낙서 또는 이에 대항할 수 있는 재판의 등본을 첨부하여야 하나(법 제57조 제1항), 위 제3자가 '변론종결후의 승계인'(민사소송법 제218조 제1항)에 해당하여 위 판결의 기판력이 제3자에게 미칠 때에는 원고는 승계집행문(민사집행법 제31조)을 부여받아 제3자의 등기를 말소신청할 수 있다.

바. 말소등기의 요건

말소등기를 신청하기 위한 요건은 아래와 같다.

(1) 현재 효력 있는 등기의 전부가 부적법할 것

첫째 '현재 효력 있는 등기'의 '전부가 부적법'한 것이어야 한다. 말소의 대상이 될 수 있는 등기는 '현재 효력이 있는 등기'이어야 하므로 폐쇄등기부에 기재된 등기는 현 등기부에 이기(移記)되지 않는 한 말소할 수 없다(등기선례 제2권 13항).

부적법의 원인은 원시적인 것(신청착오, 원인무효 등)이든 후발적인 것(채무변제로 인한 저당권의 소멸, 존속기간 만료로 인한 지상권 소멸 등)이든 묻지 않는다. 또한 실체적 부적법(등기원인의 무효, 취소, 해제)뿐만 아니라 절차적 부적법(중복등기, 관할위반등기)도 포함한다.

부기등기(附記登記)는 주등기(主登記)에 종속되어 주등기와 일체를 이루는 것이고 주등기와 별개의 새로운 등기가 아니므로, 주등기가 말소되면 그에 기한 부기등기는 직권으로 말소된다(대판 2000. 10. 10. 2000다19526).

말소의 대상이 되는 등기는 '등기사항 전부가 부적법한 것'이어야 한다. 말소등기란 등기 전부를 소멸시킬 목적으로 하는 등기이므로 등기사항의 일부가 부적법한 경우에는 변경 또는 경정등기의 대상이 될 뿐이지 말소의 대상이 아니다.

(2) 등기의 말소에 대하여 등기상 이해관계 있는 제3자의 승낙

둘째 등기의 말소를 신청하는 경우에 그 말소에 대하여 '등기상 이해관계 있는 제3자'가 있을 때에는 제3자의 승낙이 있어야 한다(법 제57조 제1항). 등기의 말소에 관하여 등기상 이해관계 있는 제3자인지 여부는 등기부 기재에 의하여 형식적으로 판단하며 실질적으로 손해를 입을 우려가 있는지의 여부는 고려의 대상이 되지 아니한다(대판 1997. 9. 30. 95다39526, 1998. 4. 9. 98마40 결정).

말소에 관하여 '등기상 이해관계 있는 제3자인지 여부'는 등기기록에 따라 형식적으로 판단하고 실질적인 손해 발생의 염려 유무는 불문한다. 말소대상인 등기를 기초로 하여 이루어진 제3자의 권리에 관한 등기명의인은 그 등기의 말소에 관하여 등기상 이해관계 있는 제3자에 해당한다.

다만 판결에 의한 말소등기신청의 경우에는 그 소송의 '변론종결 전에 등기를 마친 자'는 이해관계인이 되지만, '변론종결 후에 등기를 마친 자'는 변론종결 후의 승계인(민소법 제218조 제1항)에 해당하므로 승계집행문(민집법 제31조)을 부여 받아 말소할 수 있다. '변론종결의 전후'를 판단하는 기준시는 등기기록상 접수일자이다(법 6조 2항)

사. 말소등기의 신청인

(1) 공동신청의 원칙

일반적인 권리등기와 같이 말소등기는 등기권리자와 등기의무자의 공동신청에 의하는 것이 원칙이다(법 제23조 제1항). 말소등기의 '등기권리자'는 그 말소등기를 함으로써 등기부상 권리를 취득하거나 등기의 기재형식상 유리한 지위에 있게 되는 자이며, '등기의무자'는 그 말소등기로 인하여 등기부상 권리를 잃게 되거나 등기의 기재형식상 불리한 위치에 있게 되는 기존의 등기명의인을 말한다.

(2) 예외(단독신청)

등기의 성질상 단독신청에 의한 등기의 말소는 그 등기명의인의 단독신청에 의한다. 즉 소유권보존등기가 착오로 된 경우(등기예규 제581호), 허위의 보증서를 첨부하여 특별조치법에 따른 확인서를 발급받아 소유권이전등기를 경료한 자(등기선례 제6권 363항), 사업시행자가 신청착오를 원인으로 수용을 원인으로 한 소유권이전등기를 말소신청하는 경우(등기선례 제3권 609항) 등이다.

아. 판결에 의한 등기의 말소신청

(1) 등기의무자가 말소등기신청에 협력하지 않는 경우

등기의 말소신청도 다른 등기신청과 같이 등기의무자가 말소등기신청에 협력하지 않는 때에는 의사표시에 갈음하는 판결(민집법 제263조 제1항)을 받아 등기권리자가 단독으로 말소등기를 신청할 수 있다(법 제23조 제4항).

등기의 말소를 명하는 판결은 확정된 이행판결이어야 한다. 의사의 진술을 명하는 판결은 그 판결이 확정된 때에 그 의사를 진술한 것으로 보므로(민집법 제263조 제1항) 부동산등기법 제23조 제4항의 판결은 확정된 이행판결만을 의미한다.

(2) 말소등기절차의 이행을 명하는 판결에 가집행의 선고가부(소극)

말소등기절차의 이행을 명하는 판결은 재산권의 청구에 관한 판결이지만 의사의 지술을 명하는 판결은 그 판결이 확정된 때에 비로소 의사를 진술한 것으로 간주되므로(민집법 제263조 제1항), 가집행선고부판결(민소법 제213조)에 의한 등기를 허용할 경우 그 판결이 취소 된 때에는 부동산거래의 안전을 해칠 수 있으므로 의사의 진술을 명하는 판결에는 가집행선고를 붙일 수 없다.

(3) 종전 소유자의 근저당권설정등기의 말소청구 가부(적극)

근저당권이 설정된 후에 그 부동산의 소유권이 제3자에게 이전된 경우에는 현재의 소유자가 자신의 소유권에 기하여 피담보채권의 소멸을 원인으로 그 근저당권설정등기의 말소를 청구할 수 있음을 물론이지만, 근저당권설정자인 종전의 소유자도 근저당권설정계약의 당사자로서 근저당권소멸에 따른 원상회복으로 근저당권자에게 근저당권설정등기의 말소를 구할 수 있는 계약상의 권리가 있으므로 이러한 계약상 권리에 터 잡아 근저당권자에게 피담보채무의 소멸을 이유로 하여 그 근저당권설정등기의 말소를 청구할 수 있다(1994. 1. 25. 93다16338 전원합의체판결)

(4) 말소등기신청서의 기재사항

등기의 말소를 신청하는 경우에는 부동산등기규칙 제43조 제1항 각호의 사항 즉, 부동산의 표시에 관한 사항, 신청인의 성명(또는 명칭), 주소(또는 사무소 소재지) 및 주민등록번호(또는 부동산등기용등록번호), 신청인이 법인인 경우에는 그 대표자의 성명과 주소, 등기원인과 그 연월일, 등기의 목적, 등기필정보(다만, 공동신청 또는 승소한 등기의무자의 단독신경에 의하여 권리에 관한 등기를 신청하는 경우로 한정한다), 등기소의 표시, 신청연월일을 신청정보의 내용으로 등기소에 제공하여야 하며, 부동산등기법 제26조의 법인 아닌 사단이나 재단이 신경인인 경우에는 그 대표자나 관리인의 성명, 주소 및 주민등록번호를 신청정보의 내용으로 등기소에 제공하여야 한다(부동산등기규칙 제43조).

기존등기의 등기원인이 부존재 내지 무효이거나 취소, 해제에 의하여 소멸하였음을 이유로 말소등기를 명하는 판결에 의하여 등기의 말소를 신청하는 경우에는 등기신청서에 등기원인은 "확정판결"로 그 연월일은 "판결선고일"을 기재한다(등기예규 제1383호. 4. 가. 2).

(5) 말소등기신청서의 첨부서면

등기의 말소를 신청하는 경우에는 부동산등기규칙 제46조 제1항 각 호의 정보를 그 신청정보와 함께 첨부정보로서 등기소에 제공하여야 한다. 즉, 등기원인을 증명하는 정보인 확정판결정본, 등기원인에 대하여 제3자의 허가, 동의 또는 승낙이 필요한 경우에는 이를 증명하는 정보, 등기상 이해관계 있는 제3자의 승낙이 필요한 경우에는 이를 증명하는 정보 또는 이에 대항할 수 있는 재판이 있음을 증명하는 정보, 대리인에 의하여 등기를 신청하는 경우에는 그 권한을 증명하는 정보, 등기권리자(새로 등기명의인이 되는 경우로 한정한다)의 주소 (또는 사무소 소재지) 및 주민등록번호 (또는 부동산등기용등록번호)를 증명하는 정보 다만, 소유권이전등기를 신청하는 경우에는 등기의무자의 주소(또는 사무소 소재지)를 증명하는 정보, 소유권이전등기를 신청하는 토지대장, 임야대장, 건축물대장 정보나 그 밖에 부동산의 표시를 증명하는 정보, 첨부정보가 외국어로 작성된 경우에는 그 번역문을로서 등기소에 제공하여야 한다(부동산등기규칙 제46조 제1항).

자. 등기의 말소절차이행을 구하는 소

(1) 말소등기청구권의 발생원인(등기원인의 무효)

말소등기청구사건의 소송물은 당해 등기의 말소등기청구권이고, 그 동일성 식별의 표준이 되는 청구원인, 즉 말소등기청구권의 발생원인은 당해 '등기원인의 무효'라 할 것이며, 등기원인의 무효를 뒷받침하는 개개의 사유는 독립된 공격방어방법에 불과하여 별개의 청구원인을 구성한다고 볼 수 없다(대판 1999. 9. 17. 97다54024).

(2) 소의 상대방(등기명의인 또는 그 포괄승계인)

등기의무자, 즉 등기부상의 형식상 그 등기에 의하여 권리를 상실하거나 기타 불이익을 받을 자(등기명의인 이거나 그 포괄승계인)가 아닌 자를 상대로 한 등기의 말소절차 이행을 구하는 소는 당사자 적격이 없는 자를 상대로 한 부적법한 소이다(대판 1994. 2. 25. 93다39225). 따라서 등기의 말소절차이행을 구하는 소의 상대방(피고)은 등기명의인이거나 그 포괄승계인이어야 한다.

말소등기절차 이행청구소의 청구취지 및 판결주문의 기재례

1. 피고는 원고에게 별지목록기재 부동산에 관하여 ○○지방법원 ○○등기소 0000년 0월 0일 접수 제000호로 마친 소유권이전등기의 말소등기절차를 이행하라.
1. 피고는 원고에게 별지목록 기재 부동산에 관하여 ○○지방법원 0000년 0월 0일 접수 제0000호로 마친 근저당권설정 등기에 대하여 0000년 0월 0일 해지를 원인으로 한 말소등기절차를 이행하라.

(3) 멸실된 건물에 대한 등기말소청구의 적부

건물이 멸실된 경우에 멸실된 건물에 대한 등기용지는 폐쇄될 운명에 있으므로 그 건물에 관하여 경료된 소유권이전등기가 원인무효로 될 사정이 있다 하여도 그 건물의 종전의 소유자로서는 등기부상의 소유명의자에게 그 말소등기를 소구할 이익이 없다(대판 1994. 6. 10. 93다24810).

차. 등기상 이해관계 있는 제3자가 있는 경우

부동산등기법상 '등기상 이해관계 있는 제3자'를 규정하고 있는 규정은 아래와 같다. 첫째 직권경정등기로서, 등기관이 등기의 착오나 빠진 부분이 등기관의 잘못으로 인한 것임을 발견한 경우에는 지체 없이 그 등기를 직권으로 경정하여야 한다. 다만, 등기상 이해관계 있는 제3자가 있는 경우에는 제3자의 승낙이 있어야 한다(동법 제32조 제2항 구법 제72조 제1항).

둘째 등기의 말소로서, 등기의 말소를 신청하는 경우에 그 말소에 대하여 등기상 이해관계 있는 제3자가 있을 때에는 제3자의 승낙이 있어야 한다(동법 제57조 제1항, 구법 제171조).

셋째 말소등기의 회복으로서, 말소된 등기의 회복을 신청하는 경우에 등기상 이해관계 있는 제3자가 있을 때에는 그 제3자의 승낙이 있어야 한다(동법 제59조, 구법 제75조).

넷째 부기등기의 경우로서, 등기관이 부동산등기법 제52조 각 호의 등기(등기명의인 표시의 변경이나 경정의 등기 등)를 할 때에는 부기로 하여야 한다. 다만, 제5호의 등기(권리의 변경이나 경정의 등기)는 등기상 이해관계 있는 제3자의 승낙이 없는 경우에는 그러하지 아니하다(동법 제52조).

(1) 등기상 이해관계 있는 제3자의 의의

구부동산등기법 제171조(현행법 제57조 등기의 말소)에서 말하는 '등기상 이해관계 있는 제3자'란 말소등기를 함으로써 손해를 입을 우려가 있는 등기상의 권리자로서 그 손해를 입을 우려가 있다는 것이 등기부 기재에 의하여 형식적으로 인정되는 자이고, 그와 같은 손해를 입게 될 위험성은 등기의 형식에 의하여 판단하며 실질적으로 손해를 입을 우려가 있는지의 여부는 고려의 대상이 되지 아니한다(대판 1997. 7. 30. 95다39526).

등기상 이해관계 있는 제3자에는 가등기권리자, 저당권자, 근저당권자, 근저당권에 대한 가압류채권자, 임차권자, 가압류권자, 가처분채권자, 체납처분권자, 제3취득자 등이다.

(2) 제3자가 승낙의무를 부담하는지 여부의 판단기준

(가) 제3자의 등기말소에 대한 승낙의무 여부

등기의 말소를 신청하는 경우에 그 말소에 대하여 등기상 이해관계가 있는 제3자가 있을 때에는 제3자의 승낙이 있어야 한다(법 제57조 제1항). 등기상 이해관계 있는 제3자가 해당 말소등기에 대하여 승낙을 하여야 할 의무가 있는지는 실체법상의 권리관계에 의하여 결정된다.

기존등기가 실체법상 원인무효라는 이유로 말소되는 경우 현행법상 등기의 공신력이 인정되지 않으므로 그러한 무효인 등기에 터 잡은 등기로 무효가 되므로 그 등기명인은 기존 등기의 말소에 대하여 승낙할 의무를 부담한다. 만약 승낙을 거부할 경우 승낙의 의사표시에 갈음하는 판결(법 제23조 제14항)을 받아 등기신청을 하여야 한다.

(나) 제3자의 승낙의무 여부에 대한 판단기준

부동산등기법 제57조에서 말하는 '등기상 이해관계 있는 제3자'란 말소등기를 함으로써 손해를 입을 우려가 있는 등기상의 권리자로서 그 손해를 입을 우려가 있다는 것이 등기부기재에 의하여 형식적으로 인정되는 자이고, 그 제3자가 승낙의무를 부담하는지 여부는 그 제3자가 말소등기 권리자에 대한 관계에서 그 '승낙을 하여야 할 실체법상의 의무가 있는지 여부'에 의하여 결정된다(대판이2007. 4. 27. 2005다43753).

원고가 소유권이전등기말소의 확정판결에 의하여 말소등기를 신청하는 경우에 등기상 이해관계 있는 제3자가 있는 때에는 그 판결의 기판력이 그에게 미치지 아니하는 한 그의 승낙서 또는 이에 대항할 수 있는 재판의 등본을 첨부하여야 하나, 제3자가 민사소송법 제218조 제1항의 변론종결 후의 승계인에 해당하여 위 판결의 기판력이 제3자에게 미칠 때에는 원고는 승계집행문을 부여받아 제3자의 등기의 말소를 신청할 수 있다.

따라서 소유권이전등기의 말소등기를 이행하라는 판결을 받은 경우에 말소대상인 소유권이전등기에 기하여 설정된 근저당권자의 말소등기에 대한 승낙서를 제출하지 아니하면 부동산등기법 제29조 제9호에 의하여 소유권이전등기는 말소할 수 없다.

전세권자가 전세권설정자에 대하여 그 전세권설정등기의 말소의무를 부담하고 있는 경우라면, 그 전세권을 가압류하여 부기등기를 경료한 가압류권자는 등기상 이해관계 있는 제3자로서 등기권리자인 전세권설정자의 말소등기절차에 필요한 승낙을 할 실체법상의 의무가 있다(대판 1999. 2. 5. 97다33997).

등기의 말소를 신청하는 경우에 그 말소에 대하여 등기상 이해관계 있는 제3자가 있는 때에는 신청서에 그 승낙서를 첨부하도록 규정하고 있으므로(법 제57조 제1항), 이해관계 있는 제3자의 승낙서를 첨부하지 아니한 채 말소등기가 이루어진 경우 그 말소등기는 제3자에 대한 관계에 있어서 무효라고 해석할 것이나, 다만 제3자에게 그 말소등기에 관하여 '실체법상의 승낙의무'가 있는 때에는 승낙서가 첨부되지 아니한 채 말소등기가 경료되었다고 하여도 그 말소등기는 '실체적 법률관계'에 합치되는 것이어서 제3자에 대한 관계에 있어서도 유효하다(1996. 8. 20. 94다58988).

(3) 제3자의 등기의 말소에 대한 승낙의사의 표시(판결주문)

등기의 말소를 구하는 소장의 청구취지 작성 시 말소의 대상이 되는 등기를 근거로 한 등기상 이해관계 있는 제3자의 다른 등기가 있는 경우 그 제3자가 등기의 말소에 대하여 실체법상 승낙의무가 있는 제3자인 경우에는 그 제3자(예 : 임차권자, 근저당권자, 가압류권자, 경매신청인, 체납처분권자, 가처분권리자 등이 해당되나 명의신탁자, 예고등기 후에 당해 부동산의 소유권을 취득한 제3자는 이에 해당되지 아니한다)를 피고에 포함시킴과 동시에 청구취지에 그 제3자의 승낙의무(법 제57조 제1항 참조)를 구하는 취지를 함께 기재하여야 하며, 판결의 주문에도 이를 기재함으로써 그 판결에 의한 등기의 집행이 불능으로 되지 아니하도록 유의하여야 한다.

판결에 의한 전세권설정등기의 말소등기절차이행을 명하는 확정판결을 받아 말소등기를 신청하는 경우, 그 판결의 사실심변론종결 전에 당해 전세권을 목적으로 하는 가압류등기가 경료되었다면, 가압류등기가 경료된 시점이 판결에 나타난 전세권의 존속기간 만료시점 후라 하더라도 그 신청서에는 가압류 채권자의 승낙서 또는 그에 대항할 수 있는 재판등본을 첨부하여야 한다(등기선례 요지집 제5권 198항).

(4) 제3자의 승낙의무 여부

등기의 말소에 관하여 등기상 이해관계 있는 제3자가 있는 경우 그 제3자가 등기의 말소에 관하여 승낙의무가 있는 제3자인지의 여부는 그 제3자가 말소등기권리자에 대한 관계에서 그 승낙을 하여야 할 실체법상의 의무가 있는지 여부에 의하여 결정될 문제이다.

판결에 의한 등기의 말소신청의 경우 그 말소에 관하여 등기상 이해관계 있는 제3자의 승낙서 등을 첨부하지 아니한 경우에는 부동산등기법 제29조 제9호의 "신청서에 필요한 서면(승낙서)을 첨부하지 아니 한 때"에 해당되어 그 등기신청은 각하(대법원 1967. 11. 29. 67마1092)된다.

(가) 등기상 이해관계 있는 제3자에 해당되는 경우

1) 임차권자, 저당권자, 근저당권자

판결에 의하여 원인무효임이 확정된 소유권보존등기 말소등기신청을 한 경우에 그 소유권보존등기말소의 예고등기 이후에 그 부동산에 대한 임대차 또는 저당권설정등기를 한 자도 등기상 이해관계 있는 제3자이다(대결 1965.1. 30. 63마74, 등기선례 요지집 제1권 415항).

2) 가압류채권자(근저당권부 채권가압류)

부동산에 관한 소유권이전등기말소의 확정판결이 있었다고 하더라도 그 판결 전에 실시된 가압류나 강제경매채권자를 그 판결에 기한 등기말소절차에 있어서의 승낙의무 있는 이해관계인이라고는 할 수 없다(대판 1979. 7. 10. 79다847).

채무가 모두 변제되어 근저당권이 실질상 소멸되었으나 등기부상 말소되지 않은 근저당권에 대한 가압류채권자도 등기상 이해관계 있는 제3자에 해당하므로 가압류등기가 말소되지 않거나 가압류권리자의 승낙서 또는 이에 대항할 수 있는 재판의 등본을 첨부하지 않는 한 근저당권의 말소등기는 할 수 없다(등기선례 요지집 제4권 136항, 제7권 287항).

전세권자가 전세권설정자에 대하여 그 전세권설정등기의 말소의무를 부담하고 있는 경우라면, 그 전세권을 가압류하여 부기등기를 경료한 가압류권자는 등기상 이해관계 있는 제3자로서 등기권리자인 전세권설정자의 말소등기절차에 필요한 승낙을 할 실체법상의 의무가 있다(대판 1999. 2. 5. 97다33997).

3) 근저당권자 및 가등기권자

가) 근저당설정등기 및 가등기의 말소

甲의 소유권이전등기가 경료된 후 乙의 근저당권설정등기, 丙의 소유권이전청구권보전의 가등기, 丁의 전세권설정의 가등기가 각 경료된 부동산에 관하여 원고가 갑, 을, 병, 정을 상대로 위 각 등기의 말소를 구하는 소를 제기하여 갑에 대하여는 승소하였으나

을, 병, 정에 대하여는 패소한 경우에 원고가 갑의 등기를 말소하려면을, 병, 정의 승낙서 또는 이에 갈음할 수 있는 재판의 등본을 첨부하여야 한다(등기선례 요지집 제1권 93항).

나) 소유권이전등기청구권가등기 및 근저당권 말소등기청구의 소송물가액

피담보채무의 변제 등에 의한 소멸 등을 원인으로 한 가등기담보권설정계약 해지를 이유로 담보가등기 말소등기청구를 하는 경우에는 민사소송 등 인지규칙 제13조 제3호, 제1호, 제4호 가목에 의하여 목적물가액의 1/2을 소송물가액으로 하고, 등기원인의 무효 또는 취소를 이유로 가등기말소등기청구를 하는 경우에는 민사소송 등 인지규칙 제13조 제3호, 제1호, 제4호 나목에 의하여 목적물 가액의 1/4을 소송물가액으로 한다(서울고법 1996. 10. 23. 96라209 결정).

이에 대하여 서울고법 1996. 4. 22. 96라42 결정은 근저당권설정등기 말소청구사건의 소송물가액은 등기된 피담보채권 최고액을 기준으로 하여 산정하여야 하고, 현재의 잔존 채권액을 기준으로 하여 산정할 것은 아니라고 판시하였다. 왜냐하면 피담보채권의 현재액으로 해석하면 피담보채권의 전액 변제를 원인으로 하여 말소를 청구하는 경우 소송물가액이 0이 되어버리기 때문이다(윤경 저 : 부동산경매의 실무 636면).

4) 경매신청인

소유권이전등기의 말소를 명하는 승소확정판결을 얻은 경우에도 그 소유권이전등기 후 위 판결의 사실심변론종결 전에 기입된 강제경매신청등기가 있는 때에는 경매신청인의 승낙서 또는 이에 대항할 수 있는 재판의 등본을 첨부하여야만 위 소유권이전등기의 말소를 신청할 수 있다(등기선례 요지집 제2권 414항, 제4권 478항).

5) 체납처분권자

소유권이전등기의 말소를 명하는 확정판결에 의한 것이라 하더라도 그 소유권이전등기 후 위 판결의 사실심변론종결 전에 체납처분에 의한 압류등기가 있는 때에는 그 체납처분권자의 승낙서 또는 이에 대항할 수 있는 재판의 등본을 첨부하여야만 위 소유권 이전등

기의 말소등기를 신청할 수 있다(등기선례 제3권 286항).

6) 가처분권리자

甲이 乙을 상대로 乙명의의 소유권이전등기의 말소를 명하는 확정판결을 받았으나 그 변론종결 전에 乙을 채무자로 하여 丙명의의 가처분등기가 경료 되었다면 그 판결에 의한 말소등기신청서에는 가처분권리자인 丙의 승낙서 또는 이에 대항할 수 있는 재판의 등본을 첨부하여야 하는데 이 경우 가처분권리자 丙의 본안 패소확정판결 등본을 첨부하는 것으로 위 서면의 첨부에 갈음할 수는 없다(등기선례 제4권 429항).

(나) 등기상 이해관계 있는 제3자에 해당되지 아니하는 경우

1) 명의신탁자

채권담보를 위한 가등기 및 본등기 또는 소유권이전등기를 함에 있어서 타인에게 명의를 신탁하여 각 등기를 하게 한 자를 등기에 관한 이해관계 있는 제3자라고 할 수는 없다(대판 1992. 7. 28. 92다10173, 10180).

2) 예고등기 후 당해 부동산의 소유권을 취득한 제3자

부동산등기법상 예고등기와 그 말소는 법원의 직권에 의한 촉탁에 의하여서만 할 수 있고 그 밖에 당사자의 신청에 의하여서는 말소할 수 없으므로, 예고등기 후에 당해 부동산의 소유권을 취득한 제3자에게 예고등기의 말소청구권이 있다고 할 수 없음은 물론 예고등기의 원인이 된 소를 제기한 자가 그 말소등기절차를 행하여야 할 등기의무자의 지위에 있거나 예고등기를 말소함에 있어서 부동산등기법 제171조(현행법 제57조)에서 정한 이해관계 있는 제3자라고 볼 수 없다(대판 2005. 7. 14. 2004다25679).

■ 등기상 이해관계 있는 제3자가 있는 경우 등기의 말소를 구하는 소장의 청구취지 및 판결주문, 청구원인의 기재례

청구취지 및 판결주문의 기재례

1. 별지 1, 2 목록 기재 각 부동산에 관하여, 원고에게,
   가. 피고 甲은 서울 ○○지방법원 ○○등기소 2002. 10. 30. 접수 제0000호로 마친 전세권설정등기의 말소등기절차를 이행하고,
   나. 피고 乙, 丙, 丁, 戊는 위 가항 기재 말소등기에 대한 승낙의 의사를 표시하라.
2. 별지 2 목록 기재 부동산에 관하여, 피고 己은 원고에게 위 제1항의 가항 기재 말소등기에 대한 승낙의 의사표시를 하라.
3. 소송비용은 피고들의 부담으로 한다.

청구원인의 기재례

1. 피고 1. 김○○(등기부상의 소유자)에 대하여.

별지목록기재 부동산은 원고의 망부 ○○○의 소유였으며, 원고의 망부께서는 19 . .에 사망하여 원고가 단독으로 협의분할에 의한 상속을 하였습니다. 피고는 아무런 권한이나 원인도 없이 소유권이전등기에 필요한 일체서류를 위조, 변조하여 자신이 위 부동산의 매수인인 양 서울남부지방법원 강서등기소 19 . .년 0월 0일 제000호로 19 . .년 0월 0일 매매를 원인으로 한 소유권이전 등기를 경료하였으므로 위 등기는 법률상 원인이 없는 무효의 등기입니다. 피고는 이 사건 등기신청에 필요한 서류를 위조, 변조한 혐의로 구속, 기소되어 현재 ○○구치소에 수감되어

있는바, 원고는 이 사건 부동산에 대한 적법한 소유자로서 원인무효인 피고 김○○ 명의의 소유권이전등기의 말소를 구하고자 본소 청구에 이른 것입니다.

2. 피고 2. 박○○[예 : 가처분권리자(등기의 말소에 대한 등기상 이해관계 있는 제3자)]에 대하여.

별지목록기재 부동산에 대하여 피고 박○○는 19 . .년 0월 0일 제 000호로 19 . . 년 0월 0일 서울중앙지방법원의 가압류결정(19카단000)에 의하여 가압류등기를 경료받은 가압류 채권자입니다.

부동산등기법 제57조 제1항은 "등기의 말소를 신청하는 경우에 그 말소에 대하여 등기상 이해관계 있는 제3자가 있을 때에는 제3자의 승낙이 있어야 한다"고 규정하고 있습니다.

대법원판례는 등기상 이해관계 있는 제3자의 의미에 대하여 '등기의 말소'에 대하여 등기상 이해관계 있는 제3자라 함은 그 말소등기를 함으로써 손해를 입을 우려가 있는 등기상의 권리자로서 그 손해를 입을 우려가 있는 것이 기존 등기부 기재에 의하여 형식적으로 인정되는 자이고, 그와 같은 손해를 입게 될 위험성은 등기의 형식에 의하여 판단하며 실질적으로 손해를 입을 우려가 있는지 여부는 고려의 대상이 되지 아니한다(대판 1994. 6. 10. 96다24810)고 하였습니다.

또한 판례는 부적법하게 말소된 가등기의 회복등기에 관하여 승낙을 할 의무가 있는 등기상 이해관계 있는 제3장의 범위에 관하여 '가등기가 가등기권리자의 의사에 의하지 아니하고 말소되어 그 말소등기가 원인무효인 경우에는 등기상 이해관계 있는 제3자는 그의 선의, 악의를 묻지 아니하고 가등기권리자의 회복등기절차에 필요한 승낙을 할 의무가 있다'(대판 1997. 09. 30. 95다39526)고 하였으며, '등기의 말소를 신청하면서 부동산등기법 제171조(현행법 제 57조 제1항)에 위배하여 이해관계 있는 제3자 승낙서 또는 재판의 등본을 첨부하지 아니 하였다면 이는 부동산등기법 제55조 제8호(현행법 제29조 제9호)의 "신청서에 필요한 서면을 첨부하지 아니한 때"에 해당한다'(대법원 1967. 11. 29. 67마1029)고 했습니다.

등기가 부적법하게 경료되어 그 말소등기가 원인무효인 경우의 회복등기 또는 현존하는 등기가 부적법하게 경료되어 현존등기가 원인무효인 경우의 말소등기를 하는 경우에는 등기상 이해관계 있는 제3자의 선의, 악의를 묻지 아니하고 그 제3자는 회복등기 또는 말소등기절차에 승낙할 의무가 있는 것으로 보아야 할 것 입니다.

따라서 피고 2. 박○○는 원고의 위 1항의 피고 1. 김○○ 명의 원인무효인 소유권이전등기의 말소에 대하여 등기상 이해관계 있는 제3자로서 승낙의 의사표시를 할 의무가 있다고 하여야 할 것입니다.

입증방법(이하생략)

카. 부동산의 특정일부에 대한 말소등기절차이행을 명한 판결

부동산의 일부에 대한 소유권이전등기의 말소등기절차이행을 명한 급부명령의 이행은 분할절차를 밟아 말소등기를 할 수 있다(대판 1968. 5. 7. 67다2917, 1977. 3. 22. 76다616).

1필지의 토지의 특정된 일부에 대하여 소유권이전등기의 말소를 명하는 판결을 받은 등기권리자는 그 판결에 따로 토지의 분할을 명하는 주문기재가 없더라도 그 판결에 기하여 등기의무자를 대위하여 그 특정된 일부에 대한 분필등기절차를 마친 후 소유권이전등기를 말소할 수 있으므로 토지의 분할을 명함이 없이 1필지의 토지의 일부에 관하여 소유권이전등기의 말소를 명한 판결을 집행불능판결이라 할 수 없다(대판 1987. 10. 13. 87다카1093, 등기예규 제639호).

타. 집행법원의 촉탁에 의한 등기의 말소 및 말소등기의 회복과 제3자의 승낙 요부(소극)

(1) 집행법원의 촉탁에 의한 등기의 말소와 제3자의 승낙요부(소극)

집행법원의 촉탁에 의하여 등기를 말소하는 경우에는 부동산등기법 제171조(현행법 제57조 제1항)의 등기상 이해관계 있는 제3자의 승낙서 또는 이에 대항할 수 있는 재판의 등본을 첨부할 필요가 없다(대법원 1984. 12. 31. 84마473 결정).

(2) 법원의 촉탁에 의하여 말소된 등기의 회복과 제3자의 승낙요부

경매신청의 기입등기 후에 갑 명의의 소유권이전등기가 경료되고 갑이 경락인이 되어 경락대금을 완납한 상태에서 갑의 채권자인 을이 가압류를 하였는데 경매법원의 촉탁에 의하여 갑 명의의 소유권이전등기와 을 명의의 가압류등기가 모두 말소된 다음 갑 명의로 낙찰을 원인으로 한 소유권이전등기가 이루어지고 이에 터 잡아 병 명의의 근저당권설정등기가 경료된 경우, 을은 병을 상대로 말소된 가압류등기의 회복등기에 대한 승낙의 의사표시를 구할 수 없다(대판 2002. 8. 23. 2000다29295).

파. 제3자 명의등기의 직권말소

등기상 이해관계 있는 제3자의 등기는 이해관계인의 승낙이나 이에 갈음하는 재판이 있으면 등기관이 신청에 따라 등기의 말소 또는 말소회복의 등기를 할 때 이를 '직권'으로 말소한다(법 제57조 제2항, 대판 1998. 11. 27. 97다41103, 등기선례 제5권 189항. 나).

▣ 등기의 말소(등기상 이해관계 있는 제3자가 없는 경우)를 구하는 소장의 청구취지 및 판결 주문의 기재례

> 피고는 원고에게 별지목록기재 부동산에 관하여 서울 ○○지방법원 ○○등기소 2012년 3월 15일 접수 제530호로 경료 된 소유권이전등기(말소할 등기의 표시)의 말소등기절차를 이행하라.

▣ 등기의 말소(등기상 이해관계 있는 제3자가 있는 경우)를 구하는 소장의 청구취지 및 판결 주문의 기재례

> 1. 피고 金○○는 별지목록기재 부동산에 대한 ○○지방법원 ○○등기소 0000년 0월 0일자 접수 제000호로 경료 된 ○○○○○등기의 말소등기절차를 이행하고, 피고 朴○○는 위 ○○○○○등기의 말소등기에 대하여 승낙의 의사를 표시하라. 또는
> 1. 피고 甲은 원고에게 별지목록기재 부동산에 대한 ○○지방법원 ○○등기소 0000년 0월 0일자 접수 제000호로 경료 된 소유권이전등기의 말소등기절차를 이행하고, 피고 乙은 위 소유권이전등기의 말소등기에 대하여 승낙의 의사를 표시하라.

■ 현존등기의 말소로 인한 전순위 등기의 재이기(등기 기록례)

【갑 구】			(소유권에 관한 사항)	
순위 번호	등기 목적	접수	등기 원인	권리자 및 기타사항
~~1~~ (전5)	~~소유권 이전~~	~~1967년 5월 6일 제5850호~~	~~1967년 5월 4일 매매~~	~~소유자 김갑동 서울시 종로구 원서동 ○○~~
				~~분할로 인하여 순위 제1번 등기를 서울특별시 종로구 청운동 ○에서 이기~~ ~~접수 1987년 7월 8일 제7008호~~
2	~~1번 소유권 말소 예고 등기~~	~~1988년 3월 9일 제1121호~~	~~1988년 3월 9일 서울지방법원에 소(88카합1007) 제기~~	
3	1번 소유권 이전등기 말소	1988년 3월 10일 제1251호	1989년 3월 9일 서울지방법원의 확정판결	
4	2번 예고등기 말소			1번 소유권이전등기말소로 인하여 1989년 3월 10일 등기
5 (전4)	소유권 이전	1965년 5월6일 제5850호	1964년 3월 9일 매매	소유자 이윤명 서울시 종로구 청운동 ○
				1번 소유권이전등기말소로 인하여 서울시 종로구 청운동 ○에서 순위 제5번 등기를 이기 1989년 3월 10일 등기

판결에 의한 등기말소신청서 양식은 아래와 같다. 부동산의 표시란에는 판결주문에 표시된 부동산을 기재하되, 등기부상 부동산의 표시와 일치하여야 하며, 부동산이 토지인 경우에는 토지의 소재와 지번, 지목, 면적을 기재하고, 건물인 경우에는 건물의 소재와 지번 구조, 면적, 건물의 종류, 건물의 번호가 있는 때에는 그 번호, 부속건물이 있는 때에는 그 종류, 구조와 면적을 기재한다.

등기원인과 그 연월일란의 등기원인은 "확정판결"로, 연월일은 그 판결선고 연월일을 기재하며, 등기의 목적란에는 소유권말소의 경우에는 "소유권말소"로 기재한다. 말소할 등기란에는 말소할 소유권등기의 접수연월일, 접수번호 등을 기재하여 말소할 등기를 특정한다.

등기의무자란에는 등기부상 말소대상 소유권의 등기명의인의 성명, 주민등록번호, 주소를 기재하되, 등기부상 소유자 표시와 일치하여야 한다. 등기권리자란에는 판결상 승소한 원고를 기재하는 란으로, 그 기재방법은 등기의무자란과 같다.

소유권이전등기말소등기신청

접 수	년 월 일 제 호	처 리 인	등기관 확인	각종 통지

부동산의 표시
서울특별시 서초구 서초동 100 　　대 300㎡ 　　　　　　　　　-이 상-

등기원인과 그 연월일	2007년 9월 1일 확정판결
등 기 의 목 적	소유권이전등기말소
말 소 할 등 기	2005년 3월 2일 접수 제4168호로 경료한 소유권이전등기

구분	성 명 (상호·명칭)	주민등록번호 (등기용등록번호)	주 소 (소재지)	지 분 (개인별)
등기 의무자	이 대 백	123456-3456789	서울특별시 서초구 서초동 200	
등기 권리자	김갑동	123346-2463578	서울특별시 종로구 원서동 9	

등 록 세	금	원
교 육 세	금	원
세 액 합 계	금	원
등기신청수수료	금	원

첨 부 서 면

해지증서 통 등록세영수필확인서 1통 등기필증 통 위임장 통	〈기 타〉 판결정본 및 확정증명 각1통

년 월 일

위 신청인 김 갑 동 ㊞ (전화 :)

(또는) 위 대리인 (전화 :)

서울중앙 지방법원 등기과 귀중

7. 판결에 의하여 말소된 등기의 회복

가. 말소회복등기의 의의

말소회복등기란 실체관계에 부합하는 어떤 등기가 있었음에도 불구하고 그 후에 그 등기의 전부 또는 일부가 '부적법'하게 말소된 경우에 그 말소된 등기를 회복하여 말소 당시에 소급하여 처음부터 그러한 말소가 없었던 것과 같은 효과를 생기게 할 목적으로 행하여지는 등기를 말한다(대판 1997. 9. 30. 95다39526).

회복등기(回復登記)라 함은 기존의 등기가 부당하게 소멸된 경우에 이를 부활시켜 재현(再現)하는 등기를 말한다. 즉 실체관계에 부합하는 유효한 등기가 있었음에도 불구하고 그 등기가 후에 어떤 사정으로 인하여 부당하게 그 존재를 잃은 경우에, 기존의 등기를 되살려서 다시 실체관계에 대응하는 등기로서 유효화(有效化)시키려는 등기이다. 기존의 등기가 소멸된 원인이 무엇이냐에 따라 말소회복등기와 멸실회복등기로 구분된다. 개정 부동산등기법 하에서 멸실회복등기제도(구법 제24조, 현행 규칙 부칙 제3조)는 폐지되고, 말소회복등기제도(법 제59조, 규칙 제118조)만 남게 되었다.

말소등기의 원인이 처음부터 무효이거나, 취소 또는 무효로 인하여 말소된 경우 및 착오로 인하여 말소된 경우에 행한다. 말소회복등기를 인정하는 근거는 등기는 물권변동의 '효력발생요건'일 뿐 '효력존속요건'은 아니어서 어떤 등기가 원인 없이 말소된 경우에도 그 물권의 효력에는 아무런 영향이 없고, 그 회복등기가 마쳐지기 전이라도 말소된 등기의 명의인은 적법한 권리자로 추정되며(대판 1997. 9. 30. 95다39526), 여전히 물권자로서 물권적 청구권인 말소회복등기청구권을 갖기 때문이다.

말소된 등기의 회복을 신청하는 경우에 등기상 이해관계 있는 제3자가 있을 때에는 그 제3자의 승낙이 있어야 한다(법 제59조). 여기서 말하는 '등기상 이해관계 있는 제3자'란 말소회복등기를 함으로써 손해를 입을 우려가 있는 사람으로서 그 손해를 입을 우려가 있다는 것이 기존의 등기부 기재에 의하여 형식적으로 인정되는 사람이며(대판 1997. 9. 30. 95다39526), 여기에서 말하는 '손해를 입을 우려'가 있는지의 여부는 제3자의 권리취득등기시(말소등기시)를 기준으로 할 것이 아니라 회복등기시를 기준으로 판별하여야 한다(대판 1009. 6. 26. 89다카5673).

나. 제3자의 승낙의무

말소된 등기의 회복을 신청하는 경우에 등기상 이해관계 있는 제3자가 있을 때에는 그 제3자의 승낙이 있어야 한다(법 제59조). 회복등기절차에 있어서 등기상 이해관계 있는 제3자가 등기권리자에 대한 관계에 있어서 그 승낙을 하여야 할 실체법상의 의무가 있다고 인정되는 경우에는 그 제3자는 마땅히 권리자의 승낙요구에 응하여야 하며(대판 1987. 5. 26. 85다카 2203), 불법된 방법에 의하여 등기권리자의 등기가 말소된 후에 등기부상 권리를 취득한 자는 등기권리자의 회복등기절차에 승낙할 의무가 있다(대판 1970. 2. 24. 69다2193, 1971.8. 31. 71다1258).

말소회복등기를 함에 있어서 등기상 이해관계 있는 제3자가 승낙을 하느냐 않느냐는 승낙을 하여야 할 경우 외에는 그 제3자의 자유라고 할 것이나 말소등기의 회복을 하고자 하는 자의 입장에서 보면 이해관계 있는 제3자의 승낙서의 첨부가 없으면 회복등기를 할 수 없게 되므로(법 제29조 제9호) 이해관계 있는 제3자의 임의의 승낙을 얻거나 그것이 불가능할 때에는 제3자를 상대로 강제적으로 승낙을 구하는 판결(민집법 제263조 제1항)을 받아야 한다.

불법된 방법에 의하여 등기권리자의 등기가 말소된 후에 등기부상 권리를 취득한 자들은 그 등기권리자의 회복등기절차에 승인을 할 의무가 있으며(대판 1971. 8. 31. 71다1225), 가등기가 가등기권리자의 의사에 의하지 아니하고 말소되어 그 말소등기가 원인무효인 경우에는 등기상 이해관계 있는 제3자는 그의 선의, 악의를 묻지 아니하고 가등기권리자의 회복등기절차에 필요한 승낙을 할 의무가 있으므로, 가등기가 부적법하게 말소된 후 가처분등기, 근저당권설정등기, 소유권이전등기를 마친 제3자는 가등기의 회복등기절차에서 등기상 이해관계 있는 제3자로서 승낙의무가 있다(대판 1997. 9. 30. 95다39526).

구부동산등기법 제75조(현행법 제59조)에서 등기상 이해관계 있는 제3자라 함은 등기 기재의 형식상 말소된 등기가 회복됨으로 인하여 손해를 입을 우려가 있는 제3자를 의미하나 회복될 등기와 등기면상 양립할 수 없는 등기가 된 경우에는 이를 먼저 말소하지 않는 한 회복등기를 할 수 없으므로 이러한 등기는 회복등기에 앞서 말소의 대상이 될 뿐이고 그 등기명의인을 이해관계 있는 제3자로 보아 별도로 그 승낙을 받아야 하는 것은 아니다(대법원 2002. 2. 27. 2000마7937).

말소회복등기에 있어서 등기상 이해관계 있는 제3자가 있어 그의 승낙이 필요한 경우라고 하더라도 그 제3자가 등기권리자에 대한 관계에 있어 그 승낙을 하여야 할 실체법상의 의무가 있는 경우가 아니면, 그 승낙요구에 응하여야 할 이유가 없다(2004. 2. 27. 2003다35567).

등기는 물권의 '효력발생요건'이고 '존속요건'은 아니어서 등기가 원인 없이 말소된 경우에는 그 물권의 효력에 아무런 영향이 없고, 그 회복등기가 마쳐지기 전이라도 말소된 등기의 등기명의인은 적법한 권리자로 추정되므로 원인 없이 말소된 등기의 효력을 다투는 쪽에서 그 무효사유를 주장·입증하여야 한다(대판 1997. 9. 30. 95다39526).

말소회복등기를 하고자 하는 자가 강제적으로 회복등기에 대한 승낙을 소구할 수밖에 없는 경우에 제3자의 승낙의무가 있는가에 관하여는 등기는 물권변동의 '효력발생요건'이고, '존속요건'은 아니어서(대판 1997. 9. 30. 95다39526) 일단 발생한 대항력은 법률이 규정하는 소멸 사유가 발생하지 않는 한 소멸하지 않으므로 제3자는 그의 선의, 악의의 여부에 관계없이 승낙할 의무가 있다는 것이 일본의 통설, 판례이다.

(1) 등기상 이해관계 있는 제3자의 의의 및 판별 기준시

'등기상 이해관계 있는 제3자'라 함은 말소된 등기의 회복등기를 함으로써 손해를 입을 우려가 있는 사람으로서 그 손해를 입을 우려가 있다는 것이 기존의 등기부 기재에 의하여 형식적으로 인정되는지를 의미하며(대판 1990. 6. 26. 89다카5673, 1997. 9. 30.

95다39526). 여기서 말하는 '손해를 입을 우려'가 있는지의 여부는 제3자의 권리취득등기시(말소등기시)를 기준으로 할 것이 아니라 회복등기시를 기준으로 하여야 한다(대판 1990. 6. 26. 89다카5673, 등기예규 제705호).

말소된 등기의 회복을 신청하는 경우에 등기상 이해관계가 있는 제3자가 있는 때에는 신청서에 그 승낙서 또는 이에 대항할 수 있는 재판의 등본을 첨부하여야 하는 것인데, 여기서 등기상 이해관계 있는 제3자라 함은 등기 기재의 형식상 말소된 등기가 회복됨으로 인하여 손해를 입을 우려가 있는 제3자를 의미하나 회복될 등기와 등기면상 양립할 수 없는 등기가 된 경우에는 이를 먼저 말소하지 않는 한 회복등기를 할 수 없으므로 이러한 등기는 회복등기에 앞서 말소의 대상이 될 뿐이고 그 등기명의인을 이해관계 있는 제3자로 보아 별도로 그 승낙을 받아야 하는 것은 아니다(대법원 2002. 2. 27. 200마7937).

어떤 등기가 말소되고 회복되기 전에 그 등기와 양립 불가능한 등기가 새로이 마쳐진 경우 그 등기는 회복의 전제로서 말소되어야 할 것이므로 그 등기의 명의인은 등기상 이해관계인이 아니다(대판 1982. 1. 26. 81다2329, 2330).

(2) 승낙을 할 실체법상의 의무가 있는 경우

회복등기절차에 있어서 등기상 이해관계 있는 제3자가 등기권리자에 대한 관계에 있어서 그 승낙을 하여야할 실체법상의 의무가 있다고 인정되는 경우에는 그 제3자는 마땅히 권리자의 승낙요구에 응하여야 한다(대판 1987. 5. 26. 85다카2203).

(3) 승낙을 할 실체법상의 의무가 없는 경우

회복등기절차에 있어서 등기상 이해관계 있는 제3자가 있어서 그의 승낙이 필요한 경우라고 하더라도, 그 제3자가 등기권리자에 대한 관계에 있어서 그 승낙을 하여야 할 '실체법상의 의무'가 있는 경우가 아니면, 그 승낙요구에 응하여야 할 이유가 없다(대판 1979. 11. 13. 78다2040).

가처분기입등기에 대한 원인무효의 말소등기가 이루어질 당시 소유권이전등기를 경료하고 있는 자는 법원이 위 가처분기입등기의 회복등기를 촉탁함에 있어서 등기상 이해관계가 있는 제3자에 해당하므로, 가처분채권자에 대하여 법원의 촉탁에 의한 위 가처분기입등기 회복절차에 승낙할 의무가 있다(대판 1998. 10. 27. 97마26104)

(4) 등기가 원인 없이 말소된 경우(원인무효의 등기)의 승낙의무

불법 된 방법에 의하여 등기권리자의 등기가 말소된 후에 등기부상 권리를 취득한 자는 등기권리자의 회복등기절차에 승낙할 의무가 있다(대판 1970. 2. 24. 69다2193, 1971. 8. 31. 71다1258).

가등기가 가등기권리자의 의사에 의하지 아니하고 말소되어 그 말소등기가 원인무효인 경우에는 등기상 이해관계 있는 제3자는 그의 선의, 악의를 묻지 아니하고 가등기권리자의 회복등기절차에 필요한 승낙을 할 의무가 있으므로, 가등기가 부적법하게 말소된 후 가처분등기, 근저당권설정등기, 소유권이전등기를 마친 제3자는 가등기의 회복등기 절차에서 등기상 이해관계 있는 제3자로서 승낙의무가 있다(대판 1970. 2. 24. 69다2193, 1972. 12. 12. 72다158, 1997. 9. 30. 95다39526).

제한물권의 등기가 불법 말소된 후에 소유권이전등기가 마쳐진 경우 말소회복등기의 상대방(등기의무자)은 말소 당시의 소유명의인이고, 현재의 소유명의인은 등기상 이해관계인이다(대판 1969. 3. 18. 68다1617). 따라서 말소회복등기는 회복되는 등기의 명의인과 말소 당시의 소유권등기의 명의인이 공동으로 신청하되(판결에 의한 경우에도 말소 당시의 명의인을 피고로 하여야 한다), 현재의 소유명의인의 승낙서를 첨부하여야 한다(등기선례 제3권 751항).

(5) 혼동으로 소멸한 근저당권의 부활과 이해관계인의 회복등기 승낙의무

근저당권자가 소유권을 취득하면 그 근저당권을 혼동에 의하여 소멸하지만 그 뒤 그 소유권취득이 무효인 것이 밝혀지면 소멸되었던 근저당권은 당연히 부활하고 이 부활과정에서 등기부상 이해관계가 있는 자는 위 근저당권말소등기의 회복등기절차를 이행함에 있어서 이것을 승낙할 의무가 있다(대판 1971. 8. 31. 71다1386, 등기예규 제183호).

(6) 제3자의 임의의 승낙 또는 승낙을 명한 판결

말소회복등기를 함에 있어서 이해관계 있는 제3자가 승낙을 하느냐 않느냐는 승낙을 하여야할 경우 외에는 그 제3자의 자유라고 할 것이나 말소등기의 회복을 하고자 하는 자의 입장에서 보면 이해관계 있는 제3자의 승낙서의 첨부가 없으면 회복등기를 할 수 없게 되므로(법 제29조 9호) 이해관계 있는 제3자의 임의의 승낙을 얻든가 그것이 불가능할 때에는 강제적으로 승낙을 구하는 판결(민집법 제263조 제1항)을 받아야한다.

말소된 가등기의 회복이 확정판결에 의한 것이라도 등기상 이해관계가 있는 제3자가 있는 때에는 그 회복등기신청서에 그 제3자의 승낙서나 이에 대항 힐 수 있는 재판의 등본을 첨부하여야 하고, 만일 승낙서 등의 첨부 없이 회복등기가 되었다면 그 등기는 이해관계 있는 제3자에 대한 관계에 있어서는 무효라 할 것이다(대판 1987. 5. 26. 85다카2203, 등기예규 제629).

말소회복등기를 하고자 하는 자가 강제적으로 회복등기에 대한 승낙을 소구할 수밖에 없는 경우에 제3자의 승낙의무가 있는가에 관하여 등기는 물권변동의 효력발생요건이고 존속요건은 아니어서(대판 1997. 9. 30. 95다39526) 일단 발생한 대항력은 법률이 규정하는 소멸사유가 발생하지 않는 한 소멸하지 않으므로 제3자는 그의 선의, 악의의 여부에 관계없이 승낙의무가 있다는 설이 일본의 통설, 판례이다.

(7) 승낙을 할 의무가 있는 등기상 이해관계 있는 제3자의 범위

가등기가 가등기권리자의 의사에 의하지 아니하고 말소되어 그 말소등기가 원인 무효인 경우에는 등기상 이해관계 있는 제3자는 그의 선의, 악의를 묻지 아니하고 가등기권리자의 회복등기절차에 필요한 승낙을 할의무가 있으므로, 가등기가 부적법하게 말소된 후 가처분등기, 근저당권설정등기, 소유권이전등기를 마친 제3자는 가등기의 회복등기절차에서 등기상 이해관계 있는 제3자로서 승낙의무가 있다(대판 97. 9. 30. 95다39526).

(8) 등기상 이해관계 있는 제3자가 말소등기의 회복에 승낙을 거부하는 경우

말소된 등기의 회복을 신청하는 경우(법 제59조)에 등기상 이해관계 있는 제3자가 말소된 등기의 회복에 승낙을 거부할 때에는 등기권리자는 그 제3자를 상대로 말소된 등기의 회복에 대한 승낙의 의사표시를 명하는 확정된 이행판결을 받아(민집법 제263조 제1항) 단독으로 회 복등기신청을 할 수 있다(법 제23조 제4항).

(9) 이해관계인의 승낙서 등을 첨부하지 아니한 말소회복등기(무효)

구부동산등기법 제75조(개정법 제59조)의 규정에 의하여 말소된 등기의 회복을 신청하는 경우에 등기상 이해관계 있는 제3자가 있는 때에는 신청서에 그 승낙서 또는 이에 대항할 수 있는 재판의 등본을 첨부하도록 되어 있으므로 이러한 요건을 갖추지 못한 회복등기는 등기상 이해관계 있는 제3자에 대한 관계에서는 무효이다(대판 1981. 6. 9. 81다10.11, 1983. 2. 22. 82다529, 1987. 5. 26. 85다카2203. 2001. 1. 16. 2000다49473).

따라서 판결에 의한 말소회복등기신청서에 등기상 이해관계 있는 제3자의 승낙서 또는 이에 대항할 수 있는 재판의 등본을 첨부하지 아니한 경우에는 "신청서에 필요한 서면을 첨부하지 아니한 때"에 해당되어 그 등기신청은 각하된다(법 제29조 9호).

(10) 제3자 명의등기의 직권말소

등기상 이해관계 있는 제3자명의의 등기는 이해관계인의 승낙이나 이에 갈음하는 재판이 있으면 등기관이 신청에 따른 등기의 말소 또는 말소회복의 등기를 할 때 이를 직권으로 이를 말소하여야 한다(법 제57조 제2항, 대판 1998. 11. 27. 97다41103. 등기선례 제5권 189항 나).

다. 당사자가 자발적으로 말소등기를 한 경우 회복등기의 가부(소극)

말소등기에 있어 그 등기가 부적법하게 말소된 경우의 '부적법'이란 실체적 이유(말소등기의 등기원인의 무효, 취소 등)에 기한 것이든 절차적 하자(등기관의 착오에 의한 등기의 말소 등)에 기한 것임을 불문하고 말소등기나 기타의 처분이 무효인 경우를 의미하는 것이기 때문에 어떤 이유든 당사자가 '자발적'으로 말소등기를 한 경우에는 말소회복 등기를 할 수 없다(대판 1990. 6. 26. 89다카5673, 1993. 3. 9. 92다39877, 2001. 2. 23. 2000다63974).

형식적 심사권밖에 없는 등기관으로서는 회복의 대상인 말소등기의 신청이 당사자의 진의에 기한 자발적인 것이었는지 아니면 착오 또는 기망에 의한 부적법한 것이었는지 여부를 판단할 방법이 없다. 따라서 당사자가 "신청착오", "합의해제의 무효" 등을 등기원인으로 하여 말소회복등기를 신청하거나, 등기상 이해관계 있는 제3자의 승낙(법 제59조)을 증명하는 정보 또는 이에 대항할 수 있는 재판이 있음을 증명하는 정보(규칙 제46조 제1항 3호)가 제공된 경우에는 등기관은 당사자가 자발적으로 말소등기를 하였는지(또는 말소등기가 적법하였는지 여부)를 판단할 필요 없이 그 신청을 수리하여야 한다.

라. 말소회복등기의 신청인

(1) 말소등기가 공동신청으로 된 경우

말소회복등기는 말소된 등기, 즉 회복하여야 할 등기의 등기명의인이 등기권리자가 되고, 그 회복에 의하여 등기상 직접 불이익을 받는 자가 등기의무자가 되어 그 공동신청에 의하여 이루어진다(법 제23조 제1항).

등기의무자가 말소회복등기의 신청에 협력하지 않으면 등기권리자는 등기의무자의 의사 진술을 명하는 판결을 받아 단독으로 신청할 수 있다(법 제23조 제4항). 말소등기 자체가 단독으로 마쳐진 경우[소유권보존등기나 가등기를 그 등기명인의인이 단독신청하여 말소한 경우(법 23조 2항, 93조 1항)]에는 말소회복도 단독으로 신청할 수 있다.

(2) 말소등기가 법원의 촉탁 또는 등기관의 직권에 의한 경우의 회복등기 절차

말소등기가 집행법원 등의 촉탁에 의한 경우에는 그 회복등기도 촉탁에 의하여야 하며(등기선례 제7권 384항, 385항), 말소등기가 등기관의 직권으로 행하여진 경우에는 그 회복등기도 직권으로 하여야 한다. 등기관이 말소할 수 없는 등기를 직권으로 말소한 경우(가등기에 기한 소유권이전의 본등기가 됨으로써 등기관이 직권으로 가등기 후에 경료된 제3자의 소유권이전 등기를 말소하였으나 그 후위 가등기에 기한 본등기가 원인무효의 등기라 하여 말소된 때)에는 구부동산등기법 제175조(현행법 제58조)를 준용하여 직권으로 말소회복등기를 하여야 하므로 회복등기절차이행청구는 등기의무자 아닌 자에 대한 청구로서 부적법하다.

등기관이 직권으로 말소회복등기를 할 경우에 등기상 이해관계 있는 제3자가 있는 때에는 그 승낙서 또는 이에 대항 할 수 있는 재판서 등본이 없는 한 그 회복 등기를 할 수 없는 것인바, 위의 '등기상 이해관계 있는 제3자'라 함은 등기기재의 형식상 말소된 등기가 회복됨으로 인하여 손해를 입을 우려가 있는 제3자를 의미하나 회복될 등기와 등기면상 양립할 수 없는 등기가 된 경우에는 이를 먼저 말소하지 않는 한 회복등기를 할 수 없으므로 이러한 등기(앞서의 가등기에 기한 소유권이전의 본등기)는 회복등기에 앞서 말소의 대상이 될 뿐이고, 그 등기의무자를 승낙청구의 상대방인 이해관계 있는 제3자로 보아 별도로 그 승낙까지 받아야 할 필요는 없으므로, 그 자에 대한 승낙청구는 상대방 당사자의 적격이 없는 자에 대한 청구로서 부적법하다(대판이1982. 1. 26. 80다2329, 2330).

(3) 소장의 청구취지 및 피고 지정(피고적격)

말소된 등기의 회복을 신청하는 경우에 등기상 이해관계 있는 제3자가 있을 때에는 그 제3자의 승낙이 있어야 한다(법 제59조). 따라서 판결에 의하여 말소회복등기의 신청을 하는 경우에도 그 회복에 대하여 등기상 이해관계 있는 제3자가 있을 때에는 제3자의 승낙이 있어야 하므로 제3자의 승낙서 등의 제출은 면제되지 않는다.

따라서 이 경우에는 회복등기의무자를 제1피고로 지정하고, 등기상 이해관계 있는 제3자를 제2피고로 지정한 후 소장의 청구취지에 제2피고인 등기상 이해관계 있는 제3자의 말소등기의 회복에 대한 "승낙의 의사표시"를 명료하게 기재하여야 그 판결에 의한 등기의 집행을 할 수 있다.

(가) 회복등기의무자

말소된 등기의 회복등기절차의 이행을 구하는 소에서는 '회복등기의무자'에게만 피고적격이 있는바, 가등기가 이루어진 부동산에 관하여 제3취득자 앞으로 소유권이전등기가 마쳐진 후 그 가등기가 말소된 경우 그와 같이 말소된 가등기의 회복등기절차에서 회복등기의무자는 가등기가 말소될 당시의 소유자인 제3취득자이므로, 그 가등기의 회복등기청구는 회복등기의무자인 제3취득자를 상대로 하여야 한다(대판 2009. 10. 15. 2006다43903).

(나) 근저당권설정등기의 회복등기청구의 상대방(등기말소 당시의 소유자)

불법하게 말소된 것을 이유로 한 근저당권설정등기의 회복등기청구는 그 등기의 말소 당시의 소유자를 상대로 하여야 한다(대판 1969. 3. 18. 68다1617, 등기예규 제137호).

(다) 말소회복등기에 대한 승낙의사표시청구의 소가산정

부동산등기법상 말소회복등기를 신청하는 경우에 등기부상 이해관계 있는 제3자 있는 때에는 그의 승낙이 있어야 한다(법 제59조). 따라서 등기신청인이 말소회복등기에 대한 제3자의 승낙서를 받지 못할 때에는 그 제3자를 상대로 승낙의 의사표시를 재판상 청구할 수 있는바, 이러한 승낙청구는 원고의 실체적 소유권을 방해하고 있는 상태를 배제하기 위한 소이므로 '소유권에 기한 방해배제청구'에 준하여 목적물 가액의 2분의 1을 기준으로 하여 소가를 산정하여야 한다(민사소송 등 인지규칙 제12조 제5호 가목).

■ 말소등기의 회복을 구하는 청구취지 및 판결주문의 기재례

> ① 피고는 원고에게 별지목록기재부동산에 관하여 서울중앙지방법원 강남등기소 2008. 10. 20. 접수 제45000호로 말소등기 된 같은 등기소 2008. 5. 15. 접수 제8000호 근저당권설정등기의 회복등기절차를 이행하라.
> ② 피고 갑(甲)은 원고에게 별지목록기재 부동산에 관하여 서울 남부지방법원 영등포등기소 2005. 10. 20. 접수 제44555호로 말소등기 된 같은 등기소 2005. 3. 10. 22344호 근저당권설정등기의 회복등기절차를 이행하고, 피고 을(乙)은 위 근저당권설정등기의 회복등기에 대한 승낙의 의사표시를 하라.

마. 직권으로 말소된 등기의 회복방법

(1) 가등기에 기한 소유권이전의 본등기가 됨으로써 직권으로 말소된 등기의 회복방법

말소등기의 회복에 있어서 말소된 원등기가 공동신청으로 된 것인 때에는 그 회복등기도 공동신청에 의함이 원칙이나, 다만 등기공무원이 말소할 수 없는 등기를 직권으로 말소한 경우(가등기에 기한 소유권이전의 본등기가 됨으로써 등기공무원이 직권으로 가등기 후에 경료된 제3자의 소유권이전등기를 말소하였으나 그 후 위 가등기에 기한 본등기가 원인무효의 등기라 하여 말소된 때)에는 본조를 준용하여 직권으로 말소회복등기를 하여야 하므로 회복등기절차 이행청구는 등기의무자 아닌 자에 대한 청구로서 부적법하다(대판 1982. 1. 26. 80다2329, 2330).

(2) 회복등기에 있어서 승낙청구의 상대방인 이해관계 있는 제3자

등기공무원이 직권으로 말소회복등기를 할 경우에 등기상 이해관계 있는 제3자가 있는

때에는 그 승낙서 또는 이에 대항할 수 있는 재판서 등본의 제출이 없는 한 그 회복등기를 할 수 없는 것인바, 위의 등기상 이해관계 있는 제3자라 함은 등기기재의 형식상 말소된 등기가 회복됨으로 인하여 손해를 입을 우려가 있는 제3자를 의미하나 회복될 등기와 등기면상(登記面上) 양립할 수 없는 등기가 된 경우에는 이를 먼저 말소하지 않는 한 회복등기를 할 수 없으므로 이러한 등기(앞서 가등기에 기한 소유권이전의 본등기)는 회복등기에 앞서 말소의 대상이 될 뿐이고, 그 등기의무자를 승낙청구의 상대인 이해관계 있는 제3자로 보아 별도로 그 승낙까지 받아야 할 필요는 없으므로, 그 자에 대한 승낙청구는 상대방 당사자의 적격이 없는 자에 대한 청구로서 부적법하다(대판이1982. 1. 26. 80다2329, 2330).

바. 말소회복등기의 효력

등기는 물권의 '효력발생'요건이고 '존속요건'이 아니므로 등기가 원인 없이 말소된 경우에는 그 물권의 효력에 아무런 영향을 미치지 아니하고(대판 1988. 12. 27. 87다카2431), 그 회복등기를 마치기 전이라도 말소된 소유권이전등기의 최종명의인은 적법한 권리자로 추정된다(대판 1982. 9. 14. 81다카923).

말소되었던 등기에 관한 회복등기가 된 경우에는 그 회복등기는 말소 된 종전의 등기와 동일한 효력을 가진다(대판 1968. 8. 30. 68다1187). 따라서 말소 된 종전의 등기의 동일성 특히 동일순위를 보유하게 된다.

사. 폐쇄등기부에 기재되어 있는 등기의 회복청구 및 등기말소청구의 가부(소극)

폐쇄등기부에 기재되어 있는 등기는 현재의 등기로서의 효력이 없고 그 회복절차에 관해서 법률상 규정이 없으므로, 그 회복은 이를 구할 수 없으며(대판 1979. 9. 25. 78다1089), 그 회복절차에 관하여 아무런 규정이 없어 그 회복절차이행을 구할 수 없으므로 폐쇄등기를 한 것이 위법이라는 이유로 그 회복을 위한 등기말소청구도 할 수 없으며(대판 1980. 1. 15. 79다1949), 회복이 가능함을 전제로 하는 폐쇄등기용지상의 소유권이전등기의 말소등기절차이행청구도 할 수 없다(대판이1980. 12. 9. 80다1389).

부동산등기용지가 폐쇄된 경우 설사 그 폐쇄가 위법하게 이루어진 것이라고 하더라도 소송의 방법으로 그 회복절차의 이행을 청구할 수 없다(1994. 12. 23. 93다37441).

아. 회복등기와 등기면상 양립할 수 없는 등기가 된 경우

회복될 등기와 등기면상 양립할 수 없는 등기(아파트의 등기부상 토지에 관한 대지권등기가 말소된 이후에 토지 공유지분에 관하여 제3자 명의의 이전등기가 경료되었다면, 회복될 등기인 위 대지권등기는 그 등기의 말소를 전제로 하여 경료된 제3자 명의의 지분소유권이전등기와는 서로 양립할 수 없다고 한 사례)가 된 경우에는 이를 먼저 말소하지 않는 한 회복등기를 할 수 없으므로 이러한 등기는 회복등기에 앞서 말소의 대상이 될 뿐이고 그 등기명의인을 이해관계 있는 제3자로 보아 별도로 그 승낙을 받아야 하는 것은 아니다(대법원 2002. 2. 27. 2000마7937).

토지소유권이전 말소회복등기신청

접 수	년 월 일	처 리 인	등기관 확인	각종 통지
	제 호			

부동산의 표시
- 생략 -

등기원인과 그 연월일	2011년 ○월 ○일 확정판결
등 기 의 목 적	소유권이전등기의 회복
회 복 할 등 기	0000년 0월 0일 접수 제○○호로 말소된 소유권이전등기

구분	성 명 (상호·명칭)	주민등록번호 (등기용등록번호)	주 소 (소재지)
등기 의무자	○○○		
등기 권리자	○○○		

등 록 면 허 세	금		원
지 방 교 육 세	금		원
세 액 합 계	금		원
등 기 신 청 수 수 료	금		원
	납부번호 :		

첨 부 서 면

1. 등기상 이해관계 있는 제3자의
   승낙서 또는 이에 대항할 수 있는
   재판의 등본   통
1. 등기필증   1통
1. 등록세영수필확인서 및 통지서   통
1. 위임장   통

　　　　　　　　　년　　월　　일

위 신청인　○○○ ㊞　　　　　　(전화 :　　　)
　　　　　　○○○ ㊞　　　　　　(전화 :　　　)
(또는) 위 대리인 법무사 ○○○ ㊞　(전화 :　　　)

서울중앙 지방법원　등기과 귀중

[별지] 회복등기신청서양식

토지소유권이전등기의 말소회복등기신청

접 수	년 월 일	처 리 인	등기관 확인	각종 통지
	제 호			

부동산의 표시
- 생 략 -

등기원인과 그 연월일	2012년 ○월 ○일 판결에 의한 소유권이전등기말소
등 기 의 목 적	소유권이전등기의 회복

회복할등기사항	전 등 기 의 순 위 번 호	제 2 번
	전등기 접수년월일 및 번호	2011년 11월 30일 제23009호
	전등기원인 및 그 일자	2011년 11월 29일 매매
	등기의 목적	소유권 이전
	소 유 자	김한울(450815- 1234567) 서울종로구 율곡로 1 길 00(사간동) 거래금액 : 200,000, 000원

2000년 월 일 위 신청인 김한울 서울 종로구 가희로 10 대리인 정용락 (인) 지방법원 귀중	부속서류
	1. 판결접본 및 확정증명서 각1통 1. 취득세(등록면허세)영수필확인서 1통 1. 전등기의 등기필증 1통 1. 위임장 1통

소유권이전등기의 회복(등기기록 기록례)

【갑 구】			(소유권에 관한 사항)	
순위번호	등기목적	접수	등기원인	권리자 및 기타사항
1	소유권보전	2011년 11월 8일 제15320호		소유자 김우리 000000-0000000 서울특별시 서초구 서초대로 00(서초동)
~~2~~	~~소유권이전~~	~~2011년 11월 30일 제23009호~~	~~2011년 11월 29일 매매~~	~~소유자~~ ~~김한울 000000-0000000~~ ~~서울특별시 종로구 율곡로1길 00 (사간동)~~ ~~거래가액 금200,000,000원~~
3	2번 소유권이전등기 말소	2012년 2월 1일 제2032호	2012년 2월 1일 서울중앙지방법원의 확정판결	
4	2번 소유권이전등기 회복	2012년 10월 5일 제14007호	2012년 6월 7일 서울중앙지방법원의 확정판결	
2	소유권이전	2011년 11월 30일 제23009호	2011년 11월 29일 매매	소유자 김한울 000000-0000000 서울특별시 종로구 율곡로1길 00 (사간동) 거래가액 금200,000,000원 2012년 10월 5일 등기

자. 등기관의 등기신청의 각하

부동산등기법상 등기의 말소 또는 말소된 등기의 회복을 신청하는 경우 그 말소 또는 말소된 등기의 회복에 관하여 '등기상 이해관계 있는 제3자가 있을 때'에는 '그 제3자의 승낙'이 없는 한 등기의 말소 또는 말소된 등기의 회복을 신청할 수 없다.

따라서 등기의 말소 또는 말소된 등기의 회복을 신청하는 경우에 그 말소나 회복에 대하여 등기상 이해관계 있는 제3자가 있는 경우에 그 '제3자의 말소나 회복에 대한 승낙을 증명하는 서면이나 이에 대항할 수 있는 재판의 등본'을 첨부하지 아니한 때에는 등기관은 '등기에 필요한 첨부정보를 제공하지 아니한 경우'(구법 제55조 제8호의 등기신청에 필요한 서면을 첨부하지 아니한 때)를 적용하여 그 신청을 각하하여야 한다(법 제29조 제9호).

위와 같이 등기관이 등기신청을 각하할 때에는 등기부기재에 의하여 형식적으로 등기상 이해관계 있는 제3자가 있는지 여부만을 판단하며, 그 제3자가 등기의 말소 또는 회복에 대하여 승낙을 할 실체법상의 의무가 있는지 여부는 등기관의 심사대상이 아니므로 '판결주문에 제3자의 승낙의 의사표시를 명하는 기재'가 없으면 그 등기신청은 부동산등기법 제29조 제9호에 의하여 각하된다.

위와 같은 승소판결을 받은 원고가 그 판결에 의한 등기를 신청하기 위하여는 별소(別訴)로 제3자를 상대로 등기의 말소 또는 말소된 등기의 회복에 대한 승낙의 의사를 구하는 소를 하여 청구인용의 확정판결을 받아 그 판결정본을 첨부하거나 또는 제3자로부터 승낙서(이 승낙서에는 말소 또는 회복의 대상인 등기를 정확히 특정한 후 제3자의 인감도장을 날인하고 그의 인감증명서를 첨부하여야 한다. 부동산등기규칙 제46조 제1항 제2호 및 규칙 제60조 제7호)를 받아 등기신청서에 첨부하여야 한다.

이와 같이 볼 때 등기의 말소 또는 말소된 등기의 회복에 대하여 등기상 이해관계 있는 제3자가 있는 경우 그 제3자의 승낙의 의사표시는 부동산등기법상의 '법률요건(法

律要件)'임과 동시에 민사소송법상의 '소송요건(訴訟要件)'으로서 '법원의 직권조사사항 (職權調査事項)'으로 보아야 할 것이다.

차. 제3자의 승낙여부에 대한 법원의 직권조사

등기의 말소를 신청하는 경우에 그 말소에 대하여 등기상 이해관계 있는 제3자가 있을 때(부동산등기법 제57조 제1항) 또는 말소된 등기의 회복을 신청하는 경우에 그 회복에 대하여 등기상 이해관계 있는 제3자가 있을 때(동법 제59조)에는 그 등기의 말소나 회복에 대하여 제3자의 승낙이 있어야 하므로, 이 경우의 '제3자의 승낙'은 등기의 말소 또는 말소된 등기의 회복에 대한 부동산등기법상의 '법률요건(法律要件)'이다.

따라서 등기의 말소 또는 말소된 등기의 회복을 청구하는 사건에 있어서 등기의 말소 또는 회복에 대하여 등기상 이해관계 있는 제3자가 있을 때에는 제3자의 승낙이 있어야 그 등기의 말소나 회복을 신청할 수 있으므로, 등기권리자인 원고는 소장의 '당사자 표시란' 에 그 제3자를 피고로 지정(當事者適格)한 후 '청구취지'에 등기의 말소나 회복에 대한 제3 자의 승낙의 의사표시(소장의 필요적 기재사항인 소송요건)를 명확히 기재하여야 한다.

이와 같이 등기의 말소 또는 말소된 등기의 회복에 대한 등기상 이해관계 있는 제3자의 승낙의 의사표시'는 부동산등기법상의 법률요건이며, 민사소송법상의 소송요건(즉, 당사 자적격 및 소장의 필요적 기재사항)이므로 이것은 법원의 직권조사사항(職權調査事項)이 라고 본다.

소송요건의 대부분은 법원의 직권조사사항으로 피고의 항변의 유무에 관계 없이 법원 이 직권으로 이를 조사하여 참작할 사항이다. 직권조사(職權調査)라 함은 소송상의 사항 즉 소송요건 또는 개개의 소송행위의 적법요건의 흠결에 관하여 당사자의 이의(異議)나 신청이 없는 경우에도 법원이 자발적으로 조사하여 판단하는 것을 의미하며, 그 대상인 사항을 직권조사사항(職權調査事項)이라고 한다.

소송요건의 존부를 판정하는 시기는 원칙적으로 사실심의 변론종결시이다(대판 1977. 5. 24. 76다2304). 따라서 제소 당시에는 소송요건이 부존재하여도 사실심의 변론종결시까지 이를 구비하면 된다. 소송요건은 본안판결의 요건이므로 본안판결에 앞서 조사하여야 한다.

부동산등기에 관하여 의사의 진술을 구하는 청구인 등기의 말소 또는 말소된 등기의 회복청구의 경우 등기상 이해관계 있는 제3자의 말소 또는 회복에 대한 '승낙의 의사표시'는 앞에서 본 바와 같이 부동산등기법 상의 '법률요건'인 동시에 민사소송법상의 '소송요건'에 해당하는 것으로서 이것은 '법원의 직권조사사항(職權調査事項)'으로 보아야 한다.

따라서 원고가 법원에 제출한 등기부등본의 기재에 의하여 등기의 말소 또는 말소된 등기의 회복청구에 대하여 등기상 이해관계 있는 제3자가 있는 경우에는 그 제3자가 등기의 말소 또는 회복에 대하여 실체법상의 승낙을 하여야 할 의무가 있는지 여부를 법원이 직권으로 심리·조사하여 판결함으로서 그 판결에 의한 등기의 집행이 가능하도록 하는 것이 민사소송제도의 이상을 구현하는 것이라 할 것이다. 이 경우 법원으로서는 그 판단의 기초자료인 사실과 증거를 직권으로 탐지할 의무까지는 없다하더라도, 이미 제출된 자료(원고가 법원에 입증자료로 제출한 부동산등기부등본)에 의하여 등기상 이해관계 있는 제3자의 등기의 말소 또는 말소등기의 회복에 대하여 '승낙을 할 의무가 있는지 여부'에 관하여 의심이 갈만한 사정이 엿보인다면 법원은 이에 관하여 심리·조사할 의무가 있다고 하여야 할 것이다(대판이2007. 3. 29. 2006다74273).

직권조사사항에 관하여는 당사자가 합의(合意)나 책문권(責問權)의 포기에 의하여 법원의 조사와 판단을 저지할 수는 없다. 직권조사사항에 관하여는 기록에 현출되어 있는 자료(예 : 등기부등본)는 변론에서 원용하지 않더라도 법원은 이를 판단의 자료로 채용할 수 있다[학설 판례 주석 민사소송법 303면(3) 직권조사].

카. 판결 등 집행권원에 의한 등기신청서의 첨부서면

등기절차의 이행 또는 인수(引受)를 명하는 판결에 의한 등기를 단독으로 신청하는 승소한 등기권리자 또는 등기의무자는 다음 각 호의 정보를 그 신청정보(부동산등기규칙 제43조)와 함께 첨부정보로서 등기소에 제공하여야 한다(동 규칙 제46조, 등기예규 제1383호 5).

(1) 판결정본 및 확정증명서와 송달증명서

① 판결에 의한 등기를 신청함에 있어 등기원인증서로서 판결정본과 그 판결이 확정되었음을 증명하는 확정증명서를 첨부하여야 한다. ② 조정조서, 화해조서 또는 인낙조서를 등기원인증서로 첨부하는 경우에는 확정증명서를 첨부할 필요가 없다. ③ 조정에 갈음하는 결정정본 또는 화해권고결정정본을 등기원인증서로서 첨부하는 경우에는 확정증명서를 첨부하여야 한다. 위 ①부터 ③까지의 경우에 송달증명서의 첨부를 요하지 않는다.

(2) 집행문

판결에 의한 등기를 신청하는 경우 원칙적으로 집행문의 첨부를 요하지 않는다. 등기절차의 이행을 명하는 판결이 선이행판결, 상환이행판결, 조건부이행판결인 경우에는 집행문을 첨부하여야 한다. 다만 등기절차의 이행과 반대급부의 이행이 각각 독립적으로 기재되어 있다면 그러하지 아니하다.

(3) 주소를 증명하는 서면

판결에 의하여 등기권리자가 단독으로 소유권이전등기를 신청할 때는 등기권리자의 주소를 증명하는 서면만을 제출하면 된다. 판결문상의 피고의 주소가 등기부상의 등기의무자의 주소와 다른 경우에는 동일인임을 증명할 수 있는 자료로서 주소에 관한 서면을 제출하여야 한다. 다만 판결문상에 기재된 피고의 주민등록번호와 등기부상에 기재된 등기의무자의 주민등록번호가 동일한 경우에는 그러하지 아니하다.

(4) 제3자의 허가서

등기원인을 증명하는 정보가 "집행력 있는 판결"인 경우에는 "등기원인에 대하여 제3자의 허가, 동의 또는 승낙이 필요한 경우에는 이를 증명하는 정보"를 제공할 필요가 없다(부동산등기규칙 제46조 제3항). 다만, 등기원인에 대하여 행정관청의 허가, 동의 또는 승낙 등을 받을 것이 요구되는 때에는 해당 허가서 등의 현존사실이 그 판결서에 기재되어 있는 경우에 한하여 허가서 등의 제출의무가 면제된다. 그러나 소유권이전등기를 신청할 때에는 해당 허가서 등의 현존사실이 판결서 등에 기재되어 있다 하더라도 행정관청의 허가서 등을 증명하는 서면을 반드시 제출하여야 한다(부동산등기특별치법 제5조 제1항).

(5) 등기필정보

승소한 등기권리자가 단독으로 판결에 의하여 등기를 신청하는 경우에는 등기의무자의 권리에 관한 등기필정보를 제공할 필요가 없다. 다만 승소한 등기의무자가 단독으로 등기를 신청할 때에는 그의 권리에 관한 등기필정보를 제공하여야 한다(부동산등기법 제50조 제2항 후단).

8. 집행불능판결에 대한 책임여부

가. 소장을 작성한 변호사나 법무사의 위임계약상의 선관의무

부동산등기에 관하여 의사 진술을 구하는 소장을 작성하는 변호사 또는 법무사와 원고 사이에는 위임계약이 체결되며, 수임인은 위임의 본지(本旨)에 따라 선량한 관리자의 주의로써 위임사무를 처리하여야 한다(민법 제681조). '선량한 관리자의 주의'라 함은 수임인의 직업 및 사회적 지위에 따라 거래상 보통 일반적으로 요구되는 정도의 주의를 말한다.

소장을 작성하는 변호사나 법무사는 그 수임사무를 수행함에 있어 전문적인 법률지식과 경험에 기초하여 위임의 본지(本旨)에 따라 선량한 관리자의 주의로써 위임사무를 처리할 의무가 있으며(민법 제681조), 구체적인 위임사무의 범위는 변호사등과 의뢰인 사이의 위임계약의 내용에 의하여 정하여진다.

따라서 등기의 말소(법 제57조 제1항) 또는 말소된 등기의 회복(법 제59조)을 구하는 소장을 작성하는 변호사 등은 원고가 제출하는 등기부등본의 기재에 의하여 '등기상 이해관계 있는 제3자가 있는 경우'에는 그 제3자에게 등기의 말소 또는 회복에 대하여 '승낙을 하여야 할 실체법상의 의무'가 있는지 여부를 확인하여 제3자에게 승낙의무가 있는 경우에는 제3자를 '피고로 지정'한 후 등기의 말소 또는 말소된 등기의 회복에 대한 '승낙의 의사표시'를 구하는 취지를 소장의 청구취지에 명백히 기재하여야 할 수임인으로서의 선관의무가 있다고 본다.

나. 집행불능판결을 선고한 법관의 책임

(1) 법원의 직권조사사항

등기의 말소(법 제57조 제1항) 또는 말소된 등기의 회복(법 제59조)을 청구한 경우 원고가 법원에 입증방법으로 제출한 등기부등본에 등기상 이해관계 있는 제3자가 있음에 불구하고 소장에 제3자를 피고로 지정하지 아니함은 물론 청구취지에 제3자에 대한 승낙의 의사표시를 구하는 취지가 각 누락된 경우, 법원에서 이에 대한 직권조사를 하지 아니한 채 청구인용판결을 하였을 때 그 판결은 이른바 집행불능판결로써 그 판결에 의한 등기신청은 등기관이 각하하게 된다(부동산등기법 제29조 제9호).

등기의 말소 또는 말소된 등기의 회복에 대하여 등기상 이해관계 있는 제3자가 있을 때에는 그 제3자의 등기의 말소나 말소된 등기의 회복에 대한 '승낙의 의사표시'는 부동산등기법상의 '법률요건(法律要件)'이며, 민사소송법상의 '소송요건(訴訟要件)'이므로 법원은 이에 대하여 직권으로 조사하여 심리할 의무가 있다고 할 것이다.

(2) 법원의 소송자료보충을 위한 석명의무

당사자가 어떠한 법률효과를 주장하면서 미처 깨닫지 못하고 요건사실 일부를 빠뜨린 경우에는 법원은 그 누락사실을 지적하고, 당사자가 이 점에 관하여 변론을 하지 아니하는 취지가 무엇인지를 밝혀 당사자에게 그에 대한 변론을 할 기회를 주어야 할 의무가 있다(대판 2005. 3. 11. 2002다60207)

대법원은 '민사소송법 제136조 제4항은 "법원은 당사자가 명백히 간과한 것으로 인정되는 법률상 사항에 관하여 당사자에게 의견을 진술할 기회를 주어야 한다"라고 규정하고 있으므로, 당사자가 부주의 또는 오해로 인하여 명백히 간과한 법률상의 사항이 있거나 당사자의 주장이 법률상의 관점에서 보아 모순이나 불명료한 점이 있는 경우 법원은 적극적으로 석명권을 행사하여 당사자에게 의견진술의 기회를 주어야 하고 만일 이를 게을리 한 경우에는 석명 또는 지적의무를 다하지 아니한 것으로서 위법하다(대판 2010. 2. 11. 2009다83599)'고 판결했다.

(3) 법관의 직무상 의무

공무원은 국민전체에 대한 봉사자이며, 국민에 대하여 책임을 진다(헌법 제7조 제1항). 공무원의 직무상 불법행위로 손해를 받은 국민은 법률이 정하는 바에 의하여 국가 또는 공공단체에 정당한 보상을 청구할 수 있다. 이 경우 공무원자신의 책임은 면제되지 아니한다(헌법 제29조 제1항). 법관은 국가공무원법상 특정직공무원이다(국가공무원법 제2조 제2항 2호)

법관은 올바르게 사실을 확정하고 확정된 사실에 법을 올바르게 적용하여 재판을 통해 사회정의를 구현해야 한다. 법관이 구체적 사건의 재판에 적용할 법령의 내용에 관한 정확한 지식에 기초한 법의 적용은 법관이 반드시 갖추어야 할 직무상의 의무이다.

부동산등기에 관하여 의사의 진술을 구하는 사건은 원고가 스스로 소송을 수행(당사자소송)하기보다는 변호사를 선임하여 소송을 수행하는 것이 일반적이므로 원고는 확정판결을 받기까지 많은 비용과 시간을 소모하게 되나 그 판결이 이른바 '집행불능판결'로서 그 판결에 의한 등기신청이 각하된 경우 법관은 그 판결에 대하여 어떠한 책임을 질 것인가?

대법원은 '헌법재판소 재판관이 청구기간 내에 제기된 헌법소원심판청구사건에서 청구기간을 오인하여 각하결정을 한 경우, 이에 대한 불복절차 내지 시정절차가 없는 때에는 국가배상책임을 인정할 수 있다(대판 2003. 7. 11. 99다24218)'고 판결하여 국가배상책임을 인정한 사례가 있다.

(4) 재판에 대한 국가배상책임이 인정되기 위한 요건

법관의 재판에 대한 국가배상책임이 인정되기 위한 요건에 관하여 대법원은 '법관의 재판에 법령의 규정을 따르지 아니한 잘못이 있다하더라도 이로써 바로 그 재판상 직무행위가 국가배상법 제2조 1항에서 말하는 위법한 행위로 되어 국가배상책임이 발생하는 것은 아니고 그 국가배상책임이 인정되려면 당해 법관이 "위법 또는 부당한 목적"을 가지고 재판을 하였다거나 "법이 법관의 직무수행상 준수할 것을 요구하고 있는 기준을 현저하게 위반"하는 등 "법관이 그에게 부여된 권한의 취지에 명백히 어긋나게 이를 행사하였다고 인정할 만한 특별한 사정이 있어야" 한다'(대판 2003. 7. 11. 99다24218)고 판결했다.

판결의 위법을 이유로 한 국가배상책임을 인정하기 위하여는 재판의 특수성을 고려하여 엄격하고 신중하게 검토하여야 할 것이다.

(5) 집행불능판결을 받은 원고의 구제문제

등기의 말소(부동산등기법 제57조 제1항) 또는 말소된 등기의 회복(동법 제59조)을 명하는 확정된 이행판결이 집행불능판결로서 그 판결에 의한 등기신청이 각하된 경우(동법 제29조) 그 판결은 원고에 있어 휴지조각에 불과하다.

원고는 그 동안 많은 비용(예 : 소송비용 및 부동산등기법 제29조 제10호의 규정에 의하여 부과된 의무의 이행 등)과 노력을 소모하였고, 그 판결은 원고승소의 확정판결이므로 원고는 이에 대하여 불복절차나 시정절차에 따라 자신의 권리나 이익을 회복할 방법이 없으므로 다시 소를 제기하여 집행이 가능한 판결을 받는 절차를 반복하게 된다. 이 경우 원고에 대한 구제방법은 무엇인가? 이것은 앞으로 법원의 책무라고 본다.

9. 멸실회복등기

가. 등기부의 멸실

등기부의 전부 또는 일부가 멸실한 경우에는 대법원장은 3월 이상의 기간을 정하여 그 기간 내에 등기의 회복을 신청하는 자는 그 등기부에 있어서의 종전의 순위를 보유한다는 취지의 고시를 하여야 한다(구 부동산등기법 제24조 제1항). 대법원장은 대법원규칙이 정하는 바에 의하여 제1항의 규정에 의한 멸실회복고시에 관한 권한을 지방법원장에게 위임할 수 있다(동법 제24조 제2항. 멸실회복등기의 사무처리지침 등기예규 제1223호).

나. 멸실한 등기부의 회복등기

구부동산등기법 제24조의 경우에는 등기권리자만으로 등기의 회복을 신청할 수 있다(구부동산등기법 제79조). 멸실회복등기는 6.25사변 기타 재난으로 인하여 등기부의 전부 또는 일부가 물리적으로 멸실된 경우에 그로 말미암아 소멸한 등기의 회복을 목적으로 행하여지는 등기이므로 등기부 멸실 전에도 자기명의로 등기부상에 기재되어 있어야 이를 할 수 있으며(대판 1995. 3. 17. 93다61970), 등기권리자가 사망한 경우에 멸실회복등기는 상속인 명의로 할 것이 아니라 피상속인명의로 하여야 한다(대판 1993. 7. 27. 92다50072).

구부동산등기법 제79조에 따라 멸실한 등기부의 회복등기를 신청하는 경우에는 신청서에 전등기의 순위번호, 신청서 접수의 연월일, 접수번호를 기재하고 전등기의 등기필증을 첨부하여야 한다(구부동산등기법 제80조). 멸실한 등기부의 회복등기신청이 있는 경우의 등기절차는 구 부동산등기법 제81조에 규정되어 있다.

멸실회복등기에 전(前)등기의 접수연월일 및 접수번호가 불명이라고 기재된 것만으로는 그 회복등기신청에 있어서 전등기의 등기권리증 또는 이에 대치되는 공문서를 첨부하지 아니하였다고 할 수 없고 일단 멸실회복등기가 경료된 이상 특별한 사정이 없는 한 이는 등기공무원이 적법하게 처리한 것으로 추정하여야 한다(대판 1980. 10. 14. 80다1795). 멸실회복등기에 있어 전 등기의 접수연월일, 접수번호 및 원일일자가 불명이라고 기재되어 있다 하더라도, 특별한 사정이 없는 한 이는 등기공무원에 의하여 적법하게 수리되고 처리된 것이라고 추정된다(대판 1997. 11. 25. 97다34723).

소유권이전등기가 등기부 멸실 후 회복등기절차에 따라 이루어진 경우에 그 회복등기는 등기공무원에 의하여 적법하게 수리되어 처리된 것으로 추정되므로 소유권이전등기의 멸실회복등기에 있어서 전등기의 접수연월일, 접수번호 및 등기원인, 원인일자가 각 공란(또는 불명)으로 되어 있다고 하더라도 특별한 사정이 없는 한 멸실회복등기의 실시요강에 따라 등기공무원이 토지대장등본 등 전등기의 권리를 증명할 공문서가 첨부된 등기신청서에 의하여 적법하게 처리한 것이라고 추정된다(대판 1995. 3. 17. 93다61970, 2003. 12. 12. 2003다44615, 44622).

다. 멸실된 등기부에 관한 경과조치

종이형태로 작성된 등기부의 전부 또는 일부가 폐쇄되지 아니한 상태에서 멸실되었으나 이 규칙 시행 당시까지 종전의 규정에 따른 멸실 회복등기절차가 이루어지지 아니한 경우의 그 회복에 관한 절차는 종전의 규정에 따른다(부동산등기규칙 부칙 제3조).

종이형태로 작성된 등기부의 전부 또는 일부가 폐쇄되지 아니한 상태에서 멸실되었으나 부동산등기규칙(2011. 9. 28. 대법원규칙 제2356호) 시행당시(시행일 : 2011. 10. 13)까지 종전의 규정(구부동산등기법 제24조, 구부동산등기규칙 제24조의2)에 따른 멸실회복등기절차가 이루어 지지 아니한 경우의 그 회복에 관한 절차는 종전의 규정에 따른다(규칙 부칙 제3조).

따라서 등기부의 전부 또는 일부가 멸실될 때에는 등기관은 지체 없이 그 사유, 연월일, 멸실된 등기부의 책수 기타 구부동산등기법 제24조의 고시에 필요한 사항을 상세히 기재하고 또 회복등기기간을 예정하여 지방법원장에게 보고하여야 한다(구규칙 제24조의2 제1항).

지방법원장은 제1항의 보고를 받은 때에는 상당한 조사를 한 후 대법원장에게 보고하여야 한다(동 규칙 제24조의2 제2항). 등기관은 멸실회복등기절차를 완료한 때에는 지체 없이 회복등기에 관한 사항을 지방법원장에게 보고하여야 하고, 지방법원장은 지체 없이 이를 대법원장에게 보고하여야 한다(동 규칙 제24조의2 제3항).

라. 멸실회복등기의 신청권자

멸실회복등기는 오로지 멸실한 등기의 회복을 목적으로 한 것이므로 등기부멸실 전에도 자기명의로 등기부상에 등재되어 있었어야 이를 할 수 있는 것이고 현재 실체상의 권리가 있다하여 멸실회복등기를 할 수 없다(대판 1961. 11. 2. 4293민상629).

소유권에 대한 회복등기는 멸실된 등기부의 최종 소유명의인이 단독으로 신청함이 원칙이다. 다만 공동소유인 부동산은 공동소유자 전원명의로 회복등기신청을 하여야 하고 공동소유자 중의 일부의 지분만에 관한 회복등기신청을 할 수 없다. 공동소유자 중의 1인은 공동소유자 전원명의로 회복등기신청을 할 수 있다. 등기명의인의 사망에 의하여 그 상속인이 회복등기를 신청하는 때에는 상속인 명의로 할 것이 아니라 피상속인 명의로 하여야 한다(대판1993. 7. 27. 92다50072).

마. 회복등기 또는 새로운 보존등기신청

(1) 회복등기신청인(자기명의로 등기부상에 기재되어 있는 자)

회복등기의 신청기간은 각 지방의 실정에 따라 지방법원장이 이를 고시한다. 회복등기의 신청은 등기부멸실 전에 자기(또는 피상속인)명의로 등기부상에 기재되어 있는 자가 단독으로 신청할 수 있다(등기예규 제1223호. 1. 가~다).

(2) 회복등기신청기간 내에 회복등기를 하지 못한 경우의 새로운 보존등기신청

대법원 판례는 '회복등기의 신청기일 경과 후에 있어서는 회복등기는 이를 할 수 없으므로 통상의 절차에 의하여 새로운 보존등기를 신청하여야 하며(대판 1975. 6. 10. 74다1340), 등기부의 전부 또는 일부가 멸실된 경우에는 대법원장은 부동산등기법 제24조(현행 부동산등기규칙 부칙 제3조)에 의하여 3월 이상의 기간을 정하여 그 기간 내에 등기의 회복신청을 하도록 고시를 하며, 그 신청기일 경과 후에 있어서는 통상의 절차에 의하여 새로운 등기를 신청하여야 한다(대판 1978. 12. 26. 78다1895)'고 했다(등기예규 제1223호. 1. 라).

등기부 멸실에 따른 회복등기 신청기간 내에 회복등기를 하지 않은 부동산은 미등기부동산으로 되고 이 경우 소유권보존등기절차에 의하여 새로운 등기를 하여야 한다(대판 1984. 2. 28. 83다카994). 따라서 등기부 멸실에 따른 회복등기기간 내에는 회복등기를 하지 못한 부동산에 대하여는 부동산등기법 제65조 각 호의 어느 하나에 해당하는 요건을 갖춘 자가 보존등기를 신청할 수 있다. 회복등기신청절차, 회복등기방식, 회복등기고시문례에 관하여는 등기예규 제1223호에 규정되어 있다.

(3) 등기부멸실 후 회복등기를 하지 아니한 경우 소유권상실 여부(소극)

민법시행일 이전에 이미 법률행위로 인한 물권의 득상변경에 관한 등기가 경료된 경우에는 비록 그 등기부가 멸실되었다 하더라도 민법 부칙 제10조 1항이 적용될 여지가 없으며, 등기부멸실 당시의 소유자가 회복등기 기간 내에 회복등기를 하지 않았다 하여 소유권을 상실하는 것이 아니다(대판 1981. 12. 22. 78다2278).

(4) 등기부가 멸실된 경우의 회복등기 방법

등기부의 전부 또는 일부가 멸실된 경우에는 대법원장은 구부동산등기법 제24조에 의하여 3월 이상의 기간을 정하여 그 기간 내에 등기의 회복신청을 하도록 고시를 하며 그 신청기일 경과 후에 있어서는 통상의 절차에 의하여 새로운 등기를 신청하여야 한다(대판 1978. 12. 26. 78다1895).

토지소유권이전등기의 멸실회복등기신청

접 수	년 월 일	처 리 인	등기관 확인	각종 통지
	제 호			

부동산의 표시
- 생략 -

등기원인과 그 연월일	2011년 ○월 ○일 등기부 멸실
등 기 의 목 적	소유권이전등기의 회복

회복할등기사항	전 등 기 의 순 위 번 호	제 번(또는 불명)
	전등기 접수년월일 및 번호	0000년 00월 00일 제00000호
	전등기원인 및 그 일자	0000년 00월 00일 매매
	등 기 의 목 적	소유권 이전
	소 유 자	홍길동(000000-0000000) 서울종로구 율곡로 1 길 00(사간동)

2011년 월 일 위 신청인 김○○ 서울 종로구 가희로 10 대리인 ○○○ (인) ○○지방법원 등기과 귀중	부속서류
	1. 전등기의 등기필증 1통 1. 위임장 1통 1. 등록세영수 및 통지서 및 확인서 1통 1. 판결정본 및 확정증명서 각1통

저당권설정등기의 멸실회복등기신청

접 수	년월일	처리인	등기관 확인	각종 통지
	제 호			

부동산의 표시
- 생 략 -

등기원인과 그 연월일	2011년 ○월 ○일 등기부 멸실
등 기 의 목 적	저당권설정등기의회복

회복할등기사항의표시	전등기의 순위번호	
	전등기 접수년월일 및 번호	
	전등기원인 및 그 일자	
	등 기 의 목 적	
	채 권 액	
	변 제 기	
	이 자	
	이 자 지 급 시 기	
	채 무 자	
	저 당 권 자	

2011년 월 일 위 신청인 홍○○ 서울 종로구 가희로 10 대리인 ○○○ ㊞ ○○지방법원 등기과 귀중	부속서류 1. 전등기의 등기필증 1통 1. 위임장 1통 1. 판결정본 및 확정증명서 각1통

소유권이전등기의 회복(등기부 기재례)

【갑 구】				(소유권에 관한 사항)
순위 번호	등기 목적	접수	등기 원인	권리자 및 기타사항
1 (전1)	소유권 보전	1989년 6월 5일 제6005호	1989년 6월 4일 매매	소유자 김갑동 000000-0000000 서울시 종로구 원서동 ○○ 멸실회복 접수 2012년 2월 1일 제2017호

주 : 전순위 불명의 경우에는 순위 번호란에 "불명"으로 괄호 안에 기록한다.

근저당권이전등기의 회복

【갑 구】				(소유권 이외의 권리에 관한 사항)
순위 번호	등기 목적	접수	등기 원인	권리자 및 기타사항
1 (전1)	근저 당권 설정	1989년 3월 7일 제6007호	1989년 3월 7일 설정계약	채권최고액 금6,000,000원 채무자 김예린 000000-0000000 서울시 서초구 반포동 ○○ 근저당권자 김갑동 000000-0000000 서울시 종로구 원서동 ○○ 멸실회복 접수 2012년 2월 1일 제8017호

(5) 회복등기신청기간 내에 회복등기를 하지 않은 부동산의 통상의 절차에 따른 소유권보존등기절차

(가) 통상의 절차에 따른 소유권보존등기

회복등기의 신청기일(등기예규 제1223호. 1. 나. 참조) 경과 후에는 회복등기는 이를 할 수 없으므로 통상절차에 의하여 새로운 등기(소유권보존등기)를 신청하여야 하며, 이때에는 등록세를 납부하여야 한다(등기예규 제1223호. 1. 라 및 3. 다).

판례는 멸실된 등기부의 복구방법으로서 한 보존등기의 효력에 관하여 '등기부 멸실의 경우 소정기간 내에 회복등기를 하면 종전의 순위를 보유시키는 효력이 있다는 것이지 회복등기의 방법만에 의하여 등기를 복구하는 것이 아니므로 보존등기를 하였다 하여 권리의 공시에 무슨 하자가 있다고 할 수 없다(대판 1975. 6. 10. 74다1340)'하여 등기부멸실의 경우에는 반드시 회복등기의 방법 만에 의하여 등기를 복구하는 것이 아니라 회복등기신청기일 경과 후에는 '통상의 절차에 따른 보존등기'를 신청하는 것이 적법하다고 했다.

(나) 멸실된 지적공부의 복구 및 소유권보존등기신청

6. 25사변 기타 재난으로 인하여 등기부의 전부 또는 일부가 멸실되었으나 회복등기신청기간 내에 회복등기신청을 하지 못하여 그 기간이 경과한 후에는 설사 등기권리자가 전등기의 등기필증을 소유하고 있다고 하여도 회복등기의 방법에 의하여는 등기를 할 수 없으며, 일반절차에 따라 새로운 보존등기를 하여야 하나(법 제65조), 이 경우 지적공부가 멸실된 상태라면 〈공간정보의 구축 및 관리 등에 관한 법률(구 지적법) 제74조(지적공부의 복구), 동법시행령 제61조(지적공부의 복구)〉에 따라 먼저 지적공부를 복구등록한 후 그 대장등본을 첨부하여(지적복구 시 "소유자에 관한 사항"이 복구되지 아니하였다면 소송에 의하여 소유권확인판결을 받아 이를 함께 첨부하여야 함) 소유권보존등기를 신청할 수 있다(1991. 1. 30. 등기예규 제716호).

지적소관청이 〈공간정보의 구축 및 관리 등에 관한 법률〉 제74조에 따라 지적공부를 복구할 때에는 멸실·훼손 당시의 지적공부와 가장 부합하다고 인정되는 관계자료에 따라 "토지의 표시에 관한 사항"을 복구하여야 한다. 다만, "소유자에 관한 사항"은 부동산등기부나 법원의 확정판결에 따라 복구하여야 한다(동법 시행령 제61조).

(6) 동일 부동산에 관하여 등기명의인을 달리하여 멸실회복에 의한 소유권이전등기가 중복등재 된 경우, 회복등기간의 우열을 판단하는 기준

동일 부동산에 관하여 등기명의인을 달리하여 중복된 소유권보존등기가 경료된 경우에는 먼저 된 소유권보존등기가 원인무효가 되지 아니하는 한 나중 된 소유권보존등기는 1부동산 1용지주의를 택하고 있는 현행 부동산등기법 제15조 아래에서는 무효라고 해석함이 상당하고, 동일 부동산에 관하여 중복된 소유권보존등기에 터 잡아 등기명의인을 달리하는 각 소유권이전등기가 경료된 경우에 등기의 효력은 소유권이전등기의 선후에 의하여 판단할 것이 아니고 각 소유권이전등기의 바탕이 된 소유권보존등기의 선후를 기준으로 판단하여야 하며, 그 이전등기가 멸실회복으로 인한 이전등기라하여 달리 볼 것은 아니고, 한편 동일 부동산에 관하여 하나의 소유권보존등기가 경료된 후 이를 바탕으로 순차로 소유권이전등기가 경료되었다가 그 등기부가 멸실된 후 등기명의인을 달리하는 소유권이전등기의 각 회복등기가 중복하여 이루어진 경우에는 중복등기의 문제는 생겨나지 않고 멸실 전 먼저 된 소유권이전등기가 잘못 회복등재된 것이므로 그 회복등기 때문에 나중에 된 소유권이전등기의 회복등기가 무효로 되지 아니하는 것이지만, 동일부동산에 관하여 등기명의인을 달리하여 멸실회복에 의한 각 소유권이전등기가 중복등재되고 각 그 바탕이 된 소유권보존등기가 동일등기인지 중복등기인지, 중복등기라면 각 소유권보존등기가 언제 이루어졌는지가 불명인 경우에는 위 법리로는 중복등기의 해소가 불가능하므로 이러한 경우에는 적법하게 경료된 것으로 추정되는 각 회복등기 상호간에는 각 '회복등기일자의 선후를 기준'으로 우열을 가려야 한다(대판 2001. 2. 15. 99 다 66915. 전원합의체판결).

10. 폐쇄등기부상의 등기에 대한 등기의 말소 또는 회복청구의 가부(소극)

 부동산등기용지가 폐쇄된 경우 설사 그 폐쇄가 위법하게 이루어진 것이라고 하더라도 소송의 방법으로 그 회복절차의 이행을 청구할 수 없으며(대판 1994. 12. 23. 93다37441), 폐쇄 등기부에 기재된 등기는 현재의 등기로서의 효력이 없으므로 폐쇄등기를 한 것이 위법이라는 이유로 그 회복을 위한 등기말소청구도 할 수 없으므로(대판 1980. 1. 15. 79다카1949), 폐쇄등기부상의 등기에 대한 말소 또는 회복을 명한 판결에 의한 등기신청은 "사건이 등 기할 것이 아닌 경우"에 해당(법 제29조 제2호)하여 등기관이 이를 각하하여야 한다.

가. 등기부(등기기록)의 폐쇄

 등기부(등기기록)의 폐쇄(閉鎖)라 함은 일정한 사유에 의하여 부동산에 관한 현재의 유효한 권리관계를 공시할 필요가 없게 되거나 공시할 수 없게 된 경우에 그 등기부(등기기록)에 그 사유와 등기부를 폐쇄한다는 뜻을 기록하고 그 부동산의 표시를 말소하는 것을 말한다.

 등기부가 폐쇄되면 그 때부터 그 등기부는 효력을 상실하며, 그 후 그 등기부에는 어떠한 사항도 기록할 수 없다. 등기부의 폐쇄원인에는, (1) 등기기록의 전환[즉, 등기부의 모든 기재내용을 새로운 등기부에 그대로 이기(移記)하는 것. 법 제20조 제1항] (2) 소유권보존등기가 말소된 경우, (3) 중복등기부의 정리절차로 인한 폐쇄, (4) 등기부의 기재사항의 과다 등의 사유로 인한 신등기부에 이기, (5) 등기부의 멸실방지를 위한 재제(再製), (6) 토지의 합필. 건물의 합병, (7) 부동산의 멸실, (8) 토지의 환지처분에 따른 폐쇄 (9) 도시정비법상의 이전고시에 따른 종전 토지에 관한 등기의 말소로 인한 폐쇄가 있다.

나. 폐쇄등기부에 기록된 등기의 효력

폐쇄된 등기부에는 통상의 등기부와 같은 등기의 효력이 인정되지 않으며, 폐쇄등기부에 기록된 등기사항에 관한 경정, 변경, 말소등기도 할 수 없다(등기선례 제1권 26항, 제2권 13항, 제3권 742항 등). 다만 소유권에 관하여 현재 효력 있는 등기가 원인무효 등을 이유로 말소된 경우 부활하게 되는 전 등기가 폐쇄등기부의 기록상에 있다면 폐쇄등기부로부터 이를 이기(移記)하여야 한다.

다. 폐쇄등기기록의 보존기간 및 부활

폐쇄한 등기기록은 영구히 보존하여야 한다(법 제20조 제2항). 폐쇄한 등기부에 관하여는 부동산등기법 제19조의 규정에 따라 열람, 등기사항증명서의 발급을 청구할 수 있다(법 제20조 제3항).

등기부에 폐쇄사유가 없음에도 불구하고 잘못 폐쇄한 경우에는 등기예규 제1207호에 따라 부활(復活)할 수 있다.

라. 폐쇄등기의 말소청구의 가부(소극)

폐쇄등기부에 기재된 등기는 현재의 등기로서의 효력이 없고, 그 회복절차에 관하여 아무런 규정이 없어 그 회복을 구할 수 없으므로, 폐쇄등기를 한 것이 위법이라는 이유로 그 회복을 위한 등기말소청구도 할 수 없으며(대판 1980. 1. 15. 79다1949), 폐쇄된 등기부상에 기재된 등기는 현재의 등기로서의 효력이 없으므로 그 말소를 구할 소의 이익이 없다(대판 1980. 10. 27. 80다223)

마. 폐쇄등기부에 기재되어 있는 등기의 회복청구의 가부(소극)

폐쇄등기부에 기재되어 있는 등기는 현재의 등기로서의 효력이 없고 그 회복절차에 관해서 법률상 규정이 없으므로 회복절차이행을 구할 수 없을 뿐만 아니라 회복이 가능함을 전제로 하는 폐쇄등기용지상의 소유권이전등기의 말소등기절차이행청구도 할 수 없다 (대판 1979. 9. 25. 78다1089, 1980. 12. 9. 80다1389, 1987. 12. 22. 87다카1097, 1988. 9. 6. 87다카1777, 1994. 12. 23. 93다37441).

11. 등기명의인 2인을 그 중 1인만으로 경정하는 판결에 의한 등기신청의 가부(소극)

2인의 공유등기를 그 중 1인의 단독소유로 경정(更正)하여 달라는 등기신청은 그 취지 자체에 있어서 이미 법률상 허용될 수 없음이 명백한 경우에 해당하므로 부동산등기법 제55조(현행법 제29조) 제2호 소정의 사건이 등기할 것이 아닌 때에 해당하여 등기관은 이를 각하하여야 한다(대법원 1981. 11. 6. 80마592, 1996. 4. 12. 95다33214 경정등기). 따라서 위 판결은 이른바 집행불능판결로서 이와 같은 판결에 의하여 법률상 허용될 수 없는 등기명의인 표시경정등기가 경료된 경우에는 등기상 이해관계 있는 자는 등기관의 처분에 대한 이의신청방법으로 그 등기의 시정을 구할 수 있으므로, 민사소송의 방법으로 그 시정을 구할 수는 없다(대판 1996. 4. 12. 95다33214).

가. 권리변경(경정)등기의 의의

(1) 권리변경(경정)등기

권리변경(경정)등기(權利更正登記)란 권리의 주체 또는 객체 이외의 기존등기의 일부가 등기 후에 변경(예: 전세권설정등기의 존속기간 또는 전세금의 변경 등)되어 이를 실체관계에 부합시키기 위하여 그 등기의 일부의 내용의 변경을 목적으로 하는 등기로 부기등기(附記登記)의 형식으로 한다.

(2) 부동산의 표시에 관한 변경(경정)등기와 제3자의 승낙여부(소극)

부동산의 표시에 관한 변경(경정)등기란 등기용지의 표제부에 등기된 부동산의 물리적 현황이 객관적 사항에 합치하지 아니하고 그 등기가 착오 또는 유루로 인하여 생긴 경우에 동일성이 인정되는 범위 내에서 이를 바로 잡는 것을 목적으로 행하여지는 등기를 말하므로, 그 등기에 의하여 그 부동산에 관한 권리에 어떤 변동을 가져오는 것이 아니므로, 부동산의 표시에 관한 경정(변경)등기에 있어서는 등기상 이해관계 있는 제3자의 승낙의 유무가 문제될 여지가 없다(대판 1992. 2. 28. 91다34967).

▣ 변경등기신청서의 변경할 사항의 기재례

> 을구 순위번호 1번 2010년 3월 15일 접수 제5000호로 경료된 근저당권 설정등기 사항 중 2012년 3월 20일 변경계약을 원인으로 '채권최고액 금 50,000,000원을 금 70,000,000원'(변경할 사항)으로 변경. 또는
> 을구 순위번호 0번 0000년 0월 0일 접수 제000호로 경료 된 근저당권설정등기사항 중 구채무자 "김철수, 서울 ○○구 ○○동 00번지"를 신채무자 "홍길동 서울 ○○구 ○○동 00번지"로 변경

나. 경정등기의 의의

(1) 등기의 원시적 착오 또는 유루

경정등기(更正登記)라 함은 기존등기의 일부에 원시적 착오 또는 유루가 있어 그 등기가 원시적으로 실체관계와 일치하지 않는 경우에 이를 보정하기 위한 방법으로 허용되는 등기이다. 경정등기는 "원시적" 착오 또는 유루가 있는 경우에 한하여 할 수 있고, 등기완료 후에 발생한 사유에 의해서는 할 수 없다. 등기관이 등기를 마친 후 그 등기의 착오나 빠진 부분이 등기관의 잘못으로 인한 것임을 발견한 경우에는 지체 없이 그 등기를 직권으로 경정하여야 한다. 다만, 등기상 이해관계 있는 제3자가 있는 경우에는 제3자의 승낙이 있어야 한다(법 제32조 제2항).

(2) 등기상 이해관계 있는 제3자

경정등기신청에 있어 '등기상 이해관계 있는 제3자'라 함은 기존등기에 존재하는 착오 또는 유무를 바로 잡는 경정등기를 허용함으로씨 그 결과 비로소 등기의 형식상 손해를

입게 될 위험성이 있는 등기상의 권리자를 의미하고(대법원 1987. 1. 23. 86마784), 그와 같은 손해를 입게 될 위험성은 등기의 형식에 의하여 판단하고 실질적으로 손해를 입을 염려가 있는지 여부는 고려의 대상이 되지 아니한다(대법원 1998. 4. 9. 98마40).

경정등기에 있어 등기상 이해관계 있는 제3자가 있고 그 제3자의 경정등기에 대한 승낙서를 첨부한 때 또는 이해관계 있는 제3자가 없는 경우에는 부기등기로 하고, 제3자의 승낙서나 이에 대항할 수 있는 재판의 등본이 없는 경우에는 주등기로 한다(법 제52조 제5호).

■ 경정등기신청서의 '경정할 사항'의 기록례

> 갑구 순위번호 2번 2010년 3월 15일 접수 제5000호로 경료 된 소유권이전등기 사항 중 2010년 3월 15일 신청착오를 원인으로 '소유자 이갑돌'을 '소유자 이도일'로 경정

다. 등기상 이해관계 있는 제3자가 있는 경우

구부동산등기법 제72조 소정의 "등기상 이해관계 있는 제3자"라 함은 기존등기에 존재하는 착오를 바로잡는 경정등기를 허용함으로써 그 결과 비로소 등기의 형식상 손해를 입을 위험성이 있게 되는 등기상의 권리자를 의미한다(대법원 1987.1. 23. 86마784).

(1) 변경(경정)등기에 관하여 등기상 이해관계 있는 제3자가 있는 경우

권리의 변경등기 또는 경정등기에 관하여 '등기상 이해관계 있는 제3자'가 있는 경우 그 제3자의 승낙이 있으면 부기에 의하여 권리변경(경정)등기를 하며(법 제52조 5호), 제3자가 권리변경(경정)등기를 승낙하지 않을 때에는 주등기로 권리변경(경정)등기를 하므로 변경(경정)된 권리의 내용은 이해관계 있는 제3자의 권리보다 후순위가 된다.

(2) 등기상 이해관계 있는 제3자의 의미

경정등기의 신청에 있어서 등기상 이해관계가 있는 제3자가 있을 경우에는 신청서에 그 승낙서 또는 그에 대항할 수 있는 재판의 등본을 반드시 첨부하여야 하는바, 이때 '등기상 이해관계 있는 제3자'라 함은 기존 등기에 존재하는 착오 또는 유루를 바로 잡는 변경(경정)등기를 허용함으로써 손해를 입게 될 위험성이 있는 등기상의 권리자를 의미하고, 그와 같은 손해를 입게 될 위험성은 등기의 형식에 의하여 판단하고 실질적으로 손해를 입을 염려가 있는지 여부는 고려의 대상이 되지 아니한다(대법원이1998. 4. 9. 98마40).

라. 등기명의인 2인을 1인으로 하는 등기명의인표시 경정등기의 가부(소극)

등기명의인의 표시경정이란 등기부에 기재되어 있는 등기명의인의 성명, 주소나 상호, 사무소 등에 착오 또는 유루가 있는 경우에 그 명의인으로 기재되어 있는 자의 동일성을 변함없이 이를 정정하는 것을 말하므로, 이미 행하여진 2인의 공유등기를 그 뒤에 생긴 원인으로 그 중 1인의 지분을 말소하고 나머지 1인의 단독 소유로 경정하여 달라는 경정등기신청의 경우, 이러한 등기신청을 받아들인다면 그에 의하여 소유자가 변경되는 결과로 되어서 등기명의인의 동일성을 잃게 된다(대판 1996. 4. 12. 95다33214).

마. 경정등기의 요건

(1) 원시적 착오 또는 유루의 존재

경정등기는 기존등기의 일부에 당초부터 착오 또는 유루가 있어 그 등기가 원시적(原始的)으로 실체관계와 일치하지 아니하는 경우에 이를 보정하기 위한 방법으로 허용되는 등기절차이므로 기존등기의 일부에 "원시적인 착오 또는 유루"가 있는 경우에만 할 수 있고 등기완료 이후에 발생한 사유에 의해서는 할 수 없다. 등기의 착오 또는 유루는 당사자의 신청 또는 등기관의 과오로 발생한 것을 포함한다. 착오 또는 유루가 "등기"에 관하여 있어야 한다.

(2) 등기의 동일성의 유지

경정등기는 기존등기의 전부 또는 일부가 유효하지만 실체에 합치하지 아니하는 부분이 있어서 그 실체에 합치하지 아니하는 부분을 시정하거나 추완함으로써 그 등기를 실체에 합치시켜 기존등기를 당초에 소급하여 정정 변경하고 그 등기의 '동일성(同一性)'을 유지하려는 데 그 특색이 있다. 경정등기가 허용되기 위하여는 경정 전의 등기와 경정 후의 등기 사이에 "동일성 또는 유사성이" 있어야 한다.

등기명의인표시의 변경이나 경정의 등기(법 제52조 1호)는 등기부에 기재되어 있는 등기명의인의 성명 상호나 주소, 사무소 등의 착오 또는 유루가 있는 경우에 그 명의인으로 기재되어 있는 자의 동일성을 변함이 없이 이를 정정하는 것을 말한다.

(3) 현재 효력 있는 등기에 대하여 착오 또는 유루가 있을 것

경정등기는 "현재 효력이 있는 등기사항"에 관하여만 할 수 있다. 따라서 폐쇄등기기록상의 등기명의인표시 경정(선례 7-348) 또는 소유권이 이전된 후의 종전 소유권의 등기명의인표시 경정(선례 3-674) 등은 허용되지 아니한다.

(4) 등기사항의 일부에 대한 착오 또는 유루일 것

등기사항의 "일부"에 대하여 착오 또는 유루가 있어야 경정등기의 대상이 되며 등기사항 전부에 착오가 있는 경우에 경정등기가 아니라 말소등기의 대상이 된다.

(5) 등기상 이해관계 있는 제3자의 승낙

등기상 이해관계 있는 제3자란 기존 등기에 존재하는 착오 또는 유루를 바로 잡는 경정등기를 허용함으로써 손해를 입게 될 위험이 있는 등기상의 권리자를 말한다. 손해를 입게 될 위험성은 등기의 형식에 의하여 판단하고 실질적으로 손해를 입을 염려가 있는지 여부는 고려의 대상이 되지 아니한다(대법원 1998. 4. 9. 자 98마40 결정).

권리경정의 등기에 관하여 등기상 이해관계 있는 제3자가 있는 경우에는 그의 승낙 또는 이에 대항할 수 있는 재판이 있음을 증명하는 정보를 제공한 때에 한해 부기등기에 의하여 경정등기를 할 수 있다(법 52조 5호).

(6) 등기명의인 2인을 1일만으로 변경하는 판결에 의한 등기 가부(소극)

등기명의인 2인을 그 중 1인만으로 변경(경정)하는 판결에 의한 등기신청을 받아들인다면 그에 의하여 소유자가 변경되는 결과로 되어서 등기명의인의 동일성을 잃게 되어, 이와 같은 변경(경정)등기신청은 부동산등기법 제55조(개정법 제29조) 제2호 소정의 "사건이 등기할 것이 아닌 때"에 해당하며(대법원 1981.11. 6. 80마 592 결정), 2인의 공유등기를 그 중 1인의 단독소유로 경정하여 달라는 등기신청은 그 취지 자체에 있어서 이미 법률상 허용될 수 없음이 명백한 경우에 해당하므로 법 제55조(개정법 제29조) 제2호 소정의 "사건이 등기할 것이 아닌 때"에 해당하여 등기관은 이를 각하하여야 한다(대판 1996. 4. 12. 95다33214 경정등기).

바. 법률상 허용될 수 없는 등기명의인 표시경정등기가 경료된 경우의 시정방법

2인의 공유등기를 그 중 1인의 단독 소유로 경정하여 달라는 등기신청은 그 취지 자체에 있어서 이미 법률상 허용될 수 없음이 명백한 경우에 해당하므로 본법 제55조 제2호 소정의 사건이 등기할 것이 아닌 때에 해당하여 등기공무원은 이를 각하하여야 하고, 등기공무원이 이를 간과하고 등기신청을 수리하여 등기가 행하여진 경우에는 등기상 이해관계 있는 자는 본조 소정의 등기공무원의 처분에 대한 이의신청의 방법으로 그 등기의 시정을 구할 수 있으므로, 민사소송의 방법으로 그 시정을 구할 수는 없다(대판 96. 4. 12. 95다33214).

사. 등기부와 대장상의 소유자에 관한 사항이 일치하지 않는 경우

지적법과 부동산등기법의 제 규정을 종합하면, 지적공부는 등기된 토지에 관한 한 토지 소유자에 관한 사항을 증명하는 것은 아니라고 할 것이고, 그리하여 부동산등기부상의 소유자의 주소와 임야대장상의 소유자의 주소가 다른 경우에는 먼저 진정한 소유자의 신청에 의한 경정등기가 이루어져야 하고, 그 다음에 경정등기가 이루어진 등기필증, 등기부 등본에 의하여 임야대장상의 등록사항정정이 이루어져야 하는 것으로서, 등기된 부동산의 경우 지적공부가 직접 경정등기의 자료로 사용되는 것이 아니어서 부동산등기에 직접적으로 영향을 미치는 것이 아니라, 오히려 등기부에 먼저 소유자에 관한 사항이 변경 또는 경정된 후에 그에 따라 후속적으로 공부의 기재사항이 변경되어야 하는 것이고, 이러한 절차를 거쳐 부동산등기부와 대장상의 소유자에 관한 사항이 일치하지 아니하면 당해 부동산에 대하여 다른 등기를 신청할 수 없다(대판 2003. 11. 13. 2001다37910, 구부동산등기법 제56조).

12. 부기등기만의 말소를 명한 판결에 의한 등기

부기등기(附記登記)는 주등기(主登記)에 종속되어 일체를 이루는 것으로 주등기의 말소에 따라 등기관이 이를 직권으로 말소하는 것이므로 부기등기만의 말소청구는 소(訴)의 이익이 없는 청구로서 소송요건의 흠결이 있는 때에 해당하므로 그 소(訴)는 부적법으로 각하하여야 한다.

따라서 주등기에는 말소사유가 없어 유효함에도 불구하고 부기등기만의 말소를 명한 판결에 의한 등기신청은 '사건이 등기할 것이 아닌 때'(법 제29조 제2호)에 해당하여 등기관은 이를 각하하여야 한다. 다만 주등기에는 말소사유가 없어 유효하나 '부기등기'에 한하여 무효사유가 있음을 전제로 부기등기만의 효력을 다투는 경우에는 예외적으로 소(訴)의 이익이 있다(대판 2005. 6. 10. 2002다15412, 15429).

가. 부기등기

(1) 부기등기의 의의

부기등기(附記登記)라 함은 그 자체로서는 독립한 순위번호를 가지는 것이 아니라 기존등기의 순위번호에 부기호수(예 : 1-1, 3-1 등)를 붙여서 하는 등기로서 주등기와 같은 순위를 유지한다(법 제5조, 제52조, 규칙 제3조 제1항).

(2) 부기(附記)로 하는 등기

부기등기(附記登記)는 법률이 특히 규정(법 제52조)하고 있는 예외적인 경우(권리변경등기, 환매특약등기, 등기명의인의 표시변경등기, 소유권 이외의 권리의 이전등기, 소유권 이외의 권리의 처분제한등기 등)에 한하여 인정되며, 기존의 어떤 등기와의 '동일성' 내지 그 '연장'임을 표시하려고 할 때(예컨대, 경정등기, 변경등기의 경우) 또는 기존의 등기에 표시되어 있는 권리와 '동일한 순위'나 효력을 가진다는 것을 등기부상 명백히 하려고 할 때에 하게 된다.

등기관이 다음 각 호의 등기를 할 때에는 부기(附記)로 하여야 한다. 다만, 제5호의 등기는 등기상 이해관계 있는 제3자의 승낙이 없는 경우에는 그러하지 아니하다(법 제52조).
1. 등기명의인 표시의 변경이나 경정의 등기
2. 소유권 이외의 권리의 이전등기

> **판례**
>
> **(1) 근저당권양도에 의한 부기등기의 성격과 말소청구의 상대방**
> 근저당권의 양도에 의한 부기등기는 기존의 근저당권설정등기에 의한 권리의 승계관계를 등기부상에 명시하는 것뿐으로 그 등기에 의하여 새로운 권리가 생기는 것이 아닌 만큼 근저당권설정등기 말소등기청구는 양수인만을 상대로 하면 족하고 양도인은 그 말소등기청구에 있어서의 피고적격이 없다(대판 1968. 1. 31. 67다2558).
>
> **(2) 가등기이전의 부기등기가 경료된 경우 가등기말소청구의 상대방**
> 가등기의 이전에 의한 부기등기는 기존의 가등기에 의한 권리의 승계관계를 등기부상에 명시하는 것뿐으로 그 등기에 의하여 새로운 권리가 생기는 것이 아닌 만큼 가등기의 말소등기청구는 양수인만을 상대로 하면 족하고, 양도인은 그 말소등기청

구에 있어서의 피고적격이 없다(대판 1994. 10. 21. 94다17109).

(3) 가등기에 의하여 순위 보전의 대상이 되어 있는 물권변동청구권이 양도된 경우, 그 가등기상의 권리의 이전등기를 가등기에 대한 부기등기의 형식으로 경료할 수 있는지 여부(적극)

가등기는 원래 순위를 확보하는 데에 그 목적이 있으나, 순위 보전의 대상이 되는 물권변동의 청구권은 그 성질상 양도될 수 있는 재산권일 뿐만 아니라 가등기로 인하여 그 권리가 공시되어 결과적으로 공시방법까지 마련된 셈이므로, 이를 양도할 경우에는 양도인과 양수인의 공동신청으로 가등기상의 권리의 이전등기를 가등기에 대한 부기등기의 형식으로 경료할 수 있다고 보아야 한다(대판 1998. 11. 19. 98다24105 전원합의체판결).

3. 소유권 이외의 권리를 목적으로 하는 권리에 관한 등기
4. 소유권 이외의 권리에 대한 처분제한 등기
5. 권리의 변경이나 경정의 등기
6. 제53조의 환매특약등기
7. 제54조의 권리소멸약정등기
8. 제67조 제1항 후단의 공유물분할금지의 약정등기
9. 그 밖에 대법원 규칙으로 정하는 등기

부동산등기법 제59조의 말소된 등기에 대한 회복신청을 받아 등기관이 등기를 회복할 때에는 회복의 등기를 한 후 다시 말소된 등기와 같은 등기를 하여야 한다. 다만, 등기 전체가 아닌 일부 등기사항만 말소된 것일 때에는 부기에 의하여 말소된 등기사항만 다시 등기한다(규칙 제118조).

나. 부기등기의 말소절차

부기등기는 독립한 순위번호를 가지는 것이 아니라 주등기(主登記)의 순위번호(順位番號)에 부기호수(附記號數)를 붙여서 하는 등기로서 주등기에 종속되며, 부기등기의 순위는 주등기의 순위에 의하므로 주등기가 말소되는 경우에는 부기등기는 주등기의 말소에 따라 등기관이 직권으로 말소한다.

다만 주등기 자체는 유효한 것을 전제로 이와는 별도로 '부기등기'에 한하여 무효사유가 있다는 이유로 부기등기만의 효력을 다투는 경우에는 그 부기등기의 말소를 구할 소의 이익이 있으므로 이 경우에는 부기등기만의 말소를 명한 판결에 의한 등기를 신청할 수 있다.

(1) 주등기에 말소원인이 있는 경우(부기등기의 직권말소)

부기등기는 주등기(주등기 또는 독립등기라 함은 독립하여 순위를 가지는 등기로서 기존의 등기의 표시번호나 순위번호에 이어지는 독립한 번호를 부여하는 등기로서 부기등기에 대응하여 사용되는 용어이다)에 종속되어 일체를 이루는 것으로 부기등기의 순위는 주등기의 순위에 의하는 것으로 주등기와 별개의 새로운 등기가 아니므로 '주등기에 말소원인'이 있어 주등기가 말소되는 경우에는 그 부기등기는 별도로 말소를 구하지 않더라도 주등기의 말소에 따라 등기관이 직권으로 말소하게 된다.

따라서 주등기에 말소원인(무효사유)이 있어 주등기가 말소된 경우에는 그에 기한 부기등기는 판결로 그 말소를 명하지 않더라도 등기관이 이를 직권으로 말소된다(대판 1988. 3. 8. 87다카2585. 1994. 10. 21. 94다17109. 1995. 5. 26. 95다7550. 2000. 4. 11. 2000다5640. 2000. 10. 10. 2000다19526. 2001. 4. 13. 2001다4903 등).

근저당권이 양도되어 근저당권이전등기의 부기등기가 경료된 경우 부기등기는 기존의 주등기인 근저당권설정등기에 종속되어 주등기와 일체를 이루는 것이므로 근저당권 설정등기를 말소하기 위하여는 근저당권의 양수인을 상대로 주등기인 근저당권설정등기의 말소등기절차의 이행을 명하는 판결을 받으면 되고 따로 근저당권이전의 부기등기의 말소판결을 받을 필요는 없으나, 양수인을 상대로 한 근저당권이전등기의 말소를 명한 판결만으로는 주등기인 근저당권설정등기의 말소등기를 신청할 수는 없다.

(2) 부기등기만의 말소청구가부(소극)

부기등기의 말소청구는 권리보호의 이익(소의 이익)이 없는 부적법한 청구이다(대판 2000. 10. 10. 2000다19526, 2001. 4. 13. 2001다4903).

(3) 부기등기만의 말소를 명한 판결에 의한 등기신청의 각하

부기등기는 주등기에 종속되어 일체를 이루는 것으로 주등기의 말소에 따라 등기관이 이를 직권으로 말소하는 것이므로 부기등기만의 말소청구는 소의 이익이 없는 청구로서 소송요건의 흠결이 있는 때에 해당되므로 그 소는 부적법으로 각하하여야 한다.

소의 이익은 소송요건의 일종으로 직권조사사항이며(대판 1981. 6. 23. 81다124), 본안판결의 요건이므로 이의 흠결이 있을 때에는 소를 부적법 각하판결을 하여야 한다(통설). 만일 법원이 이를 간과하고 부기등기만의 말소를 명한 판결을 하여 원고가 그 확정판결에 의한 등기신청을 한 경우 그 등기신청은 "사건이 등기할 것이 아닌 때"(법 제29조 제2호)에 해당되어 등기관이 이를 각하하게 된다.

다. 부기등기에 한하여 말소원인이 있는 경우

부기등기는 주등기에 종속되어 주등기와 일체를 이룬 경우에는 부기등기만의 말소를 인정할 실익이 없으나 주등기에는 말소사유가 없어 유효하나 '부기등기에 한하여 무효사유'가 있음을 전제로 부기등기만의 효력을 다투는 경우에는 예외적으로 소의 이익이 있다.

근저당권이전의 부기등기가 기존의 주등기인 근저당권설정등기에 종속되어 주등기와 일체를 이룬 경우에는 부기등기만의 말소를 따로 인정할 아무런 실익이 없지만, 근저당권의 이전원인만이 무효로 되거나 취소 또는 해제된 경우, 즉 근저당권의 주등기 자체는 유효한 것을 전제로 이와는 별도로 근저당권이전의 부기등기에 한하여 무효사유가 있다는 이유로 부기등기만의 효력을 다투는 경우에는 그 부기등기의 말소를 소구할 필요가 있으므로 예외적으로 소의 이익이 있다(대판이2005. 6.10. 2002다15412,15429). 따라서 이 경우에는 부기등기만의 말소를 명한 판결에 의한 등기를 신청할 수 있다.

■ 부기등기에 한하여 무효사유가 있는 경우 그 말소를 구하는 소장의 청구취지 및 판결주문의 기재례

> 피고는 원고에게 별지목록기재 부동산에 관하여 ○○지방법원 등기소 0000년 00월 00일 제000호로 경료된 근저당권이전등기(을구 순위번호 6-1. 6번 근저당권이전)의 말소등기절차를 이행하라(말소등기를 명하는 판결의 등기원인은 '확정판결'로, 그 연월일은 '판결선고일'을 기재한다).

13. 예고등기만의 말소를 명한 판결에 의한 등기가부(소극)

예고등기의 원인이 된 부동산 소유권이전등기 말소청구소송에서 승소판결이 확정되었다 하더라도 판결에 의한 말소등기가 이루어지지 아니한 이상 그 예고등기는 말소될 수 없는 성질의 것이니 그 확정판결에 의한 말소등기를 거치치 아니한 채 예고등기만의 말소를 구하는 신청은 부동산등기법 제29조 제2호의 "사건이 등기할 것이 아닌 때"에 해당되어(대법원 1976. 6. 9. 76마212. 1983. 6. 18. 83마200) 등기관은 위 등기신청을 각하할 수밖에 없고, 이와 같은 법리는 승소판결을 받은 위 소송의 원고가 판결에 따른 회복등기를 할 실익이 없어 그 등기를 하지 아니하는 경우에도 그대로 적용된다(대법원 1987. 3. 20. 87마3).

가. 예고등기의 의의

예고등기(豫告登記)라 함은 등기원인의 무효 또는 취소로 인한 등기의 말소 또는 회복을 구하는 소가 제기된 경우에 이를 제3자에게 경고하기 위하여 수소법원의 촉탁에 의하여 그 '소제기 사실'을 등기부에 기재하는 등기를 말한다(구부동산등기법 제4조 본문, 제39조).

나. 예고등기의 목적

예고등기의 목적은 어떤 부동산에 대한 등기에 관하여 등기원인의 무효 또는 취소로 인한 등기의 말소 또는 회복의 소가 제기된 사실을 공시함으로써 제3자에게 경고하여 계쟁 부동산에 관하여 법률행위를 하고자 하는 선의의 제3자로 하여금 소송의 결과 발생할 수도 있는 예측 못했던 손해(등기명의자가 무권리자로 확정될 수 있다는 점)를 입는 것을 방지하려는 목적에서 하는 것이며 물권변동의 효력발생과 아무런 관계가 없는 특수한 등기이다.

다. 예고등기제도의 폐지

부동산등기법 전부개정법률(법률 제10580호 2011.4.12)에 의하여 예고등기제도는 폐지되었으나 개정부동산등기법 시행 당시 이미 경료되어 있는 예고등기의 말소절차에 관하여는 종전의 규정에 따른다(법 부칙 제3조).

라. 예고등기의 말소절차

예고등기가 된 경우에 예고등기의 원인인 등기말소 또는 회복청구의 소송이 계속되고 있는 동안에는 예고등기 역시 존속할 필요가 있는 것이나 그 소송이 완전히 종료(예 : 취하 또는 판결의 확정 등)된 경우에는 예고등기를 존속할 필요가 없으므로 이를 말소하여야 하는바, 그 절차는 소송이 원고에게 불리하게 종료된 경우에는 수소법원의 촉탁에 의하여 등기관이 예고등기를 말소하며, 소송이 원고에게 유리하게 종료된 경우 즉 등기원인의 무효 또는 취소로 인한 등기의 말소 또는 회복의 등기(원고 승소판결에 의한 등기신청에 따른 등기)를 한 때에는 등기관이 예고등기를 직권으로 말소한다.

마. 예고등기만의 말소를 명한 판결에 의한 등기 가부

예고등기의 원인이 된 부동산 소유권이전등기 말소청구소송에서 승소판결이 확정되었다 하더라도 판결에 의한 말소등기가 이루어지지 아니한 이상 그 예고등기는 말소될 수 없는 성질의 것이니 그 확정판결에 의한 말소등기를 거치치 아니한 채 '예고등기만의 말소'를 구하는 신청은 부동산등기법 제29조 제2호의 "사건이 등기할 것이 아닌 때"에 해당되어(대법원 1976. 6. 9. 76마212, 1983. 6. 18. 83마200) 등기관은 위 등기신청을 각하할 수밖에 없고, 이와 같은 법리는 승소판결을 받은 위 소송의 원고가 판결에 따른 회복등기를 할 실익이 없어 그 등기를 하지 아니하는 경우에도 그대로 적용된다(대법원 1987. 3. 20. 87마3).

예고등기의 원인인 소유권보존등기 등 말소청구소송이 원고의 승소로 확정된 후 10년이 경과되었다 하더라도 그 판결에 의한 말소등기신청은 가능하며, 위 판결에 따른 말소등기가 이루어지지 아니한 이상 예고등기만의 말소는 할 수 없다(등기선례 제3권 260항).

14. 외국판결에 의한 등기

외국판결을 등기원인을 증명하는 서면으로 하여 등기신청을 할 경우 그 등기신청서에 집행판결을 첨부하여야 단독으로 등기신청을 할 수 있으며[법 제23조 제4항, 등기예규 제1383호 2다.2)] 등기신청서에 집행판결정본을 첨부하지 아니한 때에는 그 신청은 '등기에 필요한 첨부정보를 제공하지 아니한 경우'(구법의 '등기신청에 필요한 서면을 첨부하지 아니한 때')에 해당되어 등기관이 각하하게 된다.

가. 외국판결의 의의

민사집행법 제26조 제1항의 규정에서 정하는 외국법원의 판결이이라고 함은 재판권을 가지는 외국의 사법기관이 그 권한에 기하여 사법상의 법률관계에 관하여 대립적 당사자에 대한 상호간의 심문이 보장된 절차에서 종국적으로 한 재판으로서 구체적 급부의 이행 등 그 강제적 실현에 적합한 내용을 가지는 것을 의미하고, 그 재판의 명칭이나 형식 등이 어떠한지는 문제되지 아니한다(대판 2010. 4. 29. 2009다68910).

이른바 '승인판결'은 법원이 당사자 상호간의 심문이 보장된 사법절차에서 종국적으로 한 재판이라고 할 수 없으므로 민사집행법 제26조 제1항에 정한 외국법원의 판결에 해당하지 않는다(대판 2010. 4. 29. 2009다68910).

> **판례**
> 미합중국 캘리포니아 주 구 민사소송법(2002. 9. 22. 개정되어 2003. 1. 1. 효력발생되기 전의 것) 제1132조 내지 제1134조에서 규정하는 이른바 승인판결(confession judgment 또는 judgment by confession)은 법원이 당사자 상호간의 심문이 보장된 사법절차에서 종국적으로 한 재판이라고 할 수 없으므로 민사집행법 제26조 제1항에 정한 '외국법원의 판결'에 해당하지 않는다(대판 2010. 4. 29. 2009다68910).

나. 외국재판의 승인요건

(1) 외국판결의 승인

외국판결(外國判決)이란 외국법원의 판결을 말하는바, 여기서 문제되는 것은 외국판결의 승인이다. 즉 '외국판결의 승인'은 주로 사법상의 법률관계에 관한 소송에 대해서 재판권을 행사할 권한을 가지는 외국의 사법기관이 행한 종국적 재판이 일정한 기준에 따라 국내에서 그 효력(확정력)이 인정되는 것을 말한다. 우리의 민사소송법은 일정한 조건을 들어, 이에 합치되는 외국판결은 그 성립과 내용을 검토하지 않고 승인하는 독일의 입법주의를 따르고 있다.

(2) 외국판결의 승인요건

우리 민사소송법 제217조는 외국법원의 판결에 의거한 집행판결(執行判決)을 규정한 민사집행법 제26조 및 제27조와 일체가 되어 국가 간의 상호판결의 존중과 그 효력의 보전을 목적으로 섭외적(涉外的) 법률관계의 간이 신속한 처리를 꾀하고 있는데, 외국재판의 승인을 위해서는 다음과 같은 조건을 규정하고 있다.

외국법원의 확정판결 또는 이와 동일한 효력이 인정되는 재판(이하 "확정재판 등"이라 한다)은 다음 각 호의 요건을 모두 갖추어야 승인된다(민사소송법 제217조 제1항).
1) 대한민국의 법령 또는 조약에 따라 국제재판관할의 원칙상 그 외국법원의 국제재판관할권이 인정될 것
2) 패소한 피고가 소장 또는 이에 준하는 서면 및 기일통지서나 명령을 적법한 방식에 따라 방어에 필요한 시간 여유를 두고 송달받았거나(공시송달이나 이와 비슷한 송달에 의한 경우를 제외한다)송달받지 아니하였더라도 소송에 응하였을 것
3) 그 확정재판 등의 내용 및 소송절차에 비추어 그 확정재판 등의 승인이 대한민국의 선량한 풍속이나 그 밖의 사회질서에 어긋나지 아니할 것

> **판례**
>
> **외국판결을 승인한 결과가 대한민국의 선량한 풍속이나 그 밖의 사회질서에 어긋나는지를 판단하는 방법** : 민사소송법 제217조 제3호는 외국법원의 확정판결의 효력을 인정하는 것이 대한민국의 선량한 풍속이나 그 밖의 사회질서에 어긋나지 아니하여야 한다는 점을 외국판결 승인요건의 하나로 규정하고 있는데, 여기서 외국판결의 효력을 인정하는 것, 즉 외국판결을 승인한 결과가 대한민국의 선량한 풍속이나 그 밖의 사회질서에 어긋나는 지는 그 승인 여부를 판단하는 시점에서 외국판결의 승인이 대한민국의 국내법 질서가 보호하려는 기본적인 도덕적 신념과 사회질서에 미치는 영향을 외국판결이 다룬 사안과 대한민국과의 관련성의 정도에 비추어 판단하여야 하고, 이때 그 외국판결의 주문뿐 아니라 이유 및 외국판결을

> 승인할 경우 발생할 결과까지 종합하여 검토하여야 한다(대판 2012. 5. 24. 2009다22549).

4) 상호보증이 있거나 대한민국과 그 외국법원이 속하는 국가에 있어 확정재판 등의 승인 요건이 현저히 균형을 상실하지 아니하고 중요한 점에서 실질적으로 차이가 없을 것

(3) 외국재판의 승인요건에 관한 법원의 직권조사

법원은 민사소송법 제217조 제1항의 요건(외국재판의 승인요건)이 충족되었는지에 관하여 직권으로 조사하여야 한다(민사소송법 제217조 제2항).

> **판례**
> **[1] 사기적인 방법으로 외국판결을 편취하였다는 사유와 외국판결에 대한 승인**
> : 민사집행법 제27조 제2항 제2호, 민사소송법 제217조 제3호에 의하면 외국법원의 확정판결의 효력을 인정하는 것이 대한민국의 선량한 풍속이나 그 밖의 사회질서에 어긋나지 아니하여야 한다는 점이 외국판결의 승인 및 집행의 요건인바, 외국판결의 내용 자체가 선량한 풍속이나 그 밖의 사회질서에 어긋나는 경우뿐만 아니라 그 외국판결의 성립절차에 있어서 선량한 풍속이나 그 밖의 사회질서에 어긋나는 경우도 승인 및 집행을 거부할 사유에 포함된다고 할 것이나, 민사집행법 제27조 제1항이 "집행판결은 재판의 옳고 그름을 조사하지 아니하고 하여야 한다."고 규정하고 있을 뿐만 아니라 사기적인 방법으로 편취한 판결인지 여부를 심리한다는 명목으로 실질적으로 외국판결의 옳고 그름을 전면적으로 재심사하는 것은 외국판결에 대하여 별도의 집행판결제도를 둔 취지에도 반하는 것이어서 허용할 수 없으므로, 위조·변조 내지는 폐기된 서류를 사용하였다거나 위증을 이용하는 것과 같은 사기

> 적인 방법으로 외국판결을 얻었다는 사유는 원칙적으로 승인 및 집행을 거부할 사유가 될 수 없고, 다만 재심사유에 관한 민사소송법 제451조 제1항 제6호, 제7호, 제2항의 내용에 비추어 볼 때 피고가 판결국 법정에서 위와 같은 사기적인 사유를 주장할 수 없었고 또한 처벌받을 사기적인 행위에 대하여 유죄의 판결과 같은 고도의 증명이 있는 경우에 한하여 승인 또는 집행을 구하는 외국판결을 무효화하는 별도의 절차를 당해 판결국에서 거치지 아니하였다 할지라도 바로 우리나라에서 승인 내지 집행을 거부할 수는 있다.
>
> [2] 상호보증 유무의 판단 기준 및 직권조사사항인지 여부(적극) : 우리나라와 외국 사이에 동종 판결의 승인요건이 현저히 균형을 상실하지 아니하고 외국에서 정한 요건이 우리나라에서 정한 그것보다 전체로서 과중하지 아니하며 중요한 점에서 실질적으로 거의 차이가 없는 정도라면 민사소송법 제217조 제4호에서 정하는 상호보증의 요건을 구비하였다고 봄이 상당하고, 또한 이와 같은 상호의 보증은 외국의 법령, 판례 및 관례 등에 의하여 승인요건을 비교하여 인정되면 충분하고 반드시 당사국과의 조약이 체결되어 있을 필요는 없으며, 당해 외국에서 구체적으로 우리나라의 동종 판결을 승인한 사례가 없더라도 실제로 승인할 것이라고 기대할 수 있는 상태이면 충분하다 할 것이고, 이와 같은 상호의 보증이 있다는 사실은 법원이 직권으로 조사하여야 하는 사항이다(대판 2004. 10. 28, 2002다74213).

민사소송법 제217조의 적용을 받을 외국판결에 관해서는 견해가 대립되나, 동조는 재산권상의 청구에 관한 판결, 즉 집행을 예상하지 않는 신분상의 관계에 대한 판결은 포함되지 않는 것으로 본다(Pillet·江川·山田). 한편 형사에 있어서 외국판결의 기판력은 원칙적으로 인정되지 않는바, 우리 형법은 제7조에서 "범죄에 의하여 외국에서 형의 전부 또는 일부의 집행을 받은 자에 대하여는 형을 감경 또는 면제할 수 있다"고 규정하여 이의 참작은 법관의 재량에 맡기고 있을 뿐이므로, 동일 범죄에 대하여 국내에서 중복으로 처벌할 수 있다. 물론 형법상 누범의 요건으로도 되지 않는다.

다. 외국재판의 강제집행

(1) 집행판결에 의한 허가

외국법원의 확정판결 또는 이와 동일한 효력이 인정되는 재판(이하 "확정판결 등"이라 한다)에 기초한 강제집행은 대한민국 법원에서 집행판결로 그 강제집행을 허가하여야 할 수 있다(민사집행법 제26조 제1항).

(2) 집행판결을 청구하는 소의 관할

집행판결을 청구하는 소(訴)는 채무자의 보통재판적이 있는 곳의 지방법원이 관할하며, 보통재판적이 없는 때에는 민사소송법 제11조의 규정에 따라 채무자에 대한 소를 관할하는 법원이 관할한다(민사집행법 제26조 제2항).

> **판례**
>
> 민사집행법 제26조 제1항은 "외국법원의 판결에 기초한 강제집행은 대한민국 법원에서 집행판결로 그 적법함을 선고하여야 한다"라고 규정하고 있다. 여기서 정하여진 집행판결의 제도는, 재판권이 있는 외국의 법원에서 행하여진 판결에서 확인된 당사자의 권리를 우리나라에서 강제적으로 실현하고자 하는 경우에 다시 소를 제기하는 등 이중의 절차를 강요할 필요 없이 그 외국의 판결을 기초로 하되 단지 우리나라에서 그 판결의 강제실현이 허용되는지 여부만을 심사하여 이를 승인하는 집행판결을 얻도록 함으로써 당사자의 원활한 권리실현의 요구를 국가의 독점적·배타적 강제집행권 행사와 조화시켜 그 사이에 적절한 균형을 도모하려는 취지에서 나온 것이다. 이러한 제도적 취지에 비추어 보면, 위 규정에서 정하는 '외국법원의 판결'이라고 함은 재판권을 가지는 외국의 사법기관이 그 권한에 기하여 사법상(私法上)의 법률관계에 관하여 대립적 당사자에 대한 상호간의 심문이 보장된 절차에서 종국적으로 한 재판으로서 구체적 급부의 이행 등 그 강제적 실현에 적합한 내용을 가지

는 것을 의미하고, 그 재판의 명칭이나 형식 등이 어떠한지는 문제되지 아니한다(대판 2010. 4. 29. 2009다68910).

라. 집행판결

집행판결(執行判決)이라 함은 외국법원의 판결에 기초한 강제집행(민사집행법 제26조 제1항)과 중재판정에 기초한 강제집행(중재법 제37조 제1항)에 대하여 우리나라 법원에서 그 적법함을 선고하는 판결을 말한다(민사집행법 제27조). 외국의 법원에서 받은 판결이라도 외국판결의 승인요건(민사소송법 제217조)을 갖추었다면 내국판결과 같은 효력을 갖게 된다.

집행판결은 재판의 옳고 그름을 조사하지 아니하고 하여야 한다(민사집행법 제27조 제1항). 집행판결을 청구하는 소는 다음 각 호 가운데 어느 하나에 해당하면 각하하여야 한다(동조 제2항).
1. 외국법원의 확정재판 등이 확정된 것을 증명하지 아니한 때
2. 외국법원의 확정재판 등이 민사소송법 제217조의 조건을 갖추지 아니한 때

판례

중재판정의 승인이나 집행거부에 대한 판단기준 : 외국중재판정의 승인 및 집행에 관한 협약(뉴욕협약) 제5조에서는 집행의 거부사유를 제한적으로 열거하고 있는데, 그 중 제2항 (나)호에 의하면 중재판정의 승인이나 집행이 그 국가의 공공의 질서에 반하는 경우에는 집행국 법원은 중재판정의 승인이나 집행을 거부할 수 있는바, 이는 중재판정의 승인이나 집행이 집행국의 기본적인 도덕적 신념과 사회질서를 해하는 것을 방지하여 이를 보호하려는 데 그 취지가 있다 할 것이므로, 그 판단에 있어서는 국내적인 사정뿐만 아니라 국제적 거래질서의 안정이라는 측면도 함께

> 고려하여 제한적으로 해석하여야 할 것이고, 해당 중재판정을 인정할 경우 그 구체적 결과가 집행국의 선량한 풍속 기타 사회질서에 반할 때에 승인이나 집행을 거부할 수 있다(대판 2003. 4. 11. 2001다20134).

(1) 집행판결의 의의

집행판결이라 함은 첫째, 민사집행법상 외국법원의 판결에 의한 강제집행에 대하여 본국법원에서 그 적법함을 선고하는 판결을 말한다(민사집행법 제26조, 제27조, 중재법 제37조 제1항).

둘째, 중재법상 중재판정은 당연히 집행력이 생기는 것이 아니라 법원의 집행판결로 비로소 집행력이 생기는바, 중재판정으로서 강제집행의 적법함을 선고하는 판결을 말한다. 중재판정의 승인 또는 집행은 법원의 승인 또는 집행판결에 따라 한다(중재법 제37조 제1항).

(2) 집행판결제도의 취지

외국법원의 확정판결 또는 이와 동일한 효력이 인정되는 재판에 기초한 강제집행은 대한민국 법원에서 집행판결로 그 강제집행을 허가하여야 할 수 있다(민사집행법 제26조 제1항). 따라서 당사자는 외국판결에 기초한 강제집행을 구하려면 집행판결청구의 소를 제기하여야 한다.

외국판결은 당연히 내국에서 집행력을 갖는 것이 아니고 외국판결의 집행은 외국판결에 대하여 내국법원에서 집행력을 부여하였기 때문에 가능하다(집행판결청구의 소의 법적 성질에 관한 형성소송설).

민사집행법 제26조 제1항은 "외국법원의 확정판결 또는 이와 동일한 효력이 인정되는 재판에 기초한 강제집행은 대한민국 법원에서 집행판결로 그 강제집행을 허가하여야 할 수 있다"라고 규정하고 있다. 여기서 정하여진 집행판결제도는 재판권이 있는 외국의 법원에서 행하여진 판결에서 확인된 당사자의 권리를 우리나라에서 강제적으로 실현하고자 하는 경우에 다시 소를 제기하는 등 이중의 절차를 강요할 필요 없이 그 외국의 판결을 기초로 하되 단지 우리나라에서 그 판결의 강제실현이 허용되는지 여부만을 심사하여 이를 승인하는 집행판결을 얻도록 함으로써 당사자의 원활한 권리실현의 요구를 국가의 독점적·배타적 강제집행권행사와 조화시켜 그 사이에 적절한 균형을 도모하려는 취지에서 나온 것이다. 이러한 제도적 취지에 비추어 보면, 위 규정에서 정하는 '외국법원의 판결'이라고 함은 재판권을 가지는 외국의 사법기관이 그 권한에 기하여 사법상의 법률관계에 관하여 대립적 당사자에 대한 상호의 심문이 보장된 절차에서 종국적으로 한 재판으로서 구체적 급부의 이행 등 그 강제적 실현에 적합한 내용을 가지는 것을 의미하고, 그 재판의 명칭이나 형식 등이 어떠한지는 문제되지 아니 한다(대판 2010. 4. 29. 2009다68910 집행판결).

판례

[1] 민사소송법 제217조 제1항 제4호는 외국법원의 확정재판 등의 승인요건으로 '상호보증이 있거나 대한민국과 그 외국법원이 속하는 국가에 있어 확정재판 등의 승인 요건이 현저히 균형을 상실하지 아니하고 중요한 점에서 실질적으로 차이가 없을 것'을 규정하고 있다. 이에 의하면 우리나라와 외국 사이에 동종 판결의 승인요건이 현저히 균형을 상실하지 아니하고 외국에서 정한 요건이 우리나라에서 정한 그것보다 전체로서 과중하지 아니하며 중요한 점에서 실질적으로 거의 차이가 없는 정도라면 민사소송법 제217조 제1항 제4호에서 정하는 상호보증의 요건을 갖춘 것으로 보아야 한다. 이러한 상호보증은 외국의 법령, 판례 및 관례 등에 의하여 승인요건을 비교하여 인정되면 충분하고 반드시 당사국과 조약이 체결되어 있을 필요는 없으며, 해당 외국에서 구체적으로 우리나라와 같은 종류의 판결을 승인할 사례가 없다고 하더라도 실제로 승인할 것이라고 기대할 수 있을 정도이면 충분하다.

[2] 민사집행법 제26조 제1항은 "외국법원의 확정판결 또는 이와 동일한 효력이

인정되는 재판(이하 '확정재판 등'이라고 한다)에 기초한 강제집행은 대한민국 법원에서 집행판결로 그 강제집행을 허가하여야 할 수 있다."라고 규정하고 있다. 여기서 정하여진 집행판결제도는, 재판권이 있는 외국의 법원에서 행하여진 판결에서 확인된 당사자의 권리를 우리나라에서 강제적으로 실현하고자 하는 경우에 다시 소를 제기하는 등 이중의 절차를 강요할 필요 없이 외국의 판결을 기초로 하되 단지 우리나라에서 판결의 강제실현이 허용되는 지만을 심사하여 이를 승인하는 집행판결을 얻도록 함으로써 권리가 원활하게 실현되기를 원하는 당사자의 요구를 국가의 독점적 배타적 강제집행권 행사와 조화시켜 그 사이에 적절한 균형을 도모하려는 취지에서 나온 것이다. 이러한 취지에 비추어 보면, 위 규정에서 정하는 '외국법원의 확정재판 등'이라고 함은 재판권을 가지는 외국의 사법기관이 그 권한에 기하여 사법상의 법률관계에 관하여 대립적 당사자에 대한 상호간의 심문이 보장된 절차에서 종국적으로 한 재판으로서 구체적 급부의 이행 등 강제적 실현에 적합한 내용을 가지는 것을 의미한다.

[3] 미국법원은 손해배상(Damages)이 채권자에게 적절한 구제수단이 될 수 없는 경우에 형평법(equity)에 따라 법원의 재량에 의하여 계약에서 정한 의무 자체의 이행을 명하는 특정이행명령(decree of special performance)을 할 수 있는데, 특정이행명령을 집행하기 위해서는 그 대상이 되는 계약상 의무가 충분히 구체적이고 명확하지 않으면 아니 된다(캘리포니아 주 민법 제3390조 제5호 참조). 이러한 특정이행명령의 법적 성격과 우리나라의 민사소송법 및 민사집행법에 규정된 외국판결의 승인과 집행에 관한 입법 취지를 함께 살펴보면, 확정판결 또는 이와 동일한 효력이 인정되는 재판(이하 '확정재판 등'이라고 한다) 등에 표시된 특정이행명령의 형식 및 기재 방식이 우리나라 판결의 주문 형식이나 기재 방식과 상이하다 하더라도, 집행국인 우리나라 법원으로서는 민사집행법에 따라 외국법원의 확정재판 등에 의한 집행과 같거나 비슷한 정도의 법적 구제를 제공하는 것이 원칙이라고 할 것이다.

> 그러나 특정이행명령의 대상이 되는 계약상 의무가 충분히 특정되지 못하여 판결국인 미국에서도 곧바로 강제적으로 실현하기가 어렵다면, 우리나라 법원에서도 강제집행을 허가하여서는 아니 된다.
>
> [4] 외국법원에서 특정한 의무의 이행에 대한 명령과 함께 소송에 소요된 변호사보수 및 비용의 지급을 명하는 판결이 있는 경우, 변호사보수 및 비용의 지급을 명하는 부분에 대한 집행판결이 허용되는지는 특정한 의무의 이행에 대한 명령과는 별도로 그 부분 자체로서 민사집행법 제27조 제2항이 정한 요건을 갖추었는지를 살펴 판단하여야 한다(대판 2017. 5. 30. 2012다23832 외국판결의 승인 및 집행판결).

(3) 당사자능력

집행판결을 청구하는 소(訴)도 소의 일종이므로 통상의 소송에서와 마찬가지로 당사자능력 등 소송요건을 갖추어야 한다(대판 2015. 2. 26. 2013다87055 집행판결).

판례는 원고는 변호계로서 법인 아닌 사단으로서의 실체를 가지지 못하여 당사자능력이 없으므로 집행판결을 청구하는 원고의 이 사건 소는 부적법하다고 했다(판례공보 제463호. 536면)..

마. 집행권원

(1) 집행권원의 의의

집행권원(執行權原)이라 함은 실체법상의 청구권의 존재와 범위를 표시하고 법률상 집행력을 인정한 공문서이다. 구법에서는 채무명의(債務名義)라고 하였는데 집행권원은 강제집행의 근거가 되는 문서로서 집행요건이 되며 이에 기하여 채권자의 강제집행청구권, 국가의 집행의무, 채무자의 집행감수의무가 발생한다. 집행권원에 의하여 집행당사자, 강제집행의 내용과 범위가 확정된다.

(2) 외국판결에 대한 집행권원

외국판결에 대하여 우리나라 법원에서 집행판결을 받아 그에 기하여 강제집행을 하는 경우 어느 판결이 집행권원이 되느냐에 관하여 (1) 외국판결설 (2) 집행판결설 (3) 외국판결과 집행판결 두 판결의 합체설이 있다.

집행판결이 붙은 외국판결이 집행권원이 되는 것은 집행판결을 통하여 외국판결을 내국의 집행권원으로 포섭한 결과 때문이라면 합체설이 타당하다(李時潤 著 제6판 신민사집행법 제124면).

바. 외국판결에 의한 등기신청과 첨부서면(집행판결)

외국판결이나 중 재판정을 등기원인을 증명하는 서면으로 하여 등기신청을 할 경우 그 등기신청서에 집행판결을 첨부하여야 단독으로 등기신청을 할 수 있으며[법 제23조 제4항 등기예규 제1383호. 2다. 2)], 집행판결정본을 첨부하지 아니한 때에는 그 등기신청은 "등기신청에 필요한 서면을 첨부하지 아니한 때"(법 제29조 9호)에 해당되어 등기관이 각하하게 된다.

▣ 외국판결에 대하여 집행판결을 구하는 소장의 청구취지 및 판결주문의 기재례

> 1. 원고와 피고 사이의 미합중국 미네소타 주 램지군 제2재판관할구 지방법원 co-92-13011호 인적손해배상청구사건에 관하여 위 법원이 1993. 1. 25. 선고한 별지기재의 판결에 기한 강제집행을 허가한다.
> 2. 소송비용은 피고의 부담으로 한다.
> 3. 제1항은 가집행할 수 있다. 또는
>
> 1. 원고와 피고 간의 일본국 동경지방재판소 소화 53년(7) 제1814호 소유권이전등기청구사건에 관하여 같은 재판소가 1980. 6. 20. 선고한 별지기재의 판결은

> 강제집행 할 수 있다.
> 2. 소송비용은 피고의 부담으로 한다. 또는
>
>
> 1. 원고는 원고와 피고 사이에 북미합중국 ○○주 제0사법지구 법원이 2000년 사건 번호 에이(A)00호 이혼청구사건에 관하여 2000년 0월 0일 선고한 이혼판결은 강제집행 할 수 있다.
> 2. 소송비용은 피고의 부담으로 한다. 또는
>
>
> 1. 원고 및 피고간의 일본국 ○○지방재판소 소화 0년(7) 제00호 손해배상청구사건에 관하여 같은 재판소가 0000년 0년 0월 0일 선고한 별지기재의 판결은 강제집행 할 수 있다.
> 2. 소송비용은 피고의 부담으로 한다.

15. 중재판정에 의한 등기

중재판정(중재법 제35조)을 등기원인을 증명하는 서면으로 하여 등기신청을 할 경우 그 등기신청서에 집행판결(민집법 제27조)을 첨부하여야 단독으로 등기신청을 할 수 있으며[법 제23조 제4항, 등기예규 제1383. 2. 다. 2)], 등기신청서에 집행판결정본을 첨부하지 아니한 때에는 그 등기신청은 '등기에 필요한 첨부정보를 제공하지 아니한 경우'(법 제29조 제9호)에 해당되어 등기관이 각하하게 된다.

가. 중재의 의의

중재(仲裁)라 함은 당사자 간의 합의로 재산권상의 분쟁 및 당사자가 화해에 의하여 해결할 수 있는 비재산권상의 분쟁을 법원의 재판에 의하지 아니하고 중재인(仲裁人)의 판정에 의하여 해결하는 절차를 말한다(중재법 제3조 1호). 당사자 간에 다른 합의가 없으면 중재인은 국적에 관계 없이 선정될 수 있다. 중재인의 선정절차는 당사자 간의 합의로 정한다(동법 제12조 제1항, 제2항).

(1) 중재합의

(가) 중재합의의 방식

중재합의는 독립된 합의 또는 계약에 중재조항을 포함하는 형식으로 할 수 있다(중재법 제8조 제1항). 중재합의는 서면으로 하여야 한다(제2항). 다음 각 호의 어느 하나에 해당하는 경우는 서면에 의한 중재합의로 본다(제3항).

1. 구두나 행위, 그 밖의 어떠한 수단에 의하여 이루어진 것인지 여부와 관계없이 중재합의의 내용이 기록된 경우
2. 전보(電報), 전신(電信), 팩스, 전자우편 또는 그 밖의 통신수단에 의하여 교환된 전자적 의사표시에 중재합의가 포함된 경우. 다만, 그 중재합의의 내용을 확인할 수 없는 경우는 제외한다.
3. 어느 한쪽 당사자가 당사자 간에 교환된 신청서 또는 답변서의 내용에 중재합의가 있는 것을 주장하고 상대방 당사자가 이에 대하여 다투지 아니하는 경우

계약이 중재조항을 포함한 문서를 인용하고 있는 경우에는 중재합의가 있는 것으로 본다. 다만, 중재조항을 그 계약의 일부로 하고 있는 경우로 한정한다(제4항).

(나) 중재합의의 의미 및 그 효력범위

중재법이 적용되는 중재합의란 계약상의 분쟁인지의 여부에 관계없이 일정한 법률관계에 관하여 당사자 간에 이미 발생하였거나 장래 발생할 수 있는 분쟁의 전부 또는 일부를 중재에 의하여 해결하도록 하는 당사자 간의 합의를 말하는 것이므로, 장래 분쟁을 중재에 의하여 해결하겠다는 명시적인 의사표시가 있는 한 비록 중재기관, 준거법이나 중재지의 명시가 되어 있지 않더라도 유효한 중재합의로서의 요건은 충족하는 것이다. 그리고 이러한 중재합의가 있다고 인정되는 경우, 달리 특별한 사정이 없는 한 당사자들 사이의 특정한 법률관계에서 비롯되는 모든 분쟁을 중재에 의하여 해결하기로 정한 것으로 봄이

상당하다(대판 2007. 5. 31. 2005다74344).

중재계약은 중재조항이 명기되어 있는 계약 자체뿐만 아니라, 그 계약의 성립과 이행 및 효력의 존부에 직접 관련되거나 밀접하게 관련된 분쟁에까지 그 효력이 미친다.
중재계약은 당해 계약서 자체에 중재조항이 명기되어 있는 경우에 한하지 않고 중재조항을 포함하는 다른 문서를 인용한 경우에도 당사자가 이를 계약내용으로 삼은 이상 허용된다(대판 2001. 4. 10. 99다13577, 13584).

(다) 중재합의와 법원에의 제소

중재합의의 대상인 분쟁에 관하여 소가 제기된 경우에 피고가 중재합의가 있다는 항변(抗辯)을 하였을 때에는 법원은 그 소를 각하(却下)하여야 한다. 다만, 중재합의가 없거나 무효이거나 효력을 상실하였거나 그 이행이 불가능한 경우에는 그러하지 아니하다(중재법 제9조 제1항). 피고는 제1항의 항변을 본안(本案)에 관한 최초의 변론을 할 때까지 하여야 한다(동조 제2항). 제1항의 소가 법원에 계속(繫屬) 중인 경우에도 중재판정부는 중재절차를 개시 또는 진행하거나 중재판정을 내릴 수 있다(동조 제3항).

(라) 법원에 대한 가처분의 방법으로 중재절차의 진행을 정지해 달라는 신청의 허부(소극)

중재법 제6조, 제9조, 제17조의 문언, 내용, 체계 등에 비추어 보면, 중재법이 법원이 중재절차에 관여할 수 있는 경우를 '중재법에서 정한 사항'으로 엄격하게 한정하면서 중재절차의 진행을 정지하는 가처분을 허용하는 규정을 두고 있지 않는 이상 중재합의가 없거나 무효이거나 효력을 상실하였거나 그 이행이 불가능(이하 '중재합의의 부존재나 무효 등'이라 한다)하다고 주장하면서 법원에 가처분의 방법으로 중재절차의 진행을 정지해달라고 신청하는 것은 허용되지 않는다고 보아야 한다.

한편 중재법 제10조는 "중재합의의 당사자는 중재절차의 개시 전 또는 진행 중에 법원에 보전처분을 신청할 수 있다."라고 정하고 있다. 이 규정은 중재합의를 전제로 중재합의의 대상인 분쟁에 관하여 중재판정이 있기 전에 현상 변경을 막거나 다툼이 있는 권리관계에 끼칠 현저한 손해나 급박한 위험 등을 피하기 위하여 법원에 보전처분을 신청할 수 있도록 한 것으로 중재판정의 실효성을 확보하기 위한 것이다. 따라서 중재법 제10조는 중재합의의 부존재나 무효 등을 이유로 법원에 중재절차의 정지를 구하는 가처분신청을 할 수 있다는 근거가 될 수 없다(대법원 2018. 2. 2. 2017마6087 결정. 중재절차정지가처분).

나. 중재의 본질

중재의 본질은 사적재판(私的裁判)이라는 데에 있으며, 그 점에서 당사자의 양보에 의한 자주적해결인 재판상 화해 및 조정과 다르다. 중재제도는 단심이기 때문에 법원의 재판에 비하여 분쟁이 신속히 해결되고 비용이 저렴한 이점이 있으나 중재인을 당사자가 선정하기 때문에 중재인이 중립성을 잃고 당사자의 이익대변인의 구실을 할 수 있으며, 법률지식을 갖춘 자가 선정된다는 보장이 없는 단점이 있다(이시윤 저 제8판 신민사소송법 22면).

(1) 중재인의 수

중재인의 수는 당사자 간의 합의로 정하며, 합의가 없으면 중재인의 수는 3명으로 한다(중재법 제11조).

(2) 중재인의 선정

당사자 간에 다른 합의가 없으면 중재인은 국적에 관계없이 선정될 수 있다(중재법 제12조 제1항). 중재인의 선정절차는 당사자 간의 합의로 정한다(중재법 제12조 제2항). 제2항의 합의가 없으면 다음 각 호의 구분에 따라 중재인을 선정한다(중재법 제12조 제3항).
1. 단독중재인에 의한 중재의 경우: 어느 한쪽 당사자가 상대방 당사자로부터 중재인의 선정을 요구받은 후 30일 이내에 당사자들이 중재인의 선정에 관하여 합의하지 못한 경우에는 어느 한쪽 당사자의 신청을 받아 법원 또는 그 법원이 지정한 중재기관이 중재인을 선정한다.

2. 3명의 중재인에 의한 중재의 경우: 각 당사자가 1명씩 중재인을 선정하고, 이에 따라 선정된 2명의 중재인들이 합의하여 나머지 1명의 중재인을 선정한다. 이 경우 어느 한쪽 당사자가 상대방 당사자로부터 중재인의 선정을 요구받은 후 30일 이내에 중재인을 선정하지 아니하거나 선정된 2명의 중재인들이 선정된 후 30일 이내에 나머지 1명의 중재인을 선정하지 못한 경우에는 어느 한쪽 당사자의 신청을 받아 법원 또는 그 법원이 지정한 중재기관이 그 중재인을 선정한다.

제2항의 합의가 있더라도 다음 각 호의 어느 하나에 해당할 때에는 당사자의 신청을 받아 법원 또는 그 법원이 지정한 중재기관이 중재인을 선정한다(중재법 제12조 제4항).
1. 어느 한쪽 당사자가 합의된 절차에 따라 중재인을 선정 하지 아니하였을 때
2. 양쪽 당사자 또는 중재인들이 합의된 절차에 따라 중재인을 선정하지 못하였을 때
3. 중재인의 선정을 위임받은 기관 또는 그 밖의 제3자가 중재인을 선정할 수 없을 때

제3항 및 제4항에 따른 법원 또는 그 법원이 지정한 중재기관의 결정에 대하여는 불복할 수 없다(중재법 제12조 제5항).

(3) 중재인에 대한 기피사유

중재인이 되어 달라고 요청받은 사람 또는 중재인으로 선정된 사람은 자신의 공정성이나 독립성에 관하여 의심을 살 만한 사유가 있을 때에는 지체 없이 이를 당사자들에게 고지(告知)하여야 한다(중재법 제13조 제1항).

중재인은 제1항의 사유가 있거나 당사자들이 합의한 중재인의 자격을 갖추지 못한 사유가 있는 경우에만 기피될 수 있다. 다만, 당사자는 자신이 선정하였거나 선정절차에 참여하여 선정한 중재인에 대하여는 선정 후에 알게 된 사유가 있는 경우에만 기피신청을 할 수 있다(중재법 제13조 제2항).

다. 중재판정의 의의 및 효력

중재판정(仲裁判定)이란 중재계약에 따라 중재인(仲裁人)이 중재절차에서 당사자 간의 사법상의 분쟁에 관하여 내리는 판정을 말하며, 중재판정은 양쪽 당사자 간에 법원의 확정판결과 동일한 효력을 가지나(중재법 제35조) 중재판정은 사인(私人)인 중재인의 판단으로서 그 성립이나 내용에 있어 하자가 있을 수 있으므로 중재판정에 의하여 바로 강제집행을 허용할 것이 아니라 중재판정취소의 사유(중재법 제36조 제2항)가 없음을 확인한 이후 중재 판정에 기초한 강제집행을 허용함이 바람직하다 하여 집행판결제도를 두게 되었다(李時潤 著 제6판 신민사집행법 제130면 2).

판례

[1] 중재법 제36조 제2항 제1호 (라)목은 중재판정의 취소사유 중 하나로 '중재판정부의 구성 또는 중재절차가 이 법의 강행규정에 반하지 않는 당사자 간의 합의에 따르지 않았거나 그러한 합의가 없는 경우에는 이 법에 따르지 않았다는 사실'을 정하고 있다. 이는 중재절차의 계약적 성격에서 비롯된 것으로, 중재절차는 원칙적으로 당사자의 자치와 합의로 형성되지만, 당사자 간의 합의가 없는 경우에는 보충적으로 해당 중재에 적용되는 임의규정에 따라 이루어진다는 취지이다. 위 규정에서 정한 중재판정 취소사유에 해당하려면 단순히 당사자 간의 합의나 임의규정을 위반하였다는 것만으로는 부족하고, 해당 중재절차에 의한 당사자의 절차적 권리에 대한 침해 정도가 현저하여 용인할 수 없는 경우라야 한다[대법원 2017. 12. 22. 선고 2017다238837 판결은 위 조항과 동일하게 정하고 있는 외국중재판정의 승인 및 집행에 관한 유엔협약(이하 '뉴욕협약'이라 한다) 제5조 제1항 (라)호에 관하여 같은 취지로 판단하였다].
국제거래법위원회(UNCITRAL) 모델중재법(Model Law on International Commercial Arbitration) 제34조는 뉴욕협약 제5조에서 정한 승인 또는 집행 거부 사유와 동일한 사유를 중재판정 취소사유로 정하고 있다. 1999. 12. 31.

> 법률 제6083호로 전부 개정되어 현재에 이르고 있는 우리나라 중재법 제36조도 UNCITRAL 모델중재법 제34조를 기초로 중재판정 취소사유를 입법화하였으므로, 국제적으로 확립된 기준을 통일적으로 적용하기 위해서 위와 같이 해석하는 것이 타당하다.
>
> [2] 중재법 제36조 제2항 제2호 (나)목에서 법원이 직권으로 중재판정을 취소할 수 있는 사유로 정하고 있는 '중재판정의 승인 또는 집행이 대한민국의 선량한 풍속 기타 사회질서에 위배되는 경우'란 단순히 중재인에 의하여 이루어진 사실인정에 잘못이 있다거나 중재인의 법적 판단이 법령에 위반되어 중재판정의 내용이 불합리하다고 볼 수 있는 모든 경우를 말하는 것이 아니라, 중재판정으로 명하는 결과가 대한민국의 선량한 풍속 기타 사회질서에 위배되는 때를 뜻한다.
> (대판 2018. 12. 13. 2018다240387 중재판정취소)

라. 중재판정의 승인(승인판결제도)과 집행(집행판결제도)

(1) 중재판정의 승인과 집행

중재판정은 제38조 또는 제39조에 따른 승인 거부사유가 없으면 승인된다. 다만 당사자의 신청이 있는 경우에는 법원은 중재판정을 승인하는 결정을 할 수 있다(중재법 제37조 제1항).

(2) 중재판정에 의한 집행

중재판정에 기초한 집행은 당사자의 신청에 따라 법원에서 집행결정으로 이를 허가하여야 할 수 있다(제37조 제2항).

중재판정의 승인 또는 집행을 신청하는 당사자는 중재판정의 정본이나 사본을 제출하여야 한다. 다만, 중재판정이 외국어로 작성되어 있는 경우에는 한국어 번역문을 첨부하여야 한다(제37조 제3항).

제1항 단서 또는 제2항의 신청이 있는 때에는 법원은 변론기일 또는 당사자 쌍방이

참여할 수 있는 심문기일을 정하고 당사자에게 이를 통지하여야 한다(제37조 제4항).

제1항 단서 또는 제2항에 따른 결정은 이유를 적어야 한다. 다만, 변론을 거치지 아니한 경우에는 이유의 요지만을 적을 수 있다(제37조 제5항).

제1항 단서 또는 제2항에 따른 결정에 대해서는 즉시 항고할 수 있다(제37조 제6항).

제6항의 즉시항고는 집행정지의 효력을 가지지 아니한다. 다만, 항고법원(재판기록이 원심법원에 남아 있을 때에는 원심법원을 말한다)은 즉시항고에 대한 결정이 있을 때까지 담보를 제공하게 하거나 담보를 제공하게하지 아니하고 원심 재판의 집행을 정지하거나 집행절차의 전부 또는 일부를 정지하도록 명할 수 있으며, 담보를 제공하게 하고 그 집행을 계속하도록 명할 수 있다(제37조 제7항).

제7항 단서에 따른 결정에 대해서는 불복할 수 없다(제37조 제8항).

판례

[1] 중재제도의 특성에 비추어 볼 때 중재판정부의 구성은 중재합의와 중재절차의 가장 핵심적이고 본질적인 요소 중 하나로서 중재판정부의 구성에 당사자 간의 합의를 위반한 사항이 있을 때에는 중재판정부의 권한에 관한 근간이 흔들리게 된다. 외국중재판정의 승인 및 집행에 관한 유엔협약 제5조 제1항 (d)호는 중재판정의 기초가 된 중재판정부의 구성이나 중재절차가 당사자의 중재합의에 합치하지 아니하거나, 임의규정을 위반할 때 중재판정의 승인이나 집행을 거절할 수 있도록 규정하고 있다. 그러나 위 규정에서 정한 중재판정 승인·집행거절사유에 해당하려면 단순히 당사자의 합의나 임의규정을 위반하였다는 것만으로는 부족하고, 해당 중재절차에 의한 당사자의 절차적 권리에 대한 침해의 정도가 현저하여 용인할 수 없는 경우라야 한다.

[2] 외국 중재판정은 확정판결과 동일한 효력이 있어 기판력이 있으므로 대상이 된 청구권의 존재가 확정되고, 집행판결을 통하여 집행력을 부여받으면 우리나

> 라 법률상의 강제집행절차로 나아갈 수 있게 된다. 집행판결은 변론종결 시를 기준으로 하여 집행력의 유무를 판단하는 재판이므로, 중재판정의 성립 이후 집행법상 청구이의의 사유가 발생하여 중재판정문에 터잡아 강제집행절차를 밟아 나가도록 허용하는 것이 우리나라 법의 기본적 원리에 반한다는 사정이 집행재판의 변론과정에서 드러난 경우에 법원은 외국중재판정의 승인 및 집행에 관한 유엔협약 제5조 제2항 (b)호의 공공질서 위반에 해당하는 것으로 보아 중재판정의 집행을 거부할 수 있다.
>
> [3] 외국 중재판정이 단순히 실체적 권리관계에 배치되어 부당하거나 중재판정에 기한 집행 채권자가 그러한 사정을 알고 있었다는 것만으로는 중재판정에 따른 집행을 거부할 수 없다. 그러나 확정판결과 동일한 효력을 갖게 된 외국 중재판정에 따른 권리라 하더라도 신의에 좇아 성실하게 행사되어야 하고 이에 기한 집행이 권리남용에 해당하거나 공서양속에 반하는 경우에는 허용되지 않는다. 외국 중재판정의 내용이 실체적 권리관계에 배치되는 경우에 권리남용 등에 이르렀는지에 관하여는, 권리의 성질과 내용, 중재판정의 성립 경위 및 성립 후 집행판결에 이르기까지의 사정, 이에 대한 집행이 허가될 때 당사자에게 미치는 영향 등 제반 사정을 종합하여 살펴보아야 한다. 특히 외국 중재판정에 민사소송법상의 재심사유에 해당하는 사유가 있어 집행이 현저히 부당하고 상대방으로 하여금 집행을 수인하도록 하는 것이 정의에 반함이 명백하여 사회생활상 용인할 수 없을 정도에 이르렀다고 인정되는 경우에 중재판정의 집행을 구하는 것은 권리남용에 해당하거나 공서양속에 반하므로 이를 청구이의 사유로 삼을 수 있다(대판 2018. 12. 13. 2016다49931. 집행판결).

(3) 중재판정에 기한 강제집행이 불법행위로 되기 위한 요건

중재법에 의한 중재판정이 있으면 기판력에 의하여 대상이 된 청구권의 존재가 확정되고, 그에 대한 집행판결이 확정됨에 따라 현실적 집행력이 발생하는 것이므로, 중재판정에 따른 집행이 불법행위를 구성하기 위하여는 일방 당사자가 상대방의 권리를 해할 의사로 절차관여를 방해하거나 허위의 주장으로 중재판정부를 기망하는 등 부정한 방법으로 실체의 권리관계와 다른 내용의 중재판정을 취득하여 집행을 하는 것과 같은 특별한 사정이 있어야 하고, 그와 같은 사정이 없이 중재판정의 내용이 단순히 실체적 권리관계에 배치되어 부당하고, 또한 중재판정에 기한 집행채권자가 이를 알고 있었다는 것만으로는 그 집행행위가 불법행위를 구성한다고 할 수 없으며, 편취된 중재판정에 기한 강제집행이 불법행위로 되는 경우가 있다고 하더라도 당사자의 법적 안정성을 위해 중재판정에 형식적 확정력이나 기판력 등 확정판결과 같은 효력을 인정한 중재법 제35조의 입법 취지나 중재판정의 효력을 배제하기 위하여는 그 중재판정에 취소사유가 존재하는 경우에 중재판정취소의 소에 의하여 그 취소를 구하는 것이 원칙적인 방법인 점 등에 비추어 볼 때 불법행위의 성립을 쉽게 인정할 일은 아니므로, 중재판정에 기한 강제집행이 불법행위로 되는 것은 당사자의 절차적 기본권이 근본적으로 침해된 상태에서 중재판정이 내려졌거나 중재판정에 취소사유가 존재하는 등 중재판정의 효력을 존중하는 것이 정의에 반함이 명백하여 이를 묵과할 수 없는 경우로 한정하여야 한다(대판 2005. 12. 23. 2004다8814).

(4) 국내 중재판정

대한민국에서 내려진 중재판정은 다음 각 호의 어느 하나에 해당하는 사유가 없으면 승인되거나 집행되어야 한다(중재법 제38조).

1. 중재판정의 당사자가 다음 각 목의 어느 하나에 해당하는 사실을 증명한 경우
   가. 제36조 제2항 제1호 각 목의 어느 하나에 해당하는 사실
   나. 다음의 어느 하나에 해당하는 사실
      1) 중재판정의 구속력이 당사자에 대하여 아직 발생하지 아니하였다는 사실
      2) 중재판정이 법원에 의하여 취소되었다는 사실
2. 제26조 제2항 제2호에 해당하는 경우

(5) 외국 중재판정의 승인 및 집행

「외국 중재판정의 승인 및 집행에 관한 협약」을 적용받는 외국 중재판정의 승인 또는 집행은 같은 협약에 따라 한다(중재법 제39조 제1항).

「외국 중재판정의 승인 및 집행에 관한 협약」을 적용받지 아니하는 외국 중재판정의 승인 또는 집행에 관하여는 「민사소송법」 제217조, 「민사집행법」 제26조 제1항 및 제27조를 준용한다(중재법 제39조 제2항).

> **판례**
>
> [1] 외국 중재판정의 승인 및 집행에 관한 협약 제5조 제1항 (a)호에 따를 때 중재합의의 성립과 유효성 판단의 준거법 : 외국 중재판정의 승인 및 집행에 관한 협약 제5조 제1항 (a)호 후단은 외국 중재판정의 승인과 집행의 거부사유 중 하나로 '당사자가 준거법으로서 지정한 법에 따라 또는 그러한 지정이 없는 경우에는 판정을 내린 국가의 법에 따라 중재합의가 유효하지 않은 경우'를 들고 있다. 위 규정에 따르면 중재합의의 성립과 유효성 판단의 준거법은 일차적으로 당사자들이 준거법으로 지정한 법이 되고, 그 지정이 없는 경우에는 중재판정을 내린 국가의 법이 된다.
>
> [2] 외국 중재판정의 승인 및 집행에 관한 협약 제5조 제1항 (e)호의 의미 및 이를 중재판정지국에서 확인판결을 받았다고 하여 집행국에서 집행판결을 구할 수 없다는 취지로 볼 수 있는지 여부(소극) : 외국 중재판정의 승인 및 집행에 관한 협약은 중재판정이 최종적임을 증명하도록 하는 대신에 중재판정이 구속력이 있을 것을 요구함으로써[제5조 제1항 (e)호], 이른바 이중집행판결 또는 이중집행허가(double exequatur)를 받을 필요성을 제거하였다. 이는 외국에서 중재판정의 승인과 집행을 신청하는 당사자가 중재판정이 최종적인 것임을 증명하기 위해 중재판정지국에서 별도로 집행판결 또는 집행가능선언 등

> 의 절차를 거칠 필요 없이 집행을 구하는 국가에서만 집행판결을 받으면 된다는 의미이다. 이를 중재판정지국에서 확인판결을 받았다고 하여 집행국에서 집행판결을 구할 수 없다는 취지로 볼 수는 없다(대판 2018. 7. 26. 2017다 225084. 집행판결).

마. 중재판정에 의한 등기신청과 첨부서면(집행판결)

중재판정 또는 외국판결에 의한 등기신청은 집행판결을 첨부하여야만 단독으로 등기신청을 할 수 있으며[부동산등기법 제23조 제4항 등기예규 제1383호 2. 다. 2)], 집행판결정본을 첨부하지 아니한 때에는 그 등기신청은 "등기신청에 필요한 서면을 첨부하지 아니한 때"(부동산등기법 제29조 9호)에 해당되어 등기관이 각하하게 된다.

◾ 중재판정에 대한 집행판결을 구하는 청구취지 및 판결주문 기재례

> 1. 원고와 피고 간의 2006년 중판 제4호 손해배상청구 중재사건에 관하여 사단법인 대한상사중재협회 중재판정부가 2006. 2. 1.자로 한 별지기재의 중재판정은 이를 집행할 수 있다. 또는
> 1. 원고와 피고 사이의 대한상사중재원 중재 제23413-0000호 사건에 관하여 대한상사중재원이 2004. 10. 18.자에 한 별지기재의 중재판정에 대한 강제집행을 허가한다.
> 1. 소송비용은 피고의 부담으로 한다.

16. 판결에 의한 상속등기

공동상속인 중 일부 상속인의 상속등기만은 경료할 수 없으므로(대법원 1995. 2. 22. 94마2116 결정), 공동상속인 중 일부 상속인의 판결에 의한 상속등기신청은 '사건이 등기할 것이 아닌 때'에 해당되어 각하 된다(대법원 1995. 4. 7. 93마54736, 대판 2001. 6. 29. 2001다28299, 2001. 11. 27. 2000두9731, 2010. 2. 25. 2008다96963, 96970). 상속재산의 협의분할은 공동상속인간의 일종 의 계약으로서 공동상속인 전원이 참석허여야 하고 일부 상속인만으로 한 협의분할은 무효이다(대판 1995. 4. 7. 93다54736).

가. 상속·상속인

상속이라 함은 피상속인의 사망으로 인하여 그에게 속하였던 모든 재산상의 지위(단, 일신 전속권은 제외)를 상속인이 포괄적으로 승계하는 것을 말한다. 상속인은 상속이 개시된 때로부터 피상속인의 재산에 관한 포괄적(包括的) 권리의무(權利義務)를 승계한다. 그러나 피상속인의 일신에 전속한 것은 그러하지 아니하다(민법 제1005조).

공동상속재산은 상속인들의 공유이고, 또 부동산의 공유자인 한 사람은 그 공유물에 대한 보존행위로서 그 공유물에 관한 원인무효의 등기전부의 말소를 구할 수 있다(대판 1996. 2. 9. 94다61649).

나. 법률의 규정에 의한 부동산에 관한 물권의 취득

상속으로 인한 부동산물권의 취득은 '등기'를 요하지 아니하므로(민법 제187조 전단) 상속등기를 하지 않더라도 피상속인의 사망으로 법률상 당연히 소유권이 상속인에게 이전되나 이를 다시 처분하려면 상속으로 인한 물권의 취득을 등기하고 그 후에 처분에 따르는 등기하여야 한다(민법 제187조 후단). 상속이 개시되는 시점은 자연사망의 경우 현실로 사망이라는 사실이 발생한 때이며, 가족관계등록법상 사망신고가 된 때가 아니다.

다. 등기권리자인 상속인의 상속등기의 단독신청

상속등기는 등기의무자인 피상속인이 사망하여 등기신청능력이 없기 때문에 상속인과 공동으로 등기신청을 할 수 없으므로 등기권리자인 상속인이 단독으로 등기를 신청할 수밖에 없다(법 제23조 제3항). 공동상속의 경우에는 공동상속인 전원의 이름으로 전원이 공동권리자로서 상속을 원인으로 한 소유권이전등기를 신청하여야 한다.

토지대장, 임야대장 또는 건축물대장에 최초로 소유자로 등록되어 있는 자 또는 그 상속인도 미등기부동산에 대한 소유권보존등기를 신청할 수 있다(법 제65조 제1호).

상속인이 여러 명일 경우, 그 전원이 공동상속에 의해 상속재산을 공유로 취득한 자로서 소유권보존등기를 신청할 수 있으며, 이 경우 민법 제265조 단서의 보존행위로서 상속인 중 1인이 전원을 위해 소유권보존등기를 신청할 수 있다.

상속으로 인한 소유권 이전등기는 상속을 증명하는 정보를 첨부하여 상속인(등기권리자)이 단독으로 그 신청을 할 수 있다(법 제23조 제3항). 상속이라는 사실의 발생은 가족관계등록부 등 공적 장부에 의하여 등기관이 확인할 수 있고 절차상 등기의무자에 해당하는 자가 현존하지 않기 때문이다.

라. 상속인 중 일부의 비협력 또는 행방불명

공동상속인 중 일부가 상속등기에 협력하지 않거나 행방불명된 경우라 하더라도 나머지 상속인의 상속지분만에 대한 일부상속등기는 할 수는 없고(등기예규 제535호 등기선례 요지집 6권 200항), 상속인 중 일부가 나머지 상속인들의 상속등기까지 법정상속분에 따라 신청하여야 하며, 등기신청서에도 공동상속인 전원을 표시하여야 한다(등기선례 5권 276항).

마. 판결에 의한 상속등기와 등기관의 심사권

공동상속의 경우 일부 상속인이 상속등기신청에 협력하지 않는 경우에는 판결을 받아 단독으로 신청할 수 있다(법 제23조 제4항). 즉 상속인 중 일부가 상속등기신청에 협력하지 않는 경우에는 공동상속인 전원에게 등기신청적격이 있으므로 등기신청에 협력하지 않는 상속인 전원을 피고로 하여 판결을 받아야 한다.

(1) 상속인 중 일부만을 상대로 한 판결에 의한 상속등기신청가부(소극)

상속인 전원을 피고로 하지 않고, 그 중 일부만을 상대로 하여 판결을 받은 경우에는 그 판결에 따른 등기신청을 할 수 없다(대법원 1995. 2. 22. 결정 94마2116, 2010. 2. 25. 2008다96963, 96970, 등기예규 제535호, 등기선례 제6권 200).

(2) 상속을 증명하는 서면, 상속인의 범위, 상속분의 인정

(가) 상속을 증명하는 서면의 의미

구부동산등기법 제46조에서 말하는 시·구·읍·면의 장의 서면 또는 이를 증명함에 족한 서면이란 상속을 증명하는 시·구·읍·면장의 서면인 호적등·초본과 제적등·초본 및 그 이외의 상속사실을 증명할 수 있는 서면을 지칭하고, 등기신청인이 제출한 서면이 상속사실을 증명하는 서면에 해당하는지의 여부는 구체적인 사안에 따라서 그 서면이 등기명의인이 사망하여 신청인이 그 상속인이 되었고, 달리 상속인이 없다는 것을 명확히 하고 있는 서면이라고 볼 수 있는지의 여부에 따라 결정되어져야 한다(대법원 94. 9. 8. 94마1374).

(나) 협의분할에 의한 상속등기를 신청하는 경우, 등기신청인이 제출한 서면이 상속을 증명함에 족한 서면에 해당하는지 여부의 판단 기준

구부동산등기법 제46조가 등기원인이 상속인 때에는 신청서에 상속을 증명하는 시·구·읍·면의 장의 서면 또는 이를 증명함에 족한 서면을 첨부하도록 한 것은, 이 경우에는 등기원인을 증명하는 서면이 처음부터 있을 수가 없으나 대신 같은 법 제45조 소정의

신청서부본 이외에 같은 법 제46조 소정의 서면들도 제출케 함으로써 이들에 대한 형식적인 심사만에 의하더라도 등기명의인이 사망하여 등기신청인이 그 상속인이 되었고 달리 상속인이 없으며, 또한 그 상속분이 변경된 때에는 그 변경이 생긴 사실 등을 명확히 하여 그 신청의 수리여부를 결정할 수 있도록 하기 위한 것이므로, 협의분할에 의한 상속등기를 신청하는 경우에 등기신청인이 제출한 서면이 상속을 증명함에 족한 서면에 해당하는지의 여부는 구체적인 사안에 따라서 그 서면이 등기명의인이 사망하여 등기신청인이 그 상속인이 되었고 등기신청인을 포함한 공동상속인들이 상속재산에 대한 분할 협의를 하였다는 것을 명확히 하고 있는 서면이라고 볼 수 있는지의 여부에 따라 결정되어져야 한다.

(다) 상속인의 범위 · 상속분

등기신청인이 산정한 상속분이 그 상속재산을 둘러싼 소송에서도 받아들여져 판결로써 확정된바 있다고 하더라도 상속등기신청에 대하여 등기관이 부동산등기법 소정의 서면만에 의하여 형식적 심사를 함에 있어서는 위 확정판결의 기판력이 미칠 여지가 없다. 상속을 증명하는 시 · 구 · 읍 · 면의 장의 서면 또는 이를 증명함에 족한 서면과 관계법령에 기한 상속인의 범위 및 상속분의 인정은 등기관의 형식적 심사권한의 범위 내라고 할 것이므로, 위와 같은 서면과 관계법령에 의하여 인정되는 정당한 상속인의 범위 및 상속지분과 다른 내용으로 상속등기를 신청하였을 경우 등기관으로 서는 신청내용이 확정된 판결의 내용과 동일하다고 하더라도 위 등기신청을 각하하여야 한다(대법원 1995. 2. 22. 94마2116 결정).

(3) 협의분할에 의한 상속등기신청과 상속을 증명함에 족한 서면의 요건

협의분할에 의한 상속등기를 신청하는 경우에 증명서면으로 제출하여야 하는 상속을 증명함에 족한 서면은 등기신청인을 포함한 공동상속인들이 상속재산에 대한 분할협의를 하였다는 것을 명확히 하고 있는 서면을 의미하므로, 협의분할에 의한 상속등기신청에서 그 등기원인을 증명하는 서면으로 제출된 확정판결의 이유 중에, 등기신청인을 포함한 공동상속인 사이에 상속재산에 대한 분할협의가 있었음을 인정하는 이유 설시가 있더라

도, 등기관은 이에 구속받지 아니하고 형식적 심사권의 범위 내에서 위 확정판결 정본이 상속재산의 분할협의에 관하여 공동상속인 전원의 의사합치가 있었음을 명확히 하고 있는 서면으로 볼 수 있는지 여부를 판단할 수 있다 할 것인바, 위 확정판결이 공동상속인 전원이 당사자가 된 소송에서 선고된 것이라면 그 판결문은 상속재산의 협의분할에 관하여 공동상속인 '전원'의 의사합치가 있었다는 점을 객관적으로 명확히 증명하는 서면에 해당한다고 할 것이나, 위 확정판결이 공동상속인 중 '일부'만이 당사자가 된 소송에서 선고된 것이라면 그 판결문은 상속재산의 협의분할에 관하여 공동상속인 전원의 의사합치가 있었다는 점을 객관적으로 명확히 증명하는 서면에 해당한다고 볼 수 없다 할 것이므로, 등기신청인이 제출한 확정판결정본이 후자에 해당한다면 등기관은 상속을 증명함에 족한 서면을 제출하지 않았음을 이유로 부동산등기법 제55조(현행법 제29조) 제8호(현행법 제9호)에 의하여 등기신청을 각하하여야 한다(대법원 2004. 9. 3. 2004마599).

위 판례(대법원 2004. 9. 3. 2004마599)는 협의분할에 의한 상속등기를 신청하는 경우에 그 등기원인을 증명하는 서면으로 제출된 확정판결이 공동상속인 전원이 당사자가 된 소송이 아니라 그 중 일부만이 당사자가 된 소송에서 선고된 것이라면 그 판결문은 상속재산의 협의분할에 관하여 공동상속인 전원이 의사 합치가 있었다는 점을 객관적으로 명확히 증명하는 서면에 해당한다고 볼 수 없으므로 등기관은 상속을 증명함에 족한 서면을 제출하지 않았음을 이유로 부동산등기법 제55조 제8호(현행법 제29조 제9호)에 의하여 등기신청을 각하하여야 한다고 했다.

그러나 위 판례는 공동상속인 중 일부 상속인의 상속등기만은 할 수 없으며(대법원 1995. 2. 22. 94마2116, 2010. 2. 25. 2008다96963, 96970), 또한 상속재산의 협의분할은 공동상속인 간의 계약으로서 공동 상속인 전원이 참석하여야 하고 일부상속인만으로 한 협의분할은 무효(대판 1995. 2. 22. 94마2116, 2010. 2. 25. 2008다96963, 96970)이므로 공동상속인 중 일부만이 당사자가 된 확정판결에 의한 상속등기신청은 '상속을 증명함에 족한 서면을 제출하지 않았음'(구부동산등기법 제55조 제8호, 현행법 제29조 제9호)을 이유로 각하할 것이 아니라, '사건이 등기할 것이 아닌 때'(구부동산등기법 제55

조 제2호, 현행법 제29조 제2호)를 이유로 등기신청을 각하하는 것이 타당하다고 본다.

왜냐하면 공동상속인 중 일부 상속인만의 상속등기신청은 '등기신청이 그 취지자체에 있어서 법률상 허용될 수 없음이 명백한 경우'(즉 '사건이 등기할 것이 아닌 경우')에 해당되는 것으로 보아야 하기 때문이다.

바. 일부 상속등기의 가부(소극)

공동상속인 중 일부상속인의 상속등기만은 경료할 수 없으므로(대법원 1995. 2. 22. 94마 2116결정 등기관의 결정에 대한 이의), 공동상속인 중 일부 상속인의 판결에 의한 상속등기신청은 "사건이 등기할 것이 아닌 때"에 해당되어 각하된다(대법원 1995. 4. 7. 93마54736, 2001. 6. 29 2001다28299, 2001. 11. 27. 2000두9731, 2010. 2. 25. 2008다96963. 96970. 등기예규 제535호).

공동상속인 중 일부가 상속등기에 협력하지 않거나 행방불명된 경우라 하더라도 나머지 상속인의 상속지분만에 대한 일부 상속등기는 할 수 없고(등기예규 제535호, 등기선례 6-200), 상속인 중 일부가 나머지 상속인들의 상속등기까지 법정상속분에 따라 신청하여야 하며 등기신청서에도 공동상속인 전원을 표시하여야 한다(등기선례 제5권 276).

공동상속인 중 일부 상속인의 상속등기만은 경료 할 수 없으며(대법원 1995. 2. 22. 94마2116, 대판 2010. 2. 25. 2008다96963. 96970. 등기선례 제8권 196항), 상속재산의 협의분할은 공동상속인 간의 일종의 계약으로서 공동상속인 전원이 참석하여야 하고 일부 상속인만으로 한 협의분할은 무효이다(대판 1995. 4. 7. 93 다54736. 소유권이전등기말소).

사. 공동상속인 중 1인의 보존행위로서 원인무효등기의 말소청구권행사

공동상속재산은 상속인들의 공유이고, 또 부동산의 공유자인 한 사람은 그 공유물에 대한 보존행위로서 그 공유물에 관한 원인무효의 등기 전부의 말소를 구할 수 있다(대판 1996. 2. 9. 94다61649.).

17. 가집행선고부 판결에 의한 등기신청의 가부(소극)

부동산등기법 제23조 제4항의 판결은 확정된 이행판결만을 의미하므로 만일 가집행선고부판결에 의한 등기신청이 있을 경우 그 등기신청은 '등기에 필요한 첨부정보를 제공하지 아니한 경우'(법 제29조 제9호)에 해당하여 등기관이 이를 각하하여야 한다(등기예규 제1383호 2. 나.).

가. 가집행선고의 의의

가집행선고(假執行宣告)라 함은 미확정의 종국판결에 관하여 확정판결과 동일한 집행력을 인정하여 판결의 내용을 실현시키기 위한 것으로서 판결의 확정 전에 특히 집행력을 부여하는 형성판결(形成判決)을 말한다(민소법 제213조).

가집행선고는 판결의 확정 전에 미리 강제집행을 할 수 있어 승소자의 신속한 권리실현에 이바지하며, 패소자가 강제집행의 지연만을 노려 상소를 남용하는 것을 억제하는 기능을 한다.

나. 부동산등기법 제23조 제4항 및 민사집행법 제263조 제1항의 판결

부동산등기에 관하여 의사의 진술을 명한 판결이 확정된 때에는 그 판결로 의사를 진술한 것으로 보므로(민사집행법 제263조 제1항) 부동산등기법 제23조 제4항의 판결은 확정된 이행판결만을 의미한다.

민사집행법 제263조 제1항에 의하여 채무자의 의사표시가 있는 것으로 보게 되는 판결 그 밖의 재판은 확정된 이행판결이나 이행을 명하는 재판이어야 하며 확인의 재판이나 형성의 재판은 이에 해당되지 아니한다.

다. 등기절차의 이행을 명하는 판결에 가집행선고의 가부(소극)

(1) 등기절차이행을 명한 판결에 가집행선고의 가부

재산권상의 청구에 관한 판결은 원칙적으로 가집행선고를 하여야 하는바, 등기절차의 이행을 명하는 판결도 재산권상의 청구에 관한 판결이므로 이 판결에도 가집행선고를 붙일 수 있는지가 문제될 수 있다.

의사의 진술을 명하는 판결은 그 판결이 확정된 때에 비로소 의사를 진술한 것으로 간주되므로(민사집행법 제263조 제1항) 만일 등기절차의 이행을 명하는 판결에 가집행선고부판결에 의한 등기를 허용할 경우 그 판결이 상소심에서 취소된 때에는 부동산거래의 안전을 해칠 수 있으므로 가집행선고를 붙일 수 없다. 민사집행법 제263조 제1항의 판결은 확정판결을 의미하고 가집행선고 있는 판결은 포함되지 아니한다.

(2) 가집행선고부판결에 의한 등기신청의 각하

부동산등기법 제23조 제4항의 판결은 확정판결만을 의미하므로 만일 가집행선고부판결에 의한 등기신청이 있을 경우 그 등기신청은 '등기에 필요한 첨부정보를 제공하지 아니한 경우'(법 제29조 9호 판결확정증명)에 해당하여 등기관이 이를 각하하여야 한다(등기예규 제1383호 2. 나).

18. 실명등기의 유예기간 경과 후 명의신탁해지를 원인으로 소유권이전등기를 명한 판결에 의한 등기신청의 각하

가. 부동산 실권리자명의등기에 관한 법률

(1) 명의신탁약정 및 명의신탁약정에 의한 부동산물권변동의 무효

부동산 실권리자명의등기에 관한 법률의 공포, 시행(시행일 : 1995. 7. 1)으로 인하여 누구든지 부동산에 관한 물권을 명의신탁약정에 의하여 명의수탁자의 명의로 등기하여서는 아니 되며(동법 제3조 1항), 명의신탁약정은 무효로 되고(동법 제4조 1항), 명의신탁약정에 따라 행하여진 등기에 의한 부동산에 관한 물권변동은 무효로 한다(동법 제4조 2항).

명의신탁제도는 부동산 실권리자명의등기에 관한 법률의 시행으로 인하여 원칙적으로 금지되고(동법 제3조 1항 4조 1항), 동법 제8조에 해당되는 경우에 한하여 허용되고 있다.

(2) 실명등기유예기간 경과 후 명의신탁해지를 원인으로 한 판결에 의한 등기신청의 각하

나. 실명등기 유예기간 경과 후 명의신탁해지를 원인으로 한 판결에 의한 등기신청의 각하

부동산실권리자명의등기에 관한 법률시행 전에 부동산에 관한 물권을 명의수탁자 명의로 등기한 명의신탁자는 유예기간(1995. 7. 1. ~ 1996. 6. 30.) 이내에 실명등기를 하여야 하고, 유예기간 이내에 실명등기를 하지 아니 한 경우에는 유예기간이 경과한 날 이후부터 명의신탁약정은 무효가 되고, 명의신탁약정에 따라 행하여진 등기에 의한 부동산에 관한 물권변동도 무효가 되므로 실명등기유예기간 경과 후 명의신탁약정의 해지를 원인으로 한 명의신탁자의 소유권이전등기신청은 그 신청취지 자체에 의하여 법률상 허용될 수 없음이 명백한 경우로서 부동산등기법 제55조(개정법 제29조) 제2호의 "사건이 등기할 것이 아닌 때"에 해당되어 등기관은 이를 각하하여야 한다(대법원 1997.5.1. 97마384결정, 등기관의 처분에 대한 이의).

> **판례**
>
> 부동산실권리자명의등기에 관한 법률 제11조 1항 본문, 제12조 제1항, 제4조의 각 규정에 따르면 부동산실권자 명의등기에 관한 법률시행 전에 명의신탁약정에 의하여 부동산에 관한 물권을 명의수탁자명의로 등기한 명의신탁자는 유예기간 (1995. 7. 1~1996. 6. 30) 이내에 실명등기 등을 하여야 하고, 유예기간 이내에 실명등기 등을 하지 아니한 경우에는 유예기간이 경과한 날 이후부터 명의신탁약정은 무효가 되고, 명의신탁약정에 따라 행하여진 등기에 의한 부동산에 관한 물권변동도 무효가 되므로 실명등기 유예기간 경과 후 명의신탁약정의 해지를 원인으로 한 명의신탁자의 소유권이전등기신청은 그 신청취지 자체에 의하여 법률상 허용될 수 없음이 명백한 경우로서 부동산등기법 제55조(개정법 제29조) 제2호의 "사건이 등기할 것이 아닌 때"에 해당되어 등기관은 이를 각하하여야 한다(대법원 1997. 5. 1. 97마384 결정).

다. 부동산실권리자 명의등기에 관한 법률의 입법목적

부동산실권리자 명의등기에 관한 법률(이하에서 '실명법'이라함)은 부동산에 관한 소유권과 그 밖의 물권을 실체적 권리관계와 일치하도록 실권리자명의로 등기하게 함으로써 부동산등기제도를 악용한 투기, 탈세, 탈법행위 등 반사회적 행위를 방지하고 부동산거래의 정상화와 부동산 가격의 안정을 도모하여 국민경제의 건전한 발전에 이바지함을 목적으로 한다.

실명법은 부동산에 관한 명의신탁등기가 투기, 탈법, 탈세 등 반사회적 수단으로 악용되는 폐단이 있어 명의신탁등기를 금지하는 한편 이러한 목적으로 명의신탁등기를 할 경우에는 형사처벌 하는 규정을 두고 있다(동법 제7조).

실명법은 모든 형태의 명의신탁약정 및 명의신탁등기를 원칙적으로 무효로 하고(동법 제4조), 실권리자 명의로의 실명등기가 의무화되어(실명법 제11조, 제12조) 실명등기를 하지 아니한 자에 대하여는 과징금(동법 제5조), 이행강제금(동법 제6조)을 부과하고 형사처벌(동법 제7조) 하도록 하고 있다.

라. 용어의 정의

(1) 명의신탁약정(名義信託約定)

(가) 명의신탁의 의의

명의신탁(名義信託)이라 함은 대내적 관계에서 신탁자가 소유권을 보유하여 이를 관리·수익하면서 공부상의 소유명의만을 수탁자로 하여 두는 것을 말한다(대판 1965. 5. 18. 65다312). 이는 실정법에는 근거가 없으며 판례에 의해 확립된 이론으로서, 독일의 신탁행위이론을 확대 적용한 것이다. 명의신탁을 할 수 있는 것은 공부에 의하여 소유관계가 공시되는 재화에 한한다. 명의신탁이라고 할 때의 '명의'는 '소유명의'를 의미하는 것이므로 소유권에 관하여서만 명의신탁이 인정된다.

(나) 명의신탁의 법률관계

명의신탁의 법률관계, 즉 명의신탁에 있어서의 소유관계는, 신탁행위에 있어서 소유관계와 같기 때문에 대외관계 내지 제3자에 대한 관계에서는 소유권이 수탁자에게 이전·귀속하게 되고, 대내관계 즉 신탁자·수탁자 사이의 관계에 있어서는 소유권이 신탁자에게 보류된다는 것이 판례이론이다.

이와 같이 대외적으로는 소유권이 수탁자에게 있는 것으로 되기 때문에, 수탁자가 신탁자의 승낙 없이 신탁재산을 처분할 경우에는 제3취득자는 선의, 악의를 묻지 않고 적법하게 소유권을 취득하게 된다고 한다(대판 1963. 9. 19. 63다388).

(다) 명의신탁을 해제 또는 해지한 경우

판례는 명의신탁을 해제 또는 해지한 경우의 효과에 관하여 말소등기 혹은 이전등기를 기다릴 것 없이 소유권은 당연히 명의신탁자에게 복귀한다는 입장을 취하고 있다(대판 1980. 12. 9. 76다634. 전원합의체판결).

(라) 명의신탁약정의 의의

실명법에서 '명의신탁약정'이란 부동산에 관한 소유권이나 그 밖의 물권을 보유한 자 또는 사실상 취득하거나 취득하려고 하는 자("실권리자"라 한다)가 타인과의 사이에서 대내적으로는 실권리자가 부동산에 관한 물권을 보유하거나 보유하기로 하고 그에 관한 등기(가등기를 포함)는 그 타인의 명의로 하기로 하는 약정[위임, 위탁매매의 형식에 의하거나 추인(追認)에 의한 경우를 포함한다]을 말한다. 다만, 다음 각 목의 경우는 제외한다(실명법 제2조. 1호).

1) 채무의 변제를 담보하기 위하여 채권자가 부동산에 관한 물권을 이전받거나 가등기 하는 경우. 채무변제를 담보하기 위하여 채권자가 부동산에 관한 물권을 이전 받는 경우에는 채무자, 채권금액 및 채무변제를 위한 담보라는 뜻이 적힌 서면을 등기신청서와 함께 등기관에게 제출하여야 한다(실명법 제3조 제2항).
2) 부동산의 위치와 면적을 특정하여 2인 이상이 구분소유하기로 하는 약정을 하고 그 구분소유자의 공유로 등기하는 경우
3) 신탁법 또는 자본시장과 금융투자업에 관한 법률에 따른 신탁재산인 사실을 등기한 경우

(마) 명의신탁등기

명의신탁약정에 의한 등기를 '명의신탁등기'라고 한다. 명의신탁관계의 성립에 명의수탁자 앞으로의 새로운 소유권이전등기가 행하여지는 것이 반드시 필요한 것은 아니므로, 명의수탁자가 소유하는 부동산에 관하여도 명의신탁자와 사이의 사후적인 명의신탁약정에 의하여 등기명의신탁관계가 성립할 수 있다. 따라서 부동산 소유자가 그 중 일부 지분을 제3자(명의신탁자)를 위하여 '대외적으로만' 보유하는 관계에 관한 약정(명의신탁약

정)을 맺으면, 그 지분에 관하여 이른바 '2자 간 등기명의신탁관계'가 성립한다(대판 2009. 11. 26. 2009도5547).

(2) 명의신탁자(名義信託者)

명의신탁자란 명의신탁약정에 따라 자신의 부동산에 관한 물권을 타인의 명의로 등기하게 하는 실권리자를 말한다(실명법 제2조 제2호).

(3) 명의수탁자(名義受託者)

명의수탁자란 명의신탁약정에 따라 실권리자의 부동산에 관한 물권을 자신의 명의로 등기하는 자를 말한다(실명법 제2조 제3호).

(4) 실명등기

실명등기(實名登記)라 함은 실명법 시행 전에 명의신탁약정에 따라 명의수탁자의 명의로 등기된 부동산에 관한 물권을 동법시행일(1995. 7. 1) 이후 명의신탁자의 명의로 등기하는 것을 말한다(실명법 제2조 4호).

(5) 명의신탁의 법률관계

명의신탁의 법률관계, 즉 명의신탁에 있어서의 소유관계는, 신탁행위에 있어서의 소유관계와 같기 때문에 "대외관계" 내지 제3자에 대한 관계에서는 소유권이 수탁자에게 이전·귀속하게 되고, "대내관계" 즉 신탁자와 수탁자 사이의 관계에서는 소유권이 신탁자에게 보류된다는 것이 판례이론이다. 이와 같이 대외적으로는 소유권이 수탁자에게 있는 것으로 되기 때문에, 수탁자가 신탁자의 승낙 없이 신탁재산을 처분한 경우 제3취득자는 선의·악의를 묻지 않고 적법하게 소유권을 취득하게 된다고 한다(대판 1963. 9. 19. 63다388).

(가) 대내관계(對內關係)

1) 신탁자의 소유권 보유(保有) 및 신탁자의 신탁계약해지에 따른 수탁자의 신탁자에 대한 권리이전의무

명의신탁의 대내관계는 신탁자와 수탁자 사이에 체결된 "신탁계약"에 의하여 정하여지고, 신탁계약의 기본은 신탁자가 수탁자에 대한 관계에서 목적물의 소유권을 보유한다는 것이다. 명의신탁관계를 성립시키기 위한 신탁계약의 기본은, 신탁자와 수탁자 사이의 내부관계에 있어서 그 목적물의 소유권은 언제나 신탁자가 보유(保有)한다는 것이므로 그 목적물의 소유권과 관련되어 발생된 권리도 그들 내부관계에 있어서는 신탁자에게 귀속되는 것이라고 할 것이니 신탁자가 그 신탁계약을 해지하면 수탁자는 그 권리를 신탁자에게 이전하여 줄 의무가 있다(대판 1987. 5. 12. 86다카2653, 1996. 5. 31. 94다35985, 1996. 10. 25. 95다40939).

2) 수탁자의 사망과 상속인 간의 명의신탁관계의 존속

명의수탁자가 사망하면 그 명의신탁관계는 그 재산상속인과의 사이에 존속하게 된다(대판 1967. 11. 21. 76다1844, 1969. 2. 18. 68다2094, 1981. 6. 23. 80다2809, 1996. 5. 31. 94다35985).

3) 수탁자의 신탁자에 대한 소유권주장 가부(소극)

부동산의 명의신탁에 있어서 신탁자는 수탁자에 대한 관계에 있어서 등기 없이 그 부동산에 대한 실질적 소유권을 내세울 수 있는 것이지만 수탁자는 그 부동산의 소유권이 자기에게 있음을 주장할 수 없다(대판 1997. 7. 25. 96다47494, 47500).

4) 명의신탁자인 종중이 사정명의인인 수탁자에게 실질적인 소유권을 주장할 수 있는지 여부(적극)

임야의 사정명의(査定名義)를 수탁 받은 자는 대외적으로 토지사정의 법리상 사정으로 인하여 임야의 소유권을 취득한다 하더라도 대내적으로는 명의신탁자에 대한 명의수탁자로서의 지위에 있다 할 것이므로 신탁자는 사정명의인인 수탁자에게 그 임야에 대한 실질

적인 소유권을 주장할 수 있다(대판 1993. 5. 25. 92다47694).

(나) 대외관계(對外關係)

1) 수탁자의 소유권행사

소유권을 신탁한 경우에는 외부관계에 있어서는 수탁자만이 소유권을 행사할 수 있고, 신탁자는 그 소유권을 행사할 수 없는 것이다(대판 1955. 8. 4. 4288민상189, 190). 부동산의 명의수탁자는 대외적인 관계에 있어서는 완전히 소유자이므로 그 처분권한을 다른 사람에게 위임할 수 있다(대판 1966. 1. 31. 65다186). 수탁자는 대외관계에 있어서 완전한 소유자이다.

수탁자로부터 그 부동산을 양수한 제3자는 그가 선의이었건 악의이었건 가릴 것 없이, 즉 명의신탁의 사실을 알았는지 여부를 불문하고 그 소유권을 유효하게 취득하는 것이 원칙이다(대판 1963. 9. 19. 63다388). 다만 제3자가 수탁자에게 매도(賣渡)나 담보의 제공 등을 적극적으로 권유함으로써 수탁자의 배임행위에 적극 가담한 경우에는 명의수탁자와 제3자 사이의 계약은 반사회적인 법률행위로서 무효가 된다(대판 1991.4.23. 91다6221).

2) 수탁자의 수탁부동산의 처분과 명의신탁관계의 소멸

부동산을 명의신탁 한 경우에는 소유권이 대외적으로 수탁자에게 귀속되는 것이므로 수탁자가 수탁부동산을 제3자에게 처분하였을 때에는 그 처분행위가 무효 또는 취소되는 등의 사유가 없는 한 신탁자는 명의신탁 된 부동산이라는 이유를 내세워 제3자에게 소유권을 주장할 수 없는 것이다(대판 1987. 3. 10. 85다카2508, 1988. 2. 9. 87다424).

부동산을 명의신탁 한 경우에는 소유권이 대외적으로 수탁자에게 귀속하므로 수탁자가 수탁 부동산을 제3자에게 처분하였을 때에는 그 처분행위가 무효 또는 취소되는 등의 사유가 없는 한, 제3취득자는 신탁재산에 대한 소유권을 적법히 취득하고 명의신탁관계는 소멸한다(1993. 6. 8. 92다18634, 1997. 10. 10. 96다38896).

3) 부동산의 신탁자가 직접 제3자에 대하여 그 부동산에 대한 침해의 배제를 구할 수 있는지 여부(대위행사)

재산을 타인에게 신탁한 경우 대외적인 관계에서는 수탁자만이 소유권자로서 그 재산에 대한 제3자의 침해에 대하여 배제를 구할 수 있고 신탁자로서는 수탁자에 대한 권리를 보전하기 위하여 필요하다면 수탁자를 대위(代位)해서 수탁자의 권리를 행사할 수 있다(대판 1989. 7. 25. 88다카7207).

4) 명의신탁부동산의 취득자가 악의(惡意)인 경우 소유권취득의 효력

부동산의 소유자명의가 신탁된 경우, 외부적으로는 수탁자만이 소유자로서 유효하게 권리를 행사할 수 있으므로 수탁자로부터 그 부동산을 취득한 자는 수탁자에게 매도나 담보의 제공 등을 적극적으로 권유함으로써 수탁자의 배임행위에 적극 가담한 것이 아닌 한 명의신탁 사실을 알았는지의 여부를 불문하고 부동산의 소유권을 유효하게 취득한다(대판 1991. 4. 23. 91다6221).

5) 명의신탁자가 제3자에 대하여 "진정한 등기명의회복"을 원인으로 한 소유권이전등기를 청구할 수 있는지 여부(소극)

명의신탁에 있어서 대외적으로는 수탁자가 소유자라고 할 것이고, 명의신탁재산에 대한 침해배제를 구하는 것은 대외적 소유권자인 수탁자만 가능한 것이며, 신탁자는 수탁자를 대위(代位)하여 그 침해에 대한 배제를 구할 수 있을 뿐이므로, 명의신탁사실이 인정된다고 할지라도 신탁자는 제3자에 대하여 진정한 등기명의회복을 원인으로 한 소유권이전등기청구를 할 수 있는 "진정한 소유자"의 지위에 있다고 볼 수 없다(대판 2001. 8. 21. 2000다36484).

마. 실권리자명의 등기의무

누구든지 부동산에 관한 물권을 명의신탁약정에 따라 명의수탁자의 명의로 등기하여서는 아니 된다(실명법 제3조 제1항).

(1) 명의신탁관계의 성립(경매절차에서 매수인이 타인명의로 매각허가 결정을 받기로 약정한 경우 매수인과 타인과의 법률관계)

부동산경매절차에서 부동산을 매수하려는 사람이 매수대금을 자신이 부담하면서 다른 사람의 명의로 매각허가결정을 받기로 그 다른 사람과 약정함에 따라 매각허가가 이루어진 경우, 그 경매절차에서 매수인의 지위에 서게 되는 사람은 어디까지나 그 명의인이므로, 경매목적 부동산의 소유권은 매수대금을 실질적으로 부담한 사람이 누구인가와 상관없이 그 명의인이 취득한다. 이 경우 매수대금을 부담한 사람과 이름을 빌려준 사람 사이에는 명의신탁관계가 성립한다(대판 2008. 11. 27. 2008다62687).

(2) 부동산 실권리자명의 등기에 관한 법률 제3조 제1항 위반 행위의 요건

부동산 실권리자명의 등기에 관한 법률 제2조 제3호, 제3조 제1항, 제7조 제2항의 조항들에 의하면, 위 법률 제3조 제1항이 적용되기 위해서는 부동산 물권에 관한 등기가 '명의신탁약정'에 의하여 '명의수탁자'의 명의로 이루어져야 하고, 부동산 물권에 관한 등기가 이루어졌다고 하더라도 그것이 '명의신탁약정'에 의하여 이루어진 것이 아니거나 '명의수탁자'의 명의로 이루어진 것이 아니라면 위 조항의 구성요건을 충족할 수 없다(대판 2007. 10. 25. 2007도4663).

(3) 계약명의신탁사실을 알지 못하는 소유자와 매매계약 체결 후 수탁자명의로 등기한 경우의 과징금부과(명의신탁관계가 성립)

명의신탁자와 명의수탁자가 이른바 계약명의신탁약정을 맺고 명의수탁자가 당사자가 되어 명의신탁약정이 있다는 사실을 알지 못하는 소유자와 부동산에 관한 매매계약을 체결한 후 부동산의 소유권이전등기를 수탁자명의로 마친 경우, 실명법 제5조 제1항에서 정한 과징금부과대상에 해당된다(대판 2012. 4. 26. 2011두266260).

명의수탁자가 명의신탁자와 종전 명의신탁약정을 종료하기로 한 후 제3자와 새로운 명의신탁약정을 한 경우, 애초의 명의신탁부동산에 관하여 제3자와 명의수탁자 사이에 새로운 명의신탁관계가 성립한 것으로 보고 제3자에게 실명법 제5조 제1항 제1호에 의한 과징금 부과의 대상이 될 수 있다(대판 2010. 3. 11. 2009두18622).

바. 명의신탁의 효력

(1) 원칙(명의신탁약정 및 이에 따른 물권변동의 무효)

명의신탁약정은 무효로 하며, 명의신탁약정에 따른 등기로 이루어진 부동산에 관한 물권변동은 무효로 한다. 다만, 부동산에 관한 물권을 취득하기 위한 계약에서 명의수탁자가 어느 한쪽 당사자가 되고 상대방 당사자는 명의신탁약정이 있다는 사실을 알지 못한 경우에는 그러하지 아니하다. 제1항 및 제2항의 무효는 제3자에게 대항하지 못한다(실명법 제4조 제1~3항).

명의신탁에 의한 전세권설정등기를 실명법에 규정된 유예기간 내에 실명등기를 하지 아니한 경우, 그 전세권명의신탁약정은 당사자 사이에서는 무효이나 그 무효는 제3자에게 대항하지 못한다(대판 1998. 9. 4. 98다20981).

(2) 예외(명의신탁약정이 있다는 사실을 알지 못한 경우)

부동산에 관한 물권을 취득하기 위한 계약에서 명의수탁자가 어느 한쪽 당사자가 되고 상대방 당사자는 명의신탁약정이 있다는 사실을 알지 못한 경우에는 명의신탁약정에 따른 등기로 이루어진 부동산에 관한 물권변동은 유효하다(동법 제4조 제2항). 즉 계약명의신탁에서 매도인이 선의(명의신탁약정이 있다는 사실을 알지 못한 경우)라면 수탁자 명의로의 물권변동은 유효하게 된다.

(3) 제3자에 대한 대항력

명의신탁약정은 무효로 하며, 명의신탁약정에 따른 등기로 이루어진 부동산에 관한 물권변동도 무효로 하나 그 무효는 제3자에게 대항하지 못한다(동법 제4조 제3항).

실명법 제4조 제3항에 정한 '제3자'는 명의수탁자가 물권자임을 기초로 그와 새로운 이해관계를 맺은 사람을 말하고, 이와 달리 오로지 명의신탁자와 부동산에 관한 물권을 취득하기 위한 계약을 맺고 단지 등기명의만을 명의수탁자로부터 경료받은 것과 같은 외관을 갖춘 자는 제3에 해당하지 아니하므로, 무효인 명의신탁등기에 터 잡아 경료된 자신의 등기의 유효를 주장할 수는 없으나, 이러한 자도 자신의 등기가 실체관계에 부합하는 등기로서 유효하다는 주장은 할 수 있다(대판 2008. 12. 11. 2008다45187).

경매절차에서 매수대금을 부담한 명의신탁자와 매수인명의를 빌려준 명의수탁자 및 제3자 사이의 새로운 명의신탁약정에 따라 확정판결에 의하여 명의수탁자가 다시 제3자 명의로 소유권이전등기를 마쳐 준 경우, 명의수탁자가 여전히 그 부동산의 소유자이다(대판 2009. 9. 10. 2006다73102).

사. 종중, 배우자 및 종교단체에 대한 특례

다음 각 호의 어느 하나에 해당하는 경우로서 조세포탈, 강제집행의 면탈 또는 법령상 제한의 회피를 목적으로 하지 아니하는 경우에는 실명법 제4조부터 제7조까지 및 제12조 제1항부터 제3항까지를 적용하지 아니한다(동법 제8조).

(1) 종중에 대한 특례(동법 제8조 제1호)

종중(宗中)이 보유한 부동산에 관한 물권을 종중(종중과 그 대표자를 같이 표시하여 등기한 경우를 포함한다) 외의 자의 명의로 등기한 경우로서 조세포탈, 강제집행의 면탈 또는 법령상 제한의 회피를 목적으로 하지 아니한 경우에는 부동산실명법 제4조부터 제7조까지 및 제12조 제1항부터 제3항까지를 적용하지 아니한다(제8조 제1호).

(가) 명의신탁제도의 유래

명의신탁 제도는 일제하 토지조사령 및 임야조사령에 의한 토지 및 임야의 사정 당시 종중재산을 종중 자체의 명의로 등기하는 방법이 없어서 종중원 명의로 등기를 하게 된 것에서부터 비롯된 것으로 그 후 법원이 이러한 법률관계를 독일의 신탁행위 이론으로 설명한 것에서 유래한다고 한다.

1930년에 이르러 조선부동산등기령이 개정되어(조선부동산등기령 제2조의4) 현행 부동산등기법 제30조와 거의 동일한 규정이 생김으로써 종중에 등기능력이 주어졌다. 1970년대 이후 산업화과정에서 중간생략등기나 가등기 등과 더불어 부동산투기, 세금포탈 및 재산의 은닉 등의 수단으로 악용되어 큰 사회적 문제가 되었다.

이러한 명의신탁과 중간생략등기를 통한 부동산투기를 규제하고자 하는 목적에서 1990. 8. 1. 부동산등기특별조치법과 1995. 3. 30. 부동산 실권리자명의등기에 관한 법률이 각 제정되어 시행되고 있다.

(나) 종중재산에 관한 관습

종중 소유의 토지를 종손에게만 명의신탁 하여야 한다는 관습도 존재하지 아니하고 종중재산의 관리권이 종손에게만 있는 것도 아닐 뿐더러 종중재산을 종손 아닌 종원에게 명의신탁함이 관습에 어긋나는 것도 아니다(대판 1993. 6. 25. 93다9200).

(다) 종중이 그 소유의 토지를 타인 명의로 신탁하여 사정받은 것이라고 인정할 수 있는 경우 및 그 판단 방법

어떤 토지가 종중의 소유인데 사정 당시 종원 또는 타인명의로 신탁하여 사정받은 것이라고 인정하기 위하여서는, 사정 당시 어느 정도의 유기적 조직을 가진 종중이 존재하였을 것과 사정 이전에 그 토지가 종중의 소유로 된 과정이나 내용이 증명되거나, 또는 여러 정황에 미루어 사정 이전부터 종중소유로 인정할 수밖에 없는 많은 간접자료가 있을 때에 한하여 이를 인정할 수 있을 뿐이고, 그와 같은 자료들이 충분히 증명되지 아니하고 오히려 반대되는 사실의 자료가 많을 때에는 이를 인정하여서는 아니 된다고 할 것이며, 그 간접자료가 될 만한 정황으로서는, 사정명의인과 종중과의 관계, 사정명의인이 여러 사람인 경우에는 그들 상호간의 관계, 한 사람인 경우에는 그 한 사람 명의로 사정받게

된 연유, 종중 소유의 다른 토지가 있는 경우에는 그에 대한 사정 또는 등기관계, 사정된 토지의 규모 및 시조를 중심으로 한 종중 분묘의 설치 상태, 분묘수와 봉제사의 실태, 토지의 관리 상태, 토지에 대한 수익이나 보상금의 수령 및 지출 관계, 제세공과금의 납부 관계, 등기필증의 소지 관계, 그 밖의 모든 사정을 종합적으로 검토하여야 한다(대판 2002. 7. 26. 2001 다76731).

(라) 종중의 종원 등에 대한 명의신탁여부의 판단기준

어떤 토지가 종중의 소유인데 사정 당시 종원 또는 타인 앞으로 명의를 신탁하여 사정을 받은 것이라고 인정하기 위하여는 사정 당시 그 주장과 같은 어느 정도의 유기적 조직을 가진 종중이 존재하였을 것과 그 토지가 종중의 소유로 된 과정이나 내용이 증명되거나 또는 종중 시조를 중심으로 한 분묘의 설치방법이나 토지의 관리상태 등 기타 여러 정황에 미루어 사정 이전부터 종중소유로 인정할 수밖에 없는 많은 간접 자료가 있을 때 한하여 이를 인정할 수 있을 뿐이고, 그와 같은 자료들이 충분히 증명되지 아니하고 오히려 반대되는 사실의 자료가 많을 때에는 이를 인정하여서는 안 된다. 어느 임야에 종중에 속한 분묘가 설치되어 있고 전답이 그에 인접해 있다고 하여 그러한 사정만으로는 그 임야 및 전답이 종중 소유라고 단정할 수 없다(대판 1997. 2. 25. 96다9560. 2001. 2. 13. 2000다14361).

(마) 종중의 종원에 대한 명의신탁을 인정하기 위한 간접자료의 내용

종중의 명의 신탁에 의한 사정을 인정하기 위한 간접자료가 될 만한 정황으로서는, 사정명의인과 종중과의 관계, 사정명의인이 여러 사람인 경우에는 그들 상간의 관계, 한 사람인 경우에는 그 한 사람명의로 사정받게 된 연유, 종중 소유의 다른 토지가 있는 경우에는 그에 대한 사정 또는 등기관계, 사정된 토지의 규모 및 시조를 중심으로 한 종중분묘의 설치상태, 분묘수호와 봉제의 실태, 토지의 관리상태, 토지에 대한 수익이나 보상금의 수령 및 지출관계, 제세공과금의 납부 관계, 그 밖의 모든 사정을 종합적으로 검토하여야 한다(대판 1998. 9. 8. 98다13686).

(2) 배우자에 대한 특례(동법 제8조 제2호)

배우자명의로 부동산에 관한 물권을 등기한 경우로서 조세포탈, 강제집행의 면탈 또는 법령상 제한의 회피를 목적으로 하지 아니한 경우에는 부동산실명법 제4조부터 제7조까지 및 제12조 제1항부터 제3항까지를 적용하지 아니한다(제8조 2호).

(가) 명의신탁해지를 원인으로 한 소유권이전등기신청

배우자 명의로 부동산에 관한 소유권등기를 한 경우에는 조세포탈, 강제집행의 면탈 또는 법령상 제한의 회피를 목적으로 하는 경우가 아닌 한 부동산 실권리자 명의등기에 관한 법률상의 유예기간과 관계없이 명의신탁해지를 원인으로 하는 소유권이전등기를 신청할 수 있다(등기선례 제7권 411항).

실명법 제8조 제2호의 배우자에는 사실혼관계에 있는 배우자는 포함하지 아니한다(대판 1999. 5. 14. 99두35).

판례

(1) 본법 시행 이전에 배우자 명의로 등기하였다가 같은 법 제11조에 정한 유예기간 중에 제기된 부동산물권에 관한 쟁송의 본안판결 확정일로부터 1년 이내에 이혼한 경우, 명의신탁약정 및 이에 따른 부동산 물권변동이 유효한지 여부(적극)
본법 시행 이전에 행하여진 명의신탁등기로서 같은 법 시행 당시 신탁자와 수탁자가 배우자 관계에 있었고 신탁자가 조세포탈, 강제집행의 면탈 또는 법령상 제한의 회피를 목적으로 명의신탁 하였다고 볼 수 없는 이상, 비록 신탁자가 같은 법 제11조에 정한 유예기간 중에 제기된 부동산물권에 관한 쟁송의 본안판결 확정일로부터 1년 이내에 재판상 이혼을 하고 그의 명의로 실명등기를 하지 아니하였다고 하더라도 수탁자와 사이의 명의신탁약정 및 이에 따른 부동산물권변동은 유효하다(2002. 9. 27. 2001다425928).

(2) 명의신탁등기가 본법에 따라 무효가 된 후 신탁자와 수탁자가 혼인하여 그 등기명의자가 배우자로 된 경우, 본조 제2호의 특례가 적용되는지 여부(적극)
본조 제2호에서는 배우자명의로 부동산에 관한 물권을 등기한 경우로서 조세포탈, 강제집행의 면탈 또는 법령상 제한의 회피를 목적으로 하지 아니하는 경우에는 그 명의신탁약정과 그 약정에 기하여 행하여진 물권변동을 무효로 보는 위 법률 제4조 등을 적용하지 않는다고 규정하고 있는바, 어떠한 명의신탁등기가 위 법률에 따라 무효가 되었다고 할지라도 그 후 신탁자와 수탁자가 혼인하여 그 등기의 명의자가 배우자로 된 경우에는 조세포탈, 강제집행의 면탈 또는 법령상 제한의 회피를 목적으로 하지 아니하는 한 이 경우에도 본조 제2호의 특례를 적용하여 그 명의신탁등기는 당사자가 혼인한 때로부터 유효하게 된다고 보아야 한다(2002. 10. 25. 2002다23840).

(3) 명의신탁등기가 부동산 실권리자명의등기에 관한 법률의 규정에 따라 무효가

된 후 명의신탁자가 수탁자와 혼인함으로써 법률상 배우자가 된 경우 부동산 실권리자명의등기에 관한 법률 제8조 제2호의 특례가 적용되어 그 명의신탁등기가 유효한 것으로 될 수 있는지 여부(적극)

부동산 실권리자명의등기에 관한 법률 제8조 제2호는 배우자 명의로 부동산에 관한 물권을 등기한 경우로서 조세포탈, 강제집행의 면탈 또는 법령상 제한의 회피를 목적으로 하지 아니하는 경우에는 그 명의신탁약정과 그 약정에 기하여 행하여진 물권변동을 무효로 보지 않는다는 특례를 규정하고 있는바, 본래 명의신탁등기가 부동산 실권리자명의등기에 관한 법률의 규정에 따라 무효로 된 경우에도 그 후 명의신탁자 수탁자와 혼인을 함으로써 법률상의 배우자가 되고 위 특례의 예외사유에 해당되지 않으면 그때부터는 위 특례가 적용되어 그 명의신탁등기가 유효로 된다고 보아야 한다(대법원 2002. 10. 28. 2001마1235).

(4) 부부간 명의신탁에서 명의신탁관계가 종료된 경우, 신탁자의 수탁자에 대한 소유권이전 등기청구권이 신탁자의 책임재산이 되는지 여부(적극) / 신탁자가 유효한 명의신탁약정을 해지함을 전제로 신탁된 부동산을 제3자에게 직접 처분하면서 수탁자에게서 곧바로 제3자 앞으로 소유권이전등기를 마쳐 주는 것이 사해행위에 해당하는 경우

부부간의 명의신탁약정은 특별한 사정이 없는 한 유효하고(부동산 실권리자명의등기에 관한 법률 제8조 참조), 이때 명의신탁자는 명의수탁자에 대하여 신탁해지를 하고 신탁관계의 종료 그것만을 이유로 하여 소유명의 이전등기절차의 이행을 청구할 수 있음은 물론, 신탁 해지를 원인으로 하고 소유권에 기해서도 그와 같은 청구를 할 수 있는데, 이와 같이 명의신탁관계가 종료된 경우 신탁자의 수탁자에 대한 소유권이전등기청구권은 신탁자의 일반채권자들에게 공동담보로 제공되는 책임재산이 된다. 그런데 신탁자가 유효한 명의신탁약정을 해지함을 전제로 신탁된 부동산을 제3자에게 직접 처분하면서 수탁자 및 제3자와의 합의 아래 중간등기를

> 생략하고 수탁자에게서 곧바로 제3자 앞으로 소유권이전등기를 마쳐 준 경우 이로 인하여 신탁자의 책임재산인 수탁자에 대한 소유권이전등기청구권이 소멸하게 되므로, 이로써 신탁자의 소극재산이 적극재산을 초과하게 되거나 채무초과상태가 더 나빠지게 되고 신탁자도 그러한 사실을 인식하고 있었다면 이러한 신탁자의 법률행위는 신탁자의 일반채권자들을 해하는 행위로서 사해행위에 해당한다(대판 2016. 7. 29. 2015다56086 사해행위취소).

(나) 실명법시행 전에 배우자명의로 등기하고 판결확정 후 1년 내에 이혼을 하고 실명등기를 하지 아니한 경우 명의신탁약정 및 등기의 효력

실명법 시행 이전에 배우자명의로 등기하였다가 같은 법 제11조에 정한 유예기간 중에 제기된 부동산물권에 관한 쟁송의 본안판결확정일로부터 1년 이내에 이혼을 하고 그의 명의로 실명등기를 하지 아니하였다고 하더라도 수탁자와 사이의 명의신탁약정 및 이에 따른 부동산물권변동은 유효하다(대판 2002. 9. 27. 2001다42592).

명의신탁등기가 실명법에 따라 무효가 된 후 신탁자와 수탁자가 혼인하여 그 등기명의자가 배우자로 된 경우, 실명법 제8조 제2호의 특례를 적용하여 그 명의신탁등기는 당사자가 혼인한 때로부터 유효하게 된다(대판 2002. 10. 25. 2002다23840, 2002. 10. 28. 2001마1235).

(다) 부부간 명의신탁관계의 종료와 신탁자의 수탁자에 대한 소유권이전등기청구권이 일반채권자들에게 공동담보로 제공되는 책임재산이 되는지 여부(적극)

부부간의 명의신탁약정은 특별한 사정이 없는 한 유효하고(부동산 실권리자명의등기에 관한 법률 제8조 참조), 이때 명의신탁자는 명의수탁자에 대하여 신탁해지를 하고 신탁관계의 종료 그것만을 이유로 하여 소유 명의의 이전등기절차의 이행을 청구할 수 있음은 물론, 신탁해지를 원인으로 하고 소유권에 기해서도 그와 같은 청구를 할 수 있는데, 이와 같이 명의신탁관계가 종료된 경우 신탁자의 수탁자에 대한 소유권 이전등기청구권은 신탁자의 일반채권자들에게 공동담보로 제공되는 책임재산이 된다.

그런데 신탁자가 유효한 명의신탁약정을 해지함을 전제로 신탁된 부동산을 제3자에게 직접 처분하면서 수탁자 및 제3자와의 합의 아래 중간등기를 생략하고 수탁자에게서 곧바로 제3자 앞으로 소유권이전등기를 마쳐 준 경우 이로 인하여 신탁자의 책임재산인 수탁자에 대한 소유권이전등기청구권이 소멸하게 되므로, 이로써 신탁자의 소극재산이 적극재산을 초과하게 되거나 채무초과상태가 더 나빠지게 되고 신탁자도 그러한 사실을 인식하고 있었다면 이러한 신탁자의 법률행위는 신탁자의 일반채권자들을 해하는 행위로서 사해행위에 해당한다(2016. 7. 29. 2015다56086).

(3) 종교단체에 대한 특례(동법 제8조 제3호)

종교단체의 명의로 그 산하 조직이 보유한 부동산에 관한 물권을 등기한 경우로서 조세포탈, 강제집행의 면탈 또는 법령상의 제한의 회피를 목적으로 하지 아니하는 경우에는 부동산실명법 제4조부터 제7조까지 및 제12조 제1항부터 제3항까지를 적용하지 아니한다(제8조 3호).

부동산 명의신탁계약서(예시)

(부동산 실권리자 명의등기에 관한 법률 제8조 제1호 참조)

○○○씨 ○○종중(이하 '갑'이라 칭함)은 그 소유의 부동산을 동종중의 종중원 ○○○(이하 '을'이라 칭함)에게 명의신탁을 하고자 다음과 같은 계약을 체결한다.

제1조 (신탁의 목적물) '갑'은 '을'에게 다음 부동산을 신탁한다.
　　　○○시 ○○구 ○○동 00번지 임야 00㎡
　　　○○시 ○○구 ○○동 00번지 위 지상 철근콘크리트조 건물 1동

제2조 (신탁의 방법)

   1. '갑'은 '을'에게 위 부동산에 관한 소유권이전등기절차를 경료한 뒤 그 부동산을 명도하여 점유, 사용하게 하여야 한다.

   2. 위 부동산의 소유권이전등기절차는 전등기명의자 ○○○로부터 '을'에게 이전하기로 한다.

제3조 (신탁재산의 관리범위) '을'은 위 신탁부동산을 다음 각 호의 범위 내에서만 관리 한다.

   1. '을'이 스스로 사용하거나 수익·경작하는 행위

   2. 1년 이내의 기간 내에서 임대하는 행위

제4조 ('을'의 처분제한) '을'은 어떠한 경우라도 다음 각 호의 행위를 하여서는 아니 된다.

   1. 신탁부동산을 매각하는 행위

   2. 타인에게 다시 신탁하거나 소유권이전등기를 경료하는 행위

   3. 신탁부동산에 저당권, 근저당권, 지상권 기타 담보의 목적으로 제공하는 행위

제5조 (수익료의 지급 및 신탁의 보수)

   1. '을'은 '갑'에게 위 신탁부동산을 사용·수익하는 대가로 매년 0월 0일 금00만원을 지급하며, '갑'은 이를 수령함과 동시에 금00원을 위 부동산의 관리보수로 '을'에게 지급한다.

   2. 전호의 경우 '을'은 위 부동산을 사용·수익치 못하였음을 이유로 그가 지급하여야 할 위 금원의 감면을 주장할 수 없다.

제6조 (타인으로부터의 강제집행) '을'은 그 스스로의 채무로 인하여 신탁부동산을 강제집행 또는 보전처분 및 체납처분을 받을 염려가 있으면 본 계약서를 제시하여 그 집행을 면하도록 하여야 한다.

제7조 (계약의 존속기간) 본 계약은 이 계약체결일로부터 0년간 존속한다.

제8조 (계약해지권) '갑'은 다음 각 호의 경우에는 본 계약을 즉시 해지할 수 있다.
1. '을'에게 제3 또는 제4의 의무위반이 있는 경우
2. '을'이 제5의 수익료를 지급치 아니하는 경우
3. '을'이 제6의 처분을 받거나 위 신탁부동산을 그 고유의 재산으로 오신할 만한 행위를 하는 경우
4. 기타 선량한 관리자의 주의의무를 게을리하는 경우

제9조 (계약해지의 절차)
1. '갑'은 전조에 의하여 계약을 해지하는 경우 최고 없이 해지할 수 있다.
2. '을'이 천재지변 기타 부득이한 사정으로 계약을 해지할 경우 00일 전에 해지 통고를 하고 계약해지의 의사표시를 한 때에만 효력이 있다.

제10조 (계약해지와 원상회복) 계약이 해지된 경우 '을'은 위 부동산의 소유명의를 '갑' 또는 '갑'이 정하는 자에게 이전하는 데 필요한 서류를 교부하여야 한다. 또한 위 부동산을 동시에 '갑'에게 명도하여야 하며 이때의 수익료 및 보수는 기간의 비율로 상호계산 한다.

제11조 (손해배상) '을'은 이 부동산을 본 계약에서 정한 범위를 넘어 처분 또는

관리함으로 인하여 발생한 손해를 '갑'에게 배상하여야 한다.

제12조 (연대보증) ㅇㅇㅇ는 '을'의 채무를 연대하여 보증하고 또한 이행하기 위하여 '갑'과 더불어 본 계약에 서명·날인한다.

위의 계약을 준수하기 위하여 '갑' 종중총회의 동의를 얻은 '정'이 그 대표자로서 서명·날인하고 '을'은 연대보증인 '병'과 더불어 이에 서명·날인한다.

년 월 일

1. 갑(명의신탁자) : ㅇㅇㅇ씨 ㅇㅇ공파종중
   위 대표자 ㅇㅇㅇ   주소 : ㅇㅇ시 ㅇㅇ구 ㅇㅇ동 00번지
2. 을(명의수탁자) : ㅇㅇㅇ   주소 : ㅇㅇ시 ㅇㅇ구 ㅇㅇ동 00번지
3. 을의 연대보증인(병) : ㅇㅇㅇ   주소 : ㅇㅇ시 ㅇㅇ구 ㅇㅇ동 00번지

명의신탁해지약정서(예시)

1. 부동산의 표시

위 부동산에 관하여 위탁자와 수탁자 간의 명의신탁약정에 의하여 ㅇㅇ지방법원 ㅇㅇ등기소 년 월 일 접수 제 호로 경료된 수탁자 명의의 소유권이전등기는 위 명의신탁약정의 해지로 인하여 위탁자명의로 이를 환원하기로 쌍방이 합의하였으므로 이에 본약정서를 작성하고 각 서명·날인한다.

```
2002년  월  일

            수탁자 : ○○○ (        -        ) (인) 주소
   위탁자 : ○○○씨 ○○공파종중 대표자 ○○○ (        -        ) (인) 주소
```

아. 실명법 제8조의 조세포탈 등의 목적이 있다는 이유로 무효라는 점에 관한 입증책임의 소재(등기가 무효임을 주장하는 자)

부동산 실권리자명의 등기에 관한 법률(이하 '부동산실명법'이라 한다)은 명의신탁약정과 그에 따른 등기를 원칙적으로 무효로 하되(제4조), 부부간의 명의신탁이 조세포탈, 강제집행의 면탈 또는 법령상 제한의 회피(이하 '조세포탈 등'이라 한다)를 목적으로 하지 않는 경우에 이를 허용하는 특례를 인정하고 있다(제8조 제2호). 따라서 부부간에는 조세포탈 등의 목적이 없는 한 명의신탁약정과 그에 따른 등기의 효력(제4조), 과징금(제5조), 이행강제금(제6조), 벌칙(제7조), 기존 명의신탁의 실명등기 의무 위반의 효력(제12조)에 관한 부동산실명법 규정이 적용되지 않는다.

부동산실명법 제8조의 내용과 문장 구조에 비추어 보면, 부동산에 관하여 부부간의 명의신탁 약정에 따른 등기가 있는 경우 그것이 조세포탈 등을 목적으로 한 것이라는 점은 예외에 속한다. 따라서 이러한 목적이 있다는 이유로 등기가 무효라는 점은 이를 주장하는 자가 증명하여야 한다.

(1) 조세포탈 등의 목적

위 규정에서 '조세포탈 등의 목적'은 명의신탁약정과 그에 따른 등기의 효력을 가리는 기준이 될 뿐만 아니라 과징금·이행강제금의 부과 요건, 형벌조항의 범죄구성요건에

해당한다. 이러한 목적이 있는지는 부부간의 재산관리 관행을 존중하려는 특례규정의 목적과 취지, 부부의 재산관계와 거래의 안전에 미치는 영향, 조세포탈 등의 행위를 처벌하는 다른 형벌조항과의 체계적 연관성 등을 고려하여 판단하여야 한다.

(3) 강제집행면탈의 목적

한편 부동산실명법 제8조의 '강제집행의 면탈'을 목적으로 한 명의신탁에 해당하려면 민사집행법에 따른 강제집행 또는 가압류·가처분의 집행을 받을 우려가 있는 객관적인 상태, 즉 채권자가 본안 또는 보전소송을 제기하거나 제기할 태세를 보이고 있는 상태에서 한쪽 배우자가 상대방 배우자에게 부동산을 명의신탁함으로써 채권자가 집행할 재산을 발견하기 곤란하게 할 목적이 있다고 인정되어야 한다. 부부간의 명의신탁 당시에 막연한 장래에 채권자가 집행할 가능성을 염두에 두었다는 것만으로 강제집행면탈의 목적을 섣불리 인정해서는 안 된다(대판 2017. 12. 5. 2015다240645).

자. 기존 명의신탁약정에 따른 등기의 실명등기

(1) 기존 명의신탁자의 실명등기의무

실명법 시행 전에 명의신탁약정에 따라 부동산에 관한 물권을 명의수탁자의 명의로 등기하거나 등기하도록 한 명의신탁자('기존 명의신탁자'라 한다)는 실명법 시행일부터 1년의 기간('유예기간'이라 한다) 이내에 실명등기를 하여야 한다. 다만, 공용징수, 판결, 경매 또는 그 밖에 법률에 따라 명의수탁자로터 제3자에게 부동산에 관한 물권이 이전된 경우(상속에 의한 이전은 제외)와 종교단체, 향교 등이 조세포탈, 강제집행의 면탈을 목적으로 하지 아니하고 명의신탁한 부동산으로서 대통령령으로 정하는 경우는 그러하지 아니하다(실명법 제11조 제1항).

실명법 시행 전에 이미 명의수탁자를 상대로 명의신탁해지를 원인으로 한 소유권이전등기 확정판결을 받았으나 그에 따른 실명등기를 하지 아니한 명의신탁자도 실명등기의무가 있는 기존명의신탁자에 해당한다(대판 2000. 12. 22. 99두11929).

유예기간이 경과한 후에도 실명화 등의 조치를 취하지 아니한 명의신탁자가 명의수탁자에 대하여 부당이득의 법리에 따라 가지는 소유권이전등기청구권은 10년의 기간이 경과함으로써 시효로 소멸한다(대판 2009. 7. 9. 2009다23313).

(2) 실명전환을 위한 유예기간을 규정한 취지

부동산 실권리자명의등기에 관한 법률이 실명전환을 위한 유예기간을 규정하고 있는 취지는 오랜 기간 판례를 통하여 널리 그 효력이 인정되어 오던 부동산 명의신탁을 부동산 실권리자명의등기에 관한 법률이란 제정법의 시행으로 금지시킬 뿐만 아니라 명의신탁약정 및 이에 기초한 등기의 사법적 효력까지를 부정함으로 인하여 발생할 수 있는 사회적 혼란을 막고 당사자의 법적 안정성을 도모하기 위하여 기존 명의신탁약정에 관한 한 이를 한시적으로 유효한 것으로 인정함으로써 명의신탁자로 하여금 그 기간 안에 명의신탁해지 등의 방법으로 실명전환을 할 수 있는 기회를 보장하자는 데에 있다(대판 1998. 6. 26. 98다12874).

차. 명의신탁해지를 원인으로 한 등기신청의 각하

(1) 유예기간경과 후 명의신탁해지를 원인으로 한 소유권이전등기(소유권 말소등기)신청의 각하

실명법은 명의신탁약정을 무효로 하고 있으므로(실명법 제4조 제1항) 명의신탁이 유효하지 않은 이상 명의신탁해지를 원인으로 한 소유권이전등기나 소유권말소등기를 할 수 없으므로, 이러한 등기신청은 '사건이 등기할 것이 아닌 때(부동산등기법 제29조 제2호)'에 해당하여 각하하여야 한다.

부동산 실권리자명의등기에 관한 법률 제11조 1항 본문, 제12조 제1항, 제4조의 각 규정에 따르면 부동산실권자명의등기에 관한 법률시행 전에 명의신탁약정에 의하여 부동산에 관한 물권을 명의수탁자명의로 등기한 명의신탁자는 유예기간(1995. 7. 1.~1996. 6. 30.) 이내에 실명등기 등을 하여야 하고, 유예기간 이내에 실명등기 등을 하지 아니한 경우에는 유예기간이 경과한 날 이후부터 명의신탁약정은 무효가 되고, 명의신탁 약정에 따라 행하여진 등기에 의한 부동산에 관한 물권변동도 무효가 되므로 실명등기 유예기간 경과 후 명의신탁약정의 해지를 원인으로 한 명의신탁자의 소유권이전등기신청은 그 신청취지 자체에 의하여 법률상 허용될 수 없음이 명백한 경우로서 부동산등기법 제55조(개정법 제29조) 제2호의 "사건이 등기할 것이 아닌 때"에 해당되어 등기관은 이를 각하하여야 한다(대법원 1997. 5. 1. 97마384 결정. 등기관의 처분에 대한 이의).

(2) 사건이 등기할 것이 아닌 때의 의의

구부동산등기법 제55조 제2호(현행법 제 29조 제2호)에서 말하는 "사건이 등기할 것이 아닌 때"라 함은 등기신청이 그 신청취지 자체에 의하여 법률상 허용될 수 없음이 명백한 경우를 말하고, 이에 해당하는 경우에는 등기관의 잘못으로 등기가 마쳐졌다 하더라도 그 등기는 그 자체가 어떠한 의미도 가지지 않는 무효의 등기이기 때문에 등기관은 같은 법 제175조 제1항에 의하여 직권으로 그 등기를 말소(현행법 제58조 제4항)하게 된다(대법원 1972. 11. 29. 72마776, 1980. 7. 10. 80마150, 1984. 4. 6. 84마99, 1988. 2. 24. 87마469, 1993. 11. 28. 93마1645, 대판 2000. 9. 29. 2000다29240).

카. 실명등기를 한 것으로 보는 경우

다음 각 호의 어느 하나에 해당하는 경우에는 실명법 제11조 제1항에 따라 실명등기를 한 것으로 본다(실명법 제11조 제2항).
1. 기존 명의신탁자가 해당 부동산에 관한 물권에 대하여 매매나 그 밖의 처분행위를 하고 유예기간 이내에 그 처분행위로 인한 취득자에게 직접 등기를 이전한 경우
2. 기존 명의신탁자가 유예기간 이내에 다른 법률에 따라 해당 부동산의 소재지를 관할하는 특별자치도지사, 특별자치시장, 군수 또는 구청장에게 매각을 위탁하거나 금융회사부실자산 등의 효율적 처리 및 한국자산관리공사의 설립에 관한 법률에 따라 설립된 한국자산관리공사에 매각을 의뢰한 경우. 다만, 매각위탁 또는 매각의뢰를 철회한 경우에는 그러하지 아니하다.

한국자산관리공사에 부동산의 매각을 의뢰하고자 하는 자는 부동산매각의뢰신청서를 제출하여야 하며, 위 공사는 부동산의 매각을 의뢰받는 경우에는 공매방법에 의하여 처분하여야 한다(동법 시행령 제6조 1~2 항).

타. 실권리자의 귀책사유 없이 실명등기 또는 매각처분을 할 수 없는 경우

실권리자의 귀책사유 없이 다른 법률에 따라 실명법 제11조 제1항 및 제2항에 따른 실명등기 또는 매각처분 등을 할 수 없는 경우에는 그 사유가 소멸한 때부터 1년 이내에 실명등기 또는 매각처분 등을 하여야 한다(실명법 제11조 제3항).

실명법 제11조 제3항에 의한 실명등기 또는 매각처분의 '유예기간의 연장'을 받기 위하여는 경제적 손실의 우려 등에 의한 사실상의 제약이 아니라 다른 법률의 규정에 의한 제한에 의하여 유예기간 내에 실명등기도 할 수 없고 매각처분(시장 등에 대한 매각위탁 및 한국자산관리공사에 대한 매각의뢰 포함)도 할 수 없어야 하며, 또한 명의신탁을 한 시점에서는 이러한 제한이 없었다가 그 후 법률의 개정 또는 운영상의 변동 등으로 인하여 이러한 제한이 생긴 경우에 해당여야 한다(대판 2000. 9. 29. 2000두4170).

파. 실명법시행 전 유예기간 중에 부동산물권에 관한 쟁송이 법원에 제기된 경우

실명법시행 전 또는 유예기간 중에 부동산물권에 관한 쟁송이 법원에 제기된 경우에는 그 쟁송에 관한 확정판결(이와 동일한 효력이 있는 경우를 포함한다)이 있은 날부터 1년 이내에 실명등기 또는 매각처분 등을 하여야 한다(실명법 제11조 제4항).

(1) 부동산물권에 관한 쟁송의 의미

실명법 제11조 제4항에서 말하는 부동산물권에 관한 '쟁송(爭訟)'이라 함은 명의신탁자가 당사자로서 해당 부동산에 관하여 자신이 실권리자임을 주장하여 이를 공식적으로 확인받기 위한 쟁송이면 족하고(대판 1998. 11. 10. 98다30827), 쟁송의 주체가 명의신탁자가 아닌 명의신탁자의 채권자가 명의신탁자를 대위하여 명의수탁자를 상대로 소송을 제기한 경우에도 이에 해당하며(대판 2000. 10. 6. 2000다32147), 그 결과에 의하여 곧바로 실명등기를 할 수 있어야 하는 쟁송으로 제한되는 것도 아니지만, 적어도 다툼의 대상인 권리관계가 확정되기 전까지는 실명등기를 할 수 없는 쟁송이어야 한다(대판 2011. 5. 26. 2010다21214).

최초 소제기 시에는 원인무효를 원인으로 한 소유권이전등기의 말소를 청구하였다가 유예기간 경과 후에 그 청구를 명의신탁해지를 원인으로 한 소유권이전등기청구로 변경한 경우에도 유예기간 중에 부동산물권에 관한 쟁송을 제기한 것으로 보아야 한다(대판 1997. 4. 8. 96다55846, 2000. 7. 7. 2000다12273, 12280).

(2) 명의신탁자가 제소당한 경우 및 소 취하 후 다시 동일한 소를 제기한 경우

실명법 제11조 제4항에서 말하는 부동산물권에 관한 쟁송에는 명의신탁자가 기존 명의신탁약정에 기하여 직접 쟁송을 제기한 경우뿐만 아니라 명의신탁자가 명의신탁관계를 부정당하여 제소당한 경우도 포함된다(대판 1998. 6. 26. 98다12874, 1998. 9. 4. 98다20981).

실명법시행 전 또는 유예기간 중에 부동산 물권에 관한 쟁송을 제기하여 판결을 선고받았으나 그 판결로는 실명전환을 할 수 없어 유예기간 경과 후 다시 실명전환을 위하여 2차 소송을 제기한 경우, 위 일련의 소송 전체가 일체가 되어 부동산물권에 관한 쟁송에 해당되나, 실명법시행 전 또는 유예기간 중에 부동산물권에 관한 쟁송을 제기하였다가 그 소를 취하한 후 유예기간이 경과한 후에 다시 동일한 소를 제기한 경우, 전소와 후소가 일체가 되어 부동산물권에 관한 쟁송에 해당한다고 볼 수는 없으며, 이 점은 종국판결이 있은 후 소를 취하한 경우에도 마찬가지로 보아야 한다(대판 2000. 12. 22. 2000다46399).

하. 실명등기의무 위반의 효력

(1) 명의신탁약정 및 이에 따른 물권변동의 무효

실명법 제11조에 규정된 유예기간(1995. 7. 1.~1996. 6. 30.) 이내에 실명등기 또는 매각처분 등을 하지 아니한 경우 그 기간이 지난 날 이후의 명의신탁약정은 무효로 하며, 명의신탁약정에 따른 등기로 이루어진 부동산에 관한 물권변동은 무효로 한다(실명법 제12조 제1항).

(2) 유예기간 이내에 실명등기를 하지 않은 상태에서 명의수탁자가 부동산을 임의처분한 경우 횡령죄의 성립

부동산을 소유자로부터 명의수탁 받은 자가 이를 임의로 처분하였다면 명의신탁자에 대한 횡령죄가 성립하며, 그 명의신탁이 실명법시행 전에 이루어졌고 실명법이 정한 유예기간 이내에 실명등기를 하지 아니함으로써 그 명의신탁약정 및 이에 따라 행하여진 등기에 의한 물권변동이 무효로 된 후에 처분행위가 이루어졌다고 하여 달리 볼 것이 아니다(대판 2000. 2. 22. 99도5227, 2001. 11. 27. 2000도3463, 2002. 2. 22. 2001도6209, 2002. 8. 27. 2002도2926).

거. 명의신탁해지 이외의 사유를 원인으로 한 등기

실명법 제11조 제1항의 유예기간(1995. 7. 1.~1996. 6. 30.) 내에 실명등기를 하지 않아 명의신탁약정이 무효(실명법 제12조 제1항)가 되더라도 명의신탁자가 명의수탁자를 상대로 부당이득반환(대판 2002. 12. 26. 2000다21123, 2005. 1. 28. 2002다66922) 또는 진정명의회복을 원인으로 한 소유권이전등기(대판 2002. 9. 6. 2002다35157)나 소유권에 기한 방해배제청구로써 소유권말소를 구할 수 있다.

이하에서는 명의신탁의 유형에 따라 명의신탁해지 이외의 사유를 원인으로 한 소유권이전등기나 말소등기의 가부에 관하여 판례를 중심으로 설명한다.

(1) 2자 간 등기명의신탁

'2자 간 등기명의신탁'이라 함은 등기부상 명의인인 '신탁자'와 '수탁자 간'에 명의신탁약정을 체결하고, 신탁자가 수탁자 명의로 소유권을 이전하는 형식의 명의신탁을 말한다.

(가) 신탁자의 수탁자를 상대로 소유권이전등기의 말소 또는 진정명의회복을 원인으로 한 소유권이전등기청구

신탁자와 수탁자 간의 명의신탁약정은 실명법에 의하여 무효이므로 신탁자와 수탁자는 명의신탁약정이 유효임을 전제로 한 명의신탁해지를 원인으로 한 소유권이전등기를 할 수 없다. 그러나 수탁자 명의의 소유권이전등기도 원인무효의 등기가 되어 신탁자는 소유권을 회복하므로 소유권에 기한 방해배제청구로서 수탁자를 상대로 소유권이전등기의 말소를 청구하거나 진정명의회복을 원인으로 하여 소유권이전등기를 구할 수 있다(대판 2002. 9. 6. 2002다35157).

(나) 수탁자가 부동산을 처분하여 제3취득자가 유효하게 소유권을 취득하고 신탁자가 소유권을 상실한 경우(신탁자의 물권적 청구권행사불가)

양자 간 등기명의신탁에서 명의수탁자가 신탁부동산을 처분하여 제3취득자가 유효하게 소유권을 취득하고 이로써 명의신탁자가 신탁부동산에 대한 소유권을 상실하였다면, 명의신탁자의 소유권에 기한 물권적 청구권, 즉 말소등기청구권이나 진정명의회복을 원인으로 한 이전등기청구권도 더 이상 그 존재자체가 인정되지 않는다. 그 후 명의수탁자가 우연히 신탁부동산의 소유권을 다시 취득하였다고 하더라도 명의신탁자가 신탁부동산의 소유권을 상실한 사실에는 변함이 없으므로, 여전히 물권적 청구권은 그 존자체가 인정되지 않는다(대판 2013. 2. 28. 2010다89814).

(2) 3자간 등기명의신탁

'3자 간 등기명의신탁'이라 함은 '신탁자(매수인)'와 '매도인'이 매매계약을 체결하되, 신탁자와 수탁자 간에는 명의신닥약정을 체결하여 등기는 매노인으로부터 '수탁자'로 이전하는 형식의 명의신탁을 말한다.

명의신탁약정은 무효로 하며, 명의신탁약정에 따른 등기로 이루어진 부동산에 관한 물권변동은 무효이므로(실명법 제4조 1항, 2항) 신탁자와 수탁자 간의 명의신탁약정은 무효가 된다.

(가) 매도인의 수탁자를 상대로 소유권이전등기의 말소 또는 진정명의회복을 원인으로 한 소유권이전등기청구

신탁자(매수인)와 수탁자 간의 명의신탁약정과 수탁자와 매도인간의 소유권이전등기는 실명법에 의하여 무효이므로 소유권은 매도인에게 귀속되고, 매도인은 수탁자를 상대로 소유권에 기한 방해배제청구권을 원인으로 소유권이전의 말소를 구하거나 진정명의회복을 원인으로 소유권이전등기를 구할 수 있다.

▣ 진정한 등기명의의 회복(등기부 기재례)

【갑 구】			(소유권에 관한 사항)	
순위 번호	등기 목적	접수	등기 원인	권리자 및 기타사항
3	소유권 보전	1991년 1월 15일 제350호	진정명의 회복	소유자 홍도령 000000 - 0000000 서울특별시 강남구 대치동 ○○

(나) 매도인의 수탁자명의등기의 말소 및 신탁자의 매도인을 상대로 한 매매계약에 기한 소유권이전등기청구

실명법은 신탁자(매수인)와 매도인 간의 매매계약의 효력을 부정하는 규정을 두고 있지 않으므로 매매계약은 여전히 유효하므로, 신탁자(매수인)는 매도인에 대한 소유권이전등기청구권을 보전하기 위하여 매도인을 대위하여 수탁자를 상대로 무효인 등기의 말소를 구한 후, 매도인을 상대로 신탁자(매수인)명의로 소유권이전등기를 청구할 수 있다(대판 2002. 3. 15. 2001다61654).

3자 간 등기명의신탁의 경우 유예기간의 경과에 의하여 기존 명의신탁약정과 그에 의한 등기가 무효로 되고 그 결과 명의신탁 된 부동산은 매도인 소유로 복귀하므로, 매도인은 명의수탁자에게 무효인 명의등기의 말소를 구할 수 있고, 유예기간 경과 후에도 매도인과 명의신탁자(매수인) 사이의 매매계약은 여전히 유효하므로, 명의신탁자는 매도인에게 매매계약에 기한 소유권이전등기를 청구할 수 있고, 소유권이전등기청구권을 보전하기 위하여 매도인을 대위하여 명의수탁자에게 무효인 등기의 말소를 구 할 수 있다(대판 2011. 9. 8. 2009다49193, 49209).

부동산의 매수인이 목적물을 인도받아 계속 점유하는 경우에는 매도인에 대한 소유권이전등기청구권은 소멸시효가 진행되지 않고, 이러한 법리는 3자 간 등기명의신탁에 의한 등기가 "유효기간"의 경과로 무효로 된 경우에도 마찬가지로 적용된다. 따라서 그 경우 목적 부동산을 인도받아 점유하고 있는 명의신탁자(매수인)의 매도인에 대한 소유권이전등기청구권 역시 소멸시효가 진행되지 않는다(대판 2013. 12. 12. 2013다26647).
[주 : 위 판례 중 "유효기간"은 실명법 제11조 제1항의 규정에 의한 실명등기의 "유예기간"(1995. 7. 1.~1996. 6. 30.) 의 착오로 본다]

(다) 수탁자의 부동산의 임의처분, 수용 등으로 제3취득자 명의로 이전등기가 된 경우 수탁자의 신탁자에 대한 부당이득반환의무

'3자 간 등기명의신탁'에서 유예기간 경과 후 명의수탁자가 신탁부동산을 임의로 처분하거나 강제수용이나 공공용지 협의취득 등을 원인으로 제3취득자 명의로 이전등기가 마쳐진 경우, 특별한 사정이 없는 한 제3취득자는 유효하게 소유권을 취득하게 되므로(실명법 제4조 제3항), 그로 인하여 매도인의 명의신탁자에 대한 소유권이전등기의무는 이행불능으로 되고 그 결과 명의신탁자는 신탁부동산의 소유권을 이전받을 권리를 상실하는 손해를 입게 되는 반면, 명의수탁자는 신탁부동산의 처분대금이나 보상금을 취득하는 이익을 입게 되므로, 명의수탁자는 명의신탁자에게 그 이익을 부당이득으로 반환할 의무가 있다(대판 2011. 9. 8. 2009다49193, 49209).

(라) 수탁자가 자의로 명의신탁자에게 소유권이전등기를 해준 경우(유효)

3자 간 등기명의신탁에 있어서 명의수탁자가 실명법에서 정한 유예기간 경과 후에 자의로 명의신탁자에게 바로 소유권이전등기를 해준 경우, 그 등기는 실체관계에 부합하는 등기로서 유효하다(대판 2004. 6. 25. 2004다6764).

(마) 수탁자의 부동산처분과 횡령죄의 성립 여부(적극)

신탁자가 수탁자와 맺은 명의신탁약정에 따라 매도인으로부터 바로 그 수탁자에게 중간생략의 소유권이전등기를 경료한 경우, 그 수탁자가 그와 같은 명의신탁 약정에 따라 그 명의로 신탁된 부동산을 임의로 처분하였다면 신탁자에 대한 횡령죄가 성립한다(대판 2001. 11. 27. 2000도3463).

(3) 계약명의신탁

'계약명의신탁'이라 함은 '신탁자'와 '수탁자' 간에 명의신탁약정을 체결하고, '수탁자'가 매매계약의 당사자가 되어 '매도인'으로부터 수탁자 명의로 소유권이전을 받는 형식의 명의신탁을 말한다.

'3자 간 등기명의신탁'의 경우에는 신탁자와 매도인이 매매계약의 당사자이나, '계약명의신탁'의 경우에는 수탁자와 매도인이 매매계약의 당사자라는 점에서 차이가 있다.

신탁자와 수탁자 간의 명의신탁약정은 실명법 제4조 제1항에 의하여 무효이나, 소유권이전등기의 유효 여부는 매도인이 명의신탁약정에 관하여 선의·악의였는지에 따라 결정된다.

> **판례**
>
> 명의신탁자와 명의수탁자가 이른바 계약명의신탁약정을 맺고 명의수탁자가 당사자가 되어 명의신탁 약정이 있다는 사실을 알지 못하는 소유자와 부동산에 관한 매매계약을 체결한 후 그 매매계약에 따라 당해 부동산의 소유권이전등기를 명의수탁자 명의로 마친 경우에는, 명의신탁자와 명의수탁자의 명의신탁약정이 무효임에도 불구하고 부동산 실권리자명의 등기에 관한 법률 제4조 제2항 단서에 의하여 명의수탁자가 당해 부동산의 완전한 소유권을 취득한다. 반면에 소유자가 계약명의신탁약정이 있다는 사실을 안 경우에는 수탁자 명의의 소유권이전등기는 무효이고 당해 부동산의 소유권은 매도인이 그대로 보유하게 된다. 어느 경우든지 명의신탁자는 그 매매계약에 의해서는 당해 부동산의 소유권을 취득하지 못하게 되어, 결국 그 부동산은 명의신탁자에 대한 강제집행이나 보전처분의 대상이 될 수 없다(대판 2011. 12. 8. 2010도4129).

 (가) 매도인이 '선의'(명의신탁약정을 알지 못한 경우)인 경우 : 신탁자의 수탁자를 상대로 한 부당이득반환청구

 매도인이 선의인 경우에는 수탁자 명의의 소유권이전등기는 유효하므로(실명법 제4조 제2항 단서, 대판 2000. 3. 24. 98도4377), 수탁자가 최종적인 소유자가 된다. 이 경우 신탁자는 수탁자를 상대로 부당이득을 원인으로 한 매매대금 상당의 부당이득반환을 청구할 수 있다(대판 2005. 1. 28. 2002다66922).

 '부동산 실권리자명의등기에 관한 법률' 시행 후에 이른바 계약명의신탁약정이 체결되고 그에 따라 명의수탁자가 선의의 매도인과 부동산 매매계약을 체결하여 자신의 명의로 그 부동산의 소유권이전등기를 마친 경우, 명의수탁자가 명의신탁자에게 반환하여야 할 부당이득의 범위는 명의신탁자로부터 제공받은 매수자금 및 취득세, 등록세 등 취득비용이다(대판 2005. 1. 28. 2002다66922, 2010. 10. 14. 2007다90432).

1) 명의신탁자의 명의수탁자에 대한 부당이득반환청구

명의신탁자와 명의수탁자가 계약명의신탁약정을 맺고 명의수탁자가 당사자가 되어 명의신탁약정이 있다는 사실을 알지 못하는 소유자와 사이에 부동산에 관한 매매계약을 체결한 뒤 수탁자 명의로 소유권이전등기를 마친 경우에는, 명의신탁자와 명의수탁자 사이의 명의신탁약정은 무효이지만 그 명의수탁자는 당해 부동산의 완전한 소유권을 취득하게 되고(실명법 제4조 제1항, 제2항), 반면 명의신탁자는 애초부터 당해 부동산의 소유권을 취득할 수 없고 다만 그가 명의수탁자에게 제공한 부동산 매수자금이 무효의 명의신탁약정에 의한 법률상 원인 없는 것이 되는 관계로 명수탁자에 대하여 동액 상당의 부당이득 반환청구권을 가질 수 있을 뿐이다(대판 2009. 3. 26. 2008다34828).

2) 계약명의신탁약정이 실명법시행 후인 경우(명의신탁자가 입은 손해의 범위)

'부동산 실권리자명의 등기에 관한 법률' 제4조 제1항, 제2항에 의하면 명의신탁자와 명의수탁자가 이른바 계약명의신탁약정을 맺고 명의수탁자가 당사자가 되어 명의신탁약정이 있다는 사실을 알지 못하는 소유자와의 사이에 부동산에 관한 매매계약을 체결한 후 그 매매계약에 따라 당해 부동산의 소유권이전등기를 수탁자 명의로 마친 경우에는 명의신탁자와 명의수탁자 사이의 명의신탁약정의 무효에도 불구하고 그 명의수탁자는 당해 부동산의 완전한 소유권을 취득하게 되고, 다만 명의수탁자는 명의신탁자에 대하여 부당이득반환의무를 부담하게 될 뿐이다. 이 경우 그 계약명의신탁약정이 부동산 실권리자명의 등기에 관한 법률시행 후인 경우에는 명의수탁자는 애초부터 당해 부동산의 소유권을 취득할 수 없었으므로, 위 계약명의신탁약정의 무효로 인하여 명의신탁자가 입은 손해는 당해 부동산 자체가 아니라 명의수탁자에게 제공한 매수자금이고, 따라서 명의수탁자는 당해 부동산 자체가 아니라 명의신탁자로부터 제공받은 매수자금 상당액을 부당이득 하였다고 할 것이다. 이때 명의수탁자가 소유권이전등기를 위하여 지출하여야 할 취득세, 등록세 등을 명의신탁자로부터 제공받았다면, 이러한 자금 역시 위 계약명의신탁약정에 따라 명의수탁자가 당해 부동산의 소유권을 취득하기 위하여 매매대금과 함께 지출된 것이므로, 당해 부동산의 매매대금 상당액 이외에 명의신탁자가 명의수탁자에게 지급한 취득세, 등록세 등의 취득비용도 특별한 사정이 없는 한 위 계약명의신탁약정의

무효로 인하여 명의신탁자가 입은 손해에 포함되어 명의수탁자는 이 역시 명의신탁자에게 부당이득으로 반환하여야 한다(대판 2010. 10. 14. 2007다90432).

3) 신탁자가 제3자에게 처분한 행위가 신탁자의 일반채권자들을 해하는 사해행위가 되는지 여부(소극)

부동산실명법 제4조 제1항, 제2항에 의하면 이른바 계약명의신탁약정에 따라 수탁자가 당사자가 되어 명의신탁약정이 있다는 사실을 알지 못하는 소유자와 사이에 부동산에 관한 매매계약을 체결한 후 그 매매계약에 따라 수탁자 명의로 소유권이전등기를 마친 경우에는 신탁자와 수탁자 사이의 명의신탁약정의 무효에도 불구하고 수탁자는 당해 부동산의 완전한 소유권을 취득하게 되고, 다만 수탁자는 신탁자에 대하여 매수대금 상당의 부당이득반환의무를 부담하게 된다. 또한 신탁자와 수탁자 사이에 신탁자의 지시에 따라 부동산의 소유명의를 이전하기로 약정하였더라도 이는 명의신탁약정이 유효함을 전제로 명의신탁 부동산 자체의 반환을 구하는 범주에 속하는 것에 해당하여 역시 무효이다. 이와 같이 신탁자가 수탁자에 대하여 부당이득반환채권만을 가지는 경우에는 그 부동산은 신탁자의 일반채권자들의 공동담보에 제공되는 책임재산이라고 볼 수 없고, 신탁자가 위 부동산에 관하여 제3자와 매매계약을 체결하는 등 신탁자가 실질적인 당사자가 되어 처분행위를 하고 소유권이전등기를 경료해 주었다고 하더라도 그로써 책임재산의 감소를 초래한 것이라고 할 수 없으므로, 이를 들어 신탁자의 일반채권자들을 해하는 사해행위라고 할 수 없다(대판 2013. 9. 12. 2011다89903).

4) 명의수탁자의 완전한 소유권취득

명의신탁자와 명의수탁자가 이른바 계약명의신탁약정을 맺고 명의수탁자가 당사자가 되어 명의신탁약정이 있다는 사실을 알지 못하는 소유자와 부동산에 관한 매매계약을 체결한 후 그 매매계약에 따라 당해 부동산의 소유권이전등기를 명의수탁자명의로 마친 경우에는, 명의신탁자와 명의수탁자의 명의신탁약정이 무효임에도 불구하고 실명법 제4조 제2항 단서에 의하여 명의수탁자가 당해 부동산의 완전한 소유권을 취득한다(대판 2011. 12. 8. 2010도4129).

부동산 실권리자명의 등기에 관한 법률(이하 '부동산실명법'이라 한다) 시행 전에 명의신탁자와 명의수탁자가 이른바 계약명의신탁약정을 맺고 명의수탁자가 당사자가 되어 명의신탁약정이 있다는 사실을 알지 못하는 소유자와 부동산에 관한 매매계약을 체결하고 매매계약에 따른 매매대금을 모두 지급하였으나 당해 부동산의 소유권이전등기를 명의수탁자 명의로 마치지 못한 상태에서 부동산실명법 제11조에서 정한 유예기간이 경과하였다면, 명의신탁약정의 무효에 불구하고 명의수탁자와 소유자의 매매계약 자체는 유효한 것으로 취급되는데, 이 경우 명의수탁자는 명의신탁약정에 따라 명의신탁자가 제공한 비용으로 소유자에게 매매대금을 지급하고 당해 부동산을 매수한 매수인의 지위를 취득한 것에 불과하지 당해 부동산에 관한 소유권을 취득하는 것은 아니므로, 유예기간 경과에 따른 명의신탁약정의 무효로 인하여 명의신탁자가 입게 되는 손해는 당해 부동산 자체가 아니라 명의수탁자에게 제공한 매수자금이고, 그 후 명의수탁자가 당해 부동산에 관한 소유권을 취득하게 되었다고 하더라도 이로 인하여 부당이득반환 대상이 달라진다고 할 수 없다(대판 2011. 5. 26. 2010다21214).

5) 부당이득반환청구권에 기한 유치권의 행사 여부(소극)

명의신탁자의 명의수탁자에 대한 부당이득반환청구권은 부동산 자체로부터 발생한 채권이 아닐 뿐만 아니라 소유권 등에 기한 부동산의 반환청구권과 동일한 법률관계나 사실관계로부터 발생한 채권이라고 보기도 어려우므로, 결국 민법 제320조 제1항에서 정한 유치권 성립요건으로서의 목적물과 채권 사이의 견련관계를 인정할 수 없다(대판 2009. 3. 26. 2008다34828).

(나) 매도인이 '악의'(명의신탁약정을 안 경우)인 경우 : 매도인의 수탁자를 상대로 한 소유권이전등기의 말소 또는 진정명의회복을 원인으로 한 소유권이전등기청구

매도인이 악의(惡意)인 경우에는 명의신탁약정뿐만 아니라 수탁자 명의의 소유권이전등기도 실명법 제4조 제2항 본문에 따라 무효이고, 매도인과 수탁자 간의 매매계약도 원시적으로 목적을 달성할 수 없는 계약이 되어 무효이므로 소유권은 매도인에게 그대로 남아 있다. 따라서 매도인은 3자 간 등기명의신탁의 경우와 같이 수탁자를 상대로 소유권

이전등기의 말소를 구하거나 진정명의회복을 원인으로 소유권이전등기를 구할 수 있다. 그러나 신탁자와 매도인 간에는 매매계약을 체결한 사실이 없으므로 매도인 명의로 소유권이 회복되더라도 신탁자는 매도인을 상대로 소유권이전을 청구할 수 없다.

부동산의 소유자가 계약명의신탁약정이 있다는 사실을 안 경우에는 수탁자 명의의 소유권이전등기는 무효이고 당해 부동산의 소유권은 매도인이 그대로 보유하게 된다(대판 2011. 12. 8. 2010도4129).

1) 수탁자가 신탁부동산을 제3자에게 처분한 경우(불법행위)
명의신탁자와 명의수탁자가 계약명의신탁약정을 맺고 매매계약을 체결한 소유자도 명의신탁자와 명의수탁자 사이의 명의신탁약정을 알면서 그 매매계약에 따라 명의수탁자 앞으로 당해 부동산의 소유권이전등기를 마친 경우 실명법 제4조 제2항 본문에 의하여 명의수탁자명의의 소유권이전등기는 무효이므로, 당해 부동산의 소유권은 매매계약을 체결한 소유자에게 그대로 남아 있게 되고, 명의수탁자가 자신의 명의로 소유권이전 등기를 마친 부동산을 제3자에게 처분하면 이는 매도인의 소유권 침해행위로서 불법행위가 된다(대판 2013. 9. 12. 2010다95185).

2) 매매대금을 수령한 소유자(매도인)의 수탁자의 처분행위로 인한 손해발생 여부(소극)
명의수탁자로부터 매매대금을 수령한 상태의 소유자로서는 그 부동산에 관한 소유명의를 회복하기 전까지는 신의칙 내지 민법 제536조 제1항 본문의 규정에 의하여 명의수탁자에 대하여 이와 동시이행의 관계에 있는 매매대금 반환채무의 이행을 거절할 수 있는데, 이른바 계약명의신탁에서 명의수탁자의 제3자에 대한 처분행위가 유효하게 확정되어 소유자에 대한 소유명의회복이 불가능한 이상, 소유자로서는 그와 동시이행관계에 있는 매매대금 반환채무를 이행할 여지가 없다. 또한 명의신탁자는 소유자와 매매계약관계가 없어 소유자에 대한 소유권이전등기청구도 허용되지 아니하므로, 결국 소유자인 매도인으로서는 특별한 사정이 없는 한 명의수탁자의 처분행위로 어떠한 손해도 입은 바가 없다(대판 2013. 9. 12. 2010. 다95185).

3) 당해 부동산이 채무자인 명의신탁자의 재산으로서 강제집행면탈죄의 객체가 되는지 여부(소극)

명의신탁자와 명의수탁자가 계약명의신탁약정을 맺고 명의수탁자가 당사자가 되어 명의신탁약정이 있다는 사실을 알지 못하였거나 그 사실을 안 경우 명의신탁자는 그 매매계약에 의해서는 당해 부동산의 소유권을 취득하지 못하게 되어, 결국 그 부동산은 명의신탁자에 대한 강제집행이나 보전처분의 대상이 될 수 없어 강제집행면탈죄의 객체가 될 수 없다(대판 2011. 12. 8. 2010도4129).

4) 매매계약과 등기의 효력을 판단하는 기준(계약을 체결할 당시 매도인의 인식)

부동산 실권리자명의 등기에 관한 법률 제4조 제2항 단서는 부동산 거래의 상대방을 보호하기 위한 것으로 상대방이 명의신탁약정이 있다는 사실을 알지 못한 채 물권을 취득하기 위한 계약을 체결한 경우 그 계약과 그에 따른 등기를 유효라고 한 것이다. 명의신탁자와 명의수탁자가 계약명의신탁약정을 맺고 명의수탁자가 당사자가 되어 매도인과 부동산에 관한 매매계약을 체결하는 경우 그 계약과 등기의 효력은 매매계약을 체결할 당시 매도인의 인식을 기준으로 판단해야 하고, 매도인이 계약 체결 이후에 명의신탁약정 사실을 알게 되었다고 하더라도 위 계약과 등기의 효력에는 영향이 없다. 매도인이 계약 체결 이후 명의신탁약정 사실을 알게 되었다는 우연한 사정으로 인해서 위와 같이 유효하게 성립한 매매계약이 소급적으로 무효로 된다고 볼 근거가 없다. 만일 매도인이 계약 체결 이후 명의신탁약정 사실을 알게 되었다는 사정을 들어 매매계약의 효력을 다툴 수 있도록 한다면 매도인의 선택에 따라서 매매계약의 효력이 좌우되는 부당한 결과를 가져올 것이다(대판 2018. 4. 10. 2017다257715).

(다) 명의신탁약정과 함께 이루어진 부동산 매입위임약정의 효력(무효) 및 신탁자의 요구에 따라 부동산소유명의를 이전하기로 한 약정의 효력(무효)

계약명의신탁에서 신탁자와 수탁자 간의 명의신탁약정이 부동산 실권리자명의 등기에 관한 법률이 정한 유예기간의 경과로 무효가 된 경우, 명의신탁약정과 함께 이루어진 부동산 매입의 위임 약정의 효력은 무효로 되고 이 경우 신탁자와 수탁자 사이에 신탁자의 요구에 따라 부동산의 소유명의를 이전하기로 한 약정도 무효로 된다.

> **판례**
>
> 신탁자와 수탁자가 명의신탁약정을 맺고, 그에 따라 수탁자가 당사자가 되어 명의신탁약정의 존재 사실을 알지 못하는 소유자와 부동산에 관한 매매계약을 체결한 계약명의신탁에서 신탁자와 수탁자 간의 명의신탁약정이 부동산 실권리자명의 등기에 관한 법률이 정한 유예기간의 경과로 무효가 되었다면, 특별한 사정이 없는 한 신탁자와 수탁자 간에 명의신탁약정과 함께 이루어진 부동산 매입의 위임약정 역시 무효로 되고, 이 경우 신탁자와 수탁자 사이에 신탁자의 요구에 따라 부동산의 소유명의를 이전하기로 한 약정도 명의신탁약정이 유효함을 전제로 명의신탁 부동산 자체의 반환을 구하는 범주에 속하는 것에 해당하여 역시 무효로 된다(대판 2015. 9. 10. 2013다55300).

(4) 3자 간 등기명의신탁과 계약명의신탁의 구별기준(매수인명의를 타인명의로 하기로 한 경우 : 계약명의신탁)

명의신탁약정이 이른바 3자 간 등기명의신탁인지 아니면 계약명의신탁인지의 구별은 계약당사자가 누구인가를 확정하는 문제로 귀결된다. 타인을 통하여 부동산을 매수함에 있어 매수인명의를 그 타인명의로 하였다면 이때의 명의신탁관계는 그들 사이의 내부적인 관계에 불과하므로, 설령 계약의 상대방인 매도인이 그 명의신탁관계를 알고 있었다고 하더라도, 계약명의자인 명의수탁자가 아니라 명의신탁자에게 계약에 따른 법률관계를 직접 귀속시킬 의도로 계약을 체결하였다는 등의 특별한 사정이 인정되지 아니하는 한, 그 명의신탁관계는 계약명의신탁에 해당한다고 함이 원칙이다(대법원 2013. 10. 7. 2013스133 결정).

19. 부동산의 특정일부 또는 공유지분에 대한 용익물권 또는 담보물권설정의 가부

건물의 특정부분이 아닌 공유지분에 대하여는 용익권(用益權)으로서의 성질상 전세권은 등기할 수 없으므로, 수인의 공유자들이 전세권설정등기를 한 후 그 중 일부 공유자의 지분에 대하여만 전세권말소등기를 신청할 수는 없으며 이는 판결을 받는다고 하더라도 마찬가지이다(등기선례 제6권 315항).

가. 부동산의 특정일부에 대한 용익물권설정의 등기절차

부동산의 일부에 대하여 지상권이나 전세권의 설정등기를 신청하거나, 승역지의 일부에 대하여 지역권설정등기를 신청하는 경우에는 그 부분을 표시한 지적도나 건물도면을 등기소에 제공하여야 한다(규칙 제126조 제2항, 127조 제2항, 128조 제2항).

나. 공유지분에 대한 용익물권 또는 담보물권 설정등기의 가부

용익물권은 일정한 목적을 위하여 타인의 부동산을 사용, 수익하는 것을 내용으로 하는 권리이므로 부동산의 전부 또는 특정부분이 아닌 공유지분(공유지분이란 각 공유자가 목적물에 대하여 가지는 소유의 비율을 말한다)에 대하여는 용익물권(용익물권이라 함은 일정한 목적을 위하여 타인의 부동산을 사용, 수익하는 것을 내용으로 하는 제한물권으로 지상권, 지역권, 전세권을 말한다)을 설정할 수 없다(등기예규 제1351호, 등기선례 제4권 449항, 제5권 417항, 제6권 315항 등).

(1) 공유지분의 의의 및 처분

공유란 물건이 지분에 의하여 수인의 소유로 된 때의 소유관계를 말한다(민법 제262조 제1항). 공유의 법적 성질은 한 개의 소유권이 분량적(分量的)으로 분할되어 수인의 소유에 속하는 것이라는 견해가 통설·판례이다. 공유에 있어서 각 공유자가 가지는 권리를 '지분(持分)'이라고 하며, 이 지분은 한 개의 소유권의 분량적 일부라고 하는 것이 통설이다.

지분의 비율은 법률의 규정(민법 제254조 단서, 제257조, 제258조, 제1009조 이하 등) 또는 공유자의 의사표시에 의해 정해진다. 공유지분이 불명한 경우 각 공유자의 지분은 균등한 것으로 추정한다(민법 제262조 제2항).

'공유물'의 처분을 위하여는 공유자 전원의 동의가 필요하나(민법 제264조), '공유지분'은 자유로이 처분할 수 있으므로(민법 제263조) 다른 공유자의 동의를 요하지 않는다(대판 1972. 5. 23. 71다2760). 공유물의 보존행위는 지분과 관계없이 각자 단독으로 할 수 있다(민법 제265조 단서).

(2) 공유지분의 등기

등기관이 갑구 또는 을구에 권리에 관한 등기를 할 때 권리자가 2인 이상인 경우에는 권리자별 '지분'을 기록하여야 한다(부동산등기법 제45조 제4항).

(3) 공유지분에 대한 용익물권설정등기의 가부(소극)

건물의 특정부분이 아닌 '공유지분'에 대하여는 이용권으로서의 성질상(용익물권) 전세권은 등기할 수 없다(등기예규 제574호. 제1351호. 등기선례 제2권 365항. 367항. 제4권 449항. 제5권 417항).

따라서 건물의 특정부분이 아닌 공유지분 전부에 대하여는 전세권이 설정될 수 없으므로, 수인의 공유자들이 전세권설정등기를 한 후 그 일부 공유자의 지분에 대하여만 전세권말소등기를 신청할 수는 없으며, 이는 판결을 받는다고 하더라도 마찬가지이다(등기선례 제6권 제315항).

(4) 공유지분에 대한 근저당권설정등기의 가부(적극)

지분권의 처분은 자유이므로(민법 제263조 전단) 지분권자는 그 지분권 위에 자유로 저당권을 설정할 수 있다. 따라서 공유자는 다른 공유자의 농의 없이 자기의 지분(갑

○번 김○○ 지분 중 ○○○ 근저당권설정)에 대한 저당권설정등기신청을 할 수 있으므로 그 등기의 목적인 지분에 대한 저당권등기는 적법하다(등기선례 제1권 100항. 제409항).

20. 주위토지통행권 확인판결에 의한 토지통행권 등기의 가부(소극)

주위토지통행권확인판결(周圍土地通行權確認判決)을 받았다고 하더라도 토지통행권은 부동산등기법 제2조(현행법 제3조)에서 정한 등기할 사항이 아니므로 등기할 수 없다(대판 2002. 2. 26. 2001다64165 사도통행권확인, 등기선례 제5권 4항). 따라서 주위토지통행권확인판결을 등기원인을 증명하는 서면으로 하여 등기신청을 한 경우 등기관은 '사건이 등기할 것이 아닌 경우(법 제29조 제2호)'를 적용하여 각하하여야 한다.

가. 주위토지통행권의 의의

어느 토지와 공로 사이에 그 토지의 용도에 필요한 통로가 없는 경우에 그 토지소유자는 주위의 토지를 통행 또는 통로로 하지 아니하면 공로(公路)에 출입할 수 없거나 과다한 비용을 요할 때에는 그 주위의 토지를 통행할 수 있고 필요한 경우에는 통로를 개설할 수 있다. 그러나 이로 인한 손해가 가장 적은 장소와 방법을 선택하여야 한다(민법 제219조 제1항).

나. 주위토지통행권을 주장할 수 있는 자의 범위

주위토지통행권(周圍土地通行權)은 인접한 토지의 상호 이용의 조절에 기한 권리로서 토지의 소유자 또는 지상권자, 전세권자 등 토지사용권을 가진 자에게 인정되는 권리이다. 따라서 명의신탁자에게는 주위토지통행권이 인정되지 아니한다(대판 2008. 5. 8. 2007다22767).

다. 주위토지통행권 확인청구의 성질

주위토지통행권은 통행을 위한 지역권과는 달리 그 통행로가 항상 특정한 장소로 고정되어 있는 것은 아니고 주위 토지 소유자가 그 용법에 따라 기존 통행로로 이용되던 토지 사용방법을 바꾸었을 때(예 : 그 지상에 건축물의 건축 등)에는 대지소유자는 그 주위토지 소유자를 위하여 보다 손해가 적은 다른 장소로 옮겨 통행할 수밖에 없는 경우도 있을 것이므로 주위토지통행권 확인청구는 변론종결시에 있어서의 본조(민법 제219조) 소정의 요건에 해당하는 토지는 어느 토지인가를 확정하는 것이다(대판 1989. 5. 23. 88다카10739, 10746).

라. 주위토지통행권이 인정되는 경우

주위토지통행권은 어느 토지와 공로 사이에 토지의 용도에 필요한 통로가 없는 경우에 토지소유자가 주위의 토지를 통행 또는 통로로 하지 아니하면 공로에 전혀 출입할 수 없는 경우뿐 아니라 과다한 비용을 요하는 때에도 인정할 수 있다(대판 1992. 12. 22. 92다36311).

마. 기존의 통로보다 더 편리하다는 이유만으로 주위토지통행권의 인정 여부

주위토지통행권은 그 소유토지와 공로사이에 그 토지의 용도에 필요한 통로가 없는 경우에 인정되는 것이므로, 이미 소유토지의 용도에 필요한 통로가 있는 경우에는 그 통로를 사용하는 것보다 더 편리하다는 이유만으로 다른 장소로 통행할 권리를 인정할 수 없다(대판 1995. 6. 13. 95다1088, 1095).

바. 주위토지통행권범위의 인정기준

주위토지통행권은 공로와 사이에 그 용도에 필요한 통로가 없는 토지의 이용이라는 공익목적을 위하여 피통행지 소유자의 손해를 무릅쓰고 인정되는 것이므로, 그 통로의 폭이나 위치 등을 정함에 있어서는 피통행지의 소유자에게 가장 손해가 적게 되는 방법이 고려되어야 할 것이나, 최소한 통행권자가 그 소유 토지를 이용하는 데 필요한 범위는 허용되어야 하며, 어느 정도를 필요다고 볼 것인가는 구체적인 사안에서 사회통념에 따라 쌍방 토지의 지형적, 위치적 형상 및 이용관계, 부근의 지리 상황, 상린지(相隣地) 이용자의 이해득실 기타 제반사정을 기초로 판단하여야 한다(대판 1996. 5. 14. 96다10171).

사. 주위토지통행권 확인판결에 의한 토지통행권 등기의 가부(소극)

주위토지통행권 확인판결을 받았다고 하더라도 토지통행권은 부동산등기법 제2조(현행법 제3조)에서 정하는 등기할 사항이 아니므로 등기할 수 없다(등기선례 제5권 4항, 대판 2002. 2. 26. 2001다4165 사도통행권확인). 따라서 주위토지통행권 확인판결을 등기원인을 증명하는 서면으로 하여 등기신청을 한 경우 등기관은 '사건이 등기할 것이 아닌 경우'(부동산등기법 제29 조2호)를 적용하여 각하하여야 한다.

(1) 민법 제185조(강행규정)

민법 제185조는 '물권은 법률 또는 관습법에 의하는 외에는 임의로 창설하지 못한다(민법 제185조)'고 규정함으로써 물권법정주의를 선언하고 있다. 민법 제185조는 강행규정 이며, 이에 위반하는 법률행위는 무효이다. 우리 민법이 이와 같은 물권법정주의를 채용한 이유는 '공시(公示)의 원칙'을 관철하려는 데 있다. 즉 물권은 배타적 지배권이므로 거래의 안전과 신속을 위하여 이를 공시할 필요가 있다.

이에 따라 부동산등기법 제3조는 등기할 수 있는 권리로 소유권, 지상권, 지역권, 전세권, 저당권, 권리질권, 채권담보권, 임차권을 규정하고 있다. 따라서 주위토지통행권은 부동산등기법 제3조의 규정에 의한 '등기할 수 있는 권리'가 아니므로 주위토지통행권 확인판결은 등기할 사항이 아니므로 등기할 수 없다.

(2) 법률이 인정하지 않는 새로운 종류의 물권의 창설 여부(소극)

법률이 인정하지 않는 새로운 물권의 창설은 허용되지 아니한다.

판례

[1] 민법 제186조는, "물권은 법률 또는 관습법에 의하는 외에는 임의로 창설하지 못한다."고 규정하여 이른바 물권법정주의를 선언하고 있고, 물권법의 강행법규성은 이를 중핵으로 하고 있으므로, 법률(성문법과 관습법)이 인정하지 않는 새로운 종류의 물권을 창설하는 것은 허용되지 아니한다.

[2] 관습상의 사도통행권 인정이 물권법정주의에 위배된다고 본 사례(대판 2002. 2. 26. 2001다64165 사도통행권 확인).

제2절 집행불능판결에 의한 등기신청의 각하

집행력(執行力)이라 함은 민사집행법상 확정판결이 가지는 중요한 효력으로서 첫째, 좁은 의미로는 이행판결(또는 조서)의 내용인 이행의무를 강제집행에 의하여 실시할 수 있는 효력을 말하며, 둘째, 넓은 의미로는 강제집행 이외의 방법으로 판결의 내용에 적합한 상태를 실현할 수 있는 효력(예 : 확정판결에 기하여 등기소에 등기신청을 하는 경우)을 말한다. 좁은 의미의 집행력을 가지는 판결은 이행판결(이행의 소에 있어서, 소송요건을 구비하고, 원고의 청구가 이유 있는 경우에 이행을 명하는 판결을 말한다)뿐이며, 확인판결이나 형성판결에는 소송비용의 재판부분에 집행력이 있을 뿐이다.

이행판결은 피고에 대한 이행명령을 포함하고 있으므로 집행권원(執行權原, 구법의 債務名義)이 되어(민사집행법 제24조) 집행력이 발생하며, 동시에 이행청구권의 존재를 확인하여 이점에 관하여 기판력(旣判力)이 발생한다.

의사의 진술을 구하는 청구 중 등기신청에 관한 의사표시를 명한 확정된 이행판결을 등기원인을 증명하는 서면으로 하여 등기신청을 한 경우 그 신청이 부동산등기법 제29조 각 호의 1에 해당하여 등기관이 이를 각하하는 사례가 있는바, 이와 같이 부동산등기에 관하여 의사의 진술을 명한 확정된 이행판결에 기판력은 있으나 집행력이 없어 그 판결에 의한 등기의 집행이 불능으로 되는 판결을 "집행불능판결(執行不能判決)"이라고 한다.

우리나라의 부동산등기법은 등기신청에 대한 등기관의 심사권에 관하여 형식적 심사주의(形式的 審査主義)를 취하여 등기신청을 부적법이라 하여 각하할 수 있는 경우를 형식적·한정적으로 규정하고 있다(법 제29조).

등기관의 등기신청에 대한 심사권(審査權)이란 등기부에 허위의 등기가 행하여지는 것을 막고 실체관계와 부합하는 등기가 이루어지도록 등기관이 등기신청의 적법 여부를 심사할 수 있는 권한을 말한다. 등기관의 등기신청에 대한 심사권한 범위에 관한 입법주의에는 형식적 심사주의와 실질적 심사주의가 있으며, 부동산등기법은 형식적 심사주의를 채택하고 있다(법 제29조).

따라서 등기관은 등기신청서 및 그 첨부서류와 등기부에 의하여 등기요건의 충족 여부를 형식적으로 심사하여야 하며, 그 결과 부동산등기법 제29조 각 호의 1에 해당하는 경우에 한하여 이유를 기재한 결정으로써 등기신청을 각하(却下)하여야 한다. 다만, 신청의 잘못된 부분이 보정될 수 있는 경우로서 신청인이 등기관이 보정을 명한 날의 다음날까지 그 잘못된 부분을 보정하였을 때에는 그러하지 아니하다.

판결서를 첨부서면으로 한 등기신청을 접수한 등기관으로서는 등기신청에 필요한 서면이 모두 제출되었는지 여부, 그 서면 자체에 요구되는 형식적 사항이 구비되었는지 여부, 특히 확정된 판결서의 당사자 및 주문의 표시가 등기신청의 적법함을 뒷받침하고 있는지 여부 등을 제출된 서면과 등기부의 상호 대조 등의 방법으로 모두 심사한 이상 그 형식적 심사의무를 다하였다고 할 것이고, 위 판결서에 법률이 정한 기재사항이 흠결되어 있어 조잡하게 기재되어 있는 등 그 외형과 작성방법에 비추어 위조된 것이라고 쉽게 의심할 만한 객관적 상황도 존재하지 않는 경우, 등기관이 판결서의 기재사항 중 신청된 등기의 경료와 직접적으로 관련되어 있는 것도 아니고, 그 기재방법의 차이로 인하여 판결의 효력에 어떠한 영향도 주지 않는 기재사항까지 일일이 검토하여 그것이 재판서양식에 관한 예규 및 일반적인 작성관행 등에서 벗어난 것인지 여부를 파악한 다음 이를 토대로 그 위조 여부에 관하여 보다 자세한 확인을 하여야 할 주의의무가 있다고는 할 수 없다(대판 2005. 2. 25. 2003다13048).

1. 등기신청의 각하 사유

등기관은 등기신청에 대한 조사를 한 결과 그 신청이 적법하면 이를 수리하여 등기를 실행하나, 등기신청이 부동산등기법 29조 각 호의 사유 중 어느 하나에 해당하고 그 사유가 보정할 수 없는 사항이거나 신청인이 보정하지 아니할 때에는 이유를 적은 결정으로써 각하처분을 하여야 한다. 각하(却下)란 등기신청에 대하여 등기관이 등기기록에 기록하는 것을 거부하는 '소극적 처분(消極的 處分)'을 말하며, 이로써 해당 등기신청절차는 종료한다.

각하사유에 해당하지 않는 등기신청에 대하여는 등기를 거부할 수 없다. 즉 등기신청에 대해서는 등기관의 자유재량에 의한 판단이 인정되지 않는다.

등기관은 다음 각 호의 어느 하나에 해당하는 경우에만 이유를 적은 결정으로 신청을 각하하여야 한다. 다만, 신청의 잘못된 부분이 보정될 수 있는 경우로서 신청인이 등기관이 보정을 명한 날의 다음 날까지 그 잘못된 부분을 보정하였을 때에는 그러하지 아니하다(법 제29조). 부동산등기법 제29조에 규정된 각하사유는 예시가 아니라 한정적 열거로 본다. 등기신청에 대한 각하 사유는 아래와 같다.

(1) 사건이 그 등기소의 관할이 아닌 경우
(2) 사건이 등기할 것이 아닌 경우
  (가) '사건이 등기할 것이 아닌 때'의 의의
    부동산등기법 제29조 제2호에서 규정하고 있는 '사건이 등기할 것이 아닌 때'라 함은 등기신청이 그 신청취지 자체에 의하여 법률상 허용될 수 없음이 명백한 경우를 말하며(대법원 1972. 11. 29. 72마776, 1980. 7. 10. 8마150, 1984. 4. 6. 84마99, 1987. 2. 9. 87마.37, 1988. 2. 24. 87마469, 2012. 5. 10. 2012마180), 이에 해당하는 경우에는 등기관의 잘못으로 등기가 마쳐졌다 하더라도 그 등기는 그 자체가 어떠한 의미도 가지지 않는 무효의 등기이기 때문에 등기관은 직권으로 그 등기를 말소하게 된다(대판 2000. 9. 29. 2000다29240).

  (나) 사건이 등기할 것이 아닌 경우
    부동산등기법 제29조 제2호에서 "사건이 등기할 것이 아닌 경우"란 다음 각 호의 어느 하나에 해당하는 경우를 말한다(규칙 제52조).

① 등기능력 없는 물건 또는 권리에 대한 등기를 신청한 경우
② 법령에 근거 없는 특약사항의 등기를 신청한 경우
③ 구분건물의 전유부분과 대지사용권의 분리처분금지에 위반한 등기를 신청한 경우
④ 농지를 전세권설정의 목적으로 하는 등기를 신청한 경우
⑤ 저당권을 피담보채권과 분리하여 양도하거나, 피담보채권과 분리하여 다른 채권의 담보로 하는 등기를 신청한 경우
⑥ 일부지분에 대한 소유권보존등기를 신청한 경우
⑦ 공동상속인 중 일부가 자신의 상속지분만에 대한 상속등기를 신청한 경우
⑧ 관공서 또는 법원의 촉탁으로 실행되어야 할 등기를 신청한 경우
⑨ 이미 보존등기 된 부동산에 대하여 다시 보존등기를 신청한 경우
⑩ 그 밖에 신청취지 자체에 의하여 법률상 허용될 수 없음이 명백한 등기를 신청한 경우

(3) 신청할 권한이 없는 자가 신청한 경우
(4) 법 제24조 제1항 제1호에 따라 등기를 신청할 때에 당사자나 그 대리인이 출석하지 아니한 경우

등기는 신청인 또는 그 대리인이 등기소에 출석하여 신청정보(등기신청서) 및 첨부정보(등기신청에 필요한 서면)를 적은 서면을 제출하는 방법으로 한다. 다만, 대리인이 변호사나 법무사인 경우에는 대법원규칙으로 정하는 사무원을 등기소에 출석하게 하여 그 서면을 제출할 수 있다 (부동산등기법 제24조 제1항 1호).

(5) 신청정보의 제공이 대법원규칙으로 정한 방식에 맞지 아니한 경우
(6) 신청정보의 부동산 또는 등기의 목적인 권리의 표시가 등기기록과 일치하지 아니한 경우
(7) 신청정보의 등기의무자의 표시가 등기기록과 일치하지 아니한 경우. 다만, 법 제27

조에 따라 포괄승계인이 등기신청을 하는 경우는 제외한다.
(8) 신청정보와 등기원인을 증명하는 정보가 일치하지 아니한 경우
(9) 등기에 필요한 첨부정보를 제공하지 아니한 경우
(10) 취득세(지방세법 제20조의2에 따라 분할납부하는 경우에는 등기하기 이전에 분할납부하여야 할 금액을 말한다), 등록면허세(등록에 대한 등록면허세만 해당한다) 또는 수수료를 내지 아니하거나 등기신청과 관련하여 다른 법률에 따라 부과된 의무를 이행하지 아니한 경우
(11) 신청정보 또는 등기기록의 부동산의 표시가 토지대장. 임야대장 또는 건축물대장과 일치하지 아니한 경우

2. 집행불능판결에 의한 등기신청의 각하사유

제5장 제1절 "집행불능판결의 유형"에서 본바와 같이 의사의 진술을 구하는 청구에 대한 원고승소의 확정판결이 집행불능판결에 해당될 때 그 판결을 등기원인증서로 하여 등기신청을 한 경우 그 등기신청은 부동산등기법 제29조 제2호, 제6호, 제7호, 제9호 등에 해당되어 등기관이 이를 각하하게 되는바, 이와 같은 집행불능판결에 의한 등기신청의 각하사유는 아래와 같다.

가. 사건이 등기할 것이 아닌 경우(법 제29조 2호)

'사건이 등기할 것이 아닌 경우'라고 함은 등기신청이 그 취지 자체에 있어서 법률상 허용될 수 없음이 명백한 경우를 말한다(대법원 1972. 11. 29. 72마776, 1980. 7. 10. 80마150, 1984. 4. 6. 84마99, 1988. 2. 24. 87마469, 2000. 9. 29. 2000다29240). 집행불능판결을 등기원인증서로 한 등기신청이 '사건이 등기할 것이 아닌 때'에 해당되어 각하되는 사례는 아래와 같다.

① 부기등기만의 말소를 명한 판결에 의한 등기신청(대판 2000. 10. 10. 2000다19526).

② 예고등기만의 말소를 명한 판결에 의한 등기신청(대법원 1983. 6. 18. 83마200 결정, 1987. 3. 20 87마카3).

③ 공유부동산에 대하여 5년을 넘는 기간의 불분할약정의 등기(민법 제268조 제2항).

④ 지역권을 요역지와 분리하여 양도하거나 다른 권리의 목적으로 하는 등기(민법 제292조 제2항).

⑤ 농지를 목적으로 하는 전세권설정등기(민법 제303조 제2항).

⑥ 저당권을 피담보채권과 분리하여 양도하거나 다른 채권의 담보로 하는 등기(민법 제361조).

⑦ 실명등기 유예기간경과 후 명의신탁해지를 원인으로 한 소유권이전등기신청(대법원 1997. 5. 1. 97마384 결정).

⑧ 공동상속인 중 일부 상속인의 상속등기(대법원 1995. 2. 22. 94마2116, 1995. 4. 7. 93다94736, 2010. 2. 25. 2008다96963, 96970).

⑨ 등기명의인 2인을 1인으로 경정하는 등기명의인 표시경정등기(대법원 1981. 11. 6. 80마592, 1996. 4. 12. 95다33214).

⑩ 합유명의인 표시변경등기를 명할 것을 합유자의 상속인명의로 상속등기를 명한 판결에 의한 등기신청(대판 1996. 12. 10. 96다23238).

⑪ 공유지분에 대한 전세권말소등기를 명한 판결에 의한 등기(등기예규 제1351호, 등기선례 6권 315항).

⑫ 가등기의 본등기금지의 가처분등기촉탁(대법원 1978. 10. 14. 78마282).

나. 신청정보의 부동산 또는 등기의 목적인 권리의 표시가 등기기록과 일치하지 아니한 경우(법 제29조 6호)

개정 부동산등기법 제29조 제6호에서 '신청정보의 부동산의 표시란', '신청서에 기재된 부동산의 표시(규칙 제43조 제1항 제1호 참조)'를 의미한다. 신청정보의 부동산 또는 등기의 목적인 권리의 표시 자체가 등기부(등기기록)의 기재와 서로 다를 때에는 신청서의 기재가 실체관계와 부합할지라도 기존등기에 대하여 변경등기를 하지 않으면 그 신청은 허용되지 않는다.

위 각하사유는 부실등기의 발생을 예방하기 위해 어떤 부동산(규칙 제43조 제1항 제1호)에 대해 또는 어떤 권리(법 제3조, 법 제48조 제1항)에 대한 등기를 신청하는 것인가를 분명히 하기 위한 것이다. 신청서에 기재된 부동산의 표시 또는 등기의 목적인 권리의 표시와 등기기록상 표시의 부합 정도에 대하여 등기관이 형식적으로 판단한다. 즉 양자의 동일성이 인정되고 실체관계와는 부합하더라도 양 표시가 일치하지 않으면 먼저 등기기록상의 표시를 변경·경정하도록 하고 있다.

등기신청절차이행을 명하는 확정된 이행판결을 등기원인증서로 하여 등기신청을 할 경우 그 판결주문에 명시된 등기할 부동산의 표시(소재와 지번, 지목, 면적, 건물의 종류, 구조와 면적, 구분건물의 대지권 등) 또는 등기의 목적인 권리의 표시(법 제3조)가 등기부(등기기록)와 일치하지 아니하는 때에는 판결경정결정(민소법 제211조)을 받지 못하면 '신청정보의 부동산의 표시 또는 등기의 목적인 권리의 표시가 등기기록과 일치하지 아니한 경우'(법 제29조 6호)에 해당되어 그 등기신청은 각하된다.

그러나 전혀 다른 부동산이 아니라 부동산표시에 변경이 생긴 경우에는 다음과 같이 처리한다.

(1) 부동산의 표시가 등기기록과 일치하지 아니한 경우

부동산의 표시라 함은 토지의 경우에는 소재와 지번, 지목과 면적을 말하며, 건물의 경우에는 소재, 지번 및 건물번호, 건물의 종류, 구조와 면적, 구분건물에 대지권이 있는 경우에는 대지권의 목적인 토지 및 대지권의 표시를 말한다(규칙 제43조 제1항 제1호).

(가) 부동산의 표시변경사유가 변론종결 이전에 발생한 경우

사실심변론종결 전에 분할, 지목변경 등으로 그 부동산의 표시에 변경이 있었던 경우에는 먼저 판결경정에 의하여 부동산의 표시를 대장상의 표시와 일치시킨 다음 분필등기 등을 거쳐(원고의 대위신청도 가능) 판결에 의한 등기를 신청할 수 있다(등기선례 4권 229항).

(나) 부동산의 표시변경사유가 변론종결 이후에 발생한 경우

변론종결 후 부동산의 표시에 변경이 발생한 경우에는 판결경정절차 없이 변경전후의 부동산이 동일한 것이라는 소명자료(토지대장등본, 건축물대장등본 등)를 첨부하여 판결에 의한 등기신청을 할 수 있다.

(2) 등기의 목적인 권리의 표시가 등기기록과 일치하지 아니한 경우

신청정보(등기신청서)의 등기의 목적인 권리의 표시라 함은 등기신청서에 기재된 등기의 목적인 소유권, 지상권, 지역권, 전세권, 저당권, 권리질권, 채권담보권, 임차권을 말하며(법 제3조), 이러한 권리의 표시가 등기기록과 일치하지 아니한 경우를 말한다.

다. 신청정보의 등기의무자의 표시가 등기기록과 일치하지 아니한 경우(법 제29조 7호 전단)

신청서상 등기의무자의 표시와 등기기록상 등기의무자의 표시가 일치하지 아니한 경우에는 본 호에 의하여 각하하여야 한다.

신청정보(등기신청서)의 '등기의무자의 표시'라 함은 등기신청서 또는 등기원인을 증명하는 서면인 판결에 표시된 등기의무자(피고)의 성명, 주민등록번호, 주소 등을 말하며, 이것이 등기기록(등기부)과 일치하지 아니한 경우 판결경정허가를 받거나 등기의무자가 동일인임을 증명하는 동일인 증명서[동일인 증명서에는 동일인임을 보증하는 자의 인감증명서 기타 보증인의 자격을 인정할 만한 서면인 공무원 재직증명서, 법무사 인가증 사본 등을 함께 제출하여야 한다{등기예규 제1421호2. 다. (3)}.] 등을 첨부하여야 하나, 구체적인 사건에서 이러한 서면에 의한 동일인의 인정 여부(등기신청의 수리 여부)는 등기관이 판단할 사항이다(등기선례 제3권 672항, 제4권 362항, 제5권 543항 등).

등기 후에 등기의무자의 표시가 변경되었거나 기존 등기에 착오 또는 누락이 있는 경우에는 등기명의인표시 변경등기 또는 경정등기를 하여 등기기록의 표시를 변경·경정한 후에 새로운 등기를 하여야 한다.

따라서 등기원인증서인 판결정본에 기재된 등기의무자인 피고의 표시가 등기부상의 기재와 일치하지 아니하는 경우에 판결경정을 받지 못하거나 동일인증명서를 등기관이 인정하지 아니할 때에는 그 판결에 의한 등기의 집행은 불능으로 된다.

부동산등기법상 등기신청인(등기권리자와 등기의무자)의 주민등록번호는 등기신청서(규칙 제43조 제1항 2호) 및 등기부(법 제48조 제2항, 제3항)의 필요적 기재사항으로 규정되어 있으나, 민사소송법상 당사자의 주민등록번호는 소장(민소법 제249조 제1항, 274조 제1항 1호) 및 판결서(동법 제208조 제1항 1호)의 필요적 기재사항이 아니므로 판결에 의한 등기의 집행(집행불능판결의 예방)을 위하여 당사자의 주민등록번호를 소장과 판결서의 기재사항으로 하는 '민사소송법의 개정'이 필요하다고 본다.

(1) 등기명의인 표시의 변경(경정)등기의 선행

판결에 의하여 등기를 신청하는 경우 판결에 표시된 등기의무자의 표시가 등기부와 부합하지 아니한 때에는 그 등기신청은 각하 되므로(법 제29조 7호 전단), 판결서에 기재된 등기의무자의 성명, 주민등록번호, 주소 등이 등기부와 부합하지 아니한 경우에는 등기신청인은 등기명의인의 표시변경 또는 경정의 등기를 신청하거나 판결경정결정을 받아 일치시킨 후 등기신청을 하여야 한다.

(2) 고유 필수적 공동소송인의 누락

고유 필수적 공동소송(민소법 제67조)으로 보는 공유물분할 소송(대판 2001. 7. 10. 99다31124, 2003. 12. 12. 2003다44615, 44622), 합유부동산에 관한 소송(대판 1983. 10. 25. 83다카850, 1991. 6. 25 90누5184, 1996. 12. 10. 96다23238), 총유

부동산에 관한 소송(대판 1995. 9. 5. 95다21303, 2005. 9. 15. 2004다44971)에서는 등기부상의 소유자인 공유자 또는 합유자 전원이 공동으로 원고 또는 피고가 되지 않으면 당사자적격을 잃어 소가 부적법하게 된다.

따라서 변론종결 당시의 등기부상의 공유자 또는 합유자 전원을 당사자로 하여야 할 뿐만 아니라 그 소는 공유자 등 전원에 대하여 합일적으로 확정되어야 하므로 당사자 중 일부가 누락된 판결에 의한 등기신청은 '신청정보의 등기의무자의 표시가 등기기록과 일치하지 아니하는 경우'(법 제29조 7호 전단)에 해당되어 등기관은 그 등기신청을 각하하게 된다.

라. 등기에 필요한 첨부정보를 제공하지 아니한 경우(신청서에 필요한 서면을 첨부하지 아니한 때. 법 제29조 9호)

(1) 등기에 필요한 첨부정보(등기신청에 필요한 서면)의 의의

'등기신청에 필요한 첨부정보'(등기신청에 필요한 서면)라 함은 등기신청에 필요한 서면을 규정한 부동산등기규칙 제46조 각 항에 규정된 서면인 등기원인증서, 제3자의 허가 또는 승낙 등을 증명하는 서면(예 : 등기의 말소 또는 말소된 등기의 회복을 신청하는 경우에 그 말소 또는 말소된 등기의 회복에 대하여 등기상 이해관계 있는 제3자의 승낙을 증명하는 서면, 농지취득 자격증명, 토지거래 허가증, 외국인의 토지취득 허가증 등), 위임장, 주민등록등초본, 대장(토지. 임야. 건축물)등본 등을 말한다.

등기신청서에 일정한 서면을 첨부하게 한 것은 그 신청이 실체적 권리관계나 사실관계와 부합하고 있는가 또는 신청당사자의 진의에서 나온 것인가를 등기관이 형식적으로 확인할 수 있도록 하기 위한 것이다.

등기절차이행을 명하는 확정된 이행판결에 의하여 등기를 신청할 경우에는 등기신청서에 등기원인증서로서 이행판결정본 및 판결확정증명서 등을 첨부하여야 하며, 외국판결,

중재판정 등을 등기원인증서로 한 등기신청의 경우에는 집행판결을 첨부하여야 한다. 등기의 말소 또는 회복등기를 신청하는 경우에 말소 또는 회복에 대하여 등기상 이해관계 있는 제3자가 있을 때에는 등기의 말소 또는 회복에 대한 제3자의 승낙서 등을 첨부하여 야 한다(부동산등기법 제57조, 제59조).

(2) 가집행선고 있는 판결에 의한 등기신청의 가부(소극)

법 제23조 제4항의 판결 및 민사집행법 제263조 제1항의 판결은 등기신청절차의 이행을 명하는 확정된 이행판결이어야 하며(등기예규 제1383호 2. 가. 1).), 부동산에 관한 등기신청의사의 진술을 명한 판결이 확정된 때에는 그 판결로 의사를 진술한 것으로 본다 (민사집행법 제263조 제1항).

따라서 확정되지 아니한 가집행선고가 붙은 판결에 의하여 등기를 신청한 경우에는 부동산등기법 제29조 제9호(판결확정증명서를 첨부하지 아니함)에 의하여 각하하여야 한다. 가집행선고 있는 소유권이전등기절차이행판결에 의한 등기신청이 있을 때라도 신청서에 첨부된 판결이 확정판결이 아니면 등기관은 그 신청을 각하하여야 한다(등기예규 제1383호 2. 나).

(3) 등기의 말소 또는 말소등기의 회복등기신청 시 등기상 이해관계 있는 제3자의 승낙서를 첨부하지 아니한 경우

등기의 말소를 신청하면서 구부동산등기법 제171조(현행법 제57조 제1항)에 위배하여 이해관계 있는 제3자의 승낙서 또는 재판의 등본을 첨부하지 아니하였다면 이는 부동산등기법 제55조(현행법 제29조) 제8호(현행법 제9호)의 '신청에 필요한 서면을 첨부하지 아니한 때'에 해당하고 제55조(현행법 제29조) 제2호의 '사건이 등기할 것이 아닌 때'에 해당한다고는 볼 수 없다(대법원 1967. 11. 29. 67마1092).

(가) 등기상 이해관계 있는 제3자가 있는 등기의 말소절차

1) 등기상 이해관계 있는 제3자의 승낙서 첨부

등기의 말소를 신청하는 경우에 그 말소에 대하여 등기상 이해관계 있는 제3자가 있을 때에는 제3자의 승낙이 있어야 한다(법 제57조 제1항). 등기의 말소를 명한 판결주문에 등기상 이해관계 있는 제3자의 승낙의 의사표시가 누락된 판결에 의한 등기신청의 경우 그 판결에 의한 등기의 집행을 하기 위하여는 확정판결정본 외에 제3자로부터 위 등기의 말소에 대한 승낙서를 별도로 첨부(동 승낙서에는 승낙인의 인감도장을 날인하고 그의 인감증명을 별도로 첨부 하여야 한다. 규칙 제60조 제1항 7호)하여야 한다.

2) 제3자의 승낙 없이 등기가 말소된 경우 말소등기의 효력(무효)

등기의 말소를 신청하는 경우에 그 말소에 대하여 등기상 이해관계 있는 제3자가 있는 때에는 신청서에 그 승낙서 또는 이에 대항할 수 있는 재판의 등본을 첨부하도록 규정하고 있으므로, 이해관계 있는 제3자의 승낙서 등을 첨부하지 아니한 채 말소등기가 이루어진 경우 그 말소등기는 제3자에 대한 관계에 있어서는 무효이다(대판 1996. 8. 20. 94다58988).

(나) 등기상 이해관계 있는 제3자가 있는 말소등기의 회복

말소된 등기의 회복을 신청하는 경우에 등기상 이해관계 있는 제3자가 있을 때에는 그 제3자의 승낙이 있어야 한다(법 제59조).

따라서 말소된 등기의 회복을 명한 판결주문에 등기상 이해관계 있는 제3자의 승낙의 의사표시가 누락된 판결에 의한 등기신청의 경우 그 판결에 의한 등기의 집행을 하기 위하여는 확정판결정본 외에 별도로 그 제3자의 승낙서(승낙서에는 승낙인의 인감도장을 날인하고 그의 인감증명서를 첨부하여야 한다)를 첨부하여야 하며, 승낙서를 첨부하지 아니한 경우에는 '신청서에 필요한 서면을 첨부하지 아니한 때'(법 제29조 제9호)에 해당되어 그 신청은 각하된다.

(4) 집행판결(외국판결이나 중재판정)을 첨부하지 아니한 경우

외국판결이나 중재판정에 기초한 등기의 집행을 하기 위하여는 집행판결을 청구하는 소를 제기하여 집행판결을 받아 집행판결정본을 등기신청서에 함께 첨부하여야만 단독으로 등기를 신청할 수 있다(민사집행법 제26조, 중재법 제37조, 등기예규 제1383호 2. 다 2).

따라서 외국판결이나 중재판정에 기초한 등기신청서에 집행판결정본을 첨부하지 아니한 등기신청은 '등기신청에 필요한 서면을 첨부하지 아니한 때'에 해당되어 그 등기신청은 각하된다(법 제29조 9호).

제3절 집행불능판결의 예방

집행불능판결의 예방을 위하여는 부동산등기에 관하여 의사의 진술을 구하는 청구(민사집행법 제263조 제1항)의 소장을 작성하거나 그 청구를 인용하는 판결을 함에 있어 아래와 같은 점에 특히 유의하여야 한다.

제1관 소장의 정확한 기재

헌법 제27조 제1항에 보장된 재판청구권의 실현을 위하여 소를 제기 함에 있어서는 원칙적으로 소장(訴狀)을 법원에 제출할 것을 요한다(민사 소송법 제248조). 소장에는 당사자와 법정대리인, 청구의 취지와 원인을 적어야 하며, 소장에는 준비서면에 관한 규정을 준용한다(동법 제49조).

준비서면에는 ① 당사자의 성명·명칭 또는 상호와 주소 ② 대리인의 성명과 주소 ③ 사건의 표시 ④ 공격 또는 방어의 방법 ⑤ 상대방의 청구와 공격 또는 방어의 방법에 대한 진술 ⑥ 덧붙인 서류의 표시 ⑦ 작 성한 날짜 ⑧ 법원의 표시를 적고, 당사자 또는 대리인이 기명날인 또는 서명한다(동법 제274조 제1항).

소장의 기재사항 중 소장으로서 효력을 발생하기 위하여 반드시 기재하여야 할 사항(필요적 기재사항)으로 당사자, 법정대리인, 청구의 취지, 청구원인이 있다.

1. 당사자(피고)표시의 정확성(당사자적격)

민사소송에서 당사자(민소법 제51조)란 자기의 이름으로 국가의 권리보호를 요구하는 사람(원고)과 그 상대방(피고)을 말하며, 판결절차에서 당사자(민소법 제208조 제1항 제1호)는 자기의 이름으로 판결을 요구하는 사람(원고) 및 그 상대방(피고)이다.

가. 당사자의 주민등록번호(또는 부동산등기용 등록번호) 및 피고의 등기부상의 주소 병기(倂記)

(1) 부동산등기에 관하여 의사의 진술을 구하는 청구의 소장의 기재사항

부동산등기에 관하여 의사의 진술을 구하는 청구(민사집행법 제263조 제1항 참조)에 있어서는 등기신청의사의 내용(즉, 등기할 부동산의 표시, 등기원인 및 그 연월일, 등기의 목적, 등기의 말소 또는 말소된 등기의 회복에 대한 등기상 이해관계 있는 제3자의 승낙의 의사표시 등)이 청구취지에 명확히 특정되어야 그 확정판결에 의한 등기의 집행을 할 수 있으므로, 등기신청 의사 중 등기권리자(원고)와 등기의무자(피고)의 성명, 주민등록번호, 주소(특히 피고의 등기부상의 주소와 현주소가 일치하지 아니할 경우에는 등기부상의 주소를 병기하여야 한다. 부동산등기법 제48조 제2항 참조)를 소장의 당사자 표시란에 명료하게 표시하여 당사자를 특정하여야 한다.

소장 작성 당시 피고의 '주민등록상의 현주소'와 '등기기록상의 주소'가 일치하지 아니할 경우, 소장의 당사자(피고) 표시에 피고의 등기기록상의 주소를 기재하지 아니한 결과 판결의 당사자(피고)표시에도 피고의 '주민등록상의 현주소'만을 기재하고 '등기기록상의 주소'가 누락된 때에는, 그 확정판결에 의한 등기신청은 "신청정보의 등기의무자의 표시가 등기기록과 일치하지 아니한 경우(부동산등기법 제29조 제7호 전단)"에 해당되어 등기관은 각하하게 된다. 이때 원고는 판결경정신청(민사소송법 제211조)에 의하여 판결의 피고 표시란에 피고의 '등기기록상의 주소'를 병기(倂記)하여야 그 판결에 의한 등기의 집행을 할 수 있다(부동산등기법 제23조 제4항).

(2) 등기권리자의 주민등록번호(등기신청서 및 등기부의 필요적 기재사항)

부동산등기법 중 개정법률(1983. 12. 31. 법률 제3692호)에 의하여 허무인명의 등기의 방지를 위하여 모든 부동산등기에 등기권리자의 주민등록번호(개인에 한함)를 성명에 병기(시행일 1984. 7. 1) 하도록 하였다(구법 제41조 제3호, 현행법 제48조 제2항).

즉 등기권리자의 '주민등록번호'는 부동산등기법상 등기신청서(규칙 제43조 제1항 제2호 등기 예규 제1334호 별표 양식 참조) 및 등기부(법 제48조 제2항 참조)의 필요적 기재사항이므로 등기신청의사의 진술을 구하는 청구의 당사자 및 그 청구인용의 확정판결에 반드시 당사자의 주민등록번호가 명시되어 있어야 한다.

부동산등기에 관하여 의사의 진술을 구하는 청구(예: 소유권이전등기 또는 등기의 말소청구를 하는 경우 등)의 소장을 작성함에 있어 "당사자의 성명. 명칭. 또는 상호와 주소(민사소송법 제249조 제2항 및 274조 제1항 1호)"를 기재할 때, 피고의 등기기록상 주민등록번호[부동산등기법 중 개정법률(1983. 12. 31. 법률 제3692호. 시행일: 1984. 7. 1. 제41조 제3호)에 의하여 허무인명의 등기의 방지를 위하여 모든 등기에 등기권리자의 주민등록번호를 성명에 병기하도록 하였다]를 반드시 기재하여야 한다.

(3) 부동산등기용 등록번호

등기권리자의 '부동산등기용등록번호'는 부동산등기법 중 개정법률(1986. 12. 23. 법률 제3859호. 시행일 : 1987. 3. 1.)에 의하여 개인의 주민등록번호가 등기신청서 및 등기부의 필요적 기재사항으로 된 것과 보조를 맞추어 국가, 지방자치단체, 국제기관, 외국정부, 외국인, 법인 아닌 사단이나 재단, 주민등록번호가 없는 재외국민(등기예규 제1393호. 2. 나. (2) 참조)에게 부여하여 이를 등기하도록 하였다(구법 제41조 제2항, 현행법 제48조 제2항).

따라서 부동산등기용 등록번호(법 제49조)는 개인의 주민등록번호와 같이 등기신청서(규칙 제43조 제1항 제2호 등기예규 제1334호 별표 양식) 및 등기부(법 제48조 제2항)의 필요적 기재사항으로 하여 등기권리자의 성명 또는 명칭에 병기하도록 하였다.

(4) 재판서 양식에 관한 예규

재판서 양식에 관한 예규(재일 2003-12. 재판예규 제930호. 2003. 9. 17.)는 민사·가사·행정 등 재판서, 화해조서 등에 있어서 기록상 당사자의 주민등록번호를 알 수 있는 경우에는 당사자의 한글성명 옆에 괄호하고 그 안에 주민등록번호를 기재한다고 규정하고 있다. 즉 재판서의 "당사자의 표시방법"은 아래와 같다(재판예규 제930호. 3).

(가) 원·피고, 참가인 또는 피고인 등 다음에 한글성명은 석자 간격을 두고 쓰고 한자 띄어 괄호하고 그 안에 한자를 병기한다.

(나) (1) 형사, 감호, 감치, 과태료재판에 있어서 기록상 피고인, 피감호청구인 위반자(이하 "피고인 등"이라 한다.)의 주민등록번호를 알 수 있는 경우에는 한자성명을 병기하지 아니하고, 한글성명 아래 주민등록번호를 기재한다.

    예 : 피고인 겸 ○○○, 직업
    피감호청구인 010101-1234567
       주거
       본적

(2) 기록상 피고인 등의 주민등록번호를 알 수 없는 경우에는 성명 아래 생년월일을 기재한다.

    예 : 피고인 겸 ○○○(한자성명) 직업
    피감호청구인 1901. 1. 1. 생
       주거
       본적

(다) 민사·가사·행정·특허사건의 재판서 또는 화해·조정·포기·인낙조서 등에 있어서 기록상 당사자의 주민등록번호를 알 수 있는 경우에는 당사자의 한자성명을 병기하지 아니하고 한글 성명 옆에 괄호하고 그 안에 주민등록번호를 기재한다.

(라) (1) 재판장은 필요한 경우에는 원고 또는 신청인에게 당사자 쌍방의 주민등록표 등·초본의 제출을 명할 수 있다.

(2) 재판장은 필요한 경우에는 당사자 쌍방에게 주민등록증·운전면허증 등 주민등록번호가 기재된 공문서 및 그 사본의 제출을 명할 수 있다. 이 경우 담임 법원사무관 등은 이를 대조하여 사본에 인인(認印)한 후 기록에 편철하고 원본

은 반환하여야 한다.

(3) 재판장은 필요한 경우에는 당사자 쌍방에게 주민등록증·운전면허증 등 주민등록번호가 기재된 공문서의 제시를 명하고, 담임 법원사무관 등에게 당사자의 주민등록번호를 조서에 기재하게 할 수 있다.

■ 당사자 기재례

```
원고 홍길동(000000-0000000)
    서울 ○구 ○○동 ○○○번지(우: ○○○-○○○)


피고 김갑동(000000-0000000)
    서울 ○○구 ○○동 ○○번지
    등기부상 주소: ○○도 ○○군 ○○면 ○○○○번지
```

나. 고유필수적 공동소송의 당사자 표시

필수적 공동소송[필수적 공동소송이라 함은 공동소송인사이에 합일확정을 필수적으로 요하는 공동소송을 말한다(민소법 제67조)]은 소송공동이 강제되느냐의 여부에 의하여 고유필수적 공동소송과 유사필수적 공동소송으로 분류된다.

'고유 필수적 공동소송'이라 함은 소송공동이 법률상 강제되고, 또 합일확정의 필요가 있는 공동소송으로서 여러 사람에게 소송수행권이 공동으로 귀속되어 여러 사람이 공동으로 원고 또는 피고가 되지 않으면 당사자 적격을 잃어 소(訴)가 부적법해지는 경우이다(민사소송법 제67조). 공유물분할의 소, 합유관계소송, 총유관계소송 등이 이에 해당된다.

'유사필수적 공동소송'이란 소송공동은 강제되지 않으나 합일확정의 필요가 있는 공동소송이다. 즉 여러 사람이 공동으로 원고 또는 피고가 되어야 하는 것은 아니고 개별적으로 소송을 할 수 있지만, 일단 공동소송인으로 된 이상 합일확정이 요청되어 일률적으로 소송을 하여야 할 공동소송(우연필수적 공동소송)이다.

(1) 공유물분할의 소

물건이 지분에 의하여 수인의 소유로 된 때의 소유관계를 '공유(共有)'라 하며 공유자의 지분은 균등한 것으로 추정한다(민법 제262조). 공유자(共有者)는 그 지분을 처분할 수 있으나(민법 제263조) 다른 공유자의 동의 없이 공유물을 처분하거나 변경하지 못한다(민법 제264조).

공유물분할의 소(訴)라 함은 공유자가 공유물의 분할을 청구할 수 있는 경우에 공유자 간에 분할에 관한 협의가 성립되지 않기 때문에 재판상의 분할을 구하는 소송을 말한다. 이 소는 다른 공유자 전원을 피고로 하여 제기함을 요하는 고유 필수적 공동소송이다(대판 2001. 7. 10. 99다31124, 2022. 6. 30. 2020다210686). 이 소는 공유자 간에 상호의 지분의 확정을 청구하는 점에서는 소송사건이지만, 분할방법을 정하는 점은 성질상 비송사건(非訟事件)으로서 형식적 형성소송(形式的 形成訴訟)에 속한다(민법 제269조 제1항).

공유물분할청구는 공유자 모두에게 귀속된 분할권에 관한 소송이므로 분할을 구하는 공유자가 다른 나머지 공유자 전원을 공동피고로 하여야 한다(대판 2001. 7. 10. 99다31124, 2003. 12. 12. 2003다44165). 소송목적이 공동소송인 모두에게 합일적으로 확정되어야 할 필수적 공동소송의 경우에 공동소송인 가운데 한 사람의 소송행위는 모두의 이익을 위하여서만 효력을 가진다(민소법 제67조 제1항).

> **판례**
> **공동소송인 중 일부가 상소를 제기한 경우의 심판범위**

> 공유물분할청구의 소는 분할을 청구하는 공유자가 원고가 되어 다른 공유자 전부를 공동피고로 하여야 하는 고유필수적 공동소송이고, 공동소송인과 상대방 사이에 판결의 합일확정을 필요로 하는 고유필수적 공동소송에 있어서는 공동소송인 중 일부가 제기한 상소는 다른 공동소송인에게도 그 효력이 미치는 것이므로 공동소송인 전원에 대한 관계에 있어서 판결의 확정이 차단되고 그 소송은 전체로서 상소심에 이심되며, 상소심판결의 효력은 상소를 하지 아니한 공동소송인에게 미치므로 상소심으로서는 공동소송인 전원에 대하여 심리·판단하여야 한다(대판 2003. 12. 12. 2003다44615).

공유물분할의 소는 공유자 전원 사이에 있어서 기존의 법률관계를 폐기해서 각 분할부분에 대하여 각 공유자의 단독소유권 또는 일부 공유자들 사이의 새로운 공유관계를 창설하는 소이기 때문에 공유자 전원에 대하여 권리관계가 합일적으로 확정할 것을 요하는 필수적 공동소송이다.

즉 공유자 전원이 원고가 아니면 피고가 될 것을 요하며 원고인가 피고인가를 묻지 않고 당사자가 복수인 경우에는 항상 민사소송법 제67조의 필수적 공동소송의 법리가 적용된다. 판례도 공유물분할의 소는 고유 필요적 공동소송임을 명시한 이래 일관하고 있으며(대판 1968. 6. 25. 68다647), 통설 역시 이를 지지한다.

재산권이 "공유(共有)"인 경우(민법 제262조), 공유자는 그 지분을 자유로이 처분할 수 있고 공유물 전부를 지분의 비율로 사용, 수익할 수 있으나(민법 제263조), 다른 공유자의 동의 없이 공유물을 처분하거나 변경할 수 없으므로(민법 제264조) "공유물 자체에 관한 소송"은 모두 고유필수적 공동소송이다.

그러나 단독소송이 허용되는 공유지분권 확인소송, 각자가 할 수 있는 보존행위(민법 제265조 단서)에 기한 공유물의 방해배제청구, 공유물의 인도. 명도청구, 등기말소청구는 모두 필수적 공동소송이 아니다. 또한 제3자가 공유자 측에 대해서 제기하는 수동소송(受動訴訟)의 경우에는 공유자 전원을 상대로 할 필요가 없다는 것이 판례의 입장이다.

(가) 필수적 공동소송인의 추가

법원은 민사소송법 제67조 제1항의 규정에 따른 공동소송인 가운데 일부가 누락된 경우에는 제1심의 변론을 종결할 때까지 원고의 신청에 따라 결정으로 원고 또는 피고를 추가하도록 허가할 수 있다. 다만, 원고의 추가는 추가될 사람의 동의를 받은 경우에만 허가할 수 있다. 공동소송인이 추가된 경우에는 처음의 소가 제기된 때에 추가된 당사자와의 사이에 소가 제기된 것으로 본다(민소법 제68조 제1항, 제3항).

(나) 공유물분할 판결에 의한 등기절차

재판상 분할의 경우에는 민법 제187조의 규정에 의하여 공유물분할의 판결이 확정되면 등기를 하지 않아도 분할된 부분에 대하여 공유자는 단독소유권을 취득한다고 할 것이나 각 공유자가 분할된 각 부분을 타에 양도하기 위하여는 분할등기를 하지 않으면 안 되기 때문에(민법 제187조 후단) 재판에 의한 공유물분할에 있어서도 '분할등기(分割登記)'를 마쳐야 공유물분할절차가 완전히 종료된다고 할 수 있다.

따라서 공유물분할의 판결이 확정되면 토지의 경우에는 분필(분할)등기(부동산등기규칙 제75조~제77조), 건물의 경우에는 구분등기절차(부동산등기규칙 제96조~제97조)를 거친 다음 공유물분할을 원인으로 하여 단독소유로 하는 등기절차를 경료 하여야 한다.

공유물분할의 판결이 확정되거나 재판상 화해가 성립되면 공유자는 각자 분할된 부분에 대한 단독소유권을 취득하게 되는 것이므로, 그 소송의 당사자(원·피고에 관계없이)는 그 확정판결이나 화해조서를 첨부하여 등기권리자가 단독으로 공유물분할을 원인으 로 한 '지분이전등기'를 신청할 수 있다(법 제23조 제4항, 등기선례 제4권 21항 제3권 56항).

등기원인과 그 연월일은 '0000년 0월 0일 공유물분할'로, '등기의 목적'은 '공유물분할로 인한 소유권일부이전'으로, '이전할 지분'은 '공유자 ○○○의 지분 전부'로 개재한다.

(2) 합유관계 소송

(가) 합유의 의의

합유(合有)라 함은 공동소유의 한 형태로 법률의 규정 또는 계약에 의하여 수인이 조합체로서 물건을 소유하는 때의 공동소유를 말한다(민법 제271조 제1항). 법률의 규정에 의하여 합유관계가 성립하는 예는 민법 제704조의 규정에 의한 조합재산의 합유와 신탁법 제50조의 규정에 의한 신탁재산이 있다.

합유는 조합재산을 소유하는 형태로 합유에 있어서도 공유에 있어서와 같이 합유자는 지분을 가지나 합유자의 지분은 공동목적을 위하여 구속되어 있어서 자유로이 처분하지 못하는 점에 있어서 공유지분과 다르다.

(나) 합유지분·지분권

합유에 있어서의 지분은 각 합유자가 가지는 몫을 말한다. 합유에 있어서의 지분은 (1) 조합원의 지분의 양도와 같이 조합체의 일원으로서의 지위, 즉 조합관계로부터 발생하는 각 합유자의 권리·의무의 총체를 가리키는 경우, (2) 합유물에 대해 각 합유자가 가지는 권리를 가리키는 경우가 있다. 이 경우 합유자는 전원의 동의 없이 합유물에 대한 지분을 처분하지 못하며, 합유물의 분할을 청구하지 못한다(민법 제273조). 합유물에 대하여 합유자가 일정한 비율로서 가지는 권리를 지분권이라고 한다.

(다) 부동산의 합유등기(합유라는 취지의 등기)

등기관이 갑구 또는 을구에 권리에 관한 등기를 할 경우 등기할 권리가 합유인 때에는 그 뜻을 기록하여야 하며(법 제48조 제4항), 등기할 권리가 합유일 때에는 합유라는 뜻을 신청정보(규칙 제43조)의 내용으로 등기소에 제공하여야 한다(규칙 제105조 제2항). 합유등기에 있어서는 등기부상 합유자의 '지분'을 표시하지 아니한다(등기예규 제911호. 1.). 합유등기 사무처리에 관하여는 등기예규 제911호에 규정되어 있다.

합유등기에는 (1) 조합체(민법 제271조 제1항)가 부동산에 관한 소유권을 취득함에 따른 합유등기, (2) 조합체가 합유물을 처분하는 경우, (3) 공유를 합유로 변경하거나, 단독소유를 수인의 합유로 이전하는 등기(등기예규 제911호. 3. 4.) 등이 있다.

(라) 합유물의 처분, 변경 및 합유지분의 처분과 합유물의 분할금지

1) 합유자 전원의 동의

합유자의 권리, 즉 지분은 합유물 전부에 미치며(민법 제217조 제1항 후단), 합유물의 처분, 변경은 물론 합유물에 대한 지분의 처분은 합유자 전원의 동의가 필요하므로(민법 제272조, 제273조), 합유물에 관한 소송은 원칙적으로 고유필수적 공동소송이다

2) 조합재산의 처분·변경

합유물 중 조합재산의 경우 그 처분·변경에 관한 행위는 조합의 특별사무에 해당하는 업무집행으로서, 이에 대하여는 특별한 사정이 없는 한 민법 제706조 제2항이 민법 제272조에 우선하여 적용되므로 조합재산의 처분·변경은 업무집행자가 없는 경우에는 조합원의 과반수로 결정하고, 업무집행자가 수인 있는 경우에는 그 업무집행자의 과반수로 결정하며, 업무집행자가 1인만 있는 경우에는 그 업무집행자가 단독으로 결정한다(대판 2010. 4. 29. 2007다18911).

합유물을 처분 또는 변경함에는 합유자 전원의 동의가 있어야 하며(민법 제272조 전단), 합유자는 전원의 동의 없이 합유물에 대한 지분을 처분하지 못하므로(민법 제273조 제1항), 합유물에 관한 소송은 원칙적으로 고유필수적 공동소송이다. 합유물에 관한 소송수행권은 전원이 공동으로 행사할 것을 요하는 필수적 공동소송이다(대판 1967. 8. 29. 66다2200, 1983. 10. 25. 83다카850, 1991. 6. 25. 90누5184, 2012. 11. 29. 2012다44471).

3) 합유물의 보존행위·합유의 종료

합유의 경우에 각 합유자가 지니는 권리를 합유권(合有權)이라 하며, 합유권은 합유물

전부에 미친다(민법 제271조 제1항 후단). 합유자는 합유물에 대한 보존행위는 단독으로 할 수 있으나 합유물을 처분 또는 변경함에는 합유자 전원의 동의가 있어야 한다(민법 제272조). 합유자는 전원의 동의 없이 합유물에 대한 지분을 처분하지 못하며, 합유자는 합유물의 분할을 청구하지 못한다(민법 제273조). 합유는 조합의 해산 또는 합유물의 양도로 종료한다(민법 제274조 제1항).

> **판례**
>
> **합유자 중 일부가 사망한 경우 소유권의 귀속**
>
> 부동산의 합유자 중 일부가 사망한 경우 합유자 사이에 특별한 약정이 없는 한 사망한 합유자의 상속인은 합유자로서의 지위를 승계하는 것이 아니므로 해당 부동산은 잔존 합유자가 2인 이상일 경우에는 잔존 합유자의 합유로 귀속되고 잔존 합유자가 1인인 경우에는 잔존 합유자의 단독소유로 귀속된다(대판 1996. 12. 10. 96다23238).

(마) 합유등기

등기할 권리가 합유인 때에는 그 뜻을 기록하여야 한다(부동산등기법 제48조 제4항). 등기할 권리자가 2인 이상인 경우에 등기할 권리가 합유일 때에는 합유라는 뜻을 신청정보의 내용으로 등기소에 제공하여야 한다(부동산등기규칙 제105조 제2항). 합유등기절차는 등기예규 제911호에 규정되어 있다. 합유등기에 있어서는 등기부상 각 합유자의 지분을 표시하지 아니한다(등기예규 제911호).

(바) 합유부동산에 관한 소송

1) 원칙 (고유필수적 공동소송)

합유물에 관한 소송은 보존행위가 아닌 한 원칙적으로 소송의 목적이 합유자 전원에 대하여 합일적(合一的)으로 확정되어야 하는 필요적 공동소송이다 (대판 1983. 10. 25. 83다카850, 1991. 6. 25. 90누5184).

합유로 소유권이전등기가 마쳐진 부동산에 대하여 명의신탁해지로 인한 소유권이전등기이행청구소송은 합유재산에 관한 소송으로서 고유필수적 공동소송에 해당된다(대판 1983. 10. 25. 83다카850).

합유부동산에 관한 소송은 합유자 전원이 원고가 아니면 피고가 되어야 하며, 원고인가 피고인가를 묻지 아니하고 당사자가 복수인 경우에는 민사소송법 제67조의 필요적 공동소송의 법리가 적용된다(민법 제274조 제2항).

민법상 조합계약은 2인 이상이 상호 출자하여 공동으로 사업을 경영할 것을 약정하는 계약으로서, 조합재산은 조합의 합유에 속하므로 조합재산에 속하는 채권에 관한 소송은 합유물에 관한 소송으로서 특별한 사정이 없는 한 조합원들이 공동으로 제기하여야 하는 고유필수적 공동소송이다(대판 2012. 11. 29. 2012다44471).

민법상의 조합이 조합원인 원고 양인이 조합의 사업에 사용하기 위하여 매수한 부동산은 그들의 합유에 속하는 것이고 그와 같은 합유부동산에 관한 소유권이전등기청구소송은 합일확정을 요하는 필요적 공동소송이다(대판 1966. 9. 27. 65다2025, 2026).

합유로 소유권이전등기가 경료된 부동산에 관하여 명의신탁해지를 원인으로 한 소유권이전등기절차의 이행을 구하는 소송은 합유물에 관한 소송으로서 고유필수적 공동소송에 해당하여 합유자 전원을 피고로 하여야 할 뿐 아니라 합유자 전원에 대하여 합일적으로 확정되어야 하므로 합유자 중 일부의 청구 인낙이나 합유자 중 일부에 대한 소의 취하는 허용되지 않는다(대판 1983. 10. 25. 83다카850, 1996. 12. 10. 96다23238).

2) 예외(보존행위, 조합원의 개인적 책임에 관한 소송)

합유물에 관한 소송이라도 예외적으로 조합원 중 1인의 보존행위에 관한 소송(1997. 9. 9. 96다16896, 2013. 11. 28. 2011다80449), 각 조합원의 개인적 책임에 기하여 조합채무의 이행을 구하는 소송(대판 1991. 11. 22. 91다30705)은 필수적 공동소송이 아니다.

합유물에 관하여 경료된 원인무효의 소유권이전등기의 말소를 구하는 소송은 합유물에 관한 보존행위로서 합유자 각자가 할 수 있다(대판1997. 9. 9. 96다46896).

(3) 총유관계소송

(가) 총유의 의의

총유(總有)라 함은 '법인 아닌 사단'의 공동소유형태를 말한다. 총유의 주체는 법인 아닌 사단, 즉 법인격 없는 인적 결합체이며, '권리능력 없는 사단', '종중'이 그 예이다. 법인 아닌 사단의 사원이 집합체로서 물건을 소유할 때에는 총유로 한다(민법 제275조 제1항).

총유의 주체는 법인 아닌 사단, 즉 법인격 없는 인적 결합체이며, 권리능력 없는 사단, 종중·문중 등이 그 예이다. 재산권이 총유인 경우에 권리주체는 비법인사단이 되므로, 대표자가 있으면 그 이름으로 당사자가 될 수 있으나(민소법 제52조), 대표자 또는 관리인이 없는 때에는 전원이 소송당사자가 되어야 하며 그때의 소송관계는 고유필수적 공동소송이다.

총유물의 관리 및 처분은 사원총회의 결의에 의한다(민법 제276조 제1항). 비법인사단의 총유재산에 관한 소송은 사단자체의 명의로 단일소송을 할 수 있는 외에 그 구성원 전원이 당사자로서 소송을 할 수 있으며, 이때의 소송은 필수적 공동소송이다(대판 1994. 5. 24. 92다50232, 1995. 9. 5. 95다21303, 2007. 7. 26. 2006다64573).

총유재산에 관한 소송은 법인 아닌 사단이 그 명의로 사원총회의 결의를 거쳐하거나 또는 그 구성원 전원이 당사자가 되어 필수적 공동소송의 형태로 할 수 있을 뿐 그 사단의 구성원은 설령 그가 사단의 대표자라거나 사원총회의 결의를 거쳤다 하더라도 그 소송이 당사자가 될 수 없고, 이러한 법리는 총유재산의 보존행위로서 소를 제기하는 경우에도 마찬가지라 할 것이다(대판 2005. 9. 15. 2004다44971 전원합의체).

(나) 총유부동산의 관리, 처분 및 사용, 수익

총유물의 관리 및 처분은 사원총회의 결의에 의한다(민법 제276조 1항). 각 사원은 정관 기타 규약에 좇아 총유물을 사용, 수익할 수 있다(민법 제276조 제2항). 총유에 있어서 목적물의 '처분변경'에는 전원의 동의 또는 결의를 요하나 보존행위(保存行爲)는 각자 단독으로 할 수 있다(대판 1960. 5. 5. 4292민상191).

법인 아닌 사단의 재산은 사원의 총유에 속하는 것이므로 그 관리·처분은 먼저 사단의 규약에 정한 바가 있으면 이에 따라야 하고, 그 점에 관한 규약이 없으면 사원총회의 결의에 의하여야 하므로(대판 1994. 9. 30. 93다27703), 비록 대표자에 의한 재산의 처분이라고 하더라도 그러한 절차를 거치지 아니한 채 한 행위는 무효이다(1996. 8. 20. 96다18656, 2000. 10 27. 2000다22881).

(다) 총유부동산에 관한 소송의 당사자 및 소송형태(필수적 공동소송)

재산권이 '총유(總有)'인 경우에 권리주체는 비법인사단(非 法人社團)이 되므로, 대표자가 있으면 그 이름으로 당사자가 될 수 있으나(민소법 제52조), 대표자 또는 관리인이 없는 때에는 전원이 소송당사자가 되어야 하며 그때의 소송관계는 고유필수적 공동소송이다. 그러나 구성원 각자가 단독으로 권한을 행사할 수 있는 때에는 단독소송이 허용된다.

판례는 비법인사단의 총유재산에 관한 소송은 사단자체의 명의로 단일소송을 할 수 있는 외에 그 구성원 전원이 당사자로서 소송을 할 수 있으며, 이때의 소송은 필수적 공동소송이 된다고 하였다(1994. 5. 24. 92다50232, 1995. 9. 5. 95다21303).

법인 아닌 사단의 구성원 개인은 사단의 대표자라거나 사원총회의 결의를 거쳤다 하더라도 총유재산에 관한 소송의 당사자가 될 수 없고, 보존행위로서 소를 제기하는 경우에도 마찬가지이다(대판 2005. 9. 15. 2004다44971).

교회의 총유재산에 관한 소송은 권리능력 없는 사단인 교회 자체의 명의로 하거나 그 교회 구성원 전원이 당사자가 되어 할 수 있을 뿐이고, 후자의 경우에는 필수적 공동소송이다(대판 1995. 9. 5. 95다21303).

총유재산에 관한 소송은 비법인 사단이 그 명의로 사원총회의 결의를 거쳐 하거나 또는 그 구성원 전원이 당사자가 되어 필수적 공동소송의 형태로 할 수 있을 뿐이며, 비법인 사단의 사원총회의 결의 없이 제기한 소송은 소제기에 관한 특별수권을 결하여 부적법하다(대판 2007. 7. 26. 2006다64573).

(라) 총유물에 관한 권리의무의 득상

총유물에 관한 사원의 권리의무는 사원의 지위를 취득, 상실함으로써 된다(민법 제277조). 총유물의 관리, 처분에 참여할 수 있는 것과 총유물의 사용, 수익은 주요한 사원의 권리이다.

(마) 법인 아닌 사단의 구성원 개인이 총유재산의 보존을 위한 소를 제기할 수 있는지 여부(소극)

민법 제276조 제1항은 '총유물의 관리 및 처분은 사원총회의 결의에 의한다. 같은 조 제2항은 '각 사원은 정관 기타의 규약에 좇아 총유물을 사용, 수익할 수 있다'라고 규정하고 있을 뿐 공유나 합유의 경우처럼 보존행위는 그 구성원 각자가 할 수 있다는 민법 제265조 단서 또는 272조 단서와 같은 규정을 두고 있지 아니한바, 이는 법인 아닌 사단의 소유형태인 총유가 공유나 합유에 비하여 '단체성'이 강하고 구성원 개인들의 총유재산에 대한 지분권이 인정되지 아니하는 데에서 당연한 귀결이라고 할 것이므로 총유재산에 관한 소송은 법인 아닌 사단이 그 명의로 사원총회의 결의를 거쳐 하거나 또는 그 구성원 전원이 당사자가 되어 '필수적 공동소송'의 형태로 할 수 있을 뿐 그 사단의 구성원은 설령 그가 사단의 대표자라거나 사원총회의 결의를 거쳤다하더라도 그 소송의 당사자가 될 수 없고, 이러한 법리는 총유재산의 보존행위로서 소를 제기하는 경우에도 마찬가지라 할 것이다(대판 2005. 9. 15. 2004다44971 전원합의체판결).

(바) 비법인사단이 사원총회결의 없이 제기한 소송의 적법여부(소극)

총유재산에 관한 소송은 비법인사단이 그 명의로 사원총회의 결의를 거쳐 하거나 또는 그 구성원 전원이 당사자가 되어 필수적 공동소송의 형태로 할 수 있을 뿐이며, 비법인사단이 사원총회의 결의 없이 제기한 소송은 소제기에 관한 특별수권을 결하여 부적법하다(대판 2007. 7. 26. 2006다64573).

(4) 부동산의 총유등기

(가) 법인 아닌 사단(총유)에 속하는 부동산의 등기

법인이 아닌 사단의 사원이 집합체로서 물건을 소유할 때에는 총유(總有)로 한다(민법 제275조 제1항). 총유에 관하여는 사단의 정관 기타 규약에 의하는 외에 민법 제276조(총유물의 관리, 처분과 사용, 수익) 및 제277조(총유물에 관한 권리의무의 득상)의 규정에 의한다(민법 제275조 제2항).

(나) 등기권리자 또는 등기의무자

대표자나 관리인이 있는 법인 아닌 사단이나 재단에 속하는 부동산의 등기에 관하여는 그 사단이나 재단을 등기권리자 또는 등기의무자로 하며(법 제26조 제1항), 법인 아닌 사단의 등기는 그사단의 명의로 그 대표자나 관리인이 신청한다(법 제26조 제2항).

(다) 법인 아닌 사단의 등기신청서의 기재사항

부동산등기법 제26조의 법인 아닌 사단이 등기신청인인 경우에는 명칭, 사무소 소재지 및 부동산등기용등록번호(규칙 제43조 제1항 제2호)와 그 대표자나 관리인의 성명, 주소 및 주민등록번호를 신청정보의 내용으로 등기소에 제공하여야 한다(규칙 제43조 제2항).

(라) 법인 아닌 사단의 등기신청서의 첨부서면

법인 아닌 사단이 등기신청을 하기 위해서는 부동산등기규칙 제46조(첨부정보) 각 호의 정보 외에 다음의 서면을 등기신청서에 첨부하여야 한다. 다만, 대표자 또는 관리인을 증명하는 서면의 경우 등기되어 있는 대표자나 관리인이 등기를 신청하는 때에는 그러하지 아니하다(부동산등기규칙 제48조. 등기예규 제1435호. 3).

① 정관 기타의 규약

정관 기타의 규약에는 단체의 목적, 명칭, 사무소의 소재지, 자산에 관한 규정, 대표자 또는 관리인의 임면에 관한 규정, 사원자격의 득실에 관한 규정이 기재되어야 한다.

② 대표자 또는 관리인을 증명하는 서면

법인 아닌 사단의 대표자 또는 관리인을 증명하는 서면으로는, 위 ①의 규정에 의한 정관 기타의 규약에서 정한 방법에 의하여 대표자 또는 관리인으로 선임되었음을 증명하는 서면(예컨대 정관 기타의 규약에서 대표자 또는 관리인의 선임을 사원총회의 결의에 의한다고 규정되어 있는 경우에는 사원 총회의 결의서)을 제출하여야 한다. 부동산등기용등록번호대장이나 기타 단체등록증명서는 위 대표자 또는 관리인을 증명하는 서면으로 제출할 수 없다.

③ 사원총회의 결의서

법이 아닌 사단이 등기의무자로서 등기신청을 할 경우에는 민법 제276조 제1항의 규정에 의한 결의서를 등기신청서에 첨부하여야 한다(『부동산등기규칙』 제48조 제3호). 다만, 정관 기타의 규약으로 그 소유 부동산을 처분하는 데 있어서 위 결의를 필요로 하지 않는다고 정하고 있을 경우에는 그러하지 아니하다.

④ 인감증명

위 ②, ③의 규정에 의한 서면에는 그 사실을 확인하는 데 상당하다고 인정되는 2인 이상의 성년자가 사실과 상위 없다는 취지와 성명을 기재하고 인감을 날인하여야 하며, 날인한 인감에 관한 인감증명을 제출하여야 한다. 다만 변호사 또는 법무사가 등기신청을 대리하는 경우에는 변호사 또는 법무사가 위 각 서면에 사실과 상위 없다는 취지를 기재하고 기명날인함으로써 이에 갈음할 수 있다.

⑤ 기타서면

대표자 또는 관리인의 주민등록표등본을 등기신청서에 첨부하여야 하고(『부동산등기규칙』제48조 제4호), 법인 아닌 사단이 등기권리자인 경우에는 부동산등기용등록번호를 증명하는 서면을 첨부하여야 한다.

(마) 법인 아닌 사단이나 재단의 등기사항

부동산등기법 제26조에 따라 법인 아닌 사단이나 재단명의의 등기를 할 때에는 그 사단이나 재단을 등기권리자로 하며(법 제26조 제1항), 권리자의 명칭 외에 부동산등기용등록번호와 사무소 소재지(법 제48조 제2항) 및 그 대표자나 관리인의 성명, 주소 및 주민등록번호를 함께 기록하여야 한다(법 제48조 제3항).

다. 피고의 경정 및 필수적 공동소송인의 추가

소장의 필요적 기재사항으로 분쟁해결을 위하여 누가 원고이며, 누가 피고인가를 분명히 하여 그 동일성을 특정하여 기재하여야 한다. 소를 제기한 후에는 당사자의 임의적 변경이나 추가는 허용되지 아니한다. 다만, 당사자 표시를 잘못한 것이 명백한 때에는 이를 정정할 수 있다(대판 1978. 8. 22. 78다1205).

원고가 피고를 잘못 지정한 것이 분명한 경우에는 제1심법원은 변론을 종결할 때까지 원고의 신청에 따라 결정으로 피고를 '경정'하도록 허가할 수 있으며(민소법 제260조

제1항), 필수적 공동소송인 중 일부가 누락된 경우에는 제1심의 변론을 종결할 때까지 원고의 신청에 따라 결정으로 원고 또는 피고를 '추가'하도록 허가할 수 있다(민소법 제68조 제1항).

(1) 피고의 경정 및 당사자 표시정정의 차이

'피고의 경정'이라 함은 원고가 피고를 잘못 지정한 것이 분명한 경우(예 : 법인격이 있어 회사를 피고로 하여야 할 것을 그 대표자 개인을 피고로 한 경우)에 제1심법원이 변론을 종결할 때까지 원고의 신청에 따라 결정으로 피고를 경정하도록 허가할 수 있는 것을 말한다(민소법 제260조).

피고의 경정은 피고의 동일성을 바꾸는 것이므로 피고의 동일성의 유지를 전제로 피고 표시를 바로 잡는 '당사자 표시정정'(예 : 피고의 이름 박종선(朴鍾宣)을 박종의(朴鍾宜)로 잘못 기재한 경우)과는 다르다.

'당사자 표시의 정정'이란 당사자의 표시에 의문이 있거나 또는 부정확하게 기재된 잘못이 있는 경우에 당사자의 동일성을 해하지 않는 범위 내에서 이를 바로잡는 것을 말한다(대판 1996. 10. 12. 96다3852, 2011. 7. 28. 2010다97044).

최근의 판례는 당사자 적격이 없는 자를 당사자로 잘못 표시한 경우에도 당사자의 표시를 정정, 보충시키는 조치가 필요하다고 하였다(대판 2013. 8. 22. 2012다68279).

피고의 경정은 신소의 제기와 구소의 취하의 실질을 가지므로 피고 경정허가결정이 있는 때에는 종전의 피고에 대한 소는 취하된 것으로 보며(민소법 제261조 제4항), 새 피고에 대하여는 소의 제기로 이에 의한 시효중단의 효과는 경정신청서의 제출시에 발생한다.

(2) 필수적 공동소송인의 추가

법원은 소송목적이 공동소송인 모두에게 합일적으로 확정되어야 할 공동소송의 경우에 공동소송인 가운데 일부가 누락된 경우에는 제1심의 변론을 종결할 때까지 원고의 신청에 따라 결정으로 원고 또는 피고를 추가하도록 허가할 수 있다. 다만, 원고의 추가는 추가될 사람의 동의를 받은 경우에만 허가할 수 있다(민소법 제68조 제1항).

필수적 공동소송인의 추가결정이 있는 때에는 처음 소가 제기된 때에 추가된 당사자와의 사이에 소가 제기된 것으로 보기 때문에 시효중단, 기간준수의 효과는 처음 제소시(提訴時)에 소급한다(민소법 제68조 제3항)(피고의 경정과 다르다).

(3) 원고가 당사자를 정확히 표시하지 못한 경우 법원이 취할 조치

판례는 원고가 당사자를 정확히 표시하지 못하고 당사자능력이나 당사자적격이 없는 자를 당사자로 잘못 표시하였다면 법원은 당사자를 소장의 표시만에 의할 것이 아니고 청구의 내용과 원인사실을 종합하여 확정한 후 확정된 당사자가 소장의 표시와 다르거나 소장의 표시만으로 분명하지 아니한 때에는 당사자의 표시를 정정 보충시키는 조치를 취하여야 하고 이러한 조치를 취함이 없이 단지 원고에게 막연히 보정명령만을 명한 후 소를 각하하는 것은 위법하다(대판 2013. 8. 22. 2012다68279)고 했다.

(4) 등기상 이해관계 있는 제3자를 피고에서 누락한 경우(법원의 석명의무)

(가) 등기의 말소 또는 말소된 등기의 회복과 제3자의 승낙

등기의 말소(부동산등기법 제57조 참조), 말소등기의 회복(동법 제59조 참조)을 구하는 소송에서 등기의 말소 또는 말소된 등기의 회복에 대하여 '등기상 이해관계 있는 제3자'가 있을 때에는 그 제3자의 승낙이 있어야 한다.

등기의 말소 또는 말소된 등기의 회복을 구하는 청구에 있어 등기의 말소나 회복에 대하여 승낙의무 있는 제3자를 피고로 특정하지 아니하였거나 또는 청구취지에서 등기의 말소나 회복에 대한 제3자의 승낙의 의사표시가 누락된 경우에는 원고가 피고를 잘못을 지정한 것이 분명하므로 제1심법원은 변론을 종결할 때까지 원고의 신청에 따라 피고를 경정(추가)하도록(민소법 제260조) 석명권을 행사하거나 당사자 표시의 정정을 위한 석명(민소법 제136조 제4항 참조)이 필요하다고 본다(대판 1997. 6. 27. 97누5725).

(나) 석명권·구문권

석명권(釋明權)이라 함은 소송관계를 명료케 하기 위하여 법관이 당사자에게 사실상과 법률상의 사항에 관하여 그 진술의 모순이나 불완전함을 지적하여 정정, 보충을 구하거나 입증을 촉구하고 당사자가 명백히 간과한 것으로 인정되는 법률상의 사항에 관하여 당사자에게 의견 진술의 기회를 주는 법원의 권능을 말한다.

이와 같이 석명권은 법관으로 하여금 당사자의 소송자료 모집책임에 협력할 뿐만 아니라 당사자가 간과한 법적 관점을 지적함으로써 변론주의의 형식적 적용으로부터 생기는 결함을 수정, 보충하는 제도인바, 그 한계와 관련하여 법관의 공평성, 중립성의 문제가 생길 수 있다.

구문권(求問權)이라 함은 재판장이 소송관계를 명료하게 하기 위하여 당사자에게 사실상, 법률상의 사항에 관하여 질문하거나 입증을 촉구하거나, 합의부원이 재판장에게 고하고 위의 행위를 하는 것을 석명권이라 하는데 비해, 직접 발문할 수 없는 당사자가 재판장에 대하여 필요한 석명을 요구할 수 있는 것을 말한다(민사소송법 제136조 제3항).

> **판례**
> 부동산에 관한 매매계약의 해제로 인한 원상회복의무가 이행불능이 되어 이행불능 당시의 가액의 반환채권이 인정되는 경우, 법원으로서는 이행불능 당시의 당해 부동산의 가액에 관 한 원고의 주장, 입증이 미흡하더라도 적극적으로 석명권을 행사

> 하여 주장을 정리함과 함께 입증을 촉구하여야 하고, 경우에 따라서는 직권으로라도 그 가액을 심리, 판단하여야 한다(대판 1998. 5. 12. 96다47913).
>
> 당사자 부주의 또는 오해로 인하여 명백히 간과한 법률상의 사항이 있거나 당사자의 주장이 법률상의 관점에서 보아 불명료 또는 불완전하거나 모순이 있는 경우, 법원은 적극적으로 석명권을 행사하여 당사자에게 의견진술의 기회를 부여하여야 하고, 만일 이를 게을리 한 채 당사자가 전혀 예상하지 못하였던 법률적 관점에 기한 재판으로 당사자 일방에게 불의의 타격을 가하였다면 석명 또는 지적의무를 다하지 아니하여 심리를 제대로 하지 아니한 것으로서 위법하다(대판 2002. 1. 25. 2001다11055).

(다) 민사소송법 제136조 제4항의 입법취지 및 관련 대법원판례

민사소송법 제136조 제4항은 법원은 당사자가 간과하였음이 분명하다고 인정되는 법률상의 사항에 관하여 당사자에게 의견을 진술할 기회를 주어야 한다'고 규정하고 있다.

위 규정은 당사자가 명백히 간과한 법률상의 사항에 대하여 석명권을 통해 당사자에게 의견진술의 기회를 줌으로써 예상 밖의 불리한 판결을 막도록 하여 실질적인 당사자 평등을 보장하고자 함으로서 석명권이 법원의 의무임을 천명하였다.

변호사 대리소송에 있어서 법률상담하는 것처럼 석명할 의무는 없다하겠으나 본인 소송의 경우에는 어느 정도의 적극적 석명이 필요하다. 원래 석명권제도가 본인소송제도에서 출발하였기 때문이다(이시윤 저 제6판 신민사소송법 312면).

대법원은 '민사소송법 제136조 제4항은 "법원은 당사자가 간과하였음이 분명하다고 인정되는 법률상 사항에 관하여 당사자에게 의견을 진술할 기회를 주어야한다"고 규정하고 있으므로, 당사자가 부주의 또는 오해로 인하여 명백히 간과한 법률상의 사항이 있거나 당사자의 주장이 법률상 관점에서 보아 모순이나 불명료한 점이 있으면 법원은 적극적으로 석명권을 행사하여 당사자에게 의견진술의 기회를 주어야하며, 만일 이를 게을리

한 경우에는 석명 또는 지적의무를 다하지 아니한 것이다(대판 2011. 11. 10. 2011다55405)'라고 판결했다.

(라) 소장에 등기상 이해관계 있는 제3자의 승낙을 누락한 경우 법원이 취할 조치

1) 법원의 석명의무

등기의 말소를 신청하는 경우(법 제57조 제1항) 또는 말소된 등기의 회복을 신청하는 경우(법 제59조)에 그 말소 또는 회복에 대하여 '등기상 이해관계 있는 제3자가 있을 때'에는 제3자의 승낙이 있어야 한다. 즉, 등기의 말소 또는 말소된 등기의 회복에 대한 등기상 이해관계 있는 제3자의 승낙은 부동산등기법상의 법률요건(법률요건이란 일정한 법률효과를 발생케 하는 사실의 총체를 말한다)으로 보아야 한다.

2) 당사자능력 유무의 판단을 위해 법원이 취해야 할 조치

당사자능력 유무에 관한 사항은 법원의 직권조사사항이므로, 그 당사자능력 판단의 전제가 되는 사실에 관하여는 법원이 당사자의 주장에 구속될 필요 없이 직권으로 조사하여야 할 것이나, 그 사실에 기하여 당사자의 능력 유무를 판단함에 있어서는 당사자가 내세우는 단체의 목적, 조직, 구성원 등 단체를 사회적 실체로서 규정짓는 요소를 갖춘 단체가 실재하는지의 여부만을 가려 그와 같은 의미의 단체가 실재한다면 그로써 소송상 당사자능력은 충족되는 것이고, 그렇지 아니하다면 소를 부적법한 것으로서 각하하면 족한 것이며, 당사자의 주장과는 전혀 다른 단체의 실체를 인정하여 당사자능력을 인정하는 것은 소송상 무의미할 뿐 아니라 당사자를 변경하는 결과로 되어 허용될 수 없다(대판 1997. 12. 9. 94다41249).

등기의 말소 또는 말소된 등기의 회복을 구하는 청구에 있어 당사가 제출한 등기사항증명서(구법의 등기부등본)에 의하여 '등기상 이해관계 있는 제3자'가 있음에도 불구하고 원고가 등기상 이해관계 있는 제3자를 '피고로 지정'하지 아니함은 물론 소장의 청구취지에 등기의 말소나 말소된 등기의 회복에 대한 그 제3자의 '승낙의 의사표시'를 누락한 경우에는 법원은 적극적으로 석명권을 행사하여, 피고의 경정(민소법 제260조) 및 청구

취지를 변경하거나 보충·정정하도록 조치함으로서 적정한 판결에 의한 등기의 집행을 할 수 있도록 하는 것이 민사소송의 적정(適正)의 이념과 부동산등기제도의 이상(理想)을 구현하는 길이라 본다.

2. 청구취지의 정확성

소장의 청구취지는 원고가 소송의 목적인 권리 또는 법률관계에 관하여 어떠한 내용과 종류의 판결을 요구하는지를 밝히는 소의 결론부분으로 판결의 주문에 대응하는 소장의 필요적 기재사항으로 명료하게 기재하여야 한다.

청구취지는 재판에서 그대로 인용되었을 때 목적물에 대하여 강제집행(부동산등기에 관하여 의사의 진술을 명한 확정판결에 의한 등기의 실행)이 가능하도록 단순 명료하게 기재하여야 한다. 청구취지의 명확 여부는 법원의 직권조사사항이며 그것이 특정되지 아니한 때에는 법원은 석명권을 행사하여 명확히 하지 않으면 안 된다(민소법 제136조 제4항).

가. 소장의 청구취지 작성 시의 주의사항

변호사는 기본적 인권을 옹호하고 사회정의를 실현함을 사명으로 하며, 그 사명에 따라 성실히 직무를 수행하고 사회질서 유지와 법률제도 개선에 노력하여야 하며(변호사법 제1조), 법무사는 국민의 법률생활의 편익을 도모하고 사법제도(司法制度)의 건전한 발전에 기여해야 한다(법무사법 제1조). 변호사와 법무사는 위와 같은 의무를 부담하는 공인(公人)의 성격을 갖는다.

변호사는 당사자와 그 밖의 관계인의 위임이나 국가·지방자치단체와 그 밖의 공공기관의 위촉 등에 의하여 소송에 관한 행위 및 행정처분의 청구에 관한 대리행위와 일반 법률사무를 하는 것을 그 직무로 한다(변호사법 제3조). 법무사는 다른 사람이 위임한 ① 법원과 검찰청에 제출하는 서류의 작성 ② 등기나 그 밖에 등록신청에 필요한 서류의 작성 ③ 등기·공탁사건 신청의 대리 등의 법률사무를 그 직무로 한다(법무사법 제2조).

변호사와 법무사는 위와 같은 업무를 처리하기 위하여 많은 실체법, 절차법 및 판례 등에 관한 지식이 필요하다.

변호사에게 사건을 의뢰하는 목적은 분쟁을 해결하기 위한 것이다. 부동산등기에 관하여 의사의 진술을 구하는 소를 제기하는 것(민사집행법 제263조 제1항)은 승소판결을 통하여 집행의 방법으로 판결에 의한 등기를 신청하여 소(訴) 제기의 목적을 달성하기 위한 것이다. 수임인(受任人)은 위임의 본지(本志)에 따라 선량한 관리자의 주의로써 위임사무를 처리하여야 한다(민법 제681조).

소송대리를 위임받은 변호사와 법원과 검찰청에 제출하는 서류의 작성을 위임받은 법무사는 그 수임사무를 수행함에 있어 전문적인 법률지식과 경험에 기초하여 위임(委任)의 본지(本旨)에 따라 선량한 관리자의 주의(注意)로써 위임사무를 처리함으로써 의뢰인의 권리를 옹호할 의무가 있다(민법 제681조).

(1) 소의 제기
(가) 당사자의 개념
1) 2당사자대립주의

민사소송에서 당사자라고 하는 것은 법원에 대하여 자기의 이름으로 소송을 하고 또한 자기의 이름으로 재판을 받는 자를 가리킨다. 즉 자기 이름으로 판결이나 집행을 요구하는 자와 그에 대립하는 상대자를 말한다.

민사소송에서는 이해관계가 상반되는 당사자를 상호 대립시켜 각자에게 주장, 입증을 하게 한 다음 법원이 그 분쟁에 관하여 판단을 하는 것이 소송을 가장 적정, 공평, 신속하게 해결할 수 있는 최선의 방법으로 보아 2당사자대립주의(二當事者對立主義) 또는 2당사자원칙(二當事者原則)을 채택하고 있다.

2) 공동소송

2당사자 대립이라고 하더라도 대립되는 당사자의 일방 또는 쌍방이 수인인 때도 있으며, 이를 공동소송이라고 한다. 공동소송이란 하나의 민사소송절차에 있어서 원고 . 피고의 일방 또는 쌍방 측의 당사자가 다수인 경우의 소송형태를 말한다. 소의 주관적 병합이라고도 한다. 공동소송에는 통상공동소송과 필수적 공동소송이 있으며, 필수적 공동소송은 다시 고유필수적 공동소송과 유사필수적 공동소송으로 나뉜다.

가) 통상의 공동소송

공동소송인이 각자 자기의 청구에 대해 독자적으로 소송을 제기하여 소송수행을 할 수 있지만 공동소송인의 청구 상호간에 견련(牽連) 내지 유사관계(類似關係)가 있어 공동으로 제소(提訴) 또는 응소(應訴)하는 것이 바람직하기 때문에 하나의 소송절차에 병합되는 것을 통상(通常)의 공동소송(共同訴訟)이라고 한다. 이는 공동소송인 전원에 대한 판결의 합일확정(合一確定)이 법률상 보장되어 있지 않다는 점에서 필요적 공동소송과 구별된다.

통상 공동소송에 있어서 공동소송인의 1인의 상대방에 대한 소송행위는 다른 공동소송인에 대하여 효력이 생기지 않는다(대판 1968.5.14. 67다2787). 공동상속인인 피고들 중 1인만이 항소를 제기하고 나머지 4인은 항소를 제기하지 않은 경우, 그 1인의 항소의 효과는 그 1인에게만 미친다(대판 1978.11.14. 78다712).

수인에게 순차적으로 이루어진 소유권이전등기, 근저당권설정등기의 말소등기청구는 필요적 공동소송이 아니므로 공동소송인의 1인의 소송행위 또는 이에 대한 상대방의 소송행위와 그 1인에 대한 사항은 다른 공동소송인에게 영향을 미치지 아니한다(대판 1971. 2. 9. 70다232).

나) 필수적 공동소송

필수적 공동소송이라 함은 판결이 공동소송인 전원에 대하여 합일적(合一的)으로 확정되어야 할 공동소송의 형태로서, 반드시 공동소송인 전원이 공동으로 제소하거나 제소당하여야 하는 "고유필요적 공동소송"(예 : 분할 전의 상속재산, 공유물분할청구, 수탁자가 여러 명 있는 신탁재산에 관한 소송)과 우연히 공동으로 제소하거나 제소 당하였을 때 법률상 합일확정의 필요가 생기는 "유사필요적 공동소송"(예 :여러 명의 주주가 제기하는 주주총회 결의의 취소 . 무효의 소)의 두 종류가 있다.

부동산을 공동상속 하였음을 원인으로 한 소유권이전등기말소청구소송은 그 청구목적이 공동소송인 전원에 대하여 합일적으로 확정될 경우에 해당한다(대판 1957.5.2. 4289민상379). 수인에게 순차적으로 이전된 등기의 말소청구소송은 필요적 공동소송이 아니다(대판 1959.6.18. 4290민상601). 상속재산에 대한 소송에 있어서 반드시 상속인 전원을 공동피고로 하여야 하는 것은 아니다(대판 1965.11.16. 65다1732).

공유자는 반드시 전원 공동으로 공유관계에 기한 소송을 제기하여야 하는 것은 아니다(대판 1960.7.28. 4292민상990). 합유물(合有物)에 관한 소송은 보존행위가 아닌 한 원칙적으로 소송의 목적이 합유자 전원에 대하여 합일적으로 확정되어야 하는 필요적 공동소송이다(대판 1991.6.25. 90누5184).

총유재산에 관한 소송은 법인 아닌 사단이 그 명의로 사원총회의 결의를 거쳐 하거나 또는 그 구성원 전원이 당사자가 되어 필수적 공동소송의 형태로 할 수 있을 뿐 그 사단의 구성원은 설령 그가 사단의 대표자라거나 사원총회의 결의를 거쳤다 하더라도 그 소송의 당사자가 될 수 없고, 이러한 법리는 총유재산의 보존행위로서 소를 제기하는 경우에도 마찬가지이다(대판2005.9.15. 2004다44917 전원합의체).

공유물분할청구의 소는 분할을 구하는 공유자가 원고가 되어 다른 공유자 전부를 공동피고로 하여야 하는 고유필수적 공동소송이고, 공동소송인과 상대방 사이에 판결의 합일확정을 필요로 하는 고유필수적 공동소송에 있어서는 공동소송인 중 일부가 제기한 상소는 다른 공동소송인에게도 그 효력이 미치는 것이므로 공동소송인 전원에 대한 관계에서 판결의 확정이 차단되고 그 소송은 전체로서 상소심에 이송되며, 상소심판결의 효력은 상소를 하지 아니한 공동소송인에게 미치므로 상소심으로서는 공동소송인 전원에 대하여 심리 · 판단하여야 한다(대판2003.12.12. 2003다44615).

(나) 당사자의 확정

현실적으로 계속(係屬)되고 있는 특정한 소송사건에서 누가 당사자인가를 정하는 문제가 당사자의 확정문제이다. 소송에 누가 당사자냐 하는 문제는 민사소송법상 여러 가지 효과(제척 · 기피, 기판력의 주관적 범위, 증인능력, 송달)를 정하기 위하여 확정시킬 필요가 있다.

(다) 당사자 적격(정당한 당사자)

1) 당사자적격의 문제

당사자 적격의 문제는 어떤 특정한 권리 또는 법률관계에 관하여 누가 원고나 피고로서 소송을 수행하여 본안판결을 받을 자격이 있느냐에 관한 문제이다. 당사자적격이 있는 자만이 그 구체적인 소송에서 실지로 그 구체적인 소송을 수행할 때 그것이 민사소송제도의 운영에 적합하다고 보아서 인정된 제도이므로 당사자적격을 소송수행권 또는 소송실시권이라고 한다. 또 구체적인 소송에서는 그 사람만이 정당하게 당사자로서 소송을 수행할 수 있다는 의미에서 정당한 당사자라고 한다.

2) 당사자적격을 갖는 자

일반적으로 소송물인 권리 또는 법률관계의 존부의 확정에 관하여 법률상의 이해관계가 대립하는 당사자가 정당한 당사자라 할 수 있다. 각종의 소에 있어서 당사자 적격자는 누가 되겠는가? "이행(履行)의 소의 경우 그 소송물의 주체라고 주장하는 자가 원고이며, 그 청구자가 의무자라고 주장하는 자가 피고이다. 원고의 주장 자체에 의하여 그가 정당한 당사자가 아닌 것이 뚜렷한 경우에는 소송요건이 없다하여 원고의 청구를 기각하여야 한다. 고유필수적공동소송의 경우는 수인공동으로 하여야만 당사자적격이 있다.

부동산등기에 관련한 분쟁의 해결을 위한 소를 제기할 때 누가 원고가 되고 누구를 피고로 할 것인가는 실체법상의 문제로 소송의 승패를 좌우할 중요한 문제다. 일단 소를 제기한 후에는 당사자의 임의적 변경이나 추가는 허용되지 아니한다. 다만, 당사자 표시를 잘못한 것이 명백한 때에는 이를 정정할 수 있고(대판 1978.8.22. 78다1205), 피고를 잘못 지정한 것이 분명한 경우에는 제1심 변론 종결시까지 법원의 허가를 받아 피고를 경정할 수 있으며(민사소송법 제260조 제1항), 필수적 공동소송인의 일부가 누락 된 때에는 위와 같이 법원의 허가를 받아 원고 또는 피고를 추가할 수 있다(민사소송법 제68조 제1항).

당사자를 선택할 경우에는 당사자적격을 미리 조사해야 한다. 재산상속인의 존재가 분명하지 아니한 상속재산에 관한 소송에 있어서 정당한 피고는 법원에서 선임된 상속재산관리인이 된다(대판 1976.12.28. 76다797).

부동산의 합유자 일부가 사망한 경우에 합유자 사이에 특별한 약정이 없는 한 사망한 합유자의 지분은 나머지 합유자에게 귀속될 뿐 상속되는 것이 아니므로 위 지분에 관한 청구에 있어 위 망인의 상속인은 당사자적격이 없다(대판 1994.2.25. 93다39225).

법인 아닌 사단의 사원이 집합체로서 물건을 소유할 때에는 총유로 한다(민법 제275조 제1항). 총유재산에 관한 소송은 권리능력 없는 사단의 명의로 하거나(대판 1992.2.28. 91다41507) 그 구성원 전원이 당사자가 되어 할 수 있을 뿐이고, 이 경우에는 필수적 공동소송에 해당한다(대판 1994.5.24. 92다50232).

(라) 소장의 기재사항(청구취지 작성시의 주의사항)

민사소송의 소장에는 당사자와 법정대리인, 청구의 취지와 원인을 적어야 한다. 소장에는 준비서면에 관한 규정(민사소송법 제274조)을 준용한다(동법 제249조). 부동산등기에 관하여 의사의 진술을 명하는 청구의 청구취지를 작성함에 있어서 특히 주의를 요하는 사항은 다음과 같다.

1) 당사자 본인

당사자는 재판의 효력이 미치는 인적범위를 확정하고, 강제집행의 대상이 되는 자이므로 성명과 주소를 정확하게 기재하여 특정하여야 한다. 민사 .가사 . 행정 . 특허사건의 재판서 등에 있어서 기록상 당사자의 주민등록번호를 알 수 있는 경우에는 당사자의 한자 성명을 병기하지 아니하고 한글 성명 옆에 괄호하고 그 안에 주민등록번호를 기재 한다(대법원 2003.9.17. 재판예규 제930호).

소송물이 등기나 등록에 관계되는 소송에 있어서 당사자의 주소가 등기부 또는 등록부상의 주소와 다를 때에는 등기부 등의 주소도 병기한다{등기예규 제1383호 5.라.나) 참조}. 신청정보의 등기의무자의 표시(부동산등기규칙 제43조 제1항 제2호 참조)가 등기기록과 일치하지 아니한 경우 등기관은 등기신청을 각하 된다(부동산등기법 제29조 제7호 참조).

2) 권리에 관한 등기의 등기사항

등기관이 갑구 또는 을구에 권리에 관한 등기(소유권, 지상권, 지역권, 전세권, 저당권, 권리질권, 채권담보권, 임차권)를 할 때에는 ① 순위번호 ② 등기목적 ③ 접수연월일 및 접수번호 ④ 등기원인과 그 연월일 ⑤ 권리자(권리자에 관한 사항을 기록할 때에는 권리자의 성명 또는 명칭 외에 주민등록법호 또는 부동산등기용등록번호와 주소 또는 사무소 소재지를 함께 기록하여야 한다)를 기록하여야 한다(부동산등기법 제48조 제1항, 등기예규 제1334호 부동산등기신청서의 양식에 관한 예규 제1583호 참조).

3) 등기목적 . 등기원인 및 그 연월일

"등기목적"이란 신청하는 등기의 내용 또는 종류를 말한다. 판결에 의한 등기신청의 경우에는 등기원인을 증명하는 정보(부동산등기규칙 제46조 제1항 제1호)인 판결정본의 주문에 등기목적이 명확히 기재되어 있어야 그 판결에 의한 등기의 집행을 할 수 있다.

"등기원인(登記原因)"이란 부동산에 관한 권리의 변동원인이 되는 법률행위(매매, 증여 등) 또는 법률사실(시효취득, 토지수용, 상속, 경매 등)을 말하며, "등기원인 연월일"

이란 등기를 하는 것을 정당하게 하는 실체법상의 권리변동의 원인행위인 법률행위의 성립일(매매계약 체결일자, 증여계약일, 대물변제일, 현물출자일, 교환일 등) 또는 법률사실의 성립 내지 효력 발생일(상속개시일, 시효취득일, 토지수용일, 상환완료일, 권리귀속일, 공공용지의 협의취득일 등)을 의미한다.

4) 등기권리자가 2인 이상인 경우
   1. 등기권리자가 2인 이상인 때에는 신청서에 권리자별 지분을 기재하여야 하고, 등기할 권리가 합유(合有)인 때에는 그 취지를 기재하여야 한다(부동산등기법 제48조 제4항, 부동산등기규칙 제105조).
   2. 소유권의 일부에 대한 이전등기를 신청하는 경우에는 이전되는 지분을 신청정보의 내용으로 등기소에 제공하여야 한다. 이 경우 등기원인에 민법 제268조 제1항 단서의 약정이 있을 때에는 그 약정에 관한 사항도 신청정보의 내용으로 등기소에 제공하여야 한다(부동산등기규칙 제123조).

5) 신청정보 및 첨부정보의 내용

"등기목적", "등기신청인(권리자)", "등기원인과 그 연월일"은 부동산등기법상 권리에 관한 등기의 등기사항으로서(부동산등기법 제48조 제1항 제2호, 제4호), 등기를 신청하는 경우 신청정보의 내용으로 등기소에 제공하여야 하며(부동산등기규칙 제43조 참조) 및 "등기원인을 증명하는 정보"를 첨부정보로서 등기소에 제공하여야 한다(동 규칙 제46조 참조).

6) 판결에 의한 등기신청인

등기는 법률에 다른 규정이 없는 경우에는 등기권리자와 등기의무자 쌍방의 공동신청에 의하여 이루어지는 것이 원칙이나(부동산등기법 제23조 제1항), "등기절차의 이행 또는 인수(引受)를 명하는 판결에 의한 등기는 승소한 등기권리자 또는 등기의무자가 단독으로 신청하고, 공유물을 분할하는 판결에 의한 등기는 등기권리자 또는 등기의무자가 단독으로 신청한다(동법 제23조 제4항)." 이 경우 확정판결은 피고의 등기신청의사의 진술에 갈음하는 동시에 등기원인을 증명하는 정보(부동산등기규칙 제46조 제1항 제1호)로서 기능을 하며 원고는 단독으로 등기신청을 할 수 있다.

판결에 의한 등기신청서에는 〈등기원인과 그 연월일 및 등기의 목적(종류)〉을 기재하여야 하며(부동산등기규칙 제43조 제1항 제5호, 제6호), 등기관이 갑구 또는 을구에 권리에 관한 등기를 할 때에는 〈등기목적 . 등기원인과 그 연월일〉을 기록하여야 한다(부동산등기법 제48조 제2호, 제4호).

따라서 부동산등기에 관하여 의사의 진술을 명하는 청구의 청구취지(청구인용의 경우 판결 주문)에는 〈등기목적(등기의 종류)과 등기원인 및 그 연월일〉이 명확히 기재되어야 그 판결에 의한 등기의 집행을 할 수 있다.

7) 협의에 의한 상속재산분할

재산상속은 피상속인이 사망한 날부터 개시(민법 제997조)되므로 상속재산을 공동상속인들이 협의에 의하여 분할(민법 제1013조)하더라도 등기원인은 상속에 의한 소유권 이전이므로 '피상속인이 사망한 날'을 등기원인일로 하여야 한다(등기 예규 제438호).

상속재산의 협의분할은 공동상속인 간의 일종의 계약으로서 공동상속인 전원이 참석하여야 하고 일부 상속인만으로 한 협의분할은 무효라고 할 것이나, 반드시 한 자리에서 이루어질 필요는 없고 순차적으로 이루어질 수도 있으며, 상속인 중 한 사람이 만든 분할 원안(原案)을 다른 상속인이 후에 돌아가며 승인하여도 무방하다(대판 2004.10.28. 2003다65438,65445).

8) 판결 등 집행권원에 의한 등기신청과 등기원인 및 그 연월일의 기재 여부

등기절차의 이행을 명하는 판결에 의하여 등기를 신청하는 경우에는 그 판결주문에 명시된 등기원인과 그 연월일을 등기신청서에 기재하는 것이 원칙이다. 그러나 예외로 등기절차의 이행을 명하는 판결주문에 등기원인과 그 연월일이 명시되어 있지 아니한 경우 등기신청서에는 등기원인은 "확정판결"로, 그 연월일은 "판결 선고일"을 기재한다.

기존등기의 등기원인이 부존재, 무효이거나 취소, 해제에 의하여 소멸하였음을 이유로 말소등기 또는 회복등기를 명하는 판결에 의하여 등기를 신청하는 경우에는 등기원은 "확정판결"로, 그 연월일은 "판결 선고일"을 기재한다{등기예규 제1383호4.가.2)}. 위와 같은 말소등기 또는 말소회복등기를 실행함에는 법원의 판결 자체가 등기원인으로 기재된다.

9) 진정명의회복을 원인으로 한 소유권이전등기신청

이미 자기 앞으로 소유권을 표상하는 등기가 되어 있었거나 법률의 규정에 의하여 소유권을 취득한 자가 현재의 등기명의인을 상대로 "진정명의회복"을 등기원인으로 한 소유권이전등기절차이행을 명하는 판결을 받아 소유권이전등기신청을 하는 경우 신청서에 등기원인일자를 기재할 필요는 없으며, 이때에는 부동산거래신고 등에 관한 법률 제11조의 규정에 의한 토지거래허가증 및 농지법 제8조 제1항의 규정에 의한 농지취득자격증명의 제출을 요하지 아니한다(등기예규 제 1613호 4.5.).

나. 등기의 말소 또는 회복에 대한 제3자의 승낙의 의사표시

등기의 말소(법 제57조) 또는 말소등기의 회복(법 제59조)을 구함에 있어 그 등기에 대하여 '등기상 이해관계 있는 제3자'가 있음에도 불구하고 그 제3자를 피고로 지정하지 아니하고 누락시킴과 동시에 소장의 청구취지에 등기의 말소 또는 말소회복에 대한 제3자의 승낙의 의사표시를 누락시키는 사례가 실무상 많이 발생하며, 법원에서도 이러한 문제를 간과하고 원고 승소판결을 하여 원고가 그 판결을 등기원인증서로 하여 등기신청을 하게 되면 등기관은 부동산등기법 제29조 제9호의 규정에 의하여 이를 각하하는 사례가 많이 발생한다.

(1) 등기의 말소 또는 말소등기의 회복

권리의 변경이나 경정의 등기(부동산등기법 제52조 제5 호), 등기의 말소(동법 제57조

제1항), 말소된 등기의 회복(동법 제59조)을 신청하는 경우에 등기상 이해관계 있는 제3자가 있을 때에는 변경(경정)등기, 등기의 말소, 말소등기의 회복에 대한 제3자의 승낙이 있어야 한다.

다만, 권리의 변경이나 경정등기의 경우 등기상 이해관계 있는 제3자의 승낙이 있는 경우에는 부기등기로 한다(법 제52조 제5호).

(2) 제3자의 승낙의무(등기가 불법으로 말소된 경우)

대법원 판례는 '불법된 방법에 의하여 등기권리자의 등기가 말소된 후에 등기부상 권리를 취득한 자들은 그 등기권리자의 회복등기절차에 승낙을 할 의무가 있다(대판 1971. 8. 13. 71다1285)라고 했다.

회복등기절차에 있어서 등기상 이해관계 있는 제3자가 등기권리자에 대한 관계에 있어서 그 승낙을 하여야 할 실체법상의 의무가 있다고 인정되는 경우에는 그 제3자는 마땅히 권리자의 승낙요구에 응하여야 한다(대판 1989. 5. 26. 85다카2203, 대법원 2007. 4. 27. 2005마43753)고 했다.

가등기가 가등기권리자의 의사에 의하지 아니하고 말소되어 그 말소등기가 원인무효인 경우에는 등기상 이해관계 있는 제3자는 그의 선의, 악의를 묻지 아니하고 가등기권리자의 회복등기절차에 필요한 승낙을 할 의무가 있으므로 가등기가 부적법하게 말소된 후 가처분등기, 근저당권설정등기, 소유권이전등기를 마친 제3자는 가등기의 회복등기절차에서 등기상 이해관계 있는 제3자로서 승낙의무가 있다(대판 1997. 9. 30. 95다39526).

따라서 등기의 말소, 말소등기의 회복에 있어 등기상 이해관계 있는 제3자의 승낙의 의사표시는 그 등기의 말소 또는 말소등기의 회복에 대한 부동산등기법상의 '법률요건'(동법 제57조. 제 59조 참조)으로 보아야 한다.

원고가 법원에 제출한 입증자료인 등기부등본(갑 호증)의 기재에 의하여 등기의 말소,

말소등기의 회복에 대하여 등기상 이해관계 있는 제3자가 있음에도 불구하고 원고가 이를 간과하여 등기상 이해관계 있는 제3자를 피고에서 누락시키고 또한 청구취지에서도 제3자의 승낙의 의사를 구하는 취지를 누락시킨 때에는 법원은 적극적으로 석명권을 행사하여 등기상 이해관계 있는 제3자의 승낙의 의사를 구하는 의미의 청구취지의 정정 및 피고의 경정신청을 하도록 하는 것이 실체적 권리관계에 부합하는 부동산등기제도의 이상의 실현과 적정, 공평, 신속, 경제라는 민사소송의 이상을 구현하는 길이 된다고 본다.

제2관 법원의 석명권의 적정한 행사

등기신청의사를 구하는 청구취지에 등기원인과 그 연원일, 등기의 목적이 누락되었거나 등기의 말소 또는 말소된 등기의 회복을 구하는 청구취지에 등기상 이해관계 있는 제3자가 있음에도 불구하고 그 제3자를 피고로 지정하지 아니함과 동시에 등기의 말소 또는 말소된 등기의 회복에 대한 등기상 이해관계 있는 제3자의 승낙의 의사표시가 누락되었을 경우, 또는 필수적 공동소송에서 피고를 일부 누락한 경우에는 법원에서 청구인용 판결을 할 경우 그 판결에 의한 등기의 적정한 집행을 위하여 이에 대한 법원의 적정한 석명권(釋明權)의 행사가 필요하다고 본다.

등기의 말소(법 제57조), 말소등기의 회복(법 제59조)을 신청하는 경우에 그 등기의 말소, 말소등기의 회복에 대하여 등기상 이해관계 있는 제3자가 있을 때에는 그에 대한 '제3자의 승낙'은 부동산등기법상의 법률요건(法律要件)이며, 또한 민사소송법상 부동산등기에 관하여 등기신청의사의 진술을 구하는 소송물에 관한 권리보호의 이익(소의 이익)으로서 소송요건(訴訟要件)으로 볼 수 있으므로 이것은 법원의 직권조사사항(職權調查事項)으로 볼 수도 있기 때문이다.

1. 석명권행사의 내용과 한계

법원의 석명권 행사는 당사자의 주장에 모순된 점이 있거나 불완전·불명료한 점이 있을 때에 이를 지적하여 정정·보충할 수 있는 기회를 주고, 계쟁 사실에 대한 증거의 제출을 촉구하는 것을 그 내용으로 하는 것으로서, 당사자가 주장하지도 아니한 법률효과에 관한 요건사실이나 독립된 공격방어방법을 시사하여 그 제출을 권유함과 같은 행위를 하는 것은 변론주의의 원칙에 위배되는 것으로서 석명권 행사의 한계를 일탈하는 것이다(대판 2004. 3. 12., 2001다79013).

2. 소송자료 보충을 위한 법원의 석명의무

당사자가 어떠한 법률효과를 주장하면서 미처 깨닫지 못하고 그 요건사실 일부를 빠뜨린 경우에는 법원은 그 누락사실을 지적하고, 당사자가 이 점에 관하여 변론을 하지 아니하는 취지가 무엇인지를 밝혀 당사자에게 그에 대한 변론을 할 기회를 주어야 할 의무가 있다(대판 2005. 3. 11, 2002다60207).

3. 법원의 석명 또는 지적의무 해태의 위법성

민사소송법 제136조 제4항은 "법원은 당사자가 명백히 간과한 것으로 인정되는 법률상 사항에 관하여 당사자에게 의견을 진술할 기회를 주어야 한다"라고 규정하고 있으므로, 당사자가 부주의 또는 오해로 인하여 명백히 간과한 법률상의 사항이 있거나 당사자의 주장이 법률상의 관점에서 보아 모순이나 불명료한 점이 있는 경우 법원은 적극적으로 석명권을 행사하여 당사자에게 의견진술의 기회를 주어야 하고 만일 이를 게을리 한 경우에는 석명 또는 지적의무를 다하지 아니한 것으로서 위법하다(대판 2010. 2. 11, 2009다83599).

4. 석명권의 적정한 행사

가. 석명 · 석명권(발문권) · 석명의무(발문의무)

석명(釋明)의 본래의 의미는 당사자의 입증활동에 있어서 애매하고 불명한 것을 명료하게 하기 위한 제도이다. 석명의 실체는 당사자의 소송활동에 불비된 점을 보충하는 것(보충적 석명), 불필요 또는 부적당한 것을 제거하는 것(통제적 석명)을 널리 석명이라고 한다.

이는 법원이 행사하는 후견적인 지휘적작용으로서 이를 법원의 권능 또는 권한이라고 하는 면에서 볼 때에 석명권(釋明權)이라는 개념이 정립되며, 이를 법원의 의무라는 면에서 볼 때에는 석명의무(釋明義務)라고 정의된다.

석명권은 권리와 의무의 양면성(대판 1967. 12. 5. 67다1762)을 지니고 있다. 석명할 때에는 당사자에 대하여 변론 또는 준비절차에서 발문하는 방법에 의하므로 석명권 또는 석명의무라는 용어에 갈음하여 발문권(發問權) 또는 발문의무(發問義務)라 표현하기도 한다.

(1) 민사소송의 Magna Charta

석명권을 변론주의의 폐단에서 당사자를 지켜주는 무기와 같다고 비유하여 그 기능을 중시하여 '민사소송의 Magna Charta'라고도 부른다. 석명권은 민사소송법상 소송관계를 분명하게 하기 위하여 법관이 당사자에게 사실상과 법률상의 사항에 관하여 질문하고 입증을 촉구하고 당사자가 명백히 간과한 것으로 인정되는 법률상의 사항에 관하여 당사자에게 의견진술의 기회를 주는 법원의 권능을 말한다.

(2) 당사자 평등을 보장하는 제도

석명권은 법관이 올바르게 사실을 확인하고 그 확정된 사실에 법을 올바로 적용하여 재판을 통해 사회정의를 구현하는 데 이바지하며 실질적인 당사자 평등을 보장하는 제도로서 의미를 갖는다.

구민사소송법 제126조는 지금까지 석명권을 법원의 권한으로 규정해 놓고 있었으나 1990. 1. 13. 법률 제4201호에 의한 민사소송법의 개정으로 민사소송법 제136조 제4항은 '법원은 당사자가 간과하였음이 분명하다고 인정되는 법률상 사항에 관하여 당사자에게 의견을 진술 할 기회를 주어야 한다'고 규정하여 석명이 법원의 의무임을 명백히 하였다.

나. 석명권과 변론주의

(1) 변론주의와 석명권

변론주의(辯論主義) 라 함은 민사소송법상 재판의 기초가 되는 소송자료의 수집을 당사자의 책임으로 하는 주의를 말하는 것으로서 법원이 자진해서 적극적으로 취재활동을 하여 소송자료를 수집하는 직권탐지주의와 대립된다. 그러므로 민사소송에 있어서 비록 심리의 원리로서 변론주의를 채택하였다하여 소송물의 처리를 전적으로 당사자에게 방임하거나 형식적 진실에 만족할 수 없는 것이다.

국민의 수탁자인 법관은 소송에 있어서 객관적 진실을 추출하여 적정한 재판을 하여야만 비로소 국민의 신뢰를 받는 것이다. 그러므로 법원은 언제나 객관적 진실을 발견하고 적정 타당한 법적판단을 위하여 심리과정을 통하여 충실한 석명기능을 발휘하여야 한다.

분쟁해결의 주체는 법원이며 최종적 판단의 기능은 법원에 전속되는 것이므로 법원이 당사자의 변론에 의지하여 자기의 직능을 소홀히 할 수 없는 것이다. 그러므로 법원은 당사자의 진실된 의도와 법원의 평가 사이에 생길 수 있는 간격을 메우기 위한 노력을 다하여야 할 것이다.

이것이 진실발견의 첩경이며 석명권은 이를 위하여 공헌한다. 따라서 변론주의와 석명권은 불가분리의 밀접한 관계를 유지하면서, 석명권이 보다 적극적인 면을 추구한다고 본다. 석명권을 지목하여 변론주의를 보충하는 것으로 표현하는 것은 법원의 당사자에 대한 후견적인 기능면에서 볼 때 정당한 논리이다.

석명권의 의무성(義務性)을 부정하는 견해는 법원의 주체적 기능을 외면하는 것이어서 정당하다고 볼 수 없다. 따라서 당사자의 측면에서 본 변론주의와 법원의 측면에서 본 석명권은 충돌하는 관계에 있는 것이 아니다[학설 판례 주석민사소송법 309면 (2)].

(2) 법원의 석명권행사의 한계 및 당사자가 법률효과의 요건사실 일부를 빠뜨린 경우

법원의 석명권 행사는 당사자의 주장에 모순된 점이 있거나 불완전, 불명료한 점이 있을 때에 이를 지적하여 정정·보충할 수 있는 기회를 주고 계쟁 사실에 대한 증거의 제출을 촉구하는 것을 그 내용으로 하는 것으로서 당사자가 주장하지도 아니한 법률효과에 관한 요건사실이나 독립된 공격방어 방법을 시사하여 그 제출을 권유함과 같은 행위를 하는 것은 변론주의의 원칙에 위배되는 것으로서 석명권 행사의 한계를 일탈하는 것이지만, 당사자가 어떠한 법률효과를 주장하면서 미처 깨닫지 못하고 그 요건사실 일부를 빠뜨린 경우에는 법원은 그 누락사실을 지적하고, 당사자가 이 점에 관하여 변론을 하지 아니하는 취지가 무엇인지를 밝혀 당사자에게 그에 대한 변론을 할 기회를 주어야 할 의무가 있다(대판 2005. 3. 11. 2002다60207).

다. 석명권의 범위

석명권은 그 기능면에 있어서는 변론주의와 밀접한 관계를 맺고 있는 만큼 실제 그 범위를 어느 한계점에 둘 것인가는 석명권에 있어서 핵심적과제가 되어 있다. 이에 대하여는 구체적 사건에 임하는 법관의 소송관(訴訟觀)이나 소송기술에 따라 다르겠으나 논리상으로 변론주의의 가치를 이해하는 입장에 따라 차이가 생길 것이다. 이에 대하여 학설로는 소극, 적극, 중간설의 대립이 있으며 대법원판례는 그 범위를 넓혀가는 경향이 있다[전게서 310면 (3)].

판례 중 석명권 행사의 내용과 한계에 관하여 '법원의 석명권행사는 당사자의 주장에 모순된 점이 있거나 불완전·불명료한 점이 있을 때에 이를 지적하여 정정·보충할 수 있는 기회를 주고, 계쟁사실에 대한 증거의 제출을 촉구하는 것을 그 내용으로 하는 것으로서, 당사자가 주장하지도 아니한 법률효과에 관한 요건사실이나 독립된 공격방어방법을 시사(示唆)하여 그 제출을 권유함과 같은 행위를 하는 것은 변론주의의 원칙에 위배되는 것으로서 석명권행사의 한계를 일탈(逸脫)하는 것(대판 2004. 3. 12. 2001다79013)이라는 견해도 있다.

라. 석명권의 불행사와 상고이유

사실심이 행사하는 석명권의 기능을 '기능보다도 책임'이라는 면에서 고려할 때에는 그 행사를 게을리 하였거나 또는 잘못 행사한 경우에, 이것이 상고이유로 되는 것인가? 이를 긍정한다면 어느 범위까지 이르겠는가의 문제가 있다. 우리나라는 이에 관하여 명확한 법규상의 규준을 마련하지 아니 하였으므로 해석상의 차이에서 견해가 대립된다.

(1) 학설

석명의 기능을 중시할 때에는, 이것이 변론주의를 보충하는 유익한 작용이라는 것과, 그 적정한 행사가 바람직한 것에 대하여는, 의의(疑義)가 있을 수 없다. 석명권의 불행사 또는 부적절한 행사가 상고이유로 될 정도의 위법성을 가지는 가에 관하여 소극, 적극, 절충설이 있다.

소극설은 민사소송은 변론주의, 당사자주의가 주(主)이므로 이를 보충하는 직권적인 석명작용은 그 종속적인 의미로서만 사용하여야 한다고 보아 석명권의 행사문제는 단지 법원의 재량행위에 불과한 것으로 이해하여, 그 허물의 위법성(상고이유로 되는)을 부정한다.

절충설은 석명위배에 있어서 일정한 범위에 한하여 상고이류로 됨을 긍정하는 견해이며, 석명권의 기능과 의무의 범위가 일치한다고 볼 것이냐의 여부, 또는 의무위반의 성질 등에 따라 설이 대립된다.

적극설은 당사자의 신청, 주장에 결점이 있다면 이를 완전케 하기 위하여 석명권을 행사하는 것은 법원의 의무이므로, 그 불행사의 모든 경우가 상고이유로 된다는 견해이다.

사실심이 사건의 타당한 해결을 위하여는 그 기능으로서의 범위는 넓게 해석하고 운용하는 것이 타당하고, 한편 그 행사나 불행사에 있어서의 잘못이 상고이유로 되려면 어느 범위 내의 합리적인 제한이 있어야 할 것으로 본다. 석명권의 현저한 불행사나 부적정한 행사에 의하여 사건의 공평하고 적정한 해결에 영향을 미치었다고 보여질 경우에 한하는 것이 타당할 것이다[전게서 315면 (2)].

(2) 석명의 대상

석명의 대상은,

첫째 청구의 취지[청구의 취지가 불분명 불특정, 법률적으로 부정확·부당한 경우에는 원고가 소로써 달성하려는 진정한 목적이 무엇인가를 석명하여야 한다. 예를 들면 등기의 말소(법 제57조) 또는 말소된 등기의 회복(법 제59조)을 구하는 청구취지에 등기상 이해관계 있는 제3자의 말소 또는 회복에 대한 승낙의 의사표시가 누락 된 경우],

둘째 소송물의 특정, 주장, 증거, 당사자표시의 정정[당사자 표시의 정정은 당사자의 동일성을 해하지 않는 범위 내에서 허용되므로(대판 1996. 10. 12. 96다3852), 당사자의 동일성이 없는 정정인 피고의 경정(민소법 제260조)은 당사자의 표시정정과 다르다. 피고의 경정은 제1심 변론종결시까지 허용함에 대하여, 당사자의 표시정정은 상급심에서도 허용된다],

셋째 지적의무[민소법 제136조 제4항은 1990년 민사소송법의 개정에서 신설된 것으로 '법원은 당사자가 간과하였음이 분명하다고 인정되는 법률상 사항에 관하여 당사자에게 의견을 진술할 기회를 주어을야 한다'고 규정하여 지적의무를 명백히 규정하여 석명권이 법원의 권한인 동시에 의무임이 입법화되었다] 등이다.

마. 석명권의 한계

(1) 소극적 석명

석명권의 행사는 당사자가 밝힌 소송관계의 테두리를 벗어날 수 없으며, 이 한도 내에서 사실적, 법률적 측면에서 당사자의 신청이나 주장에 불분명, 불완전, 모순이 있는 점을 제거하는 방향으로 행사하여야 한다. 이를 소극적 석명이라 하며 이 경우는 석명권의 과도한 행사가 문제되지 않는다.

(2) 적극적 석명

석명권의 행사에 의하여 새로운 신청, 주장, 공격 방어 방법의 제출을 권유하는 석명을 적극적 석명이라 한다. 법관은 원칙적으로 사건해결의 모든 가능성을 제시할 필요는 없으므로 이와 같은 석명에는 제한이 필요하다.

(3) 판례

소장에 표시된 당사자가 누구인가를 확정하기 어려운 경우에는 이를 분명하게 하기 위한 석명(민소법 제136조 제4항 참조)이 필요하며(대판 1997. 6. 27. 97누5725), 당사자 표시에 있어 착오(필수적 공동소송인의 일부 누락, 등기의 말소 또는 말소된 등기의 회복에 대하여 등기상 이해관계 있는 제3자가 있을 때 그 제3자를 피고로 지정하지 아니한 경우)가 있음이 소장의 전 취지에 의하여 인정되는 경우에도 당사자 표시를 정정하기 위한 석명이 필요하다.

판례는 법원의 석명권의 행사에 관하여 '소극적 석명'은 허용되나 '적극적 석명'은 변론주의에 위반되며 석명권의 범위를 일탈한다고 하였다(대판 2001. 10. 9. 2001다15576). 그러나 본인소송의 경우 증명책임의 원칙에만 따라 판결할 것이 아니라 적극적 증명을 촉구하는 등의 방법으로 석명권을 적절히 행사하여 진실을 밝혀 구체적 정의를 실현하려는 노력을 게을리 하여서는 안 된다고 했다(대판 1989. 7. 25. 89다카4045).

변론주의는 소송수행능력이 평등·완전한 당사자의 대립을 전제하고 있지만 현실의 소송당사자는 완전하거나 평등하지 않으며, 특히 본인소송에서는 충분한 소송자료의 수집·제출을 기대할 수 없다. 그리하여 당사자 사이의 능력의 불균형을 조절하여 당사자 간의 실질적 평등을 보장할 필요가 있다.

판례는 '법원의 석명권의 행사는 사안을 해명하기 위하여 당사자에게 그 주장의 모순된 점이나 불완전, 불명료한 부분을 지적하여 이를 정정, 보충할 수 있는 기회를 주고, 또 계쟁사실에 대한 증거의 제출을 촉구하는 것을 그 내용으로 하는 것이며 당사자가 주장하지도 않는 법률효과에 관한 요건사실이나 공격방어의 방법을 시사(示唆)하여 그 제출을 권유함과 같은 행위는 변론주의 원칙에 위배되는 것으로서 석명권행사의 한계를 일탈(逸脫)하는 것이 된다(대판 1990. 4. 27. 1999. 7. 9. 98다13754. 13761. 2001. 10. 9. 2001다15576 등)고 하였다.

변호사 대리소송이 아닌 본인소송의 경우에는 어느 정도의 적극적 석명이 필요한바, 석명권제도가 본인소송제도(나 홀로 소송)에서 출발하였기 때문이다. 판례도 법률전문가가 아닌 당사자 본인이 소송을 수행하는 경우라면 입증책임의 원칙에만 따라 입증이 없는 것으로 보아 판결할 것이 아니라 입증을 촉구하는 등의 방법으로 석명권을 적절히 행사하여 진실을 밝혀 구체적 정의를 실현하려는 노력을 게을리 하지 않아야 할 것이라고 했다 (대판 1989. 7. 25. 89다카4045).

5. 법원의 석명의무(민사소송법 제136조 제4항)

가. 민사소송법 제136조 제4항의 입법취지

민사소송법개정에서 신설된 제136조 제4항은 '법원은 당사자가 간과하였음이 분명하다고 인정되는 법률상 사항에 관하여 당사자에게 의견을 진술할 기회를 주어야 한다'고 규정하여 법률적 측면에서 석명권이 강화되었다. 민사소송법 제136조 제4항은 지적의무(指摘義務)가 석명권의 내용을 이루는 이상 석명권이 법원의 권한인 동시에 의무임이 입법화된 것이다.

대법원 판례는 '당사자가 부주의 또는 오해로 인하여 명백히 간과한 법률상의 사항이 있거나 당사자의 주장이 법률상의 관점에서 보아 불명료(不明瞭) 또는 불완전하거나 모순이 있는 경우, 법원은 적극적으로 석명권을 행사하여 당사자에게 의견진술의 기회를 부여하여야 하고, 만일 이를 게을리 한 채 당사자가 전혀 예기하지 못하였던 법률적 관점에 기한 재판으로 당사자 일방에게 불의의 타격을 가하였다면 석명 또는 지적의무를 다하지 아니하여 심리를 제대로 하지 아니한 것으로서 위법하다'(대판 2002. 1. 25. 2001다11055)고 판시하였다.

판례는 '당사자가 어떤 법률효과를 주장하면서 미처 깨닫지 못하고 그 요건사실 일부를 빠뜨린 경우에는 법원은 그 누락 사실을 지적하고, 당사자가 이 점에 관하여 변론을 하지 아니하는 취지가 무엇인지를 밝혀 당사자에게 그에 대한 변론을 할 기회를 주어야 할 의무가 있다'(대판을2005. 3. 11. 2002다60207). '민사소송법 제136조 제4항은 "법원은 당사자가 간과하였음이 분명하다고 인정되는 법률상 사항에 관하여 당사자에게 의견을 진술할 기회를 주어야 한다."고 규정하고 있으므로, 당사자가 부주의 또는 오해로 인하여 명백히 간과한 법률상의 사항이 있거나 당사자의 주장이 법률상 관점에서 보아 모순이나 불명료한 점이 있으면 법원은 적극적으로 석명권을 행사하여 당사자에게 의견진술의 기회를 주어야 하고, 만일 이를 게을리 한 경우에는 석명 또는 지적의무를 다하지 아니한 것으로서 위법하다'(대판 2010. 2. 11. 2009다83599, 2011. 11. 10. 2011다55405)라고 했다.

민사소송법 제136조 제1항은 "재판장은 소송관계를 분명하게 하기 위하여 당사자에게 사실상 또는 법률상 사항에 대하여 질문할 수 있고, 증명을 하도록 촉구할 수 있다."라고 정하고, 제4항은 "법원은 당사자가 간과하였음이 분명하다고 인정되는 법률상 사항에 관하여 당사자에게 의견을 진술할 기회를 주어야 한다."라고 정하고 있다. 당사자가 부주의 또는 오해로 증명하지 않은 것이 분명하거나 쟁점으로 될 사항에 관하여 당사자 사이에 명시적인 다툼이 없는 경우에는 법원은 석명을 구하고 증명을 촉구하여야 하고, 만일 당사자가 전혀 의식하지 못하거나 예상하지 못하였던 법률적 관점을 이유로 법원이 청구의 당부를 판단하려는 경우에는 그러한 관점에 대하여 당사자에게 의견진술의 기회를 주어야 한다. 그와 같이 하지 않고 예상외의 재판으로 당사자 일방에게 뜻밖의 판결을 내리는 것은 석명의무를 다하지 않아 심리를 제대로 하지 않은 잘못을 저지른 것이 된다(대판 2022. 4. 14. 201다276973).

나. 법률상 사항에 관한 법원의 설명 또는 지적의무

당사자의 주장이 법률적 관점에서 보아 현저한 모순이나 불명료한 부분이 있는 경우, 법원은 적극적으로 석명권을 행사하여 당사자에게 의견 진술의 기회를 주어야 하고, 이를 게을리 한 경우에는 석명 또는 지적의무를 다하지 아니한 것으로서 위법한 평가를 받을 수 있다. 청구취지나 청구원인의 법적 근거에 따라 요건사실에 대한 증명 책임이 달라지는 중대한 법률적 사항에 해당되는 경우라면 더욱 그러하다(대판 2022. 4. 28. 2019다200843).

甲 보험회사가 신원보증보험계약에 따라 乙의 불법행위로 丙 주식회사가 입은 재산상 손해에 대하여 보험금과 지연손해금을 지급한 다음 乙을 상대로 구상금을 구하는 소를 제기하였고, 이때 제출한 소장 및 준비서면에 따르면 청구원인의 법적 근거는 상법 제682조에 따른 보험자대위권임이 분명한데, 청구취지 및 청구원인변경신청서 제출시부터 제1심 변론종결일까지 별도의 법적 근거를 명시하지 않은 채 '구상금'이라는 표현을 사용하였고, 그 후 항소이유서에서 구상금 청구의 내용으로 '민법 제425조 제2항의 보증인의 피보증인에 대한 구상권'을 언급한 사안에서, 법원으로서는 적극적으로 석명권을 행사하여 당사자에게 의견진술의 기회를 줌으로써 청구원인의 법적 근거에 관한 현저한 불분명·모순을 바로 잡은 후 이를 기초로 판단하였어야 하는데도, 상법 제682조의 보험자대위권과 민법 제425조 제2항의 구상권을 혼용하여 이를 근거로 乙에게 금전지급을 명한 원심판결에는 법리오해, 석명권불행사 등의 잘못이 있다고 한 사례(대판 2022. 4. 28. 2019다200843).

6. 등기의 말소 또는 말소된 등기의 회복에 대한 등기상 이해관계 있는 제3자의 승낙과 변론주의

가. 법률요건 및 소송요건

등기의 말소(법 제57조 제1항) 또는 말소된 등기의 회복(법 제59조)을 신청하는 경우에 그 말소 또는 회복에 대하여 '등기상 이해관계 있는 제3자'가 있을 때에는 '제3자의 승낙'이 있어야 한다. 즉, 등기의 말소나 말소된 등기의 회복에 대한 '제3자의 승낙'은 부동산등기법상의 법률요건(法律要件)이므로, 그 제3자가 등기의 말소나 말소된 등기의 회복에 대하여 승낙을 거부할 경우, 등기의 말소나 회복을 하고자 하는 등기권리자는 그 제3자를 피고(당사자적격)로 지정한 후 등기의 말소나 회복에 대한 제3자의 승낙의 의사표시를 청구취지(소장의 기재사항으로서의 소송요건)에 명확히 표시하여야 한다.

이와 같이 등기상 이해관계 있는 제3자를 상대로 등기의 말소(법 제57조 제1항) 또는 말소된 등기의 회복(법 제59조)에 대한 승낙의 의사표시를 청구하는 경우에 제3자의 등기의 말소 또는 말소된 등기의 회복에 대한 '승낙(承諾)의 의사표시(意思表示)'는 부동산등기법상의 법률요건'(法律要件)이며, 민사소송법상의 소송요건(訴訟要件 즉, 當事者適格 및 訴狀의 必要的 記載事項)이므로, 법원은 이 부분에 관하여 직권(職權)으로 조사할 사항(職權調査事項)이므로 이것은 변론주의(辯論主義)와는 무관한 사항으로 법원은 이에 부분에 관하여 석명(釋明)할 의무(義務)가 있다고 본다.

나. 법원의 석명 및 지적의무(指摘義務)

(1) 민사소송법 제136조 제4항(법원의 지적의무)

2002년 민사소송법의 개정으로 신설된 민사소송법 제136조 제4항은 '법원은 당사자가 간과하였음이 분명하다고 인정되는 법률상 사항에 관하여 당사자에게 의견을 진술할 기회를 주어야 한다'고 규정하여 법률적 측면에서 법원의 석명권이 강화되었다. 위 규정은 당사자가 간과(看過)하였음이 분명한 법률적 관점에 기하여 법원이 판결하고자 할 때에는 먼저 당사자에게 지적하여 그에 관한 의견진술의 기회를 부여하여야 한다는 취지로 당사자의 절차적 기본권을 보장하려는 것이다.

민사소송법 제136조 제4항의 지적의무의 행사요건은 첫째, 당사자가 '간과하였음이 분명'한 '법률상의 사항'이어야 한다. 당사자가 간과한 '법률상 사항'이 지적의무의 대상이 된다. 둘째 지적의무의 대상은 '판결의 결과'에 영향이 있는 것이어야 한다. 셋째, 법원은 적절한 방법으로 당사자가 간과한 법률적 관점을 지적하여 당사자로 하여금 불이익의 배제를 위한 '방어적 의견진술의 기회'를 주어야 한다.

법원이 지적의무를 어기고 판결한 경우에는 당연히 절차위배로 상고이유가 되며(독일의 통설), 이때의 상고이유는 절대적 상고이유가 아니라 일반상고이유(민소법 제423조)가 되므로 법원의 의무위반이 판결에 영향을 미칠 것을 요한다(이시윤 저 제6판 신민사소송법).

> **판례**
>
> 민사소송법 제136조 제4항은 "법원은 당사자가 간과하였음이 분명하다고 인정되는 법률상 사항에 관하여 당사자에게 의견을 진술할 기회를 주어야 한다."고 규정하고 있으므로, 당사자가 부주의 또는 오해로 인하여 명백히 간과한 법률상의 사항이 있거나 당사자의 주장이 법률상 관점에서 보아 모순이나 불명료한 점이 있으면 법원은 적극적으로 석명권을 행사하여 당사자에게 의견진술의 기회를 주어야 하며, 만일 이를 게을리 한 경우에는 석명 또는 지적의무를 다하지 아니한 것이다.(대판 2011. 11. 10. 2011다55405)

(2) 대법원 판례(법원의 지적 및 석명의무)

민사소송법 제136조 제4항의 법원의 지적의무에 관한 대법원판례는 아래와 같다.

당사자가 부주의 또는 오해로 인하여 명백히 간과한 법률상의 사항이 있거나 당사자의 주장이 법률상의 관점에서 보아 불명료 또는 불완전하거나 모순이 있는 경우, 법원은 적극적으로 석명권을 행사하여 당사자에게 의견진술의 기회를 부여하여야 하고, 만일 이를 게을리 한 채 당사자가 전혀 예상하지 못하였던 법률적 관점에 기한 재판으로 당사자 일방에게 불의의 타격을 가하였다면 석명 또는 지적의무를 다하지 아니하여 심리를 제대로 하지 아니한 것으로서 위법하다(대판 2002. 1. 25. 2001다11055).

민사소송법 제136조 제4항은 법원은 당사자가 간과하였음이 분명하다고 인정되는 법률상 사항에 관하여 당사자에게 의견을 진술할 기회를 주어야 한다'고 규정하고 있으므로, 당사자가 부주의 또는 오해로 인하여 명백히 간과한 법률상의 사항이 있거나 당사자의 주장이 법률상 관점에서 보아 모순이나 불명료한 점이 있으면 법원은 적극적으로 석명권을 행사하여 당사자에게 의견진술의 기회를 주어야 하고, 만일 이를 게을리 한 경우에는 석명 또는 지적의무를 다하지 아니한 것으로서 위법하다(대판 2010. 2. 11. 2009다83599, 2011. 11. 10. 2011다55405).

민사소송법 제136조 제1항은 "재판장은 소송관계를 분명하게 하기 위하여 당사자에게 사실상 또는 법률상 사항에 대하여 질문할 수 있고, 증명을 하도록 촉구할 수 있다."라고 정하고, 같은 조 제4항은 "법원은 당사자가 간과하였음이 분명하다고 인정되는 법률상 사항에 관하여 당사자에게 의견을 진술할 기회를 주어야 한다."라고 정하고 있다. 그러므로 당사자가 부주의 또는 오해로 인하여 증명하지 아니한 것이 분명하거나 쟁점으로 될 사항에 관하여 당사자 사이에 명시적인 다툼이 없는 경우에는 법원은 석명을 구하고 증명을 촉구하여야 하고, 만일 당사자가 전혀 의식하지 못하거나 예상하지 못하였던 법률적 관점을 이유로 법원이 청구의 당부를 판단하려는 경우에는 그 법률적 관점에 대하여 당사자에게 의견진술의 기회를 주어야 한다. 그와 같이 하지 않고 예상 외의 재판으로 당사자 일방에게 불의의 타격을 가하는 것은 석명의무를 다하지 아니하여 심리를 제대로 하지 아니한 위법을 범한 것이 된다(대판 2021. 9. 16. 2021다200914, 200921).

(3) 직권조사사항

민사소송에서 청구의 취지는 내용 및 범위를 명확히 알아볼 수 있도록 구체적으로 특정되어야 하고 청구취지의 특정 여부는 직권조사사항이므로, 청구취지가 특정되지 않은 경우에는 법원은 직권으로 보정을 명하고 보정명령에 응하지 않을 때에는 소를 각하하여야 한다. 이 경우 당사자가 부주의 또는 오해로 인하여 청구취지가 특정되지 아니한 것을 명백히 간과한 채 본안에 관하여 공방을 하고 있는데도 보정의 기회를 부여하지 아니한 채 당사자가 전혀 예상하지 못하였던 청구취지 불특정을 이유로 소를 각하하는 것은 석명의무를 다하지 아니하여 심리를 제대로 하지 아니한 것으로서 위법하다(대판 2014. 3. 13. 2011다111459).

(4) 등기권리자가 등기의 말소 또는 회복에 대한 제3자의 승낙의 의사표시를 간과한 경우

등기의 말소(법 제57조 제1항) 또는 말소된 등기의 회복(법 제59조)을 청구하는 등기권리자(원고)가 소장의 청구취지에 등기의 말소 또는 회복에 대한 등기상 이해관계 있는 제3자의 '승낙(承諾)의 의사표시(意思表示)'를 누락한 경우, 이것은 원고가 부동산등기법에 대하여 부주의 또는 오해로 인하여 명백히 간과한 법률상의 사항에 해당되므로 법원은 이 부분에 관하여 원고에게 의견을 진술할 기회를 주어야 한다. 이와 같은 법원의 지적의무 또는 석명권의 적정한 행사는 변론주의(辯論主義)의 폐단에서 당사자를 지켜주어 실질적인 당사자평등을 보장하는 것으로서 법원은 석명의무(釋明義務)를 다하여야 할 것이다.

제3관 판결주문의 명확성

판결주문(判決主文)은 소송의 결론부분이며 소(訴) 또는 상소(上訴)에 대한 법원의 응답을 나타내는 항목이므로, 판결의 기판력, 형성력, 집행력을 명확하게 나타내도록 간결하게 표시하여야 한다.

1. 판결주문

가. 판결주문의 특정 정도

판결의 주문은 명확하여야 하며 주문 자체로서 내용이 특정될 수 있어야 하므로, 주문은 어떠한 범위에서 당사자의 청구를 인용하고 배척한 것인가를 그 이유와 대조하여 짐작할 수 있을 정도로 표시되고 집행에 의문이 없을 정도로 이를 명확히 특정하여야 한다(대판 2006. 3. 9. 2005다60239)

나. 확인의 이익의 유무와 법원의 직권판단

확인의 소에 있어서 확인의 이익의 유무는 직권조사사항이므로 당사자의 주장 여부에 관계없이 법원이 직권으로 판단하여야 한다.

확인의 소는 원고의 법적 지위가 불안·위험할 때에 그 불안·위험을 제거함에 확인판결로 판단하는 것이 가장 유효적절한 수단인 경우에 인정되므로, 이행을 청구하는 소를 제기할 수 있는데도 불구하고, 확인의 소를 제기하는 것은 분쟁의 종국적인 해결방법이 아니어서 확인의 이익이 없다(대판 2006. 3. 9. 2005다60239).

다. 판결주문의 누락 및 재판의 누락에 대한 상고 기부(소극)

판결에는 법원의 판단을 분명하게 하기 위하여 결론을 주문에 기재하도록 되어 있어 재판의 누락이 있는지 여부는 주문의 기재에 의하여 판정하여야 하므로, 판결이유에 청구가 이유 없다고 설시되어 있더라도 주문에 그 설시가 없으면 특별한 사정이 없는 한 재판의 누락이 있다고 보아야 하며, 재판의 누락이 있으면 그 부분 소송은 아직 원심에 계속 중이어서 상고의 대상이 되지 아니하므로, 그 부분에 대한 상고는 불복의 대상이 존재하지 아니하여 부적법하다(대판 2017. 12. 5. 2017다237339).

2. 등기에 관하여 의사의 진술을 명하는 판결주문에 명시될 사항

부동산등기에 관하여 의사의 진술을 명하는 판결의 주문에는 필요에 따라 별지로서 부동산의 표시, 물건목록, 계산서, 도면 등을 첨부하여 인용하는 일이 있는바, 이것도 주문의 내용이 되므로 정확하게 기재하여야 한다.

특히 부동산등기에 관하여 의사의 진술을 명하는 판결일 경우 별지로 부동산의 표시를 기재할 때에는 첫째, 토지의 표시를 기재할 때에는 토지의 소재와 지번, 지목, 면적(부동산등기법 제34조 참조)을 정확히 표시하여야 하며, 둘째, 건물의 표시를 기재할 때에는 건물의 소재, 지번, 건물번호(다만, 같은 지번 위에 1개의 건물만 있는 경우에는 건물번호는 기록하지 아니한다), 건물의 종류, 구조와 면적, 부속건물이 있는 경우에는 부속건물의 종류, 구조와 면적도 함께 기재하여야 한다(부동산등기법 제40조 제1항 참조).

또한 구분건물에 '집합건물의 소유 및 관리에 관한 법률' 제2조 제6호의 대지사용권으로서 건물과 분리하여 처분할 수 없는 것(즉, 대지권)이 있는 경우에는 대지권을 표시하여야 한다(부동산등기 법 제40조 제3항 참조).

'이행판결'의 주문에는 특히 협의의 강제집행관계를 고려할 필요가 있다. 의사의 진술을 명한 판결이 확정된 때에는 그 판결로 의사를 진술할 것으로 보므로(민사집행법 제263조 제1항), 피고에게 일정한 등기신청의사의 진술을 명하는 원고승소판결의 주문에는 등기할 부동산의 표시(부동산등기법 제40조 제1항 및 제3항의 토지와 건물의 구체적 표시) 이외에 등기목적, 등기 원인 및 그 연월일, 등기권리자(부동산등기법 제48조 제1항 참조)와 등기의무자, 등기의 말소 또는 말소된 등기의 회복에 대한 등기상 이해관계 있는 제3자의 승낙의 의사표시 등을 명확히 표시하여야 한다[등기예규 제1383호 2. 가. 2).].

그러나 가존등기의 등기원인이 부존재, 무효이거나 취소, 해제 등의 사유로 소멸한 것임을 이유로 하여 등기의 말소 또는 말소등기의 회복등기절차이행을 명할 때에는 주문에 등기원인의 기재가 불필요하다. 이와 같은 등기를 실행함에는 법원의 판결자체가 등기원인(등기원인 : 0000년 0월 0일 확정판결)이 된다.

3. 제3자의 승낙의 의사표시

등기의 말소를 명하는 판결의 경우에 그 말소에 대하여 승낙의무가 있는 등기상 이해관계 있는 제3자가 있을 때에는 판결주문에 아래와 같이 제3자의 말소등기에 대한 승낙의 의사표시를 정확히 기재하여야 한다(부동산등기법 제57조 제1항).

- 등기의 말소에 관하여 등기상 이해관계 있는 제3자에게 승낙의무가 있는 경우 등기의 말소를 명하는 판결주문의 기재례(불법으로 등기를 말소한 자와 제3자를 공동피고로 한 경우)

> 원고에게 피고 甲은 별지목록 기재 부동산에 관하여 서울 중앙 지방법원 강남등기소 0000년 0월 0일 접수 제00000호로 경료된 소유권이전등기의 말소등절차를 이행하고, 피고 乙은 위 소유권이전등기의 말소등기에 대하여 승낙의 의사를 표시하라.

- 말소된 등기의 회복을 명하는 판결의 경우에 그 회복등기에 대하여 승낙의무가 있는 등기상 이해관계 있는 제3자가 있을 때의 판결주문의 기재례

  - 원인 없이 등기를 말소한 자와 제3자를 공동피고로 한 경우

> 피고 甲은 원고에게 별지목록 기재부동산에 관하여 서울 중앙 지방법원 강남등기소 1998년 10월 18일 접수 제32553호로 말소등기 된 같은 등기소 1997년 3월 23일 접수 제7885호 근저당권설정등기의 회복등기절차를 이행하고, 피고 乙은 원고에게 별지목록 기재부동산에 관하여 서울 중앙 지방법원 강남등기소 1998년 10월 18일 접수 제32553호로 말소등기 된 같은 등기소 1997년 3월 23일 접수 제7885호 근저당권설정등기의 회복등기에 대하여 승낙의 의사를 표시하라. 또는

- 말소된 등기의 회복에 대하여 승낙의무가 있는 제3자만을 피고로 한 경우

> 피고는 원고에게 별지목록 기재부동산에 관하여 ○○지방법원 ○○등기소 1993년 9월 28일 접수 제2413호로 말소된 같은 등기소 1992년 4월 4일 접수 제268호 소유권이전청구권가등기의 회복등기에 대하여 승낙의 의사표시를 하라.

4. 이행판결의 주문

가. 이행판결과 집행력

이행판결이라 함은 이행의 소(이행의 소라 함은 원고가 법원에 대하여 피고에게 일정한 급부의 이행을 청구할 수 있는 법적지위를 주장하여 그 급부의 이행을 명하는 판결 즉 이행판결을 구하는 것을 말한다)에 있어서 원고의 청구가 이유 있는 경우에 이행을 명하는 판결을 말한다.

이행판결은 청구인용판결에 해당되며 피고에 대한 이행명령을 포함하고 있으므로 채무명의가 되어 집행력(집행력이라 함은 이행판결의 내용인 이행의무를 강제집행에 의하여

실시할 수 있는 효력을 말한다)이 발생한다.

'넓은 의미의 집행력'이라 함은 강제집행 이외의 방법에 의하여 판결의 내용에 적합한 상태를 실현할 수 있는 효력을 포함한다(예 : 확정판결에 의하여 가족관계등록부에 기재, 정정, 등기부에 기재. 등기의 말소. 변경을 신청할 수 있는 효력이 생기는 것 등이다).

나. 등기신청의사의 진술을 명한 이행판결주문의 명확성

등기에 관하여 의사의 진술을 명하는 이행판결의 주문에는 등기신청서(규칙 제43조) 및 등기부(법 제34조 제40조. 제48조)의 필요적 기재사항인 부동산의 표시, 신청인(등기권리자와 등기의무자)의 성명(또는 명칭). 주민등록번호(또는 부동산등기용등록번호), 주소(또는 사무소 소재지), 등기원인과 그 연월일, 등기의 목적이 명확히 표시되어야 한다.

■ 부동산등기에 관한 의사의 진술을 명한 이행판결주문
- 매매를 원인으로 한 소유권이전등기

> 피고는 원고에게 서울 ○○구 ○○동 000번지 대 000평방미터에 관하여 2014. 3. 5. 매매(또는 증여, 교환, 상속 등)를 원인으로 한 소유권이전등기절차를 이행하라.

- 소유권이전 본등기(가등기에 기한 본등기)

> 피고는 원고에게 별지목록기재부동산에 관하여 서울 남부지방법원 강서등기소 2005년 5월 1일 접수 제3000호로 등기된 소유권이전청구권가등기에 기하여 2007년 9월 1일 매매(2007년 9월 1일은 예약완결일 즉, 매매계약의 성립일임)를 원인으로 한 소유권이전의 본등기절차를 이행하라.

- 전세권설정등기

> 피고는 원고에게 별지목록기재 건물에 관하여 2014년 9월 1일 전세권설정계약을 원인으로 한 등기의 목적 : 전세권설정, 전세금 : 5천만 원, 존속기간 : 2014년 9월 1일부터 2016년 8월 31일까지의 전세권설정등기절차를 이행하라.

- 근저당권설정등기

> 피고는 원고에게 별지목록기재 부동산에 관하여 2007년 9월 1일 근저당권설정계약을 원인으로 한 등기의 목적 : 근저당권설정, 채권최고액 : 3억 원, 채무자 : 홍길동 서울 ○○구 ○○동 00번지의 근저당권설정등기절차를 이행하라.

5. 등기의 말소 또는 회복을 명한 판결주문에 명시될 사항

가. 말소할 등기 및 회복할 등기의 표시

등기의 말소(법 제57조), 말소등기의 회복(법 제59조)을 명하는 이행판결의 주문에는 등기신청서(등기예규 제1489호 별표 양식 제17-1, 2 호. 제18-1, 2호 참조) 및 등기부(규칙 제112조. 제116조. 제118조 참조)의 필요적 기재사항인 말소할 등기(등기예규 제18-1호 양식의 '말소할 등기' 예 : '0000년 00월 0일 접수 제000호로 경료된 00000등기'), 회복할 등기(등기예규 제1223호. 별지 회복등기신청서양식의 '회복할 등기사항' 예 : '전등기의 순위번호, 전등기의 접수연월일 및 번호, 전등기원인 및 그 일자, 등기의 목적, 소유자')의 표시를 판결 주문에 구체적으로 명확히 표시하여야 한다.

나. 등기상 이해관계 있는 제3자의 승낙의 의사표시

등기의 말소(법 제57조), 말소등기의 회복(법 제59조)에 대하여 등기상 이해관계 있는 제3자가 있을 때에는 그 제3자의 승낙이 있어야 한다. 따라서 등기의 말소 또는 말소된 등기의 회복에 대한 '등기상 이해관계 있는 제3자의 승낙'은 부동산등기법상의 법률요건(法律要件)이며, 민사소송법상의 소송요건(訴訟要件, 즉 當事者適格 및 소장의 必要的 記載事項)으로 볼 수 있으므로 판결주문에 제3자의 승낙의 의사표시가 명확히 표시되어야 그 판결에 의한 등기의 집행을 할 수 있다.

따라서 등기의 말소 또는 말소된 등기의 회복을 청구하는 사건에 있어서 등기상 이해관계 있는 제3자의 등기의 말소 또는 말소등기의 회복에 대한 제3자의 승낙의 의사표시는 법률요건임과 동시에 소송요건이므로 이것은 법원의 직권조사사항(職權調査事項)으로 보아야 할 것이며, 이 경우 법원으로서는 그 판단의 기초자료인 사실과 증거를 직권으로 탐지할 의무까지는 없다 하더라도 이미 제출된 입증자료(원고가 법원에 증거로 제출한 부동산등기부등본)에 의하여 등기상 이해관계 있는 제3자의 등기의 말소 또는 말소등기의 회복에 대하여 '승낙을 할 의무가 있는지 여부'에 관하여 의심이 갈 만한 사정이 엿보인다면 법원은 이에 관하여 심리·조사할 의무가 있다(대판 2007. 3. 29. 2006다74273 참조).

▣ 등기상 이해관계 있는 제3자가 있는 등기의 말소를 명한 판결주문

> 원고에게, 피고 갑(甲)은 별지목록기재 부동산에 관하여 2007년 9월 1일 확정판결을 원인으로 서울남부지방법원 강서등기소 2005년 3월 2일 접수 제4188호로 경료된 소유권이전등기의 말소절차를 이행하고, 피고 을(乙)은 위 소유권이전등기의 말소등기에 대하여 승낙의 의사표시를 하라.

▣ 등기상 이해관계 있는 제3자가 있는 등기의 회복을 명한 판결주문

> **1. 원인 없이 등기를 말소한 자와 제3자를 공동피고로 한 경우 :**
> 피고 甲은 원고에게 별지목록 기재 부동산에 관하여 서울중앙지방법원 강남등기소 1998년 10월 18일 접수로 제32553호로 말소등기된 같은 등기소 1997년 3월 23일 접수 제7885호 근저당권설정등기의 회복등기절차를 이행하고, 피고 乙은 원고에게 별지목록 기재부동산에 관하여 서울중앙지방법원 강남등기소 1998년 10월 18일

접수 제32553호로 말소등기된 같은 등기소 1997년 3월 23일 접수 제7885호 근저당권설정등기의 회복등기에 대하여 승낙의 의사를 표시하라. 또는

2. 말소된 등기의 회복에 대하여 승낙의무가 있는 제3자만을 피고로 한 경우 :
피고는 원고에게 별지목록 기재부동산에 관하여 ○○지방법원 ○○등기소 1993년 9월 28일 접수 제2413호로 말소된 같은 등기소 1992년 4월 4일 접수 제268호 소유권이전청구권가등기의 회복등기에 대하여 승낙의 의사표시를 하라.

제4관 법관의 전문성

법관은 넓은 뜻으로는 분쟁 또는 이해의 대립을 법률적으로 해결·조정하는 판단을 내릴 권한을 가진 자를 말하고, 좁은 뜻으로는 우리 국법상 법관의 명칭을 가지는 공무원을 말한다(국가공무원법 제2조 제2항 2호). 법관은 헌법 또는 법률에 정하는 바에 따라서 임명되고, 대법원 기타 각급법원에 소속되어 재판사무를 담당한다. 법관의 직무수행은 삼권분립의 하나인 사법권독립의 원칙에 따라 누구의 지휘·명령을 받지 않고 오직 그 양심에 따라 판결한다(헌법 제103조). 단 이때의 양심이란 일반적인 도덕판단과는 다른 법적 양심을 뜻한다. 법관의 신분은 법률로 보장되며, 탄핵·금고 이상의 형의 선고에 의하지 않고는 파면되지 않으며, 징계처분에 의하지 않으면 정직·감봉 기타 불리한 처분을 받지 아니한다(헌법 제106조 제1항).

법관은 분쟁 또는 이해의 대립을 법률적으로 해결·조정하는 판단을 내릴 권한을 가지고 있다. 법원은 헌법에 특별한 규정이 있는 경우를 제외한 일제의 법률상의 쟁송(爭公)을 심판한다(법원조직법 제2조 제1항). 이와 같이 법원의 심판대상이 '일체의 법률상의 쟁송'으로 그 범위가 넓다.

민사소송제도가 본지(本旨)를 살리고 이상적으로 운영되려면 1. 적정(올바르고 잘못이 없는 재판), 2. 공평(양 당사자를 공평하게 취급함), 3. 신속(신속한 재판), 4. 경제(소송에 소요되는 비용과 노력의 최소화), 5. 신의칙(信義則)의 이념이 지배하여야 한다.

이른바 집행불능판결은 확정된 원고승소판결이므로 이에 대하여는 불복절차나 시정절차에 따라 원고의 권리나 이익을 회복할 방법이 없으므로 원고는 다시 소를 제기하여 집행이 가능한 이행판결을 받아야 한다.

이와 같은 집행불능판결을 예방하기 위하여 부동산등기, 공탁, 지식재산, 세무, 의료, 건설 등 전문분야를 담당할 법관에 대한 교육제도의 도입이 필요하다고 본다.

사회는 다양해지고 복잡해질수록 전문 직열을 필요로 하므로, 특수전문분야에 정통한 전문법관을 양성하여 그 분야의 재판을 전담함으로써 법관의 전문성을 살리며, 그로 인한 적정한 재판을 통하여 사법부에 대한 국민의 신뢰를 높이도록 해야 할 것이다.

제5관 판결경정제도의 적극적 활용

1. 판결경정의 의의

판결(判決)의 경정(更正)이라 함은 판결내용을 실질적으로 변경하지 않는 범위 내에서 판결서에 잘못된 계산이나 기재, 그 밖에 이와 비슷한 잘못이 있음이 분명한 때에 법원은 직권으로 또는 당사자의 신청에 따라 경정결정으로 이를 고치는 것을 말한다(민사소송법 제211조).

등기할 부동산의 표시, 등기권리자 및 등기의무자, 등기의 목적, 등기원인과 그 연월일, 등기의 말소 또는 말소된 등기의 회복에 대한 등기상 이해관계 있는 제3자의 승낙의 의사표시 등은 부동산등기법상 등기신청서(부동산등기규칙 제43조) 및 등기기록(부동산등기법 제48조)의 필요적 기재사항이므로 등기에 관한 의사의 진술을 명하는 이행판결(민사집행법 제263조 제1항)의 주문에 명료히 표시되지 아니하여 그 판결에 의한 등기의 집행이 불능으로 될 경우 현행 민사소송법상 판결경정 제도(민사소송법 제211조)에 의하여 사후적으로 일부는 구제될 수 있으나 법원의 판결경정제도는 대부분 소극적으로 운영되고 있는 실정이다.

2. 판결경정제도의 취지

판결에 위산, 오기 기타 이에 유사한 오류가 있는 것이 명백한 때 행하여지는 판결의 경정은 일단 선고된 판결에 대하여 그 내용을 실질적으로 변경하지 않는 범위 내에서 판결의 표현상의 기재 잘못이나 계산의 착오 또는 이와 유사한 오류를 법원 스스로가 결정으로써 정정 또는 보충하여 강제집행이나 호적의 정정 또는 등기의 기재 등 광의의 집행에 지장이 없도록 하자는 데 그 취지가 있다(대법원 1996. 1. 9. 95그13, 1996. 10. 16. 96그49, 2001. 12. 4. 2001그112, 2000. 5. 30. 2000그37 결정, 1992. 9. 15. 92그20, 2012. 2. 10. 2011마2177).

법원은 선고된 판결 내용을 실질적으로 변경하지 않는 범위 내에서 판결경정제도를 적극적으로 활용함으로써 판결경정절차에 의하여 부동산등기에 관하여 의사의 진술을 명한 확정된 이행판결에 오기 기타 이에 유사한 오류가 있는 것이 명백한 경우 판결경정절차에 의하여 일부라도 구제될 수 있도록 판결경정제도를 적극적으로 활용하는 것이 소송경제적인 면과 원고의 소제기목적에 기여하는 의미에서 필요하다고 본다.

3. 판결 경정이 허용되는 범위

판결의 경정이란 일단 선고된 판결에 위산, 오기 기타 이에 유사한 오류가 있는 것이 명백한 때에 그 잘못을 법원 스스로 결정으로 경정 또는 보충하도록 하여 강제 집행이나 호적의 정정 또는 등기의 기재 등 넓은 의미의 집행에 지장이 없도록 하는 데 그 취지가 있는 것으로서, 그 판결의 내용을 실질적으로 변경하지 않는 범위 내에서만 허용된다(대법원 1996. 3. 12. 95다528 결정).

법원이 토지의 공유물분할에 관한 조정조서에 측량·수로조사 및 지적에 관한 법률의 규정에 반하여 제곱미터 미만의 단수를 표시하여 위치와 면적을 기재함으로써 조정조서 집행이 곤란해진 경우, 당사자 일방이 그 소유로 될 토지의 지적에 표시된 제곱미터 미만의 단수를 포기하여 조정조서 집행을 가능하게 하는 취지로 신청한 조정조서 경정을 허가하여야 한다.

조정성립 후 조정조서에 기해 도해지역에 있는 토지의 공유물분할 신청을 하였으나 조정조서에 첨부된 도면이 대한지적공사에서 측량한 측량성과도가 아니라는 이유로 수리가 거부되어 조정조서 집행이 곤란해진 경우, 당사자 일방이 대한지적공사에 위 도면과 같은 내용으로 지적현황측량을 의뢰하여 그 측량성과도로 별지 도면을 작성한 후 신청한 조정조서경정을 허가하여야 한다(대법원 2012. 2. 10. 2011마2177 결정).

법원이 1필지의 일부분인 토지에 대하여 소유권이전등기를 명함에 있어 시적법상의 제곱미터 미만의 단수의 존치로 인하여 판결의 집행이 곤란하게 되는 결과가 생길 경우에는 판결의 집행이 가능하게끔 시정되어야 하므로, 당사자의 일방이 그 소유로 될 토지의 지적에 존치되어 있는 제곱미터 미만의 단수를 포기하고 그 포기한 부분을 상대방의 소유로 될 토지의 지적에 존치되어 있는 단수와 합산하여 단수 이하를 없앰으로써 판결의 집행을 가능하게 하는 취지의 판결경정의 신청을 한 경우에는 민사소송법 제197조의 이른바 판결에 위산, 오기 기타 이에 유사한 오류가 있음이 명백한 경우에 해당하는 것으로 보아 판결의 경정을 허가하여야 한다(대법원 1996. 10. 16. 96그49).

4. 판결경정의 허부

가. 판결의 경정을 허용하는 사례

판례상 판결의 경정이 허용되는 사례는 아래와 같다.

- 판결서 말미에 부동산목록이 누락된 경우(대판 1962. 3. 22. 4294민상1557, 1970. 4. 28. 70다322, 1989. 9. 26. 88다카10647, 1989. 10. 13. 88다카19415)
- 경매개시결정에 지번, 호수가 누락된 경우(대법원 1964. 4. 13. 63마40)
- 건물의 건평표시의 오류(대판 1964. 11.24. 64다815)
- 변경 전 지번을 표시한 경우(대판 1966. 3. 15. 65다2557)
- 사망자를 소유자로 표시한 경우(대법원 1969. 5. 8. 67마95)
- 사망자를 당사자로 한 판결(법원 1970. 3. 24. 69사83)
- 판결에 첨부된 토지목록의 오류(대판 1977. 12. 13. 76다2674)
- 판결주문의 표시가 원고의 청구에 부합되는 오류(대판 1978. 10. 26. 78다289)
- 판결주문 기재의 부동산을 별지로 특정 하면서 별지를 첨부하지 아니하였음이 명백한 경우(대법원 1980. 7. 8. 80마162)
- 판결 말미에 부동산목록기재가 없어도 소장에 첨부된 목록과 동일한 경우(대판 1962. 3. 22. 4294민상1557)
- 경매개시결정과 경낙허가결정에 경매목적물인 대지 "을지로 2가 148번지의 17"을 "을지로2가 148번지"로 기재한 경우(대법원 1964. 4. 13. 63마40)

- 철거를 구하는 건물의 평수를 실제평수에 맞추어 경정한 것이 청구취지에 표시된 평수를 초과한 경우(대법원 1964. 7. 30. 64마505)
- 건물의 철거를 명함에 있어 그 주문에 건물의 건평을 잘못 표시한 경우(대판 1964. 11. 24. 64다815)
- 당사자의 과오로 인한 부동산표시의 착오기재(대법원 1983. 4. 19. 83그7)
- 건물의 건평, 토지면적을 잘못 표시한 경우(대판 1964. 11. 24. 64다185, 1985. 7. 15. 85그66)
- 소장의 별지목록 기재 부동산 중 대지의 표시를 함에 있어 지번과 지적만 기재하고 대지권의 표시를 하지 아니하여 판결서에도 동일하게 기재된 경우(대법원 1990. 5. 23. 90그17)
- 착오로 등기부상 남아있는 지분보다 과다한 지분에 관하여 이전등기를 청구한데 대하여 피고가 청구를 인낙한 경우(대법원 1994. 5. 23. 94그200)
- 소장에 상대방의 주민등록상 주소를 기재하였으나 판결에는 상대방이 송달장소로 신고한 곳이 주소로 기재된 경우(대법원 1994. 7. 5. 94그22)
- 판결서의 당사자 표시에 주소를 누락한 경우(대법원 1995. 6. 19. 95그26)
- 소유권이전등기를 명하는 건물에 관한 주문기재 면적이 건축대장의 면적과 서로 다른 경우(대법원 1996. 1. 9. 95그13)
- 1필지 토지의 일부에 대한 소유권이전등기를 명하면서 지적법상 허용되지 않는 m^2 미만의 단수를 존치시킴으로써 판결의 집행이 곤란하게 된 경우(대법원 1996. 10. 16. 96그49)
- 1필지 토지의 일부분에 대하여 소유권이전등기를 명하면서 지적법의 규정에 위반하여 m^2 미만 단수를 존치하여 위치와 면적을 표시한 판결에 대하여 당사자 일방이 그 소유로 될 토지의 지적에 존치되어 있는 m^2 미만의 단수를 포기하고 신청한 판결 경정(대법원 1999. 12. 23. 99그74)
- 판결주문 중 등기원인일자를 잘못 기재한 경우(대판 1970. 3. 31. 70다104)
- 취득시효완성을 원인으로 한 소유권이전등기를 명하는 판결의 주문 및 그에 첨부된 감정도면상의 면적이 실제로는 "13m^2"임에도 감정상의 착오로 "16m^2"로 잘못 표시

되었음이 강제집행 실시과정에서 밝혀진 경우(대법원 2000. 5. 24. 99그82결정)
- 감정인의 계산착오로 감정서 도면상의 경계에 따른 갑 부분면적이 1,445㎡, 을 부분이 5,993㎡임에도 갑 부분을 1,287㎡로, 을 부분을 6,151㎡로 표시한 화해조서에 대한 준 재심사건에서 감정인이 그 잘못을 시인하는 증언을 한 경우(대법원 2000. 5. 24. 98마1839)
- 피고의 주민등록상 주소가 누락된 채 보정된 송달장소만이 기재된 판결이 선고된 후 원고가 위 송달장소를 피고의 현재의 주민등록상 주소로 경정해 달라는 신청을 한 경우(대법원 2000. 5. 30. 2000그37)
- 법원이 토지의 공유물분할에 관한 조정조서에 측량. 수로조사 및 지적에 관한 법률의 규정에 반하여 제곱미터 미만의 단수를 표시하여 위치와 면적을 기재함으로서 조정조서 집행이 곤란해진 경우, 당사자 일방이 그 소유로 될 토지의 지적에 표시된 제곱미터 미만의 단수를 포기하여 조정조서 집행을 가능하게 하는 취지로 신청한 조정조서 경정(대법원 2012. 2. 10. 2011마2177)
- 당사자의 과실에 의한 오류의 경정 등(대법원 1990. 1. 12. 89그48, 2000. 5. 24. 99그82)
- 가사사건에서 당사자에 대한 주민등록상의 주민등록번호와 호적상의 생년월일이 서로 부합하지 않는 경우(적극) (대법원 2000. 12. 12. 2000즈3)

나. 판결의 경정을 허용하지 않는 사례

판례상 판결의 경정이 허용되지 아니하는 서례는 아래와 같다.
- 부동산의 지번, 건물구조, 건평수가 다른 경우(대법원 1979. 7. 25. 79마217)
- 원고의 주소와 다른 등기부상 주소를 따로 표시하지 않은 경우(대법원 1983. 4. 9. 83그6, 1986. 4. 30. 86그51)
- 1필의 토지 중 특정된 부분을 분할하여 소유권이전등기절차를 구하는 소송의 판결주문에서 "분할하여"라는 문구를 누락한 경우(법원 1984. 8. 17. 84그44, 1987. 7. 16. 87그24)

- 판결에 표시된 등기의무자의 주소와 등기부상의 주소가 다르게 표시된 경우(법원 1987. 2. 26. 87그4)
- 근저당권설정등기의 말소를 명하는 판결을 함에 있어 그 의무자인 당사자의 주소를 표시하면서 이와 다른 등기부상의 주소를 명기하지 아니한 경우(대법원 1994. 8. 16. 94그17 결정)
- 환지확정에 따라 청구취지를 정정하면서 등기부의 누락으로 인한 착오로 종전토지의 일부를 누락한 경우, 이를 토대로 선고된 판결에 누락부분을 추가하는 경우(대법원 1996. 3. 12. 95마528)
- 피고의 토지 점유 부위와 그 면적이 측량 감정인의 잘못으로 피고의 실제 점유 부위 및 면적과 다르게 감정되었음에도 불구하고 원고나 법원이 이를 간과하고 그 감정결과에 따른 청구취지대로 판결이 선고된 경우(대법원 1999. 4. 12. 99마486 결정, 1995. 7. 12. 95마531 결정)
- 상고심판결에 등기의무자 및 등기권리자의 주소가 실주소와 다르게 표시된 경우(주민등록표시 등에 의하여 동일인 소명이 가능하므로) 등(대법원 1996. 5. 30. 카기54)

제6관 민사소송법 제208조 제1항 및 제249조의 개정건의

1. 민사소장 및 판결서에 당사자의 주민등록번호기재의 필요성

가. 민사소송법 제208조 제1항 1호 및 재249조 · 제274조 제1항 1호

부동산등기법상 등기신청인의 주민등록번호는 1984. 7. 1.부터 등기신청서(규칙 제43조 제1항 2호, 등기예규 제1334호 별지 양식) 및 등기부(법 제48조 제2항, 제3항)의 필요적 기재사항[허무인명의 등기의 방지를 위하여 부동산등기법 중 개정법률(1983. 12. 31. 법률 제3692호, 시행일 : 1984. 7. 1.)에 의하여 모든 등기에 등기권리자의 주민등록번호를 병기하도록 하였다]으로 규정 되어 있으나, 민사소송법상 당사자의 주민등록번호는 판결서(민소법 제208조 제1항 1호) 및 소장(동법 제249조, 제274조 제1항 1호)의 필요적 기재사항이 아니다.

등기절차의 이행을 명하는 확정된 이행판결을 등기원인을 증명하는 서면으로 하여 등기신청을 할 경우 그 판결서에 표시된 당사자 표시 중 피고(등기의무자)의 성명 또는 주소, 주민등록번호가 등기기록(등기부)과 일치하지 아니한 경우 판결의 경정결정을 받지 못하면 그 등기신청은 "신청정보의 등기의무자의 표시가 등기기록과 일치하지 아니한 경우"(부동산등기법 제29조 제7호)에 해당하여 각하된다.

이 경우 판결서에 피고의 주민등록번호가 기재되어 있으며 그것이 등기부의 기재와 동일하면 동일인으로 인정되어 피고의 주소가 상이(판결서와 등기부의 상이)하여도 판결경정절차 없이 등기를 집행할 수 있기 때문이다.

나. 재판서양식에 관한 예규

재판서양식에 관한 예규(200. 9. 15. 재판예규 제789호, 개정 2003. 9. 17. 재판예규 제930호)에는 '민사, 가사, 행정, 특허사건의 재판서 또는 화해, 조정, 포기, 인낙조서 등에 있어서 기록상 당사자의 주민등록번호를 알 수 있는 경우에는 당사자의 한자 성명을 병기하지 아니하고 한글 성명 옆에 괄호하고 그 안에 주민등록번호를 기재한다. 재판장은 필요한 경우에는 원고 또는 신청인에게 당사자 쌍방의 주민등록표등. 초본의 제출을 명할 수 있다. 재판장은 필요한 경우에는 당사자 쌍방에게 주민등록증, 운전면허증 등 주민등록번호가 기재된 공문서의 제시를 명하고, 담임 법원사무관 등에게 당사자의 주민등록번호를 조서에 기재하게 할 수 있다'고 규정하고 있다.

2. 민사소송법의 개정건의

등기권리자의 '주민등록번호'는 부동산등기법상 등기신청서(부동산등기규칙 제43조 제1항 2호 참조) 및 등기부(부동산등기법 제48조 제2항 참조)의 필요적 기재사항으로 규정되어 있으므로 판결에 의한 등기의 신속 정확한 집행을 위하여 소송당사자의 '주민등록번호'를 민사소장(민소법 제249조) 및 판결서(민소법 제208조 제1항 1호)의 필요적 기재사항으로 하는 내용의 '민사소송법 제208조 제1항 제1호 및 제249조'를 개정함으로써 판결경정절차 없이 신속, 정확하게 부동산등기에 관하여 의사의 진술을 명하는 확정된 이행판결에 의한 등기의 집행(부동산등기법 제23조 제4항·민사집행법 제263조 제1항 참조)을 할 수 있도록 하는 것이 민사소송의 적정의 이상 및 물권변동의 공시의 이상을 구현하는 길이라고 본다.

제4절 법관의 오판과 국가배상책임

　법관은 국가 공무원법상 경력직 공무원 중 특정직공무원이다(국가공무원법 제2조 제2항 2호). 법관윤리강령은 법관은 맡은바 직무를 성실하게 수행하며, 직무수행능력을 향상시키기 위하여 꾸준히 노력하여야 한다. 법관은 신속하고 능률적으로 재판을 진행하며, 신중하고 충실하게 심리하여 재판의 적정이 보장되도록 한다(법관윤리강령 제4조)'고 규정하고 있다.

1. 민사소송의 적정의 이상

　민사소송의 적정(適正)의 이상(理想)(즉, 올바르고 잘못이 없는 진실발견의 재판)은 소송의 가장 중요한 요청이다. 그러나 폭주하는 민사소송사건의 증가에 비례하여 법관의 부족으로 인한 심리의 지연, 졸속이 불가피하며, 법관의 증원문제 외에 법관직의 전문화의 소홀로 인하여 전문분야에 대한 법률지식과 경험의 부족으로 민사소송의 적정을 해치거나 재판의 모순(예 : 집행불능판결 등)으로 인하여 소송당사자로부터 불신을 받거나 더 나아가 민사소송이 무용한 제도로 전락할 수 있다.

2. 공무원의 불법행위와 배상책임

　국가가 위법하게 개인의 권리를 침해한 경우에 국가의 배상책임을 국가의 불법행위책임이라고 한다. 우리 헌법 제29조 제1항은 '공무원의 직무상 불법행위로 손해를 받은 국민은 법률이 정하는 바에 의하여 국가 또는 공공단체에 정당한 배상을 청구할 수 있다. 이 경우 공무원 자신의 책임은 면제되지 아니한다'고 규정하고 있다. 이에 따라 국가배상법이 제정되었으며, 국가의 배상책임이 일반적으로 확립된 것이다.

3. 법관의 재판상의 불법행위를 이유로 한 국가배상문제

법관의 재판상의 과오(過誤)를 이유로 한 국가배상문제를 고찰하기 위하여는 '재판의 특수성'을 고려하여 '엄격하고 신중하게 고찰'하여야 한다. 법관이 고의 또는 과실로 인한 오판으로 소송당사자에게 손해를 가한 경우에 국가배상법에 의한 배상책임을 지는가가 문제된다.

4. 외국의 경우

가. 미국

미국에서는 보통법상 판사가 직무상 행한 사법행위에 대하여는 민사상 책임을 면제하는 면책특권이 인정되고 있으며, 판사가 뇌물을 받고 재판을 했거나 악의적으로 재판을 한 경우에도 재판권을 벗어난 것이 아니라면 면책된다고 한다.

나. 독일

독일 민법 제839조 제2항은 법관이 소송사건의 판결에 있어서 직무상의 의무를 위반한 경우에는 그 의무위반이 "범죄행위인 때"에만 손해배상의 책임이 있다. 이 규정은 의무에 반하는 직무행사의 거절 또는 지연에는 적용하지 아니한다'고 규정하여 법관의 오판과 국가배상책임의 문제를 입법적으로 해결하여 놓고 있다.

다. 일본

일본의 경우 무조건 국가배상법이 적용된다는 '무제한설(無制限說)'과 악의에 의한 사실 인정 또는 법령해석의 왜곡이 있는 경우에 한하여 적용된다는 '제한설(制限說)'이 대립되고 있다. 대부분의 국가에서 제한설을 따르고 있는 점, 오판의 시정을 위해 3심제도를 채택하는 점, 국가배상책임을 무제한 적으로 적용할 경우 사법권의 독립을 해칠 우려나 법관의 합법적인 직무수행의 염려가 있는 점 등을 고려할 때 제한설이 타당하다.

일본 최고재판소 1968(소화 43). 3. 15. 판결은 재판관이 한 직무행위에 일반적으로 국가배상법이 적용되고 재판관이 행한 재판에 관하여도 그 본질에서 유래하는 제약은 있으나 국가배상법의 적용이 당연히 배제되는 것은 아니라고 한다.

일본 최고재판소 1982(소화 57). 3. 12. 판결은 재판관이 행한 쟁송의 재판에 상소 등 소송법상의 구제방법에 의하여 시정되어야 할 하자가 존재한다 하여도 이것에 의하여 당연히 국가배상법 제1조 제1항의 규정에서 말하는 위법한 행위가 있는 것으로서 국가의 손해배상책임 문제가 발생하는 것은 아니며, 위 책임이 긍정되기 위해서는 당해 재판관이 위법 또는 부당한 목적을 가지고 재판하는 등 법관이 그에게 부여된 권한의 취지에 명백히 위배되어 이를 행사하였다고 인정되는 것과 같은 특별한 사정이 있는 것을 필요로 한다고 해석하는 것이 상당하다고 판결하였다.

5. 우리나라 대법원 판례

우리나라 대법원은 제한설(制限說)에 따라 "법관의 재판에 법령의 규정을 따르지 아니한 잘못이 있다 하더라도 이로써 바로 그 재판상 직무행위가 국가배상법 제2조 제1항에서 말하는 위법한 행위로 되어 국가의 손해배상책임이 발생하는 것은 아니고, 그 국가배상책임이 인정되려면 당해 법관이 위법 또는 부당한 목적을 가지고 재판을 하는 등 법관이 그에게 부여된 권한의 취지에 명백히 어긋나게 이를 행사하였다고 인정할 만한 특별한 사정이 있어야 한다"고 판시하였다(대판 2001. 4. 24. 2000다16114. 2001. 10. 12. 2001다47290). 법관의 재판에 대한 국가배상책임에 관한 우리나라 대법원의 판례는 다음과 같다.

가. 대법원 2001. 4. 24. 선고 2000다16114판결

법관의 재판에 대한 국가배상책임에 관하여 2001. 4. 24. 선고 2000다16114 판결은 "법관이 행하는 재판사무의 특수성과 그 재판과정의 잘못에 대하여는 따로 불복절차에 의하여 시정될 수 있는 제도적 장치가 마련되어 있는 점 등에 비추어 보면, 법관의 재판에 법령의 규정을 따르지 아니한 잘못이 있다 하더라도 이로써 바로 그 재판상 직무행위가 국가배상법 제2조 제1항에서 말하는 위법한 행위로 되어 국가의 손해배상 책임이 발생하는 것은 아니고 그 국가배상책임이 인정되려면 당해 법관이 위법 또는 부당한 목적을 가지고 재판을 하는 등 법관이 그에게 부여된 권한의 취지에 명백히 어긋나게 이를 행사하였다고 인정할 만한 특별한 사정이 있어야 한다고 해석함이 상당하다"고 하면서 "임의경매절차에서 경매담당 법관의 오인에 의해 배당표 원안이 잘못 작성되고 그에 대해 불복절차가 제기되지 않아 실체적 권리관계와 다른 배당표가 확정된 경우, 경매담당 법관이 위법·부당한 목적을 가지고 있었다거나 법이 법관의 직무수행상 준수할 것을 요구하고 있는 기준을 현저히 위반하였다는 등의 자료를 찾아볼 수 없어 국가배상법상의 위법한 행위가 아니라"고 하였다.

나. 대법원 2001. 10. 12 선고 2001다47290 판결

법관이 압수수색할 물건의 기재가 누락된 압수수색영장을 발부한 행위가 불법행위를 구성하지 않는다고 본 사례에 관하여 "법관의 재판에 법령의 규정을 따르지 아니한 잘못이 있다 하더라도 이로써 바로 그 재판상 직무행위가 국사배상법 제2조 제1항에서 말하는 위법한 행위로 되어 국가의 손해배상책임이 발생하는 것은 아니고, 당해 법관이 위법 또는 부당한 목적을 가지고 재판을 하는 등 법관이 그에게 부여된 권한의 취지에 명백히 어긋나게 이를 행사하였다고 인정할 만한 특별한 사정이 있어야 위법한 행위가 되어 국가배상책임이 인정된다(대판 2001. 10. 12. 2001다47290 손해배상)"고 하여 법관의 재판에 법령의 규정을 따르지 아니한 잘못이 있다하더라도 국가배상 책임이 인정되기 위하여는 당해 법관이 위법 또는 부당한 목적을 가지고 재판을 하는 등 특별한 사정이 있음을 요한다고 하였다.

다. 대법원 2003. 7. 11. 선고 99다24218 판결

(1) 법관의 재판에 대한 국가배상책임이 인정되기 위한 요건

법관의 재판에 대한 국가배상책임이 인정되기 위한 요건에 관하여 대법원은 "법관의 재판에 법령의 규정을 따르지 아니한 잘못이 있다하더라도 이로써 바로 그 재판상 직무행위가 국가배상법 제2조 제1항에서 말하는 위법한 행위로 되어 국가의 손해배상책임이 발생하는 것은 아니고, 그 국가배상책임이 인정되려면 당해 법관이 위법 또는 부당한 목적을 가지고 재판을 하였다거나 법이 법관의 직무수행상 준수할 것을 요구하고 있는 기준을 현저하게 위반하는 등 법관이 그에게 부여된 권한의 취지에 명백히 어긋나게 이를 행사하였다고 인정할 만한 특별한사정이 있어야 한다"(대판 2003. 7. 11. 99다24218, 2022. 3. 17. 2019다226975)고 판결했다.

특히 재판에 대하여 불복절차 또는 시정절차가 마련되어 있는 경우, 법관이나 다른 공무원의 귀책사유로 불복에 의한 시정을 구할 수 없었다거나 그와 같은 시정을 구할 수 없었던 부득이한 사정이 없는 한, 그와 같은 시정을 구하지 않은 사람은 원칙적으로 국가배상에 의한 권리구제를 받을 수 없다(대판 2022. 3. 17. 2019다226975. 손해배상).

(2) 재판에 대하여 불복절차 내지 시정절차 자체가 없는 경우

대법원은 재판에 대한 불복절차 내지 시정절차의 유무와 부당한 재판으로 인한 국가배상책임의 인정 여부에 관하여 "재판에 대하여 불복절차 내지 시정절차 자체가 없는 경우에는 부당한 재판으로 인하여 불이익 내지 손해를 입은 사람은 국가배상 이외의 방법으로는 자신의 권리 내지 이익을 회복할 방법이 없으므로, 이와 같은 경우에는 배상책임의 요건이 충족되는 한 국가배상책임을 인정하지 않을 수 없다"(대판 2003. 7. 11. 99다24218)고 판결했다.

보전재판의 특성상 신속한 절차진행이 중시되고 당사자 일방의 신청에 따라 심문절차 없이 재판이 이루어지는 경우도 많다는 사정을 고려하여 민사집행법에서는 보전재판에 대한 불복 또는 시정을 위한 수단으로서 즉시항고와 효력정지신청 등 구제절차를 세심하게 마련해 두고 있다. 재판작용에 대한 국가배상책임에 관한 판례는 재판에 대한 불복절차 또는 시정절차가 마련되어 있으면 이를 통한 시정을 구하지 않고서는 원칙적으로 국가배상을 구할 수 없다는 것으로, 보전재판이라고 해서 이와 달리 보아야 할 이유가 없다(대판 2022. 3. 17. 2019다226975. 손해배상).

(3) 대법원 판례

우리나라 대법원도 제한설(制限說)에 따라 '법관의 재판에 대하여 국가배상책임이 인정되려면 당해 법관이 "위법 또는 부당한 목적"을 가지고 재판을 하였다거나 법이 법관의 직무수행상 준수할 것을 요구하고 있는 기준을 "현저하게 위반"하는 등 법관이 그에게 부여된 권한의 취지에 "명백히 어긋나게 이를 행사'하였다고 인정할 만한 "특별한 사정이 있어야 한다'고 판시하였고, 헌법재판소도 같은 입장을 취하고 있다.

라. 헌법재판소 재판관에게 국가배상책임을 인정한 사례

대법원 판결은 "헌법재판소 재판관이 청구기간 내에 제기된 헌법소원심판청구 사건에서 청구기간을 오인하여 각하결정을 한 경우, 이에 대한 불복절차 내지 시정절차가 없는 때에는 국가배상책임(위법성)을 인정할 수 있다(대판 2003. 7. 11. 99다24218. 손해배상)"고 하였으며, 헌법소원 심판청구를 헌법재판소 재판관이 잘못된 각하결정을 함으로써 청구인의 정신상 고통에 대한 위자료 인정여부에 관하여 "헌법소원심판을 청구한 자로서는 헌법재판소 재판관이 일자계산을 정확하게 하여 본안판단을 할 것으로 기대하는 것이 당연하고, 따라서 헌법재판소 재판관의 위법한 직무집행의 결과 잘못된 각하결정을 함으로써 청구인으로 하여금 본안판단을 받을 기회를 상실하게 한 이상, 설령 본안판단을 하였더라도 어차피 청구가 기각되었을 것이라는 사정이 있다고 하더라도 잘못된 판단으로 인하여 헌법소원심판 청구인의 위와 같은 합리적인 기대를 침해한 것이고 이러한 기대는 인격적 이익으로서 보호할 가치가 있다고 할 것이므로 그 침해로 인한 정신상 고통에 대하여는 위자료를 지급할 의무가 있다(대판 2003. 7. 11. 99다24218)"고 하여 국가배상책임을 인정한 사례가 있다.

6. 불복절차 내지 시정절차가 없는 경우 국가배상책임을 인정한 사례

대법원은 '헌법재판소 재판관이 청구기간 내에 제기된 헌법소원 심판청구사건에서 청구기간을 오인하여 각하결정을 한 경우, 이에 대한 "불복절차 내지 시정절차가 없는 때"에는 국가배상책임을 인정할 수 있다'(대판 2003. 7. 11. 99다24218)고 하여 국가배상책임(위자료)을 인정한 사례가 있다.

7. 등기절차이행을 명한 확정판결이 집행불능판결에 해당되는 경우

등기절차이행을 명한 확정된 이행판결(원고승소판결)을 등기원인증서로 하여 등기신청을 하였으나 그 판결이 이른바 "집행불능판결"에 해당되어 등기관이 그 등기신청을 각하한 경우, 그 판결은 원고에게 아무런 의미가 없는 휴지조각에 불과한 것으로서, 그 판결은 확정된 이행판결이므로 이에 대하여는 불복절차 내지 시정절차에 의하여 시정할 방법이 없다.

위 판결을 받은 원고는 다시 소를 제기하여 등기의 집행이 가능한 판결을 받아 등기신청을 하는 절차를 반복하게 된다. 이러한 경우 집행불능판결을 한 법관은 어떠한 책임을 질것인가가 문제된다.

8. 집행불능판결을 받은 원고의 구제문제

부동산등기에 관한 의사표시를 명하는 판결을 구하는 원고의 청구는 그 판결주문에 명시된 내용의 등기를 집행하는 것(법 제23조 제4항)이므로 만일 그 판결이 집행불능판결에 해당될 경우 그 판결은 원고에는 아무런 의미가 없는 휴지조각에 불과하다.

민사소송제도는 사인의 권리보호와 사법질서유지를 목적으로 하며, 민사소송제도가 이상적으로 운영되려면 적정. 공평. 신속. 경제. 신의칙의 이념이 지배하여야 한다. 법관이 올바르게 사실을 확정하고, 이 확정된 사실에 법을 올바로 적용하여 재판을 통해 사회정의를 구현하는 것을 민사소송의 적정(適正)의 이상(理想)이라고 한다.

올바르고 잘못이 없는 진실발견의 재판은 소송의 가장 중요한 요청이다. 법관은 올바르게 사실을 확정하고, 확정된 사실에 법을 올바르게 적용하여 재판을 통해 사회정의를 구현하여야 한다. 법관이 구체적 사건의 재판에 적용할 법령의 내용에 관한 정확한 지식에 기초한 법의 적용은 '법관이 반드시 갖추어야 할 직무상의 의무'로서 요구되기 때문이다(헌법 제27조. 국가공무원법 제56조. 법관윤리강령 제4조).

법률격언에 '소송이 다시 소송을 일으키는 일이 없도록 소송을 방지하는 것은 훌륭한 재판관의 의무이다. 소송을 종결시키는 것은 국가의 안녕을 위해서이다'(It is the duty of a good judge to prevent litigations, that suit may not grow out of suit, and it concerns the welfare of a state that an end be put to litigation). '소송의 원인을 제거 하는 것이 훌륭한 법관의 의무이다'(It is duty of a good judge to remove causes of litigation)라는 말이 있다.

등기절차이행을 명한 확정된 이행판결을 받은 원고가 그 판결을 등기원인증서로 하여 등기신청을 한 경우 그 판결이 집행불능판결에 해당되어 등기관이 부동산등기법 제29조에 의하여 각하한 경우 그 판결에 대하여는 불복절차 내지 시정절차에 의하여 시정할 방법이 없으므로 원고는 많은 시간과 비용을 들여 다시 소를 제기하여 등기의 집행이 가능한 판결(집행력 있는 판결)을 받아 등기신청을 하여야 한다.

법관의 재판에 대한 국가배상책임이 인정되기 위하여는 법관의 재판에 법령의 규정을 따르지 아니한 잘못이 있다 하더라도 이로써 바로 그 재판상직무행위가 국가배상법 제2조 제1항에서 말하는 위법한 행위로 되어 국가의 손해배상 책임이 발생하는 것은 아니고, 그 국가배상책임이 인정되려면 당해 법관이 위법 또는 부당한 목적을 가지고 재판을 하였다거나 법이 법관의 직무수행상 준수할 것을 요구하고 있는 기준을 현저하게 위반하는 등 법관이 그에게 부여된 권한의 취지에 명백히 어긋나게 이를 행사하였다고 인정할 만한 특별한 사정이 있어야 한다(대판을2003. 76. 11. 99다24218. 손해배상).

집행불능판결을 한 법관은 '위법 또는 부당한 목적'을 가지고 재판을 하였거나 법이 '법관의 직무수행상 준수할 것을 요구하고 있는 기준'을 현저하게 위반하는 등 법관이 그에게 부여된 권한의 취지에 명백히 어긋나게 권한을 행사하였다고 인정할 만한 특별한 사정이 있었다고 볼 수 없으므로, 법관의 재판상의 행위를 이유로 국가배상문제를 고찰하기 위하여는 '재판의 특수성' 등을 고찰하여 엄격하고 신중히 해석하여야 한다.

그러나 집행불능판결에 대하여는 상소가 허용되지 아니하며[상소는 자기에게 불이익한 재판에 대하여 유리하게 취소, 변경을 구하기 위한 것으로 승소판결에 대한 불복상소는 허용할 수 없다(대판 1999. 12. 21. 98다29797)], 재심절차에 의하여 구제받을 수도 없으므로 원고는 의사의 진술을 구하는 소를 다시 제기하여 집행력 있는 판결을 받아야 한다.

위에서 본바와 같이 대법원 2003. 7. 11. 선고 99다24218판결은 "재판에 대하여 불복절차 내지 시정절차 자체가 없는 경우에는 부당한 재판으로 인하여 불이익 내지 손해를 입은 사람은 국가배상 이외의 방법으로는 자신의 권리 내지 이익을 회복할 방법이 없으므로 이와 같은 경우에는 배상책임의 요건이 충족되는 한 국가배상책임을 인정하지 않을 수 없다"고 했다.

의사의 진술을 구하는 등기청구가 소유권이전등기절차이행을 명한 판결인 경우 원고는 그 판결에 의한 등기의 집행이 가능한 것으로 신뢰하고 그 판결에 의한 등기신청을 함에 있어 "등기신청과 관련하여 다른 법률에 의하여 부과된 의무"(법 제29조 10호)를 이행(즉, 취득세, 등록세, 교육세, 등기신청수수료 등의 납부 및 국민주택채권의 매입 등)한 후 확정판결정본을 등기원인증서로 하여 등기신청을 하게 되나 그 판결이 집행불능판결일 경우 그 판결에 의한 등기신청은 부동산등기법 제29조 각호의 1에 해당되어 등기관이 이를 각하하게 된다.

9. 소장을 작성하는 변호사 등의 책임

가. 피고지정 및 청구취지기재의 착오

부동산 등기에 관하여 의사의 진술을 구하는 등기청구의 소장을 작성하는 변호사 또는 법무사가 집행불능판결에 대하여는 1차적인 책임을 져야 한다고 본다. 왜냐하면 변호사

또는 법무사 등이 의사의 진술을 구하는 등기청구의 소장을 작성함에 있어,

첫째, 소의 이익이 없는 청구를 한 경우(예 : 주등기의 말소 없이 부기등기만의 말소를 구하거나 예고등기의 원인인 소유권이전등기말소소송이 승소확정 되었음에도 불구하고 그 판결에 의한 등기가 말소되지 아니한 상태에서 예고등기만의 말소를 청구하는 경우 또는 실명등기 유예기간경과 후 명의신탁해지를 원인으로 한 소유권이전등기청구를 하는 경우 등),

둘째 변호사, 법무사가 고유필수적 공동소송인 공유물분할청구, 합유부동산 또는 총유부동산에 관한 소장을 작성함에 있어 착오로 등기부상 공유자 또는 합유자 중 일부를 누락하거나 제3자를 포함시킨 경우(당사자 적격),

셋째 변호사, 법무사 등이 등기의 말소 또는 말소된 등기의 회복을 구하는 소장을 작성함에 있어 원고가 입증자료로 법원에 제출한 등기사항증명서(등기부)상 명백히 등재된 "등기상 이해관계 있는 제3자"가 있음에도 불구하고 그 제3자를 피고에서 누락시킴과 동시에 소장의 청구취지에 등기의 말소 또는 말소된 등기의 회복 대한 등기상 이해관계 있는 제3자의 승낙의 의사표시를 구하는 취지를 누락하는 경우 등이 실무상 자주 발생하는바, 이것은 변호사, 법무사 등이 집행불능판결에 대한 1차적인 원인을 제공하고 있는 것으로 볼 수 있다.

나. 수임인의 위임계약상의 선관의무 위배

변호사 또는 법무사가 소송요건에 흠결이 있는 위와 같은 소장을 작성, 제출하였고 이와 같은 소장의 흠결을 간과하고 법원이 원고승소판결을 한 경우 그 판결의 하자로 인하여 그 등기신청이 각하되었을 때 소송대리인인 변호사 또는 법무사는 위임계약상의 선관주의의무위반(민법 제681조)으로 인한 배상책임이 문제된다. 이 경우 집행 불능한 판결을 한 법관은 그 판결에 대하여 국가배상책임이 인정되기 위한 요건에 해당되지 않는

다고 하여 과연 그 판결로 부터 자유로울 수 있는가가 문제될 수 있다.

10. 법관의 오판과 국가 배상책임

가. 공무원의 의무

법관의 직무수행은 3권분립의 하나인 사법권독립의 원칙에 따라 누구의 지휘·명령을 받지 않고 오로지 그 양심에 따라 독립하여 심판한다(헌법 제103조). 공무원은 국가기관의 담당자로서 국민 전체에 대한 봉사자이며, 국민에 대하여 책임을 진다(헌법 제7조 제1항). 이에 따라 공무원은 특별한 의무를 진다.

그 책임의 근거는 법령에 의해서가 아니라 공무원과 국가와의 공법상 근무관계라는 특별권력에 근거를 둔 것이므로 법령에 규정된 각종 의무는 그 예시에 불과할 뿐 그 의무는 포괄적인 것이다. 공무원의 의무는 공무원의 종류나 직무의 성질에 따라 그 내용이 다르고, 또 각종의 법령에서 개별적으로 규정하고 있으나 일반적으로는 국가공무원법을 준용하고 있다.

나. 공무원의 책임

법관은 국가공무원법상 경력직 공무원 중 특정직 공무원이다(국가공무원법 제2조 제2항). 공무원의 책임이라 함은 공무원이 일반사인(一般私人)으로서 행한 행위가 아니라, 공무원으로서 행한 위법행위로 인해 법률상 지는 책임을 말한다. 공무원은 국민전체에 대한 봉사자이며, 국민에 대하여 책임을 진다(헌법 제7조 제1항). 공무원의 직무상 불법행위로 손해를 받은 국민은 법률이 정하는 바에 의하여 국가 또는 공공단체에 정당한 보상을 청구할 수 있다. 이 경우 공무원 자신의 책임은 면제되지 아니한다(헌법 제29조 제1항).

국가나 지방자치단체는 공무원이 직무를 집행하면서 고의 또는 과실로 법령을 위반하여 타인에게 손해를 입힌 때에는 국가배상법에 따라 그 손해를 배상하여야 한다. 이 경우에 공무원에게 고의 또는 중대한 과실이 있으면 국가나 지방자치단체는 그 공무원에게 구상(求償)할 수 있다(국가배상법 제2조).

공무원이 국가공무원법상의 의무를 위반하였을 때에는 특별권력관계에 기하여 징계책임(懲戒責任)과 국가에 대한 변상책임(辨償責任)을 부담한다. 특별권력관계(特別權力關係)라 함은 일반권력관계에 대한 관념으로서, 공법상의 특별한 원인에 기하여 특별한 목적에 필요한 범위 내에서 특정한 자에게 포괄적 지배권이 부여되고 상대방은 이에 복종해야 할 지위에 있는 관계를 말한다.

특별권력관계의 특색은 법치주의원칙이 배제되어 법률의 유보·기본권의 보장·사법심사의 보장 등이 제한된다는 데에 있다.

다. 법관의 의무

민사소송제도는 사인의 권리보호와 사법질서의 유지를 목적으로 국가가 마련한 것으로 민사소송제도가 이상적으로 운영되려면 적정, 공평, 신속, 경제, 신의칙의 이념이 지배하여야 한다. 올바른 재판은 소송의 가장 중요한 목적이며 법관은 바르게 사실을 확정하고 확정된 사실에 올바로 법을 적용하여 재판을 통하여 개인의 권리보호와 사회정의를 구현하여야 하는바, 그것은 '법관의 의무'인 동시에 '소송당사자의 권리'로 볼 수 있다.

의사의 진술을 구하는 청구 중 등기신청에 관한 의사표시를 명한 확정된 이행판결(법 제23조 제4항. 민집법 제263조 제 1항)을 등기원인을 증명하는 서면으로 하여 등기신청을 한 경우 그 등기신청이 부동산등기법 제29조 각 호의1에 해당하여 등기관이 이를 각하하게 되는 사례가 있는바, 이 경우 원고는 승소의 확정판결을 받기까지의 과정에서 과다한 비용(소장에 첨부하는 인지. 송달료 외에 변호사 보수, 승소사례금 등의 지불)과 노력을 소모하게 된다.

그뿐만 아니라 원고는 판결에 의한 등기의 집행이 가능한 것으로 신뢰하고 취득세, 등록세, 교육세, 등기신청수수료 등을 납부한 후 등기신청을 하게 되나 등기원인증서인 판결이 집행불능판결에 해당되어 등기관으로부터 그 등기신청이 각하될 경우 원고는 그 판결에 대하여 불복절차 내지 시정절차에 의하여 자신의 권리내지 이익을 회복할 방법이 없으므로 이로 인하여 발생한 손해에 대하여 국가를 상대로 손해배상책을임을 추궁할 수 있는지가 문제될 수 있다.

그러나 판결의 위법을 이유로 한 국가배상책임을 인정하는 것에는 재판의 특수성 등을 고려하여 엄격하고 신중히 검토하여야 한다.

라. 재판에 대하여 불복절차 내지 시정절차가 없는 경우

잘못된 판결로 인하여 타인이 손해를 본 경우 중 집행불능판결과 같이 그 재판에 대하여 불복절차 내지 시정절차 자체가 없는 경우에는 부당한 재판으로 인하여 불이익 내지 손해를 입은 사람(집행불능판결을 받은 원고는 동일한 소를 다시 제기하여 집행이 가능한 적정한 판결을 밟아야 한다)은 국가배상 이외의 방법으로는 자신의 권리내지 이익을 회복할 방법이 없으므로 이러한 경우 국가의 배상책임을 완전히 배제할 수 있는가 하는 문제와 집행불능판결을 등기원인증서로 등기신청을 한 경우 그 신청이 각하된 원고의 구제문제와의 조화를 검토할 가치가 있다고 본다.

마. 법관의 전문화(법관의 교육제도)

민사소송의 적정(適正)의 이념을 실현하기 위하여는 폭주하는 민사소송사건의 증가(특히 부동산등기에 관련된 소송의 증가)에 비례하여 법관의 부족으로 인한 심리의 지연, 졸속이 불가피한 것으로 볼 수 있으나 법관의 증원문제 이외에 법관의 전문화[부동산등기에 관하여 의사의 진술을 구하는 청구 등에 대한 전문지식과 경험이 있는 자의 강의 등(법원조직법 제74조의3 참조)]의 소홀로 인하여 집행불능판결과 같이 민사소송의 적정을 해치거나 재판의 모순(집행불능판결을 등기원인증서로 한 등기신청의 각하)으로 인하여 소송당사자(원고)로부터 불신을 받거나 더 나아가 민사소송이 무용한 제도로 전락하게 될 수도 있다.

이러한 문제의 해결을 위하여 의사표시의무의 집행(민사집행법 제263조) 중 부동산등기에 관한 의사의 진술을 구하는 청구에 관련하여 부동산등기법, 민사집행법 등 관련분야에 관하여 법관에 대한 연수와 교육을 통하여 이 분야에 관한 법률전문가로서의 이론과 실무를 연수·습득하도록 하는 교육제도를 마련할 필요가 있다고 본다.

사건의 복잡 다양화, 새로운 지식과 급변하는 기술의 변화에 따라 법관 한 사람이 모든 분야에 관하여 전문성을 가질 수 없는 상황에 이르렀다. 이에 따라 법원에는 많은 전문재판부와 특별법원이 설립되어 있으나 이런 상황에서도 법관이 한 분야에 대한 전문성을 갖추기 위해서는 스스로 그 분야에 계속하여 관심을 가지고 연구 노력해 나가야 할 것이다.

법관들의 업무에 대한 전문성의 향상으로 올바르고 잘못이 없는 진실발견의 재판은 민사소송의 '적정(適正)의 이상(理想)을 구현하는 길'이 된다고 본다.

민사소송법은 제1조 제1항에서 "법원은 소송절차가 공정하고 신속하며 경제적으로 진행되도록 노력하여야 한다", 제2항에서 "당사자와 소송관계인은 신의에 따라 성실하게 소송을 수행하여야 한다"고 규정하여 법원은 재판에서 공평, 신속, 경제의 이상을 구현하기 위하여 노력하여야 하며, 당사자와 소송관계인(보조참가인, 소송대리인, 증인 등)은 소송수행에 있어 신의칙에 입각하여 성실의무를 다할 것을 천명하여 신의칙(信義則)이 민사소송의 대원칙임을 명문화했다.

등기에 관하여 의사의 진술을 구하는 소를 제기한 원고는 법관의 적정한 재판과 슬기로운 지혜에 따른 판결에 의하여 등기신청의사에 적합한 등기의 집행을 목적으로 과다한 비용과 노력을 소모하여 소송을 수행하는 것이다.

등기에 관하여 의사의 진술을 명한 판결 등 집행권원에 의한 등기의 신속, 정확한 집행(법 제23조 제4항, 민사집행법 제263조 제1항)을 위해서는 소장을 작성하는 법무사, 소송대리인은 물론 법관의 부동산등기법, 민법, 민사소송법, 민사집행법, 중재법 등 부동산등기에 관련된 실체법 및 절차법에 관한 정확한 이해가 필요하며, 그것은 '집행불능판결의 예방'과 동시에 '민사소송이 무용한 제도로 전락'하게 되는 것을 구제하는 길이 되며, 더 나아가 '사법부가 분쟁을 해결하는 최후의 보루로서 국민의 신뢰와 존경을 받는 길'이 된다고 본다.

제6장 부동산소유권의 취득시효

제6장 부동산소유권의 취득시효

제1절 시효제도

시효(時效)란 일정한 사실상태가 일정한 기간 동안 계속함으로써 법률상 일정한 효과 즉 권리의 취득 또는 권리의 소멸을 일어나게 하는 법률요건으로, 시효에는 취득시효(取得時效)와 소멸시효(消滅時效)가 있다.

'취득시효'는 어떤 사람이 마치 그가 권리자인 것과 같이 권리를 행사하고 있는 사실상태가 일정한 기간(시효기간) 동안 계속한 경우에, 그와 같은 권리행사라는 외관의 사실상태를 근거로 하여 그 사람이 과연 진실로 권리자이냐 아니냐를 묻지 않고 처음부터 그가 권리자이었던 것으로 인정하는 제도이다.

'소멸시효'는 권리자가 그의 권리를 행사할 수 있음에도 불구하고 일정한 기간(시효기간) 동안 그 권리를 행사하지 않는 상태 즉 권리불행사의 상태가 계속한 경우에, 그 자의 권리를 소멸시켜버리는 시효이다.

시효는 법정기간의 계속을 요소(要素)로 한다. 즉 시효는 시간의 경과를 요건으로 한다. 시효는 법률요건이다. 따라서 시효가 완성하면 법률상 당연히 권리를 취득(취득시효)하거나 또는 권리가 소멸(소멸시효)하게 된다. 시효는 재산권(財産權)에 관한 것이며, 가족관계(신분관계)에 관한 것은 아니다. 가족관계는 진실에 기하여 판단되어야 할 법률관계이지 사실상태에 기하여 법률관계를 변경하는 것은 적당하지 않은 까닭이다.

시효에 관한 규정은 강행법규(强行法規)이다. 시효가 인정되는 근거는 법적안정성, 채

증상(探證上)의 곤란 등 사회적, 공익적인 이유에 기한 것이므로 그에 관한 규정은 강행법 규라고 해석하여야 한다.

1. 시효제도의 존재이유

시효는 영속한 사실 상태를 보호하고 그에 의거한 법률관계를 안정시키려는 제도이며, 사회질서의 유지, 거증(擧證)의 곤란성, 권리불행사의 징벌성, 신속한 거래안전의 요청 등이 이 제도가 인정된 이유이다. 이와 같이 사회적, 공공적 이유에 의한 것이므로 시효에 관한 규정은 강행규정이다.

부동산에 대한 취득시효제도의 존재이유는 부동산을 점유하는 상태가 오랫동안 계속된 경우 권리자로서의 외형을 지닌 사실상태를 존중하여 이를 진실한 권리관계로 높여 보호함으로써 법질서의 안정을 기하고, 장기간 지속된 사실상태는 진실한 권리관계와 일치될 개연성이 높다는 점을 고려하여 권리관계에 관한 분쟁이 생긴 경우 점유자의 증명곤란을 구제하려는 데에 있다(대판 2016.10.27. 2016다224596).

2. 시효의 원용

시효(時效)의 원용(援用)이란 소멸시효의 완성으로 이익을 받을 자가 적극적으로 그 이익을 받겠다고 의사를 표시하는 것을 말한다. 소멸시효완성의 효과에 관하여는 원용이 있어야만 권리가 소멸한다는 설(相對的消滅說)과 소멸시효의 완성만으로 권리가 소멸한다는 설(絕對的消滅說)이 대립하고 있으나 상대적 소멸설이 통설이다.

소멸시효의 원용을 할 수 있는 자(援用權者)는 소멸시효로 인하여 직접으로 의무를 면하거나 권리의 확장을 받는 자(당사자) 이외에 이 권리 또는 의무에 기하여 의무를 면하거나 권리의 확장을 받는 자(연대채무자, 연대보증인, 보증인 등) 등도 포함한다.

3. 시효이익의 포기

가. 시효이익의 포기의 의의

소멸시효이익(消滅時效利益)의 포기(抛棄)라 함은 소멸시효의 완성으로 인하여 이익을 받을 자가 그 이익을 받지 않겠다고 하는 의미를 표시하는 단독행위를 말한다. 시효의 이익은 이를 포기 할 수 있으나, 소멸시효의 이익은 미리 포기하지 못한다(민법 제184조 제1항).

소멸시효이익의 포기는 재판 외에서 하여도 좋지만 소멸시효에 걸린 권리를 소멸하지 않을 것으로 확정하는 의사표시이므로 상대방에 대한 의사표시로써 하지 않으면 안 된다. 다만 상대방의 동의는 필요하지 않다.

나. 시효완성에 따른 시효이익포기의 당사자

취득시효완성으로 인한 권리변동의 당사자는 시효취득자와 취득시효완성 당시의 진정한 소유자이므로, 시효이익(時效利益)의 포기(抛棄)는 특별한 사정이 없는 한 시효취득자가 취득시효 완성 당시의 진정한 소유자에 대하여 하여야 그 효력이 발생한다(대판 2009. 12. 10. 2006다19177).

4. 시효의 중단

시효(時效)의 중단(中斷)이라 함은 시효의 진행 중에 일정한 사유가 발생 하면 그 때까지 경과한 기간은 무효가 되고, 중단사유가 끝난 때부터 새로 시효가 진행하는데, 이를 시효의 중단이라고 한다(민법 제178). 시효의 정지와 더불어 시효완성의 장애(障碍)라 불린다.

민법이 정한 시효의 중단사유에는 청구(소의 제기, 최고, 지급명령, 화해를 위한 소환 또는 임의출석, 파산절차참가 등), 압류 또는 가압류, 가처분, 승인 등의 3가지가 있다(민법 제168조). 시효의 중단은 당사자 및 승계인에게만 효력이 있다(민법 제169조).

5. 시효의 정지

시효가 완성될 때에 권리자가 중단행위를 하기 불가능 하거나 심히 어려운 사유가 생기는 경우에는 일정한 기간 동안에 시효의 완성이 유예되는데 이를 시효(時效)의 정지(停止)라고 한다(민법 제179조~제182조).

권리의 행사가 권리자의 태만으로 인하지 아니한 경우에 이것을 보호하는 제도이다. 시효의 중단과는 달리 이미 진행한 시효기간이 효력을 잃게 되는 것은 아니고, 정지사유가 종료한 후 일정한 유예기간이 경과하면 시효가 완성한다.

민법이 인정하는 시효의 정지사유(停止事由)에는 무능력자에게 법정대리인이 없는 때(민법 제179조), 무능력자가 재산관리인에 대하여 권리를 가지고 있는 때, 부부간에 권리가 있는 때(민법 제180조), 상속재산에 대한 상속인의 미확정, 관리인의 선임이나 파산선고가 있는 때로부터 6월 이내(민법 제181조), 천재 기타의 사변으로 시효의 중단이 불가능한 때(민법 제182조) 등이 있다.

민법은 시효의 정지를 소멸시효에만 규정하고, 취득시효의 정지에 관하여는 아무런 규정도 하지 않았다.

6. 제척기간과 소멸시효

시효는 제척기간(除斥期間)과 다르다. 권리의 제척기간이라 함은 일정한 권리에 관하여 법률이 예정하는 존속기간이다. 따라서 권리의 존속기간인 제척기간이 만료하게 되면 그 권리는 당연히 소멸하는 것이 된다. 제척기간을 출소기간(出訴期間)으로 보는 견해가 있으며, 이 견해에 따르면 그 기간 내에 재판상의 행사(소의 제기)가 있어야 한다는 것이다.

제척기간에 의한 권리의 소멸은 기간이 경과한 때로부터 장래에 향하여 소멸할 뿐이므로 권리소멸의 효과는 소급하지 않으나, 소멸시효에 의한 권리소멸은 소급적 소멸(遡及

的 消滅)이다(민법 제167조 참조).

　제척기간은 속히 권리관계를 확정시키려는 것이므로 소멸시효와는 다르게 중단(中斷)이라는 것이 없다. 따라서 제척기간 내에 권리자의 권리의 주장 또는 의무자의 승인이 있어도 기간은 갱신(更新)되지 않는다.

　시효의 완성으로 권리는 소멸한다고 하더라도, 민사소송의 변론주의(處分權主義: 민소법 제203조)로 말미암아 시효이익을 받을 자가 그 이익을 소송에서의 공격·방어방법으로서 제출하지 않으면 그 이익은 무시된다. 그러나 제척기간의 이익은 당사자가 공격·방어방법으로서 제출하지 않더라도 법원은 당연히 고려하여야 한다.

　소멸시효에는 시효기간 완성 후의 소멸시효이익의 포기라는 제도가 있으나, 제척기간에는 포기라는 제도가 없다. 시효의 정지(停止)에 관한 규정은 제척기간에도 준용되는지 여부에 관하여 학설은 일치하지 않으나 부정설(否定說)이 다수설(多數說)이다.

　제척기간과 소멸시효사이에는 위에서 본 바와 같이 차이가 있는 까닭에 어떤 기간이 소멸시효기간이냐 또는 제척기간이냐를 결정하는 것이 중요하다. 그 판별기준에 관하여 학설은 조문(條文)의 문구에 "시효로 인하여"라고 있는 경우에는 그것은 언제나 소멸시효기간이라고 하고, 조문에 그러한 문자를 쓰지 않고 있으면 제척기간으로 해석하여야 한다고 한다.

제2절 취득시효제도

1. 취득시효와 소멸시효

'취득시효(取得時效)'라 함은 물건 또는 권리를 점유하는 사실상태가 일정기간 동안 계속되는 경우에, 그 상태가 진실한 권리관계에 부합하느냐 않느냐를 묻지 않고서, 그 사실 상태를 그대로 존중하여 권리취득의 효과가 생기게 하는 시효제도를 말한다. 소멸시효(消滅時效)와 대립되는 개념이다.

민법이 인정하는 시효로 취득되는 권리는 부동산 소유권(민법 제245조)과 동산소유권(민법 제246조)이며, 그 외의 재산권에 관해서는 이를 준용하도록 하고 있다. 취득시효는 일정한 상태의 계속을 기초로 하기 때문에 상태권(狀態權)만이 그 목적이 된다. 따라서 구체적으로 시효취득의 목적이 되는 권리로서 대표적인 것은 소유권이고, 기타의 재산권으로서는 일정한 물권과 유사한 성질을 가지는 권리에 한하게 된다.

부동산 소유권은 20년간 소유의 의사로써 평온, 공연하게 점유한 자가 등기함으로써 취득한다(민법 제245조 제1항). 시효에 의하여 취득하는 권리는 전(前) 소유자의 권리를 계승한 승계취득(承繼取得)이 아니라 원시취득(原始取得)이며(대판 1994. 12. 22. 92다3489, 2004. 9. 24. 2004다31463), 그 효력은 점유를 개시한 때에 소급한다(민법 제247조 제1항).

취득시효는 신분권에는 적용되지 않으며, 재산권에만 적용된다. 또 점유권, 유치권과 같이 직접 법률에 의하여 성립되는 재산권과 법률에 의하여 시효취득이 금지된 재산권은 취득시효의 목적이 될 수 없다.

'소멸시효(消滅時效)'란 권리의 불행사가 일정한 기간 계속함으로써 권리의 소멸을 초래하는 제도이다. 일정한 상태의 계속으로 권리를 취득하게 되는 취득시효(取得時效)와 대립되며, 권리불행사의 계속을 요건으로 하지 않는 제척기간(除斥期間)과 구별된다. 소유권 이외의 재산권은 모두 소멸시효에 걸리는 것이 원칙이지만 점유권, 물권적 청구권, 상린권, 담보물권 등의 예외가 있다.

채권은 민사는 10년, 상사는 5년, 그 이외의 재산권은 20년의 불행사로 소멸시효가 완성하는 것이 원칙이지만(민법 제162조, 상법 제64조), 그 시효기간(時效期間)에는 권리의 성질에 따라 많은 특칙이 있다(민법 제163조~제165조). 기간의 기산점은 권리를 행사할 수 있는 때이다(민법 제166조 제1항).

민법이 인정하는 시효로 취득되는 권리는 부동산소유권(민법 제245조)과 동산소유권(민법 제246조)이고, 그 외의 재산권에 관해서는 이를 준용하도록 하고 있다(민법 제248조).

2. 부동산소유권의 취득시효

취득시효라 함은 물건 또는 권리를 점유하는 사실상태가 일정기간 동안 계속되는 경우에 그것이 진실한 권리관계와 일치하는가의 여부를 묻지 않고 권리취득의 효과가 생기게 하는 시효제도를 말한다.

구민법은 부동산소유권의 취득시효제도(取得時效制度)로서 점유취득시효(占有取得時效)만을 인정하고 있었으나, 현행 민법은 20년간 소유의 의사로 평온, 공연하게 부동산을 점유하는 자는 등기함으로써 소유권을 취득하는 "점유취득시효(占有取得時效)"와 부동산의 소유자로 등기한 자가 10년간 소유의 의사로 평온, 공연하게 선의이며 과실 없이 그 부동산을 점유한 때에는 소유권을 취득하는 "등기부취득시효(登記簿取得時效)"라는 두 가지의 취득시효제도를 모두 인정하고 있다.

부동산에 대한 취득시효제도의 존재이유는 부동산을 점유하는 상태가 오랫동안 계속된 경우 권리자로시의 외형을 지닌 사실상태를 존중하여 이를 진실한 권리관계로 높여 보호

함으로써 법질서의 안정을 기하고, 장기간 지속된 사실상태는 진실한 권리관계와 일치될 개연성이 높다는 점을 고려하여 권리관계에 관한 분쟁이 생긴 경우 점유자의 증명곤란을 구제하려는 데에 있다.

부동산에 관하여 적법·유효한 등기를 하고 소유권을 취득한 사람이 자기 소유의 부동산을 점유하는 경우 특별한 사정이 없는 한 그러한 점유는 취득시효의 기초가 되는 점유라고 할 수 없다. 이러한 경우에는 사실 상태를 권리관계로 높여 보호할 필요가 없고, 부동산의 소유명의자는 부동산에 대한 소유권을 적법하게 보유하는 것으로 추정되어 소유권에 대한 증명의 곤란을 구제할 필요도 없기 때문이다. 그러나 소유권에 기초하여 부동산을 점유하는 사람이더라도 그 등기를 하고 있지 않아 자신의 소유권을 증명하기 어렵거나 소유권을 제3자에게 대항할 수 없는 등으로 점유의 사실상태를 권리관계로 높여 보호하고 증명곤란을 구제할 필요가 있는 예외적인 경우에는, 자기 소유 부동산에 대한 점유도 취득시효를 인정하기 위해 기초가 되는 점유로 볼 수 있다(대판 2022. 7. 28. 2017다204629).

3. 취득시효의 대상

구민법은 취득시효의 객체가 되는 것은 '타인의 물건'이여야 함을 명백히 규정하고 있었으나(구민법 제162조) 현행민법에는 그러한 규정이 없다. 시효취득은 원시취득(대판 1993. 10. 12. 93다1886, 1994. 12. 22. 92다3489, 2004. 9. 24. 2004다31463)으로 타인의 소유권을 바탕으로 하여 그것을 승계하는 것이 아닐 뿐만 아니라, 원래 취득시효는 누구의 소유냐를 묻지 않고서 사실상태를 권리관계로 높이려는 제도이므로 취득시효의 객체가 되는 물건은 타인의 물건이어야 할 필요가 없다.

국유재산[국유재산이란 국가의 부담, 기부채납(기부채납이란 국가 이외의 자가 국유재산법 제5조 제1항 각 호에 해당하는 재산의 소유권을 무상으로 국가에 이전하여 국가가 이를 취득하는 것을 말한다)이나 법령 또는 조약에 따라 국가소유로 된 국유재산법 제5조

제1항 각 호의 재산을 말한다]에는 사권(私權)을 설정하지 못한다(국유재산법 제11조 제2항 전단).

국유재산[국유재산은 그 용도에 따라 행정재산(행정재산은 공용재산, 공공용재산, 기업용재산, 보존용재산으로 구분된다)과 일반재산(행정재산 외의 모든 국유재산)으로 구분한다. 동법 제6조]에는 사권(私權)을 설정하지 못하므로 원칙적으로 취득시효의 대상이 될 수 없다(대판 1970. 8. 31. 1973. 11. 27. 73다869다1792, 1972. 12. 26. 72다334, 1996. 5. 28. 95다52383 등).

가. 취득시효의 대상이 될 수 있는 경우

(1) 1필의 토지의 일부

공부상 아직 분필되지 않은 토지의 일부라도 요건을 갖추면 그 부분에 관하여 취득시효가 완성되고 권리의 득실이 생길 수 있는 것이고, 수인이 분필되지 아니한 토지를 일부분씩 각기 점유한 탓으로 각자 그 점유부분에 관하여 취득시효로 인한 권리취득의 대상이 생겼다하여 1물1권주의(1物1權主義)의 법리(法理)에 위반된다고 할 수 없다(대판 1965. 1. 19. 64다1254).

1필의 토지의 일부에 대한 시효취득은 그 토지의 일부가 점유에 속한다는 것을 인식하기에 충분한 객관적 징표가 계속 존재하였음을 필요로 한다(대판 1965. 11. 16. 65다1819, 1820. 1989. 4. 25. 88다카9494, 1996. 1. 26. 95다24654).

(2) 자기 소유 부동산

취득시효의 목적물은 타인의 물건임을 요하지 아니하고 자기의 물건이라도 시효득의 목적이 될 수 있으며(대판 1973. 7. 24. 73다559, 560), 취득시효는 원시취득이고 사실상태를 권리관계로 높이는 것이므로 점유물건의 타인성(他人性)은 그 요건이 되지 못한다(대판 1973. 8. 31. 73다387, 388, 2001. 7. 13. 2001다17572).

자기소유의 부동산을 점유하고 있는 상태에서 다른 사람 명의로 소유권이전등기가 된 경우 자기소유 부동산을 점유하는 것은 취득시효의 기초로서의 점유라고 할 수 없고, 그 소유권의 변동이 있는 경우에 비로소 취득시효의 기초로서의 점유가 개시되는 것이므로, 취득시효의 기산점은 소유권의 변동일, 즉 소유권이전등기가 경료된 날이다(대판 1997. 3. 14. 96다55860).

취득시효는 당해 부동산을 오랫동안 계속하여 점유한다는 사실상태를 일정한 경우에 권리관계로 높이려고 하는 데에 그 존재이유가 있는 점에 비추어보면, 시효취득의 목적물은 타인의 부동산임을 요하지 않고 '자기소유의 부동산'이라도 시효취득의 목적물이 될 수 있다고 할 것이고, 취득시효를 규정한 민법 제245조가 '타인의 물건인 점'을 규정에서 빼놓은 것도 같은 취지에서라고 할 것이다(대판 2001. 7. 13. 2001다27572).

(3) 공유지분 · 지분소유권 및 공유재산

토지의 지분소유권도 취득시효의 대상이 되며(대판 1975. 6. 24. 74다1877), 공유지분의 일부에 대하여서도 시효취득이 가능하다(대판 1979. 6. 26. 79다639). 지분소유권의 취득시효의 경우에는 특정된 토지부분의 취득을 주장하는 것이 아니고 지분권(持分權)의 시효취득을 주장하는 것이므로 점유의 범위를 특정할 수 있는 객관적 징표가 계속 존재할 필요가 없다(대판 1975. 6. 24. 74다1877).

구 지방재정법상 공유재산에 대한 취득시효가 완성하기 위하여는 그 공유재산이 취득시효기간 동안 계속하여 시효취득의 대상이 될 수 있는 잡종재산이어야 하고, 이러한 점에 대한 입증책임은 시효취득을 주장하는 자에게 있다(대판 2009. 12. 10. 2006다19177).

토지를 수인이 공유하는 경우에 공유자들의 소유권이 지분의 형식으로 공존하는 것뿐이고, 그 처분권이 공동에 속하는 것은 아니므로 공유토지의 일부에 대하여 취득시효완성을 원인으로 공유자들을 상대로 그 시효취득부분에 대한 소유권이전등기절차의 이행을 청구하는 소송은 필수적 공동소송이라고 할 수 없다(대판 1994. 12. 27. 93다32880, 32897).

(4) 국가가 압류한 재산 및 성명불상자의 소유물

국가가 압류한 부동산이라도 민법 제245조 제1항 소정의 점유로 인한 부동산소유권 시효취득의 대상이 될 수 있으며(대판 1991. 10. 22. 91다28153), 시효로 인한 부동산소유권의 취득은 원시취득으로서 취득시효의 요건을 갖추면 곧 등기청구권을 취득하는 것이고 또 타인의 소유권을 승계취득(承繼取得)하는 것이 아니어서 시효취득의 대상이 반드시 타인의 소유물이어야 하거나 그 타인이 특정되어 있어야만 하는 것은 아니므로 성명불상자의 소유물에 대하여 시효취득을 인정할 수 있다(대판 1992. 2. 25. 91다9312).

(5) 통행지역권

지역권은 계속되고 표현된 것에 한하여 민법 제245조의 규정을 준용하도록 되어 있으므로 통행지역권은 요역지의 소유자가 승역지 위에 도로를 설치하여 승역지를 사용하는 객관적 상태가 민법 제245조에 규정된 기간 계속된 경우에 한하여 그 시효취득을 인정할 수 있다(대판 2001. 4. 13. 2001다8493).

(6) 위토

위토(位土)'라 함은 제사(祭祀) 등에 관련되는 일을 처리하기 위하여 설정된 토지인 위전(位田)과 위답(位畓)을 말한다. 분묘(墳墓)에 속한 1정보(町步) 이내의 금양임야(禁養林野)와 600평 이내의 묘토(墓土)인 농지의 소유권은 제사를 주재(主宰)하는 자가 이를 승계한다(민법 제1008조의3).

계쟁토지가 위토(位土)로서 위토대장에 등재되어 있었다 하여 시효취득의 대상이 되지 아니한다고 볼 수 없다(대판 1992. 1. 21. 91다33377).

나. 취득시효의 대상이 될 수 없는 경우

(1) 행정재산

(가) 국유재산의 구분 및 사권(私權)의 설정 가부(소극)

국유재산은 그 용도에 따라 행정재산과 일반재산(행정재산 외의 모든 국유재산)으로 구분하며, 행정재산의 종류에는 공용재산, 공공용재산, 기업용재산, 보존용재산이 있다(국유재산법 제6조). 국유재산에는 사권(私權)을 설정하지 못한다. 다만, 일반재산에 대하여 대통령령으로 정하는 경우에는 그러하지 아니하다(동법 제11조 제2항).

(나) 행정재산의 종류

행정재산 중 '공용재산(公用財産)'이란 국가가 직접 사무용, 사업용 또는 공무원의 주거용으로 사용하거나 대통령령으로 정하는 기한까지 사용하기로 결정한 재산을 말하며, '공공용재산(公共用財産)'이란 국가가 직접 공공용으로 사용하거나 대통령령으로 정하는 기한까지 사용하기로 결정한 재산이며, '기업용재산(企業用財産)'이란 정부기업이 직접 사무용, 사업용 또는 그 기업에 종사하는 직원의 주거용으로 사용하거나 대통령령으로 정하는 기한까지 사용하기로 결정한 재산을 말하며, '보존용재산(保存用財産)'이란 법령이나 그 밖의 필요에 따라 국가가 보존하는 재산을 각 의미한다(동법 제6조 제2항).

(다) 행정재산의 시효취득대상 여부

국유재산에는 사권을 설정하지 못하므로(국유재산법 제11조 제2항) 국유재산인 행정재산은 점유로 인한 소유권취득의 대상이 될 수 없다(대판 1970. 8. 31. 69다1792, 1972. 12. 26. 72다334.).

원래 행정재산은 그 성질로 보거나 구 국유재산법(1956. 11. 28. 법률 제405호) 제18조(현행법 제11조 제2항)의 규정취지에 비추어 시효취득의 객체가 될 수 없는 것이다(대판 1973. 11. 27. 73다8). 국가가 철도용지로서 보유하고 있는 토지는 국유행정재산이므로 시효취득의 대상이 되지 않는다(대판 1987. 4. 14. 86다카725).

국유재산법 제7조 제2항은 "행정재산은 민법 제245조에도 불구하고 시효취득의 대상이 되지 아니한다"라고 규정하고 있으므로, 국유재산에 대한 취득시효가 완성되기 위해서는 그 국유재산이 취득시효기간 동안 계속하여 행정재산이 아닌 시효취득의 대상이 될 수 있는 일반재산이어야 한다. 또 행정재산이 기능을 상실하여 본래의 용도에 제공되지 않는 상태에 있다 하더라도 관계 법령에 의하여 용도폐지가 되지 아니한 이상 당연히 취득시효의 대상이 되는 일반재산이 되는 것은 아니고, 공용폐지의 의사표시는 묵시적인 방법으로도 가능하나 행정재산이 본래의 용도에 제공되지 않는 상태에 있다는 사정만으로는 묵시적인 공용폐지의 의사표시가 있다고 볼 수도 없다(대판 2010. 11. 25. 2010다58957).

(라) 공용폐지처분

인공공물(人工公物)인 공공용물(公共用物)은 공물주체(公物主體)가 앞으로 당해 물건의 공공목적을 위한 사용을 폐지하려는 의사표시가 있음으로써 소멸하는데, 행정주체의 이러한 의사표시를 공용폐지처분(公用廢止處分)이라고 한다. 공용폐지가 된 경우에는 당해물건에 대한 공법적 제한은 해제되고, 원칙적으로 완전한 사권(私權)의 대상이 된다.

국유 또는 공공단체의 소유재산으로서 그 행정목적을 위하여 공용되고 있는 부동산은 공용폐지처분이 없는 이상 소유권취득의 대상이 될 수 없으며(대판 1968. 8. 30. 68다1198), 하천부지는 공공용물로서 용도폐지(用途廢止) 전에는 사법상의 거래 또는 취득시효의 대상이 될 수 없다(대판 1969. 1. 21. 68다2164).

국유 또는 공공단체의 소유재산으로 그 행정목적을 위하여 공용(公用)되어 있는 부동산은 그 공용이 폐지되지 않는 한 그것이 사인(私人)의 점유로 인한 소유권취득이 대상이 될 수 없다(대판 1974. 2. 12. 73다557, 1982. 12. 14. 80다236).

1) 공용폐지의 의사표시방법 및 그 입증책임

공용폐지의 의사표시는 명시적이든 묵시적이든 상관없으나 적법한 의사표시가 있어야 하고, 행정재산이 사실상 본래의 용도에 사용되고 있지 않다는 사실만으로 공용폐지의 의사표시가 있었다고 볼 수는 없으며, 원래의 행정재산이 공용폐지되어 취득시효의 대상이 된다는 입증책임은 시효취득을 주장하는 자에게 있다(대판 1995. 11. 14. 94다42877, 1999. 1. 15. 98다49548).

행정목적을 위하여 공용되는 행정재산은 공용폐지가 되지 않는 한 사법상 거래의 대상이 될 수 없으므로 취득시효의 대상도 되지 않는 것이고, 공물의 용도폐지 의사표시는 명시적이든, 묵시적이든 불문하나 적법한 의사표시여야 하고 단지 사실상 공물로서의 용도에 사용되지 아니하고 있다는 사실만으로 용도폐지의 의사표시가 있다고 볼 수는 없으며(대판 1995. 12. 22. 95다19478), 행정재산인 토지는 취득기간경과로 인한 소유권취득이 대상이 될 수 없고 타인의 점거로 사실상 일시 공용에 제공된 바 없다고 하여 당연히 공용폐지가 된다고 할 수 없다(대판 1966. 6. 28. 66다856, 857).

2) 공용폐지처분 된 국유재산(행정재산)의 시효취득 가부(적극)

행정목적을 위하여 공용되는 행정재산은 공용폐지가 되지 않는 한 사법상 거래의 대상이 될 수 없으므로 시효취득의 대상도 될 수 없으며(대판 1983. 6. 14. 83다카181), 행정재산은 공용폐지가 되지 아니하는 한 사법상 거래의 대상이 될 수 없으므로 시효취득의 대상이 되지 아니하고, 관계당국이 이를 모르고 행정재산을 매각하였다 하더라도 그 매매는 당연 무효이다(대판 1996. 5. 28. 95다52383).

국유재산법(1976. 12. 31. 법률 제2950호)의 제정 이전에 있어서는 국유재산이라도 공용폐지 된 토지에 대하여는 시효취득이 가능하며(대판 1979. 11. 27. 79다1675), 행정목적을 위한 공용이 폐지된 토지는 시효취득의 대상이 된다(대판 1979. 9. 25. 79다1080).

(2) 귀속재산

(가) 귀속재산의 의의 및 국유화

귀속재산(歸屬財産)이라 함은 1948. 9. 11. '대한민국정부와 미국정부 간에 체결된 재정 및 재산에 관한 최초협정' 제5조의 규정에 의하여 대한민국정부에 이양된 모든 재산을 말한다. 1964. 12. 31.까지 매매계약이 체결되어 있는 것 외의 모든 귀속재산은 1965. 1. 1.자로 국유재산이 된 것이다. 귀속재산을 적산(敵産)이라고도 한다. 귀속재산은 취득기간만료에 의한 소유권취득이 대상이 될 수 없다(대판 1969. 5. 27. 69다500).

(나) 시효취득을 주장하는 점유자가 귀속재산이라는 사실을 알면서 이를 매수하여 점유를 개시한 경우, 자주점유 추정이 번복되는지 여부(적극)

점유자가 점유개시 당시에 소유권 취득 원인이 될 수 있는 법률행위 기타 법률 요건이 없이 그와 같은 법률요건이 없다는 사실을 잘 알면서 타인 소유 부동산을 무단점유한 것이 증명된 경우에는 특별한 사정이 없는 한 자주점유의 추정이 번복되며, 시효취득을 주장하는 점유자가 사인(私人)에게는 처분권한이 없는 귀속재산이라는 사실을 알면서 이를 매수하여 점유를 개시한 경우에도 위 법리에 비추어 자주점유의 추정이 번복된다(대판 2012. 4. 26. 2012다2187).

(3) 문화재보호구역 내의 국유토지

문화재보호구역 내의 국유토지는 "법령의 규정에 의하여 국가가 보존하는 재산" 즉, 국유재산법 제4조 제3항(현행법 제6조 제2항 제4호) 소정의 "보존재산"에 해당하므로 구 국유재산법(1994. 1. 5. 법률 제4698호로 개정 전) 제5조 제2항에 의하여 시효취득의 대상이 되지 아니한다(대판 1994. 5. 10. 93다23442).

(4) 국립공원으로 지정·고시된 국유토지

국립공원으로 지정·고시된 국유토지는 설사 이를 사인이 점유·사용 중이라고 하더라도 국유재산법 제4조 제2항 제2호(현행법 제6조 제2항 제2호)의 "국가가 직접 공공용으로 사용하거나 사용하기로 결정한 재산"으로서 행정재산인 공공용재산으로 된다고 보아야 하고, 공원사업에 직접 필요한 공원구역 내의 물건에 한하여 행정재산에 해당한다고 할 수 없으므로, 국유 토지가 국립공원으로 지정·고시된 이후에는 시효취득의 대상이 되지 아니한다(대판 1996. 7. 30. 95다21280).

(5) 자연공물

자연공물(自然公物)이라 함은 하천, 항만(港灣), 호소(湖沼) 등과 같이 그 물건이 자연의 상태 그대로 공공목적에 공용(公用)될 수 있는 실체를 가지는 물건을 말한다.

자연의 상태 그대로 공공용(公共用)에 제공될 수 있는 실체를 갖추고 있는 이른바 자연공물은 자연력 등에 의한 현상변경으로 공공용에 제공될 수 없게 되고 그 회복이 사회통념상 불가능하게 되지 아니한 이상 공물로서의 성질이 상실되지 않고 따라서 시효취득의 대상이 되지 아니한다(1994. 8. 12. 94다12593).

공유수면인 빈지(濱地)는 자연의 상태 그대로 공공용에 제공될 수 있는 실체를 갖추고 있는 이른바 자연공물로서, 간척에 의하여 사실상 빈지로서의 성질을 상실하였더라도 당시 시행되던 국유재산법령에 의한 용도폐지를 하지 않은 이상 당연히 시효취득의 대상인 잡종재산으로 된다고는 할 수 없다(대판 1996. 3. 22. 96다3890).

4. 점유취득시효

가. 점유취득시효의 의의

20년간 소유의 의사로 평온, 공연하게 부동산을 점유하는 자는 등기함으로써 그 소유권을 취득한다(민법 제245조 제1항). 이것을 '점유취득시효(占有取得時效)'라고 한다. 부동산의 시효취득은 법률행위에 의한 물권변동(민법 제186조)이 아니지만 민법 제245조 제1항은 등기함으로써 그 소유권을 취득한다'고 규정하여 취득시효기간의 만료만으로는 소유권 취득의 효력이 발생하지 않고, 이를 원인으로 하여 소유권이전등기청구권(所有權移轉登記請求權)을 취득하는 데 그친다.

판례는 이 권리를 채권적 청구권(債權的 請求權)으로 보고 있다(대판 1995. 12. 5. 95다24241). 점유취득시효의 요건을 갖춘 때에는 점유취득시효에 있어서는 등기청구권이 발생하며 이를 행사하여 등기함으로써 소유권을 취득하게 된다(민법 제245조 제1항).

나. 점유자의 등기청구권의 행사

민법 제245조 제1항은 '등기함으로써 그 소유권을 취득한다'고 규정하고 있으므로, 점유취득시효에 있어서는 취득시효완성으로 인하여 점유자에게 '등기청구권(登記請求權)이 발생한다(대판 1972. 1. 31. 71다24416, 1990. 11. 13. 90다카25352, 1997. 4. 25. 96다53420).

등기청구권(登記請求權)이라 함은 등기는 등기권리자와 등기의무자의 공동신청에 의하여 행해지는 것이 원칙이므로(법 제23조 제1항) 일방 당사자가 등기의 공동신청에 협력을 거절하면 등기를 할 수 없게 된다. 따라서 등기제도의 원활한 운영을 위하여 등기를 원하는 일방당사자는 타방당사자에 대하여 등기신청에 협력할 것을 요구하는 권리, 즉 등기청구권을 갖는 것이 인정된다. 등기청구권은 사인(私人)에게 등기신청에 필요한 협력을 구하는 사법상(私法上)의 권리이다. 등기청구권은 채권자대위권(債權者代位權)의 객체가 될 수 있다(법 제28조).

다. 등기청구권의 성질 및 소멸시효

등기청구권의 성질에 관하여는 다음과 같이 견해가 대립되고 있다. 즉 법률행위에 의한 물권변동의 경우에는 채권적 청구권(債權的 請求權)이라는 견해와 물권적 청구권(物權的 請求權)이라는 견해의 대립이 있다. 등기가 실체관계와 부합하지 않는 경우에는 진실한 권리자가 그 물권의 완전한 실현을 등기의무자에 의해 방해당하고 있다고 할 수 있으므로 그러한 방해를 제거할 것을 요구하는 진정한 권리자의 등기청구권은 물권적 청구권(物權的 請求權)의 성질을 가진다.

등기청구권을 채권적 청구권이라고 보게 되면 10년의 소멸시효에 걸리게 되나, 물권적 청구권으로 보는 경우에는 소멸시효에 걸리지 않게 된다. 이 문제에 대하여 판례는, 법률행위로 인한 등기청구권을 채권적 청구권이라고 보면서도 매수인이 매매 목적물을 인도받은 경우에는 다른 채권과는 달리 소멸시효에 걸리지 않는다고 한다.

부동산을 매수한 자가 그 목적물을 인도받은 경우에는 그 매수인의 소유권이전등기청구권은 채권적 청구권에 불과하지만 다른 채권과는 달라 소멸시효에 걸리지 않는다(대판 1962. 5. 10. 4294, 1976. 11. 6. 76다148, 2013. 12. 12. 2013다26647).

시효제도는 일정기간 계속된 사회질서를 유지하고 시간의 경과로 인하여 곤란해지는 증거보존으로부터의 구제를 꾀하며 자기의 권리를 행사하지 않고 소위 '권리 위에 잠자는 자'는 법적보호에서 이를 제외하기 위하여 규정된 제도라 할 것인바, 부동산에 관하여 인도, 등기 등의 어느 한쪽만에 대하여서라도 권리를 행사하는 자는 전체적으로 보아 그 부동산에 관하여 권리 위에 잠자는 자라고 할 수 없다 할 것이므로, 매수인이 목적부동산을 인도받아 계속 점유하는 경우에는 그 소유권이전등기청구권의 소멸시효가 진행하지 않는다(대판 1999. 3. 18. 98다32175 전원합의체판결).

등기청구권은 통상 등기의무자에 대한 등기권리자의 의사표시로 행사되나(민사집행법 제263조 제1항), 등기청구권에 기한 판결에 의하여 단독으로 등기를 신청 할 수 있다(법 제23조 제4항).

라. 등기의무자의 등기수취청구권

등기의무자(登記義務者)도 법률상의 소유자로서 부동산에 관한 공조공과(公租公課) 등을 부담해야 하는 불이익을 면하기 위해 등기권리자를 상대로 등기청구권을 행사할 수 있는바, 이를 특히 "등기수취청구권(登記收取請求權) 또는 등기인수청구권, 역방향의 등기청구권이라고 한다(대판 2001. 2. 9. 2000다60708).

점유취득시효의 경우에는 20년 이상 소유의 의사로 평온, 공연하게 부동산을 점유하여 취득시효가 완성되었다고 하더라도 점유자에게 이를 원인으로 한 소유권이전등기청구권이 발생할 뿐(민법 제245조 제1항) 점유자가 바로 부동산의 소유권을 취득하지 못한다.

점유취득시효에 있어서는 취득시효가 완성되면 시효취득자(점유자)에게 등기청구권이 발생하여 점유자는 시효완성 당시의 진정한 소유자를 상대로 '시효취득을 원인으로 한 소유권이전등기절차이행의 소'를 제기하여 승소확정판결을 받아 등기함으로써(부동산등기법 제23조 제4항) 그 소유권을 취득하게 된다.

(1) 소유권이전등기청구권의 성질 및 소멸시효기간

부동산에 대한 점유취득시효완성을 원인으로 하는 소유권이전등기청구권은 채권적 청구권으로서 취득시효가 완성된 점유자가 그 부동산에 대한 점유를 상실한 때로부터 10년간 이를 행사하지 아니하면 소멸시효가 완성한다(대판 1995. 12. 5. 95다24241, 1996. 3. 8. 95다34866, 43783).

(2) 점유자의 소유권이전등기청구권의 소멸 여부

취득시효완성을 원인으로 한 소유권이전등기청구권에 대하여는 점유자가 그 점유를 계속하는 동안 소멸시효가 진행되지 않는 것이고, 또 일단 취득시효기간의 만료로 점유자가 소유권이전등기청구권을 취득한 이상 그 후 부동산에 대한 점유가 중단되더라도 이를 시효이익이 포기로 볼 수 있는 경우가 아닌 한 이미 취득한 소유권이전등기청구권이 소멸되는 것은 아니다(대판 1990. 11. 13. 90다카25352).

(3) 부동산의 매매로 인한 소유권이전등기청구권양도의 대항요건

부동산매매계약에서 매도인과 매수인은 서로 동시이행관계에 있는 일정한 의무를 부담하므로 이행과정에 신뢰관계가 따른다. 특히 매도인으로서는 매매대금 지급을 위한 매수인의 자력, 신용 등 매수인이 누구인지에 따라 계약유지 여부를 달리 생각할 여지가 있다.

이러한 이유로 매매로 인한 소유권이전등기청구권의 양도는 특별한 사정이 없는 이상 양도가 제한되고 양도에 채무자의 승낙이나 동의를 요한다고 할 것이므로 통상의 채권양도와 달리 양도인의 채무자에 대한 통지만으로는 채무자에 대한 대항력이 생기지 않으며 반드시 채무자의 동의나 승낙을 받아야 대항력이 생긴다.

그러나 취득시효완성으로 인한 소유권이전등기청구권은 채권자와 채무자 사이에 아무런 계약관계나 신뢰관계가 없고, 그에 따라 채권자가 채무자에게 반대급부로 부담하여야 하는 의무도 없다. 따라서 취득시효완성으로 인한 소유권이전등기청구권의 양도의 경우에는 매매로 인한 소유권이전등기청구권에 관한 양도제한의 법리가 적용되지 않는다(대판 2018. 7. 12. 2015다36167).

마. 등기청구권행사의 상대방

(1) 시효완성 당시의 진정한 소유자

토지에 대한 취득시효의 완성을 이유로 소유권이전등기를 청구하려면 '시효완성 당시의 진정한 소유자'를 상대로 하여야 한다(대판 1993. 9. 14. 93다10989, 1997. 4. 25. 96다53420, 1999. 2. 23. 98다59132). 따라서 20년 간 소유의 의사로 평온, 공연하게 부동산을 점유한 자는 등기부상 소유자를 상대로 시효취득을 원인으로 한 소유권이전등기청구의 소를 제기하여 승소판결을 받으면 그 확정판결을 등기원인을 증명하는 서면으로 하여 소유권이전등기신청을 할 수 있다(부동산등기법 제23조 제4항).

(2) 등기명의인이 변경된 경우 또는 소유자의 변동이 없는 경우

점유취득시효 완성 당시 점유자명의로 소유권보존등기가 경료되어 있다가 그 후 확정판결에 의하여 점유자명의의 소유권보존등기가 말소되고 소유자명의의 소유권보존등기가 경료됨으로써 '등기명의인이 바뀐 경우', 점유로 인한 부동산취득시효가 완성된 경우에 있어서 점유자는 그 취득시효 완성당시의 소유자에 대하여 취득시효완성을 원인으로 한 소유권이전등기절차의 이행을 청구할 수 있으므로, 확정된 판결에 의하여 점유취득시효 완성 당시의 그 부동산의 소유자가 밝혀지고 그 때부터 현재에 이르기까지 그 부동산에 관한 '소유자의 변동이 없는 이상' 점유자는 소유자에 대하여 소유자명의의 등기가 언제 경료되었느냐에 상관없이 취득시효완성을 원인으로 하여 그 소유권이전등기절차의 이행을 구할 수 있다(대판 1997. 11. 14. 97다32239).

(3) 시효취득을 원인으로 한 소유권이전등기 전에 제3자에게 소유권이전등기가 경료된 경우 점유자의 제3자에 대항가부(소극)

취득시효완성에 의한 등기를 하기 전에 먼저 부동산의 소유권을 취득한 제3자에 대하여는 그 제3자의 소유권취득이 당연 무효가 아닌 한 시효취득을 주장할 수 없고, 이러한 제3자의 소유권취득에는 법률의 규정에 의한 소유권취득으로 인하여 등기를 경료하지 아니한 경우도 포함된다(대판 1995. 2. 24. 94다18195).

부동산에 대한 점유취득시효가 완성되었다 하더라도 이를 등기하지 아니하고 있는 사이에 그 부동산에 관하여 제3자에게 소유권이전등기가 마쳐지면 점유자는 그 제3자에게 대항할 수 없는 것이고, 이 경우 제3자의 이전등기원인이 점유자의 취득시효완성 전의 것이라 하더라도 마찬가지이다(대판 1998. 7. 10. 97다45402).

(4) 시효완성 후 원소유자의 상속인이 소유권이전등기를 경료한 경우

취득시효완성 후에 원소유자가 일시 상실하였던 소유권을 회복한 것이 아니라 그 상속인이 소유권이전등기를 미쳤을 뿐인 경우에는 그 상속인의 등기가 실질적으로 상속재산의 협의분할과 동일시 할 수 있는 등의 특별한 사정이 없는 한 그 상속인은 점유자에 대한 관계에 있어서 종전 소유자와 같은 지위에 있는 자로 볼 수 없고, 취득시효완성 후의 새로운 이해관계인으로 보아야 하므로 그에 대하여는 취득시효완성으로 대항할 수 없다(대판 1999. 2. 12. 98다40688).

(5) 취득시효완성 후 제3자 앞으로 경료된 등기가 원인무효인 경우 및 제3자가 취득시효완성 당시 소유자의 상속인인 경우 점유자의 소유권이전등기청구의 가부 (적극)

취득시효가 완성된 후 점유자가 그 등기를 하기 전에 제3자가 소유권이전등기를 경료한 경우에는 점유자는 그 제3자에 대하여는 시효취득을 주장할 수 없는 것이 원칙이기는 하지만 이는 어디까지나 그 제3자 명의등기가 적법 유효함을 전제로 하는 것으로서 위 제3자 명의등기가 원인무효인 경우에는 점유자는 취득시효완성 당시의 소유자를 대위하

여 위 제3자 앞으로 경료된 원인무효의 등기의 말소를 구함과 아울러 위 소유자에게 취득시효 완성을 원인으로 한 소유권이전등기를 구할 수 있고, 또 위 제3자가 취득시효완성 당시의 소유자의 상속인인 경우에는 그 상속분에 한 하여는 위 제3자에 대하여 직접 취득시효완성을 원인으로 한 소유권이전등기를 구할 수 있다(대판 2002. 3. 15. 2001다77352, 773690).

(6) 점유취득시효완성 당시의 소유권보존등기 또는 이전등기가 무효인 경우 시효취득자의 권리행사 방법

점유취득시효완성을 원인으로 한 소유권이전등기청구는 '시효완성 당시의 소유자'를 상대로 하여야 하므로 시효완성 당시의 소유권보존등기 또는 이전등기가 무효라면 원칙적으로 그 등기명의인은 시효취득을 원인으로 한 소유권이전등기청구의 상대방이 될 수 없고, 이 경우 시효취득자는 소유자를 대위하여 위 무효등기의 말소를 구하고 다시 위 소유자를 상대로 취득시효완성을 원인으로 한 소유권이전등기를 구하여야 한다(대판 2005. 5. 26. 2002다43417).

(7) 구분소유자 중 일부의 취득시효완성을 원인으로 한 대지지분이전등기청구

집합건물의 소유 및 관리에 관한 법률(이하 '집합건물법'이라고 한다)은 구분소유자의 대지사용권은 그가 가지는 전유부분의 처분에 따르고(동법 제20조 제1항) 구분소유자는 규약에 달리 정한 경우를 제외하고는 그가 가지는 전유부분과 분리하여 대지사용권을 처분할 수 없다(동법 제20조 제2항)고 정함으로써 전유부분과 대지사용권의 일체성을 선언하고 있다.

나아가 집합건물법은 각 공유자의 지분은 그가 가지는 전유부분의 면적 비율에 따르고(동법 제12조 제1항), 구분소유자가 둘 이상의 전유부분을 소유한 경우에 규약으로 달리 정하지 않는 한 대지사용권이 전유부분의 면적비율대로 각 전유부분의 처분에 따르도록 규정하고 있다(동법 제21조 제1항, 제12조).

이 규정은 전유부분을 처분하는 경우에 여러 개의 전유부분에 대응하는 대지사용권의 비율을 명백히 하기 위한 것인데 대지사용권의 비율은 원칙적으로 전유부분의 면적 비율에 따라야 한다는 것이 집합건물법의 취지라고 할 수 있다.

이러한 취지에 비추어보면 집합건물의 구분소유자들이 대지 전체를 공동 점유하여 그에 대한 점유취득시효가 완성된 경우에도 구분소유자들은 대지사용권으로 전유부분의 면적비율에 따른 대지지분을 보유한다고 보아야 한다. 집합건물의 대지 일부에 관한 점유취득시효의 완성 당시 구분소유자들 중 일부만 대지권등기나 대지지분이전등기를 마치고 다른 일부 구분소유자들은 이러한 등기를 마치지 않았다면, 특별한 사정이 없는 한 구분소유자들은 각 전유부분의 면적비율에 따라 대지권으로 등기되어야 할 지분에서 부족한 지분에 관하여 등기명의인을 상대로 점유취득시효완성을 원인으로 한 대지지분이전등기를 청구할 수 있다(대판 2017. 1. 25. 2012다72469. 소유권이전등기절차이행).

바. 점유취득시효의 법적성질(원시취득)

부동산점유취득시효는 20년의 시효기간이 완성된 것만으로 점유자가 곧 바로 소유권을 취득하는 것은 아니고 민법 제245조에 따라 점유자명의로 등기를 함으로써 소유권을 취득하게 되며, 이는 '원시취득(原始取得)'에 해당하므로 특별한 사정이 없는 한 원소유자의 소유권에 가하여진 각종 제한에 의하여 영향을 받지 아니하는 완전한 내용의 소유권을 취득하게 되고, 이와 같은 소유권취득의 반사적 효과로서 그 부동산에 관하여 취득시효기간이 진행 중에 체결되어 소유권이전등기청구권가등기에 의하여 보존된 매매예약상의 매수인의 지위는 소멸된다 할 것이지만, 시효기간이 완성되었다 하더라도 점유자 앞으로 등기를 마치지 아니한 이상 전 소유권에 붙어 있는 위와 같은 부담은 소멸되지 아니한다(대판 2004. 9. 24. 2004다31463).

사. 점유취득시효의 요건

20년간 소유의 의사로 평온, 공연하게 부동산을 점유하는 자는 등기함으로써 그 소유권을 취득한다(민법 제245조 제1항).

 원래 취득시효제도는 일정한 기간 점유를 계속한 자를 보호하여 그에게 실체법상의 권리를 부여하는 제도이므로, 부동산을 20년 간 소유의 의사로 평온·공연하게 점유한 자는 민법 제245조 제1항에 의하여 점유부동산에 관하여 소유자에 대한 소유권이전등기청구권을 취득하게 되며, 점유자가 취득시효기간의 만료로 일단 소유권이전등기청구권을 취득한 이상, 그 후 점유를 상실하였다고 하더라도 이를 시효이익의 포기로 볼 수 있는 경우가 아닌 한, 이미 취득한 소유권이전등기청구권은 소멸되지 아니한다(대판 1995. 3. 28. 93다47745. 전원합의체판결).

 부동산소유권의 점유취득시효의 요건은, 첫째 소유의 의사를 가지고 하는 자주점유(自主占有)이어야 하며, 둘째 평온(平隱), 공연(公然)한 점유이어야 하며, 셋째 점유가 일정기간(20년) 동안 계속되어야 하며, 넷째 이상과 같은 요건을 갖춘 때에는 점유취득시효에 있어서는 점유자에게 등기청구권(登記請求權)이 발생하며, 점유자가 등기청구권을 행사하여 등기함으로써 그 소유권을 원시취득(原始取得)하게 된다.

 타인의 토지를 20년간 소유의 의사로 평온·공연하게 점유한 자는 등기를 함으로써 비로소 그 소유권을 취득하게 되므로 점유자가 소유권이전등기청구를 하는 등 그 권리행사를 하거나 원소유자가 취득시효완성사실을 알고 점유자의 권리취득을 방해하려고 하는 등의 특별한 사정이 없는 한 원소유자는 점유자명의로 소유권이전등기가 마쳐지기까지는 소유자로서 그 토지에 관한 적법한 권리를 행사할 수 있다(대판 2006. 5. 12. 2005다75910). 상속에 의하여 점유권을 취득한 경우에는 상속인은 새로운 권원에 의하여 자기 고유의 점유를 개시하지 않는 한 피상속인의 점유를 떠나 자기만의 점유를 주장할 수 없다(1993. 9. 14. 93다10989).

 취득시효의 요건으로서의 물건에 대한 '점유(占有)'란 사회관념상 어떤 사람의 사실적 지배에 있다고 보이는 객관적 관계를 말하는 것으로서, 사실상의 지배가 있다고 하기 위해서는 반드시 물건을 물리적. 현실적으로 지배하는 것만을 의미하는 것이 아니고, 물건과 사람과의 시간적, 공간적 관계와 본권관계, 타인지배의 배제가능성 등을 고려하여 사회관념에 따라 합목적적으로 판단하여야 한다(대판 2000. 12. 8. 2000다14934, 14941).

부동산의 점유권원의 성질이 분명하지 않을 때에는 민법 제197조 제1항에 의하여 점유자는 소유의 의사로 선의, 평온 및 공연하게 점유한 것으로 추정되는 것이며, 이러한 추정은 지적공부 등의 관리주체인 국가나 지방자치단체가 점유하는 경우에도 마찬가지로 적용된다(대판 2007. 12. 27. 2007다42112).

점유취득시효는 법률의 규정(민법 제245조 제1항)에 의한 부동산에 관한 물권의 취득이나 민법 제187조(등기를 요하지 아니하는 부동산물권취득)의 예외로서 등기하여야 소유권을 취득한다. 부동산의 점유취득시효는 법률행위에 의한 물권변동(민법 제186조)이 아니지만 민법 제245조 제1항은 "등기함으로써 그 소유권을 취득 한다"고 명언(明言)하여 취득시효기간의 만료만으로는 소유권취득의 효력이 발생하지 않고, 점유자가 등기명의인(登記名義人)을 상대로 시효취득을 원인으로 한 소유권이전등기청구권(所有權移轉登記請求權)을 취득하는데 그친다.

시효취득(時效取得)의 등기에 관하여 부동산등기법은 특별히 규정하는 바 없으므로, 일반원칙에 따라 점유자는 등기의무자, 즉 등기명의인(登記名義人) 또는 그 상속인과 공동으로 등기신청을 해야 할 것이나 등기명의인이 점유자의 등기신청에 임의(任意)로 협력하지 않을 경우에는 이를 소구(訴求)할 수 있다. 즉 점유취득시효에 있어서 점유자는 등기명의인을 상대로 소유권이전등기청구권(所有權移轉登記請求權)을 행사하여 등기함으로써 그 소유권을 취득하게 된다(부동산등기법 제23조 제4항).

> **소장의 청구취지 및 판결주문 기재례**
>
> 피고는 원고에게 별지목록기재 부동산에 관하여 0000년 0월 0일 시효취득을 원인으로 한 소유권이전등기절차를 이행하라

주) 시효취득을 원인으로 하는 소유권이전등기신청 시 '등기원인 일자'는 시효기간의 기산일{(起算日, 즉 開始日)로 한다. 다만, 판결 등 집행권원에 의한 경우 판결 등의 주문(主文)에 따른다.

점유취득시효의 요건을 상술(詳述)하면 아래와 같다.

(1) 자주점유

자주점유(自主占有)란 소유의 의사(意思)를 가지고 하는 점유를 말한다. '소유의 의사'란 소유자와 같은 배타적 지배를 사실상 행사하려는 의사를 말하는 것으로, 소유권을 가지고 있거나 소유권이 있다고 믿어야 하는 것은 아니다.

취득시효의 요건이 되는 자주점유의 내용인 '소유의 의사'는 점유의 권원(權原)의 성질에 따라 결정하거나 또는 점유자가 소유자에게 소유의 의사가 있다는 뜻을 밝힌 경우에 인정할 수 있다(대판 1976. 9. 14. 76다159, 1980. 3. 11. 79다2344).

부동산취득시효를 인정하기 위한 요건으로서의 자주점유(自主占有)라 함은 소유자와 동일한 지배를 하려는 의사를 가지고 하는 점유를 의미하는 것이지 법률상 그러한 지배를 할 수 있는 권원, 즉 소유권을 가지고 있거나 또한 소유권이 있다고 믿고서 하는 점유를 의미하는 것은 아니다(대판 1987. 4. 14. 85다카2230, 1994. 11. 25. 94다14612, 19960 10. 11. 96다23719).

(가) 소유의 의사로 점유한다는 의미

물건에 대한 점유란 사회관념상 어떤 사람의 사실적 지배에 있다고 보이는 객관적 관계를 말하는 것으로서 사실상 지배가 있다고 하기 위하여는 반드시 물건을 물리적, 현실적으로 지배하는 것만을 의미하는 것이 아니고, 물건과 사람과의 시간적, 공간적 관계와 본권관계, 타인지배의 가능성 등을 고려하여 사회관념에 따라 합목적적으로 판단하여야 한다(대판 1999. 6. 11. 99다2553).

'소유(所有)의 의사(意思)'로 점유한다고 함은 소유자와 동일한 지배를 하는 의사로 점유한다는 것이고 점유자가 그 물건의 소유자임을 믿고 있어야 하는 것은 아니다(대판 1980.5. 27. 80다671). 권원의 성질상 자주점유인지 타주점유인지를 판정할 수 없는 때에는 소유자는 소유의 의사로 점유하는 것으로 추정된다(민법 제197조 제1항).

취득시효의 요건인 '소유의 의사'는 점유권원의 성질에 의하여 결정하거나 또는 점유자가 소유자에 대하여 소유의 의사가 있다는 뜻을 표시한 경우에 인정될 수 있는 것이다(대판 1980. 7. 22. 80다908).

(나) 소유의 의사를 갖추어야 할 시기

부동산소유권의 취득시효의 요건인 소유의 의사는 '점유의 시초'부터 갖추어져야 한다(대판 1980. 5. 27. 80다748). 타인으로부터 부동산을 매수하여 점유하게 된 자는 그 매도인이 무권리자(無權利者)라는 사정을 알았다는 등의 특별한 사정이 없는 한 그 점유의 시초에 있어서 소유의 의사로 점유한 것이라 할 것이다(대판 1979.4. 24. 79다208).

(다) 소유의 의사를 인정하기 위한 요건

취득시효의 요건이 되는 자주점유의 내용인 '소유의 의사'는 점유의 권원의 성질에 따라 결정하거나 또는 점유자가 소유자에게 소유의 의사가 있다는 뜻을 밝힌 경우에 인정할 수 있다(대판 1980. 3. 11. 79다2344). 소유의 의사의 유무는 점유취득의 원인이 된 사실 즉 권원(權原)의 성질에 의하여 객관적으로 정하여 진다(대판 1969. 3. 4. 69다5).

권원의 성질상 점유자에게 소유의 의사가 없는 경우에는 점유자에게 소유권취득의 효과가 발생하지 않는다(대판 1969. 3. 18. 68다1578).

(라) 자주점유의 입증책임

점유자는 소유의 의사로 점유하는 것으로 추정되는 것이므로 점유로 인한 부동산소유권의 취득을 주장하는 자는 그 점유사실만 입증하면 되는 것이고 그 점유가 자주점유이거나 그 점유의 권원의 성질이 자주점유인 것까지를 입증할 책임은 없다(대판 1990. 2. 13. 89다카2469).

취득시효에 있어서 자주점유의 요건인 소유의 의사는 점유취득의 원인이 된 점유권원(占有權原)의 성질에 따라 결정하여야 할 것이나 점유권원의 성질이 분명하지 아니할 때라도 민법 제197조 제1항에 의하여 점유자는 소유의 의사로 점유한 것으로 추정되므로 점유자가 적극적으로 그 점유가 자주점유임을 입증할 책임이 없고 점유자의 점유권을 다투는 상대방에게 타주점유에 관한 입증책임(立證責任)이 있다(대판 1983. 12. 13. 83다카1523, 1984. 1. 31. 83다615, 1984. 3. 27. 83다카2406, 1987. 7. 7. 86다카2689).

> 취득시효에 있어서 자주점유의 요건인 소유의 의사는 객관적으로 점유취득의 원인이 된 점유권원의 성질에 의하여 그 존부(存否)를 결정하여야 할 것이나, 점유권원의 성질이 분명하지 아니한 때에는 민법 제197조 제1항에 의하여 점유자는 소유의 의사로 점유한 것으로 추정되므로 점유자가 스스로 그 점유권원의 성질에 의하여 자주점유임을 입증할 책임이 없고, 점유자의 점유가 소유의 의사가 없는 타주점유(他主占有)임을 주장하는 상대방에게 타주점유에 대한 입증책임(立證責任)이 있다(대판 1983. 7. 12. 82다708, 709 전원합의체판결, 1983. 9. 13. 83다카857, 858, 1987. 11. 10. 85다카1644).

> 민법 제197조 제1항에 의하면 물건의 점유자는 소유의 의사로 점유한 것으로 추정되므로 점유자가 취득시효를 주장하는 경우에 있어서 스스로 소유의 의사를 입증할 책임은 없고, 오히려 그 점유자의 점유가 소유의 의사가 없는 점유임을 주장하여 점유자의 취득시효의 성립을 부정하는 자에게 그 입증책임이 있다(대판 1997. 8. 21. 95다28625 전원합의체판결).

(마) 소유의 의사의 입증책임의 소재와 그 입증의 정도

점유자의 상대방이 타주점유(他主占有)임을 입증하기 위하여는 적어도 점유자가 타인의 소유권을 배제하여 자기의 소유물처럼 배타적지배를 행사하는 의사를 가지고 점유하는 것으로 볼 수 없는 객관적인 사정이 있음을 입증하여야 한다(대판 1993. 8. 27. 93다17829).

(바) 타주점유가 자주점유로 전환(轉換)되기 위한 요건

타주점유(他主占有)가 자주점유(自主占有)로 전환되기 위하여는 새로운 권원(權原)에 의하여 다시 소유의 의사로 점유하거나 자기에게 점유시킨 자에게 소유의 의사가 있음을 표시하여야 하며, 타주점유자가 그 명의로 소유권보존등기를 경료한 것만으로는 소유자에 대하여 소유의 의사를 표시하여 자주점유로 전환되었다고 볼 수 없다(대판 1989 4. 11. 88다카95).

(사) 자주점유의 추정이 번복되는 경우(점유자의 소유의 의사의 추정이 깨어지는 경우)

부동산의 점유권원의 성질이 분명하지 않을 때에는 민법 제197조 제1항에 의하여 점유자는 소유의 의사로 선의·평온 및 공연하게 점유한 것으로 추정되는 것이며, 부동산취득시효에 있어서 점유자가 그 성질상 소유의 의사가 없는 것으로 보이는 권원에 바탕을 두고 점유를 취득한 사실이 증명되었거나, 점유자가 진정한 소유자라면 통상 취하지 아니할 태도를 나타내거나 소유자라면 당연히 취했을 것으로 보이는 행동을 취하지 아니한 경우 등 외형적·객관적으로 보아 점유자가 타인의 소유권을 배척하고 점유할 의사를 갖고 있지 아니하였던 것이라고 볼 만한 사정이 증명된 경우에 비로소 소유의 의사로

점유한 것이라는 위의 추정이 깨지는 것이다(대판 2005. 12. 9. 2005다33541).

1) 소유의 의사

자주점유에 있어서 소유의 의사라 함은 타인의 소유권을 배제하여 자기의 소유물처럼 배타적 지배를 행사하려는 의사를 말하는 것이므로 지상권, 전세권, 임차권 등과 같은 전형적인 타주점유의 권원에 의한 점유가 아니라도 타인의 소유권을 배제하여 자기의 소유물처럼 배타적 지배를 행사하려는 의사를 가지고 점유하는 것으로 볼 수 없는 객관적 사정이 증명되었을 때에는 자주점유의 추정은 번복된다(대판 1994. 2. 25. 93다50505).

2) 타인의 부동산을 무단점유한 경우

점유자가 점유 개시 당시에 소유권 취득의 원인이 될 수 있는 법률행위 기타 법률요건이 없이 그와 같은 법률요건이 없다는 사실을 잘 알면서 타인 소유의 부동산을 무단점유한 것임이 입증된 경우에는, 특별한 사정이 없는 한 점유자는 타인의 소유권을 배척하고 점유할 의사를 갖고 있지 않다고 보아야 할 것이므로 이로써 소유의 의사가 있는 점유라는 추정은 깨진다(대판 1998. 11. 27. 97누2337, 2007. 12. 27. 2007다42112).

점유자가 점유개시 당시에 소유권취득의 원인이 될 수 있는 법률행위 기타 법률요건이 없이 그와 같은 법률요건이 없다는 사실을 잘 알면서 타인 소유의 부동산을 무단점유한 것이 입증된 경우에는 특별한 사정이 없는 한 점유자는 타인의 소유권을 배척하고 점유할 의사를 갖고 있지 아니한다고 보아야 할 것이므로 이로써 점유자의 소유의 의사의 추정은 깨어졌다고 할 것이다(대판 1998. 11. 27. 97누2337).

점유자는 소유의 의사로 선의, 평온 및 공연하게 점유한 것으로 추정되므로(민법 제197조 제1항), 점유자가 취득시효를 주장할 때 자신이 소유의 의사로 점유하였음을 증명할 책임은 없고, 오히려 점유가 소유의 의사로 이루어진 것이 아님을 주장하여 점유자의 취득시효의 성립을 부정하려는 사람이 증명책임을 부담하는 것이 원칙이다. 그런데 점유자의 점유가 소유의 의사 있는 자주점유인지는 점유자의 내심의 의사에 의하여 결정할 것은 아니고 점유취득의 원인이 된 권원의 성질이나 점유와 관계있는 모든 사정에 비추어 외형적·객관적으로 결정하여야 할 문제이므로, 점유자가 점유 개시 당시에 소유권 취득의 원인이 될 수 있는 법률행위 기타 법률요건이 없이 그와 같은 법률 요건이 없다는 사실을 잘 알면서 '다른 사람 소유의 부동산을 무단으로 점유'한 것이라면 특별한 사정이 없는 한 점유자는 타인의 소유권을 배척하고 점유할 의사를 갖고 있지 않다고 보아야 하고, 이로써 소유의 의사가 있는 점유라는 추정은 깨어진 것이다.

3) 국가나 지방자치단체가 점유하는 경우

이러한 법리는 국가나 지방자치단체가 점유하는 경우에도 적용된다. 국가나 지방자치단체가 자신의 부담이나 기부의 채납 등 국유재산법 또는 지방재정법 등에 정한 공공용 재산의 취득절차를 밟거나 소유자들의 사용승낙을 받는 등 토지를 점유할 수 있는 일정한 권원 없이 사유토지를 점유·사용하였다면 특별한 사정이 없는 한 자주점유의 추정은 깨어진다. 다만 국가나 지방자치단체가 취득시효의 완성을 주장하는 토지의 취득절차에 관한 서류를 제출하지 못하고 있다 하더라도 점유의 경위와 용도 등을 감안할 때 국가나 지방자치단체가 점유 개시 당시 공공용 재산의 취득절차를 거쳐서 적법하게 소유권을 취득하였을 가능성을 배제할 수 없다고 보이는 경우에는 국가나 지방자치단체가 소유권 취득의 법률요건이 없이 그러한 사정을 잘 알면서 무단점유한 것임이 증명되었다고 보기 어려우므로 자주점유의 추정은 깨어지지 않는다고 보는 것이 옳다(대판 2017. 9. 7. 2017다228342).

4) 점유자가 배타적 지배를 행사하려는 의사로 점유하는 것으로 볼 수 없는 경우

점유자의 점유가 소유의 의사 있는 자주점유인지 아니면 소유의 의사가 없는 타주점유인지의 여부는 점유자의 내심의 의사에 의하여 결정되는 것이 아니라 점유취득의 원인이 된 권원(權原)의 성질이나 점유관계가 있는 모든 사정에 의하여 외형적, 객관적으로 결정되어야 하는 것이기 때문에 점유자가 성질상 소유의 의사가 없는 것으로 보이는 권원에 바탕을 두고 점유를 취득한 사실이 증명되었거나, 점유자가 타인의 소유권을 배제하여 자기의 소유물처럼 배타적 지배를 행사하는 의사를 가지고 점유하는 것으로 볼 수 없는

객관적 사정, 즉 점유자가 진정한 소유자라면 통상 취하지 아니할 태도를 나타내거나 소유자라면 당연히 취했을 것으로 보이는 행동을 취하지 아니한 경우 등 외형적, 객관적으로 보아 점유자가 타인의 소유권을 배척하고 점유할 의를 갖고 있지 아니하였던 것이라고 볼만한 사정이 증명된 경우에도 그 추정은 깨어진다(대판 1997. 8. 21. 95다28625 전원합의체판결).

5) 국가나 지방자치단체가 취득시효완성을 주장하는 토지

국가나 지방자치단체가 취득시효의 완성을 주장하는 토지의 취득절차에 관한 서류를 제출하지 못하고 있다고 하더라도, 그 토지에 관한 지적공부 등이 6.25 전란으로 소실되었거나 기타의 사유로 존재하지 아니함으로 인하여 국가나 지방자치단체가 지적공부 등에 소유자로 등재된 자가 따로 있음을 알면서 그 토지를 점유하여 온 것이라고 단정할 수 없고, 그 점유의 경위와 용도 등을 감안할 때 국가나 지방자치단체가 점유 개시 당시 공공용 재산의 취득절차를 거쳐서 소유권을 적법하게 취득하였을 가능성도 배제할 수 없다고 보이는 경우에는, 국가나 지방자치단체가 소유권 취득의 법률요건이 없이 그러한 사정을 잘 알면서 토지를 무단점유한 것임이 입증되었다고 보기 어려우므로, 위와 같이 토지의 취득절차에 관한 서류를 제출하지 못하고 있다는 사정만으로 그 토지에 관한 국가나 지방자치단체의 자주점유의 추정이 번복된다고 할 수는 없다(대판 2007. 12. 27. 2007다42112).

(아) 타인의 권리의 매매와 자주점유

토지의 매수인이 매매계약에 의하여 목적 토지의 점유를 취득한 경우 설사 그것이 타인의 토지의 매매에 해당하여 그에 의하여 곧바로 소유권을 취득 할 수 없다고 하더라도 그것만으로 매수인이 점유권원의 성질상 소유의 의사가 없는 것으로 보이는 권원에 바탕을 두고 점유를 취득한 사실이 증명되었다고 단정할 수 없을 뿐만 아니라, 매도인에게 처분권한이 없다는 것을 잘 알면서 이를 매수하였다는 등의 다른 특별한 사정이 입증되지 않는 한, 그 사실만으로 바로 그 매수인의 점유가 소유의 의사가 있는 점유라는 추정이 깨어지는 것이라고 할 수 없고, 민법 197조 1항이 규정하고 있는 점유자에게 추정되는

소유의 의사는 사실상 소유할 의사가 있는 것으로 충분한 것이지 반드시 등기를 수반하여야 하는 것은 아니므로 등기를 수반하지 아니한 점유임이 밝혀졌다고 하여 이 사실만 가지고 바로 점유권원의 성질상 소유의 의사가 결여된 타주점유라고 할 수 없다(대판 2000. 3. 16. 97다37661 전원합의체).

(자) 자주점유에 대한 입증책임의 소재 및 자주점유 추정이 번복되는 경우

민법 제197조 제1항에 의하면 물건의 점유자는 소유의 의사로 점유한 것으로 추정되므로 점유자의 점유가 소유의 의사 없는 타주점유임을 주장하는 상대방에게 타주 점유에 대한 입증책임이 있는 것이고, 점유자가 스스로 매매 등과 같은 자주점유의 권원을 주장한 경우 이것이 인정되지 않는다는 이유만으로 자주점유의 추정이 번복된다거나 또는 점유권원의 성질상 타주점유로 볼 수는 없다 할 것이나, 점유자가 성질상 소유의 의사가 없는 것으로 보이는 권원에 바탕을 두고 점유를 취득한 사실이 증명되었거나, 점유자가 타인의 소유권을 배제하여 자기의 소유물처럼 배타적 지배를 행사하는 의사를 가지고 점유하는 것으로 볼 수 없는 객관적 사정, 즉 외형적·객관적으로 보아 점유자가 타인의 소유권을 배척하고 점유할 의사를 갖고 있지 아니하였던 것이라고 볼 만한 사정이 증명된 경우에 그 추정은 깨어지는 것이고, 점유자가 점유 개시 당시 소유권 취득의 원인이 될 수 있는 법률행위 기타 법률요건 없이 그와 같은 법률 요건이 없다는 사실을 잘 알면서 타인 소유의 부동산을 무단점유한 것이 입증된 경우에도 특별한 사정이 없는 한 점유자는 타인의 소유권을 배척하고 점유할 의사를 갖고 있지 않다고 보아야 할 것이므로 이로써 소유의 의사가 있는 점유라는 추정은 깨어졌다고 보아야 한다(대판 2003. 8. 22. 2001다23225, 23232).

(2) 평온·공연한 점유

20년간 소유의 의사(意思)로 평온(平穩), 공연(公然)하게 부동산을 점유하는 자는 등기함으로써 소유권을 취득한다(민법 제245조 제1항). 부동산의 소유자로 등기한 자가 10년간 소유의 의사로 평온, 공연하게 선의(善意)이며 과실(過失)없이 그 부동산을 점유한 때에는 소유권을 취득한다(동조 제2항).

'평온(平穩)'한 점유라 함은 점유자가 점유를 취득 또는 보유하는데 있어 법률상 용인될 수 없는 강폭행위(强暴行爲)를 쓰지 않는 점유이고, '공연(公然)'한 점유란 은비(隱秘)의 점유가 아닌 점유를 말한다(대판 1996. 6. 14. 96다14036).

점유는 평온·공연한 점유이어야 한다. 민법 제245조에 규정된 '평온(平穩)'한 점유라 함은 점유자가 그 점유를 취득 또는 보유하는 데 법률상 용인할 수 없는 강폭행위(强暴行爲)를 쓰지 아니하는 점유이고, '공연(公然)'한 점유라 함은 은자(隱者)의 점유가 아닌 점유를 말하는 것이므로 그 점유가 불법이라고 주장하는 자로부터 이의를 받은 사실이 있거나 점유물의 소유권을 위요(圍繞)하여 당사자 사이에 분쟁이 있었다 하더라도 그러한 사실만으로 곧 평온·공연성이 상실된다고 할 수는 없다(대판 1982. 9. 28. 81사9).

(3) 시효기간

취득시효기간은 소유권의 취득시효에 필요한 점유의 계속기간을 말한다. 점유가 일정기간(時效期間) 동안 계속하여야 한다. 소유자로 등기되어 있지 않은 자가 점유만하는 경우(즉 점유취득시효의 경우)에는 점유는 20년간 계속되어야 한다.

취득효기간이 만료된 토지의 점유자는 만료 당시의 토지 소유자에 대하여 시효취득을 원인으로 하는 소유권이전등기권을 가짐에 그치고, 취득시효기간 만료 후에 새로이 토지의 소유권을 취득한 사람에 대하여는 시효취득으로 대항할 수 없다(1992. 12. 11. 92다9968, 9975).

점유자가 소유자는 아니지만 소유자로 등기되어 있는 경우(즉 登記簿取得時效)에는 점유는 10년간 계속되어야 한다(민법 제245조 제2항). 전후 양시에 점유한 사실이 있는 때에는 그 점유는 계속한 것으로 추정한다(민법 제198조).

(가) 취득시효기간의 기산일(起算日)

취득시효기간의 계산에 있어 그 점유개시의 기산일은 임의로 선택할 수 없으나 그 등기명의인에 변경이 없는 경우에는 취득시효완성을 주장할 수 있는 시점에서 보아 소요기간이 경과된 사실만 확정되면 족하다. 토지에 대한 취득시효완성으로 인한 소유권이전등기청구권은 그 토지에 대한 점유가 계속되는 한 시효로 소멸되지 아니한다(대판 1991. 7. 26. 91다8104).

취득시효의 기산점(起算點)은 그 시효의 법정기간이 넘은 경우에도 반드시 '점유를 개시한 때를 기산점으로 삼아야 되는 것이요, 그 이익을 받으려는 자가 적당한 시기를 선택할 수는 없다(대판 1966. 2. 28. 66다108).

시효기간 중 계속해서 등기명의자가 동일하고 그 간에 취득자의 변동이 없는 경우에는 시효의 기산점을 어디에 두든지 간에 시효의 완성을 주장할 수 있는 시점에서 보아 시효기간이 경과된 사실만 확정되면 시효취득이 된다(1979. 10. 16. 78다2117).

부동산의 취득시효에 있어 시효기간의 경과를 계산하기 위한 기산점(起算點)은 그 부동산에 대한 소유명의자가 동일하고 그 변동이 없는 경우가 아니라면 원칙적으로 시효취득의 기초가 되는 점유가 '개시(開始)'된 시점이 기산점이 되고, 당사자가 기산점을 임의로 선택할 수 없으며, 그 기산점을 기초로 취득시효가 일단 완성된 후에 제3취득자가 소유권이전등기를 마친 경우에는 그 자에 대하여 취득시효로 대항 할 수 없다(대판 1999. 2. 12. 98다40688).

취득시효를 주장하는 자는 소유자의 변동이 없는 토지에 관하여는 취득시효의 기산점을 임의로 선택할 수 있고, 취득시효를 주장하는 날로부터 역산하여 20년 이상의 점유사실이 인정되고 그것이 자주점유가 아닌 것으로 밝혀지지 않는 한 취득시효를 인정할 수 있다. 취득시효의 기산일은 당사자의 주장과는 상관없이 법원이 소송자료에 의하여 확정하여야 한다(1992. 11. 10. 92다20774).

(나) 점유개시 기산점의 임의선택 가부(소극)

취득시효의 기초가 되는 점유가 법정기간 이상으로 계속된 경우에 시효의 기초가 되는 점유가 '개시'된 때를 그 기산점으로 하여야 하고 시효취득을 주장하는 사람이 임의로 그 기산점을 선택할 수 없다(대판 1983. 2. 8. 80다940).

1) 취득자의 변동이 없는 경우

점유에 의한 소유권취득에 있어서의 점유개시의 기산시점(起算時點)은 그 주장자가 임의로 선택할 수 없다(대판 1969. 7. 29. 69다763). 취득시효는 그 기간 동안 등기명의자가 동일하고 취득자의 변동이 없는 경우가 아닌 한 그 기초되는 점유의 개시일(開始日)로부터 기산(起算)하여야 하고 임의로 기산일을 정할 수 없다(대판 1989. 4. 25. 88다카3618).

소유자의 변동이 없는 토지에 관하여 점유취득시효완성을 주장함에 있어서는 그 점유의 기산점을 어디에 두든지 간에 그 시효기간이 경과한 사실만 확정되면 이를 인용할 수 있다(대판 1990. 11. 9. 90다타16723).

취득시효를 주장하는 자는 점유기간 중에 소유자의 변동이 없는 토지에 관하여는 취득시효의 기산점을 임의로 선택할 수 있고, 취득시효를 주장하는 날로부터 역산하여 20년 이상의 점유사실이 인정되고 그것이 자유점유가 아닌 것으로 밝혀지지 않는 한 취득시효를 정할 수 있는 것이고, 이는 취득시효 완성 후 토지소유자에 변동이 있어도 그 이후 당초의 점유자가 계속 20년 간 점유하고 있거나 또는 전 점유자의 점유를 승계하여 자신의 점유기간은 20년에 이르지 못하지만 소유자 변동 이후의 점유기간을 통산하여 20년이 경과함으로써 所有者가 변동된 시점을 새로운 기산점으로 삼아 다시 취득시효가 완성되는 경우에도 역시 타당하다(대판 1995. 2. 28. 94다18577).

2) 소유자에 변동이 있는 경우

부동산의 점유자는 소급하여 20년 이상 점유한 사실만 입증하면 다른 반대의 사정이 없는 한 20년 이전의 기산점을 선택하여 취득시효의 완성을 주장할 수 있다고 보아야 하고, 반드시 점유의 최초 개시일이 구체적으로 언제라고 확정되어야 된다고 할 필요는 없으나, 점유기간 중에 당해 부동산의 '소유권자에 변동이 있는 경우'에는 취득시효를 주장하는 자가 임의로 기산점을 선택하거나 소급하여 20년 이상 점유한 사실만 내세워 시효 완성을 주장할 수 없다(대판 1992. 11. 10. 92다29740).

3) 취득시효의 완성 여부(사실심변론종결일 기준)

취득시효에 있어서 점유개시의 시기(始期)를 당사자의 주장에 구애됨이 없이 법원이 증거에 의하여 스스로 결정할 수 있다(1979. 12. 26. 79다1806). 소송에 의하여 어떠한 청구를 하는 경우에 그 청구의 당부는 그 소송의 사실심변론종결 당시를 기준으로 판단하여야 하고, 소제기 당시를 기준으로 할 것은 아니므로, 그 청구가 취득시효완성을 원인으로 한 소유권이전등기청구의 경우에 취득시효가 완성되었는지 여부는 사실심변론종결일을 기준으로 하여야 한다(1995. 2. 28. 94다1995).

4) 점유승계의 경우 취득시효기산점의 선택가부

점유가 순차로 승계된 경우에 취득시효의 완성을 주장하는 자는 자기의 점유만을 주장하거나 또는 자기의 점유와 전점유자의 점유를 아울러 주장할 수 있는 선택권이 있으나, 다만 그러한 경우에도 점유의 개시시기를 전 점유자의 점유기간 중의 임의시점을 택하여 주장 할 수 없다(대판 1992. 12. 11. 92다9968, 9975).

점유취득시효의 기초가 되는 점유가 법정기간 이상으로 계속되는 경우 취득시효는 그 기초가 되는 점유가 개시된 때를 기산점으로 하여야 하고 취득시효를 주장하는 사람이 임의로 기산점을 선택할 수는 없으나, 점유가 순차로 승계된 경우에 있어서는 취득시효의 완성을 주장하는 자는 자기의 점유만을 주장하거나 또는 자기의 점유와 전 점유자의 점유를 아울러 주장할 수 있는 선택권이 있는 것이고, 전 점유자의 점유를 아울러 주장하는 경우에도 어느 단계의 점유자의 점유까지를 아울러 주장할 것인가도 이를 주장하는 사람에게 선택권이 있다(대판 1991. 10. 22. 91다26577, 2015. 9. 10. 2014다68884).

5) 취득시효완성 후 토지소유자에 변동이 있고, 소유자가 변동된 시점을 새로운 기산점으로 삼아도 다시 취득시효기간이 완성되는 경우 취득시효완성의 주장가부(적극)

취득시효를 주장하는 자는 점유기간 중에 '소유자의 변동이 없는 토지'에 관하여는 취득시효의 기산점을 임의로 선택할 수 있고, 취득시효를 주장하는 날로부터 역산하여 20년 이상의 점유사실이 인정되고 그것이 자주점유가 아닌 것으로 밝혀지지 않는 한 취득시효를 인정할 수 있는 것이고, 이는 취득시효완성 후 '토지소유자에 변동'이 있어도 당초의 점유자가 계속 점유하고 있고 소유자가 변동된 시점을 새로운 기산점으로 삼아도 다시 취득시효의 점유기간이 완성되는 경우에도 역시 타당하므로 시효취득을 주장하는 점유자로서는 '소유권 변동시'를 새로운 취득시효의 기산점으로 삼아 취득시효의 완성을 장할 수 있다(대판 1994. 3. 22. 93다46360 전원합의체판결).

부동산에 대한 점유취득시효가 완성된 후 취득시효 완성을 원인으로 한 소유권이전등기를 하지 않고 있는 사이에 그 부동산에 관하여 제3자 명의의 소유권이전등기가 경료된 경우라 하더라도 당초의 점유자가 계속 점유하고 있고 소유자가 변동된 시점을 기산점으로 삼아도 다시 취득시효의 점유기간이 경과한 경우에는 점유자로서는 제3자 앞으로의 소유권 변동시를 새로운 점유취득시효의 기산점으로 삼아 2차의 취득시효의 완성을 주장할 수 있다(대판 2009. 7. 16. 2007다15172, 15819. 전원합의체판결).

취득시효기간이 경과하기 전에 등기부상의 소유명의자가 변경된다고 하더라도 그 사유만으로는 점유자의 종래의 사실상태의 계속을 파괴한 것이라고 볼 수 없어 취득시효를 중단할 사유가 되지 못하므로, 새로운 소유명의자는 취득시효 완성 당시 권리의무변동의 당사자로서 취득시효 완성으로 인한 불이익을 받게 된다 할 것이어서 시효완성자는 그 소유명의자에게 시효취득을 주장할 수 있는바, 이러한 법리는 새로이 2차의 취득시효가 개시되어 그 취득시효기간이 경과하기 전에 등기부상의 소유명의자가 다시 변경된 경우에도 마찬가지로 적용된다고 봄이 상당하다(대판 2009. 7. 16. 2007다15172, 15189. 전원합의체판결).

취득시효가 완성된 후에 제3취득자가 소유권이전등기를 마친 경우에도 당초의 점유자가 계속점유하고 있고, 또 소유자가 변동된 시점을 새로운 기산점으로 삼아도 다시 취득시효의 점유기간이 완성되는 경우에는 취득시효를 주장하는 점유자로서는 소유권변동시를 새로운 취득시효의 기산점으로 삼아 취득시효의 주장을 할 수 있지만, 이 경우에도 그 점유기간 중에는 등기명의자가 동일하고 소유자의 변동이 없어야만 한다(대판 1992. 2. 12. 98다40688).

6) 취득시효기간 중 등기명의자가 동일한 경우 기산점의 임의선택가부(적극)

취득시효기간 중 계속해서 '등기명의자가 동일'한 경우에는 그 기산점을 어디에 두든지 간에 취득시효의 완성을 주장할 수 있는 시점에서 보아 기간이 경과한 사실만 확정되면 충분하다(대판 1993. 1. 15. 92다12377).

부동산의 취득시효에 있어서 시효기간 중 계속해서 '등기명의자가 동일'하고 그 간에 취득자의 변동이 없는 경우에는 시효의 기산점을 어디에 두든지 간에 시효의 완성을 주장할 수 있는 시점에서 보아 시효기간이 경과한 사실만 확정되면 충분하므로(대판 1979. 10. 16. 78다2117), 전 점유자의 점유를 승계하여 자신의 점유기간을 통산하여 20년을 경과한 경우에 있어서도 전 점유자가 점유를 개시한 이후의 임의의 시점을 그 기산점으로 삼을 수 있다(대판 1998. 5. 12. 97다8496, 8502).

7) 점유기간 중에 부동산소유자의 변동이 있는 경우 취득시효 기산점의 인정방법

취득시효기간의 계산에 있어 점유기간 중에 당해부동산의 '소유자의 변동이 있는 경우'에는 취득시효를 주장하는 자가 임의로 기산점을 선택하거나 소급하여 20년 이상 점유한 사실만 내세워 시효완성을 주장할 수 없고, 이와 같은 경우에는 법원이 당사자의 주장에 구애됨이 없이 소송자료에 의하여 인정되는 바에 따라 진정한 점유의 개시시기를 인정하고, 그에 터 잡아 취득시효 주장의 당부를 판단하여야 한다(대판 1995. 5. 23. 95다15742, 15759).

8) 취득시효기간의 만료로 소유권이전등기청구권을 취득한 후 점유를 상실한 경우 소유권이전등기청구권의 소멸 여부(소극)

원래 취득시효제도는 일정한 기간 점유를 계속한 자를 보호하여 그에게 실체법상의 권리를 부여하는 제도이므로 부동산을 20년간 소유의 의사로 평온 공연하게 점유한 자는 민법 제245조 제1항에 의하여 점유부동산에 관하여 소유자에 대한 소유권이전등기청구권을 취득하게 되며, 점유자가 취득시효기간의 만료로 일단 소유권이전등기청구권을 취득한 이상 그 후 점유를 상실하였다고 하여도 이를 시효이익의 포기로 볼 수 있는 경우가 아닌 한 이미 취득한 소유권이전등기청구권은 소멸되지 아니한다(대판 1995. 3. 28. 93다47745 전원합의체판결).

9) 전 점유자의 점유를 승계한 자의 소유권이전등기청구의 가부

전 점유자의 '점유를 승계한 자유'는 그 점유 자체와 하자만을 승계하는 것이지 그 점유로 인한 법률효과까지 승계하는 것은 아니므로 부동산을 취득시효기간 만료 당시의 점유자로부터 양수하여 점유를 승계한 현 점유자는 자신의 전 점유자에 대한 소유권이전등기청구권을 보전하기 위하여 전 점유자의 소유자에 대한 소유권이전등기청구권을 대위 행사 할 수 있을 뿐, 전 점유자의 취득시효완성의 효과를 주장하여 직접 자기에게 소유권이전등기를 청구할 권원은 없다(대판 1995. 3. 28. 93다47745 전원합의체).

10) 시효에 관한 경과규정

민법(1958. 2. 22. 법률 제471호, 시행일 1960. 1. 1.) 시행당시에 구법의 규정에 의한 시효기간을 경과한 권리는 본법의 규정에 의하여 취득 또는 소멸한 것으로 보며(민법 부칙 제8조 제1항), 민법시행 당시에 구법에 의한 소멸시효기간을 경과하지 아니한 권리에는 본법의 시효에 관한 규정을 적용한다(민법 부칙 제8조 제2항).

민법 시행일 전의 취득시효완성으로 인하여 물권을 취득한 자가 민법 부칙 제10조 소정의 기간 내에 등기를 하지 아니함으로써 물권을 취득한 효력을 잃게 된다고 하더라도, 그로 인하여 취득시효의 완성을 원인으로 소유권이전등기를 청구할 수 있는 채권까지 잃는 것은 아니다(대판 1992. 3. 10. 91다24311).

(4) 점유자의 등기청구권의 행사에 따른 등기

점유자가 이상과 같은 요건을 갖춘 때에는 점유취득시효에 있어서는 점유자에게 '등기청구권(登記請求權)'이 발생하며, 점유자가 시효완성 당시의 부동산소유자를 상대로 시효취득을 원인으로 한 소유권이전등기청구권을 행사(민사집행법 제263조 제1항)하여 등기함으로써(부동산등기법 제23조 제4항) 그 소유권을 원시취득(原始取得)하게 된다.

사. 점유취득시효의 효과(소유권의 원시취득)

민법 제245조 제1항의 취득시효기간의 완성만으로는 소유권취득의 효력이 바로 생기는 것이 아니라, 다만 이를 원인으로 하여 소유권취득을 위한 등기청구권이 발생할 뿐이고, 미등기 부동산의 경우라고 하여 취득시효기간의 완성만으로 등기 없이도 점유자가 소유권을 취득한다고 볼 수 없다(대판 2006. 9. 28. 2006다22074, 22081).

점유취득시효가 완성된 경우에 그 효력으로 시효완성점유자는 다른 특별한 사정이 없는 한 당해 부동산의 시효완성 당시의 소유자에 대하여 소유권이전등기청구권을 취득하는 것이고, 비록 등기부상 소유자 또는 공유자로 등기되어 있는 사람이라고 하더라도 그가 진정한 소유자가 아닌 이상 그를 상대로 취득시효의 완성을 원인으로 소유권이전등기를 청구할 수 없다(대판 2009. 12. 24. 2008다71858).

(1) 점유자의 시효완성 당시의 소유자를 상대로 한 소유권이전등기청구권의 행사

부동산 소유권의 취득시효의 요건을 갖춘 경우, '등기부취득시효(登記簿取得時效)'에 있어서는 점유자는 즉시 소유권을 취득하고, '점유취득시효(占有取得時效)'에 있어서는 취득시효완성으로 인하여 소유권을 상실하게 되는 시효완성 당시의 소유자를 상대로 소유권이전등기청구권(所有權移轉登記請求權)을 행사하여 등기를 함으로써 소유권을 취득하게 된다.

(가) 점유자의 소유권이전등기 전에 제3자에게 소유권이 이전된 경우

부동산에 대한 점유취득시효가 완성되었다고 하더라도 이를 등기하지 아니하고 있는 사이에 그 부동산에 관하여 제3자에게 소유권이전등기가 마쳐지면 점유자는 그 제3자에게 대항할 수 없다(대판 1998. 4. 10. 97다56495).

취득시효가 완성된 후 그 소유권이전등기 이전에 제3자에게 소유권이 이전되어 등기가 경료된 이상 그 제3자가 악의의 취득자라고 하더라도 취득시효를 주장하지 못한다(대판 1967. 10. 13. 67다1635, 1968. 5. 21. 68다472, 1968. 5. 28. 68다554, 555, 1969. 1. 21. 68다1526).

부동산 점유자가 소유의 의사로 점유하여 20년의 취득시효기간이 경과되었더라도 그 소유권이전등기를 하지 아니하고 있는 동안에 그 등기의무자로부터 동 부동산을 적법하게 매수하여 등기한 제3자 명의의 소유권이전등기를 부인할 수 없다(대판 1969. 5. 13. 69다243, 1970. 9. 29. 70다1875).

취득시효완성으로 인한 등기를 하기 전에 먼저 소유권이전등기를 경료하여 그 부동산 소유권을 취득한 제3자에 대하여는 시효취득을 주장할 수 없다 할 것이지만 이는 어디까지나 그 제3자 명의의 등기가 적법 유효함을 전제로 하는 것이므로 만일 위 제3자 명의의 등기가 '원인무효의 등기'라면 취득시효완성으로 인한 소유권이전등기청구권을 가진 자는 취득시효완성 당시의 소유자에 대하여 가지는 소유권이전등기청구권으로써 위 소유자를 대위하여 위 제3자 앞으로 경료된 원인무효인 등기의 말소를 구할 수 있다(대판 1989. 1. 31. 87다카2561).

(나) 점유자의 소유자를 대위(代位)한 제3자 명의의 원인무효등기의 말소 및 소유권이전등기청구

취득시효가 완성된 후 점유자가 그 등기를 하기 전에 경료 된 제3자명의의등기가 '원인무효'인 경우에는 점유자는 취득시효완성 당시의 소유자를 대위(代位)하여 위 제3자 앞으

로 경료된 원인무효인 등기의 말소를 구함과 아울러 위 소유자에게 취득시효완성을 원인으로 한 소유권이전등기를 구할 수 있다(대판 1993. 9. 14. 93다12268).

(다) 점유취득시효가 완성된 자에 대한 부동산 소유명의자의 의무범위

부동산의 소유명의자는 그 부동산에 대해 점유취득시효가 완성된 자에게 소유권이전등기를 하여 줄 의무를 부담하지만, 그 시효가 완성된 자가 시효완성 후에 어떤 사정에 의하여 그 점유를 잃었다고 해서 그 점유자로부터 점유를 회수하여 다시 이를 시효가 완성된 자에게 돌려 줄 의무까지 부담한다고 할 수 없다(대판 1997. 3. 28. 96다10638).

(2) 점유취득시효 완성 당시의 소유권보존등기 또는 이전등기가 무효인 경우, 시효취득자의 권리행사 방법

점유취득시효 완성을 원인으로 한 소유권이전등기청구는 시효완성 당시의 소유자를 상대로 하여야 하므로 시효완성 당시의 소유권보존등기 또는 이전등기가 무효라면 원칙적으로 그 등기명의인은 시효취득을 원인으로 한 소유권이전등기청구의 상대방이 될 수 없고, 이 경우 시효취득자는 소유자를 대위하여 위 무효등기의 말소를 구하고 다시 위 소유자를 상대로 취득시효 완성을 이유로 한 소유권이전등기를 구하여야 한다(대판 2007. 7. 26. 2006다64573).

(3) 취득시효완성 후 제3자 앞으로 경료된 소유권이전등기가 원인무효인 경우 소유권이전등기청구권자의 제3자명의등기의 말소청구

취득시효 완성 후 제3자 앞으로 경료된 소유권이전등기가 원인무효인 경우 취득시효완성을 원인으로 한 소유권이전등기청구권을 가진 자는 취득시효완성 당시의 소유자를 대위하여 제3자명의등기의 말소를 구할 수 있다. 한편 취득시효 완성을 원인으로 하는 소유권이전등기청구권을 피보전권리로 하는 부동산처분금지가처분등기가 마쳐진 후에 가처분채권자가 가처분채무자를 상대로 가처분의 피보전권리에 기한 소유권이전등기를 청구함과 아울러 가처분 등기 후 가처분채무자로부터 소유권이전등기를 넘겨받은 제3자를

상대로 가처분채무자와 제3자 사이의 법률행위가 원인무효라는 사유를 들어 가처분채무자를 대위하여 제3자 명의 소유권이전등기의 말소를 청구하는 경우, 가처분채권자가 채무자를 상대로 본안의 승소판결을 받아 확정되면 가처분에 저촉되는 처분행위의 효력을 부정할 수 있다고 하여, 그러한 사정만으로 위와 같은 제3자에 대한 청구가 소의 이익이 없어 부적법하다고 볼 수는 없다. 가처분채권자가 대위 행사하는 가처분채무자의 위 제3자에 대한 말소청구권은 가처분 자체의 효력과는 관련이 없을 뿐만 아니라, 가처분은 실체법상의 권리관계와 무관하게 효력이 상실될 수도 있어, 가처분채권자의 입장에서는 가처분의 효력을 원용하는 외에 별도로 가처분채무자를 대위하여 제3자명의등기의 말소를 구할 실익도 있기 때문이다(대판 2017. 12. 5. 2017다237339).

(4) 부동산점유취득시효완성으로 인한 소유권취득의 법적성질(원시취득)

부동산의 점유취득시효는 20년의 시효기간의 완성만으로 점유자가 곧바로 소유권을 취득하는 것은 아니고 민법 제245조 제1항에 따라 점유자명의로 등기를 함으로써 소유권을 취득하게 되며, 이는 '원시취득(原始取得)'에 해당하므로 특별한 사정이 없는 한 원소유자의 소유권에 가하여진 각종 제한에 의하여 영향을 받지 아니하는 완전한 내용의 소유권을 취득하게 되고, 이와 같은 소유권취득의 반사적 효과로서 그 부동산에 관하여 취득시효의 기간이 진행 중에 체결되어 소유권이전등기청구권가등기에 의하여 보전된 매매예약상의 매수인의 지위는 소멸된다고 할 것이지만, 시효기간이 완성되었다고 하더라도 점유자 앞으로 등기를 마치지 아니한 이상 전 소유권에 붙어 있는 위와 같은 부담은 소멸되지 아니한다(대판 1993. 10 12. 93다1886, 1994. 12. 22. 92다3489, 2004. 9. 24. 2004다31463).

(5) 취득시효완성 후 등기명의인의 처분행위

(가) 등기명의인이 시효취득사실을 알지 못한 경우

부동산에 관한 취득시효가 완성된 후에 그 취득시효를 주장하거나 이로 인한 소유권이전등기청구를 하기 이전에는 그 등기명의인인 부동산소유자로서는 특단의 사정이 없는 한 그 시효취득사실을 알 수 없는 것이므로 이를 제3자에게 처분하였다 하더라도 불법행위가 성립한다고는 할 수 없다(대판 1974. 6. 11. 73다1276).

(나) 부동산소유자가 취득시효완성사실을 알고 부동산을 제3자에게 처분한 경우

부동산소유자가 취득시효완성사실을 알고 그 부동산을 제3자에게 처분하여 소유권이전등기를 넘겨줌으로써 취득시효완성을 원인으로 한 소유권이전등기의무가 이행불능에 빠지게 되어 시효취득을 주장하는 자가 손해를 입었다면 불법행위를 구성한다할 것이고, 부동산을 취득한 제3자가 부동산소유자의 이와 같은 불법행위에 적극 가담하였다면 이는 사회질서에 반하는 행위로서 무효라고 할 것이다(대판 2002. 3. 15. 2001다77352, 77369).

(다) 소유자의 처분행위가 불법행위가 되기 위한 요건

취득시효가 완성된 토지에 관한 소유자의 처분행위가 불법행위가 되기 위하여는 소유자가 시효취득 사실을 알았거나 알 수 있어야 할 것인바, 특별한 사정이 없는 한 부동산에 관한 시효취득이 완성된 후에 그 시효취득을 주장하거나 이로 인한 소유권이전등기청구를 하기 이전에는 부동산 소유자로서는 그 시효취득 사실을 알 수 없는 것이라고 보아야 한다(1994. 4. 12. 93다60779).

아. 점유취득시효완성에 의한 등기절차

부동산에 대한 점유취득시효는 20년간 소유의 의사로 평온, 공연하게 부동산을 점유하는 것만으로 점유자가 곧바로 소유권을 취득하는 것이 아니라 민법 제245조 제1항에 따라 점유자명의로 등기를 함으로써 비로소 소유권을 원시적으로 취득하게 된다. 점유취득시효에 의하여 부동산의 소유권을 취득하는 권리는 전(前) 소유자의 권리를 계승(繼承)한 승계취득(承繼取得)이 아니라 원시취득(原始取得)이며, 그 효력은 점유를 개시한 때에 소급한다(민법 제247조 제1항).

부동산의 점유취득시효의 경우에는 점유자가 취득시효의 요건을 갖추어 취득시효가 완성되었다 하더라도 단지 이를 원인으로 한 소유권이전등기청구권(所有權移轉登記請求權)이 발생할 뿐 점유자가 바로 소유권을 취득하지는 못한다.

시효취득은 법률의 규정에 의한 물권변동이나(민법 제245조 제1항) 민법 제187조의 예외로서 '등기'하여야 소유권을 취득한다. 부동산의 시효취득의 등기절차에 관하여 부동산등기법은 특별히 규정한 바가 없으므로 시효취득에 의한 등기는 어떤 등기이어야 하는가(즉, 소유권보존등기절차로 하느냐, 아니면 소유권이전등기절차로 하느냐)가 문제될 수 있다.

점유취득시효가 완성된 부동산이 '등기된 부동산'이 된 경우에는 시효취득자명의로 '소유권이전등기'를 하여야 하며, 소유권보존등기가 되지 아니한 '미등기 부동산'인 경우에는 시효취득자가 스스로 시효취득을 원인으로 한 판결에 의하여 소유권보존등기를 신청하여야 한다(부동산등기법 제65조 제2호).

(1) '등기된 부동산'의 시효취득에 의한 등기절차(소유권이전등기)

부동산의 점유취득시효에 있어서는 등기부상의 권리자와 시효취득자는 부합(동일)하지 아니하므로 민법 제245조 제1항은 '20년간 소유의 의사로 평온, 공연하게 부동산을 점유하는 자는 등기함으로써 그 소유권을 취득한다'라고 규정하고 있다.

따라서 20년간 소유의 의사로 평온, 공연하게 부동산을 점유한 자는 시효완성 당시의 소유자(등기부상 소유자)를 상대(대판 1997. 4. 25. 96다3420, 1999. 2. 23. 98다59132)로 시효취득을 원인으로 한 소유권의 보존등기 또는 이전등기청구의 소를 제기하여 승소판결을 받으면 그 판결을 등기원인을 증명하는 서면(규칙 제46조 제1항 제1호)으로 하여 승소한 등기권리자로서 단독으로 등기를 신청할 수 있다(법 제23조 제4항).

부동산등기법 제23조 제4항의 판결은, 동법 제65조 제2호의 소유권을 증명하는 판결과는 달리, 등기절차의 이행을 명하는 확정된 '이행판결'만을 의미하며(민사집행법 제263

조 제1항 참조), 확인판결이나 형성판결은 이에 포함되지 아니한다. 따라서 민사집행법 제263조 제1항에 의하여 채무자의 의사표시가 있는 것으로 보게 되는 판결 그 밖의 재판은 확정된 이행판결이나 이행을 명하는 재판이어야 하며, 확인의 재판이나 형성의 재판은 이에 해당되지 아니한다.

이미 등기된 부동산에 대한 점유로 인한 소유권의 취득은 전(前)소유자의 권리를 계승(繼承)한 승계취득(承繼取得)이 아니라 원시취득(原始取得)이므로(대판 1991. 10. 22. 90다1628, 1993. 10. 12. 93다1886, 1994. 12. 22. 92다3489, 2004. 9. 24. 2004다31463) 그 등기절차는 소유권보존등기를 할 것이냐가 문제될 수 있으나 소유권이전등기를 하여야 한다.

부동산의 점유취득시효가 완성된 경우 그 취득시효의 대상인 부동산이 이미 등기된 부동산인 때에는 '등기부를 편성할 때에는 1필의 토지 또는 1동의 건물에 대하여 1개의 등기기록을 둔다'라는 물적편성주의(物的編成主義 또는 1不動産 1用紙主義라고 함)원칙(법 제15조 제1항)에 의하여 '소유권이전등기의 형식'으로 하는 것이 타당하며, 등기실무에서도 이와 같이 처리하고 있다(등기선례 제8권 89항).

(가) 등기신청서의 기재사항

등기된 부동산에 대하여 시효취득을 원인으로 한 소유권이전등기절차이행을 명한 확정된 이행판결에 의하여 소유권이전등기를 신청하는 경우에는 부동산등기규칙 제43조 제1항 각 호의 사항을 신청정보의 내용으로 등기소에 제공하여야 한다.

1) 등기신청인

부동산의 점유자가 이미 등기된 부동산에 대하여 20년간 소유의 의사로 평온, 공연하게 부동산을 점유한 자는 취득시효완성으로 인하여 소유권을 상실하게 되는 '시효완성 당시의 소유자(등기부상 소유자)'를 상대로 시효취득을 원인으로 한 소유권이전등기청구의 소를 제기하여 승소판결을 받으면 그 판결을 등기원인증서(규칙 제46조 제1항 제1호)로 하여 승소한 등기권리자로서 단독으로 소유권이전등기를 신청할 수 있다(법 제23조 제4항).

위 등기를 신청하는 경우에는 등기신청인, 즉 '등기권리자'는 원고(성명, 주소, 주민등록번호를 기재함)를, '등기의무자'는 시효완성 당시의 등기부상 소유자인 피고를 신청정보의 내용으로 등기소에 제공하여야 한다(규칙 제43조 제1항 제2호).

2) 등기원인과 그 연월일, 등기의 목적

'등기원인'은 시효취득으로 기재하며, '그 연월일'은 법률의 규정에 의한 다른 물권변동의 경우에는 법률상의 등기원인이 발생한 날을 기재함에 반하여, 시효취득의 경우에는 시효기간의 기산일(起算日), 즉 점유개시일(占有開始日)을 기재한다. 취득시효에 의한 소유권취득의 효력은 점유를 개시(開始)한 때에 소급하기 때문이다(민법 제247조 제1항). '등기의 목적'은 소유권이전으로 기재한다(규칙 제43조 제1항).

(나) 등기신청서의 첨부서면

1) 부동산등기규칙 제46조 제1항 각 호의 정보

이미 등기된 부동산에 대하여 시효취득을 원인으로 한 소유권이전등기절차이행을 명한 판결을 받아 등기를 신청하는 경우에는 등기원인을 증명하는 정보로 확정된 이행판결정본, 등기권리자의 주소 및 주민등록번호를 증명하는 정보, 토지(임야, 건축물)대장정보나 그 밖에 부동산의 표시를 증명하는 정보 등 부동산등기규칙 제46조 제1항 각 호의 정보를 그 신청정보와 함께 첨부정보로서 등기소에 제공하여야 한다(규칙 제46조).

위 소유권이전등기를 신청하는 경우의 첨부정보 중 '등기원인을 증명하는 정보'로 확정된 이행판결정본을 첨부하여야 하나 판결에 한하지 아니하며, 화해조서, 인낙조서, 화해권고결정, 민사조정조서, 조정에 갈음하는 결정 등도 등기의무자의 등기신청에 관한 의사표시의 기재(민사집행법 제263조 제1항)가 있는 경우에는 이를 등기원인증서로 하여 등기신청을 할 수 있다(규칙 제46조 제1항 제1호).

2) 농지취득 자격증명, 국민주택채권의 매입

시효의 완성으로 농지를 취득하는 것은 원시취득이므로 농지취득자격증명을 발급 받지 아니하고 농지를 취득할 수 있으며(농지법 제8조 제1항 제3호, 대판 1993. 4. 27. 93다5000, 1993. 10. 12. 93다1886. 등기선례 제3권 529항, 제4권 724항), 시효취득을 원인으로 한 소유권이전등기절차이행을 명한 판결에 의한 소유권이전등기를 신청하는 경우에는 국민주택채권을 매입하여야 한다(등기선례 제4권 235항).

(2) '미등기 부동산'의 시효취득에 의한 등기절차(소유권보존등기)

취득시효의 대상인 부동산이 미등기 부동산인 경우에는 시효취득자는 대장(토지, 임야, 건축물)에 최초의 소유자로 등록되어 있는 자 또는 그 상속인 그 밖의 포괄승계인, 미등기 토지의 지적공부상 "국"으로부터 소유권이전등록을 받은 자, 대장상의 소유자 표시란이 공란으로 되어 있거나 그 소유자표시에 일부 누락이 있어 대장상의 소유자를 특정할 수 없는 경우에는 국가를 상대방으로 하여 소유권을 증명하는 판결을 받아 승소한 권리자로서 소유권 보존등기를 신청하여야 한다(춘천지방법원 1987. 12. 15. 87가단282).

'확정판결에 의하여 자기의 소유권을 증명하는 자'는 미등기 부동산에 관한 소유권보존등기를 신청할 수 있다(법 제65조 제2호), 부동산등기법 제65조 제2호의 판결은 대장(토지, 임야 등)에 최초의 소유자로 등록되어 있는 자 또는 그 상속인이나 그 밖의 포괄승계인을 상대로 소유권이 자기에게 있음을 증명하는 판결을 받아야 한다. 대장상의 소유자 표시란이 공란으로 되어 있거나 소유자 표시에 일부 누락이 있어 소유자를 특정할 수 없는 경우에는 국가를 상대방으로 소유권확인을 구할 수 있다.

점유로 인한 부동산소유권의 취득은 전(前)소유자의 권리를 계승(繼承)한 승계취득(承繼取得)이 아니라 원시취득(原始取得)이므로, 대장상 소유자 미복구인 미등기토지에 대하여 국가를 상대로 시효취득을 원인으로 한 소유권이전등기절차이행판결이 확정된 경우 원고는 위 판결에 의하여 국가를 대위할 필요 없이 '직접 자기명의로 소유권보존등기'를 신청할 수 있다(대법원 1971. 11. 12. 71마657 결정, 제4권 220항).

부동산등기법 제130조(현행법 제65조 제2호)에 비추어 볼 때 부동산에 관한 소유권보존등기를 함에 있어 토지대장등본 또는 임야대장등본에 의하여 소유자임을 증명할 수 없다면 판결에 의하여 소유권을 증명하여 소유권보존등기를 할 수밖에 없고, 더욱이 대장 소관청인 국가기관이 그 소유를 다투고 있다면 이와 같은 판결을 얻기 위한 소송은 국가를 상대로 제기할 수 있다(대판 1993. 4. 27. 93다5727, 5734).

국가를 상대로 한 토지소유권확인청구는 그 토지가 미등기이고 토지대장이나 임야대장 상에 등록명의자가 없거나 등록명의자가 누구인지 알 수 없을 때와 그 밖에 국가가 등기 또는 등록명의자인 제3자의 소유를 부인하면서 계속 국가소유를 주장하는 등 특별한 사정이 있는 경우에 한하여 그 확인의 이익이 있다(대판 2009. 10. 15. 2009다48633).

확정판결에 의하여 자기의 소유권을 증명하는 자(법 제65조 제2호)는 단독으로 판결에 의한 등기를 신청할 수 있다(법 제23조 제4항). 소유권을 증명하는 부동산등기법 제65조 제2호의 판결은 소유권확인판결에 한하는 것은 아니며(대판 1994. 3. 11. 93다57704) 형성판결이나 이행판결이라도 그 이유 중에서 점유자의 소유임을 확정하는 내용의 판결이면 이에 해당하며, 조정조서, 화해조서 등 확정판결에 준하는 것도 포함된다(등기예규 제1383호. 3. 다.).

(가) 등기신청서의 기재사항

미등기부동산에 대하여 시효취득을 원인으로 한 소유권 보존등기 또는 이전등기절차이행을 명한 판결에 의하여 소유권보존등기를 신청하는 경우에는 부동산등기규칙 제43조 제1항 각 호의 사항을 신청정보의 내용으로 등기소에 제공하여야 한다.

1) 등기신청인

미등기부동산에 대하여 시효취득을 원인으로 한 소유권보존등기를 신청하는 경우에는 등기신청인(원고)의 성명, 주소 및 주민등록번호 등 부동산등기규칙 제43조 제1항 각 호의 사항을 신청정보의 내용으로 등기소에 제공하여야 한다.

2) 등기의 목적, 신청근거규정

미등기부동산에 대하여 시효취득을 원인으로 한 소유권보존등기를 신청하는 경우에는 부동산등기규칙 제43조 제1항 각 호의 신청정보 중 '등기의 목적'은 소유권보존으로, 동 규칙 제121조 제1항 전단의 규정에 의한 '신청근거규정'은 부동산등기법 제65조 제2호로 기재하여야 한다. 그러나 '등기원인과 그 연월일'은 신청정보의 내용으로 등기소에 제공할 필요가 없다(규칙 제121조 제1항 후단).

(나) 등기신청서의 첨부서면

1) 부동산등기규칙 제46조 제1항 각 호의 정보

미등기부동산에 대하여 대장(토지, 임야 등)상 최초의 소유자로 등록되어 있는 자 또는 그 상속인이나 그 밖의 포괄승계인, 국가 등을 상대로 시효취득을 원인으로 한 소유권보존등기청구의 소를 제기하여 승소판결을 받으면 그 판결을 등기원인증서로 하여 소유권보존등기를 신청할 수 있다. 위 등기를 신청하는 경우에는 부동산등기규칙 제46조 제1항 각 호의 정보를 그 신청정보와 함께 첨부정보로서 등기소에 제공하여야 한다(규칙 제46조).

2) 등기원인을 증명하는 정보

위 등기를 신청하는 경우에는 첨부정보 중 '등기원인을 증명하는 정보'로 원고의 소유권을 증명하는 확정판결정본[여기의 판결은 미등기 부동산에 대한 소유권을 증명하는 서면으로서의 판결을 의미하는 것으로 보존등기신청인의 소유임을 확정하는 내용의 판결이면 족하고 반드시 확인판결이어야 할 필요는 없으며(대판 1994. 3. 11. 93다57704), 형성판결이나 이행판결이라도 그 이유 중에서 보존등기 신청인의 소유임을 확정하는 내용의 것이면 이에 해당하며, 조정조서, 화해조서 등 확정판결에 준하는 것도 포함된다] 등 부동산등기규칙 제46조 각 항의 정보를 첨부정보로서 등기소에 제공하여야 하며(규칙 제46조 제1항 제1호), 부동산의 표시를 증명하는 토지대장정보나 임야대장정보 또는 건물의 표시를 증명하는 건축물대장정보나 그 밖의 정보를 첨부정보로 등기소에 제공하여야 한다(규칙 제121조 제2항).

3) 농지취득자격증명, 국민주택채권의 매입

'시효의 완성'으로 농지를 취득하는 경우(농지법시행령 제6조 제1호)에는 농지취득자격증명을 발급받지 아니하고 농지를 취득할 수 있으며(농지법 제8조 제1항 제3호, 대판 1993. 4. 27. 93다5000, 등기선례 제3권 529항, 제4권 724항), 시효취득완성을 원인으로 한 소유권이전등기절차를 이행하라는 판결에 의한 소유권이전등기를 신청하는 경우에는 국민주택채권을 매입하여야 한다(등기선례 제4권 235항).

■ 시효취득의 등기부 기재례

【갑 구】		(소유권에 관한 사항)		
순위번호	등기목적	접수	등기 원인	권리자 및 기타사항
3	소유권이전	2012년 5월 20일 제10340호	1983년 3월 25일 시효취득	소유자 최철 000000-0000000 서울시 종로구 원서동 ○○

5. 등기부취득시효

가. 등기부취득시효의 개념

등기부취득시효(登記簿取得時效)라 함은 부동산의 소유자로 등기한 자가 10년간 소유의 의사로 평온, 공연하게 선의, 과실 없이 그 부동산을 점유한 때에는 소유권을 취득하는 것을 말한다(민법 제245조 제2항).

우리 민법은 부동산소유권의 취득시효에 있어 점유 취득시효(占有取得時效)(민법 제245조 제1항)와 등기부취득시효(登記簿取得時效)(민법 제245조 제2항)의 두 가지를 인정하고 있다. 등기부 취득시효에 있어서는 이미 시효취득자가 등기부상 명의인으로 되어 있으므로 등기는 요건이 아니다.

등기부취득시효에 관한 민법 제245조 제2항의 규정에 의하여 소유권을 취득하는 자는 10년간 반드시 그의 명의로 등기되어 있어야 하는 것은 아니고 앞사람의 등기까지 아울러 그 기간 동안 부동산소유자로 등기되어 있으면 된다(대판 1989. 12. 26. 87다카2176 전원합의체판결).

나. 등기부 취득시효의 요건

부동산의 소유자로 등기한 자가 10년간 소유의 의사로 평온·공연하게 선의이며 과실 없이 그 부동산을 점유한 때에는 소유권을 취득한다(민법 제245조 제2항). 10년간 소유의 의사로 평온, 공연하게 선의이며 과실 없이 부동산을 점유함으로써 그 소유권을 취득하려면 그 점유의 시초(始初)부터 부동산의 소유자로 등기된 자임을 요한다(대판 1966. 7. 19. 66다925).

(1) 부동산의 소유자로 등기한 자

등기부 취득시효에 의하여 소유권을 취득하는 자는 '10년간 반드시 그의 명의'로 등기되어 있어야 하는 것은 아니고, 앞 사람의 등기까지 아울러 그 기간 동안 부동산의 소유자로 등기되어 있으면 된다(대판 1989. 12. 26. 87다카2176. 전원합의체판결).

(가) '소유자로 등기한 자'의 의미

등기부취득시효의 요건으로서 '소유자로 등기한 자'라 함은 적법·유효한 등기를 마친 자일 필요는 없고 무효의 등기를 마친 자라도 상관없으며, 등기부취득시효에서의 선의무과실은 등기에 관한 것이 아니고 점유취득에 관한 것이다(대판 1998.1. 20. 96다48527).

(나) 민법 제245조 제2항의 '등기'의 의미

민법 제245조 제2항은 부동산의 소유자로 등기한 자가 10년간 소유의 의사로 평온, 공연하게 선의이며 과실 없이 그 부동산을 점유한 때에는 소유권을 취득한다고 규정하고 있는바, 위 법조항의 '등기'는 부동산등기법 제15조가 규정한 1부동산 1용지주의에 위배되지 아니하는 등기를 말한다(대판 1998. 7. 14. 97다34693).

민법 제245조 제2항은 부동산의 소유자로 등기한 자가 10년간 소유의 의사로 평온, 공연하게 선의이며 과실 없이 그 부동산을 점유한 때에는 소유권을 취득한다고 규정하고 있는바, 위 법조항의 '등기'는 부동산등기법 제15조가 규정한 1부동산 1용지주의에 위배되지 아니하는 등기를 말하므로 어느 부동산에 관하여 등기명의인을 달리하여 소유권보존등기가 이중으로 경료된 경우 먼저 이루어진 소유권보존등기가 원인무효가 아니어서 뒤에 된 소유권보존등기가 무효로 되는 때에는 뒤에 된 소유권보존등기나 이에 터 잡은 소유권이전등기를 근거로 하여서는 등기부취득시효의 완성을 주장할 수 없다(대판 1996. 10. 17. 96다12511. 전원합의체판결).

소유권이전등기에 있어 부동산등기법 제57조(현행법 제34조, 제40조, 제48조)에서 정한 등기의 기재사항 중 등기원인이 누락되었더라도 그것은 실제의 권리관계를 표시함에 족할 정도로 동일 또는 유사성이 있는 것이므로, 민법 제245조 제2항의 소유자로 등기한 자에 있어서의 등기에 해당한다(대판 1998. 2. 24. 96다8888).

(2) 소유의 의사(자주점유)

점유는 소유의 의사를 가지고 하는 자주점유(自主占有)이어야 하고, 평온 공연하게 선의이며 과실 없는 점유임을 요한다. '소유의 의사'라 함은 소유자가 할 수 있는 것과 같은 배타적 지배를 사실상 행사하려고 하는 의사를 말하며, 법률상 그러한 지배를 할 수 있는 권한 즉 소유권을 가지고 있거나 또는 소유권이 있다고 믿고서 하는 점유를 의미하는 것은 아니며(대판 1996. 10. 11. 96다23719), 사실상 소유할 의사가 있는 것으로 충분하다.

(가) '소유의 의사로 점유 한다'의 의미

'소유의 의사로 점유 한다'고 함은 소유자와 동일한 지배를 하는 의사로 점유한다는 것을 의미하는 것이고 점유자가 그 물건의 소유자임을 믿고 있어야 하는 것은 아니다(대판 1980. 5. 27. 80다671). 자주점유(自主占有)는 소유의 의사를 가지고서 하는 점유이다.

민법 제245조 제2항의 등기부 취득시효의 요건인 '점유'란 사회관념상 어떤 사람의 사실적 지배에 있다고 보여지는 객관적 관계를 말하는 것으로서, 사실상의 지배가 있다고 하기 위하여는 반드시 물건을 물리적, 현실적으로 지배하는 것만을 의미하는 것이 아니고 물건과 사람의 시간적, 공간적 관계와 본권관계, 타인지배의 배제가능성 등을 고려하여 사회관념에 따라 합목적적으로 판단하여야 하며, 특히 임야에 대한 점유의 이전이나 점유의 계속은 반드시 물리적이고 현실적인 지배를 요한다고 볼 것은 아니고 관리나 이용의 이전이 있으면 인도가 있었다고 보아야 하고, 임야에 대한 소유권을 양도하는 경우라면 그에 대한 지배권도 넘겨지는 것이 거래에 있어서 통상적인 형태이며 점유의 계속은 추정된다(대판 1998. 2. 24. 96다8888, 2000. 12. 8. 2000다14934).

(나) 자주점유의 의미

점유는 소유의 의사를 가지고 하는 이른바 자주점유(自主占有)이어야 한다. 부동산취득시효를 인정하기 위한 요건으로서의 자주점유라 함은 소유자와 동일한 지배를 하려는 의사를 가지고 하는 점유를 의미하는 것이지 법률상 그러한 지배를 할 수 있는 권원, 즉 소유권을 가지고 있거나 또는 소유권이 있다고 믿고서 하는 점유를 의미하는 것은 아니다(대판 1994. 12. 27. 94다25513).

타주점유자가 그 명의로 소유권보존등기를 경료한 것만으로는 소유자에 대하여 소유의 의사를 표시하여 자주점유로 전환되었다고 볼 수 없다(대판 1975. 5. 30. 97다2344).

(다) 소유의 의사의 의미

'소유의 의사(意思)'라 함은 소유자가 할 수 있는 것과 같은 배타적 지배를 사실상 행사하려고 하는 의사를 말하며, 법률상 그러한 지배를 할 수 있는 권한, 즉 소유권을 가지고 있거나 또는 소유권이 있다고 믿고서 하는 점유를 의미하는 것은 아니며(1996. 10. 11. 96다23719), 사실상 소유할 의사가 있는 것으로 충분하다.

(라) 소유의 의사를 인정하기 위한 요건

취득시효의 요건이 되는 자주점유의 내용인 소유의 의사는 점유의 권원(權原)의 성질에 의하여 결정하거나 또는 점유자가 소유자에 대하여 소유의 의사가 있다는 것을 표시한 경우에 한하여 인정할 수 있다(대판 1976. 9. 14. 76다159, 1980. 3. 11. 79다2344, 1980. 7. 22. 80다908).

(마) 소유의 의사를 갖추어야 할 시기(時期)

부동산소유권의 취득시효의 요건인 소유의 의사는 점유의 '시초'부터 갖추어져야 한다(1980. 5. 27. 80다748). 부동산에 관하여 적법, 유효한 등기를 마치고 소유권을 취득한 사람이 자기 소유의 부동산을 점유하는 경우에는 특별한 사정이 없는 한 사실상태를 권리관계로 높여 보호할 필요가 없고, 부동산의 소유명의자는 부동산에 대한 소유권을 적법하게 보유하는 것으로 추정되어 소유권에 대한 증명의 곤란을 구제할 필요 역시 없으므로, 그러한 점유는 취득시효의 기초가 되는 점유라고 할 수 없다. 다만 그 상태에서 다른 사람 명의로 소유권이전등기가 되는 등으로 소유권의 변동이 있는 때에 비로소 취득시효의 요건인 점유가 개시된다고 볼 수 있을 뿐이다(대판 2016. 10. 27. 2016다224596).

(바) 취득시효에 있어서 자주점유의 추정이 번복되는 경우

부동산의 취득시효에 있어서 외형적, 객관적으로 보아 점유자가 타인의 소유권을 배척하고 점유할 의사를 갖고 있지 아니하였던 것이라고 볼만한 사정이 증명된 경우에 비로소 소유의 의사로 점유한 것이라는 추정이 깨어지는 것이다(대판 2006. 1. 16. 2005다36045).

(3) 평온·공연한 점유

점유는 평온, 공연한 점유이어야 한다. '평온(平隱)'한 점유란 점유자가 점유를 취득

또는 보유하는 데 있어 법률상 용인될 수 없는 강폭행위(强暴行爲)를 쓰지 않는 점유이고, '공연(公然)'한 점유란 은비(隱秘)의 점유가 아닌 점유를 말한다(대판 1982. 9. 28. 81사91996, 1996. 6. 14. 96다14036).

(4) 점유자의 선의 · 무과실

등기부취득시효에 있어서 선의 · 무과실은 등기에 관한 것이 아니고 점유의 취득에 관한 것이므로, 등기경료 이전부터 점유를 하여 온 경우에는 그 점유개시 당시를 기준으로 그 점유의 개시에 과실이 없었는지 여부에 관하여 심리판단하여야 한다(대판 1994. 11. 11. 93다28089).

등기부취득시효(登記簿取得時效)의 특유한 요건으로 요구되는 점유에 관하여는 점유자의 선의 (善意) · 무과실(無過失)도 요구되는 반면(민법 제245조 제2항), 점유취득시효(占有取得時效)의 요건으로서 요구되는 20년간의 점유는 소유의 의사로 평온 · 공연하게 하는 것으로 충분하고 점유자의 선의, 무과실은 그 요건이 아니다(대판 1966. 9. 27. 66다977, 1972. 6. 27. 69다560, 1980. 7. 8. 80다953).

등기부취득시효에 있어서는, 점유취득시효와는 달리 점유자의 선의, 무과실도 요구되며, 등기부취득시효에 있어서 선의. 무과실은 등기에 관한 것이 아니고 점유의 취득에 관한 것이다(대판 1992. 4. 28. 91다46779).

등기부취득시효가 인정되려면 점유의 개시에 과실이 없어야 하고 증명책임은 주장자에게 있으며, 여기서 무과실이란 점유자가 자기의 소유라고 믿은 데에 과실이 없음을 말한다. 그런데 부동산에 등기부상 소유자가 존재하는 등 소유자가 따로 있음을 알 수 있는 경우에는 비록 소유자가 행방불명되어 생사를 알 수 없더라도 부동산이 바로 무주부동산에 해당하는 것은 아니므로, 소유자가 따로 있음을 알 수 있는 부동산에 대하여 국가가 국유재산법 제8조에 따른 무주부동산 공고절차를 거쳐 국유재산으로 등기를 마치고 점유를 개시하였다면, 특별한 사정이 없는 한 점유의 개시에 자기의 소유라고 믿은 데에 과실이 있다(대판 2016. 8. 24. 2016다220679).

(가) 무과실의 입증

점유자는 소유의 의사로 선의(善意), 평온(平穩) 및 공연(公然)하게 점유한 것으로 추정한다(민법 제197조 제1항). 따라서 등기부취득시효의 요건인 점유자의 선의는 추정되나 무과실은 추정되지 아니하므로 무과실(無過失)을 입증(立證)하여야 한다.

(나) 무과실의 시점

부동산의 등기부시효취득을 인정함에 있어서 점유에 과실이 없다고 함은 그 점유의 개시시(開始時)에 과실이 없으면 된다는 취지이다(대판 1993. 11. 23. 93다21132).

(다) 무과실의 입증책임의 소재(시효취득을 주장하는 사람)

등기부취득시효에 있어서 선의·무과실은 등기에 관한 것이 아니고 점유취득에 관한 것으로서, 그 무과실에 대한 입증책임은 그 시효취득을 주장하는 사람에게 있다(대판 1995. 2. 10. 94다22651, 1997. 8. 22. 97다2665).

부동산에 대한 등기부 시효취득의 요건인 무과실에 관한 입증책임은 그 시효취득을 주장하는 사람에게 돌아가며(대판 1981. 1. 13. 80다2179, 1981. 6. 23. 80다1642, 1985. 7. 9. 84다카1866, 1990. 10. 16. 90다카16792), 부동산의 등기부취득시효에 있어서 점유의 시초에 과실이 없었음을 필요로 하고, 이와 같은 무과실에 대하여는 그 주장자(시효취득을 주장하는 사람)에게 입증책임이 있다(1983. 10. 11. 83다카531, 1986. 2. 25. 85다카771, 1987. 8. 18. 87다카191, 1990. 10. 16. 90다카16792).

민법 제245조 제2항에서 정한 부동산의 등기부 시효취득을 인정하기 위하여는 소유자로 등기된 자가 10년간 소유의 의사로 평온, 공연하게 선의로 부동산을 점유하였다는 요건 외에 점유의 개시에 과실이 없음을 요하며 위와 같은 무과실(無過失)에 대하여는 그 주장자에게 입증책임이 있다(대판 1987. 8. 18. 87다카191).

(라) 선의·무과실이 요구되는 시점

부동산의 등기부 시효취득을 인정함에 있어서 점유에 과실이 없다고 함은 그 점유의 개시시에 과실이 없으면 된다는 취지이다(대판 1993. 11. 23. 93다21132). 등기부취득시효에 있어서 점유자의 선의, 무과실은 등기에 관한 것이 아니고 점유의 취득에 관한 것이므로, 등기경료 이전부터 점유를 하여 온 경우에는 그 점유개시 당시를 기준으로 그 점유의 개시에 과실이 없었는지 여부에 관하여 심리 판단하여야 한다는(1994. 11. 11. 96다28089).

(마) 점유의 개시에 과실을 인정한 사례

등기부취득시효가 인정되려면 점유의 개시에 과실이 없어야 하고, 증명책임은 주장자에게 있으며, 여기서 무과실이란 점유자가 자기의 소유라고 믿은 데에 과실이 없음을 말한다. 그런데 부동산에 등기부상 소유자가 존재하는 등 소유자가 따로 있음을 알 수 있는 경우에는 비록 소유자가 행방불명되어 생사를 알 수 없더라도 부동산이 바로 무주부동산에 해당하는 것은 아니므로, 소유자가 따로 있음을 알 수 있는 부동산에 대하여 국가가 국유재산법 제8조에 따른 무주부동산 공고절차를 거쳐 국유재산으로 등기를 마치고 점유를 개시하였다면, 특별한 사정이 없는 한 점유의 개시에 자기의 소유라고 믿은 데에 과실이 있다(대판 2016. 8. 24. 2016과220679).

(5) 시효기간

(가) 10년간 점유

등기부취득시효에 요구되는 요건으로 점유가 일정기간 계속하여야 한다. 즉, 점유자가 소유자는 아니지만 소유자로서 등기되어 있는 경우, 즉 등기부취득시효의 경우에는 점유는 10년간 계속되어야 한다.

(나) 점유자의 등기기간이 전 점유자의 등기기간을 합하여 10년이 되는 경우

등기부취득시효에 관한 민법 제245조 제2항의 규정에 하여 소유권을 취득하는 자는 10년간 반드시 그의 명의로 등기되어야 하는 것은 아니고 앞 사람의 등기까지 아울러

그 기간 동안 부동산의 소유자로 등기 되어 있으면 된다(대판 1989. 12. 26. 87다카 2176 전원합의체판결).

다. 등기부취득시효의 효과

(1) 점유자의 소유권취득

등기부취득시효에 있어서는 부동산의 소유자로 등기한 자가 10년간 소유의 의사로 평온, 공연하게 선의이며 과실 없이 그 부동산을 점유한 때에는 민법 제245조 제2항의 규정에 의하여 바로 소유권을 취득한다.

점유취득시효에 의한 소유권취득의 효과는 점유를 개시한 때에 소급하며(민법 제247조 제1항), 취득시효에 의한 소유권의 취득은 원시취득(原始取得)이다. 따라서 전주(前主)의 권리에 존재하였던 모든 제한은 취득시효의 완성과 더불어 소멸한다. 다만 취득시효의 기초가 된 점유가 이미 타인의 지역권을 인용하고 있는 경우에는 지역권의 제한이 있는 소유권을 취득하는 것이 된다.

(2) 등기부취득시효완성 후 점유자명의등기가 말소 또는 적법한 원인 없이 타인명의로 소유권이전등기가 된 경우 점유자의 소유권 상실 여부(소극)

(가) 점유자의 현재의 등기명의인을 상대로 한 방해배제청구

부동산의 소유자로 등기한 자가 10년간 소유의 의사로 평온, 공연하게 선의이며 과실 없이 그 부동산을 점유한 때에는 민법 제245조 제2항의 규정에 의하여 바로 그 부동산에 대한 소유권을 취득하는 것이므로, 등기부취득시효가 완성된 경우에는 별도로 이를 원인으로 한 소유권이전등기청구권이 발생할 여지가 없으므로, 등기부취득시효의 완성 후에 그 부동산에 관한 점유자명의의 등기가 말소되거나 적법한 원인 없이 다른 사람 앞으로 소유권이전등기가 경료되었다 하더라도 그 점유자는 등기부취득시효의 완성에 의하여 취득한 소유권에 기하여 현재의 등기명의자를 상대로 방해배제청구를 할 수 있을 뿐이고, 등기부취득시효의 완성을 원인으로 현재의 등기명의자를 상대로 소유권이전등기를 구할 수는 없다(대판 1999. 12. 10. 99다25785).

(나) 등기부취득시효완성 후 점유자명의등기가 말소되었거나 부적법하게 타인명의로 이전등기가 된 경우 점유자의 소유권의 상실여부(소극)

민법 제245조 제2항의 규정에 의하여 소유권을 취득하는 자는 10년간 반드시 그의 명의로 등기되어 있어야 하는 것은 아니고 앞 사람의 등기까지 아울러 그 기간 동안 부동산의 소유자로 등기되어 있으면 된다고 할 것이고, 등기는 물권의 효력발생요건이고 효력존속요건이 아니므로 물권에 관한 등기가 원인 없이 말소된 경우에 그 물권의 효력에 아무런 영향을 미치지 않는 것이므로, 등기부취득시효가 완성된 후에 그 부동산에 관한 점유자명의의 등기가 말소되거나 적법한 원인 없이 다른 사람 앞으로 소유권이전등기가 경료되었다 하더라도, 그 점유자는 등기부취득시효의 완성에 의하여 취득한 소유권을 상실하는 것은 아니다(대판 2001. 1. 16. 98다20110).

■ 시효취득을 원인으로 한 소유권이전등기의 등기부 기재례

【갑 구】				(소유권에 관한 사항)
순위 번호	등기 목적	접수	등기 원인	권리자 및 기타사항
1	소유권 보전	2003년 5월 20일 제10340호	1983년 3월 25일 시효취득	소유자 이도령 000000-0000000 서울 종로구 혜화동 00

제7장 종중재산의 관리·처분

제7장 종중재산의 관리·처분

1. 종중의 개념

가. 공동선조의 후손

종중이라 함은 공동선조의 분묘(墳墓)의 보존, 제사(祭祀)의 이행, 종원(宗員) 간의 친선·구조 및 복리증진을 도모하는 권리능력 없는 사단(社團)인 가족단체를 말한다. 일종족(一宗族) 전체를 총괄하는 사단인 대종중(大宗中) 안에 대소의 분파에 따른 종중이 있는데, 지류종중(支流宗中)을 일컬어 문중(門中)이라고 한다. 종원(宗員)은 대소종중(大小宗中)의 종원이 되며 탈퇴가 인정되지 않는다.

종중(宗中)이란 공동선조(公同先祖)의 후손(後孫)으로 구성되는 집단으로서 그 공동선조를 정하기에 따라 상대적으로 대소(大小)종중으로 구별되며, 종중은 조상의 봉제사(奉祭祀)를 주된 목적으로 하는 동족(同族)의 집단으로서 자연발생적(自然發生的)인 것이다(대판 1976. 3. 9. 75다515).

일족(一族, 大宗) 또는 일파(一派, 小宗)의 자손이 서로 협의에 의해 종중재산의 관리방법에 관한 규정, 목적사업의 설정, 종회(宗會)의 운영이나 임원 등의 집행기관을 협정한 경우 이를 종약(宗約) 또는 종규(宗規)라고 하며 그 사무소를 종약소(宗約所)라고 한다.

오늘날에는 종법(宗法)에 따라 종손(宗孫)은 제사주장(祭祀主掌)만을 행하며, 종중이 사회단체로 활동하기 위해서는 별도로 종족의 대표자인 족장(族長)이나 문장(門長)이 선임되어야 한다.

나. 종중의 법률상지위 (법인 아닌 사단)

종중이란 종중원인 자연인으로서 구성된 단체로서 법인격을 가지는 것이 아니라 "법인이 아닌 사단"이다. 법인(法人) 아닌 사단(社團)이라 함은 사단의 실질(實質)을 갖추고 있으나 법인등기를 하지 않아 권리능력을 가지지 않는 단체를 말한다. 단체의 실질이 사단임에도 불구하고 법인격(法人格) 즉 권리능력을 가지지 않는 것이 '권리능력 없는 사단' 또는 '법인 아닌 사단'이라고도 한다. 현행 민법상 법인 아닌 사단의 존재는 불가피하고 그 수도 종중(宗中)·문중(門中) 등 많이 존재하고 있다.

법인 아닌 사단이 현실적으로 활동함에 있어서 전개되는 복잡한 법률관계에 대하여 어떠한 법규범을 적용할 것인가에 관하여 우리 민법은 재산귀속관계(財產歸屬關係)를 총유(總有)로 한다는 규정(민법 제275조 내지 제277조 참조)을 두고 있을 뿐 그 밖에 아무런 실체법적 규정을 두고 있지 않으므로 이 문제는 학설·판례에 맡겨져 있다고 할 수 있다.

법인 아닌 사단도 그 대표자가 정해져 있으면 민사소송법상 소송당사자능력을 가진다. 즉 '법인 아닌 사단이나 재단'은 대표자 또는 관리인이 있는 경우에는 그 사단이나 재단의 이름으로 당사자가 될 수 있다(민소법 제52조).

법인 아닌 사단의 재산귀속관계의 공시방법에 관하여는 부동산등기법에 특별규정을 두고 있다. 종중, 문중 그 밖에 대표자나 관리인이 있는 법인 아닌 사단이나 재단에 속하는 부동산의 등기에 관하여는 그 사단이나 재단을 등기권리자 또는 등기의무자로 한다(부동산등기법 제26조 제1항). 따라서 법인격 없는 사단인 종중도 직접 그 명의로 등기를 신청할 수 있다(부동산 등기법 제26조, 부동산등기규칙 제48조).

2. 종중의 성립

가. 종중의 성립요건

종중이 성립되기 위하여는 특별한 조직행위를 필요로 하지 않고 다만 공동선조의 분묘수호와 제사 및 종중원 상호간의 친목을 목적으로 하는 자연발생적인 종족집단체가 됨으로써 족하다(대판 1989. 4. 11. 88다카95).

종중은 공동선조의 후손들에 의하여 그 선조의 분묘수호 및 봉제사와 후손 상호간의 친목을 목적으로 형성되는 자연발생적인 종족단체로서 특별한 조직행위나 성문의 규약을 필요로 하지 아니한다(대판 1991. 9. 13. 91다14062).

종중이라 함은 원래 공동선조의 후손 중 성년 이상의 남자를 종원으로 하여 구성되는 종족의 자연발생적 집단으로서 그 선조의 사망과 동시에 그 자손에 의하여 성립하는 것이고 그 성립을 위하여 특별한 조직행위를 필요로 하는 것이 아니며, 다만 그 목적인 공동선조의 분묘수호, 제사봉행, 종원 상호간의 친목을 위한 활동을 규율하기 위하여 규약을 정하는 경우가 있고, 또 대외적인 행위를 할 때에는 대표자를 정할 필요가 있는 것에 지나지 아니하며, 반드시 특정한 명칭의 사용 및 서면화 된 종중규약이 있어야 하거나 종중의 대표자가 계속하여 선임되어 있는 등 조직을 갖추어야 하는 것도 아니다(대판 1997. 10. 10. 95다44283, 1998. 7. 10. 96다488).

(1) 자연발생적인 종족집단체의 성립

종중이 성립되기 위하여는 특별한 조직행위를 필요로 하지 않고 다만 공동선조의 분묘수호와 제사 및 종중원(宗中員) 상호간의 친목을 목적으로 하는 자연발생적인 종족집단체(宗族集團體)가 됨으로써 족하며(대판 1989. 4. 11. 88다카95), 종중의 결성행위(結成行爲)나 성문(成文)의 규약의 제정이 있어야 비로소 성립하는 것도 아니다(대판 1989. 11. 28. 89다카14127).

종중은 공동선조의 분묘수호와 및 제사 및 종중원 상호간의 친목을 목적으로 구성되는 종족의 자연적 집단으로서 특별한 조직행위를 필요로 하는 것이 아니며 또한 소종중의 성립여부가 반드시 대종중 족보의 기재에 의하여 인정되어야 하는 것도 아니고, 종중의 대표자가 계속하여 선임되어 있지 아니하였다고 해서 종중의 성립과 존속을 부정할 수도 없다(1988. 9. 6. 87다카514 소유권확인).

종중의 성립을 위하여 반드시 특정한 명칭의 사용 및 서면화 된 종중규약이 있어야 하는 것은 아니고 또한 종중원이 10여 명에 불과하다 하여 종중의 성립에 영향을 주는 것도 아니며(대판 1992. 2. 14. 91다1172), 종중의 대표자가 계속하여 선임되어 있는 등 조직을 갖추어야 하는 것도 아니다(대판 1995. 11. 14. 95다16103).

(2) 종중 특정의 기준(공동선조)

종중은 공동선조의 분묘수호와 제사 및 종중원 상호간의 친목 등을 목적으로 하는 자연발생적인 종족단체로서 특별한 조직행위를 필요로 하는 것은 아니나 공동선조를 누구로 하느냐에 따라 종중 안에 무수한 소종중이 있을 수 있으므로 어느 종중을 특정하고 그 실체를 파악함에 있어서는 그 종중의 '공동선조(公同先祖)'가 누구인가가 가장 중요한 기준이 된다(대판 1997.2. 28. 95다44986).

(3) 종중의 구성원(공동선조의 후손 중 성년 이상의 남녀)

(가) 종전의 대법원판례(성년의 남자)

종중은 공동선조의 후손 중 '성년의 남자'(대판 1997. 7. 25. 96다47494, 47500, 2005. 7. 21. 2002다1178 전원합의체판결로 공동선조의 후손 중 '성년 이상의 남녀'로 변경됨)를 종원으로 하여 구성되는 종족의 자연적 집단으로서 그 공동선조를 정함에 따라 상대적으로 대소 종중으로 구별되는 것이기 때문에 이미 성립된 종중의 공동선조의 후손 중 한 사람을 공동선조로 하여 또 하나의 종중이 성립될 수도 있을 것이고 또 종중이 성립하기 위하여 특별한 조직행위를 필요로 하는 것이 아니며 다만 그 목적이 공동선조의 분묘수호와 제사 및 종중원 상호간의 친목을 목적으로 하는 종족집단체가 됨으로써 족하고 성문의 규약이 있어야 하는 것이 아니다(대판 1980. 9. 24. 80다640).

종중은 공동선조의 후손 중 성별의 구별 없이 '성년(成年) 이상의 남녀'로 구성되는 종족의 자연발생적 집단이므로, 그 성립을 위하여 특별한 조직행위를 필요로 하는 것이 아니고, 다만 그 목적인 공동선조의 분묘수호, 제사봉행, 종원 상호간의 친목을 규율하기 위하여 규약을 정하는 경우가 있고, 또 대외적인 행사를 할 때에는 대표자를 정할 필요가 있는 것에 지나지 아니하며, 반드시 특별한 명칭의 사용 및 서면화 된 종중규약이 있어야 하거나 종중의 대표자가 선임되어 있는 등 조직을 갖추어야 성립하는 것은 아니다(대판 1997. 7. 25. 96다47494, 47500).

종중은 그 선조(先祖)의 사망과 동시에 그 자손에 의하여 성립되는 것으로서 그 대수(代數)에 제한이 없으며(대판 1994. 11. 11. 94다17772), 종중이 성립하기 위하여 특별한 조직행위를 필요로 하지 않고 다만 공동선조의 분묘수호와 봉제사 및 종중원 상호간의 친목을 목적으로 하는 자연발생적인 종족(宗族) 집단체가 됨으로서 족하다(대판 1984. 4.11. 88다카95).

(나) 종중의 구성원의 자격
1) 종중구성원의 자격을 성년남자만으로 제한하는 종래의 관습법의 효력

종중은 공동선조의 분묘수호와 봉제사 및 종원 상호간의 친목 등을 목적으로 하여 형성되는 종족단체로서 공동선조의 사망과 동시에 그 후손에 의하여 자연발생적으로 성립하는 것임에도, 공동선조의 후손 중 성년 남자만을 종중의 구성원으로 하고 여성은 종중의 구성원이 될 수 없다는 종래의 관습은, 공동선조의 분묘수호와 봉제사 등 종중의 활동에 참여할 기회를 출생에서 비롯되는 성별만에 의하여 생래적으로 부여하거나 원천적으로 박탈하는 것으로서, 변화된 우리의 전체법질서에 부합하지 아니하여 정당성과 합법성이 있다고 할 수 없으므로, '종중 구성원의 자격'을 성년 남자만으로 제한하는 종래의 관습법은 이제 더 이상 법적효력을 가질 수 없게 되었다(대판 2005. 7. 21. 2002다1178 전원합의체판결).

위 판결의 취지는 여성은 종회의 의결권이 없다는 것으로 이는 헌법상의 평등의 원칙에 위배된다고 할 수 있다. 이에 따라 위의 2005. 7. 21. 2002다1178 전원합의체판결은 공동선조와 성과 본을 같이하는 후손은 성별(性別)의 구별 없이 성년(成年)이 되면 당연히 종중의 구성원(즉 宗員)이 되도록 하였다.

> **판례**
>
> **[1] 관습법의 의의와 효력 및 '사회의 거듭된 관행으로 생성한 사회생활규범'이 법적 규범으로 승인되기에 이르렀다고 하기 위한 요건**: 관습법이란 사회의 거듭된 관행으로 생성한 사회생활규범이 사회의 법적 확신과 인식에 의하여 법적 규범으로 승인·강행되기에 이른 것을 말하고, 그러한 관습법은 법원(法源)으로서 법령에 저촉되지 아니하는 한 법칙으로서의 효력이 있는 것이고, 또 사회의 거듭된 관행으로 생성한 어떤 사회생활규범이 법적 규범으로 승인되기에 이르렀다고 하기 위하여는 헌법을 최상위 규범으로 하는 전체 법질서에 반하지 아니하는 것으로서 정당성과 합리성이 있다고 인정될 수 있는 것이어야 하고, 그렇지 아니한 사회생활규범은 비록 그것이 사회의 거듭된 관행으로 생성된 것이라고 할지라도 이를 법적 규범으로 삼아 관습법으로서의 효력을 인정할 수 없다.
>
> **[2] 관습법으로 승인되었던 '사회의 거듭된 관행으로 생성한 사회생활규범'이 그 법적 규범으로서의 효력을 상실하게 되는 경우**: 사회의 거듭된 관행으로 생성된 사회생활규범이 관습법으로 승인되었다고 하더라도 사회 구성원들이 그러한 관행의 법적 구속력에 대하여 확신을 갖지 않게 되었다거나, 사회를 지배하는 기본적 이념이나 사회질서의 변화로 인하여 그러한 관습법을 적용하여야 할 시점에 있어서의 전체 법질서에 부합하지 않게 되었다면 그러한 관습법은 법적 규범으로서의 효력이 부정될 수밖에 없다.

[3] 종중 구성원의 자격을 성년 남자만으로 제한하는 종래의 관습법의 효력
[다수의견] 종원의 자격을 성년 남자로만 제한하고 여성에게는 종원의 자격을 부여하지 않는 종래 관습에 대하여 우리 사회 구성원들이 가지고 있던 법적 확신은 상당 부분 흔들리거나 약화되어 있고, 무엇보다도 헌법을 최상위 규범으로 하는 우리의 전체 법질서는 개인의 존엄과 양성의 평등을 기초로 한 가족생활을 보장하고, 가족 내의 실질적인 권리와 의무에 있어서 남녀의 차별을 두지 아니하며, 정치·경제·사회·문화 등 모든 영역에서 여성에 대한 차별을 철폐하고 남녀평등을 실현하는 방향으로 변화되어 왔으며, 앞으로도 이러한 남녀평등의 원칙은 더욱 강화될 것인 바, 종중은 공동선조의 분묘수호와 봉제사 및 종원 상호간의 친목을 목적으로 형성되는 종족단체로서 공동선조의 사망과 동시에 그 후손에 의하여 자연발생적으로 성립하는 것임에도, 공동선조의 후손 중 성년 남자만을 종중의 구성원으로 하고 여성은 종중의 구성원이 될 수 없다는 종래의 관습은, 공동선조의 분묘수호와 봉제사 등 종중의 활동에 참여할 기회를 출생에서 비롯되는 성별만에 의하여 생래적으로 부여하거나 원천적으로 박탈하는 것으로서, 위와 같이 변화된 우리의 전체 법질서에 부합하지 아니하여 정당성과 합리성이 있다고 할 수 없으므로, 종중 구성원의 자격을 성년 남자만으로 제한하는 종래의 관습법은 이제 더 이상 법적 효력을 가질 수 없게 되었다.

[4] 공동선조와 성과 본을 같이 하는 후손은 성별의 구별 없이 성년이 되면 당연히 종중의 구성원이 되는지 여부(적극) 및 그 근거: 종중이란 공동선조의 분묘수호와 제사 및 종원 상호간의 친목 등을 목적으로 하여 구성되는 자연발생적인 종족집단이므로, 종중의 이러한 목적과 본질에 비추어 볼 때 공동선조와 성과 본을 같이 하는 후손은 성별의 구별 없이 성년이 되면 당연히 그 구성원이 된다고 보는 것이 조리에 합당하다.

[5] 종중 구성원의 자격에 관한 대법원의 변경된 견해가 이 사건 판결 선고 이전의 종중구성원의 자격과 이와 관련된 법률관계에 대하여 소급적용되는지 여부 (소극) : 종중구성원의 자격에 관한 대법원의 견해의 변경은 관습상의 제도로서 대법원 판례에 의하여 법률관계가 규율되어 왔던 종중제도의 근간을 바꾸는 것인바, 대법원이 이 판결에서 종중구성원의 자격에 관하여 '공동선조와 성과 본을 같이 하는 후손은 성별의 구별 없이 성년이 되면 당연히 그 구성원이 된다.'고 견해를 변경하는 것은 그 동안 종중구성원에 대한 우리 사회일반의 인식 변화와 아울러 전체 법질서의 변화로 인하여 성년 남자만을 종중의 구성원으로 하는 종래의 관습법이 더 이상 우리 법질서가 지향하는 남녀평등의 이념에 부합하지 않게 됨으로써 그 법적 효력을 부정하게 된 데에 따른 것일 뿐만 아니라, 위와 같이 변경된 견해를 소급하여 적용한다면, 최근에 이르기까지 수십 년 동안 유지되어 왔던 종래 대법원 판례를 신뢰하여 형성된 수많은 법률관계의 효력을 일시에 좌우하게 되고, 이는 법적 안정성과 신의성실의 원칙에 기초한 당사자의 신뢰보호를 내용으로 하는 법치주의의 원리에도 반하게 되는 것이므로, 위와 같이 변경된 대법원의 견해는 이 판결 선고 이후의 종중구성원의 자격과 이와 관련하여 새로이 성립되는 법률관계에 대하여만 적용된다고 함이 상당하다.

[6] 종원 지위의 확인을 구하는 이 사건 청구에 한하여 종중 구성원의 자격에 관한 대법원의 변경된 견해가 소급적용되는 근거 : 대법원이 '공동선조와 성과 본을 같이 하는 후손은 성별의 구별 없이 성년이 되면 당연히 그 구성원이 된다.'고 종중구성원의 자격에 관한 종래의 견해를 변경하는 것은 결국 종래 관습법의 효력을 배제하여 당해 사건을 재판하도록 하려는 데에 그 취지가 있고, 원고들이 자신들의 권리를 구제받기 위하여 종래 관습법의 효력을 다투면서 자신들이 피고 종회의 회원(종원) 자격이 있음을 주장하고 있는 이 사건에 대하여도 위와 같이 변경된 견해가 적용되지 않는다면, 이는 구체적인 사건에 있어서 당사자의 권리구제를 목적으로

> 하는 사법작용의 본질에 어긋날 뿐만 아니라 현저히 정의에 반하게 되므로, 원고들이 피고 종회의 회원(종원) 지위의 확인을 구하는 이 사건 청구에 한하여는 위와 같이 변경된 견해가 소급하여 적용되어야 할 것이다(대판 2005. 7. 21. 2002다1178 전원합의체판결).

2) 여자 종원들에게 종중총회소집통지를 하지 않은 경우 총회결의의 효력

대법원 2005. 7. 21. 선고 2002다1178 전원합의체판결 이후에는 공동선조의 자손인 성년여자도 종중원이므로, 종중총회 당시 남자 종원들에게만 소집통지를 하고 여자 종원들에게 소집통지를 하지 않은 경우 그 종중총회에서의 결의는 효력이 없다(대판 2010. 2. 11. 2009다83650).

> **판례**
> 공동선조의 후손들로 구성된 甲 단체의 회칙에는 구성원의 자격을 '남자'로 한정하는 내용이 없었으나, 공동선조의 자손은 성별의 구별 없이 종중원이 된다는 취지의 대법원 전원합의체 판결이 있은 후 甲 단체가 자신의 실체를 고유 의미의 종중이 아니라 종중 유사의 권리능력 없는 사단이라고 표방하면서 구성원의 자격을 공동선조의 후손 중 남자로 제한하는 내용의 회칙을 마련하였는데, 그 후 위 회칙에 따라 남자들에게만 소집통지를 하여 개최한 총회에서 대표자로 선출된 乙이 甲 단체를 대표하여 소송을 제기한 사안에서 甲 단체는 실체가 고유 의미의 종중임에도 총회를 개최하면서 남자 종중원들에게만 소집통지를 하고 여자 종중원들에게는 소집통지를 하지 않은 것으로 보이므로, 위 총회에서 이루어진 대표자 선출 결의는 무효이고, 따라서 위 소는 적법한 대표자에 의해 제기된 것이 아니어서 부적법하다고 볼 여지가 상당한데도, 대표권의 적법성에 관한 심리, 조사 없이 본안으로 나아간 원심의 판단에는 법리오해 등 잘못이 있다고 한 사례(대판: 2021. 11. 11. 2021다238902)

3) 종중이 종원의 지위를 박탈하는 징계처분의 효력

종원 일부만이 참석한 종중회합에서 종중원의 일부를 종원으로 취급하지도 않고 또 일부종원에 대하여는 영원히 종원으로서의 자격을 박탈하는 것으로 규약을 개정한 것은 종중의 원래의 설립목적과 종중으로서의 본질에 반하는 것으로서 그 규약개정의 한계를 넘어 무효이다(1978. 9. 26. 78다1435 토지인도 등).

종중이 종원(宗員)의 자격을 박탈하는 소위 할종(割宗)이라는 징계처분은 종중의 본질에 반하는 것으로 무효이며, 상위종중(上位宗中)이 한 징계처분으로서 하위종중원의 신분 내지 자격이 박탈되는 효력이 생길 수 없다(대판 1979. 4. 24. 77다1173).

종중이 그 구성원인 종원에 대하여 그 자격을 박탈하는 소위 할종(割宗)이라는 징계처분은 비록 그와 같은 관행이 있다 하더라도 이는 공동선조의 후손으로서 혈연관계(血緣關係)를 바탕으로 하여 자연적으로 구성되는 종족단체인 종중의 본질에 반하는 것으로서 그러한 관행이나 징계처분은 위법 무효하여 피징계자의 종중원(宗中員)으로서의 신분이나 지위를 박탈하는 효력이 생긴다고 할 수 없다(대판 1983. 2. 8. 80다1194).

4) 종중이 종원의 권리의 본질적 내용을 침해하는 처분의 가부 및 종원의 권리를 장기간 정지시킨 처분의 효력(무효)

종중의 성격과 법적 성질에 비추어 종중이 그 구성원인 종원이 가지는 고유하고 기본적인 권리의 본질적인 내용을 침해하는 처분을 하는 것은 허용되지 않는다. 종중이 '종원 중 불미부정(不美不正)한 행위로 종중에 대하여 피해를 끼치거나 명예를 오손하게 한 종원은 이를 변상시키고 이사회의 결의를 거쳐 벌칙을 가하고 총회에 보고한다'는 내용의 종중규약에 근거하여 종원에 대하여 10년 내지 20년 간 종원의 자격(각종 회의에의 참석권·발언권·의결권, 피선거권·선거권)을 정지시킨다는 내용의 처분을 한 것은 종원이 가지는 고유하고 기본적인 권리의 본질적인 내용을 침해하므로 그 효력을 인정할 수 없다(대판 2006. 10. 26. 2004다47024).

5) 공동선조의 후손 중 일부를 임의로 종원에서 배제할 수 있는지 여부

고유 의미의 종중(이하 '고유 종중'이라 한다)이란 공동선조의 분묘 수호와 제사, 종원 상호간 친목 등을 목적으로 하는 자연발생적인 관습상 종족집단체로서 특별한 조직행위를 필요로 하는 것이 아니고, 공동선조의 후손은 그 의사와 관계없이 성년이 되면 당연히 구성원(종원)이 되는 것이며 그중 일부 종원을 임의로 종원에서 배제할 수 없다. 따라서 공동선조의 후손 중 특정 범위 내의 자들만으로 구성된 종중이란 있을 수 없으므로, 만일 공동선조의 후손 중 특정 범위 내의 종원만으로 조직체를 구성하여 활동하고 있다면 이는 본래 의미의 종중으로는 볼 수 없고, 종중 유사의 권리능력 없는 사단(이하 '종중 유사단체'라 한다)이 될 수 있을 뿐이다.

종중 유사단체는 비록 그 목적이나 기능이 고유 종중과 별다른 차이가 없다 하더라도 공동선조의 후손 중 일부에 의하여 인위적인 조직행위를 거쳐 성립된 경우에는 사적 임의 단체라는 점에서 고유 종중과 그 성질을 달리하므로, 그러한 경우에는 사적 자치의 원칙 내지 결사의 자유에 따라 구성원의 자격이나 가입조건을 자유롭게 정할 수 있으나, 어떠한 단체가 고유 의미의 종중이 아니라 종중 유사단체를 표방하면서 그 단체에 권리가 귀속되어야 한다고 주장하는 경우, 우선 권리 귀속의 근거가 되는 법률행위나 사실관계 등이 발생할 당시 종중 유사단체가 성립하여 존재하는 사실을 증명하여야 하고, 다음으로 당해 종중 유사단체에 권리가 귀속되는 근거가 되는 법률행위 등 법률요건이 갖추어져 있다는 사실을 증명하여야 한다.

특히 자연발생적으로 형성된 고유 종중이 아니라 그 구성원 중 일부만으로 범위를 제한한 종중 유사단체의 성립 및 소유권 귀속을 인정하려면, 고유 종중이 소를 제기하는 데 필요한 여러 절차(종중원 확정, 종중 총회 소집, 총회 결의, 대표자 선임 등)를 우회하거나 특정 종중원을 배제하기 위한 목적에서 종중 유사단체를 표방하였다고 볼 여지가 없는지 신중하게 판단하여야 한다(대판 2021. 11. 11. 2021다238902).

나. 종중의 법인 아닌 사단으로서 단체성의 인정요건

종중 또는 문중은 종족의 자연적 집단이므로 특별한 조직행위를 요하는 것이 아니고 종중규약이나 독자적인 족보(族譜)가 있어야 하는 것은 아니나 특별한 규약에 의하여 선임된 대표자 또는 관습에 따라 종장(宗長) 또는 문장(門長)에 의하여 소집된 종중총회에서 선출된 대표자 등에 의하여 대표되는 정도로 현저한 조직을 갖추고 지속적인 활동을 하고 있다면 비법인사단(非法人社團)으로서의 단체성(團體性)이 있다(대판 1983. 4. 12. 83도195).

3. 종중의 성격

가. 법인 아닌 사단

종중이란 공동선조의 후손들에 의하여 선조의 분묘수호 및 봉제사와 후손 상호간의 친목을 목적으로 형성되는 자연발생적인 종족단체로서 선조의 사망과 동시에 후손에 의하여 성립하는 것이며, 종중의 규약이나 관습에 따라 선출된 대표자 등에 의하여 대표되는 정도로 조직을 갖추고 지속적인 활동을 하고 있다면 '비법인 사단'으로서의 단체성이 인정된다(대판 1994. 9. 30. 93다27703).

(1) 법인 아닌 사단의 의의

'법인 아닌 사단'이라 함은 사단의 실체를 갖추고 있으나, 법인등기를 하지 않아 권리능력(權利能力)을 가지지 않는 단체를 말한다. '법인 아닌 사단'이 생기는 이유는 민법이 사단법인의 설립에 허가주의(許可主義)를 취하고 있어, 허가를 얻지 못한 사단이나 설립자가 행정관청의 사전허가나 사후감독 등의 규제를 받기를 원치 않아 법인격 없는 사단으로 존속하는 경우 등 현행 민법상 '법인 아닌 사단'의 존재는 불가피하고 그 수도 종중·문중 등 다수이다.

(2) 법인 아닌 사단의 성립요건

법인 아닌 사단의 성립요건은 단체로서의 조직을 갖추고, 대표자의 선임방법, 총회의 운영, 재산의 관리, 기타 사단으로서의 주요한 점이 정관에 의해 확정되어 있어야 한다. 법인 아닌 사단도 그 대표자가 정해져 있으면 민사소송의 당사자능력(當事者能力)을 가지며(민소법 제52조), 재산귀속방법의 공시방법에 관한 부동산등기법 제26조의 규정에 의해 등기능력(登記能力)이 인정된다.

법인 아닌 사단이 생기는 이유는 민법이 사단법인의 설립에 허가주의를 취하고 있어, 허가를 얻지 못한 사단이나, 설립자가 행정관청의 사전 허가나 사후 감독 등의 규제를 받기 원하지 않아 법인격(法人格) 없는 사단으로 존속하는 경우 등 현행 민법상 법인 아닌 사단의 존재는 불가피하며, 종중, 문중, 교회, 사찰, 입주자 대표회의 등이 이에 해당된다. 법인 아닌 사단에 대하여 사단법인에 관한 규정 중 법인격(法人格)을 전제로 하는 것을 제외하고는 모두 유추적용하며 조합(組合)에 관한 규정을 준용해서는 안 된다.

종중 또는 문중과 같이 특별한 조직행위 없이도 자연적으로 성립하는 예외적인 사단이 아닌 한 법인 아닌 사단이 성립하려면 사단으로서의 실체를 갖추는 조직행위가 있어야 하는바, 만일 어떤 단체가 외형상 목적, 명칭, 사무소 및 대표자를 정하고 있다 할지라도 사단의 실체를 인정할 만한 조직, 그 재정적 기초, 총회의 운영, 재산의 관리 기타 단체로서의 활동에 관한 입증이 없는 이상 이를 법인이 아닌 사단으로 볼 수 없다(대판 1997. 9. 12. 97더20908).

규약에 근거하여 의사결정기관과 집행기관 등의 조직을 갖추고 있고, 기관의 의결이나 업무집행 방법이 다수결의 원칙에 의하여 행하여지며, 구성원의 가입·탈퇴 등으로 인한 변경에 관계없이 단체 그 자체가 존속된다면 법인 아닌 사단이라고 볼 수 있다(대법원 2008. 10. 23. 선고2007다7973).

나. 조합과 비법인사단의 구별기준

민법상의 조합과 법인격(法人格)은 없으나 사단성(社團性)이 인정되는 비법인사단(非法人社團)을 구별함에 있어서는 일반적으로 그 단체성의 강약을 기준으로 판단하여야 하는바, 조합은 어느 정도 단체성에서 오는 제약을 받게 되는 것이지만 구성원의 개인성이 강하게 드러나는 인적결합체인데 비하여 비법인사단은 구성원의 개인성과는 별개로 권리의무의 주체가 될 수 있는 독자적 존재로서의 단체적 조직을 가지는 특성이 있다. 민법상 조합의 명칭을 가지고 있는 단체라 하더라도 고유의 목적을 가지고 사단적 성격을 가지는 규약을 만들어 이에 근거하여 의사결정기관 및 집행기관인 대표자를 두는 등의 조직을 갖추고 있고, 기관의 의결이나 업무집행방법이 다수결의 원칙에 의하여 행해지며, 구성원의 가입, 탈퇴 등으로 인한 변경에 관계없이 단체 그 자체가 존속되고, 그 조직에 의하여 대표의 선임방법, 총회나 이사회 등의 운영, 자본의 구성, 재산의 관리 기타 단체로서의 주요사항이 확정되어 있는 경우에는 비(非)법인사단으로서의 실체를 가진다고 할 것이다(대판 1992. 7. 10. 92다2431).

4. 고유의 의미의 종중과 종중유사단체

가. 고유의미의 종중의 의의

'고유(固有)의 의미의 종중(宗中)'이란 공동선조의 분묘수호와 제사 및 종중원 상호간의 친목 등을 목적으로 하는 자연발생적인 관습상의 종족집단체로서 특별한 조직행위를 필요로 하는 것이 아니고, 공동선조의 후손 중 성년 이상의 남녀는 당연히 그 구성원(종원)이 되는 것이며 그 중 일부를 임의로 그 구성원에서 배제할 수 없으므로, 특정 지역 내에 거주하는 일부 종중원이나 지파소속 종중원만으로 조직체를 구성하여 활동하고 있거나 특정 항렬의 종중원만을 그 구성원으로 하는 단체는 '종중유사단체(宗中類似團體)'에 불과하고 고유의 의미의 종중은 될 수 없다(대판 2002. 4. 12. 2000다16800, 2002. 5. 10. 2002다4863).

종중 유사의 권리능력 없는 사단(이하 '종중 유사단체'라 한다)은 비록 그 목적이나 기능이 고유 의미의 종중(이하 '고유 종중'이라 한다)과 별다른 차이가 없다 하더라도 공동선조의 후손 중 일부에 의하여 인위적인 조직행위를 거쳐 성립된 경우에는 사적 임의 단체라는 점에서 고유 종중과 그 성질을 달리하므로, 그러한 경우에는 사적 자치의 원칙 내지 결사의 자유에 따라 구성원의 자격이나 가입조건을 자유롭게 정할 수 있으나, 어떠한 단체가 고유 의미의 종중이 아니라 종중 유사단체를 표방하면서 그 단체에 권리가 귀속되어야 한다고 주장하는 경우, 우선 권리 귀속의 근거가 되는 법률행위나 사실관계 등이 발생할 당시 종중 유사단체가 성립하여 존재하는 사실을 증명하여야 하고, 다음으로 당해 종중 유사단체에 권리가 귀속되는 근거가 되는 법률행위 등 법률요건이 갖추어져 있다는 사실을 증명하여야 한다(대판 2020. 4. 9. 2019다216411).

자연발생적으로 형성된 고유 의미의 종중(이하 '고유 종중'이라 한다)이 아니라 그 구성원 중 일부만으로 범위를 제한한 종중 유사의 권리능력 없는 사단(이하 '종중 유사단체'라 한다)의 성립 및 소유권 귀속을 인정하려면, 고유 종중이 소를 제기하는 데 필요한 여러 절차(종중원 확정, 종중 총회 소집, 총회 결의, 대표자 선임 등)를 우회하거나 특정 종중원을 배제하기 위한 목적에서 종중 유사단체를 표방하였다고 볼 여지가 없는지 신중하게 판단하여야 한다(대판 2020. 4. 9. 2019다216411).

甲 단체가 자신의 실체는 특정인의 후손으로 이루어진 고유 의미의 종중이 아니라 특정인의 후손 중 특정 지역에 거주하는 성년 남자로만 구성된 종중 유사의 권리 능력 없는 사단(이하 '종중 유사단체'라 한다)으로서 등기부상 부동산의 소유명의인과 동일한 단체라고 주장하면서 위 부동산에 관하여 마쳐진 乙 산림조합 명의의 근저당권설정등기 등의 말소를 구하는 소를 제기한 사안에서 甲 단체의 실체가 위 부동산 소유명의인에게 소유권이전등기가 이루어질 당시 이미 종중 유사단체로서 조직·성립되었다고 단정하기 어렵고, 오히려 甲 단체가 위 소를 제기하는 데 필요한 여러 절차를 우회하거나 특정 종중원들을 배제하려는 목적에서 종중 유사단체임을 표방하여 부동산의 소유명의인과 동일한 단체라고 주장하고 있는 것이 아닌지 의심할 여지가 충분한데도, 甲 단체의 실체가 그 주장

과 같이 종중 유사단체이고 부동산의 소유명의인과 동일한 단체라고 단정한 원심판단에는 종중의 실체 판단, 당사자능력, 소유권 귀속 등에 관한 법리를 오해하고 필요한 심리를 다하지 않은 잘못이 있다고 한 사례(대환 2020. 4. 9. 2019다216411).

고유 의미의 종중(이하 '고유 종중'이라고 한다)이란 공동선조의 분묘 수호와 제사, 종원 상호간 친목 등을 목적으로 하는 자연발생적인 관습상 종족집단체로서 특별한 조직행위를 필요로 하는 것이 아니고 그 선조의 사망과 동시에 그 자손에 의하여 성립하며 그 대수에도 제한이 없고, 공동선조의 후손은 그 의사와 관계없이 성년이 되면 당연히 그 구성원(종원)이 되는 것이며 그 중 일부 종원을 임의로 그 종원에서 배제할 수 없다. 따라서 공동선조의 후손 중 특정 범위 내의 자들만으로 구성된 종중이란 있을 수 없으므로, 만일 공동선조의 후손 중 특정 범위 내의 종원만으로 조직체를 구성하여 활동하고 있다면 이는 본래 의미의 종중으로는 볼 수 없고, 종중 유사의 권리 능력 없는 사단(이하 '종중 유사단체'라고 한다)이 될 수 있을 뿐이다. 이러한 종중 유사단체는 비록 그 목적이나 기능이 고유 종중과 별다른 차이가 없다 하더라도 공동선조의 후손 중 일부에 의하여 인위적인 조직행위를 거쳐 성립된 경우 사적 임의단체라는 점에서 고유 종중과 그 성질을 달리하므로, 사적 자치의 원칙 내지 결사의 자유에 따라 구성원의 자격이나 가입조건을 자유롭게 정할 수 있음이 원칙이다(대판 2020. 10. 15. 2020다232846 총회결의무효확인).

나. 고유의미의 종중의 의의 및 그 판단기준

일반적으로 고유의미(固有意味)의 종중(宗中)이란 공동선조의 분묘수호와 제사 및 종원 상호간의 친목 등을 목적으로 하여 공동선조의 후손 중 성년 이상의 남녀를 종원으로 구성되는 자연발생적인 종족집단체를 말하는 것이라 할 것이므로 고유의미의 종중에 해당하는지의 여부는 종중의 목적, 그 성립과 조직의 경위, 구성원의 범위와 자격기준, 종중규약의 내용 등을 종합하여 판단하여야 한다(대판 1995. 9. 15. 94다49007).

5. 종중의 소송 당사자능력 및 등기능력

민사소송법 제52조는 '법인이 아닌 사단이나 재단은 대표자 또는 관리인이 있는 경우에는 그 사단이나 재단의 이름으로 당사자가 될 수 있다'고 하여 종중에 민사소송의 당사자능력(當事者能力)을 인정하며, 또 부동산등기법 제26조는 '종중, 문중. 그 밖에 대표자나 관리인이 있는 법인 아닌 사단이나 재단에 속하는 부동산의 등기에 관하여는 그 사단이나 재단을 등기권리자 또는 등기의무자로 하며, 그 등기는 그 사단이나 재단의 명의로 그 대표자나 관리인이 신청한다'고 규정하여 종중에 등기능력(登記能力)을 인정하였다.

가. 종중의 민사소송의 당사자능력

종중(문중)에 당사자적격(當事者適格)이 인정되는 이유는 대표자가 있기 때문이며 종중에 대표자가 없이 필요에 따라 이를 선정한다는 것은 통상 있을 수 없으며(대판 1967. 2. 21. 66다2532), 종중(문중)은 그 구성원을 떠난 독립된 가족단체로서 존재할 수 있는 것이므로 대표자가 정해져 있으면 당사자능력이 있다(1967. 11. 21. 67다2013).

민사소송법 제48조(현행법 제52조)가 비법인의 당사자능력을 인정하는 것은 법인이 아닌 사단이나 재단이라도 사단 또는 재단으로서의 실체를 갖추고 대표자 또는 관리인을 통하여 사회적 활동이나 거래를 하는 경우에는, 그로 인하여 발생하는 분쟁은 그 단체의 이름으로 당사자가 되어 소송을 통하여 해결하게 하고자 함에 있다 할 것이므로 여기서 말하는 사단이라 함은 일정한 목적을 위하여 조직된 다수인의 결합체로서 대외적으로 사단을 대표할 기관에 관한 정함이 있는 단체를 말한다. 부도난 회사의 채권자들이 조직한 채권단이 비법인사단으로서의 실체를 갖추지 못했다는 이유로 그 당사자능력을 부인한 사례(대판 1999. 4. 23. 99다4504).

종중의 대표자는 규약이 없으면 관습에 의하여 선임하는 것으로서 그 대표자가 계속하여 선임되어 있지 않았다 하여 종중의 당사자능력이 없다고 할 수 없다(1968. 4. 30. 67다2622).

(1) 대표자 또는 관리인이 있는 경우

종중(宗中), 문중(門中) 등과 같은 법인 아닌 사단이나 재단은 대표자 또는 관리인이 있는 경우에는 그 사단이나 재단의 이름으로 당사자가 될 수 있다(민소법 제52조).

종중의 소유재산은 종중원(宗中員)의 총유이며(대판 1992. 4. 24. 91다18965), 총유재산에 관한 소송은 비법인 사단이 그 명의로 사원총회의 결의를 거쳐하거나 또는 그 구성원 전원이 당사자가 되어 필수적 공동소송의 형태로 할 수 있을 뿐이며, 비법인 사단이 사원총회의 결의 없이 제기한 소송은 소제기에 관한 특별수권을 결하여 부적법하다(대판 2007. 7. 26. 2006다64573).

(2) 총유재산에 관한 소송(필수적 공동소송)

(가) 필수적 공동소송

총유재산에 관한 소송은 법인 아닌 사단이 그 명의로 사원총회의 결의를 거쳐 하거나 또는 그 구성원 전원이 당사자가 되어 필수적 공동소송의 형태로 할 수 있을 뿐 그 사단의 구성원은 설령 그가 사단의 대표자라거나 사원총회의 결의를 거쳤다 하더라도 그 소송의 당사자가 될 수 없고, 이러한 법리는 총유재산의 보존행위로서 소를 제기하는 경우에도 마찬가지라 할 것이다(대판 2005. 9. 15. 2004다44971 전원합의체판결).

(나) 법인 아닌 사단의 구성원 개인이 총유재산의 보존을 위한 소제기 가부

법인 아닌 사단의 소유형태인 총유가 공유나 합유에 비하여 단체성이 강하고 구성원 개인들의 총유재산에 대한 지분권이 인정되지 아니하는 데에서 나온 당연한 귀결이라고 할 것이므로 총유재산에 관한 소송은 법인 아닌 사단이 그 명의로 사원총회의 결의를 거쳐하거나 또는 그 구성원 전원이 당사자가 되어 필수적 공동소송의 형태로 할 수 있을 뿐 그 사단의 구성원은 설령 그가 사단의 대표자라거나 사원총회의 결의를 거쳤다 하더라도 그 소송의 당사자가 될 수 없고, 이러한 법리는 총유재산의 보존행위로서 소를 제기하는 경우에도 마찬가지라 할 것이다(대판 2005. 9. 15. 2004다44971 전원합의체판결).

나. 종중의 등기능력

종중, 문중 그 밖에 대표자나 관리인이 있는 법인 아닌 사단이나 재단에 속하는 부동산의 등기에 관하여는 그 사단이나 재단을 등기권리자 또는 등기의무자로 하며, 그 등기는 사단이나 재단의 명의로 그 대표자나 관리인이 신청한다(부동산등기법 제26조).

(1) 종중재산의 법률관계

(가) 종중재산의 소유형태

1) 토지조사사업

토지조사사업(土地調査事業)이라 함은 1910~1918년 일본이 한국의 식민지적 토지소유관계를 확립하기 위하여 시행한 대규모의 국토조사사업(國土調査事業)을 말한다. 1910년부터 1018년까지 8년간에 걸쳐 우리나라 전 지역에서 시행된 일제(日帝) 식민통치의 기초작업으로 〈조선토지조사사업〉이라 불렀다.

이와 같은 거대한 토지조사사업은 ① 자본주의적 토지제도확립으로 식민통치의 안정을 기하기 위해 행정구역 . 도로 . 헌병 주재지의 설정을 하며, ② 일본인의 정착에 필요한 토지확보의 수단을 위해 필요하였고,③ 무지주(無地主) . 무신고 토지의 국유화로 통치기구의 재정을 굳건히 하고 조세(租稅)의 원천을 확실히 하며, ④ 전통적인 양반계층의 지주권(地主權)을 일제법상의 식민지적 지주계층으로 개편하여 식민사회기반을 구축하고, ⑤ 거주(居住)를 토지와 결부시켜 한국인의 동정을 살핌으로써 영구적인 식민통치기반을 구축하며, ⑥ 모든 자원과 세금파악을 확실히 하는 수탈경제(收奪經濟)의 기반을 마련하는데 그 목적이 있었다(동아 원색세계대백과사전 28권 185면).

2) 종중재산의 소유형태

가) 판례(종중재산의 소유형태 : 공유-합유-총유)

토지조사사업 및 임야조사사업 당시 일제는 종중(宗中)이 권리능력(權利能力)이 없다는 이유로 그 명의로 사정(査定) 또는 재결(裁決)을 하거나 등기를 하는 것을 허용하지 않았다. 종중재산의 신고와 관련하여 조선총독부 임시토지조사국 조사규정 제8조는 "서원, 종중 기타 단체명으로 신고하는 것에 대해서는 법인자격을 구비하였는가를 조사하여 법인자격이 없는 경우에는 그 성질에 따라 공유명의(共有名義)로 신고 시킨다. 단, 단체원 중의 상당명의인을 세워 신고한 때는 수리할 수 있다"고 규정하였다.

그 무렵 일제는 종중재산의 소유관계를 공유(共有)로 파악하고 있었다. 조선고등법원도 1912년 12월 3일 "묘위토(墓位土)는 관습상 당연히 봉사손(奉祀孫)의 전유(專有)에 속하는 것만이 아니고 또 일문(一門)의 공유(共有)에 속하는 경우가 있다"고 판시한 것을 비롯하여 1913년 9월 12일에는 "선조의 제사에 제공하는 위토(位土)의 소유권은 봉사손(奉祀孫)만에 전속(專屬)하는 수가 있고 또는 문중(門中)이나 문중 일파의 공유(共有)에 속하는 수도 있으며, 반드시 종손의 전속 또는 일문의 공유에 속하여야 한다는 관습이 있지 않으며 누구의 소유이냐는 바로 사실문제에 속 한다"고 판시함으로써 같은 입장을 취하였다.

그 후 1927년 9월 23일 조선고등법원연합부 판결로 "문중 또는 그 일파가 선조의 묘지(墓地) 또는 제위토(祭位土)를 공동 소유하는 경우에 있어서 관습상 항상 이른바 합유(合有)의 법률관계이고 공유(共有)의 법률관계가 존재하지 아니한다."고 판시하여 종래의 입장을 번복하였다. 종중재산의 소유형태에 관하여 "종중재산은 종중 합유(合有)로서 그 처분은 종중규약에 따르고 그것이 없으면 종회(宗會)에서 다수결(多數決)로 정함이 관습이다(대판 1956.10.13. 4288민상435)"고 판시하였다.

이러한 이론은 해방 후에도 대법원이 같은 견해를 취함으로써 유지되었으나, 신민법 시행 이후에는 대법원이 다시 종전의 합유(合有)라는 견해를 변경하여 종중대산의 소유형태를 총유(總有)로 파악하기에 이르렀다. 대법원은 종중재산의 소유형태에 관하여 "종중재산은 종중원(宗中員)의 총유에 속한다"고 하였고, 종중소유 부동산의 종중원(宗中員)에 대한 신탁적 양도행위의 효력에 관하여 "종중재산인 부동산을 종중원(宗中員) 또는 1인 또는 수인(數人)에게 신탁(信託)하여 그 명의로 등기하는 신탁적 양도행위는 유효하다(대판 1966.9.27. 66다1343)."고 판시하였다. 대법원은 종중재산의 소유관계에 관하여 "종중의 소유재산은 종중원(宗中員)의 총유(總有)이다(대판 1992.4.24. 91다18965)"고 판시했다.

나) 명의신탁

토지 및 임야조사사업 당시 종중재산을 종중 자체 명의로 사정(査定) 및 등기를 하는 방법이 없었기 때문에 종중재산은 편의상 종중원 중의 1인 또는 수인의 명의로 사정을 받고 등기할 수밖에 없었다. 그 결과 종중의 허락 없이 등기명의인이 제3자에게 당해 종중재산을 처분하면 이를 무효라고 하여 재산회복을 구하는 소송이 빈발하게 되었다. 이 문제를 일제(日帝)는 이른바 "명의신탁이론"을 통하여 해결하고자 하였다.

고대 로마법에 연원을 둔 독일의 "신탁행위이론"은 이미 일본의 학설과 판례에 도입되어있었다. 조선고등법원도 1012년 10월 29일 판결에서 "구한국의 법률에 의하면 신탁행위로 인하여 수탁자는 신탁자 이외의 자에 대하여 신탁자의 승낙을 얻지 않고는 목적물을 처분하지 않을 채무의 부담하에 그 소유권을 취득하고, 그 후 위 채무에 위배하여 목적물을 제3자에게 양도한 경우에 있어서도 양수인이 선의인 때에는 완전히 그 소유권을 취득하는 것이다"라고 판시하여 신탁행위이론을 도입하였다.

종중재산과 관련하여 조선고등법원은 1924년 12월 26일 연합부 판결로 "토지조사국이 토지의 사정을 함에 있어 공유자 중 1인의 씨명 및 종중 공유재산인 것을 병기하여 사정을 한 때에는 공유자의 1인은 다른 공유자 전원과의 신탁계약에 의하여 외부관계에 있어서 완전한 소유권을 취득한 것으로 1인의 소유로 사정한 것으로 해석하여야 하고, 종중고유재산이라는 기재는 단순히 공유자의 1인인 사정명의인과 다른 공유자 전원과의 내부관계에 있어서 공유자의 소유라는 것을 표현한 것에 지나지 않는 것으로 처음부터 토지조사령에 의한 사정으로서 소유권을 확정하는 효력을 가지지 않는 것으로 해석하지 않으면 안 된다"고 판시하였다.

이 판결은 조선고등법원이 종중재산의 소유형태를 공유로 파악할 때에 나온 것이나, 사정 당시 종중재산으로 공유재산이라는 취지를 밝히고 신고한 경우에도 대외적으로는 신고명의인만을 소유자로 보아야 한다는 입장을 분명히 하고 있다. 이러한 입장은 조선고등법원이 종중재산의 소유관계를 합유(合有)로 판례변경 후에도 계속하여 유지되었다(朝高判 1928.7.27. 1929.2.19. 〈법원행정처 발행 法院史 134~135면〉).

다) 종중의 종원 등에 대한 명의신탁여부의 판단기준

① 어떤 토지가 종중의 소유인데 사정(査定) 당시 종원 또는 타인 앞으로 명의를 신탁하여 사정을 받은 것이라고 인정하기 위하여는 사정 당시 그 주장과 같은 어느 정도의 유기적 조직을 가진 종중이 존재하였을 것과 그 토지가 종중의 소유로 된 과정이나 내용이 증명되거나 또는 종중 시조(始祖)를 중심으로 한 분묘의 설치방법이나 토지의 관리상태 등 기타 여러 정황에 미루어 사정 이전부터 종중 소유로 인정할 수밖에 없는 많은 간접자료가 있을 때 한하여 이를 인정할 있을 뿐이고, 그와 같은 자료들이 충분히 증명되지도 아니하고 오히려 반대되는 사실의 자료가 많을 때에는 이를 인정하여서는 안 된다. ② 어느 임야에 종중에 속한 분묘가 설치되어 있고, 전답이 그에 인접해 있다고 하여 그러한 사정만으로 그 임야가 종중 소유라고 단정할 수 없다(대판 1997.2.25. 96다9560).

(나) 민법의 규정

법인(法人)이 아닌 사단(社團)의 사원(社員)이 집합체로서 물건을 소유할 때에는 총유(總有)로 한다(민법 제275조 제1항). 총유물의 관리 및 처분은 사원총회의 결의(決議)에 의한다(민법 제276조 제1항).

현행 민법에 의하면 총유는 법인 아닌 사단의 사원이 집합체로서 물건을 소유하는 공동소유형태이다. 일본 최고재판소는 권리능력 없는 사단의 재산관계는 총유라고 명언(明言)하고 있다(日最判 昭 39(1964).10.15. 18.8. 1671). 법인 아닌 사단 또는 재단의 존부(存否) 및 대표자격에 관한 사항은 법원의 직권조사사항(職權調査事項)이다(대판 1971.2.23. 70다44,45).

(2) 종중의 등기에 관한 부동산등기법규정의 연혁

종중의 등기능력을 규정한 부동산등기법규정의 연혁(沿革)은 아래와 같다.

(가) 조선부동산등기령(朝鮮不動産登記令 : 明治 45년3월 18일 制令 제9호)

종중, 문중, 기타 법인이 아닌 사단 또는 재단으로서 조선총독이 정하는 것에 속하는 부동산의 등기에 관하여는 그 사단 또는 재단으로써 등기권리자 또는 등기의무자로 간주(看做)한다(동령 제2조의4).

(나) 부동산등기법(제정 1960.1.1. 법률 제536호)

① 종중, 문중 기타 대표자나 관리인이 있는 법인 아닌 사단이나 재단에 속하는 부동산의 등기에 관하여는 그 사단 또는 재단을 등기권리자 또는 등기의무자로 한다. ② 제1항의 등기는 그 사단 또는 재단의 명의로 그 대표자 또는 관리인이 이를 신청한다(동법 제30조).

종중 또는 문중과 같이 사실상 사회생활상의 하나의 단위를 이루는 경우에는 법률상 특수한 사회적 작용을 담당하는 독자적 존재가 될 수 있다고 할 것이므로, 이러한 법인 아닌 사단 내지 재단이 권리능력의 주체는 될 수 없다고 하여도 민사소송상의 당사자능력이나 등기능력은 있다 하겠으므로, 종중에 대하여 취득시효완성으로 인한 소유권을 인정하였다 하여 위법이라 할 수 없다(대판 1970.2.10. 69다2013).

(다) 현행 부동산등기법(2011년4월12일 전부개정법률 제10580호)

① 종중, 문중, 그 밖에 대표자나 관리인이 있는 법인 아닌 사단이나 재단에 속하는 부동산의 등기에 관하여는 그 사단이나 재단을 등기권리자 또는 등기의무자로 한다. ② 제1항의 등기는 그 사단이나 재단의 명의로 그 대표자나 관리인이 신청한다(동법 제26조).

부동산등기법 제26조에 따라 법인 아닌 사단이나 재단 명의의 등기를 할 때에는 그 대표자나 관리인의 성명, 주소 및 주민등록번호를 함께 기록하여야 한다(부동산등기법 제48조제3항).

(라) 부동산등기규칙(2011년9월28일 전부개정대법원규칙 제2356호)

법 제26조의 종중, 문중, 그 밖에 대표자나 관리인이 있는 사단이나 재단이 등기를 신청하는 경우에는 다음 각 호의 정보를 첨부정보로서 등기소에 제공하여야 한다(부동산등기규칙 제48조).

1. 정관이나 그 밖의 규약
2. 대표자나 관리인임을 증명하는 정보. 다만, 등기되어 있는 대표자나 관리인이 신청하는 경우에는 그러하지 아니하다.
3. 민법 제276조 제1항의 결의가 있음을 증명하는 정보(법인 아닌 사단이 등기의무자인 경우로 한정한다)

6. 종중재산

가. 종중재산의 의의

종중재산이라 함은 종중이 소유한 매장(埋葬), 제사용의 토지·건물, 제비(祭費)의 재원인 전답(田畓)이나 임야, 위토(位土)와 종산(宗山)등의 재산을 말한다. 위토라 함은 그 수익으로 조상제사용으로 충당하기 위해 제공된 토지를 말하며, 종산이라 함은 조상의 분묘가 소재하는 곳으로 동종(同宗)의 자손을 매장하기 위한 장소를 가리킨다.

종중재산은 법인 아닌 사단인 종중이 사회단체로서의 목적을 위한 재산이므로, 그 권리는 종중에 귀속되나(부동산등기법 제26조 제1항 참조), 종중이 권리능력 없는 사단인 까닭에 종원(宗員) 각자를 그 권리의 주체로 하게 된다. 따라서 종원 각자가 그 지분비율에 따라 사용수익 할 수 있지만, 우리 민법 제275조는 '법인이 아닌 사단의 사원이 집합체로서 물건을 소유할 때에는 총유(總有)로 한다'고 규정하였고, 제276조 제1항은 '총유물(總有物)의 관리 및 처분은 사원총회의 결의에 의한다'고 규정하였으므로 종중재산의 관리 및 처분은 종회(宗會), 즉 종중총회의 결의에 의하여야 한다.

종중재산인 분묘(墳墓)에 속한 1정보 이내의 금양임야(禁養林野)와 600평 이내의 묘토

(墓土)인 농지, 족보(族譜)와 제구(祭具)의 소유권은 제사(祭祀)를 주재(主宰)하는 자가 이를 승계한다(민법 제1008조의3).

(1) 위토의 소유권귀속관계

위토(位土)라 함은 제사(祭祀) 등에 관련되는 일을 처리하기 위하여 설정된 토지를 말한다. 위토를 묘위(墓位)·제위(祭位)·종중재산이라고도 한다. 우리 민법은 '분묘에 속한 1정보 이내의 금양임야(禁養林野)와 600평 이내의 묘토(墓土)인 농지, 족보와 제구(祭具)의 소유권은 제사를 주재하는 자가 이를 승계한다(민법 제1008조의3)'고 규정하고 있다.

토지가 특정묘의 위토로 되는 경위는 그 특정 묘와 관련 있는 종중이 그 소유권을 취득하여 위토설정을 한 경우와 후손 중의 어느 개인이 개인소유의 토지를 특정선조묘의 위토로 설정하는 경우 등이 있을 수 있으므로 위토라는 사실만으로는 종중소유라고 볼 수 없다(대판 1984. 3. 13. 83도1726, 1985. 11. 26. 85다카847).

(2) 위토 및 금양임야의 승계

위토(位土)란 종중의 제사 등에 관련되는 일을 처리하기 위하여 설정된 토지를 말한다. 우리 민법은 '분묘(墳墓)에 속한 1정보(町步) 이내의 금양임야(禁養林野)와 600평 이내의 묘토(墓土)인 농지, 족보와 제구(祭具)의 소유권은 '제사를 주재하는 자'가 이를 승계한다(민법 제1008조의3)'고 규정하고 있다. 위토를 묘위(墓位). 제위(祭位). 종중재산이라고도 한다.

금양임야(禁養林野)라 함은 벌목을 금지하고 나무를 기르는 임야를 말한다. 묘토는 보통 위토라고 부르며 제사 또는 이에 관계되는 사항을 집행, 처리하기 위하여 설정된 토지를 말하며, 이것을 제전(祭田) 또는 묘전(墓田)이라고 하는데 이 토지를 기본재산으로 하여 그 수익으로 경비에 충당한다. 이것은 종손(宗孫)일지라도 임의로 처분할 수 없는 것이 구래(舊來)의 관습이다.

(3) 선조의 분묘가 있거나 위토 또는 종산이라는 사실

어느 토지가 특정 묘의 위토로 되는 경위는 그 특정 묘와 관계 있는 종중이 토지의 소유권을 취득하여 위토 설정을 하는 경우도 있지만 후손 중의 어느 개인이 그 소유의 토지를 특정 선조 묘의 위토로 설정하는 경우 등이 있을 수 있으므로 위토라는 사실만으로 종중소유의 토지라고 볼 수는 없고, 또한 위토라고 하여 반드시 묘주의 소유라고 단정할 수도 없다(대판 1997. 10. 16. 95다57029).

임야에 공동선조의 분묘가 있다거나 위토 또는 종산(宗山)이라는 사실만으로 이를 종중소유로 볼 수 없다는(1997. 10.10. 96다15923).

나. 종중재산의 소유형태의 변천(共有-合有-總有)

종중재산은 실체상으로는 종중 그 자체에 속하지만(법 제26조 참조) 법률상으로는 이를 종원에 속하는 것으로 볼 수 있는바, 이때 종중재산의 권리귀속의 형태를 공유(共有)·합유(合有)·총유(總有) 중 어떠한 형태의 것인가가 문제이다.

종중재산의 소유형태에 관하여 조선고등법원은 1912. 12. 3. '묘토는 관습상 당연히 봉사손의 전유에 속하는 것만이 아니고 또 일문의 공유에 속하는 경우가 있다'고 판시하여 종중구성원의 "공유(共有)"라고 하였다. 그 후 판례는 태도를 바꾸어 '종중재산은 종중 합유로서 그 처분은 종중규약에 따르고 그것이 없으면 종회에서 다수결로 정함이 관습이다'(대판 1956. 10. 13. 4288민상435)라고 하여 "합유(合有)"로 보았으나, 현재는 '종중재산은 종중원(宗中員)의 총유에 속한다'(대판 1966. 9. 27. 66다1343, 1992. 4. 24. 91다18965)고 하여 종중재산의 소유형태를 "총유(總有)"로 보고 있다.

법인 아닌 사단의 사원이 집합체로서 물건을 소유할 때에는 총유(總有)로 한다(민법 제275조 제1항). 총유에 관하여는 사단의 정관기타 규약에 의하는 외에 민법 제276조 및 277조의 규정에 의한다(민법 제275조 제2항). 총유물의 관리, 처분은 사원총회의 결의에 의하며(민법 제276조 제1항), 총유물(總有物)에 관한 사원의 권리의무는 사원의 지위를 취득 상실함으로써 취득상실 된다(민법 제277조).

다. 종중재산의 귀속주체(종원)

종중재산은 종중인 법인 아닌 사단이나 재단의 목적을 위한 재산이므로 그 권리는 종중에 귀속되나, 종중이 권리 능력 없는 사단인 까닭에 종원(宗員) 각자를 그 권리의 주체로 하게 된다.

라. 종중재산의 설정 경위에 관한 주장·입증의 방법과 정도

어느 재산이 종중재산임을 주장하는 당사자는 그 재산이 종중재산으로 설정된 경위에 관하여 주장·입증을 하여야 할 것이나 이는 반드시 명시적임을 요하지 아니하며 어느 재산이 종중재산이라는 주장·입증 속에 설정 경위에 관한 사실이 포함되어 있다고 볼 수 있으면 되고, 설정 경위의 입증은 간접사실 등을 주장·입증함으로써 요건사실을 추정할 수 있으면 족하다(대판 1992. 12. 11. 92마18146).

마. 종중재산의 처분절차

종중소유의 재산은 종중원의 총유에 속하는 것이므로 그 관리 및 처분에 관하여 먼저 종중규약(宗中規約)에 정하는 바가 있으면 이에 따라야 하고, 그 점에 관한 종중규약이 없으면 종중총회(宗中總會)의 결의에 의하여야 하므로, 비록 종중대표자에 의한 종중재산의 처분이라고 하더라도 그러한 절차를 거치지 아니한 채 한 행위는 무효이고, 이러한 법리는 종중이 타인에게 속하는 권리를 처분하는 경우에도 적용된다(대판 1996. 8. 20. 96다18656). (종중재산의 처분절차에 관하여는 아래 "9. 종중재산의 관리 및 처분절차"에서 상술함)

바. 종원의 종중재산에 대한 방해배제청구

종중의 소유관계는 총유라 할 것이므로 종중재산의 침해자에 대하여 방해배제나 손해배상을 청구하는 때에 있어서는 종중은 물론 기타 종중원도 단독으로 또는 선정당사자로서 제소(提訴)할 수 있다(대판 1977. 3. 8. 76다1029).

사. 종중재산에 대한 보존행위로 소송을 하는 경우 종중총회의 결의요부(적극)

(1) 종중총회의 결의

총유물의 보존에 있어서는 공유물의 보존에 관한 민법 제265조의 규정이 적용될 수 없고, 특별한 사정이 없는 한 민법 제276조 제1항의 규정에 따라 사원총회의 결의를 거쳐야 하므로, 법인 아닌 사단인 종중이 그 총유재산에 대한 보존행위로서 소송을 하는 경우에도 특별한 사정이 없는 한 종중 총회의 결의를 거쳐야 한다(대판 2010. 2. 11. 2009다83650).

(2) 비법인사단이 사원총회결의 없이 제기한 소송의 적법 여부(부적법)

비법인사단이 총유재산에 관한 소송을 제기할 때에는 정관에 다른 정함이 있다는 등의 특별한 사정이 없는 한 사원총회 결의를 거쳐야 하는 것이므로, 비법인사단이 이러한 사원총회 결의 없이 그 명의로 제기한 소송은 소송요건이 흠결된 것으로서 부적법하다(대판 2011. 7. 28. 2010다97044).

7. 종중의 대표자

가. 종중의 대표자에 관한 정관의 규정

종중은 법인 아닌 사단으로서, 종중의 성립요건은 종중이 단체로서의 조직을 갖추고 그 대표자의 선임방법, 총회의 운영절차, 재산의 관리, 기타사단으로서의 주요한 자격요건이 정관에 의해 확정되어 있어야 한다. 법인 아닌 사단인 종중의 대표자가 정해져 있으면 민사소송법상의 소송당사자 능력(민사소송법 제52조)과 부동산등기법상의 등기능력(부동산등기법 제26조)을 가진다.

나. 종중 대표자의 대표권 여부에 대한 법원의 직권조사

종중이 당사자인 사건에서 종중의 대표자에게 적법한 대표권이 있는지는 소송요건에 관한 것으로서 법원의 직권조사사항이므로, 법원으로서는 그 판단의 기초자료인 사실과 증거를 직권으로 탐지할 의무까지는 없다 하더라도, 이미 제출된 자료들에 의하여 그 대표권의 적법성에 의심이 갈 만한 사정이 엿보인다면 상대방이 이를 구체적으로 지적하여 다투지 않더라도 이에 관하여 심리, 조사할 의무가 있다(대판 2021. 11. 11. 2021다238902).

다. 종중대표자의 선출방법

종중의 대표자는 종중의 규약이나 관례가 있으면 그에 따라 선임하고 그것이 없다면 종장 또는 문장이 그 종원 중 성년 이상의 사람을 소집하여 선출하며, 평소에 종중에 종장이나 문장이 선임되어 있지 아니하고 선임에 관한 규약이나 관례가 없으면 현존하는 연고항존자가 종장이나 문장이 되어 국내에 거주하고 소재가 분명한 종원에게 통지하여 종중총회를 소집하고 그 회의에서 종중 대표자를 선임하는 것이 일반 관습이고, 종원들이 종중재산의 관리 또는 처분 등에 관하여 대표자를 선정할 필요가 있어 적법한 소집권자에게 종중총회의 소집을 요구하였으나 소집권자가 정당한 이유 없이 이를 소집하지 아니할 때에는 차석 연고항존자 또는 발기인이 총회를 소집할 수 있다(대판 2010. 12. 9. 2009다26596).

종중대표자는 종중 규약이나 특별한 관례가 있으면 그에 따라 선출하고 그것이 없으면 일반관례에 따라 종장 또는 문장이 종원을 소집하여 출석자의 과반수의 동의로 선출하는 것이므로 정당한 소집권자가 소집하지 아니한 채 종회에서 행한 회장선출결의는 효력이 없다(대판 1983. 12. 27. 83다카606).

(1) 종중대표자의 선임방법에 관한 일반관습

종중대표자는 특별한 사정이 없는 한 종장(宗長) 또는 문장(門長)이 성년 이상의 남자를 소집하여 '출석자의 과반수의결'로 선임하는 것이 일반관습이다(대판 1958. 11. 20.

4291민상2, 1965. 8. 24. 64다1193, 1966. 12. 6. 66다1660, 1977. 6. 28. 76다2595, 1977. 11. 8. 75다255).

종중대표자를 정함에 있어서는 해당 종중의 규약이나 관례가 일반관례에 우선하여 적용되며, 종중대표자 선임에 관한 일반관례는 문장이나 종장이 종족 중 국내에 거주하는 통지 가능한 성년남자를 소집하여 출석자의 과반수의 찬성으로 결의하는 것이다(대판 1982. 5. 11. 81다609).

종중 대표자는 종중규약이나 특별한 관례가 있으면 그에 따라 선출하고 그것이 없으면 일반관습에 의하여 종장 또는 문장이 그 종중원 중 성년 이상의 남녀를 소집하여 '출석자의 과반수결의'로 선출하여야 하며, 평소에 종장이나 문장이 선임되어 있지 아니하고 그 선임에 관한 종중규약이나 관례가 없으면 생존하는 종중원 중 항렬이 높고 나이가 많은 연고항존자(年高行尊者)가 종장 또는 문장이 되는 것이 우리나라의 일반관습이며(대판 1999. 4. 13. 98다50722), 국내에 거주하고 소재가 분명한 종원에게 통지하여 종중 총회를 집하고 그 회의에서 종중대표자를 선임하는 것이 우리나라의 일반관습이다(대판 1997. 2. 28. 95다44986, 1997. 11. 14. 96다25715).

(2) 문중의 대표자 선출방법

문중의 대표자는 특별한 규약이 없으면 관습에 의하여 문중장(門中長)이 그 종족 중 성년 이상의 남자를 소집하여 출석자의 과반수의 의결로서 이를 선출할 수 있고 그 소집절차는 반드시 서면통지를 하여야만 하는 것은 아니다(1972. 2. 22. 71다2377).

(3) 연고항존자(年高行尊者)의 확정방법(종원 중 항렬이 가장 높고 나이가 많은 종원)

대표자를 선임하기 위하여 개최되는 종중총회의 소집권을 가지는 연고항존자를 확정함에 있어서 여성을 제외할 아무런 이유가 없으므로, 여성을 포함한 전체 종원 중 항렬이 가장 높고 나이가 가장 많은 사람이 연고항존자가 된다. 다만 이러한 연고항존자는 족보 등의 자료에 의하여 형식적·객관적으로 정하여지는 것이지만 이에 따라 정하여지는 연고항존자의 생사가 불명한 경우나 연락이 되지 아니한 경우도 있으므로, 사회통념상 가능하다고 인정되는 방법으로 생사 여부나 연락처를 파악하여 연락이 가능한 범위 내에서 종중총회의 소집권을 행사할 연고항존자를 특정하면 충분하다(대판 2010. 12. 9. 2009다26596).

라. 대표자의 대외적 행위 및 종중의 대표

종중이 그 구성원을 떠나 독자적인 단체로서 행동하는 경우에는 그 종중을 대표할 자가 있어야 한다. 즉 종중의 대외적인 행위 시에는 그 대표자를 정할 필요가 있으므로 규약이 있으면 그에 따라 선임하고 규약이 없으면 관습에 따라 선임하며(대판 1977. 1. 25. 76다2199), 종중 또는 종중 유사단체에서 문장이나 연고향촌자(年高行尊者)라고 하더라도 그것만으로 당연히 종중재산에 대한 대표권을 갖는 것은 아니다(대판 1999. 7. 27. 99다9523).

마. 종중대표자와 종중재산의 관리처분권

(1) 종중대표자를 선임한 경우

종중을 대표하고 종중회의를 소집하는 권한은 관습상 종중원 중 연고행존자에 해당하는 종장에게 있으나 다만 종중규약 또는 당해 종중의 관습이나 일반관례에 의하여 별도로 종중대표자를 선임한 경우에는 이러한 종중대표자만이 종중대표권을 가지며 특히 종중재산에 관하여는 종장에게 아무런 권한이 없고 오로지 종중대표자만이 종중을 대표하여 그 관리처분권을 갖는다(대판 83. 12. 13. 83다카1463).

(2) 종중재산의 관리 및 처분방법

종중 소유의 재산은 종중원의 총유에 속하는 것이므로 그 관리 및 처분에 관하여 먼저 종중규약에 정하는 바가 있으면 이에 따라야 하고, 그 점에 관한 종중규약이 없으면 종중총회의 결의에 의하여야 하므로, 비록 종중 대표자에 의한 종중 재산의 처분이라고 하더라도 그러한 절차를 거치지 아니한 채 한 행위는 무효이고, 이러한 법리는 종중이 타인에게 속하는 권리를 처분하는 경우에도 적용된다(대판 1996. 8. 20. 96다18656).

(3) 종중의 문장의 종중재산권의 처분 여부

종중의 문장이 종중으로부터 종중재산의 처분권한을 수임받지 않은 한 당연히 종중의 재산권을 처분할 권한이 있다고 볼 수 없다(1978. 5. 23. 178다570 소유권이전등기말소).

8. 종중총회

가. 종중회의의 소집통지방법

(1) 종중원에게 개별적으로 통지(서면·전화·구두 등)

종중회의의 개최통지는 반드시 직접적으로 서면으로 하는 통지에 의해서만 할 필요는 없고 구두 또는 전화로 하여도 되고 다른 종중원이나 세대주를 통하여서도 무방하며(대판 1978. 12. 13. 78다1436, 2000. 2. 25. 99다20155), 종중회의에 있어서의 소집통지는 종장이나 기타 적법한 소집권자가 국내에 거주하고 소재가 분명한 자에 대하여 소집통지를 발함으로써 족하다(대판 1992. 10. 27. 92다30375).

(2) 족보가 발간 된 경우

종원에 관한 족보가 발간되었다면 그 족보의 기재가 잘못되었다는 등의 특별한 사정이 없는 한 그 족보에 의하여 종중총회의 소집통지 대상이 되는 종원의 범위를 확정하여야 하고, 여기에서 발간된 족보란, 소집통지 대상이 되는 종중원의 범위를 확정하기 위하여 필요한 것이므로 반드시 사건 당사자인 종중이 발간한 것일 필요는 없고 그 종중의 대종중 등이 발간한 것이라도 무방하다(대판 2009. 10. 29. 2009다45740).

종중이 그 총회를 개최함에 있어서는 특별한 사정이 없는 한 세보에 기재된 모든 종원은 물론 세보에 기재되지 아니한 종원이 있으면 이 역시 포함시켜 총회의 소집대상이 되는 종원의 범위를 확정한 후 소재가 분명하여 연락 가능한 종원에게 개별적으로 소집통지를 하여야 한다(대판 2000. 7. 6. 2000다17582).

종중총회는 특별한 사정이 없는 한 족보에 의하여 소집통지 대상이 되는 종중원의 범위를 확정한 후 국내에 거주하여 소재가 분명하여 연락통지가 가능한 모든 종중원에게 개별적으로 소집통지를 함으로써 각자가 회의와 토의와 의결에 참가할 수 있는 기회를 주어야 하고, 일부 종중원에게 소집통지를 결여한 채 개최된 종중총회의 결의는 효력이 없으나, 그 소집통지의 방법은 반드시 직접 서면으로 하여야만 하는 것은 아니고 구두 또는 전화로 하여도 되고 다른 종중원이나 세대주를 통하여 하여도 무방하다(대판 2000. 2. 25. 99다20155).

(3) 남자 종중원들에게만 소집통지를 하여 개최된 종중총회에서 이루어진 결의의 효력(무효)

종중총회를 개최함에 있어서는, 특별한 사정이 없는 한 족보 등에 의하여 소집통지 대상이 되는 종중원의 범위를 확정한 후 국내에 거주하고 소재가 분명하여 통지가 가능한 모든 종중원에게 개별적으로 소집통지를 함으로써 각자가 회의와 토의 및 의결에 참가할 수 있는 기회를 주어야 하므로, 일부 종중원에 대한 소집통지 없이 개최된 종중총회에서의 결의는 그 효력이 없다. 이후에는 공동선조의 자손인 성년 여자도 종중원이므로, 종중총회 당시 남자 종중원들에게만 소집통지를 하고 여자 종중원들에게 소집통지를 하지 않은 경우 그 종중 총회에서의 결의는 효력이 없다(대판 2021. 11.11. 2021마238902).

나. 종중총회의 소집권자

(1) 현존하는 연고항존자(年高行尊者)

종중의 대표자는 종중의 규약이나 관례가 있으면 그에 따라 선임하고 그것이 없다면 종장 또는 문장이 그 종원 중 성년 이상의 사람을 소집하여 선출하며, 평소에 종중에 종장이나 문장이 선임되어 있지 아니하고 선임에 관한 규약이나 관례가 없으면 현존하는 연고항존자가 종장이나 문장이 되어 국내에 거주하고 소재가 분명한 종원에게 통지하여 종중총회를 소집하고 그 회의에서 종중 대표자를 선임하는 것이 일반 관습이고, 종원들이 종중재산의 관리 또는 처분 등에 관하여 대표자를 선정할 필요가 있어 적법한 소집권자에게 종중총회의 소집을 요구하였으나 소집권자가 정당한 이유 없이 이를 소집하지 아니할 때에는 차석 연고항존자 또는 발기인이 총회를 소집할 수 있다(대판 2010. 12. 9. 2009다26596).

(2) 종중총회의 소집권자인 연고항존자의 확정방법

연고항존자인지 여부는 원칙적으로 법원이 제출된 증거를 취사선택하여 자유로운 심증에 따라 인정할 수 있는 것이기는 하나, 소집통지 대상 종중원의 범위 확정을 위하여 족보를 살펴보아야 할 것이라면 소집통지 대상자에 대응하는 소집권자인 연고항존자의 확정도 그 족보를 포함하여 판단함이 상당하다.

대표자를 선임하기 위하여 개최되는 종중총회의 소집권을 가지는 연고항존자를 확정함에 있어서 여성을 제외할 아무런 이유가 없으므로, 여성을 포함한 전체 종원 중 항렬이 가장 높고 나이가 가장 많은 사람이 연고항존자가 된다. 다만 이러한 연고항존자는 족보 등의 자료에 의하여 형식적·객관적으로 정하여지는 것이지만 이에 따라 정하여지는 연고항존자의 생사가 불명한 경우나 연락이 되지 아니한 경우도 있으므로, 사회통념상 가능하다고 인정되는 방법으로 생사 여부나 연락처를 파악하여 연락이 가능한 범위 내에서 종중총회의 소집권을 행사할 연고항존자를 특정하면 충분하다(대판 2010. 12. 9. 2009다26596).

(3) 종중총회의 소집권자가 종원들이 요구한 임시총회소집에 불응한 경우의 총회소집절차

종중원들이 종중 재산의 관리 또는 처분 등을 위하여 종중의 규약에 따른 적법한 소집권자 또는 일반 관례에 따른 종중총회의 소집권자인 종중의 연고항존자에게 필요한 종중의 임시총회 소집을 요구하였음에도 그 소집권자가 정당한 이유 없이 이에 응하지 아니하는 경우에는 차석 또는 발기인(위 총회의 소집을 요구한 발의자들)이 소집권자를 대신하여 그 총회를 소집할 수 있는 것이고, 반드시 민법 제70조를 준용하여 감사가 총회를 소집하거나 종원이 법원의 허가를 얻어 총회를 소집하여야 하는 것은 아니다(대판 2011. 2. 10. 2010다83199, 83205).

다. 종중총회의 소집에 있어서 회의목적사항기재의 정도

종중총회를 소집함에 있어서 회의의 목적사항을 기재하도록 하는 취지는 종중원이 결의를 할 사항이 무엇인가를 알아 회의에 참석여부나 결의사항에 대한 찬반의사를 미리 준비하게 하는 데 있으므로 회의의 목적사항은 종중원이 의안(議案)이 무엇인가를 알기에 족한 정도로 구체적으로 기재하면 된다(대판 1993. 10. 12. 92다50799).

라. 종중총회결의의 효력 여부

(1) 일부 종중원에 대한 소집통고를 결여한 종중총회결의의 효력(무효)

종중총회는 특별한 사정이 없는 한 족보에 의하여 소집통지대상이 되는 종중원의 범위를 확정한 후 소재가 분명한 모든 종원에게 개별적으로 소집통지를 하여야 하고, 일부 종중원에게 소집통지를 결여한 채 개최된 종중총회의 결의는 효력이 없다(대판 1997. 2. 28. 95다44986).

(2) 종원 자격이 없는 자가 참가하여 대표자로 선정된 종중대표자 선임결의의 효력

종중의 구성원이 될 수 없는 자에게 종원의 자격을 부여한 총회결의에 따라 제정된 회칙이나 그들이 참가한 가운데 종원 자격이 없는 자를 대표자의 하나로 선임한 대표자선정결의는 종중의 본질에 반하여 부적법하고, 다른 종원들이 결의에 동의하였다 하더라도 결론이 달라질 수 없다(대판 1992. 12. 11. 92다30153).

(3) 종중총회가 적법한 소집권자에 의하여 소집되지 아니한 경우 총회결의의 효력

종중대표자의 선임을 위한 종중총회의 결의가 유효하기 위해서는 그 총회가 적법한 소집권자에 의하여 소집되었을 것임을 요하므로, 종중총회가 적법한 소집권자에 의하여 소집되지 아니한 경우에는 위 총회에서 한 종중규약의 제정이나 대표자 선임결의는 그 효력이 없다(대판 1990. 11. 13. 90다카28542, 1992. 11. 27. 92다34124).

9. 종중재산의 관리 및 처분절차

대표자가 있는 종중(宗中)이나 문중(門中)은 법인 아닌 사단으로 보며(부동산등기법 제26조 제1항), 법인 아닌 사단의 사원이 집합체(集合體)로서 물건을 소유할 때에는 총유로 한다(민법 제275조 제1항). 총유물의 관리 및 처분은 사원총회의 결의에 의한다(민법 제276조 제1항). 따라서 종중소유의 재산은 종중원(宗中員)의 총유에 속하는 것이므로 그 관리 및 처분은 먼저 종중규약에 정한 바가 있으면 이에 따라야 하고, 그 점에 관한 종중규약이 없으면 종중총회의 결의에 의하여야 한다(대판 (1992. 4. 24. 91다18965, 1994. 9. 30. 93다27703).

가. 종중재산의 관리 · 처분절차(종중규약의 규정 또는 종중총회의 결의)

종중 소유의 재산은 종중원의 총유에 속하는 것이므로 그 관리 및 처분에 관하여 먼저 종중규약에 정하는 바가 있으면 이에 따라야 하고, 그 점에 관한 종중규약이 없으면 종중총회의 결의에 의하여야 하므로(대판 1994. 9. 30. 93다27703), 비록 종중대표자에 의한 종중재산의 처분이라고 하더라도 그러한 절차를 거치지 아니한 채 한 행위는 무효이고, 이러한 법리는 종중이 타인에게 속하는 권리를 처분하는 경우에도 적용된다(대판 1996. 8. 20. 96다18656).

(1) 종중재산의 처분이 종중규약이나 종중총회의 결의에 따라 이루어졌다는 점에 대한 입증방법

종중재산의 처분이 종중규약에 정하여진 바에 따라 이루어졌다거나 그에 관한 종중총회의 적법한 결의가 있었다는 점에 대한 입증은 종중총회결의서 등 그러한 사실을 직접적으로 증명할 수 있는 증거에 의하여서만 할 수 있는 것이 아니고, 그러한 종중총회의 결의가 있었다는 점 등을 추인할 수 있는 간접사실의 입증에 의하여서도 할 수 있다(대판

1996. 8. 20. 96다18656).

(2) 종중의 문장(門長)에게 종중재산의 처분권한이 있는지 여부

종중의 문장이라고 하더라도 종중으로부터 처분권한을 수임(受任)하던지 그 밖에 권한이 있다고 볼 만한 특별한 사유가 없는 한 당연히 종중의 재산권을 처분할 권한이 있다고 볼 수는 없다(대판 1978. 5. 23. 78다570).

(3) 종중총회의 결의방법에 있어 위임장 제출방식에 의한 결의권 행사가 허용되는지 여부

종중총회의 결의방법에 있어 종중규약에 다른 규정이 없는 이상 종원은 서면이나 대리인으로 결의권을 행사할 수 있으므로 일부 종원이 총회에 직접 출석하지 아니하고 다른 출석 종원에 대한 위임장 제출방식에 의하여 종중의 대표자 선임 등에 관한 결의권을 행사하는 것도 허용된다(대판 2000. 2. 25. 99다20155).

(4) 적법한 대표권이 없는 자가 한 처분행위를 종중이 추인하는 절차

종중소유의 재산은 종중원의 총유에 속하는 것이므로 그 관리 및 처분은 종중규약의 정하는 바에 따라야 하고 종중규약에서 별도로 정한 바가 없을 때에는 종중원총회의 결의에 따라야 하는 것이고, 적법한 대표권이 없는 자가 한 처분행위를 종중이 추인하는 것은 종중의 처분행위와 다를 바 없으므로 규약 또는 종중원총회의 결의에 따라야 한다(1989. 2. 14. 88다카3113).

나. 종중대표자와 종중재산의 관리처분권

종중을 대표하고 종중회의를 소집하는 권한은 관습상 종중원 중 연고항존자(年高行尊者)에 해당하는 종장(宗長)에게 있으나 다만 종중규약 또는 당해 종중의 관습이나 일반 관례에 의하여 별도로 종중대표자를 선임한 경우에는 이러한 종중대표자만이 종중대표권을 가지며 특히 종중재산에 관하여는 종장에게 권한이 없고 오로지 종중대표자만이 종중을 대표하여 종중재산의 관리처분권을 갖는다(대판 1983. 12. 13. 83다카1463).

다. 종중재산의 처분이 무효로 되는 경우

종중회칙상 종중재산은 종중총회의 결의를 거쳐야만 처분할 수 있음에도 종중재산의 처분에 관한 적법한 총회결의나 이사회의 위임결의 또는 그와 같은 내용의 종중회칙의 변경 없이 종중 회장이 종중 이사회를 개최하여 임의로 이사회를 구성하고 종중재산의 처분을 이사회결의만으로 가능하도록 임의로 정관을 변경하여 이에 따라 개최한 이사회에서 종중재산의 처분을 결의한 후 종중재산을 처분한 경우, 그 종중재산의 처분은 무효이다(대판 2000. 10. 27. 2000다22881).

10. 종중재산의 명의신탁

가. 종중재산

(1) 종중재산의 개념 및 권리주체

종중재산이란 종중이 소유한 매장((埋葬)·제사용의 토지·건물, 제비(祭費)의 재원인 전답이나 임야, 위토(位土)와 종산(宗山) 등의 재산을 말한다. 위토란 그 수익으로 조상 제사용으로 충당하기 위해 제공된 토지를 말하며, 종산은 조상분묘가 소재하는 곳으로 동종(同宗)의 자손을 매장(埋葬)하기 위한 장소를 가리킨다. 종중재산은 종중인 사회단체의 목적을 위한 재산이므로, 그 권리는 종중에 귀속되나, 종중이 권리능력 없는 사단인 까닭에 종원(宗員) 각자가 그 권리의 주체로 된다.

(2) 종중재산의 소유형태

종중재산은 실체상으로는 종중 자체에 속하지만(부동산등기법 제26조 제1항 참조) 법률상으로는 종원에 속하는 것으로 볼 수 있는바, 이때 종중재산의 권리귀속형태가 공유, 합유, 총유 중 어떠한 형태인가가 문제이다.

조선고등법원은 "묘위토는 관습상 당연히 봉사손의 전유에 속하는 것만이 아니고 또 일문의 공유에 속하는 경우가 있다"(조고판 1912. 12. 3. 민집 2권 78면)고 판시하여 종중구성원의 〈공유〉라고 하였다. 그 후 조선고등법원 연합부 판결로 "한국에 있어서 문중 또는 그 일파가 선조의 묘지 또는 제위토를 공동소유 하는 경우에 있어서 관습상 항상 이른바 〈합유〉의 법률관계이고 공유의 법률관계가 존재하지 아니 한다"(조고판 1927. 9. 23. 민집 14권 321면)라고 종래의 입장을 번복하여 종중원의 합유라고 판시하여 해방 후에도 대법원이 같은 견해를 취했다(대판 1956. 10. 13. 4288민상435).

신민법 시행 이후(민법 제275조 제1항 참조)에는 대법원이 종전의 견해를 변경하여 "종중재산은 종중원의 〈총유〉에 속한다", "종중원이 집합체로서 물건을 소유하는 총유에 있어서는 그 총유물의 관리는 종중총회의 결의에 의하는 것"(대판 1966. 3. 15. 65다2465)이라고 판시하여 현재 종중재산의 공동소유의 성질이 총유라는 것에 대하여는 이설이 없다.

(3) 종중재산의 관리 및 처분절차

우리 민법 제275조는 '법인 아닌 사단의 사원이 집합체로서 물건을 소유할 때에는 총유로 한다(제1항)', '각 사원은 정관 기타의 규약에 좇아 총유물을 사용, 수익할 수 있다(제2항)'고 규정하고, 제276조 제1항은 '총유물의 관리 및 처분은 사원총회의 결의에 의한다'라고 규정하여, 종중재산의 관리 및 처분은 종중총회의 결의에 따라야 한다.

나. 종중재산의 명의신탁

(1) 명의신탁의 개념

명의신탁(信託)이란 대내적(對內的) 관계에서는 신탁자가 소유권을 보유하여 이를 관리 수익하면서 공부상의 소유명의만을 수탁자로 하여 두는 것을 말한다(대판 1965. 5. 18. 65다312). 이는 실정법에는 근거가 없으며 판례에 의하여 확립된 이론으로서, 독일의 신탁행위이론을 확대 적용한 것이다. 명의신탁을 할 수 있는 것은 〈공부(公簿)〉에 의하여 소유관계가 공시되는 재산에 한한다. 명의신탁이라고 할 때의 명의(名義)는 〈소유명의〉를 의미하는 것이므로 소유권에 관하여서만 명의신탁이 인정된다.

토지 및 임야 조사사업 당시 종중재산을 종중 자체명의로 사정(査定) 및 등기하는 방법이 없었기 때문에 종중재산은 편의상 '종중원 중의 1인 또는 수인'의 명의로 사정을 받고 등기할 수밖에 없었다. 그 결과 종중의 허락 없이 등기명의인이 제3자에게 당해 종중재산을 처분하면 이를 무효라 하여 재산회복을 구하는 소송이 빈발하게 되어 이 문제를 일제(日帝)는 이른바 〈명의신탁이론〉을 통하여 해결하고자 하였다. 고대 로마법에 연원을 둔 독일의 〈신탁행위이론〉은 이미 일본의 학설과 판례에 도입되어 있었다. 조선고등법원도 1912년 10월 29일 판결에서 〈신탁행위이론〉을 도입하였다(법원행정처 발행 법원사 134면).

(2) 종중재산의 관리에 관한 관습

종중소유의 토지를 종손에게만 명의신탁 하여야 한다는 관습도 존재하지 아니하고 종중재산의 관리권이 종손에게만 있는 것도 아닐 뿐더러 종중재산을 종손 아닌 종원에게 명의신탁함이 관습에 어긋나는 것도 아니다(대판 1993. 6. 25. 93다9200).

(3) 종중원 아닌 자에 대한 종중재산 명의신탁과 경험칙

종중재산은 그 종손이나 종중을 대표할 수 있는 종원(宗員)의 한 사람 또는 수인에게 명의신탁[사정(査定) 또는 등기]하는 것을 통상의 예로 하는 것이고, 종중원이 아닌 타인에게 명의신탁 하는 것은 이례(異例)에 속하는 것이라 할 것이다(대판 1973. 2. 13. 72다2297).

(4) 종중의 종원 등에 대한 명의신탁여부의 판단기준

어떤 토지가 종중의 소유인데 사정 당시 종원 또는 타인 앞으로 명의를 신탁하여 사정 받은 것이라고 인정하기 위하여는, 사정 당시 그 주장과 같은 어느 정도의 유기적 조직을 가진 종중이 존재하였을 것과 그 토지가 종중의 소유로 된 과정이나 내용이 증명되거나 또는 종중시조를 중심으로 한 분묘의 설치방법이나 토지의 관리상태 등 여러 정황에 미루어 보아 사정 이전부터 종중소유로 인정할 수밖에 없는 많은 간접자료가 있을 때 한하여 이를 인정할 수 있을 뿐이고, 그와 같은 자료들이 충분히 증명되지도 아니하고 오히려 반대되는 사실의 자료가 많을 때에는 이를 인정하여서는 안 된다(대판 1997. 2. 25. 96다9560, 1997. 10. 10. 96다15923. 2001. 2. 13. 2000다14361, 2002. 7. 26. 2001다7673).

종중의 명의신탁에 의한 사정을 인정하기 위한 '간접자료'가 될 만한 정황으로서는, 사정명의인과 종중과의 관계, 사정명의인이 여러 사람인 경우에는 그들 상호간의 관계, 한 사람인 경우에는 그 한 사람 명의로 사정받게 된 연유, 종중소유의 다른 토지가 있는 경우에는 그에 대한 사정 또는 등기관계, 사정된 토지의 규모 및 시조를 중심으로 한 종중분묘의 설치상태, 분묘수호와 봉제사의 실태, 토지의 관리상태, 토지에 대한 수익이나 보상금의 수령 및 지출관계, 제세공과금의 납부관계, 등기필증의 소지관계, 그 밖의 모든 사정을 종합적으로 검토하여야 한다(대판 1998. 9. 8. 대판 13686).

(5) 명의신탁관계의 성립요건

부동산에 관한 권리의 보전을 목적으로 그 소유명의를 신탁하는 계약에 있어서도 신탁자와 수탁자 간에 그와 같은 취지의 합의가 있어야 한다(대판 1972. 5. 23. 71다2760). 부동산에 관한 명의신탁관계가 성립하려면 신탁자와 수탁자 사이에 신탁관계의 설정에 관한 합의가 있어야 한다(대판 1981. 12. 8. 81다카367). 명의신탁관계는 반드시 신탁자와 수탁자 간의 명시적 계약에 의하여서만 성립되는 것이 아니라 '묵시적 합의'에 의하여서도 성립될 수 있다(대판 2001. 1. 5. 2000다49091).

(6) 명의신탁의 법률관계

명의신탁의 법률관계, 즉 명의신탁에 있어서의 소유관계는 신탁행위에 있어서의 소유관계와 같기 때문에, 대외관계 내지 제3자에 대한 관계에서는 소유권이 수탁자에게 이전. 귀속하게 되고, 대내관계 즉 신탁자와 수탁자 사이의 관계에 있어서는 소유권이 신탁자에게 보류된다는 것이 판례이론이다. 이와 같이 대외적으로는 소유권이 수탁자에게 있는 것으로 되기 때문에 수탁자가 신탁자의 승낙 없이 재산을 처분한 경우에 제3취득자는 선의·악의를 묻지 않고 적법하게 소유권을 취득하게 된다(대판 1963. 9. 19. 63다388).

(가) 명의신탁의 '내부관계' 및 명의수탁자 사망 시의 효과

명의신탁관계를 성립시키기 위한 신탁계약의 기본은 신탁자와 수탁자 사이의 '내부관계'에 있어서 그 목적물의 소유권은 언제나 신탁자가 보유하는 것이므로, 그 목적물이 소유권과 관련되어 발생된 권리도 그들 내부관계에 있어서는 신탁자에게 귀속되는 것이므로, 신탁자가 그 신탁계약을 '해지'하면 수탁자는 그 권리를 신탁자에게 이전하여 줄 의무가 있고, 명의수탁자가 '사망'하면 그 명의신탁관계는 그 재산상속인과의 사이에 존속하게 된다(대판 1996. 5. 31. 94다35985).

(나) 명의신탁의 '외부관계' 및 수탁자가 명의신탁 된 부동산을 제3자에게 처분한 경우 소유권의 귀속

부동산을 명의신탁 한 경우에는 소유권이 '대외적'으로 수탁자에게 귀속되므로 수탁자가 수탁부동산을 제3자에게 처분하였을 때에는 그 처분행위가 무효 또는 취소되는 등의 사유가 없는 한, 제3취득자는 신탁재산에 대한 소유권을 적법하게 취득하고 명의신탁관계는 소멸한다(대판 1997. 10. 10. 96다38896).

명의신탁에 있어서 대외적으로는 수탁자가 소유자라고 할 것이고, 명의신탁재산에 대한 침해배제를 구하는 것은 대외적 소유권자인 수탁자만이 가능한 것이며, 신탁자는 신탁자를 대위하여 그 침해에 대한 배제를 구할 수 있을 뿐이므로, 명의신탁사실이 인정된다고 할지라도 신탁자는 제3자에 대하여 '진정한 등기명의회복'을 원인으로 한 소유권이전등기청구를 할 수 있는 '진정한 소유자의 지위'에 있다고 볼 수 없다(대판 2001. 8. 21. 2000다36484).

(다) 명의신탁 부동산의 취득자가 악의(惡意)인 경우 소유권취득의 효력

부동산의 소유자명의가 신탁된 경우, 외부적으로는 수탁자만이 소유자로서 유효하게 권리를 행사할 수 있으므로 수탁자로부터 그 부동산을 취득하는 자는 수탁자에게 매도나 담보의 제공 등을 적극적으로 권유함으로써 '수탁자의 배임행위'에 적극 담한 것이 아닌

한 명의신탁 사실을 알았는지의 여부를 불문하고 부동산의 소유권을 유효하게 취득한다(대판 1991. 4. 23. 91다6221).

(라) 명의수탁자의 명의신탁 부동산의 처분과 횡령죄의 성립 여부(적극)

횡령죄는 자기가 보관하는 타인의 재물을 횡령하거나 반환을 거부함으로써 성립한다. 그런데 명의신탁을 받은 부동산을 타에 처분한 경우 횡령죄가 성립하는지 여부가 문제되었다. 종래의 판례는 "명의신탁 받은 부동산을 임의로 처분한 경우에 배임죄를 구성함은 별론으로 하고 횡령죄를 구성하는 것은 아니다(대판 1970. 8. 31. 70도1434)"라고 하여 횡령죄의 성립을 부정하였다.

그러나 대법원은 그 태도를 변경하여 "종중소유의 부동산을 명의신탁 받아 소유권등기를 거친 사람이 이를 임의로 처분하면 횡령죄가 성립한다(대판 1971. 6. 22. 71도740 전원합의체판결)"고 판시하였다. 부동산의 명의수탁자가 그 부동산을 임의로 타인에게 처분하면 횡령죄가 성립한다(대판 1976. 6. 22. 75도536).

(7) 법인 아닌 사단 또는 재단에 속하는 부동산의 등기

부동산등기제도가 처음 시행된 것은 〈조선부동산등기령(명치 45년 3월 18일 제령 제9호)〉제2조의4에서 "종중, 문중 기타 법인이 아닌 사단 또는 재단으로서 조선총독이 정하는 것에 속하는 부동산의 등기에 관하여는 그 사단 또는 재단으로써 등기권리자 또는 등기의무자로 간주한다. 전항의 등기는 그 사단 또는 재단의 이름으로써 그 대표자 또는 관리인이 이를 신청하여야 한다"라는 규정에 의한다.

그 후 부동산등기법(제정 1960. 1. 1. 법률 제536호) 제30조(법인 아닌 사단 등의 등기신청인)는 "① 종중, 문중 기타 대표자나 관리인이 있는 법인 아닌 사단이나 재단에 속하는 부동산의 등기에 관하여서는 그 사단 또는 재단을 등기권리자 또는 등기의무자로 한다. ② 제1항의 등기는 그 사단 또는 재단의 명의로 그 대표자 또는 관리인이 이를 신청한다"라고 규정하고 있다. 현행 부동산등기법 제26조는 이와 동일하게 규정하고 있다.

(8) 부동산 실권리자 명의등기제도

부동산에 관한 소유권과 그 밖의 물권을 실체적 권리관계와 일치하도록 실권리자명의로 등기하게 함으로써 부동산등기제도를 악용한 투기·탈세·탈법행위 등 반사회적 행위를 방지하고 부동산거래의 정상화와 부동산가격의 안정을 도모하여 국민경제의 건전한 발전에 이바지함을 목적으로 〈부동산 실권리자명의등기에 관한 법률〉이 시행되고 있다.

(가) 실권리자명의 등기의무 및 명의신탁약정의 효력

누구든지 부동산에 관한 물권을 명의신탁약정에 따라 명의수탁자의 명으로 등기하여서는 아니 된다(동법 제3조 제1항). 명의신탁약정은 무효로 한다(제4조 제1항). 명의신탁약정에 따른 등기로 이루어진 부동산에 관한 물권변동은 무효로 한다(동조 제2항 전단).

(나) 종중, 배우자 및 종교단체에 대한 특례

다음 각 호의 어느 하나에 해당하는 경우로서 조세포탈, 강제집행의 면탈 또는 법령상 제한의 회피를 목적으로 하지 아니하는 경우에는 제4조부터 제7조까지 및 제12조 제1항부터 제3항까지를 적용하지 아니한다(제8조).
1. 종중이 보유한 부동산에 관한 물권을 종중 외의 자의 명의로 등기한 경우
2. 배우자 명의로 부동산에 관한 물권을 등기한 경우
3. 종교단체의 명의로 그 산하 조직이 보유한 부동산에 관한 물권을 등기한 경우

(9) 명의신탁자라고 주장하는 자가 등기권리증을 소지하고 있는 사실의 명의신탁에 대한 증명력

일반적으로 부동산의 소유자명의만을 다른 사람에게 신탁한 경우에 등기권리증과 같은 권리 관계를 증명하는 서류는 실질적인 소유자인 명의신탁자가 소지하는 것이 상례라고 할 것이므로 명의신탁자라고 주장하는 사람이 이러한 권리관계 서류를 소지하고 있는 사실은 명의신탁을 뒷받침하는 유력한 자료가 된다(대판 1990. 4. 24. 89다카14530).

명의신탁자라고 주장하는 자가 목적물에 관한 등기권리증을 소지하지 아니하고 오히려 명의 수탁자라고 지칭되는 자가 목적물에 관한 등기권리증을 소지하고 있다면 그 소지경위 등에 관하여 납득할 만한 설명이 없는 한 명의신탁관계를 인정하여서는 아니 된다(대판 2000. 1. 28. 99다41985).

(10) 공동명의수탁자간에 공유물분할이 허용되는지 여부(소극)

타인의 물건을 공동으로 신탁 받은 공동수탁자들 사이의 공동소유관계는 공유관계에 속한다(대판 1969. 7. 22. 69다743). 공동명의수탁을 받은 경우 수탁자들이 수탁 받은 부동산에 대하여 공유물분할을 하는 것은 명의신탁의 목적에 반하고 신탁자가 명의신탁을 한 취지에도 어긋나는 것이고, 특히 종중의 재산을 보존하고 함부로 처분하지 못하게 하기 위하여 다수의 종중원에게 공동으로 명의신탁 한 경우에는 더욱 그 취지에 반하는 것으로서 허용되지 아니한다(대판 1993. 2. 9. 92다37482).

(11) 신탁당사자 일방의 사망과 신탁관계의 승계

부동산소유명의 수탁자가 사망한 경우에는 그 명의신탁관계는 그 상속인과의 사이에 존속된다(대판 1969. 2. 18. 68다2094, 1981. 6. 23. 80다2809). 신탁관계는 당사자의 일방이 사망한다 하여 당연히 소멸되는 것이라고 할 수 없고, 외부관계에 있어서는 그 소유권이 수탁자의 상속인에게 승계되는 것이라고 할 것이다(대판 1965. 2. 16. 64다1576). 부동산소유명의 수탁자가 사망하고 그 재산상속인이 그 재산을 상속할 경우에는 명의신탁관계는 그 상속인과의 사이에 존속한다 할 것이다(대판 1967. 11. 21. 67다1844, 1980. 11. 25. 80다2217, 1981. 6. 23. 80다2809).

(12) 명의신탁의 해제 또는 해지

임야사정령(林野査定令: 폐지)에 의하여 그 사정이 확정되고 그 사정명의자의 소유권이 대외적으로 확정되었다 하여도 신탁자와 수탁자 간의 신탁관계에는 영향이 없으므로 신탁자는 특별한 사정이 없는 한 언제든지 그 신탁관계를 〈해제(解除)〉할 수 있다(대판

1964. 6. 9. 63다987). 특별한 사정이 없는 한 명의신탁의 〈해지(解止)〉는 신탁자의 일방적 의사표시로 유효하다 할 것이니 신탁자가 명의신탁을 해지하고 신탁재산을 타에 처분할 경우, 수탁자가 주식회사일지라도 주주총회의 특별결의를 거쳐야 할 필요는 없다(대판 1978. 1. 31. 77다930, 931).

명의신탁을 해제 또는 해지한 경우의 효과에 관하여, 판례는 한 때 수탁자에게 신탁된 소유권이 당연히 명의신탁자에게 귀속하지는 않으며, 명의신탁자가 명의수탁자에게 소유권이전등기를 청구하여 그 등기를 하였을 때에 명의신탁자에게 소유권이 돌아가게 된다고 하였다(대판 1970. 5. 12. 70다370). 그러나 판례는 후에 태도를 바꾸어 말소등기 혹은 이전등기를 기다릴 것 없이 소유권은 당연히 명의신탁자에게 복귀한다는 입장을 취하고 있다.

즉, 명의신탁자는 명의수탁자에 대하여 신탁해지를 하고 '신탁관계의 종료' 그것만을 이유로 소유명의의 이전등기절차의 이행을 청구할 수 있음은 물론, 신탁해지를 원인으로 하고 '소유권'에 기해서도 그와 같은 청구를 할 수 있고(이 경우 양 청구는 청구원인을 달리하는 별개의 소송이다), 위와 같은 법리는 위 상호명의신탁의 지위를 승계한 자와의 관계에 있어서도 마찬가지로 적용된다(대판 1980. 12. 9. 79다634 전원합의체판결).

명의신탁자는 명의수탁자에 대하여 '신탁해지'를 하고 '신탁관계의 종료' 그것만을 이유로 하여 소유명의 이전등기의 절차의 이행을 청구할 수 있음은 물론, '신탁해지'를 원인으로 하고 '소유권'에 기해서도 그와 같은 청구를 할 수 있고, 이 경우 양 청구는 청구원인을 달리하는 별개의 소송이라 할 것이다(대판 2002. 5. 10. 2000다55171). 임야가 그 소유자인 종중의 신탁에 의하여 수탁자의 명의로 사정된 것이라면 그 내부관계에 있어서는 신탁관계가 존속하고 사정명의자는 신탁관계가 '종료'하면 소유자로서의 명의를 '신탁자에게 이전하여야 할 의무'를 부담하고 있다(대판 1972. 9. 26. 72다623)

부동산의 명의신탁계약이 해지되더라도 그 해지의 효과는 소급하지 아니하고 장래에

향하여 효력이 있음에 불과하여 그 부동산의 소유권이 당연히 신탁자에게 복귀된다고 볼 수 없고, 다만 수탁자가 신탁자에게 그 등기명의를 이전할 의무를 부담하게 됨에 불과하므로 그 의무이행으로 등기명의를 신탁자 앞으로 이전하기 전까지는 여전히 외부관계에 있어서 소유권은 수탁자에게 있다(대판 1982. 8. 24. 82다카416).

(13) 명의신탁 부동산을 수탁자가 제3자에게 처분한 경우 소유권의 귀속관계

부동산을 명의신탁 한 경우에는 소유권이 대외적으로 수탁자에게 귀속되는 것이므로 수탁자가 수탁부동산을 제3자에게 처분하였을 때에는 그 처분행위가 무효 또는 취소 등의 사유가 없는 한 신탁자는 명의신탁 부동산이라는 이유를 내세워 제3자에게 소유권을 주장할 수 없는 것이며(대판 1987. 3. 10. 85다카2508, 1993. 6. 8. 92다18634), 이 경우 제3취득자는 신탁재산에 대한 소유권을 적법히 취득하고 명의신탁관계는 소멸한다(대판 1993. 6. 8. 92다18634).

부동산을 명의신탁 한 경우에는 소유권이 대외적으로 수탁자에게 귀속하므로 수탁자가 수탁 부동산을 제3자에게 처분하였을 때에는 그 처분행위가 무효 또는 취소되는 등의 사유가 없는 한, 제3자는 신탁재산에 대한 소유권을 적법히 취득하고 명의신탁관계는 소멸한다(대판 1997. 10. 10. 96다38896).

(14) 명의신탁 된 토지의 수용에 따른 손실보상청구권자

부동산을 명의신탁 한 경우 대외적으로는 수탁자가 소유자이므로 명의신탁 된 토지의 수용에 따른 손실보상청구권은 등기부상 소유명의자인 명의수탁자에게 귀속된다(대판 1993. 6. 29. 91누2342).

11. 종중 부동산의 등기절차

문중 또는 종중과 같이 사실상 사회생활상의 하나의 단위를 이루는 경우에는 법률상 특수한 사회적 작용을 담당하는 독자적 존재가 될 수 있다고 할 것이므로, 이러한 법인 아닌 사단 내지 재단이 권리능력의 주체는 될 수 없다고 하여도 민사소송법상의 당자능력이나 등기능력은 있다(대판 1970. 2. 10. 69다2013).

법인이 아닌 사단이나 재단은 대표자 또는 관리인이 있는 경우에는 그 사단이나 재단의 이름으로 민사소송의 당사자가 될 수 있으며(민소법 제52조), 부동산등기법은 "종중, 문중 그 밖에 대표자나 관리인이 있는 법인 아닌 사단이나 재단에 속하는 부동산의 등기에 관하여는 그 사단이나 재단을 등기권리자 또는 등기의무자로 하며, 등기는 그 사단이나 재단의 명의로 그 대표자나 관리인이 신청한다(법 제26조)"라고 규정하여 종중의 등기능력을 인정하였다.

가. 등기명의인(종중)

종중이나 문중이 법인 아닌 사단으로 취급되는 이상 종중이나 문중 그 자체에 등기능력이 있음은 당연하며, 부동산등기법도 이에 관하여 명문으로 '종중, 문중, 그 밖에 대표자나 관리인이 있는 법인 아닌 사단이나 재단에 속하는 부동산의 등기에 관하여는 그 사단이나 재단을 등기권리자 또는 등기의무자로 한다(법 제26조 제1항)'라고 규정하고 있다.

나. 등기신청인(종중의 대표자)

종중, 문중 그 밖에 대표자나 관리인이 있는 법인 아닌 사단이나 재단에 속하는 부동산의 등기는 그 사단이나 재단의 명의로 그 대표자나 관리인이 신청한다(법 제26조 제2항). 종중, 문중, 그 밖에 대표자나 관리인이 있는 법인 아닌 사단이나 재단이 등기를 신청하는 경우의 첨부서면에 관하여는 부동산등기규칙 제48조 및 등기예규 제1435호에 각 규정되어 있다.

다. 등기신청서의 기재사항

부동산등기법 제26조의 종중이나 문중이 등기신청인인 경우에는 등기신청서에 부동산등기규칙 제43조의 일반적 기재사항 이외에 종중이나 문중의 명칭, 사무소 소재지 및 부동산등기용등록번호, 대표자나 관리인의 성명, 주민등록번호, 주소를 등기신청서에 기재하여야 하며(규칙 제43조 제1항 제2호 및 제3호, 제2항), 등기기록에도 위 각호의 사항을 함께 기록하여야 한다(법 제48조 제2항, 제3항).

라. 등기신청서의 첨부서면

법인 아닌 사단이 등기신청을 하기 위해서는 부동산등기규칙 제46조의 일반적 첨부서면 이외에 다음의 서면을 등기신청서에 첨부하여야 한다(규칙 제48조). 다만, 대표자 또는 관리인을 증명하는 서면의 경우 등기되어 있는 대표자나 관리인이 등기를 신청하는 때에는 그러하지 아니하다(등기예규 제1435호).

(1) 정관 기타의 규약

정관 기타의 규약(아래 서식 참조)에는 단체의 목적, 명칭, 사무소의 소재지, 자산에 관한 규정, 대표자 또는 관리인의 임면에 관한 규정, 사원자격의 득실에 관한 규정이 기재되어야 한다.

---

1. **규약(종헌, 종약, 종규)(예시)**

제1조 (명칭) 본종중의 명칭은 ○○최씨 ○○공파 종중이라 칭한다.

제2조 (사무소) 본회의 사무소는 ○○시내에 둔다.

제3조 (목적) 본회는 조상숭배, 친족 간의 친선 및 복리증진 등을 목적으로 한다.

제4조 (회원) 본회의 회원은 ○○최씨 ○○공파의 후손으로 한다.

제5조 (기구) 본회의 기구로 종중총회를 둔다.

제6조 (임원) (임원의 종류 및 원수) 본회는 다음의 임원을 둔다.

    1. 회장 1인, 부회장 2인

    2. 총무 1인, 감사 2인, 서기 1인

제7조 (임원의 선임)

    1. 회장·부회장·감사는 회원 중에서 출석자의 과반수의 찬성으로 선임한다.

    2. 총무, 서기는 회장이 임명한다.

제8조 (임원의 직무)

    1. 회장은 본회의 업무를 총괄하고 본회를 대표한다.

    2. 부회장은 회장을 보좌하며 회장 유고시에 회장의 직무를 대행한다.

    3. 총무는 본회의 업무를 처리한다.

    4. 감사는 민법 제67조의 직무를 행한다.

    5. 서기는 총무의 업무를 보좌한다.

제9조 (임원의 임기)

    1. 회장, 부회장의 임기는 0년, 총무, 감사, 서기의 임기는 0년으로 하되 재임할 수 있다.

    2. 보궐을 위하여 취임한 임원의 임가는 전임자의 잔임기간으로 한다.

제10조 (회의) 본회의 회의는 정기총회와 임시총회로 구분한다.

    1. 정기총회는 매년 1회로 한다.

    2. 임시총회는 필요에 따라 회장이 소집한다.

제11조 (회의의 업무) 본회는 다음사항을 의결한다.

    1. 총회, 회칙개정, 임원선출, 재산의 관리 및 처분, 기타사항

제12조 (회의의 의장) 회장은 본회의의 의장이 된다.

제13조 (의결정족수)

    1. 회의의 의사는 출석회원의 과반수의 찬성으로 결정한다.

    2. 가부 동수일 때에는 회장이 이를 결정한다.

제14조 (서면 등에 의한 표결)

1. 부득이한 사유로 회의에 출석할 수 없는 회원은 사전에 통지된 사항에 한하여 서면으로 표결하거나 다른 회원에게 표결을 위임할 수 있다.
　　　2. 위 경우 서면으로 표결하거나 표결을 위임한 회원은 회의에 출석한 것으로 본다.
제15조 (의사록) 본회의의 의사에 관하여는 다음 사항을 기재한 의사록을 작성하여 회장과 출석한 회원이 기명·날인하여야 한다.
　　　1. 의결사항
　　　2. 의사의 경과 및 발언자의 발언요지
　　　3. 출석한 임원 및 회원의 성명, 주소
　　　4. 회의의 일시 및 장소
제16조 (규약의 변경) 규약의 변경은 출석회원의 과반수의 찬성으로 결정한다.
제17조 (재정) 본회의 재정은 재산의 수입, 회원의 성금 기타수입으로 한다.
제18조 (회계) 회계연도는 역연으로 한다.
제19조 (관례의 준용) 본칙에 명시되지 아니한 사항에 관하여는 종중에 관한 일반 관례에 따른다.

부칙

제1조 본 규약은 년 월 일부터 시행한다.
제2조 본 규약에 명시되지 아니한 사항은 관습에 의한다.

(2) 대표자 또는 관리인을 증명하는 서면

법인 아닌 사단의 대표자 또는 관리인임을 증명하는 서면(별지총회의사록 중 제3호안 참조)으로는, 위의 정관 기타 규약에서 정한 방법에 의하여 대표자 또는 관리인으로 선임되었음을 증명하는 서면(정관 기타의 규약에서 대표자 또는 관리인의 선임을 사원총회의 결의에 의한다고 규정되어 있는 경우에는 사원총회의 결의서)을 제출하여야 한다.

(3) 사원총회의 결의서

법인 아닌 사단이 '등기의무자로'서 등기를 신청할 경우에는 민법 제276조 제1항의 규정에 의한 사원총회의 결의서(아래 총회의사록 참조)를 등기신청서에 첨부하여야 한다(부동산등기규칙 제48조 제3호). 법인이 아닌 사단의 사원이 집합체로서 물건을 소유할 때에는 총유로 보며(민법 제275조 제1항), 총유물의 관리 및 처분은 사원총회의 결의에 의하므로(민법 제276조 제1항) 법인 아닌 사단이 그 소유의 부동산을 처분하고 '등기의무자'로서 등기를 신청하는 경우에는 사원총회의 결의서를 등기신청서에 첨부하여야 한다(부동산등기규칙 제48조 제3호).

다만, 민법 제276조 제1항은 정관 기타의 규약으로 정한바가 없는 때에 적용되는 임의규정(민법 제275조 제2항)이므로 정관 기타의 규약으로 그 부동산을 처분하는 데 있어 위 결의를 필요로 하지 않는다고 정하고 있을 경우에는 사원총회의 결의서를 첨부하지 않아도 된다(등기선례 제6권 21항. 등기예규 제1435호3. 다).

총회 의사록(예시)

1. 개최 일시 : 2002년 월 일 시
1. 개최장소 :   시 구 동 번지 ○○최씨 ○○공파 종중 사무소
1. 출석임원 : 00명
1. 출석회원 : 00명

회장은 종중규약의 규정에 따라 의장석에 등단하여 위와 같이 본회의 임원 및 회원이 출석하여 본총회가 적법히 성립되었음을 알리고 개회를 선언한 후 다음 의안을 부의하고 그 심의를 구하다.

제1호 의안 : 사무소의 이전의 건
    회장은 사업형편상 본 종중의 사무소를 다음 장소로 이전할 필요가 있음을 설명하고 그 가부를 물은 즉 전원이 이의 없이 동의안에 대하여 찬성하여 만장일치로 이를 승인·가결하다.
    제2조(사무소) 본회의 사무소는 ○○시 ○○구 00동 00번지에 둔다.

제2호 의안 : 규약(종헌, 종약, 종규) 변경의 건
    회장은 제1호 의안인 사무소 이전에 따라 현행 규약 제2조를 다음과 같이 변경할 필요성을 설명하고 그 가부를 물은 즉 전원이 이의 없이 동의안에 대하여 찬성하여 만장일치로 이를 승인·가결하다.
    제2조(사무소) 본회의 사무소는 ○○시 ○○구 ○○동 00번지에 둔다.

제3호 의안 : 대표자의 선임 및 재산처분의 건
    회장은 종중의 대표자의 선임 및 사업 형편상 본 종중소유의 다음 부동산을 처분할 필요가 있음을 설명하고 그 가부를 물은 즉 전원이 이의 없이 각 동의안에 대하여 만장일치로 이를 승인·가결하다(선임된 대표자 ○○○는

즉석에서 취임을 승낙하다).

1. 선임된 종중의 대표자 : 성명   (주민등록번호   -   )
2. 처분대상 부동산의 표시
(생략)

회장은 이상으로서 본회의 목적인 제1호 및 제2호 제3호 의안 전부의 심의를 종료하였으므로 폐회를 선언하다(시간 : 00시 00분).

위 결의를 명확히 하기 위하여 본회의 의사록을 작성하고 출석한 임원과 회원이 각 이에 기명·날인하다.

2002. . .
○○최씨 ○○공파 종중

1. 출석임원 :   1. 회 장 ○○○(인) (-   )
                    주 소
                2. 부회장 ○○○(인) (-   )
                    주 소
                3. 총 무 ○○○(인) (-   )
                    주 소
                4. 감 사 ○○○(인) (-   )
                    주 소
                5. 서 기 ○○○(인) (-   )
                    주 소
2. 출석회원 : ○○○(인) (-   )
                    주 소

(4) 확인서 및 인감증명서

위 (2), (3)의 규정에 의한 서면에는 그 사실을 확인하는 데 상당하다고 인정되는 2인 이상의 성년자가 사실과 상위 없다는 취지와 성명을 기재하고 인감을 날인하여야 하며, 날인한 인감에 관한 인감증명을 제출하여야 한다. 다만 변호사 또는 법무사가 등기신청을 대리하는 경우에는 변호사 또는 법무사가 위 각 서면에 사실과 상위 없다는 취지를 기재하고 기명날인함으로써 이에 갈음할 수 있다.

(5) 주민등록표등본 및 부동산등기용등록번호를 증명하는 서면

대표자 또는 관리인의 주민등록표등본을 등기신청서에 첨부하여야 하고, 법인 아닌 사단이 '등기권리자'인 경우에는 부동산등기용등록번호를 증명하는 서면을 첨부하여야 한다(법 제48조 제2항 및 제3항, 규칙 제46조 제1항 제6호).

■ 등기부 기재례

법인 아닌 사단 또는 재단의 소유인 경우(종중의 소유)

【갑 구】				(소유권에 관한 사항)
순위 번호	등기 목적	접수	등기원인	권리자 및 기타사항
1	소유권 보존	2003년 9월 7일 제8005호		소유자 경주 김씨 종중 000000-0000000 서울시 종로구 원서동 ○ 대표자 김정수 000000-0000000 서울시 관악구 봉천동 ○

주 : 법인 아닌 사단 또는 재단이 소유자인 경우에는 권리자의 명칭, 부동산등기용등록번호와 사무소 소재지(법 제48조 제2항) 및 대표자 또는 관리인의 성명. 주소 및 주민등록번호를 같이 기록한다(법 제48조 제3항).

12. 종중이 점유취득시효 완성을 원인으로 한 농지취득의 가부

20년간 소유의 의사로 평온, 공연하게 부동산을 점유하는 자는 등기함으로써 그 소유권을 취득한다(민법 제245조 제1항), 이것을 점유취득시효(占有取得時效)라고 한다. 민법 제245조 제1항은 '등기'함으로써 소유권을 취득한다고 규정하여 취득시효기간의 만료만으로는 소유권취득의 효력이 발생하지 않고, 시효가 완성된 점유자가 이를 원인으로 하여 소유권이전등기청구권(所有權移轉登記請求權)을 취득하는 데 그친다.

따라서 점유취득시효에 있어서는 취득시효가 완성되면 점유자에게 등기청구권(登記請求權)이 발생하며, 점유자는 시효완성 당시의 진정한 소유자를 상대로 '시효취득을 원인으로 한 소유권이전등기절차이행의 소'를 제기하여 승소확정판결을 받아 그 판결을 등기원인을 증명하는 서면으로 하여 단독으로 등기신청을 하게 된다(부동산등기법 제23조 제4항).

문중 또는 종중과 같이 비법인 사단 또는 재단에 있어서도 취득시효완성으로 인한 소유권을 취득할 수 있다(대판 1970. 2. 10. 69다2013).

가. 등기선례 제8권 21항

등기선례는 '농지법 시행령 제6조 제1호에 의하면 시효의 완성으로 농지를 취득하는 경우에는 농지취득자격증명을 발급하지 아니하도록 규정되어 있으나, 이는 농지의 소유제한에 해당하지 않는 경우에 농지취득자격증명의 첨부 없이 소유권에 관한 등기가 가능하다는 것이며 종중과 같이 농지의 소유제한에 해당하는 경우에도 농지의 취득이 가능하다는 것은 아니다(등기선례 제8권 제21항)'라고 하여 종중은 농지의 소유제한에 해당하므로 시효완성으로 농지를 취득할 수 없다고 했다.

(1) 농지법 제8조 제1항 단서 제3호 및 동법시행령 제6조 제1호의 규정

농지취득자격증명발급대상의 예외를 규정한 농지법 제8조 제1항 단서 제3호 및 농지법시행령 제6조 제1호에서 "시효의 완성으로 농지를 취득하는 경우에는 농지취득자격증명을 발급받지 아니하고 농지를 취득할 수 있다"라고 한 취지는 농지를 취득하려는 사람이 농지의 소유제한에 해당 여부'와는 관계없이 '시효(時效)완성'으로 인한 농지의 소유권취득의 법적 성질을 "원시취득(原始取得)"으로 보는 데 근거한 것으로 본다.

(2) 대법원 판례

첫째, 대법원은 '농지개혁법(현행 농지법)이 농민이 아닌 사람의 농지취득을 전면적으로 금지하고 있지는 아니할 뿐더러 농민이 아닌 사람의 점유로 인한 농지소유권의 시효취득을 금지하고 있지 않으므로 농민이 아닌 사람도 농지를 시효취득할 수 있다'(대판 1992. 11. 24. 92다29825)라고 판결하여 '농지의 시효취득대상자'를 농민으로 한정하고 있지 않으며, '시효취득은 원시취득이므로 농지개혁법 제19조 제2항(현행 농지법 제8조 제2항)이 적용되지 아니한다(대판 1993. 4. 27. 93다5000, 1993. 10. 12. 93다1886, 1994.12. 22. 92다3489)'라고 판결하여 농지의 시효취득에는 농지취득자격증명을 발급받지 아니하고 농지를 취득할 수 있다고 했다.

둘째 대법원은 '부동산점유취득시효는 20년의 시효기간이 완성한 것만으로 점유자가 곧 바로 소유권을 취득하는 것은 아니고 민법 제245조 제1항에 따라 점유자명의로 등기를 함으로써 소유권을 취득하게 되며, 이는 "원시취득(原始取得)"에 해당하므로 특별한 사정이 없는 한 원소유자의 소유권에 가하여진 각종 제한에 의하여 영향을 받지 아니하는 완전한 내용의 소유권을 취득한다(대판 1993. 10. 12. 93다1886, 1994. 12. 22. 92다3489, 2004. 9. 24. 2004다31463)'라고 판결하여 농지에 대한 점유취득시효완성을 원인으로 한 소유권취득의 법적 성질을 승계취득(承繼取得)이 아니라 원시취득(原始取得)으로 보아 시효취득자는 원소유자의 소유권에 가하여진 각종제한에 영향을 받지 아니하는 완전한 내용의 소유권을 취득한다고 하였다.

원시취득(原始取得)이라 함은 승계취득(承繼取得 : 타인이 소유한 권리에 근거하여 그 권리를 취득하는 것)에 상대되는 개념으로 어떤 권리를 타인의 권리에 의하지 아니하고 독립하여 취득하는 것을 말한다. 원시취득이란 물권의 절대적(絕對的) 발생(發生)으로 전에는 없었던 물권이 새로 발생하는 것으로서 시효취득에 의한 부동산소유권의 취득은 원시취득이므로 전주(前主)의 권리에 존재하였던 모든 제한은 취득시효의 완성과 더불어 소멸하게 된다.

농지매매증명제도는 경자유전(耕者有田)의 원칙에 따라 농지의 매수인은 자경하는 농민임을 전제로 한 것이므로 농지매매증명의 발급대상은 '매매'와 같은 법률행위로 인한 농지의 '승계취득(承繼取得)'에만 적용되며 시효취득과 같은 원시취득(原始取得)에 적용되지 아니하는 것으로 보는 것이 타당하다.

(3) 등기선례 제8권 21항의 농지법 제8조 단서 제3호, 동법시행령 제6조 제1호 및 대법원 판례 위배

등기선례 제8권 21항은 '종중과 같이 농지의 소유 제한에 해당하는 경우에는 농지를 시효취득 할 수 없다'고 하였으나, 이러한 해석은 '시효의 완성으로 농지를 취득하는 경우에는 농지취득자격증명을 발급받지 아니하고 농지를 취득할 수 있다'라고 농지취득자격증명발급대상의 예외를 명문으로 규정한 농지법 제8조 제1항 단서 제3호 및 농지법시행령 제6조 제1호의 입법취지에도 반한다.

또한 위 등기선례 제8권 21항은 '농민이 아닌 사람도 농지를 시효취득할 수 있으며(대판 1992. 11. 24. 92다29824)', '시효취득은 원시취득이므로 농지개혁법 제19조 제2항(현행 농지법 제8조 제2항)이 적용되지 아니한다(대판 1993. 4. 27. 93다5000, 1993. 10. 12. 93다1886, 1994. 12. 22. 92다3489)', '부동산의 점유취득시효완성으로 인한 점유자의 소유권취득은 원시취득에 해당된다(대판 2004. 9. 24. 2004다31463)'는 대법원 판례의 취지에 반하는 것으로 본다.

또한 위 등기선례(8권 21항)는, 종중과 같은 법인 아닌 사단이나 재단은 대표자 또는 관리인이 있는 경우에는 그 사단이나 재단의 이름으로 민사소송의 당사자가 될 수 있으며

(민소법 제52조), 부동산등기법상 종중과 같은 비법인 사단에 등기능력을 인정(부동산등기법 제26조)한 취지에도 반하는 것으로 볼 수 있다. 따라서 등기선례 제8권 21항은 변경되어야 할 것이다.

나. 등기예규 제1415호 제4항

등기예규는 '종중은 원칙적으로 농지를 취득할 수 없으므로 새로이 농지를 취득하는 것도 허용되지 아니하며, 다만 농지개혁 당시 위토대장에 등재된 기존 위토인 농지에 한하여 당해 농지가 위토대장에 종중 명의로 등재되어 있음을 확인하는 내용의 위토대장 소관청발급의 증명서를 첨부하여 그 종중명의로 소유권이전등기를 신청할 수 있다(등기예규 제1415호 4항)'고 하여 종중은 위토대장에 종중명의로 등재된 위토에 한하여 그 종중명의로 소유권이전등기를 신청할 수 있다고 엄격하게 해석하고 있으나 이 또한 아래와 같은 이유로 부당하다고 본다.

첫째 위토란 종중이 그 수익으로 조상의 제사비용 등에 충당하기 위하여 제공된 토지인 종중의 재산이므로, 종중이 공동선조의 분묘수호와 봉제사비용 등에 충당하기 위하여 위토는 물론 전답, 임야 등을 임의로 취득할 수 있도록 하는 것이 종중제도를 인정한 관습과 관련법취지에 부합하는 것으로 본다.

종중이나 문중이 법인격은 없으나 대표자나 관리인이 있는 경우에는 단체로서의 실체를 갖추고 거래활동을 하기 때문에, 민사소송법은 실체법과는 달리 종중에게 민사소송의 당사자능력(當事者能力)을 인정하여 종중의 이름으로 원고 또는 피고가 될 수 있는 길을 열었으며(민소법 제52조), 부동산등기법은 종중을 등기권리자 또는 등기의무자로 하여 종중명의로 대표자가 등기를 신청하도록 하여 등기능력(登記能力)을 인정하였다(부동산등기법 제26조).

둘째, 판례는 '계쟁 토지가 위토로서 위토대장에 등재되어 있었다 하여도 시효취득의 대상이 된다(대판 1992. 1. 21. 91다33377)'라고 하여 위토대장에 등재된 위토도 시효취득의 대상이 될 수 있다고 했다. 또한 판례는 '농민이 아닌 사람'도 농지를 시효로 취득할 수 있으며(대판 1992. 11. 24. 92다29824), '종중'과 같은 비법인 사단 또는 재단도 취득시효완성으로 인한 소유권을 취득할 수 있다(대판 1970. 2. 10. 69다2013)고 했다.

따라서 "농지개혁 당시 위토대장에 등재된 기존 위토인 농지"에 한하여 종중명의로 소유권이전등기를 신청할 수 있다는 등기예규 제1415호 제4항은 위 대법원 판례에 위배되는 해석으로 위 등기예규를 폐지하거나 변경하여야 할 것이다.

셋째 위토대장에 관한 양식은 이미 폐지된 농지개혁법시행규칙에 규정된 양식으로서 현행 농지법시행규칙에는 위토대장에 관한 양식 자체가 폐지되었다. 따라서 앞으로는 농지소재지관서에서 위토대장을 작성비치 할 근거가 없게 되었다.

위와 같은 사유로 볼 때 종중이 시효취득을 원인으로 한 소유권이전등기절차이행을 명한 확정판결을 받은 경우에는 농지취득자격증명의 첨부 없이 그 판결에 의한 등기신청을 할 수 있도록 해석하는 것이 합리적이다.

따라서 종중이 농지에 관하여 시효완성을 원인으로 한 소유권이전등기절차이행을 명한 확정판결을 받은 경우에는 농지취득자격증명의 첨부 없이 그 판결에 의한 등기신청을 할 수 있도록 해석하는 것이 농지법 제8조 제1항 단서 제3호 및 동법시행령 제6조 1호의 입법취지 및 위 대법원판례의 취지에 각 부합한다고 본다.

13. 조상의 분묘를 설치·관리해온 임야 및 분묘기지권의 시효취득

가. 분묘에 속한 금양임야와 묘토인 농지 등의 승계자

(1) 제사를 주재하는 자

(가) 금양임야·묘토·족보 등의 승계

분묘에 속한 1정보(町步) 이내의 금양임야(禁養林野)와 600평 이내의 묘토(墓土)인 농지, 족보와 제구(祭具)의 소유권은 제사를 주재하는 자가 이를 승계한다(민법 제1008조의 3). 민법 제1008조의 3은 금양임야와 묘토인 농지, 족보와 제구 등을 소유하던 피상속인이 사망한 후 상속인이 수인이 있을 경우 금양임야 등의 승계권을 그 금양임야로서 수호하는 분묘의 제사를 주재하는 상속인에게 귀속시키기 위한 규정이라고 보아야 한다. 금양임야 등의 소유자가 사망한 후 상속인과 그 금양임야로서 수호하는 분묘의 제사를 주재하는 자가 다를 경우에는 그 금양임야 등은 상속인들의 일반상속재산으로 돌아간다고 보아야 할 것이며, 상속인이 아닌 제사를 주재하는 자에게 금양임야 등의 승계권이 귀속된다고 할 수는 없다(대판 1994. 10. 14. 94누4059).

(나) 제사주재자의 결정방법

제사주재자는 우선적으로 망인의 공동상속인들 사이의 협의에 의해 정하되, 협의가 이루어지지 않는 경우에는 제사주재자의 지위를 유지할 수 없는 특별한 사정이 있지 않은 한 망인의 장남(장남이 이미 사망한 경우에는 장남의 아들, 즉 장손자)이 제사주재자가 되고, 공동상속인들 중 아들이 없는 경우에는 망인의 장녀가 제사주재자가 된다(대판 2008. 11. 20. 2007다27670. 전원합의체판결).

(다) 제사주재자의 지위를 유지할 수 없는 특별한 사정의 의미

어떤 경우에 제사주재자의 지위를 유지할 수 없는 특별한 사정이 있다고 볼 것인지에 관하여는, 제사제도가 관습에 바탕을 둔 것이므로 관습을 고려하되, 여기에서의 관습은 과거의 관습이 아니라 사회의 변화에 따라 새롭게 형성되어 계속되고 있는 현재의 관습을 말하므로 우리 사회를 지배하는 기본적 이념이나 사회질서의 변화와 그에 따라 새롭게 형성되는 관습을 고려해야 할 것인바, 중대한 질병, 심한 낭비와 방탕한 생활, 장기간의 외국 거주, 생계가 곤란할 정도의 심각한 경제적 궁핍, 평소 부모를 확대하거나 심한 모욕 또는 위해를 가하는 행위, 선조의 분묘에 대한 수호·관리를 하지 않거나 제사를 거부하는 행위, 합리적인 이유 없이 부모의 유지(遺志) 내지 유훈(遺訓)에 현저히 반하는 행위 등으로 인하여 정상적으로 제사를 주재할 의사나 능력이 없다고 인정되는 경우가 이에 해당하는 것으로 봄이 상당하다(대판은 2008. 11. 20. 2007다27670).

(라) 공동상속인 중 종손이 있을 경우, 제사의 주재자로서 금양임야를 승계할 자

민법 제1008조의3에 의한 금양임야의 승계자는 제사를 주재하는 자로서 공동상속인 중 종손이 있다면 통상 종손이 제사의 주재자가 되나, 종손에게 제사를 주재하는 자의 지위를 유지할 수 없는 특별한 사정이 있는 경우에는 그렇지 않다고 할 것이다(대판 2004. 1. 16. 2001다79037).

(마) 제사주재자지위의 확인을 구할 법률상 이익유무의 판단기준

민법 제1008조의3의 규정에 의한 제사용 재산의 승계는 본질적으로 상속에 속하는 것으로서 일가의 제사를 계속할 수 있게 하기 위하여 상속의 한 특례를 규정한 것으로 보는 것이 타당하다. 민법 제1008조의3의 입법연혁 및 규정내용에 비추어 보면, 당사자 사이에 제사용 재산의 귀속에 관하여 다툼이 있는 등으로 구체적인 권리 또는 법률관계와 관련성이 있는 경우에 다툼을 해결하기 위한 전제로서 제사주재자 지위의 확인을 구하는 것은 법률상의 이익이 있다고 할 것이지만, 그러한 권리 또는 법률관계와 무관하게 공동선조에 대한 제사를 지내는 종중 내에서 단순한 제사주재자의 자격에 관한 시비 또는 제사절차를 진행할 때에 종중의 종원 중 누가 제사를 주재할 것인지 등과 관련하여 제사주재자 지위의 확인을 구하는 것은 그 확인을 구할 법률상 이익이 있다고 할 수 없다(대판 2012. 9. 13. 2010다88699).

(바) 제사용 재산의 소유권에 관한 다툼이 있는 경우의 처리방법

제사주재자와 제3자 사이에 제사용 재산의 소유권 등에 관한 다툼이 있는 경우 이는 공동상속인들 사이의 민법 제1008조의3에 의한 제사용 재산의 승계 내지 그 기초가 되는 제사주재자 지위에 관한 다툼이 아니라 일반적인 재산 관련 다툼에 지나지 않으므로, 제사주재자로서는 제3자를 상대로 민법 제1008조의3에서 규정하는 제사주재자 지위 확인을 구할 것이 아니라 제3자를 상대로 직접 이행청구나 권리관계 확인청구를 하여야 한다(대판 2012. 9. 13. 2010다88699).

(2) 민법 제1008조의3 소정의 묘토인 농지의 의미 및 용도

(가) 묘토

묘토(墓土)라 함은 분묘의 수호, 관리나 제사용의 자원인 토지로서 특정의 분묘에 속한 것을 말하는바, 현행 민법이 그 소유권의 귀속주체를 제사를 주재하는 자로 규정하고 있는 점에 비추어 보면, 구 상속세법 제8조의2 제2항 제2호에서 원용하고 있는 민법 제1008조의3 소정의 묘토인 농지는 그 경작으로 얻은 수확으로 분묘의 수호, 관리비용이나 제사의 비용을 조달하는 자원인 농토이어야 하고, 그 중 제사의 비용을 조달하는 것이 중요한 것이 됨은 분명하나 이에 한정되는 것은 아니다(대판 1997. 5. 30. 97누4838).

(나) 민법 제1008조의3(구 민법 제996조)에 정한 '묘토인 농지'의 의미 및 '묘토인 농지'를 제사주재자로서 단독 승계하였음을 주장하는 자가 증명하여야 할 사항

민법 제1008조의3[구 민법 제996조(1990. 1. 13. 법률 제4199호로 삭제)]에 정한 '묘토인 농지'는 그 수익으로서 분묘관리와 제사의 비용에 충당되는 농지를 말하는 것으로서, 단지 그 토지상에 분묘가 설치되어 있다는 사정만으로 이를 묘토인 농지에 해당한다고 할 수는 없으며, 위 규정에 따라 망인 소유의 묘토인 농지를 제사주재자(또는 구 민법상의 호주상속인)로서 단독으로 승계하였음을 주장하는 자는, 피승계인의 사망 이전부터 당해 토지가 농지로서 거기에서 경작한 결과 얻은 수익으로 인접한 조상의 분묘의 수호 및 관리와 제사의 비용을 충당하여 왔음을 입증하여야 한다(대판 2006. 7. 27. 2005다45452).

나. 분묘가 설치된 임야에 대한 시효취득의 요건

면적이 6,645㎡(2,010평)정도 되는 임야 위에 일제 강점기 부터 점유자의 고조부, 고조모, 증조부, 증조모, 조부, 조모, 부, 숙부 등 선조 9기의 분묘가 설치되어 있고, 한편에는 개간한 100평 가량의 밭과 집이 있으며, 나머지 임야에는 주변 임야들과는 달리 수령(樹齡) 100년 이상의 노송이 다수 식재되어 있고, 점유자 등 후손들은 매년 위 분묘에 모여 시제를 지내오면서 산지기 등으로 하여금 묘소와 노송 등을 관리하게 하는 한편, 그 임야에 집을 짓고 밭으로 개간된 부분을 경작하도록 하여 오고 있으며, 그 임야와 인접 토지의 경계에는 울타리가 세워져 있는 경우, 점유자는 그 임야를 소유의 의사로 평온, 공연하게 점유하여 왔다고 볼 여지가 충분히 있다(대판 1997. 11. 14. 97다36866).

다. 제사를 주재하는 자(종손)

무릇 종손(宗孫)이 있는 경우라면 그가 제사를 주재하는 자의 지위를 유지할 수 없는 특별한 사정이 있는 경우를 제외하고는 일반적으로 선조의 분묘를 수호·관리하는 권리는 그 종손에게 전속된다고 봄이 상당하고 종손이 아닌 자가 제사 주재자로서의 분묘에 대한 관리처분권을 가지고 있다고 하기 위해서는 우선 종손에게 제사주재자의 지위를 유지할 수 없는 특별한 사정이 있음이 인정되어야 한다(대판 2000. 9. 26. 99다14006).

민법 제1008조의3에 의한 금양임야의 승계자는 제사를 주재하는 자로서 공동상속인 중 종손이 있다면 통상 종손이 제사의 주재자가 되나, 종손에게 제사를 주재하는 자의 지위를 유지할 수 없는 특별한 사정이 있는 경우에는 그렇지 않다고 할 것이다(대판 2004. 1. 16. 2001다79037).

라. 분묘기지권의 시효취득

(1) 분묘기지권의 개념

분묘기지권(墳墓基地權)은 분묘를 수호하고 봉사(奉祀 : 조상의 제사를 모심)하는 목적을 달성하는 데 필요한 범위 내에서 타인의 토지를 사용할 수 있는 권리를 의미한다(대판 1993. 7. 16. 93다210).

(가) 관습법상의 지상권·분묘기지권의 설정

분묘기지권(墳墓基地權)은 판례상 인정되는 '관습법상의 지상권의 일종'으로, 타인의 토지 위에 있는 분묘(墳墓)의 기지(基地)에 대하여 관습법상 인정되는 지상권에 유사한 일종의 물권(대판 1955. 9. 29. 4288민상210)이다. 즉 타인의 토지에 분묘라는 특수한 공작물을 설치한 자가 있는 경우에, 그 자가 그 분묘를 소유하기 위하여 분묘의 기지(基地) 부분의 타인의 소유 토지를 사용할 수 있는 권리로서, '지상권(地上權)에 비슷한 성질을 갖는 일종의 물권'을 말하며, 분묘의 기지(基地)에 대한 '소유권'을 의미하는 것이 아니다.

분묘의 기지인 토지가 분묘의 수호·관리권자 아닌 다른 사람의 소유인 경우에 그 토지 소유자가 분묘수호·관리권자에 대하여 분묘의 설치를 승낙한 때에는 그 분묘의 기지에 관하여 분묘기지권을 설정한 것으로 보아야 한다. 이와 같이 승낙에 의하여 성립하는 분묘기지권의 경우 성립 당시 토지 소유자와 분묘의 수호·관리자가 지료 지급의무의 존부나 범위 등에 관하여 약정을 하였다면 그 약정의 효력은 분묘 기지의 승계인에 대하여도 미친다(대판 2021. 9. 16. 2017다271834, 271841).

(나) 등기의 요부

구민법하의 판례는 등기 없이 분묘기지권을 제3자에게 대항할 수 있다(朝高判 1927. 3. 8. 민집 14권 62면, 대판 1957. 10. 31. 4290민상539)고 하였는데, 현행법 하에서도 등기는 그 효력발생요건이 아니라고 본다.

(다) 지료

지료(地料)에 관하여는 민법 제366조(법정지상권 : 저당물의 경매로 인하여 토지와 그 지상건물이 다른 소유자에 속한 경우에는 토지소유자는 건물소유자에 대하여 지상권을 설정한 것으로 본다. 그러나 지료는 당사자의 청구에 의하여 법원이 이를 정한다) 단서를 적용하여야 한다는 견해와, 일률적으로 그렇게 볼 것이 아니라 성립요건에 따라 유상(有償)·무상(無償)을 달리 해석해야 한다는 견해가 대립하고 있다.

대법원 판례는 '지상권에 있어서 지료의 지급은 그 요소가 아니어서(민법 제279조 참조) 지료에 관한 약정이 없는 이상 지료의 지급을 구할 수 없는 점에 비추어 보면, 분묘기지권을 시효취득하는 경우에도 지료를 지급할 필요가 없다고 해석함이 상당하다(대판 1995. 2. 28. 94다37912)'라고 했다.

자기 소유 토지에 분묘를 설치한 사람이 그 토지를 양도하면서 분묘를 이장하겠다는 특약을 하지 않음으로써 분묘기지권을 취득한 경우, 특별한 사정이 없는 한 분묘기지권자는 분묘기지권이 성립한 때부터 토지 소유자에게 그 분묘의 기지에 대한 토지사용의 대가로서 지료를 지급할 의무가 있다(대판 2021. 9. 16. 2017다271834, 271841).

(라) 존속기간

존속기간에 대하여는 분묘가 존속하는 동안 분묘기지권도 존속한다는 견해와 민법 제280조(존속기간을 약정한 지상권), 제281조(존속기간을 약정하지 아니한 지상권)에 의해 분묘는 건물 이외의 공작물에 해당하므로 5년이라고 보아야 한다는 견해의 대립이 있다.

대법원 판례는 '당사자 사이에 존속기간에 대하여 약정이 있는 등 특별한 사정이 있으면 그에 따를 것이며, 그러한 사정이 없는 경우에는 권리자가 분묘의 수호와 봉사(奉祀)를 계속하며 그 분묘가 존속하고 있는 동안은 분묘기지권은 존속한다고 해석함이 타당하므로 민법 제281조에 따라 5년간이라고 보아야 할 것은 아니다(대판 1982. 1. 26. 81다1220, 1994. 8. 26. 94다28970)'라고 했다.

(2) 분묘기지권의 성립요건

판례에 의하면 분묘기지권은 다음 중 하나의 요건만 갖추어지면 성립한다.

첫째 토지소유자의 승낙을 얻어 분묘를 설치한 경우.

둘째 타인 소유의 토지에 소유자의 승낙 없이 분묘를 설치하고 20년간 평온·공연하게 그 분묘의 기지를 점유하여 시효취득 한 경우(대판 1955. 9. 29. 4288민상210, 1995. 2. 28. 94다37912). 분묘기지권을 시효취득 할 수 있는 자는 그 분묘의 소유자에 한하며, 분묘를 설치한 자가 시효취득 하는 권리는 소유의 의사로 점유하여 왔다고 볼 만한 특별한 사유가 없는 한 그 분묘기지에 관하여 지상권유사(地上權類似)의 물권을 취득할 뿐이고 소유권을 취득하는 것은 아니다(대판 1969. 1. 28. 1927. 1928).

셋째 자기 소유의 토지에 분묘를 설치한 후 그 기지에 대한 소유권을 유보하거나 분묘이전의 약정 없이 토지를 처분한 경우(대판 1967. 10. 12. 69다1920) 등이다.

(가) 분묘기지권의 귀속주체

분묘의 수호 관리나 봉제사에 대하여 현실적으로 또는 관습상 호주상속인인 종손이 그 권리를 가지고 있다면 그 권리는 종손에게 전속하는 것이고 종손이 아닌 다른 후손이나 종중에서 관여할 수는 없다고 할 것이나, 공동선조의 후손들로 구성된 종중이 선조 분묘를 수호 관리하여 왔다면 분묘의 수호 관리권 내지 분묘기지권은 종중에 귀속한다(대판 2007. 6. 28. 2005다44114).

(나) 분묘기지권의 존속기간 및 분묘가 일시적으로 멸실된 경우에 분묘기지권의 존속 여부(적극)

토지소유자의 승낙을 얻어 분묘가 설치된 경우 분묘소유자는 분묘기지권을 취득하고, 분묘기지권의 존속기간에 관하여는 당사자 사이에 약정이 있는 등 특별한 사정이 있으면 그에 따를 것이나, 그러한 사정이 없는 경우에는 권리자가 분묘의 수호와 봉사를 계속하며 그 분묘가 존속하고 있는 동안 존속한다고 해석함이 타당하다. 또, 분묘가 멸실된 경우라고 하더라도 유골이 존재하여 분묘의 원상회복이 가능하여 일시적인 멸실에 불과하다면 분묘기지권은 소멸하지 않고 존속하고 있다고 해석함이 상당하다(대판 2007. 6. 28. 2005다44114).

(3) 분묘기지권이 미치는 범위

(가) 분묘기지 주위의 공지

분묘기지권은 분묘를 수호하고 봉사(奉仕)하는 목적을 달할 수 있는 범위에 미친다(대판 1965. 3. 23. 65다17). 분묘수호자가 그 분묘에 대하여 가지는 관습에 의한 지상권 유사의 물권은 비단 그 분묘의 기지뿐만 아니라 그 분묘의 설치 목적인 분묘의 수호 및 제사에 필요한 범위 내에서 분묘기지 주위의 공지를 포함한 지역에까지 미치는 것이다(대판 1986. 3. 25. 85다카2496).

(나) 지상권 유사의 물권이 미치는 범위

동일 종손이 소유 관리하는 누대(累代의) 분묘가 집단설치 된 경우의 그 묘지소유를 위한 지상권 유사의 물권이 미치는 지역은 그 종손이 그 집단 된 전 분묘를 보전, 수호하여 묘 참배에 소요되는 범위를 참작하여 포괄적으로 정하는 것이 위 물권의 효력을 인정하는 관습의 취지라고 해석되고, 그 확실한 범위는 각 구체적인 경우에 위와 같은 관습의 취지에 비추어 개별적으로 정하여야 한다(대판 1988. 2. 23. 86다카2919).

분묘기지권은 분묘의 기지(基地) 자체뿐만 아니라 그 분묘의 설치 목적인 분묘의 수호 및 제사에 필요한 범위 내에서 분묘의 기지주위의 공지(空地)를 포함한 지역에까지 미치는 것이고, 그 확실한 범위는 구체적인 경우에 개별적으로 정하여야 하고 매장 및 묘지 등에 관한 법률 제4조 제1항 후단 및 동법시행령 제2조 제2항의 규정이 분묘의 점유면적을 1기당 20㎡로 제한하고 있으나, 여기서 말하는 분묘의 점유면적이라 함은 분묘의 기지면적(基地面積)만을 가리키며 분묘기지 외에 분묘의 수호 및 제사에 필요한 분묘기지 주위의 공지까지 포함한 묘지면적을 가리키는 것은 아니므로 분묘기지권의 범위가 위 법령이 규정한 제한면적 범위 내로 한정되는 것은 아니다(대판 1994. 8. 26. 94다28970).

(다) 분묘기지권의 범위

분묘기지권은 분묘의 기지 자체(봉분의 기저 부분)뿐만 아니라 그 분묘의 설치 목적인 분묘의 수호 및 제사에 필요한 범위 내에서 분묘의 기지 주위의 공지를 포함한 지역에까지 미치는 것이고, 그 확실한 범위는 각 구체적인 경우에 개별적으로 정하여야 한다(대판 2007. 6. 14. 2006다84423).

(4) 분묘기지권의 등기여부(소극)

분묘기지권은 분묘의 기지 자체(봉분의 기저 부분)뿐만 아니라 그 분묘의 수호 및 제사에 필요한 범위 내에서 분묘의 기지 주위의 공지를 포함한 지역에까지 미치는 것이고 그 확실한 범위는 각 구체적인 경우에 개별적으로 정하여야 할 것인바, 사성 (莎城, 무덤 뒤를 반달형으로 둘러쌓은 둔덕)이 조성되어 있다 하여 반드시 그 사성 부분을 포함한 지역에까지 분묘기지권이 미치는 것은 아니다(대판 1997. 5. 23. 95다29086, 29093).

조선고등법원의 판례와 구민법 하에서의 판례는 분묘기지권은 등기 없이도 이를 제3자에게 대항할 수 있는 것이 우리의 관습이라고 판시하였다(朝高判 1927. 3. 8. 민집 14권 62면, 대판 1957. 10. 31. 4290민상539).

구법 하에서의 판례에 비추어 현행 민법 하에서도 등기는 그 요건이 아니라고 본다(곽윤직 저 전정판 물권법 388면). 판례는 '지상권과 비슷한 관습법상의 물권은 등기할 것이 아니다(대판 1961. 10. 5. 4293민상259)'라고 했다.

(5) 분묘기지권의 점유취득시효의 요건

타인 소유의 토지에 소유자의 승낙 없이 분묘를 설치한 경우에는 20년간 평온·공연하게 그 분묘의 기지를 점유함으로써 '분묘기지권(壇墓基地權)'을 시효로 취득한다(대판 1959. 11. 5. 4292민상130, 1995. 2. 28. 94다17912).

타인 소유의 토지 위에 그 소유자의 승낙 없이 분묘를 설치한 자가 20년간 평온 공연히 그 분묘의 기지를 점유한 때에는 그 점유자는 시효에 의하여 그 토지 위에 '지상권유사의 '물권'을 취득하고 이에 대한 '소유권을 취득하는 것은 아니다(대판 1969. 1. 28. 68다1927, 1928).

타인 소유의 토지에 소유자의 승낙 없이 분묘를 설치한 경우에는 20년간 평온, 공연하게 그 분묘의 기지를 점유하면 지상권 유사의 관습상의 물권인 '분묘기지권'을 시효로 취득하는데, 이러한 분묘기지권은 봉분 등 외부에서 분묘의 존재를 인식할 수 있는 형태를 갖추고 있는 경우에 한하여 인정되고, 평장(平葬·平土葬)되어 있거나 암장(暗葬)되어 있어 객관적으로 인식할 수 있는 외형을 갖추고 있지 아니한 경우에는 인정되지 않으므로, 이러한 특성상 분묘기지권은 등기 없이 취득한다(대판 96. 6. 14. 96다14036).

타인 소유의 토지에 분묘를 설치한 경우에 20년간 평온, 공연하게 분묘의 기지를 점유하면 지상권과 유사한 관습상의 물권인 분묘기지권을 시효로 취득한다는 점은 오랜 세월 동안 지속되어 온 관습 또는 관행으로서 법적 규범으로 승인되어 왔고, 이러한 법적 규범이 "장사 등에 관한 법률"(법률 제6158호) 시행일인 2001. 1. 13. 이전에 설치된 분묘에 관하여 현재까지 유지되고 있다고 보아야 한다(대판 2017. 1. 19. 2013다1729 전원합의체판결).

(6) 분묘기지권의 시효취득과 지료지급 의무여부(소극)

원래 지상권에 있어서는 지료의 지급은 그 요소가 아니다. 토지사용의 대가인 지료의 지급은 지상권의 요소가 아니다(민법 제279조). 지상권은 임차권(민법 제618조)과는 달리 무상(無償)의 지상권도 있을 수 있다. 지상권에 있어서 지료(地料)의 지급은 그 요소가 아니어서 지료에 관한 약정이 없는 이상 지료의 지급을 구할 수 없는 점에 비추어 보면, 분묘기지권을 시효취득 하는 경우에도 지료를 지급할 필요가 없다고 해석함이 상당하다(대판 1995. 2. 28. 94다37912).

마. 분묘기지권의 존속기간(분묘가 존속하고 있는 동안 존속)

분묘수호를 위한 유사지상권(類似地上權·墳墓基地權)의 존속기간에 관하여는 민법 제281조(존속기간을 약정하지 아니한 지상권)의 지상권에 관한 규정에 따를 것이 아니라, 당사자 사이에 약정이 있는 등 특별한 사정이 있으면 그에 따를 것이며, 그런 사정이 없는 경우에는 권리자가 분묘의 수호와 봉사(奉祀)를 계속하는 한 그 분묘가 존속하고 있는 동안은 분묘기지권은 존속한다고 해석함이 상당하다(대판 1982. 1. 26. 81다1220).

분묘기지권(墳墓基地權)의 존속기간(存續期間)에 관하여는 본법의 지상권에 관한 규정에 따를 것이 아니라 당사자 사이에 약정이 있는 등 특별한 사정이 있으면 그에 따를 것이며, 그러한 사정이 없는 경우에는 권리자가 분묘의 수호와 봉사(奉祀)를 계속하며 그 분묘가 존속하고 있는 동안은 분묘기지권은 존속한다고 해석함이 타당하므로 본조(민법 제281조)에 따라 5년간이라고 보아야 할 것은 아니다(대판 1994. 8. 26. 94다28970).

찾아보기

1

1물1권주의 / 94
1필의 토지의 일부 / 574
2당사자대립주의 / 506
2자 간 등기명의신탁 / 452
3자 간 등기명의신탁 / 452
3자 간 등기명의신탁과 계약명의신탁의 구별기준 / 462

ㄱ

가등기에 기한 본등기 / 157
가집행선고 / 183, 258, 268
가집행선고부판결 / 423
각종 집행권원 / 261
강제집행면탈의 목적 / 446
강제집행의 정지 / 269
강제집행이 권리남용에 해당하기 위한 요건 / 270
강제집행정지 / 184, 258, 269
강제집행정지의 허부 / 185
건축허가명의자 / 131
경매 / 122
경정등기 / 380
경정등기의 요건 / 382
경제(經濟)의 이상 / 37
계약명의신탁 / 455
계약명의신탁사실을 알지 못하는 소유자 / 432
계약에 의한 공유물분할의 금지 / 295
고유의미의 종중 / 641
고유필수적 공동소송 / 65
고유필수적 공동소송의 당사자 표시 / 486
고유필수적 공동소송인의 누락 / 477
공동상속인 중 1인의 보존행위 / 421
공동선조의 후손 / 628
공동소송 / 507
공동소송 중 일부의 상소 제기 / 297
공동소유 / 293
공동신청주의 / 13
공무원의 불법행위와 배상책임 / 549
공무원의 의무 / 559
공무원의 책임 / 559
공시(公示)의 원칙 / 8, 103
공신(公信)의 원칙 / 8, 103
공용징수 / 120
공용폐지의 의사표시방법 / 578
공용폐지처분 / 578
공유물분할 / 191
공유물분할을 구하는 청구취지 및 판결주문의 기재례 / 305
공유물분할의 대상 / 194
공유물분할의 소 / 193, 296, 487
공유물분할의 소의 당사자 / 297
공유물분할의 자유 / 194, 294
공유물분할판결 / 20, 191, 196
공유물분할판결에 의한 등기 / 293
공유물분할판결에 의한 등기절차 / 301, 489
공유물의 분할청구 / 193
공유물의 인도 / 305
공유부동산 / 67
공유부동산의 분할판결에 따른 등기 / 301
공유자의 단독 보존행위 / 196, 304
공유자의 지분처분 / 196
공유재산 / 575
공유지분 / 463, 575
공유지분에 대한 근저당권설정등기의 가부 / 464
공유지분에 대한 용익물권설정등기의 가부 / 464
공유지분의 등기 / 464
공유토지의 일부에 대한 취득시효완성 / 298
공유토지 일부 / 193
공정증서의 집행권원에 해당여부 / 261
공평(公平)의 이상 / 36
관습법상의 지상권·분묘기지권 / 692
관할 등기소 / 146
광의(廣義)의 집행(執行) / 184, 276
광의(廣義)의 집행행위 / 241
교환 / 160
구분건물이 되기 위한 요건 / 92
구분소유자 중 일부의 취득시효완성 / 587
국가 / 134
국가가 압류한 재산 / 576
국가를 상대로 한 소유권확인청구 / 131
국가를 상대로 한 토지소유권 확인청구 / 135
국내 중재판정 / 413
국립공원으로 지정·고시된 국유토지 / 580
권리관계의 합일적 확정 / 297
권리변경(경정)등기 / 379
권리에 관한 등기의 등기사항 / 73, 151
권리자 / 152
귀속재산 / 579
근저당권설정등기의 말소청구 / 324

근저당권의 등기사항 / 170
금양임야 / 652, 688
기산점의 임의선택가부 / 604
기존 명의신탁자의 실명등기의무 / 446
기판력 / 259
기판력의 주관적 범위 / 260

ㄴ

농지취득의 가부 / 683
농지취득자격증명 / 231

ㄷ

단체성의 인정요건 / 639
당사자(피고)표시의 정확성 / 482
당사자가 자발적으로 말소등기를 한 경우 / 350
당사자의 1인이 당사자의 자격을 상실한 경우 / 298
당사자의 변경 / 64
당사자의 신청에 의한 정리 / 116
당사자의 주민등록번호 / 483
당사자의 주민등록번호기재의 필요성 / 547
당사자의 주민등록번호명시 / 83
당사자의 확정 / 509
당사자적격 / 509
당사자적격을 갖는 자 / 509
당사자 평등을 보장하는 제도 / 518
당사자표시의 정정 / 68
당사자표시정정 / 500
당연승계 / 69
대내관계 / 429
대물변제 / 159
대외관계 / 430
대위(代位) 보존등기신청 / 230
대장상 최초의 소유자로 등록되어 있는 자 / 134
대장에 소유권을 이전 받은 자 / 135
대표자 또는 관리인을 증명하는 서면 / 498, 679
대표자의 대외적 행위 / 658
독일 / 550
동시신청 / 189
동일인명의로 중복된 소유권보존등기 / 114
등기 / 97, 145
등기가 원인 없이 말소된 경우 / 347
등기관 / 21
등기관의 심사권 / 21, 237
등기관의 심사권한과 주의의무 / 22, 238
등기관의 심사대상 / 237

등기관의 심사 시 주의의무의 정도 / 239
등기관의 직권에 의한 경우 / 351
등기권리자 / 148
등기권리자가 2인 이상인 경우 / 512
등기권리자의 승계 / 303
등기권리증을 소지하고 있는 사실 / 671
등기된 부동산 / 611
등기를 요하지 아니하는 부동산물권 취득 / 117
등기를 하지 아니하면 처분(處分)하지 못한다 / 121
등기말소 또는 회복청구의 상대방 / 319
등기말소청구의 상대방 / 16
등기면상 양립할 수 없는 등기 / 355
등기명의인 2인을 1일만으로 변경하는 판결 / 384
등기명의인이 변경된 경우 / 585
등기목적 / 151, 511
등기목적의 표시 / 282
등기무효의 입증책임 / 110
등기부(등기기록)의 폐쇄 / 377
등기부 / 97
등기부가 멸실된 경우의 회복등기 방법 / 371
등기부의 멸실 / 368
등기부취득시효 / 162, 617
등기부취득시효의 요건 / 162, 618
등기부취득시효의 효과 / 625
등기상 이해관계 있는 제3자 / 168, 327
등기상 이해관계 있는 제3자에 해당되는 경우 / 331
등기상 이해관계 있는 제3자에 해당되지 아니하는 경우 / 333
등기상 이해관계 있는 제3자의 승낙 / 320
등기상 이해관계 있는 제3자의 승낙서 / 230
등기상 이해관계 있는 제3자의 승낙서 첨부 / 480
등기상 이해관계 있는 제3자의 승낙을 누락한 경우 / 504
등기상 이해관계 있는 제3자의 승낙의 의사표시 / 536
등기선례 제8권 21항 / 683
등기수취(인수)청구권 / 43
등기수취(인수)청구의 소의 청구취지 / 188
등기수취청구권 / 583
등기수취청구의 소의 판결주문의 기재례 / 248
등기신청권 / 14
등기신청서류의 보정명령 / 23
등기신청의 각하 / 360
등기신청의 각하사유 / 23, 470
등기신청의사(登記申請意思)의 진술을 명한 판결 / 278
등기신청의사의 진술을 명한 이행판결주문 / 535
등기신청의 접수시기 / 243
등기신청의 형식적 요건 / 146
등기신청인(규칙) / 174

등기신청인의 표시 / 281
등기에 관하여 의사의 진술을 구하는 청구 / 145
등기에 관하여 의사의 진술을 명한 이행판결 / 140, 280
등기에 필요한 첨부정보 / 478
등기에 필요한 첨부정보를 제공하지 아니한 경우 / 478
등기예규 제1415호 제4항 / 686
등기와 물권변동 / 97, 104
등기원인 / 152, 219, 511
등기원인과 그 연월일의 표시 / 282
등기원인 연월일 / 152
등기원인의 경정 / 222
등기원인증서 / 224
등기의 동일성 / 383
등기의 말소 / 141, 285
등기의 말소를 명하는 판결주문 / 251
등기의 말소절차이행을 구하는 소 / 326
등기의 목적 / 223
등기의무자 / 148
등기의무자의 등기수취청구권 / 583
등기의무자의 등기청구권의 행사 / 43
등기의무자의 승계 / 302
등기의 원시적 착오 또는 유루 / 380
등기의 유효요건 / 145
등기의 추정력 / 28, 108
등기의 추정력의 인정근거 / 108
등기의 형식적 또는 절차적 유효요건 / 145
등기의 효력 / 28
등기의 효력발생시기 / 244
등기인수(수취)청구권 / 15, 149
등기인수(수취)청구권 행사 / 160
등기인수(수취) 청구의 청구취지 기재례 / 19
등기절차의 이행을 명하는 판결 / 222
등기절차이행을 명한 판결의 집행 / 226
등기절차이행의 화해조항 기재례 / 293
등기청구권 / 14, 42, 148
등기청구권의 당사자 / 149
등기청구권의 성질 / 582
등기청구권의 소멸시효 / 44
등기청구권행사의 상대방 / 585
등기필정보 / 364
등기필증 / 232
등기할 사항 / 146
등기할 수 있는 권리 / 98

◘

말소된 등기의 회복 / 141, 286
말소등기 / 165, 316

말소등기신청서의 기재사항 / 325
말소등기신청서의 첨부서면 / 325
말소등기의 신청인 / 323
말소등기의 요건 / 321
말소등기의 회복에 승낙을 거부하는 경우 / 349
말소등기의 회복을 명하는 판결주문 / 254
말소등기절차 이행청소의 청구취지 및 판결주문의 기재례 / 326
말소등기청구권의 발생원인 / 326
말소의 대상이 되는 등기 / 317
말소할 등기 / 536
말소회복등기 / 167, 343
말소회복등기의 신청인 / 350
말소회복등기의 효력 / 354
매도인이 선의인 경우 / 456
매도인이 악의(명의신탁약정을 안 경우)인 경우 / 459
매매계약에 기한 소유권이전등기청구 / 453
멸실된 건물 / 327
멸실된 등기부에 관한 경과조치 / 369
멸실한 등기부의 회복등기 / 368
멸실회복등기 / 166, 368
멸실회복등기 기간 내에 회복등기를 하지 않은 부동산 / 106
멸실회복등기의 신청권자 / 370
명의수탁자 / 428
명의신탁 / 426, 648, 666
명의신탁관계의 성립 / 432
명의신탁관계의 성립요건 / 668
명의신탁 된 토지의 수용 / 674
명의신탁등기 / 427
명의신탁 부동산의 처분과 횡령죄의 성립 여부 / 670
명의신탁약정 / 426, 427
명의신탁약정의 효력 / 671
명의신탁여부의 판단기준 / 667
명의신탁의 '내부관계' / 669
명의신탁의 '외부관계' / 669
명의신탁의 법률관계 / 426, 428, 668
명의신탁의 해제 또는 해지 / 672
명의신탁의 효력 / 433
명의신탁자 / 333, 428
명의신탁자가 제소당한 경우 / 450
명의신탁제도의 유래 / 434
명의신탁해지를 원인으로 한 등기신청의 각하 / 447
명의신탁해지를 원인으로 한 소유권이전등기신청 / 437
명의신탁해지약정서 / 444
묘토 / 688, 690
묘토인 농지 / 688, 690
무과실의 시점 / 623

무과실의 입증 / 623
무과실의 입증책임의 소재 / 623
문장의 종중재산권의 처분 여부 / 659
문중의 대표자 선출방법 / 657
문화재보호구역 내의 국유토지 / 580
물권(物權)의 본질 / 93
물권 / 3, 93
물권계약 / 104
물권법정주의 / 4, 96
물권변동 / 5, 98, 147
물권변동에 관한 입법주의 / 6
물권의 객체 / 4
물권의 발생 / 5
물권의 변경 / 5
물권의 소멸 / 6
물권의 종류 / 5
물권의 주체 / 3
물권의 효력 / 95
물권적(物權的) 합의 / 104
물권적(物權的) 효과설 / 100
물권적 법률행위 / 102
물권행위 / 102, 147
물권행위의 독자성 / 102
물권행위의 무인성 / 102
물적편성주의 / 11
미국 / 550
미등기 건물 매수인 / 107
미등기 부동산의 시효취득 / 614
민법 제185조 / 96
민법 제187조의 입법취지 / 118
민법 제187조의 판결의 의미 / 120
민사소송법의 개정건의 / 548
민사소송법 제136조 제4항 / 527
민사소송법 제136조 제4항의 입법취지 / 503, 524
민사소송의 Magna Charta / 518
민사소송의 이상 / 33
민사소송의 적정의 이상 / 549
민사소송제도의 목적 / 32
민사집행법 제263조의 집행권원 / 267

ㅂ

방해배제청구 / 625
배우자에 대한 특례 / 437
법관의 오판과 국가배상책임 / 549
법관의 오판과 국가 배상책임 / 559
법관의 의무 / 560
법관의 재판상의 불법행위를 이유로 한 국가배상문제 / 550
법관의 전문성 / 539
법관의 전문화 / 561
법관의 직무상 의무 / 366
법관의 책임 / 365
법률상 사항에 관한 법원의 설명 또는 지적의무 / 526
법률상 허용될 수 없는 등기명의인 표시경정등기 / 384
법률의 규정에 의한 물권변동 / 118
법률의 규정에 의한 부동산물권 취득 / 118
법률의 규정에 의한 부동산에 관한 물권의 취득 / 416
법률행위 / 99
법률행위에 의하지 않는 물권변동 / 117
법률행위에 의한 물권변동 / 117
법률행위의 요건 / 99
법원의 석명권의 적정한 행사 / 516
법원의 석명 또는 지적의무 해태 / 517
법원의 석명 및 지적의무 / 527
법원의 석명의무 / 504, 517, 524
법원의 소송자료보충을 위한 석명의무 / 365
법원의 직권경매 / 195
법원의 직권조사 / 361
법원의 직권조사사항 / 75, 362, 365
법원의 촉탁 / 351
법원의 촉탁에 의하여 말소된 등기 / 337
법인 아닌 사단(총유)에 속하는 부동산의 등기 / 497
법인 아닌 사단 / 639
법인 아닌 사단의 구성원 개인 / 496
법인 아닌 사단의 성립요건 / 640
법인 아닌 사단이나 재단의 등기사항 / 499
법정재산관리권 / 197
변론주의와 석명권 / 519
변호사 등의 책임 / 557
보상금의 지급 / 164
보존등기의 말소를 명한 판결 / 139
부기(附記)로 하는 등기 / 386
부기등기 / 385
부기등기만의 말소를 명한 판결 / 385, 389
부기등기만의 말소청구가부 / 389
부기등기에 한하여 말소원인이 있는 경우 / 389
부기등기의 말소절차 / 388
부당이득반환의무 / 454
부당이득반환청구권 / 459
부동산 / 91
부동산등기법 제23조 제4항 / 180, 186
부동산등기법 제23조 제4항의 판결 / 49, 257
부동산등기법 제23조 제4항의 판결의 요건 / 18, 181
부동산등기법 제65조 제2호의 판결 / 133, 137, 257
부동산등기에 관하여 의사(意思)의 진술(陳述)을 명한 판

결 / 279
부동산등기에 관한 의사표시의무의 집행 / 50
부동산등기에 관한 쟁송 / 44
부동산등기용등록번호를 증명하는 서면 / 682
부동산등기절차 관련소송의 소가산정 / 84
부동산등기제도 / 2
부동산 매수인의 대위에 의한 말소청구 / 318
부동산 명의신탁계약서 / 441
부동산물권 / 93
부동산물권에 관한 쟁송의 의미 / 449
부동산물권의 공시제도 / 7
부동산소유권의 취득시효 / 566, 572
부동산 실권리자명의등기에 관한 법률 / 424
부동산 실권리자명의등기제도 / 671
부동산에 관한 법률행위로 인한 물권변동 / 98
부동산의 매수인 / 318
부동산의 인도청구 / 304
부동산의 총유등기 / 497
부동산의 취득자가 악의(惡意)인 경우 / 669
부동산의 특정일부 / 337, 463
부동산의 표시 / 218, 281
부동산의 표시에 관한 변경(경정)등기 / 379
부동산의 표시에 관한 사항 / 173
부동산의 합유등기 / 490
부부간 명의신탁관계 / 440
분묘가 설치된 임야 / 691
분묘기지권 / 692
분묘기지권의 귀속주체 / 694
분묘기지권의 등기여부(소극) / 696
분묘기지권의 범위 / 695
분묘기지권의 성립요건 / 694
분묘기지권의 시효취득 / 692, 697
분묘기지권의 점유취득시효의 요건 / 696
분묘기지권의 존속기간 / 694, 697
분묘기지권이 미치는 범위 / 695
분묘기지 주위의 공지 / 695
분묘에 속한 금양임야 / 688
분할의 방법 / 193
불공평한 분할의 위법성 / 195
불복절차 내지 시정절차가 없는 경우 / 554

ㅅ

사건의 표시 / 82
사건이 등기할 것이 아닌 경우 / 471, 473
사건이 등기할 것이 아닌 때 / 25, 471
사원총회의 결의서 / 498, 679
사자(死者)를 당사자로 표시한 경우 / 60

사정변경의 원칙 / 39
사해의사 / 213
사해행위 / 215
사해행위의 성립요건 / 215
사해행위취소의 소의 피고적격 / 214
사해행위취소의 효력 / 217
사해행위취소판결 / 213
상속 / 119, 416
상속등기신청에 대한 등기관의 심사 / 238
상속분 / 419
상속분에 대한 등기관의 심사권 / 23
상속을 증명하는 서면 / 418
상속인 / 416
상속인의 범위 / 419
상속인 중 일부만을 상대로 한 판결 / 418
상속인 중 일부의 비협력 / 417
석명 / 517
석명권 / 517
석명권의 범위 / 520
석명권의 불행사와 상고이유 / 521
석명권의 적정한 행사 / 517
석명권의 한계 / 522
석명권행사의 내용과 한계 / 516
석명권행사의 한계 / 520
석명의 대상 / 522
석명의무 / 517
선의·무과실이 요구되는 시점 / 624
성립요건주의 / 10
성명불상자의 소유물 / 576
소가를 산출할 수 없는 재산권상의 소 / 87
소가산정의 원칙 / 87
소가신정 / 352
소극적 석명 / 522
소멸시효 / 159, 566, 571
소멸시효기간 / 262
소송승계 / 69
소외인(訴外人)에 대한 화해의 효력 / 260
소외인에 대한 화해의 효력 / 259, 293
소유권보존등기 / 105
소유권보존등기의 등기사항 / 105
소유권보존등기의 신청인 / 105, 130
소유권에 기한 방해배제청구권 / 264
소유권의 일부이전 / 295
소유권이전등기청구권의 성질 / 584
소유권 일부를 이전 / 155
소유권 전부 이전 / 155
소유명의자(所有名義者)를 달리하는 중복보존등기 / 114

소유의 의사 / 619
소유의 의사로 점유 한다 / 620
소유의 의사로 점유한다는 의미 / 592
소유의 의사를 갖추어야 할 시기 / 592, 621
소유의 의사를 인정하기 위한 요건 / 592, 621
소유의 의사의 의미 / 620
소유자로 등기한 자 / 618
소유자에 관한 사항이 일치하지 않는 경우 / 384
소유자의 변동이 없는 경우 / 585
소의 제기 / 506
소장의 기재사항 / 53, 510
소장의 정확한 기재 / 482
송달증명서 / 363
수용으로 인하여 소유권을 취득하였음을 증명하는 자 / 132
수용으로 인한 소유권이전 / 164
수익자를 상대로 사해행위취소판결 / 218
수임인의 위임계약상의 선관의무 위배 / 558
수탁자가 신탁부동산을 제3자에게 처분한 경우 / 460
수탁자의 부동산처분과 횡령죄의 성립 여부 / 455
승계집행문 / 226
승계집행문을 부여하는 사례 / 227
승낙서등을 첨부하지 아니한 말소회복등기 / 349
승낙을 명한 판결 / 348
승낙을 할 실체법상의 의무가 없는 경우 / 346
승낙을 할 실체법상의 의무가 있는 경우 / 346
승낙을 할 의무가 있는 등기상 이해관계 있는 제3자의 범위 / 349
승소한 등기권리자 / 186, 246
승소한 등기권리자의 상속인 / 191
승소한 등기의무자 / 160, 187, 247
시효기간 / 599, 624
시효에 관한 경과규정 / 605
시효완성 당시의 진정한 소유자 / 585
시효의 원용 / 567
시효의 정지 / 569
시효제도 / 262, 566
시효제도의 존재이유 / 567
신속(迅速)의 이상 / 36
신의성실(信義誠實)의 원칙 / 38
신청근거규정 / 175
신청근거규정의 명시 / 289
신청인 / 218
신청정보의 등기의무자의 표시 / 476
신축된 건물의 소유권의 원시취득자 / 123
신탁당사자 일방의 사망 / 672
실권리자명의 등기의무 / 431, 671
실권리자의 귀책사유 / 449

실명등기 / 428
실명등기를 한 것으로 보는 경우 / 448
실명등기 유예기간 / 424
실명전환을 위한 유예기간 / 447
실질적 심사주의 / 22
실효의 원칙 / 39
심사의 기준시기 / 237

ㅇ

역방향(逆方向)의 등기청구권 / 15
연고항존자(年高行尊者)의 확정방법 / 657, 661
연대적편성주의 / 11
예고등기 / 391
예고등기만의 말소를 명한 판결 / 390, 392
예고등기의 말소절차 / 391
예고등기의 목적 / 391
예고등기제도의 폐지 / 391
예고등기 후 당해 부동산의 소유권을 취득한 제3자 / 333
외국재판의 강제집행 / 397
외국재판의 승인요건 / 393
외국 중재판정의 승인 / 414
외국판결 / 392
외국판결에 대한 집행권원 / 403
외국판결에 의한 등기 / 392
외국판결에 의한 등기신청 / 403
원시취득 / 588
원시취득자(原始取得者)명의 / 114
원인무효등기의 말소청구 / 304
원인무효등기의 말소청구권자 / 318
위임계약상의 선관의무 / 364
위토 / 576, 652
위토의 소유권귀속관계 / 652
유류분 / 158
유류분권자 / 158
유류분반환 / 158
유류분반환청구권 / 158
유사필수적 공동소송 / 65
유취득시효의 효과 / 606
의사의 진술을 구하는 청구 / 17
의사의 진술을 명하는 판결주문의 기재례 / 283
의사의 진술을 명한 판결 / 226, 266
의사주의 / 6, 101
의사표시 간주의 효과 / 229
의사표시를 할 것을 목적으로 하는 채권의 집행 / 266
의사표시의무의 집행 / 150
의사표시 의무판결에 가집행선고의 가부 / 52

이의를 신청할 수 있는 사유 / 26
이의신청 / 25
이중(二重)(重複) 등기 / 112
이중 보존등기의 효력 / 113
이해관계 있는 제3자가 있는 등기의 말소 / 165
이행의 소 / 44, 143
이행청구 / 71
이행판결 / 143, 222
이행판결과 집행력 / 534
이행판결의 주문 / 534
인감증명 / 499
인수승계 / 70
인적편성주의 / 11
인지액의 산정 / 83
인지의 보정명령 / 84
일괄신청 / 189
일물일권주의 / 4
일본 / 550
일부 공유자의 지분이 제3자에게 이전된 경우 / 302
일부 상속등기의 가부 / 421
임의적 당사자의 변경 / 64
임차권의 등기사항 / 171
입증책임(立證責任)의 분배 / 109

ㅈ

자기 소유 부동산 / 162, 574
자연공물 / 581
자연발생적인 종족집단체의 성립 / 630
자주점유 / 591
자주점유에 대한 입증책임 / 598
자주점유의 의미 / 620
자주점유의 입증책임 / 593
자주점유의 추정이 번복되는 경우 / 621
자주점유 추정이 번복되는 경우 / 598
재판서양식에 관한 예규 / 484, 547
재판에 대하여 불복절차 내지 시정절차가 없는 경우 / 561
재판에 의한 공유물분할 / 192
재판에 의한 공유물분할의 방법 / 194, 299
재판의 누락 / 531
저당권의 등기사항 / 169
적극적 석명 / 523
적정(適正)의 이상 / 33
전세권설정등기 / 169
전 점유자의 점유를 승계한 자 / 605
점유승계의 경우 / 602
점유의 개시에 과실을 인정한 사례 / 624

점유자의 등기청구권의 행사 / 582
점유자의 등기청구권의 행사에 따른 등기 / 606
점유자의 선의 · 무과실 / 622
점유자의 소유권이전등기청구권 / 584
점유자의 소유권취득 / 625
점유취득시효 / 161, 581
점유취득시효완성에 의한 등기절차 / 610
점유취득시효의 법적성질 / 588
점유취득시효의 요건 / 588
정관 기타의 규약 / 498, 676
제3자가 승낙의무를 부담하는지 여부의 판단기준 / 328
제3자 명의등기의 직권말소 / 338, 349
제3자의 등기말소에 대한 승낙의무 여부 / 328
제3자의 승낙의무 / 168, 344, 515
제3자의 승낙의무 여부 / 330
제3자의 승낙의무 여부에 대한 판단기준 / 328
제3자의 승낙의 의사표시 / 75, 514, 530, 533
제3자의 허가서 / 230
제3자의 허가서 등의 생략 / 231
제사를 주재하는 자 / 688
제사를 주재하는 자(종손) / 691
제사용 재산의 소유권에 관한 다툼 / 689
제사주재자의 결정방법 / 688
제사주재자의 지위 / 688
제사주재자지위의 확인 / 689
제소기간의 기산점 / 217
제척기간 / 569
조선부동산등기령 / 650
조세포탈 등의 목적 / 445
조합과 비법인사단의 구별기준 / 641
족보 / 688
족보가 발간 된 경우 / 659
존속기간 / 693
종교단체에 대한 특례 / 441
종원 등에 대한 명의신탁여부의 판단기준 / 649
종전 소유자의 근저당권설정등기의 말소청구 / 319
종중대표자 / 658
종중대표자의 선임방법 / 656
종중대표자의 선출방법 / 656
종중 부동산의 등기절차 / 675
종중에 대한 특례 / 434
종중의 개념 / 628
종중의 구성원 / 631
종중의 구성원의 자격 / 632
종중의 대표 / 658
종중의 대표자 / 655
종중의 등기 / 650
종중의 등기능력 / 646

종중의 법률상지위 / 629
종중의 성격 / 639
종중의 성립요건 / 630
종중의 소송 당사자능력 / 644
종중의 종원 등에 대한 명의신탁여부의 판단 / 436
종중이 종원의 지위를 박탈하는 징계처분 / 637
종중재산 / 665
종중재산 명의신탁 / 667
종중재산에 관한 관습 / 435
종중재산에 대한 방해배제청구 / 655
종중재산에 대한 보존행위 / 655
종중재산의 관리·처분 / 628
종중재산의 관리 및 처분방법 / 658
종중재산의 관리 및 처분절차 / 663, 666
종중재산의 관리에 관한 관습 / 667
종중재산의 관리처분권 / 658, 664
종중재산의 귀속주체 / 654
종중재산의 명의신탁 / 665, 666
종중재산의 법률관계 / 646
종중재산의 설정 경위 / 654
종중재산의 소유형태 / 646, 665
종중재산의 소유형태의 변천 / 653
종중재산의 처분절차 / 654
종중총회 / 659
종중총회결의의 효력 여부 / 662
종중총회의 소집권자 / 660
종중 특정의 기준 / 631
종중회의의 소집통지방법 / 659
주등기에 말소원인이 있는 경우 / 388
주민등록표등(초)본 / 177
주소를 증명하는 서면 / 229, 363
주위토지통행권범위의 인정기준 / 466
주위토지통행권을 주장할 수 있는 자의 범위 / 465
주위토지통행권이 인정되는 경우 / 466
주위토지통행권 확인청구의 성질 / 465
주위토지통행권 확인판결 / 465
중복등기기록(重複登記錄)의 정리 / 115
중복등기기록의 폐쇄 / 115
중복등기의 효력 / 112
중재 / 404
중재의 본질 / 407
중재인에 대한 기피사유 / 408
중재인의 선정 / 407
중재인의 수 / 407
중재판정에 의한 등기 / 404
중재판정에 의한 등기신청 / 415
중재판정에 의한 집행 / 410
중재판정의 승인 / 410

중재판정의 의의 / 409
중재합의 / 405
중재합의의 방식 / 405
중재합의의 의미 / 405
지료 / 693
지방법원장의 허가 / 116
지방자치단체(미등기 건물)를 상대로 한 판결 / 137
지분권 / 490
지분소유권 / 575
지상권 유사의 물권이 미치는 범위 / 695
직권으로 말소된 등기의 회복방법 / 353
직권조사사항 / 361, 529
진정명의회복 / 514
진정명의회복을 원인으로 한 소유권이전등기 / 163
진정명의회복을 원인으로 한 소유권이전등기청구 / 305, 453
진정한 등기명의 회복 / 17
집행권원 / 144, 261, 402
집행권원에 의한 등기신청 / 513
집행권원에 의한 등기신청서의 첨부서면 / 363
집행권원에 의한 등기의 집행 / 17
집행문 / 225, 363
집행문의 종류 / 225
집행법원의 촉탁에 의한 등기의 말소 / 337
집행불능판결 / 20, 274
집행불능판결에 대한 책임여부 / 364
집행불능판결에 의한 등기신청의 각하 / 469
집행불능판결에 의한 등기신청의 각하사유 / 473
집행불능판결을 받은 원고의 구제문제 / 367, 555
집행불능판결의 예방 / 482
집행불능판결의 유형 / 278
집행이 완료되는 시기 / 245
집행정지 / 52
집행판결 / 398
집행판결에 의한 허가 / 397
집행판결을 청구하는 소의 관할 / 397
집행판결제도의 취지 / 399

ㅊ

참가승계 / 70
채권자대위권 / 197
채권자 대위권에 의한 대위등기 / 201
채권자대위권에 의한 등기신청 / 201
채권자대위권에 의한 등기절차 / 203
채권자대위권의 대상 / 200
채권자대위권행사의 객체 / 200
채권자대위소송 / 20, 201

채권자취소권 / 213
채권자취소권의 요건 / 215
채권자취소권의 행사 / 216
채권자취소소송 / 20, 217
채권적(債權的) 효과설 / 100
채무명의 / 144
채무자의 무자력 / 198
청구원인 / 81
청구원인(등기의 말소청구) / 82
청구의 취지 / 70
청구취지(판결주문) 기재례 / 153
청구취지의 정확성 / 505
청구취지의 특정 / 72
청구취지 작성 시의 주의사항 / 505
총유 / 494
총유관계소송 / 494
총유부동산에 관한 소송의 당사자 / 495
총유부동산의 관리, 처분 / 495
총유재산에 관한 소송 / 645
추정력의 번복에 관한 입증 / 29
취득시효 / 161, 566, 571
취득시효기간의 기산일(起算日) / 599
취득시효 기산점의 인정방법 / 604
취득시효완성 / 203
취득시효완성 후 등기명의인의 처분행위 / 609
취득시효의 기산점 / 600
취득시효의 대상 / 573
취득시효의 대상이 될 수 없는 경우 / 577
취득시효의 대상이 될 수 있는 경우 / 574
취득시효제도 / 571

ㅌ

타인의 권리의 매매 / 597
토지거래허가서 / 231
토지대장등본 / 176
토지 및 그 정착물 / 91
토지소유권의 범위 / 92
토지수용 / 164
토지의 분할신청절차 / 287
토지의 분할을 명함이 없는 판결 / 287
토지조사사업 / 646
통상의 공동소송 / 507
통행지역권 / 576
특별조치법에 의하여 경료 된 등기 / 111

ㅍ

판결 / 120
판결경정 / 290, 541
판결경정이 허용되는 범위 / 542
판결경정제도의 취지 / 541
판결서 등에 대한 검인 / 185
판결서 등의 검인 / 185, 224
판결서에 명시될 사항 / 285, 289
판결에 의하여 확정된 채권의 소멸시효 / 262
판결에 의한 등기 / 150, 180
판결에 의한 등기신청기간 / 263
판결에 의한 등기신청서의 기재사항 / 218
판결에 의한 등기신청인 / 19, 246, 512
판결에 의한 등기의 대위신청 / 203
판결에 의한 등기의 말소 / 316
판결에 의한 등기의 말소신청 / 324
판결에 의한 등기의 집행 / 241
판결에 의한 부동산에 관한 물권의 취득 / 120
판결에 의한 상속등기 / 416, 418
판결에 의한 소유권보존등기 / 128, 173, 288
판결에 의한 소유권보존등기신청서 / 175
판결에 준하는 집행권원 / 182
판결의 경정을 허용하는 사례 / 543
판결의 경정을 허용하지 않는 사례 / 545
판결의 상대방 / 134
판결의 집행력 / 276
판결정본 / 363
판결주문 / 531
판결주문에 명시될 사항 / 140, 532, 536
판결주문의 누락 / 531
판결주문의 명확성 / 531
판결주문의 특정 정도 / 531
판결주문 중의 일부만의 등기신청가부 / 265
패소한 당사자 / 191
평온·공연한 점유 / 598, 621
폐쇄된 등기기록의 부활 / 117
폐쇄등기기록의 보존기간 / 378
폐쇄등기부상의 등기 / 377
폐쇄등기부에 기록된 등기의 효력 / 378
폐쇄등기부에 기재되어 있는 등기 / 354, 378
폐쇄등기의 말소청구의 가부 / 378
피고의 경정 / 65, 499, 500
피고의 지정 / 57
필수적 공동소송 / 297, 507
필수적 공동소송인의 추가 / 65, 299, 489, 499, 501

ㅎ

합유 / 156, 306, 490
합유관계 소송 / 490
합유등기 / 492
합유명의인 표시변경등기 / 310
합유물에 관한 소송 / 308
합유물의 보존행위 / 491
합유물의 분할금기 / 491
합유물의 분할금지 / 307
합유물의 소유권 귀속 / 156
합유물의 처분, 변경 / 491
합유물의 처분 / 310
합유부동산 / 67, 306
합유부동산에 관한 소송 / 492
합유부동산에 관한 소유권이전등기청구 / 308
합유의 종료 / 307, 491
합유자 2인 중 1인이 사망한 때 / 314
합유자가 1인인 경우 / 314
합유자가 3인 이상인 경우 / 311
합유자 중 일부가 사망한 경우 / 307
합유재산의 보존등기 / 307
합유지분 / 156, 490
합유지분의 처분 / 307, 491
행정관청의 허가서 / 231
행정재산 / 577
행정재산의 시효취득대상 여부 / 577
행정재산의 종류 / 577
헌법재판소 재판관에게 국가배상책임을 인정한 사례 / 554
현물분할이 불가능한 경우 / 195
현물출자 / 159
현재 효력 있는 등기 / 322, 383
현존하는 연고항존자 / 660
협의(狹義)의 집행 / 242
협의분할에 의한 상속등기신청 / 419
협의에 의한 상속재산분할 / 513
형성의 소 / 48, 78
형성청구 / 78
형성판결 / 172, 223
형성판결의 주문례 / 172
형식적 심사주의 / 22, 237
형식주의 / 6, 101
혼동으로 소멸한 근저당권의 부활 / 348
화해조서 / 223, 291
화해조서에 의한 등기 / 290
화해조항의 중요성 / 291
확인서 및 인감증명서 / 682
확인의 소 / 46

확인의 소의 권리보호 요건 / 142
확인청구 / 77
확인판결 / 142
확인판결의 주문례 / 143
확정증명서 / 363
확정판결에 대한 등기관의 심사범위 / 238
확정판결에 의하여 자기의 소유권을 증명하는 자 / 131
확정판결의 소멸시효여부 / 262
회복등기 / 166
회복등기간의 우열을 판단하는 기준 / 376
회복등기를 하지 아니한 경우 / 167
회복등기를 하지 아니한 경우 소유권상실 여부 / 371
회복등기신청기간 내에 회복등기를 하지 못한 경우 / 371
회복등기신청기간이 경과된 후의 등기절차 / 167
회복등기신청인 / 370
회복등기의무자 / 352
회복할 등기 / 536
회의목적사항기재 / 662
후등기명의인의 점유취득시효완성 / 114

법무사 최 돈 호

略歷
춘천고등학교. 서경대학교(국제대학) 졸업
서울고등법원 참여사무관
서울북부지방법원 공탁관
서울중앙지방법원 감사관
수원지방법원 감사관. 화성등기소장
대법원 법원행정처 부동산등기과 사무관
서울중앙지방법원 공탁관. 상업등기소 등기관
춘천지방법원 속초지원 사무과장(법원서기관)
서울중앙지방법원 등기과장
서울서부지방법원 집행관
대한법무사협회 법무사연수교육원 교수
명지대학교 사회교육원 강사(부동산등기법)
공인중개사 자격시험 전문자문위원회 위원위촉
한국민사집행법학회 연구이사 및 감사
현 법무사

著書
부동산등기총람(상·하 법률신문사)
신 등기총람(1, 2 법률신문사)
부동산등기법(법률출판사)
공탁법(도서출판 박영사)
부동산등기법강의(법률출판사)
새로운 부동산등기법(도서출판 박영사)
도시 및 주거환경정비법(도서출판 박영사)

전정판 공탁법(도서출판 박영사)
재개발·재건축 해설(법률출판사)
집행불능판결의 유형과 예방(법률정보센타)
판결에 의한 등기(법률출판사)
도시 및 주거환경정비법 해설(법률출판사)
제2판 집행불능판결의 유형과 예방(법률정보센터)
신부동산등기법(법률정보센터)
신 공탁법(법률출판사)
부동산등기법(법률출판사)
공탁의 이론과 실무(법률출판사)
부동산등기소송정해(법문북스)
동산·채권 등의 담보에 관한 법률(법률정보센타)
특수분야의 등기(법률출판사)
삶은 아름다운 선물입니다(고희 기념집, 푸른향기)
신 부동산등기실무(법문북스) 등
전정판 공탁법해설(법률출판사) 등
(제2전정판 형사공탁의 특례) 공탁법해설(법률출판사)
선장의 지혜(도서출판 월송)
범죄의 소굴, 진원지가 된 한국 국회(도서출판 월송)

論文
농지취득자격증명제도
외국인의 토지취득
부동산소유권의 취득시효
부동산실권리자명의등기제도
등기원인증서에 대한 공증제도 과연 필요한가?
승소한 등기의무자의 등기신청(등기수취청구권)
채권자취소권
종중에 관한 고찰
토지수용보상금의 공탁

판결에 의한 등기
집행불능판결의 유형과 예방
공탁금지급청구권의 처분과 처분의 경합
개정민법에 의하여 새로 도입된 후견제도의 문제점
부정청탁 및 금품수수 등에 관한 법률이 과연 위헌법률인가
통치행위의 사법적 통제 등

賞勳 및 表彰

2008. 4. 25. 국민훈장 동백장
2007. 6. 29. 법원행정처장 표창
2000. 5. 31. 법무부장관 표창
1985. 12. 24. 대법원장 표창

부동산등기소송

2025년 11월 10일   초판 1쇄 인쇄
2025년 11월 20일   초판 1쇄 발행

저   자   최 돈 호
발 행 인   김 용 성
발 행 처   **법률출판사**
　　　　　서울시 동대문구 휘경로2길 3, 4층
　　　　　☎ 02) 962-9154   팩스 02) 962-9156
등록번호 : 제1-1982호
ISBN : 978-89-5821-474-8   13360
e-mail : lawnbook@hanmail.net

Copyright ⓒ 2025
　본서의 무단전재·복제를 금합니다.
　정가 80,000원